PENSAMENTO
FEMINISTA NEGRO

PATRICIA HILL COLLINS

PENSAMENTO FEMINISTA NEGRO

CONHECIMENTO, CONSCIÊNCIA E A POLÍTICA DO EMPODERAMENTO

Tradução: Jamille Pinheiro Dias

© desta edição, Boitempo, 2019
© Patricia Hill Collins, 2000, 2009
© Black Feminist Thought: Knowledge, Consciousness and the Politics of Empowerment, 2000, 2009,
Routledge, All Rights Reserved
Authorised translation from the English language edition published by Routledge, a member of the Taylor &
Francis Group LLC

Direção editorial	Ivana Jinkings
Edição	André Albert
Assistência editorial	Artur Renzo e Carolina Mercês
Tradução	Jamille Pinheiro Dias
Consultoria	Isabela Venturoza, Silvana de Souza Nascimento e Winnie Bueno
Preparação	Mariana Echalar
Revisão	Mariana Zanini
Coordenação de produção	Livia Campos
Capa	Flávia Bomfim
Diagramação	Antonio Kehl

Equipe de apoio: Ana Carolina Meira, Andréa Bruno, Bibiana Leme, Clarissa Bongiovanni,
Débora Rodrigues, Elaine Ramos, Frederico Indiani, Heleni Andrade, Higor Alves, Isabella Marcatti,
Ivam Oliveira, Joanes Sales, Kim Doria, Luciana Capelli, Marina Valeriano, Marlene Baptista,
Maurício Barbosa, Raí Alves, Talita Lima, Tulio Candiotto

CIP-BRASIL. CATALOGAÇÃO NA PUBLICAÇÃO
SINDICATO NACIONAL DOS EDITORES DE LIVROS, RJ

C674p

Collins, Patricia Hill

Pensamento feminista negro : conhecimento, consciência e a política do empoderamento / Patricia Hill Collins ; tradução Jamille Pinheiro Dias. - 1. ed. - São Paulo : Boitempo, 2019.

Tradução de: Black feminist thought : knowledge, consciousness and the politics of empowerment
Inclui bibliografia e índice
ISBN 978-85-7559-707-1

1. Feminismo - Estados Unidos. 2. Feministas negras - Estados Unidos. 3. Negras - Estados Unidos - Atividades políticas. 4. Negras - Identidade racial - Estados Unidos. I. Dias, Jamille Pinheiro. II. Título.

19-56966

CDD: 305.420973

CDU: 316.347-055.2(73)

Vanessa Mafra Xavier Salgado - Bibliotecária - CRB-7/6644

É vedada a reprodução de qualquer parte deste livro sem a expressa autorização da editora.

1ª edição: julho de 2019;
1ª reimpressão: novembro de 2019; 2ª reimpressão: novembro de 2020

BOITEMPO
Jinkings Editores Associados Ltda.
Rua Pereira Leite, 373
05442-000 São Paulo SP
Tel.: (11) 3875-7250 / 3875-7285
editor@boitempoeditorial.com.br | www.boitempoeditorial.com.br
www.blogdaboitempo.com.br | www.facebook.com/boitempo
www.twitter.com/editoraboitempo | www.youtube.com/tvboitempo

SUMÁRIO

Agradecimentos.. 7

Prefácio à edição brasileira 11

Prefácio à primeira edição (1990) 15

Prefácio à segunda edição (2000) 21

Parte I – A construção social do pensamento feminista negro 27

   1. A política do pensamento feminista negro 29

   2. Características distintivas do pensamento feminista negro 61

Parte II – Temas centrais do pensamento feminista negro............... 97

   3. Trabalho, família e opressão das mulheres negras 99

   4. *Mammies*, matriarcas e outras imagens de controle..................... 135

   5. O poder da autodefinição.. 179

   6. A política sexual para as mulheres negras 217

   7. As relações afetivas das mulheres negras 255

   8. As mulheres negras e a maternidade.. 291

   9. Repensando o ativismo das mulheres negras 329

Parte III – Feminismo negro, conhecimento e poder 365

   10. O feminismo negro estadunidense em contexto transnacional 367

   11. Epistemologia feminista negra 401

   12. Por uma política de empoderamento 433

Glossário 459

Índice remissivo.. 463

Referências bibliográficas 473

Sobre a autora 495

NOTA DA EDIÇÃO

Sempre que possível, foram reproduzidas traduções editadas no Brasil dos trechos de obras citados pela autora. Agradecemos a Winnie Bueno, Silvana de Souza Nascimento e Isabela Venturoza pelas consultas relacionadas a terminologia e a Stephanie Borges pelos excertos da tradução de *Irmã outsider*, de Audre Lorde, ainda no prelo quando da publicação desta obra.

AGRADECIMENTOS

Escrever este livro foi um esforço colaborativo, e eu gostaria de agradecer às pessoas que foram fundamentais à conclusão dele. Nos três anos que levei para escrever a primeira edição, meu marido, Roger L. Collins, e nossa filha, Valerie L. Collins, conviveram com minhas incertezas e dificuldades. Durante esse tempo, nós comemos mais *fast-food* do que deveríamos, e nossa casa certamente não esteve impecável. Ainda assim, apesar deste livro – ou talvez graças a ele –, somos uma família mais forte.

Também gostaria de agradecer às pessoas que não puderam estar comigo enquanto eu escrevia este livro, mas cujas contribuições aparecem em cada página dele. Grande parte de minhas inspirações vem das muitas mulheres negras que tocaram minha vida. Dentre elas, minhas tias, Mildred Walker, Marjorie Edwards e Bertha Henry; professoras, amigas e mães de criação que me ajudaram pelo caminho, Pauli Murray, Consuelo, Eloise "Muff" Smith e Deborah Lewis; e inúmeras ancestrais negras, famosas e anônimas, cujas lutas formaram a base que me alimentou. Sou particularmente grata à memória de minha mãe, Eunice Randolph Hill. Em muitas das vezes em que me senti desanimada, pensei nela e disse a mim mesma que, se ela foi capaz de persistir mesmo diante dos obstáculos, eu também seria. Lamento imensamente o fato de que minha mãe e minha filha nunca vão se conhecer. Espero que estas páginas as tornem mais próximas.

Muitas de minhas colegas ouviram ideias parcialmente articuladas, leram versões preliminares de capítulos e, em geral, ofereceram o incentivo e o estímulo intelectual que me permitiram ser crítica a respeito de meu próprio trabalho e, ainda assim, seguir adiante. Um agradecimento especial a Margaret L. Andersen, Elsa Barkley Brown, Lynn Weber Cannon, Bonnie Thornton Dill, Cheryl Townsend Gilkes, Evelyn Nakano Glenn, Sandra Harding, Deborah K. King e Maxine Baca Zinn por seu apoio caloroso. Sou especialmente grata ao Centro

8   PENSAMENTO FEMINISTA NEGRO

de Pesquisa sobre Mulheres da Universidade Estadual de Memphis* por ter me proporcionado recursos, ideias e assistência de maneira geral. Além disso, sou profundamente grata a Elizabeth Higginbotham e Rosemarie Tong por terem lido o original na íntegra e oferecido sugestões proveitosas.

Tenho de agradecer a muitas pessoas a permissão para reproduzir materiais protegidos por direitos autorais. Versões anteriores dos capítulos 2 e 10 foram publicadas nas revistas *Signs* e *Social Problems*[1]. Agradeço também a June Jordan e à South End Press por *On Call*[2] e a Marilyn Richardson e à Indiana University Press por *Maria W. Stewart, American's First Black Women Political Writer*[3]. Este livro reúne materiais provenientes de *Drylongso, A Self-Portrait of Black America*, de John Langston Gwaltney, com direitos autorais registrados em 1980 por John Langston Gwaltney, reimpresso com a permissão da Random House Inc.[4]; "Strange Fruit", de Lewis Allan, com direitos autorais registrados em 1939 pela Edward B. Marks Music Company e renovados, utilizada mediante autorização, todos os direitos reservados; e "Respect", letra e música de Otis Redding, direitos autorais registrados em 1965 e 1967 pela Irving Music Inc. (BMI), direitos autorais assegurados internacionalmente, todos os direitos reservados.

Houve uma pessoa especial que participou de praticamente todas as fases da primeira edição deste projeto. Como assistente de pesquisa, ela preparou revisões de literatura, leu e comentou rascunhos de capítulos e foi hábil em localizar mesmo os materiais mais obscuros. Suas contribuições muitas vezes extrapolaram as acadêmicas – ela cuidou de minha filha para que eu pudesse trabalhar e chegou a dar de comer aos gatos da família. Durante nossas muitas conversas longas, escutou com paciência minhas ideias, compartilhou com coragem aspectos de sua vida que influenciaram profundamente meu

---

*   Rebatizada em 2004 simplesmente como Universidade de Memphis. (N. E.)

[1]   Patricia Hill Collins, "The Social Construction of Black Feminist Thought", *Signs: Journal of Women in Culture and Society*, v. 14, n. 4, 1989, p. 745-73; idem, "Learning from the Outsider Within: The Sociological Significance of Black Feminist Thought", *Social Problems*, v. 33, n. 6, 1986, p. S14–S32 [ed. bras.: "Aprendendo com a *outsider within*: a significação sociológica do pensamento feminista negro", *Sociedade e Estado*, v. 31, n. 1, 2016, p. 99-127].

[2]   June Jordan, *On Call: Political Essays* (Boston, South End Press, 1985).

[3]   Maria W. Stewart, *Maria W. Stewart, American's First Black Women Political Writer* (org. Marilyn Richardson, Bloomington, IN, Indiana University Press, 1987).

[4]   John Langston Gwaltney, *Drylongso, A Self-Portrait of Black America* (Nova York, Random House, 1980).

pensamento e me mostrou diariamente, de maneiras sutis, como era importante que eu seguisse adiante. Meus agradecimentos especiais, portanto, a Patrice L. Dickerson, uma intelectual feminista negra em pleno florescimento, futura colega e amiga-irmã constante.

Pelo apoio institucional de que eu necessitava para trabalhar nesta segunda edição, agradeço, na Universidade de Cincinnati, a Joseph Caruso, diretor da Faculdade de Artes e Ciências; John Brackett, chefe do Departamento de Estudos Afro-Americanos, e Robin Sheets, diretora do Programa de Estudos da Mulher. O fundo Charles Phelps Taft, da Universidade de Cincinnati, também deu uma contribuição importante para este projeto. A verba de pesquisa que acompanhou minha nomeação para a cátedra Charles Phelps Taft de Sociologia financiou parte das despesas relacionadas à preparação final do original.

O apoio de meus alunos na Universidade de Cincinnati também foi importante para a conclusão deste projeto. Os cursos de graduação do Departamento de Estudos Afro-Americanos se mostraram inestimáveis para a depuração de argumentos relativos ao poder que se tornaram importantes na segunda edição. Agradeço também aos estudantes de pós-graduação em Estudos da Mulher que se inscreveram em meus seminários "Feminismo negro: questões e desafios" e "As mulheres negras e a política da sexualidade". Os alunos desses cursos enriqueceram enormemente minha compreensão sobre questões de feminismo global e a importância da sexualidade. Gostaria de agradecer especialmente a Amber Green, assistente de pesquisa que trabalhou comigo durante o ano. Ambas estávamos sob considerável pressão, mas conseguimos superar as dificuldades que encontramos no período.

A equipe da Routledge foi maravilhosa. Heidi Freund, minha editora na Routledge, que educada mas persistentemente me pediu essa revisão até que eu finalmente concordasse, merece crédito especial. Também agradeço a Shea Settimi, Anthony Mancini e outros membros da equipe da Routledge por terem tornado o processo de produção deste livro tão positivo para mim. Agradeço ainda a Norma McLemore pela meticulosa preparação do original. Como qualquer escritor sabe, um bom revisor é importante.

Por fim, sou grata pelos inúmeros convites que recebi ao longo dos anos para dar palestras em *campi* universitários e encontros de profissionais. Essas viagens me permitiram trabalhar as ideias da segunda edição com diversos públicos. A lista de colegas e novos amigos que fiz durante essas visitas é longa demais para ser apresentada na íntegra, mas prezo por todas as ideias que compartilharam comigo. Agradeço especialmente aos estudantes, pais, poetas, professores do ensino médio, ativistas e pastores que conheci em minhas viagens. As conversas que tive com vocês se mostraram inestimáveis. Agradeço a todos. Espero que cada um de vocês veja um pouco de si nas páginas a seguir.

PREFÁCIO À EDIÇÃO BRASILEIRA

Quando escrevi *Pensamento feminista negro*, nunca imaginei que suas ideias fossem chegar tão longe. Escrevi este livro por um motivo simples: queria escrever um livro que minha mãe pudesse ter lido. Isso talvez tivesse tornado a vida dela um pouco mais fácil. Ela morreu antes da publicação da primeira edição, muito antes de eu conquistar os títulos acadêmicos, as habilidades e a coragem para acreditar que eu teria condições de escrever um livro, ainda mais um livro como este. No entanto, conforme eu ia escrevendo, ia também falando com ela, por ela e para além dela, honrando sua memória conforme criava um futuro para mim e para as mulheres e meninas negras, um futuro com o qual ela não teria ousado sonhar para si própria. Pela memória da minha mãe, busquei contar as verdades da vida das mulheres afro-americanas, esperando que minha narrativa ecoasse as questões, as lutas, os compromissos e a imensa criatividade das mulheres negras.

Hoje percebo que escrever *Pensamento feminista negro* foi uma forma de ativismo intelectual, uma forma de trabalho criterioso, alicerçado em princípios, visando colocar o poder de nossas ideias a serviço da justiça social. As mulheres negras estão longe de ser as únicas que enfrentam problemas sociais produzidos por raça, gênero, classe, sexualidade, idade, capacidade, nacionalidade e sistemas semelhantes de opressão. Nossas lutas para viver uma vida significativa podem ser organizadas e sentidas de maneira diferente, mas nossas experiências, quando consideradas conjuntamente, revelam por que as ideias continuam sendo fundamentais para as lutas por liberdade, igualdade e justiça social. O compromisso com princípios éticos mais amplos, como esses, nos permite perceber o que temos em comum e, espero, elaborar maneiras de responder coletivamente às injustiças sociais. No entanto, o compromisso que temos com nossas mães, nossos filhos e com as pessoas que tornam nossa vida cotidiana mais bonita lembra aos que se engajaram no ativismo intelectual os motivos pelos quais continuamos a lutar.

Fico honrada por esta tradução de *Pensamento feminista negro* estar chegando às leitoras e aos leitores lusófonos do Brasil, bem como aos de um contexto transnacional mais amplo. Este livro examina as particularidades da vida das mulheres afro-americanas, mas também abre janelas para questões mais universais de justiça social. Como os argumentos do *Pensamento feminista negro* são complexos, ainda que acessíveis, destaco três pontos especialmente importantes para a leitura deste livro.

Primeiro, não conceituo as experiências das mulheres negras nos Estados Unidos como uma verdade universal que se aplica a todas. Meu trabalho nunca teve como objetivo ajudar as mulheres negras a se encaixar em sistemas que ontem e hoje parecem empenhados em enfraquecer nosso espírito e empobrecer nossa alma. O que proponho, ao contrário, é apresentar as mulheres negras como agentes de conhecimento da realidade de nossa própria vida. O pensamento feminista negro constitui um projeto de conhecimento que examina a produção intelectual das mulheres negras em resposta aos desafios específicos que enfrentamos na política dos Estados Unidos e na sociedade estadunidense. Para mim, as mulheres negras não são nem super-heroínas destemidas capazes de conquistar o mundo, nem vítimas oprimidas que precisam ser salvas. Este é um livro sobre mulheres negras comuns que, por meio de suas ideias e ações, visam melhorar sua vida cotidiana. As ideias centrais do feminismo negro refletem a agência das mulheres negras.

Pode ser que alguns detalhes tenham mudado desde que este livro foi publicado pela primeira vez, mas, enquanto os problemas sociais enfrentados pelas mulheres negras continuarem a existir, a resistência das mulheres negras persistirá. Este livro fala das muitas maneiras pelas quais essa resistência das mulheres negras tem buscado reivindicar nosso lugar de direito como seres plenamente humanos. As mulheres negras resistem, seja compartilhando pequenos momentos de amor umas com as outras na vida cotidiana, seja cultivando comunidades nas quais a vida de nossos filhos, de nossos entes queridos e nossa própria vida importam, seja, ainda, criticando as políticas públicas que nos negam acesso a segurança, educação, moradia, emprego e saúde. Os governos mudam, mas a longa história de compromisso e criatividade das mulheres negras persiste nessa luta pela reivindicação de nossa humanidade plena.

Segundo, o pensamento feminista negro nos Estados Unidos é um dentre muitos projetos feministas negros. Diálogos entre expressões variadas do feminismo negro na América Latina, na Europa e na África são há muito necessários. Temos muito a aprender umas com as outras no que diz respeito à maneira como os sistemas interseccionais de raça, classe, gênero e sexualidade se informam mutuamente em nossas respectivas configurações nacionais. Por exemplo, as afro-alemãs enfrentam os perturbadores fantasmas de um virulento nacionalismo branco de meados do século XX que quase levou a Alemanha à destruição. As mulheres migrantes de diversas nações do Caribe e da África Ocidental enfrentam o desafio de criar um feminismo britânico negro sintético que possa acomodar suas histórias distintas. As mulheres negras envolvidas em projetos de construção nacional – por exemplo, as mulheres da Guiné-Bissau, do Senegal ou da África do Sul – percebem que as questões das mulheres assumem diferentes formas e significados nesses contextos distintos. Um engajamento dialógico entre esses e outros projetos feministas negros pode contribuir para o florescimento de cada um deles.

O feminismo afro-brasileiro é fundamental para esses diálogos. As conexões cada vez mais visíveis entre o feminismo afro-brasileiro e o pensamento feminista negro dos Estados Unidos ilustram os possíveis benefícios de um feminismo negro transnacional. Ambos os grupos enfrentam desafios semelhantes: por exemplo, lidar com os legados da escravidão que costumam desvalorizar a condição da mulher negra, bem como elaborar respostas ao racismo antinegro que assume formas específicas conforme o gênero. No entanto, não se pode nem se deve pensar que essas histórias e os feminismos negros produzidos por elas, ainda que semelhantes, sejam um só. As formas que esse racismo assumiu nessas duas sociedades de colonizadores brancos se mostraram extremamente variadas, assim como as relações das mulheres negras com elas. Há imenso potencial para diálogos contínuos entre o feminismo afro-brasileiro e o afro-americano, o que indica possibilidades ainda mais amplas de diálogos semelhantes em um contexto transnacional.

Finalmente, *Pensamento feminista negro* tem como foco as mulheres afro-americanas, mas as questões examinadas aqui vão além das especificidades que o livro apresenta. Não é preciso ser uma mulher negra para compreender como um ativismo intelectual capaz de produzir novos conhecimentos e transformar a consciência pode estimular uma política de empoderamento. Esta tradução pode ser inestimável para tornar minhas ideias e meus argumentos mais acessíveis a você. Mas tradução nenhuma é capaz de tornar as ideias mais significativas. Isso cabe a você. A tarefa de quem lê este livro é identificar como as experiências, reflexões, perguntas e perspectivas ideológicas que a leitora ou o leitor traz para este livro informam sua interpretação do texto. O significado deste livro não está apenas nas minhas palavras, mas no significado que você, que o lê, atribui a elas.

O racismo, o sexismo, a exploração de classe, o heterossexismo, o nacionalismo e a discriminação contra pessoas com capacidades diferentes e de diferentes idades, etnias e religiões afetam a vida de todos nós. No entanto, encontramo-nos em posições diferentes dentro dessas relações de poder e, como resultado, temos pontos de vista distintos sobre elas. Quais de meus argumentos ecoam suas preocupações? Quais não as ecoam? E, o que é ainda mais importante, por quê? Para que possamos ter diálogos bem fundamentados com os outros, é preciso que cada um de nós aprenda a escrever sua própria história, em vez de procurar um livro único que conte todas as nossas histórias. Precisamos de mais livros que contem as verdades da vida das pessoas que foram reprimidas, mas cuja dignidade, ainda assim, permanece intacta. Talvez seja você a pessoa que vai escrever esse livro, ou, ao menos, aquela que por meio do seu ativismo intelectual vai contribuir para que ele exista.

Fico honrada que muitas e muitos de vocês tenham a oportunidade de ler esta tradução para o português de um livro que eu nunca pensei que iria viajar tão longe. Muitas e muitos de vocês nem haviam nascido quando este livro foi publicado pela primeira vez. No entanto, como *Pensamento feminista negro* atravessou tantos cenários nacionais e, cada vez mais, diferentes gerações, este livro é uma pequena parte de uma conversa global, cada vez mais intensa, a respeito da ética com que devemos tratar uns aos outros. Seja qual for sua situação, compreender como nós, mulheres negras, preservamos nossa humanidade diante da opressão é algo que deveria lhe trazer esperança.

Patricia Hill Collins
6 de maio de 2019

PREFÁCIO À PRIMEIRA EDIÇÃO (1990)

Quando eu tinha cinco anos, fui escolhida para representar a Primavera no desfile de minha pré-escola. Sentada em meu trono, conduzi orgulhosamente um cortejo de crianças caracterizadas como pássaros, flores e as outras estações, "menos importantes". Estar rodeada de crianças como eu – filhas e filhos de trabalhadores: trabalhadoras domésticas, secretárias e operários de fábricas – afirmava quem eu era. Quando chegou minha vez, recitei minhas poucas falas com maestria, grande entusiasmo e energia. Adorava meu papel por ser a Primavera, a estação da vida e da esperança. Todos os adultos me disseram que meu papel era fundamental e me parabenizaram por ter me saído tão bem. Aquelas palavras e aqueles abraços me fizeram sentir importante e que meus pensamentos, sentimentos e conquistas tinham valor.

À medida que meu mundo se ampliou, aprendi que nem todos concordavam com eles. A partir da adolescência, fui percebendo que eu era cada vez mais a "primeira", "uma das poucas" ou a "única" afro-americana e/ou mulher e/ou pessoa vinda da classe trabalhadora na escola, na comunidade e no ambiente de trabalho. Eu não via nada de errado em ser quem eu era, mas aparentemente muitos outros viam. Meu mundo estava se expandindo, mas eu me sentia cada vez menor. Tentei desaparecer em mim mesma para desviar das dolorosas agressões diárias destinadas a me ensinar que ser uma mulher afro-americana da classe trabalhadora me fazia ser menos do que quem não o era. À medida que me sentia menor, também me tornava mais e mais calada, até me ver praticamente silenciada.

Este livro corresponde a uma etapa de minha luta contínua para reconquistar minha voz. Ao longo dos anos, tentei substituir as definições da minha vida que vinham de fora – dadas por grupos dominantes – pelo ponto de vista de minha autodefinição. Porém, ainda que minha odisseia pessoal tenha servido para dar origem a este trabalho, hoje sei que minhas experiências não são unicamente

16 Pensamento feminista negro

minhas. Longe disso. Assim como as mulheres afro-americanas, muitas outras pessoas que ocupam categorias socialmente preteridas foram silenciadas. A voz que busco hoje, portanto, é tanto individual quanto coletiva, é pessoal e política, e reflete a intersecção de minha biografia única com o significado mais amplo do momento histórico em que vivo.

Compartilho essa parte do contexto que motivou este trabalho porque esse contexto influenciou minhas escolhas em relação ao próprio livro. Em primeiro lugar, empenhei-me em fazer um livro intelectualmente rigoroso, bem fundamentado e acessível não apenas aos poucos afortunados que têm acesso a uma educação de elite. Eu não escreveria um livro sobre ideias das mulheres negras que não pudesse ser lido e compreendido pela grande maioria das afro--americanas. Teorias de todos os tipos são em geral apresentadas de forma tão abstrata que só podem ser entendidas por uns poucos. Essa definição, apesar de altamente satisfatória para os acadêmicos, exclui os que não falam a língua das elites e, assim, reforça as relações sociais de dominação. As elites cultas costumam dizer que são as únicas qualificadas para produzir teoria, e acreditam deter a capacidade exclusiva de interpretar não só sua própria experiência, mas também a de todos os outros. Além disso, as elites cultas geralmente lançam mão dessa crença para manter seus privilégios.

Senti que era importante analisar a complexidade de ideias que existem tanto na vida acadêmica quanto na vida cotidiana e apresentar essas ideias de uma maneira acessível, sem que isso as tornasse menos poderosas ou rigorosas. Abordar a teoria dessa forma desafia tanto as ideias das elites cultas quanto o papel da teoria na manutenção das hierarquias de privilégio. Este volume é um trabalho teórico porque reflete tradições teóricas diversas, como a filosofia afrocêntrica, a teoria feminista, o pensamento social marxista, a sociologia do conhecimento, a teoria crítica e o pós-modernismo; contudo, o vocabulário padrão dessas tradições, as citações das obras e dos autores fundamentais, bem como os termos em si, raramente aparecem no texto. Para mim, o que importa são as ideias, não os rótulos que vinculamos a elas.

Em segundo lugar, ponho no centro da análise as experiências e as ideias das mulheres negras. Essa centralidade pode ser desconcertante para quem se acostumou a ver grupos subordinados, como o das afro-americanas, enquadrar suas ideias da forma mais conveniente para os poderosos. Por exemplo, feministas brancas de classe média encontrarão poucas referências ao chamado pensamento feminista branco. Escolhi deliberadamente não começar com premissas feministas desenvolvidas a partir das experiências de mulheres brancas ocidentais de classe média para em seguida apresentar ideias e experiências de afro-americanas. Ainda que eu tenha bastante familiaridade com teóricas feministas brancas contemporâneas e históricas, e certamente valorize suas contribuições para nossa compreensão de gênero, este livro não é sobre o que as mulheres negras pensam das ideias das feministas brancas nem sobre como as ideias das mulheres negras se comparam às ideias das teóricas feministas brancas consagradas. Assumo uma postura semelhante em relação à teoria social marxista e ao pensamento afrocêntrico. Para captar as interconexões entre raça, gênero e classe social na vida das mulheres negras e seus efeitos no pensamento feminista negro, recusei-me explicitamente a basear minha análise em qualquer tradição teórica única.

É comum grupos oprimidos serem ouvidos apenas quando enquadramos nossas ideias em uma linguagem familiar e confortável para um grupo dominante. Esse requisito muitas vezes modifica o significado de nossas ideias e contribui para fortalecer as ideias dos grupos dominantes. Neste livro, ao situar as ideias das mulheres afro-americanas no centro da análise, não só privilegio tais ideias como incentivo feministas brancas, homens afro-americanos e todos os demais a investigar as semelhanças e as diferenças entre seus próprios pontos de vista e os das afro-americanas.

Em terceiro lugar, fiz deliberadamente várias citações a uma série de pensadoras afro-americanas, algumas bem conhecidas e outras das quais raramente se ouve falar. A opção explícita por basear minha análise em múltiplas vozes lança luz sobre a diversidade, a riqueza e o poder das ideias das mulheres negras como parte de uma comunidade intelectual de afro-americanas que vem de longa data. Além disso, essa abordagem vai contra a tendência, em vigor na produção acadêmica dominante, de canonizar umas poucas mulheres negras como porta-vozes do grupo e recusar-se a ouvir qualquer outra que não essas eleitas. Embora seja tentador obter reconhecimento pelas próprias conquistas, minhas experiências como a "primeira", "uma das poucas" e a "única" me mostraram que escolher uns poucos e usá-los para controlar muitos pode ser eficiente para asfixiar grupos subordinados. Pressupor que apenas algumas mulheres negras excepcionais foram capazes de criar teoria acaba por homogeneizar as afro-americanas, silenciando a maioria delas. Na contramão dessa abordagem, defendo que a teoria e a criatividade intelectual não são domínio de poucos, mas, ao contrário, emanam de toda uma variedade de pessoas.

Em quarto lugar, ao redigir o original deste livro, usei uma metodologia específica que ilustra como pensamento e ação podem trabalhar juntos em benefício da produção da teoria. Grande parte de minha formação acadêmica formal foi concebida para me mostrar que, a fim de construir um trabalho intelectual válido, devo me afastar de minha comunidade, de minha família e até de mim mesma. Em vez de pensar o cotidiano como uma influência negativa em minha teorização, tentei ver como as iniciativas e ideias cotidianas das mulheres negras que fazem parte da minha vida refletiam as questões teóricas que eu afirmava serem tão importantes para elas. Sem dispor de verba para pesquisa, bolsa de estudo, licença-prêmio nem outros benefícios que possibilitam aos acadêmicos tomar distância da vida cotidiana e contemplar os contornos e o significado dela, escrevi este livro quando estava totalmente imersa em atividades comuns que me colocaram em contato com várias mulheres afro-americanas. Enquanto cuidava de minha filha, orientava graduandas negras, dava assistência a um grupo de escoteiras e participava de outras atividades "não acadêmicas", reavaliava também o modo como me relacionava com uma série de mulheres afro-americanas e como elas se relacionavam umas com as outras. A teoria me permitiu renovar o olhar sobre todas essas associações, ao mesmo tempo que experiências concretas desafiavam as visões de mundo definidas pela teoria. Durante esse período de autorreflexão, o trabalho neste original avançou lentamente, e produzi pouca "teoria". Sem esse envolvimento com o cotidiano, no entanto, a teoria aqui presente seria muito mais pobre.

Em quinto lugar, para demonstrar a existência e a autenticidade do pensamento feminista negro, apresento-o como coerente e fundamentalmente completo. Esse retrato contrasta com minha visão de que a teoria raramente é construída de modo harmonioso. A maior parte das teorias se caracteriza pela instabilidade interna, passa por contestação e é dividida em razão de divergências de ênfases e interesses. Quando ponderei que o pensamento feminista negro se inscreve atualmente em um contexto político e intelectual mais amplo, que desafia o próprio direito de existência desse pensamento, decidi não chamar atenção para suas contradições, fricções e inconsistências. Em vez disso, apresento o pensamento feminista negro como ostensivamente coerente, mas faço essa opção por suspeitar que ela seja mais apropriada para o momento histórico que vivemos. Espero ver a publicação de outras obras, mais determinadas a apresentar o pensamento feminista negro como um mosaico de ideias e interesses divergentes. Concentrei-me nas peças do mosaico – talvez outras pessoas venham a enfatizar as disjunções que possibilitam distinguir as peças do mosaico umas das outras.

Por fim, escrever este livro me convenceu da necessidade de reconciliar subjetividade e objetividade na produção acadêmica. Inicialmente, eu acreditava que seria impossível combinar minha formação como cientista social "objetiva" e minhas experiências cotidianas como mulher afro-americana. Mas reconciliar o que fomos treinadas a ver como opostos – uma reconciliação assinalada pela inclusão de mim mesma no texto, usando "eu", "nós" e "nosso", em vez de termos mais distantes, como "elas" ou "uma" – foi libertador. Descobri que abordar o pensamento feminista negro focando nas convergências, e não nas divergências, me permitiu ser ao mesmo tempo objetiva e subjetiva, ter uma consciência ao mesmo tempo afrocêntrica e feminista e ser tanto uma acadêmica respeitável quanto uma mãe satisfatória.

Quando comecei este livro, tive de superar minha relutância a transpor minhas ideias para o papel. "Como eu, uma única pessoa, posso falar por um grupo tão grande e complexo quanto as mulheres afro-americanas?", perguntei a mim mesma. A resposta é que não posso nem devo, porque cada uma de nós deve aprender a falar por si mesma. Ao longo da escrita, passei a ver meu trabalho como parte de um processo maior, como uma voz em um diálogo entre pessoas que foram silenciadas. Sei que nunca mais vivenciarei a curiosa combinação de ingenuidade e confiança inabalável que senti quando interpretei a Primavera. Espero, porém, reconquistar os elementos honestos, genuínos e empoderadores da voz da Primavera. Minha esperança, acima de tudo, é que mais pessoas, outrora e ainda hoje silenciadas, encontrem sua própria voz. Eu, pelo menos, quero ouvir o que elas têm a dizer.

PREFÁCIO À SEGUNDA EDIÇÃO (2000)

A princípio, escrevi *Pensamento feminista negro* como contribuição para o empoderamento das mulheres afro-americanas. Eu sabia que a mulher negra pode se empoderar quando sua consciência a respeito do modo como ela entende a vida cotidiana se transforma. Tal consciência pode estimulá-la a seguir um caminho de liberdade pessoal, mesmo que essa liberdade exista primordialmente em seu próprio pensamento. Se ela tiver a sorte de conhecer outras pessoas que estejam vivenciando trajetórias semelhantes, poderá mudar com elas o mundo a seu redor. Se as ideias, os conhecimentos e a consciência podem ter um impacto tão expressivo em cada mulher negra, que efeito podem ter sobre as mulheres negras como grupo? Eu suspeitava que as afro-americanas haviam produzido um conhecimento coletivo que servia a um propósito similar na promoção do empoderamento das mulheres negras. *Pensamento feminista negro* teve como objetivo documentar a existência desse conhecimento e esboçar seus contornos.

Meu objetivo de examinar como o conhecimento pode promover o empoderamento das mulheres afro-americanas permanece inalterado. O que mudou, no entanto, foi a maneira como compreendo o significado do empoderamento e do processo necessário para que ele aconteça. Hoje reconheço que o empoderamento das afro-americanas nunca será possível em um contexto caracterizado pela opressão e pela injustiça social. Um grupo pode conquistar poder em tais situações dominando outros, mas esse não é o tipo de empoderamento que encontrei no pensamento produzido por mulheres negras. Ao ler o trabalho intelectual de mulheres negras, vim a perceber que podemos estar centrados em nossas próprias experiências e ao mesmo tempo em coalizão com outras pessoas. Nesse sentido, o pensamento feminista negro trabalha em favor das mulheres negras, mas o faz em conjunção com outros projetos similares de justiça social.

O aprofundamento de minha compreensão a respeito do empoderamento motivou argumentos mais complexos sobre várias ideias apresentadas na primeira edição deste livro. Por um lado, ao longo desta revisão, enfatizo o propósito do pensamento feminista negro, a saber, a promoção *tanto* do empoderamento das mulheres negras *quanto* das condições de justiça social. Ambos os temas estavam presentes na primeira edição, mas nenhum foi desenvolvido de forma tão completa como aqui. Tal ênfase no empoderamento e na justiça social permeia esta edição revista e é especialmente evidente no capítulo 2, no qual substituí minha tentativa de "definir" o pensamento feminista negro por uma discussão que identifica as características distintivas dele. Essa mudança me permitiu enfatizar dimensões particulares que caracterizam o pensamento feminista negro, mas não lhe são exclusivas. Também deu espaço para que outros grupos engajados em projetos semelhantes de justiça social reconheçam dimensões de seu próprio pensamento e prática. Tentei fazer frente ao pensamento binário que estrutura tantas definições ocidentais, inclusive as que eu mesma já tive a respeito do pensamento feminista negro e da epistemologia feminista negra. Em vez de traçar uma linha rígida em torno do pensamento feminista negro, visando classificar entidades como feministas negras *ou* não, busquei uma fluidez maior, sem abrir mão do rigor lógico.

Minha análise da opressão também é mais complexa nesta edição, em parte porque nem o empoderamento nem a justiça social podem ser alcançados sem que haja alguma noção do que se está tentando mudar. Embora as duas edições se baseiem em um paradigma de opressões interseccionais para analisar as experiências das mulheres negras, esta o faz de modo mais abrangente. Os estudos de raça, classe e gênero estavam se estabelecendo quando escrevi a primeira edição. Assim como essa área de pesquisa tem se expandido desde a escrita inicial do livro, também meu referencial se ampliou. Por exemplo, nesta edição, minha análise inclui a sexualidade, além da raça, da classe e do gênero, como fator de opressão. Questões de classe social e cultura também recebem uma análise mais complexa. Na primeira edição havia especial preocupação com questões da cultura negra, mas se tratou menos de classe social. Aspectos de cultura e classe estavam presentes, contudo não na mesma proporção desta edição. Não houve mudança substancial nos argumentos, mas acredito que aqui eles são desenvolvidos de forma mais efetiva.

Nesta edição também dou maior ênfase às *conexões* entre conhecimento e relações de poder. Sempre enxerguei relações constitutivas entre o feminismo negro como projeto de justiça social e o pensamento feminista negro como seu centro intelectual. Em outras palavras, o ativismo das mulheres afro-americanas

PREFÁCIO À SEGUNDA EDIÇÃO (2000) 23

e o pensamento feminista negro como filosofia intelectual e política fundamental para esse esforço estão, para mim, intrinsecamente ligados. Essas ligações são contínuas, mas, à medida que as condições sociais mudam, tais laços devem também ser repensados.

Repensar o empoderamento também me levou a incorporar novos temas nesta edição. Por exemplo, agora falo bem mais da nação como forma de opressão. Incorporar ideias sobre nação me possibilitou introduzir uma dimensão transnacional, global. Embora a discussão da política transnacional e da economia global neste livro seja preliminar, senti que era importante incluí-la. As estadunidenses negras devem continuar a lutar por nosso empoderamento, mas, ao mesmo tempo, devemos reconhecer que o feminismo negro nos Estados Unidos faz parte de um contexto mais amplo de luta pela justiça social, o qual transcende as fronteiras do país. O feminismo negro estadunidense deve, em particular, se dar conta dos pontos comuns que unem as mulheres de ascendência africana, bem como das diferenças que surgem de nossas histórias nacionais diversas. Ainda que esta edição mantenha o foco nas estadunidenses negras, aborda também questões sobre o modo como elas se posicionam em relação ao feminismo negro global.

Oferecer análises mais complexas desses temas exigia tentar manter os principais argumentos da primeira edição e, ao mesmo tempo, alterar sua expressão limitada no tempo. Os contextos políticos e intelectuais mudam, bem como a linguagem usada para descrevê-los. Algumas mudanças na terminologia refletem mudanças positivas quanto aos usos. Outras sinalizam questões políticas mais profundas. Os casos mais interessantes são aqueles em que a linguagem se mantém, mas o significado ligado a ela muda. Foi sem dúvida o que aconteceu com o termo *afrocentrismo*, que usei na primeira edição. O *afrocentrismo*, tal como compreendido nas décadas de 1970 e 1980, referia-se às influências africanas na cultura, na consciência, no comportamento e na organização social dos afro-americanos. Apesar da considerável diversidade de pensadores que adotaram esse paradigma, as análises afrocêntricas em geral afirmavam que os afrodescendentes têm criado e recriado um sistema valioso de ideias, práticas sociais e culturas essenciais para a sobrevivência dos negros. Na década de 1990, no entanto, a mídia e alguns segmentos do ensino superior nos Estados Unidos atacaram o termo, assim como quem o utilizava. Efetivamente desacreditado, o termo *afrocentrismo*, no momento em que escrevo, refere-se às ideias de um pequeno grupo de profissionais dos *black studies* com os quais tenho discordâncias significativas, principalmente no que diz respeito ao tratamento de gênero e sexualidade. Para mim, as principais ideias do afrocentrismo, definidas em sentido mais geral, continuam a ter mérito, mas o termo em si é tão imbuído de valores que sua utilidade acaba prejudicada. É possível que os leitores familiarizados com a primeira edição notem que retive as principais ideias de um afrocentrismo definido de forma mais geral, mas substituí outros termos.

A proposta de apresentar análises mais complexas e, ao mesmo tempo, manter os principais argumentos da primeira edição me levou a modificar a organização geral do volume. A fim de fortalecer minhas análises, mudei a ordem de partes do texto e até alguns capítulos, sempre tomando o cuidado de omitir muito pouco do que estava presente na primeira edição. Em virtude dos desenvolvimentos no campo da sexualidade, por exemplo, expandi os dois capítulos que tratam da política sexual relativa à condição de mulher negra e desloquei-os para um ponto anterior do livro. Essa nova localização me permitiu fortalecer as ideias sobre a sexualidade no restante da obra. Da mesma forma, passei grande parte do material apresentado no último capítulo da primeira edição para capítulos anteriores. No lugar dele, apresento um novo capítulo acerca da política do empoderamento, que constitui a pedra angular do livro como um todo.

Os leitores familiarizados com a primeira edição verão que os três capítulos da Parte III foram os mais afetados por essa reorganização. Essas mudanças na Parte III, no entanto, permitiram-me apresentar uma análise mais rica, em termos de teoria, das conexões entre conhecimento e poder. No geral, os argumentos da primeira edição estão presentes, mas às vezes em lugares novos e inesperados.

Aprendi muito revisando a primeira edição de *Pensamento feminista negro*. Em particular, a experiência subjetiva de escrever a primeira edição em meados da década de 1980 foi significativamente diferente da experiência de revisá-la agora. Lembro-me de como foi difícil escrever a primeira edição. Naquela época, eu estava preocupada sobretudo com a expressão de minha voz, em dar forma ao espaço intelectual e político que me permitiria ser ouvida. Como aponta o prefácio da primeira edição*, eu considerava que minhas lutas individuais eram representativas das lutas coletivas das mulheres negras pela reivindicação

---

* Ver, neste volume, p. 15. (N. E.)

de um espaço intelectual e político similar. Os acontecimentos no contexto da publicação da primeira edição envolveram uma luta considerável. Um mês antes do lançamento de *Pensamento feminista negro*, toda a equipe que havia trabalhado no livro foi sumariamente demitida, vítima da aquisição da empresa por outra. Ficamos todos em choque. Durante o primeiro ano na nova editora, o livro recebeu pouca divulgação. Apesar da invisibilidade nos meios de comunicação, a primeira tiragem de *Pensamento feminista negro* se esgotou rapidamente. Eu me sentia desanimada. Tinha trabalhado duro, e parecia que tudo havia sido levado de mim num piscar de olhos. Felizmente, naquele ano terrível que antecedeu a venda do livro para a editora atual [em língua inglesa], os leitores de *Pensamento feminista negro* o mantiveram vivo. Compartilhavam exemplares, tiravam fotocópias dos capítulos e faziam divulgação boca a boca, uma forma eficaz de publicidade. Sou até hoje profundamente grata a quem leu a primeira edição; sem essas pessoas, este livro teria desaparecido.

Minha situação é diferente agora. Sinto-me menos preocupada com a expressão de minha voz em si, porque sei com que velocidade ela nos pode ser tirada. Minha preocupação agora é encontrar formas eficazes de usar essa voz que reivindiquei enquanto a tenho. À medida que enfrento novos desafios, novos desafios também se apresentam às estadunidenses negras e ao pensamento feminista negro como conjunto de saberes autodefinidos. Também me preocupa o futuro do pensamento feminista negro, visto que ele está sendo criado em condições muito mudadas. No entanto, enquanto o pensamento feminista negro – ou qualquer outro termo que venhamos a escolher no futuro para nomear esse trabalho intelectual – continuar dedicado a promover o empoderamento das mulheres negras e a justiça social em escala mais ampla, pretendo usar minha voz para apoiá-lo. Reconheço que a luta por justiça é maior que qualquer grupo, indivíduo ou movimento social. Ela certamente transcende qualquer livro, inclusive o meu. Para mim, a injustiça social é um problema coletivo que requer uma solução coletiva. Quanto a meu trabalho, o fundamental é que ele contribua para esse fim.

PARTE I
A CONSTRUÇÃO SOCIAL DO PENSAMENTO FEMINISTA NEGRO

1
A POLÍTICA DO PENSAMENTO FEMINISTA NEGRO

"Até quando as nobres filhas da África serão forçadas a deixar que seu talento e seu pensamento sejam soterrados por montanhas de panelas e chaleiras de ferro?", indagou Maria W. Stewart em 1831. Órfã desde os cinco anos de idade, entregue aos serviços da família de um clérigo como trabalhadora doméstica, Stewart lutou para se educar quando e onde pôde, de maneira fragmentada. Essa intelectual negra é uma pioneira: foi a primeira mulher nos Estados Unidos a proferir discursos sobre questões políticas e legar cópias de seus textos, e ainda prenunciou uma miríade de questões que seriam retomadas pelas feministas negras que a sucederam[1].

Maria Stewart incentivou as afro-americanas a rejeitar as imagens negativas da condição de mulher negra, tão presentes em seu tempo, assinalando que as opressões de raça, gênero e classe eram as causas fundamentais da pobreza das mulheres negras. Em um discurso realizado em 1833, declarou que, "assim como o rei Salomão, que não pegou em prego nem em martelo na construção de seu templo, mas levou os louros por ele, os estadunidenses brancos levam o mérito [...] quando, na realidade, sua principal base e alicerce fomos nós". Stewart protestou contra a injustiça dessa situação: "Nós fomos atrás das sombras; eles ficaram com a matéria. Nós fomos incumbidos do trabalho; eles ficaram com os rendimentos. Nós plantamos as vinhas; eles comeram os frutos"[2].

Maria Stewart não se contentou em apenas indicar a fonte da opressão das mulheres negras. Ela incentivou-as a criar definições próprias de auto-confiança e independência. "É inútil continuarmos sentadas, de braços cruzados, repreendendo os brancos. Isso não vai contribuir para melhorar nossa condição", exortou. "Tenham espírito de independência [...]. Tenham

---

[1] Marilyn Richardson (org.), *Maria W. Stewart: America's First Black Woman Political Writer* (Bloomington, IN, Indiana University Press, 1987).

[2] Ibidem, p. 59.

o espírito dos homens, ousado e intrépido, destemido e inabalável."[3] O poder de autodefinição era essencial para Stewart, pois a sobrevivência das mulheres negras estava em jogo. "Lutem pela defesa de seus direitos e privilégios. Conheçam as razões que as impedem de ter acesso a eles. Insistam até levá-los à exaustão. Tentar talvez nos custe a vida, mas não tentar certamente nos levará à morte."[4]

Stewart também incentivou as mulheres negras a usar seu papel específico como mães para constituir mecanismos poderosos de ação política. "Ah, mães, que responsabilidade lhes cabe!", clamou ela. "Almas lhes foram confiadas. [...] São vocês que devem cultivar a sede de conhecimento, o amor à virtude [...] e um coração puro em suas filhas e em seus filhos." Stewart tinha consciência da magnitude da tarefa. "Não digam que não podem fazer nada por seus filhos; digam [...] que vão tentar."[5]

Maria Stewart foi uma das primeiras feministas negras nos Estados Unidos a valorizar a importância das relações das mulheres negras umas com as outras para criar uma comunidade própria de ativismo e autodeterminação. "Até quando dirão que as filhas da África não têm ambição nem força?", perguntou ela. "Chega. Que os corações femininos se unam pela criação de um fundo; daqui a um ano e meio, talvez já tenhamos o suficiente para construir uma escola secundária, a fim de desfrutarmos dos mais altos ramos do conhecimento."[6] Stewart viu o potencial do ativismo das mulheres negras como educadoras e recomendou: "Voltem-se para o conhecimento e o aprimoramento, porque conhecimento é poder"[7].

Embora Stewart falasse pouco da política sexual da época em seus discursos, o conselho que oferecia às afro-americanas sugere que ela tinha consciência pungente do abuso sexual que as mulheres negras sofriam. Ela seguiu defendendo "a virtude e os princípios puros da moralidade"[8] para as mulheres negras. Já para os brancos que pensavam que as mulheres negras eram inerentemente inferiores, sua resposta foi mordaz: "Nossa alma se inflama com o mesmo amor à liberdade e à independência que a de vocês [...]. Tem muito do sangue de

---

[3] Ibidem, p. 53.

[4] Ibidem, p. 38.

[5] Ibidem, p. 35.

[6] Ibidem, p. 37.

[7] Ibidem, p. 41.

[8] Ibidem, p. 31.

vocês correndo em nossas veias, tem muito da cor de vocês em nossas peles, para não termos também seu espírito"[9].

Apesar do valor intelectual de Maria Stewart, o pensamento dessa mulher extraordinária chegou a nós apenas em fragmentos dispersos que não somente revelam seu brilhantismo como também demonstram eloquentemente o destino de muitas intelectuais negras. Existem muitas outras Marias Stewart: afro-americanas cujas ideias e cujos talentos acabaram suprimidos pelas panelas e chaleiras de ferro que simbolizam sua subordinação[10]. Muitas intelectuais afro-americanas trabalharam em condições de isolamento e obscuridade e, como Zora Neale Hurston, jazem em túmulos não identificados.

Algumas tiveram mais sorte, pois acabaram conhecidas, sobretudo graças aos esforços de acadêmicas negras contemporâneas[11]. Como Alice Walker, essas acadêmicas sentem que "um povo não descarta seus gênios" e, "se vier a descartá-los, é nosso dever, como artistas, acadêmicas e pessoas que dão testemunho ao futuro, recuperá-los para o bem de nossos filhos e filhas [...], osso por osso*, se for preciso"[12].

---

[9]   Ibidem, p. 40.

[10]   Beverly Guy-Sheftall, "Remembering Sojourner Truth: On Black Feminism", *Catalyst*, 1986, p. 54-7. Várias intelectuais negras investigaram temas centrais propostos inicialmente por Maria W. Stewart. Ver Gloria T. Hull, Patricia Bell Scott e Barbara Smith (orgs.), *But Some of Us Are Brave* (Old Westbury, Feminist Press, 1982). Já *The Afro-American Woman: Struggles and Images* (Port Washington, Kennikat, 1978), inovadora coletânea de ensaios sobre a história das mulheres negras organizada por Sharon Harley e Rosalyn Terborg-Penn, prefigurou a publicação de outros livros sobre a história das mulheres negras, como os de Paula Giddings, *When and Where I Enter... The Impact of Black Women on Race and Sex in America* (Nova York, William Morrow, 1984), e Deborah Gray White, *Ar'n't I a Woman? Female Slaves in the Plantation South* (Nova York, W. W. Norton, 1985), além da importante enciclopédia histórica de Darlene Clark Hine, Elsa Barkley Brown e Rosalyn Terborg-Penn (orgs.), *Black Women in America: An Historical Encyclopedia* (Nova York, Carlson, 1993). Houve igualmente um importante florescimento na crítica literária das mulheres negras, como evidencia a publicação de estudos minuciosos sobre escritoras negras, como Barbara Christian, *Black Feminist Criticism: Perspectives on Black Women Writers* (Nova York, Pergamon, 1985), Hazel Carby, *Reconstructing Womanhood: The Emergence of the Afro-American Woman Novelist* (Nova York, Oxford University Press, 1987), e Ann duCille, *Skin Trade* (Cambridge, MA, Harvard University Press, 1996).

[11]   Darlene Clark Hine, Elsa Barkley Brown e Rosalyn Terborg-Penn (orgs.), *Black Women in America*, cit.; Beverly Guy-Sheftall (org.), *Words of Fire: An Anthology of African American Feminist Thought* (Nova York, New Press, 1995).

*   Referência à busca de Walker pelo túmulo de Zora Neale Hurston, por muito tempo não identificado. (N. E.)

[12]   Alice Walker, *In Search of Our Mother's Gardens* (Nova York, Harcourt Brace Jovanovich, 1983), p. 92.

O doloroso processo de reunir ideias e realizações de mulheres negras que, como Maria Stewart, foram "descartadas" levou a uma importante descoberta. Intelectuais negras firmaram bases analíticas cruciais para uma visão diferente do eu, da comunidade e da sociedade; dessa forma, criaram uma multifacetada tradição intelectual de mulheres afro-americanas. Embora existam claras descontinuidades nessa tradição – momentos em que as vozes das mulheres negras mostraram toda sua força e outros em que foi fundamental adotar tons mais discretos –, a coerência temática da obra de Maria W. Stewart e de suas sucessoras é uma das dimensões poderosas de suas ideias.

Se existe essa tradição intelectual tão rica, por que ela continua praticamente invisível? Em 1905, Fannie Barrier Williams lamentou o fato de que "a menina de cor [...] não é conhecida e, portanto, não se acredita nela; ela pertence a uma raça que costuma ser designada pela palavra 'problema' e vive à sombra desse problema que a cerca e obscurece"[13]. Por que nós, mulheres afro-americanas, não somos conhecidas? Por que não acreditam em nós?

A sombra que obscurece essa complexa tradição intelectual das mulheres negras não é nem acidental nem benigna. Suprimir os conhecimentos produzidos por qualquer grupo oprimido facilita o exercício do poder por parte dos grupos dominantes, pois a aparente falta de dissenso sugere que os grupos subordinados colaboram voluntariamente para sua própria vitimização[14]. A invisibilização das mulheres negras e de nossas ideias – não apenas nos Estados Unidos, mas na África, no Caribe, na América do Sul, na Europa e em outros lugares onde vivem mulheres negras – tem sido decisiva para a manutenção de desigualdades sociais. Mulheres negras que se dedicam a reivindicar e construir conhecimentos sobre mulheres negras costumam chamar a atenção para a política de supressão que seus projetos enfrentam. Várias autoras da coletânea organizada por Heidi Mirza sobre o feminismo negro britânico[15], por exemplo, falam de sua invisibilidade e de seu silenciamento no Reino Unido contemporâneo. Da mesma forma, a empresária sul-africana Danisa Baloyi relata seu espanto diante da invisibilidade da produção acadêmica das mulheres africanas nos Estados Unidos:

---

[13] Fannie Barrier Williams, "The Colored Girl", em Mary Helen Washington (org.), *Invented Lives: Narratives of Black Women 1860-1960* (Garden City, Anchor, 1987), p. 150.

[14] James C. Scott, *Weapons of the Weak: Everyday Forms of Peasant Resistance* (New Haven, CT, Yale University Press, 1985).

[15] Heidi Safia Mirza (org.), *Black British Feminism: A Reader* (Nova York, Routledge, 1997).

A POLÍTICA DO PENSAMENTO FEMINISTA NEGRO **33**

Como estudante fazendo pesquisa nos Estados Unidos, fiquei impressionada com a [pequena] quantidade de informações sobre as mulheres sul-africanas negras, e chocada com o fato de que apenas uma quantidade mínima disso tivesse sido escrita por mulheres negras.[16]

Apesar dessa supressão, mulheres negras estadunidenses conseguiram desenvolver seu trabalho intelectual e fazer com que nossas ideias fossem levadas em conta. Sojourner Truth, Anna Julia Cooper, Ida B. Wells-Barnett, Mary McLeod Bethune, Toni Morrison, Barbara Smith e inúmeras outras lutaram e lutam com firmeza para serem ouvidas. Escritoras africanas como Ama Ata Aidoo, Buchi Emecheta e Ellen Kuzwayo usaram suas vozes para levantar questões importantes que afetam as mulheres negras africanas[17]. Como a obra de Maria W. Stewart e, transnacionalmente, de outras mulheres negras, o trabalho intelectual das afro-americanas tem contribuído para promover o ativismo feminino negro.

Essa dialética da opressão e do ativismo, ou seja, a tensão entre a supressão das ideias das afro-americanas e nosso ativismo intelectual contra essa supressão constitui a política do pensamento feminista negro nos Estados Unidos. Compreender essa relação dialética é crucial para identificarmos como o pensamento feminista negro nos Estados Unidos – seus temas centrais, sua importância epistemológica e suas conexões com a prática feminista negra nacional e transnacional – está fundamentalmente inscrito em um contexto político que desafia o próprio direito de existência dessas ideias.

A SUPRESSÃO DO PENSAMENTO FEMINISTA NEGRO

A grande maioria das afro-americanas descende de mulheres trazidas aos Estados Unidos para trabalhar como escravas em uma situação de opressão. Opressão é um termo que descreve qualquer situação injusta em que, sistematicamente e por um longo período, um grupo nega a outro grupo o acesso aos recursos da sociedade. Raça, classe, gênero, sexualidade, nação, idade e etnia, entre outras, constituem as principais formas de opressão nos Estados Unidos. No entanto, a convergência das opressões de raça, classe e gênero, característica da escravidão

---

[16] Danisa E. Baloyi, "Apartheid and Identity: Black Women in South Africa", em Achola O. Pala (org.), *Connecting across Cultures and Continents: Black Women Speak Out on Identity, Race and Development* (Nova York, United Nations Development Fund for Women, 1995), p. 41.

[17] Adeola James, *In Their Own Voices: African Women Writers Talk* (Portsmouth, NH, Heinemann, 1990).

nos Estados Unidos, configurou todas as relações subsequentes que as mulheres de ascendência africana vivenciaram nas famílias e comunidades negras no país, com empregadores e umas com as outras. Também fez surgir o contexto político em que o trabalho intelectual das mulheres negras se desenvolveu.

A opressão das afro-americanas engloba três dimensões interdependentes. Primeiro, a exploração do trabalho das mulheres negras, fundamental para o capitalismo estadunidense – as "panelas e chaleiras de ferro" que simbolizam a persistente guetização dessas mulheres na prestação de serviços –, representa a dimensão econômica da opressão[18]. Para a maioria das afro-americanas, sobreviver é tão desgastante que poucas tiveram oportunidade de realizar um trabalho intelectual nos moldes em que é tradicionalmente definido. As condições de trabalho estafantes das afro-americanas escravizadas e a pobreza excruciante do trabalho assalariado "livre" no Sul rural ilustram de maneira reveladora o alto preço que as mulheres negras pagaram por sua sobrevivência. Os milhões de afro-americanas empobrecidas e guetizadas na Filadélfia, em Birmingham, Oakland, Detroit e outras cidades dos Estados Unidos revelam a continuidade dessas formas primeiras de exploração econômica das mulheres negras[19].

Segundo, a dimensão política da opressão negou às mulheres afro-americanas os direitos e privilégios que costumam ser estendidos aos cidadãos brancos do sexo masculino[20]. Proibir mulheres negras de votar, excluir dos cargos públicos afro-americanos e mulheres e recusar tratamento equitativo no sistema de justiça criminal: tudo isso substancia a subordinação política das mulheres negras. As instituições de ensino também fomentaram esse padrão de privação de direitos. Práticas

---

[18] Angela Davis, *Mulheres, raça e classe* (trad. Heci Regina Candiani, São Paulo, Boitempo, 2016); Manning Marable, "Grounding with My Sisters: Patriarchy and the Exploitation of Black Women", em *How Capitalism Underdeveloped Black America* (Boston, South End, 1983), p. 69-104; Jacqueline Jones, *Labor of Love, Labor of Sorrow: Black Women, Work, and the Family from Slavery to the Present* (Nova York, Basic Books, 1985); Teresa L. Amott e Julie Matthaei, *Race, Gender, and Work: A Multicultural Economic History of Women in the United States* (Boston, South End, 1991).

[19] Rose Brewer, "Theorizing Race, Class and Gender: The New Scholarship of Black Feminist Intellectuals and Black Women's Labor", em Stanlie M. James e Abena P. A. Busia (orgs.), *Theorizing Black Feminisms: The Visionary Pragmatism of Black Women* (Nova York, Routledge, 1993), p. 13-30. Ver também Barbara Omolade, *The Rising Song of African American Women* (Nova York, Routledge, 1994).

[20] Margaret A. Burnham, "An Impossible Marriage: Slave Law and Family Law", *Law and Inequality*, v. 5, 1987, p. 187-225; Judy Scales-Trent, "Black Women and the Constitution: Finding Our Place, Asserting Our Rights", *Harvard Civil Rights-Civil Liberties Law Review*, v. 24, 1989, p. 9-43; Mary Frances Berry, *Black Resistance, White Law: A History of Constitutional Racism in America* (Nova York, Penguin, 1994 [1971]).

A POLÍTICA DO PENSAMENTO FEMINISTA NEGRO 35

do passado, como negar alfabetização a escravos e relegar as mulheres negras, no Sul do país, a escolas subfinanciadas e segregadas, fizeram com que a educação de qualidade para as mulheres negras fosse sempre exceção, e não regra[21]. O grande número de jovens negras de zonas rurais e áreas urbanas centrais empobrecidas que ainda hoje abandonam a escola antes de atingir a alfabetização plena representa a continuada eficácia da dimensão política da opressão das mulheres negras.

Finalmente, as imagens de controle surgidas na era da escravidão e ainda hoje aplicadas às mulheres negras atestam a dimensão ideológica da opressão das estadunidenses negras[22]. Quando falo em ideologia, refiro-me a um corpo de ideias que reflete os interesses de um grupo de pessoas. Na cultura estadunidense, as ideologias racista e sexista permeiam a estrutura social a tal ponto que se tornam hegemônicas, ou seja, são vistas como naturais, normais e inevitáveis. Nesse contexto, certas qualidades supostamente relacionadas às mulheres negras são usadas para justificar a opressão. Desde as *mammies**, as jezebéis** e as procriadoras do tempo da escravidão*** até as sorridentes tias Jemimas das embalagens de massa para panqueca, passando pelas onipresentes prostitutas negras e pelas mães que dependem das políticas de assistência social para sobreviver, sempre presentes na cultura popular contemporânea, os estereótipos negativos aplicados às afro-americanas têm sido fundamentais para sua opressão.

Tomada em conjunto, a rede supostamente homogênea de economia, política e ideologia funciona como um sistema altamente eficaz de controle social destinado a manter as mulheres afro-americanas em um lugar designado e subordinado. Esse sistema mais amplo de opressão suprime as ideias das intelectuais negras e protege os interesses e as visões de mundo da elite masculina branca. Negar às

---

[21] Leith Mullings, *On Our Own Terms: Race, Class, and Gender in the Lives of African American Women* (Nova York, Routledge, 1997).

[22] Mae King, "The Politics of Sexual Stereotypes", *Black Scholar*, v. 4, n. 6-7, 1973, p. 12-23; Deborah Gray White, *Ar'n't I a Woman?*, cit.; Hazel Carby, *Reconstructing Womanhood*, cit.; Patricia Morton, *Disfigured Images: The Historical Assault on Afro-American Women* (Nova York, Praeger, 1991).

* A *mammy* é o estereótipo da babá negra escravizada, obediente e abnegada, muitas vezes também ama de leite dos bebês de uma família branca e responsável por outras tarefas domésticas. Pode ser aproximada da ideia da mãe preta no contexto brasileiro. Também é o nome de uma personagem do livro *E o vento levou...*, de Margaret Mitchell. (N. T.)

** "Jezebel" é o estereótipo da mulher negra altamente sexualizada e promíscua, supostamente capaz de usar o poder de sedução para enganar e manipular. O nome tem origem em uma personagem bíblica. (N. T.)

*** As mulheres negras escravizadas eram estimuladas e muitas vezes forçadas a engravidar para garantir o crescimento da força de trabalho escravizada. (N. T.)

36 Pensamento feminista negro

afro-americanas a possibilidade de se alfabetizar de fato impediu a maior parte delas de chegar à posição de acadêmicas, professoras, escritoras, poetas e críticas. Além disso, embora há muito existam historiadoras, escritoras e cientistas sociais negras, até recentemente essas mulheres não ocupavam posições de liderança em universidades, associações profissionais, publicações impressas, veículos de rádio e teledifusão e outras instituições sociais de validação do conhecimento. A exclusão das mulheres negras de posições de poder nas principais instituições levou à valorização das ideias e dos interesses da elite masculina branca e à correspondente supressão de ideias e interesses das mulheres negras no mundo acadêmico tradicional[23]. Além disso, essa exclusão histórica significa que imagens estereotipadas das mulheres negras permeiam a cultura popular e as políticas públicas[24].

Os estudos da mulher nos Estados Unidos e na Europa vêm desafiando as ideias aparentemente hegemônicas da elite masculina branca. Ironicamente, os feminismos ocidentais também suprimiram as ideias das mulheres negras[25]. Embora as intelectuais negras há muito expressem uma sensibilidade feminista distinta, de influência africana, sobre a intersecção de raça e classe na estruturação do gênero, historicamente nós não temos sido participantes plenas das organizações feministas criadas por brancas[26]. O resultado é que as mulheres afro-americanas, latino-americanas, indígenas e asiático-americanas têm acusado os feminismos ocidentais de racismo e preocupação excessiva com questões relacionadas às mulheres brancas de classe média[27].

---

[23] Evelyn Brooks Higginbotham, "Beyond the Sound of Silence: AfroAmerican Women in History", *Gender and History*, v. 1, n. 1, 1989, p. 50-67; Patricia Morton, *Disfigured Images*, cit.; Patricia Hill Collins, *Fighting Words: Black Women and the Search for Justice* (Minneapolis, University of Minnesota Press, 1998), p. 95-123.

[24] Michele Wallace, *Invisibility Blues: From Pop to Theory* (Nova York, Verso, 1990); Wahneema Lubiano, "Black Ladies, Welfare Queens, and State Minstrels: Ideological War by Narrative Means", em Toni Morrison (org.), *Race-ing Justice, En-Gendering Power* (Nova York, Pantheon, 1992), p. 323-63; K. Sue Jewel, *From Mammy to Miss America and Beyond: Cultural Images and the Shaping of U.S. Social Policy* (Nova York, Routledge, 1993).

[25] Ann duCille, *Skin Trade*, cit., p. 81-119.

[26] Paula Giddings, *When and Where I Enter*, cit.; Maxine Baca Zinn et al., "The Costs of Exclusionary Practices in Women's Studies", *Signs*, v. 11, n. 2, 1986, p. 290-303; Nancie Caraway, *Segregated Sisterhood: Racism and the Politics of American Feminism* (Knoxville, University of Tennessee Press, 1991).

[27] Cherrie Moraga e Gloria Anzaldua (orgs.), *This Bridge Called My Back: Writings by Radical Women of Color* (Watertown, Persephone, 1981); Barbara Smith, "Racism and Women's Studies", em Gloria T. Hull, Patricia Bell Scott e Barbara Smith (orgs.), *But Some of Us Are Brave*, cit., p. 48-51; Bonnie Thornton Dill, "Race, Class, and Gender: Prospects for an All-Inclusive Sisterhood",

Tradicionalmente, muitas pesquisadoras feministas brancas nos Estados Unidos resistem a mulheres negras como colegas de profissão. Além disso, essa supressão histórica das ideias das mulheres negras teve importante influência na teoria feminista. Um dos padrões de supressão é a omissão. Teorias apresentadas como universalmente aplicáveis às mulheres como grupo parecem, após exame mais detalhado, bastante limitadas pela origem branca, ocidental e de classe média de suas proponentes. Por exemplo, o trabalho de Nancy Chodorow[28] sobre a socialização dos papéis sexuais e o estudo de Carol Gilligan[29] sobre o desenvolvimento moral das mulheres são fortemente baseados em exemplos de pessoas brancas de classe média. Ainda que esses dois clássicos tenham feito contribuições fundamentais para a teoria feminista, eles promoveram ao mesmo tempo a ideia de uma mulher genérica que é branca e de classe média. A ausência de ideias feministas negras nesses e em outros estudos colocou-as em uma posição muito mais frágil para desafiar a hegemonia da produção acadêmica dominante produzida em nome de todas as mulheres.

Outro padrão de supressão consiste em defender no discurso a necessidade de diversidade, mas mudar pouco a prática. Atualmente, nos Estados Unidos, há mulheres brancas com grande competência em pesquisas sobre uma série de questões que reconhecem a diversidade como necessária, mas omitem as mulheres de cor de seu trabalho. Essas mulheres alegam que, por não serem negras, não são qualificadas para compreender ou mesmo falar sobre "as experiências das mulheres negras". Outras abrem espaço para algumas vozes negras garantidas, "escolhidas a dedo", para não serem acusadas de racismo. Esses dois exemplos refletem a relutância de muitas feministas brancas estadunidenses em alterar os paradigmas que norteiam seu trabalho.

Um padrão mais recente de supressão implica incorporar, alterar e, assim, despolitizar as ideias feministas negras. A crescente popularidade do pós-modernismo no ensino superior dos Estados Unidos na década de 1990, especialmente no âmbito da crítica literária e dos estudos culturais, promove um ambiente em

---

Feminist Studies, v. 9, n. 1, 1983, p. 131-50; Angela Davis, *Mulheres, cultura e política* (trad. Heci Regina Candiani, São Paulo, Boitempo, 2017).

[28] Nancy Chodorow, *The Reproduction of Mothering* (Berkeley, University of California Press, 1978) [ed. bras.: *Psicanálise da maternidade: uma crítica de Freud a partir da mulher*, trad. Nathanael C. Caixeiro, Rio de Janeiro, Rosa dos Tempos, 1991].

[29] Carol Gilligan, *In a Different Voice* (Cambridge, MA, Harvard University Press, 1982) [ed. bras.: *Uma voz diferente: psicologia da diferença entre homens e mulheres da infância à idade adulta*, trad. Nathanael C. Caixeiro, Rio de Janeiro, Rosa dos Tempos, 1982].

38 PENSAMENTO FEMINISTA NEGRO

que a inclusão simbólica com frequência toma o lugar de mudanças substanciais genuínas. Como o interesse pelo trabalho das mulheres negras se aproximou de um esoterismo, sugere Ann duCille[30], ele "marginaliza cada vez mais as críticas e as pesquisadoras negras que investigaram os campos em questão, assim como suas 'crias' feministas negras que desenvolveriam ainda mais esses campos"[31]. A crítica literária feminista negra Barbara Christian, pioneira dos estudos sobre mulheres negras na academia estadunidense, questiona se o feminismo negro é capaz de sobreviver à perniciosa política de ressegregação[32]. Ao discutir a política de um novo multiculturalismo, a crítica feminista negra Hazel Carby demonstra consternação diante do quadro de crescente inclusão simbólica em que textos de escritoras negras são bem-vindos na concepção de sala de aula multicultural, mas não as mulheres negras em si[33].

Nem todas as feministas ocidentais brancas participam desses diferentes padrões de supressão. Algumas tentam construir coalizões entre marcadores raciais e outros marcadores da diferença, e muitas vezes com resultados notáveis. Os trabalhos de Elizabeth Spelman, Sandra Harding, Margaret Andersen, Peggy McIntosh, Mab Segrest, Anne Fausto-Sterling e outras pensadoras feministas brancas estadunidenses mostram um esforço sincero para desenvolver um feminismo multirracial e diversificado[34]. No entanto, apesar de seus esforços, essas preocupações persistem.

Assim como a pesquisa feminista, as diversas vertentes do pensamento social e político afro-americano também desafiaram a produção acadêmica dominante.

---

[30] Ann duCille, *Skin Trade*, cit.

[31] Ibidem, p. 87.

[32] Barbara Christian, "Diminishing Returns: Can Black Feminism(s) Survive the Academy?", em David Theo Goldberg (org.), *Multiculturalism: A Critical Reader* (Cambridge, Basil Blackwell, 1994), p. 168-79.

[33] Hazel Carby, "The Multicultural Wars", em Michele Wallace e Gina Dent (orgs.), *Black Popular Culture* (Seattle, Bay Press, 1992), p. 187-99.

[34] Elizabeth V. Spelman, *Inessential Woman: Problems of Exclusion in Feminist Thought* (Boston, Beacon, 1988); Sandra Harding, *The Science Question in Feminism* (Ithaca, NY, Cornell University Press, 1986). Ver também, da mesma autora, *Is Science Multicultural? Postcolonialisms, Feminisms, and Epistemologies* (Bloomington, IN, Indiana University Press, 1998); Margaret L. Andersen, "Feminism and the American Family Ideal", *Journal of Comparative Family Studies*, v. 22, n. 2, 1991, p. 235-46; Peggy McIntosh, *White Privilege and Male Privilege: A Personal Account of Coming to See Correspondences through Work in Women's Studies, working paper* n. 189 (Wellesley, Center for Research on Women, Wellesley College, 1988); Mab Segrest, *Memoir of a Race Traitor* (Boston, South End, 1994); Anne Fausto-Sterling, "Gender, Race and Nation: The Comparative Anatomy of 'Hottentot' Women in Europe, 1815-1817", em Jennifer Terry e Jacqueline Urla (orgs.), *Deviant Bodies: Critical Perspectives on Difference in Science and Popular Culture* (Bloomington, IN, Indiana University Press, 1995), p. 19-48.

A POLÍTICA DO PENSAMENTO FEMINISTA NEGRO 39

Entretanto, o pensamento social e político negro tem sido limitado tanto pela postura reformista que muitos intelectuais negros estadunidenses assumiram diante das mudanças[35] quanto pelo estatuto secundário atribuído às ideias e experiências das afro-americanas. A adesão a um *éthos* masculino, que muito frequentemente equipara o progresso racial à aquisição de uma condição masculina mal definida, legou a grande parte do pensamento negro estadunidense um viés proeminentemente masculinista.

Nesse caso, os padrões de supressão das ideias das mulheres negras se mostraram semelhantes, mas diferentes. Embora a participação das mulheres negras no discurso acadêmico dominante e nas arenas feministas brancas tenha sido pequena ou nula, há muito temos sido incluídas nas estruturas organizacionais da sociedade civil negra. A aceitação de papéis subalternos nas organizações negras não significa que as estadunidenses negras tenhamos pouca autoridade ou que experimentemos o patriarcado da mesma forma que as mulheres brancas nas organizações brancas[36]. Porém, com exceção das organizações de mulheres negras, as organizações dirigidas por homens historicamente não dão destaque às questões relativas às mulheres negras[37], ou só o fizeram sob pressão. A ativista feminista negra Pauli Murray, por exemplo, descobriu que, desde sua fundação em 1916 até 1970, o *Journal of Negro History* publicou apenas cinco artigos dedicados exclusivamente às mulheres negras[38]. A monografia histórica de Evelyn Brooks Higginbotham sobre as mulheres negras nas igrejas batistas negras registra a luta das afro-americanas para levantar questões que dissessem respeito às mulheres[39]. Mesmo organizações negras progressistas não foram imunes à discriminação de gênero. A experiência da ativista de direitos civis Ella Baker na Conferência da Liderança Cristã do Sul mostra uma das muitas formas que a supressão das ideias e dos talentos das mulheres negras pode assumir. Baker administrava a organização

---

[35] Harold Cruse, *The Crisis of the Negro Intellectual* (Nova York, William Morrow, 1967); Cornel West, "Philosophy and the Afro-American Experience", *Philosophical Forum*, v. 9, n. 2-3, 1977--1978, p. 117-48.

[36] Sara Evans, *Personal Politics* (Nova York, Vintage, 1979); Cheryl Townsend Gilkes, "'Together and in Harness': Women's Traditions in the Sanctified Church", *Signs*, v. 10, n. 4, 1985, p. 678-99.

[37] Frances Beale, "Double Jeopardy: To Be Black and Female", em Toni Cade Bambara (org.), *The Black Woman: An Anthology* (Nova York, Signet, 1970), p. 90-100; Manning Marable, "Grounding with My Sisters", cit.

[38] Pauli Murray, "The Liberation of Black Women", em Mary Lou Thompson (org.), *Voices of the New Feminism* (Boston, Beacon, 1970), p. 87-102.

[39] Evelyn Brooks Higginbotham, *Righteous Discontent: The Women's Movement in the Black Baptist Church, 1880-1920* (Cambridge, MA, Harvard University Press, 1993).

praticamente sozinha, mas tinha de se submeter à autoridade decisória de um grupo de líderes exclusivamente masculino[40]. A ativista dos direitos civis Septima Clark descreve uma experiência semelhante: "Descobri que, em todo o Sul, o que quer que os homens dissessem tinha de estar certo. Eles detinham todo o poder de decisão. A mulher não podia dizer nada"[41]. Afro-americanas radicais também podem passar por situações em que têm de se submeter à autoridade masculina. Em sua autobiografia[42], Elaine Brown, que nos anos 1960 foi membro e posteriormente líder da organização radical Partido dos Panteras Negras para a Autodefesa, discute o sexismo manifestado pelos homens desse grupo. No geral, ainda que as intelectuais negras tenham afirmado seu direito de falar tanto como afro-americanas quanto como mulheres, ao longo da história elas não ocuparam posições de liderança nas organizações negras, e com frequência encontravam ali dificuldades para expressar ideias feministas negras[43].

Grande parte do pensamento feminista negro contemporâneo nos Estados Unidos reflete a disposição crescente das mulheres negras a se opor à desigualdade de gênero na sociedade civil negra. Septima Clark descreve essa transformação:

> Eu sentia que as mulheres não podiam se manifestar, porque quando as reuniões distritais eram realizadas na minha região [...] eu sentia que não podia dizer o que estava pensando. [...] Mais tarde, descobri que as mulheres tinham muito a dizer, e o que tinham a dizer realmente valia a pena. [...] Então começamos a falar, e temos falado bastante desde então.[44]

As intelectuais afro-americanas têm "falado bastante" desde 1970, insistindo que o viés masculinista no pensamento social e político negro, o viés racista na teoria feminista e o viés heterossexista em ambos sejam corrigidos[45].

---

[40] Ellen Cantarow, *Moving the Mountain: Women Working for Social Change* (Old Westbury, Feminist Press, 1980).

[41] Cynthia Stokes Brown (org.), *Ready from Within: Septima Clark and the Civil Rights Movement* (Navarro, CA, Wild Trees, 1986), p. 79.

[42] Elaine Brown, *A Taste of Power: A Black Woman's Story* (Nova York, Pantheon, 1992).

[43] Paula Giddings, *When and Where I Enter*, cit.

[44] Cynthia Stokes Brown (org.), *Ready from Within*, cit., p. 82.

[45] Toni Cade Bambara, "On the Issue of Roles", em *The Black Woman*, cit., p. 101-10; Bonnie Thornton Dill, "The Dialectics of Black Womanhood", *Signs*, v. 4, n. 3, 1979, p. 543-55; June Jordan, *Civil Wars* (Boston, Beacon, 1981); The Combahee River Collective, "A Black Feminist Statement", em Gloria T. Hull, Patricia Bell Scott e Barbara Smith (orgs.), *But Some of Us Are Brave*, cit., p. 13-22; Audre Lorde, *Sister Outsider* (Trumansburg, Crossing, 1984) [ed. bras.: *Irmã outsider*, trad. Stephanie Borges, Belo Horizonte, Autêntica, no prelo].

A POLÍTICA DO PENSAMENTO FEMINISTA NEGRO   41

Na sociedade civil negra, o crescimento da visibilidade das ideias das mulheres negras não ocorreu sem oposição. A reação virulenta de alguns homens negros a escritos pioneiros de mulheres negras, como a que aparece na análise que Robert Staples[46] fez do coreopoema *For Colored Girls Who Have Considered Suicide* [Para meninas de cor que pensaram em suicídio][47], de Ntozake Shange, e do controverso *Black Macho and the Myth of the Superwoman* [O macho negro e o mito da supermulher], de Michele Wallace[48], ilustra a dificuldade de pôr em questão o viés masculinista no pensamento social e político negro. Alice Walker enfrentou reações igualmente hostis à publicação de *A cor púrpura*[49]. Ao descrever a resposta dos homens afro-americanos à enxurrada de publicações de escritoras negras nos anos 1970 e 1980, Calvin Hernton faz uma crítica incisiva à aparente persistência do viés masculinista:

> O que é revelador na atitude hostil dos homens negros em relação às escritoras negras é que eles interpretam o novo impulso tomado pelas mulheres como "contraproducente" para o objetivo histórico da luta negra. Significativamente, embora os homens negros tenham obtido um reconhecimento notável ao longo da história da escrita negra, as mulheres negras não os acusaram de colaborar com o inimigo nem de retardar o progresso da raça.[50]

Nem todas as reações de homens negros durante esse período foram hostis. Manning Marable, por exemplo, dedica um capítulo inteiro de *How Capitalism Underdeveloped Black America* [Como o capitalismo subdesenvolveu a América negra] ao fato de o sexismo ter sido um dos principais obstáculos ao desenvolvimento da comunidade negra[51]. Seguindo os passos de Marable, os trabalhos de Haki Madhubuti, Cornel West, Michael Awkward, Michael Dyson e outros sugerem que alguns pensadores negros estadunidenses levaram a sério o pensamento

---

46   Robert Staples, "The Myth of Black Macho: A Response to Angry Black Feminists", *Black Scholar*, v. 10, n. 6, 1979, p. 24-33.

47   Ntozake Shange, *For Colored Girls Who Have Considered Suicide/When the Rainbow Is Enuf* (Nova York, Macmillan, 1975).

48   Michele Wallace, *Black Macho and the Myth of the Superwoman* (Nova York, Dial, 1978).

49   Alice Walker, *The Color Purple* (Nova York, Washington Square Press, 1982) [ed. bras.: *A cor púrpura*, trad. Betúlia Machado, Maria José Silveira e Peg Bodelson, Rio de Janeiro, José Olympio, 2016].

50   Calvin Hernton, "The Sexual Mountain and Black Women Writers", *Black Scholar*, v. 16, n. 4, 1985, p. 5.

51   Manning Marable, "Grounding with My Sisters", cit.

feminista negro[52]. Apesar das diversas perspectivas ideológicas expressas por esses escritores, todos parecem reconhecer a importância das ideias das mulheres negras.

O PENSAMENTO FEMINISTA NEGRO COMO TEORIA SOCIAL CRÍTICA

Ainda que não pareçam, situações como a supressão das ideias das mulheres negras na academia tradicional e as tensões nas críticas a esse conhecimento estabelecido são inerentemente instáveis. As condições da economia política mais ampla moldam a subordinação das mulheres negras e, ao mesmo tempo, estimulam o ativismo. Em certo nível, os oprimidos têm, em geral, consciência disso. Para as mulheres afro-americanas, o conhecimento adquirido nas opressões interseccionais de raça, classe e gênero incentiva a elaboração e a transmissão dos saberes subjugados[53] da teoria social crítica das mulheres negras[54].

Como grupo historicamente oprimido, as estadunidenses negras produziram um pensamento social concebido para se opor à opressão. A forma assumida por esse pensamento não apenas diverge da teoria acadêmica padrão – pode tomar a forma de poesia, música, ensaios etc. –, mas o *propósito* do pensamento coletivo das mulheres negras é distintamente diferente. As teorias sociais que surgem de e/ou em nome das estadunidenses negras e de outros grupos historicamente

---

[52] Haki R. Madhubuti (org.), *Confusion by Any Other Name: Essays Exploring the Negative Impact of the Blackman's Guide to Understanding the Blackwoman* (Chicago, Third World, 1990); Cornel West, *Race Matters* (Boston, Beacon, 1993) [ed. bras.: *Questão de raça*, trad. Laura Teixeira Motta, São Paulo, Companhia das Letras, 1994]; Michael Awkward, "A Black Man's Place(s) in Black Feminist Criticism", em Marcellus Blount e George P. Cunningham (orgs.), *Representing Black Men* (Nova York, Routledge, 1996), p. 3-26; Michael Eric Dyson, *Race Rules: Navigating the Color Line* (Nova York, Vintage, 1996).

[53] O modo como utilizo a expressão *saberes subjugados* difere um pouco da definição de Michel Foucault. De acordo com Foucault, os saberes subjugados são "blocos de conhecimento histórico que estavam presentes, mas foram ocultados", ou seja, "todo um conjunto de saberes que foram desqualificados porque não estavam à altura de sua tarefa ou não eram suficientemente elaborados: saberes ingênuos, situados em uma posição inferior na hierarquia, aquém do nível exigido de cognição ou cientificidade". Ver Michel Foucault, *Power/Knowledge: Selected Interviews and Other Writings, 1972-1977* (Nova York, Pantheon, 1980), p. 82. Defendo que o pensamento feminista negro não é um "saber ingênuo", mas foi feito para parecer ingênuo por aqueles que controlam os procedimentos de validação do saber. Além disso, Foucault argumenta que os saberes subjugados são "particulares, locais e regionais, saberes diferenciais inaptos à unanimidade e que devem sua força apenas à aspereza com que se opõem a tudo que os cerca" (ver idem). O componente do pensamento feminista negro que analisa a opressão das mulheres negras condiz parcialmente com essa definição, mas as influências independentes e de longa data derivadas de matrizes africanas que estão presentes no pensamento das mulheres negras são omitidas na análise de Foucault.

[54] Patricia Hill Collins, *Fighting Words*, cit., p. 3-10.

oprimidos visam encontrar maneiras de escapar da, sobreviver na e/ou se opor à injustiça social e econômica prevalecente. Nos Estados Unidos, por exemplo, o pensamento social e político afro-americano analisa o racismo institucionalizado não para ajudá-lo a funcionar de maneira mais eficiente, mas para resistir a ele. O feminismo defende a emancipação e o empoderamento das mulheres, o pensamento social marxista visa a uma sociedade mais equitativa, enquanto a teoria *queer* se opõe ao heterossexismo. Fora dos Estados Unidos, muitas mulheres de grupos oprimidos também buscam compreender as novas formas de injustiça. Em um contexto transnacional pós-colonial, mulheres de Estados-nação recentes e muitas vezes governados por negros no Caribe, na África e na Ásia têm lidado com novos significados ligados à etnia, à cidadania e à religião. Em Estados-nação europeus cada vez mais multiculturais, mulheres imigrantes de ex-colônias têm deparado com novas formas de subjugação[55]. Teorias sociais produzidas por mulheres oriundas de grupos diversos não costumam surgir da atmosfera etérea de sua imaginação. Ao contrário, elas refletem o esforço dessas mulheres para lidar com experiências vividas em meio a opressões interseccionais de raça, classe, gênero, sexualidade, etnia, nação e religião[56].

O pensamento feminista negro, a teoria social crítica das estadunidenses negras, reflete relações de poder semelhantes. Para as afro-americanas, a teoria social crítica abrange conjuntos de conhecimentos e práticas institucionais que tratam ativamente das principais questões enfrentadas pelas estadunidenses negras como coletividade. Tal pensamento é necessário porque as afro-americanas como *grupo* permanecem oprimidas em um contexto nacional caracterizado pela injustiça. Isso não significa que todas as afro-americanas desse grupo sejam oprimidas da mesma maneira nem que umas não oprimam as outras. A identidade do pensamento feminista negro como teoria social "crítica" reside em seu compromisso com a justiça, tanto para as estadunidenses negras como coletividade quanto para outros grupos oprimidos.

Ao longo da história, dois fatores estimularam a teoria social crítica das afro-americanas. Por um lado, antes da Segunda Guerra Mundial, a segregação racial na moradia urbana se tornou tão arraigada que a maioria das afro-americanas vivia circunscrita a bairros negros onde seus filhos frequentavam

---

55 Nira Yuval-Davis, *Gender and Nation* (Thousand Oaks, Sage, 1997).

56 Ver, por exemplo, M. Jacqui Alexander e Chandra Talpade Mohanty (orgs.), *Feminist Genealogies, Colonial Legacies, Democratic Futures* (Nova York, Routledge, 1997), e Heidi Safia Mirza (org.), *Black British Feminism*, cit.

escolas predominantemente negras e onde elas próprias faziam parte de igrejas e organizações comunitárias exclusivamente negras. Embora a guetização tenha sido projetada para fomentar o controle político e a exploração econômica dos negros estadunidenses[57], a vizinhança exclusivamente negra também serviu como um espaço à parte, no qual mulheres e homens afro-americanos puderam usar ideias de matriz africana para desenvolver saberes de resistência voltados contra a opressão racial.

Cada grupo social tem uma visão de mundo em constante evolução que utiliza para ordenar e avaliar suas próprias experiências[58]. Para os afro-americanos, essa visão de mundo se originou nas cosmologias de diversos grupos étnicos da África Ocidental[59]. Ao reter e reelaborar elementos significativos dessas culturas, comunidades de africanos escravizados ofereceram a seus membros explicações da escravidão distintas daquelas dadas pelos proprietários de escravos[60]. Essas ideias de matriz africana também lançaram as bases das regras de uma sociedade civil distintivamente negra nos Estados Unidos. Mais tarde, o confinamento dos afro-americanos em áreas exclusivamente negras no Sul rural e nos guetos urbanos do Norte promoveu a consolidação de um *éthos* distinto na sociedade civil negra no que diz respeito à linguagem[61], à religião[62], à estrutura familiar[63] e às políticas comunitárias[64]. Embora tenham sido essenciais para a sobrevivência dos negros estadunidenses como grupo e expressos de formas diferentes de indivíduo para indivíduo, esses saberes foram ao mesmo tempo ocultados dos brancos e suprimidos por eles. Os saberes negros de resistência existiam para resistir à injustiça, mas também permaneciam subjugados.

---

[57] Gregory D. Squires, *Capital and Communities in Black and White: The Intersections of Race, Class, and Uneven Development* (Albany, NY, State University of New York Press, 1994).

[58] Mechal Sobel, *Trabelin' on: The Slave Journey to an Afro-Baptist Faith* (Princeton, Princeton University Press, 1979).

[59] Cheikh Diop, *The African Origin of Civilization: Myth or Reality?* (Nova York, L. Hill, 1974).

[60] Herbert Gutman, *The Black Family in Slavery and Freedom, 1750-1925* (Nova York, Random House, 1976); Thomas L. Webber, *Deep like the Rivers* (Nova York, W. W. Norton, 1978); Mechal Sobel, *Trabelin' on*, cit.

[61] Geneva Smitherman, *Talkin and Testifyin: The Language of Black America* (Boston, Houghton Mifflin, 1977).

[62] Mechal Sobel, *Trabelin' on*, cit.; Peter J. Paris, *The Spirituality of African Peoples: The Search for a Common Moral Discourse* (Minneapolis, Fortress, 1995).

[63] Niara Sudarkasa, "Interpreting the African Heritage in Afro-American Family Organization", em Harriette Pipes McAdoo (org.), *Black Families* (Beverly Hills, Sage, 1981), p. 37-53.

[64] Elsa Barkley Brown, "Negotiating and Transforming the Public Sphere: African American Political Life in the Transition from Slavery to Freedom", *Public Culture*, v. 7, n. 1, 1994, p. 107-46.

Como mães, mães de criação, professoras e religiosas, em comunidades rurais e bairros urbanos basicamente negros, as estadunidenses negras participaram da construção e da reconstrução desses saberes de resistência. Por meio das experiências vividas em sua família estendida e em sua comunidade, elas deram forma a ideias próprias sobre o significado da condição de mulher negra. Quando essas ideias encontraram expressão coletiva, as autodefinições das mulheres negras permitiram que elas reformulassem as concepções de matriz africana do eu e da comunidade. Essas autodefinições da condição de mulher negra foram pensadas para resistir às imagens de controle negativas da condição de mulher negra promovidas pelos brancos e às práticas sociais discriminatórias que essas imagens de controle sustentavam. Em suma, a participação das mulheres negras na elaboração de uma cultura afro-americana em constante mudança estimulou visões de mundo especificamente negras e centradas nas mulheres.

Outro fator que estimulou a teoria social crítica das mulheres negras nos Estados Unidos foram as experiências comuns no trabalho. Antes da Segunda Guerra Mundial, as estadunidenses negras trabalhavam principalmente em dois tipos de ocupação: na agricultura e no trabalho doméstico. O fato de terem sido guetizadas no trabalho doméstico desencadeou uma contradição importante. O trabalho doméstico levou à exploração econômica das estadunidenses negras, mas ao mesmo tempo criou condições para formas de resistência especificamente negras e femininas. Permitiu que as mulheres afro-americanas vissem as elites brancas, tanto reais como emergentes, de perspectivas fortemente toldadas para os homens negros e para esses próprios grupos. Em suas "famílias" brancas, as mulheres negras não apenas cumpriam obrigações domésticas como frequentemente criavam fortes laços com as crianças de que cuidavam e com os próprios empregadores. Por um lado, essa relação de dentro satisfazia todos os envolvidos. Relatos de trabalhadoras domésticas negras ressaltam o sentimento de autoafirmação que as mulheres experimentavam ao ver a ideologia racista desmistificada. Por outro lado, essas mulheres negras sabiam que jamais fariam parte de suas "famílias" brancas. Elas eram trabalhadoras economicamente exploradas e, portanto, ficariam sempre de fora. O resultado é que se viram em um curioso lugar social de *outsider interna* [*outsider within*][65], uma forma

---

[65]   Patricia Hill Collins, "Learning from the Outsider Within: The Sociological Significance of Black Feminist Thought", *Social Problems*, v. 33, n. 6, 1986, p. 14-32 [ed. bras.: "Aprendendo com a *outsider within*: a significação sociológica do pensamento feminista negro", *Sociedade e Estado*, v. 31, n. 1, 2016, p. 99-127].

46 Pensamento feminista negro

peculiar de marginalidade que originou uma perspectiva específica das mulheres negras em uma série de temas[66].

Consideradas em conjunto, a participação das mulheres negras na construção da cultura afro-americana em cenários exclusivamente negros e as perspectivas específicas formadas a partir da posição de *outsider* interna no trabalho doméstico propiciaram o pano de fundo material para um ponto de vista característico das mulheres negras. Quando armadas com crenças culturais desenvolvidas na sociedade civil negra, muitas mulheres negras que faziam trabalho doméstico acabaram constituindo visões específicas das contradições entre as ações e as ideologias do grupo dominante. Além disso, com frequência compartilhavam suas ideias com outras afro-americanas. Nancy White, moradora negra de uma área urbana central de baixa renda, fala da interconexão entre experiências e crenças:

> Ora, foi a vida que me ensinou todas essas coisas. Mas não dá para ficar deitada no sossego de um leito de pétalas* e achar que tem as rédeas da sua vida. Algumas mulheres, mulheres brancas, podem tomar as rédeas da vida do marido por algum tempo, mas a maioria tem de [...] ver o que o marido diz que há para ser visto. Se ele diz que elas não estão vendo o que elas sabem que *estão* vendo, elas então têm de agir como se não tivesse nada lá![67]

Essa passagem fala não apenas do poder do grupo dominante de suprimir o conhecimento produzido por grupos subordinados, mas também ilustra o fato de que estar na posição de *outsider* interno pode proporcionar novos ângulos de visão sobre a opressão. A negritude de Nancy White** a coloca inevitavelmente em uma posição de exterioridade. Ela nunca poderia ser uma mulher de classe média branca deitada no "sossego de um leito de pétalas". Porém, ao trabalhar para mulheres brancas, pôde ter uma visão privilegiada de algumas das contradições experimentadas por elas quando acreditam ter o controle de sua própria vida, embora estejam sob o poder e a autoridade patriarcais dentro de casa.

Práticas como essas, quer experimentadas pessoalmente, quer transmitidas por relatos de outras mulheres que passaram por elas, levaram muitas estadunidenses

---

[66] Ver, por exemplo, Alice Childress, *Like One of the Family: Conversations from a Domestic's Life* (Boston, Beacon, 1986).

* No original, "*flowery beds of ease*", expressão usada no hino cristão "Am I a soldier of the cross?". (N. E.)

[67] John Langston Gwaltney, *Drylongso, A Self-Portrait of Black America* (Nova York, Random House, 1980), p. 148.

** No original, há um jogo de palavras intraduzível: "*Ms. White Blackness*" – *White*, sobrenome da pessoa negra citada, significa "branco". (N. T.)

negras a questionar as contradições entre as ideologias dominantes da condição de mulher nos Estados Unidos e o estado de desvalorização das estadunidenses negras. Se as mulheres são supostamente passivas e frágeis, por que as mulheres negras são tratadas como "mulas" e designadas para tarefas pesadas de limpeza? Se as boas mães devem ficar em casa com os filhos e as filhas, por que as estadunidenses negras assistidas por políticas sociais são forçadas a trabalhar e a deixá-los em creches? Se a maternidade é a principal vocação das mulheres, por que as mães adolescentes negras são pressionadas a usar contraceptivos como Norplant e Depo Provera? Na ausência de um feminismo negro viável que investigue como as opressões interseccionais de raça, gênero e classe promovem essas contradições, passar pela experiência de ser uma trabalhadora desvalorizada e uma mãe frustrada poderia facilmente gerar um ângulo de visão voltado para dentro, levando a uma opressão internalizada. Mas o legado de luta das estadunidenses negras sugere que seus conhecimentos de resistência e coletivamente compartilhados existem há muito tempo. Essa sabedoria coletiva, por sua vez, tem motivado as mulheres negras estadunidenses a desenvolver um conhecimento mais especializado, a saber, o pensamento feminista negro como teoria social crítica. Assim como o combate à injustiça alicerçou as experiências das estadunidenses negras, a análise e a criação de inventivas respostas à injustiça caracterizam o cerne do pensamento feminista negro.

Ao longo da história, intelectuais negras estadunidenses formadas em condições sociais de segregação racial se esforçaram para desenvolver o pensamento feminista negro como teoria social crítica, ainda que muitas vezes discordassem quanto ao modo de expressá-lo – algumas afro-americanas eram profundamente reformistas, enquanto pensadoras mais radicais tinham uma posição quase revolucionária. Independentemente de classe social e de outras diferenças entre as estadunidenses negras, todas elas foram afetadas de alguma maneira por opressões interseccionais de raça, gênero e classe. As dimensões econômica, política e ideológica da opressão suprimiram a produção intelectual das pensadoras feministas negras. Ao mesmo tempo, essas mesmas condições sociais estimularam entre as estadunidenses negras padrões específicos de ativismo que também influenciaram e foram influenciados pelas pensadoras negras. Assim, caracterizando as experiências das estadunidenses negras marcadas por opressões interseccionais, a dialética entre opressão e ativismo também influenciou as ideias e as iniciativas das intelectuais negras.

A exclusão das ideias das mulheres negras do discurso acadêmico dominante e o curioso posicionamento das intelectuais afro-americanas no pensamento feminista, nas teorias sociais e políticas negras e em outras áreas importantes do pensamento, como os estudos do trabalho, fizeram com que as intelectuais negras estadunidenses se vissem na posição de *outsiders* internas em muitas iniciativas acadêmicas[68]. As realidades das mulheres negras são negadas por todos os pressupostos nos quais se baseia o pertencimento pleno a um grupo: a branquitude como condição para integrar o pensamento feminista, a masculinidade como condição para integrar o pensamento social e político negro, e a combinação de ambas para fazer parte do setor dominante da academia. Impedidas de ocupar uma posição plenamente interna em qualquer uma dessas áreas de pesquisa, as mulheres negras permaneceram em uma situação de *outsiders* internas, como indivíduos cuja marginalidade proporcionou um ângulo de visão específico sobre essas entidades intelectuais e políticas.

O trabalho de Alice Walker dá exemplos dessas influências fundamentais no âmbito da tradição intelectual das mulheres negras. Ela descreve como estar na posição de *outsider* interna influenciou seu pensamento: "Acredito […] que foi a partir desse período – de minha posição solitária, isolada, uma posição de pária – que comecei realmente a enxergar as pessoas e as coisas, a perceber realmente as relações"[69]. Walker observa que "a dádiva propiciada pela solidão é, às vezes, ter uma visão radical da sociedade ou de um povo que ainda não tinha sido levada em conta"[70]. No entanto, a marginalidade não foi o único fator que influenciou seu trabalho. Ao recuperar a obra de Zora Neale Hurston e, por outras vias, conferir centralidade às experiências e à cultura das mulheres negras em seu trabalho, ela se baseia em visões feministas negras alternativas.

DESENVOLVENDO O PENSAMENTO FEMINISTA NEGRO

Partindo do pressuposto de que as mulheres afro-americanas desenvolveram saberes independentes – de resistência*, mas subjugados – sobre nossa própria subordinação, as intelectuais negras estadunidenses estão engajadas na luta para

---

[68] Gloria T. Hull, Patricia Bell Scott e Barbara Smith (orgs.), *But Some of Us Are Brave*, cit.; Barbara Christian, "But Who Do You Really Belong to – Black Studies or Women's Studies?", *Women's Studies*, v. 17, n. 1-2, 1989, p. 17-23.

[69] Alice Walker, *In Search of Our Mother's Gardens*, cit., p. 244.

[70] Ibidem, p. 264.

* Optou-se por traduzir *"oppositional"*, neste contexto, por "de resistência". Ver também bell hooks, *Olhares negros: raça e representação* (trad. Stephanie Borges, São Paulo, Elefante, 2019). (N. T.)

reconceituar todas as dimensões da dialética de opressão e ativismo aplicada às afro-americanas. Recuperar as tradições intelectuais feministas negras é fundamental para essa iniciativa[71].

Para muitas intelectuais negras dos Estados Unidos, a tarefa de recuperar os saberes subjugados das mulheres negras tem um significado especial. Saber que o pensamento e o talento de nossas avós, mães e irmãs foram e têm sido suprimidos motiva muitas contribuições para o campo crescente dos estudos da mulher negra[72]. Alice Walker fala sobre o impacto desse senso de propósito em seu trabalho: "Em meu próprio trabalho, escrevo não apenas o que quero ler – entendendo de forma plena e indelével que, se não o faço, ninguém tem interesse ou capacidade tão vitais de fazê-lo a ponto de me satisfazer –, mas também todas as coisas que *eu deveria ter tido condições de ler*"[73].

Recuperar as ideias das mulheres negras implica descobrir, reinterpretar e, em muitos casos, analisar pela primeira vez o trabalho de pensadoras negras estadunidenses tão extraordinárias que conseguiram ter suas ideias preservadas. Em alguns casos, esse processo implica localizar obras não reconhecidas e não divulgadas, esparsas e esgotadas há muito tempo. A edição minuciosa que Marilyn Richardson fez dos escritos e discursos de Maria Stewart[74], bem como as antologias de textos de mulheres negras organizadas por Mary Helen Washington[75], ilustram esse processo. Da mesma forma, todo o empenho de Alice Walker para que o túmulo sem identificação de Zora Neale Hurston fosse reconhecido condiz com sua busca intelectual para honrar as importantes contribuições de Hurston para as tradições literárias feministas negras[76].

Recuperar as ideias das mulheres negras também implica descobrir, reinterpretar e analisar as ideias de subgrupos da coletividade mais ampla das

---

[71] Ver, por exemplo, Sharon Harley e Rosalyn Terborg-Penn (orgs.), *The Afro-American Woman*, cit.; Gloria T. Hull, Patricia Bell Scott e Barbara Smith (orgs.), *But Some of Us Are Brave*, cit.; Stanlie M. James e Abena P. A. Busia (orgs.), *Theorizing Black Feminisms*, cit.; Beverly Guy-Sheftall, "The Evolution of Feminist Consciousness among African American Women", em Beverly Guy-Sheftall (org.), *Words of Fire*, cit., p. 1-22; e Beverly Guy-Sheftall (org.) *Words of Fire*, cit.

[72] Gloria T. Hull, Patricia Bell Scott e Barbara Smith (orgs.), *But Some of Us Are Brave*, cit.

[73] Alice Walker, *In Search of Our Mother's Gardens*, cit., p. 13.

[74] Marilyn Richardson (org.), *Maria W. Stewart*, cit.

[75] Mary Helen Washington (org.), *Black-Eyed Susans: Classic Stories by and about Black Women* (Garden City, Anchor, 1975); *Midnight Birds* (Garden City, Anchor, 1980) e *Invented Lives*, cit.

[76] Alice Walker (org.), *I Love Myself When I am Laughing, And Then Again When I Am Looking Mean and Impressive: A Zora Neale Hurston Reader* (Old Westbury, Feminist Press, 1979).

estadunidenses negras que foram silenciadas. Por exemplo, a crescente produção acadêmica de e sobre lésbicas negras revela uma história complexa e diversa. A cuidadosa compilação dos diários da intelectual feminista negra Alice Dunbar-Nelson, organizada por Gloria Hull[77], ilustra as dificuldades de estar no armário e, ainda assim, dar grandes contribuições ao pensamento social e político afro-americano. A autobiografia de Audre Lorde, *Zami*[78], trata extensamente das comunidades lésbicas negras de Nova York. No mesmo sentido, a história da formação de comunidades lésbicas nas décadas de 1940 e 1950 em Buffalo (estado de Nova York) escrita por Kennedy e Davis busca entender como a segregação racial influenciou a formação de identidades lésbicas[79].

Reinterpretar obras existentes por meio de novos referenciais teóricos é outra dimensão do desenvolvimento do pensamento feminista negro. Na crítica literária feminista negra, esse processo é exemplificado pelo trabalho de referência de Barbara Christian sobre escritoras negras; pela revisão de Mary Helen Washington da raiva e da voz em *Maud Martha*, obra negligenciada da romancista e poeta Gwendolyn Brooks; e pelo uso que Hazel Carby faz das perspectivas de raça, classe e gênero para reinterpretar o trabalho de romancistas negras do século XIX[80]. Na historiografia feminista negra, os enormes passos que foram dados na história das mulheres negras nos Estados Unidos ficam evidentes na análise que Evelyn Brooks Higginbotham faz de conceitos e paradigmas emergentes na história das mulheres negras e em seu estudo sobre as mulheres na Igreja Batista negra; no estudo de Stephanie Shaw sobre as profissionais negras na era do Jim Crow*; e na obra de referência *Black Women in the United States: An Historical Encyclopedia* [Mulheres negras nos Estados Unidos: enciclopédia histórica][81].

---

[77] Gloria T. Hull (org.), *Give Us Each Day: The Diary of Alice Dunbar-Nelson* (Nova York, W. W. Norton, 1984).

[78] Audre Lorde, *Zami: A New Spelling of My Name* (Trumansburg, Crossing, 1982).

[79] Elizabeth Lapovsky Kennedy e Madeline Davis, *Boots of Leather, Slippers of Gold: The History of a Lesbian Community* (Nova York, Penguin, 1994).

[80] Barbara Christian, *Black Feminist Criticism*, cit.; Mary Helen Washington (org.), *Invented Lives*, cit.; Hazel Carby, *Reconstructing Womanhood*, cit.

* Período de um século que se seguiu ao fim da guerra civil nos Estados Unidos (1865), no qual, em reação ao fim da escravatura, parlamentares aprovaram leis de segregação racial em estados sulistas. Jim Crow é um personagem criado pelo ator branco Thomas D. Rice (1808-1860), que recorria ao *blackface* (pintar o rosto de preto) para personificar os estereótipos associados aos negros. (N. E.)

[81] Evelyn Brooks Higginbotham, "Beyond the Sound of Silence", cit.; idem, *Righteous Discontent*, cit.; Stephanie J. Shaw, *What a Woman Ought to Be and to Do: Black Professional Women Workers*

Desenvolver o pensamento feminista negro também implica buscar sua expressão em posições institucionais alternativas e entre mulheres que não são comumente vistas como intelectuais. Conforme a definição proposta nesta obra, as intelectuais negras não necessariamente são acadêmicas nem encontradas apenas na classe média negra. De fato, todas as estadunidenses negras que de alguma forma contribuem para o pensamento feminista negro como teoria social crítica são consideradas "intelectuais". Elas podem ser altamente instruídas. Muitas não são. Por exemplo, Sojourner Truth, ativista feminista negra do século XIX, não costuma ser considerada uma intelectual[82]. Como não sabia ler nem escrever, muito do que se sabe a respeito dela foi registrado por outras pessoas. Um de seus discursos mais famosos, proferido na convenção dos direitos da mulher de 1851 em Akron (Ohio), chegou até nós por meio de um relatório escrito por uma abolicionista feminista algum tempo depois do evento[83]. Não sabemos o que Truth realmente disse, apenas o que a responsável pelo registro afirma que ela disse. Apesar dessa limitação, Truth teria apresentado nesse discurso uma análise incisiva da definição do termo *mulher* em meados do século XIX:

> Aquele homem ali diz que as mulheres precisam de ajuda para subir em carruagens, e ser carregadas quando há valas na passagem, e ter o melhor lugar onde quer que estejam. A mim, porém, ninguém nunca ajuda a subir em carruagens, a pular poças de lama, nem cede o melhor lugar! E por acaso não sou mulher? Olhem para mim! Olhem meu braço! Já arei, plantei, trabalhei em estábulos, e homem nenhum se saía

---

During the Jim Crow Era (Chicago, University of Chicago Press, 1996); Darlene Clark Hine, Elsa Barkley Brown e Rosalyn Terborg-Penn (orgs.), *Black Women in America*, cit.

[82] As iniciativas de Sojourner Truth ilustram a afirmação de Antonio Gramsci de que todo grupo social cria uma ou mais "camadas de intelectuais que lhe dão homogeneidade e consciência de sua própria função, não apenas nos campos econômicos, mas também nos campos sociais e políticos"; ver *Selections from the Prison Notebooks* (Londres, Lawrence and Wishart, 1971), p. 5 [ed. bras.: *Cadernos do cárcere*, v. 2, trad. Carlos Nelson Coutinho, Rio de Janeiro, Civilização Brasileira, 2000, p. 15]. Os acadêmicos tradicionais são intelectuais treinados para representar os interesses dos grupos que estão no poder. Em contrapartida, os intelectuais "orgânicos" dependem do senso comum e representam os interesses de seu próprio grupo. Sojourner Truth seria uma típica intelectual "orgânica" ou cotidiana, mas pode não ser certificada como tal pelo grupo dominante porque sua atividade intelectual ameaça a ordem social vigente. A posição de *outsider* interna das acadêmicas negras nos estimula a recorrer às tradições tanto da disciplina em que tivemos formação quanto de nossa experiência como mulheres negras, sem que participemos plenamente de nenhuma delas. Ver Patricia Hill Collins, "Learning from the Outsider Within", cit.

[83] Nell Painter, "Sojourner Truth", em Darlene Clark Hine, Elsa Barkley Brown e Rosalyn Terborg-Penn (orgs.), *Black Women in the United States: An Historical Encyclopedia*, cit., p. 1.172-6.

melhor do que eu! E por acaso não sou mulher? Eu era capaz de trabalhar e comer tanto quanto um homem – quando havia comida –, além de aguentar chicotada! E por acaso não sou mulher? Pari treze filhos, e um por um foram vendidos como escravos. Quando chorei minha dor de mãe, ninguém me ouviu, só Jesus! E por acaso não sou mulher?[84]

Ao recorrer às contradições entre sua vida de mulher afro-americana e as qualidades atribuídas às mulheres, Sojourner Truth expõe o conceito de mulher como algo culturalmente construído. O árduo trabalho físico, executado sem o auxílio de homens, ocupou grande parte de sua vida como cidadã de segunda classe. A pergunta feita por ela, "por acaso não sou mulher?", chama atenção para as contradições inerentes ao uso generalizado do termo *mulher*. Diante de quem questiona sua feminilidade, Truth enfatiza o fato de ser mãe de treze filhos, todos vendidos como escravos, e pergunta novamente: "Por acaso não sou mulher?". Em vez de aceitar os pressupostos vigentes sobre o que é uma mulher e depois tentar provar que se encaixa em tais padrões, Truth questionou os próprios padrões. Suas ações demonstram o processo de desconstrução – ou seja, a exposição de um conceito como ideológico ou culturalmente construído, e não como algo natural ou simples reflexo da realidade[85]. Ao desconstruir o conceito de *mulher*, Truth mostrou-se uma intelectual formidável, ainda que fosse uma ex-escravizada que nunca aprendeu a ler ou escrever.

Analisar as contribuições de mulheres como Sojourner Truth sugere que o próprio conceito de *intelectual* deve ser desconstruído. Nem todas as intelectuais negras foram escolarizadas. Nem todas as intelectuais negras estão no meio acadêmico. Por outro lado, nem todas as mulheres negras altamente instruídas, sobretudo as que trabalham em faculdades e universidades nos Estados Unidos, são, por isso, *automaticamente* intelectuais. As intelectuais negras estadunidenses não são um segmento feminino da noção de "décimo talentoso" de William E. B. Du Bois. Ninguém nasce intelectual nem se torna intelectual ao receber um diploma. Defendo que, na realidade, fazer um trabalho intelectual do tipo pensado pelo feminismo negro requer um processo de luta autoconsciente em favor das mulheres negras, independentemente do lugar social concreto em que esse trabalho ocorra.

---

[84] Bert J. Loewenberg e Ruth Bogin (orgs.), *Black Women in Nineteenth Century American Life* (University Park, Pennsylvania State University Press, 1976), p. 235.

[85] Patricia Hill Collins, *Fighting Words*, cit., p. 137-45.

Essas preocupações não são despropositadas nas novas relações de poder que alteraram significativamente o tecido da sociedade civil negra e estadunidense. Raça, classe e gênero ainda constituem formas de opressão que se interseccionam, mas as maneiras pelas quais elas se organizam hoje para produzir injustiças sociais diferem daquelas de épocas anteriores. Assim como teorias, epistemologias e fatos produzidos por qualquer grupo de indivíduos representam os pontos de vista e os interesses de seus criadores, a própria definição de quem tem legitimidade para realizar trabalho intelectual não só está sendo politicamente contestada como tem mudado[86]. Recuperar tradições intelectuais feministas negras implica muito mais que desenvolver análises feministas negras com base em critérios epistemológicos convencionais. Implica também desafiar os próprios termos do discurso intelectual.

Assumir novas perspectivas segundo as quais as estadunidenses negras de fato realizam trabalho intelectual e se dedicam a contribuir para o pensamento feminista negro possibilita fazer novas questões sobre a produção desses saberes de resistência. Ao longo da história, grande parte da tradição intelectual das mulheres negras se deu em contextos institucionais exteriores à academia. Por exemplo, a música das cantoras de *blues* – negras e de classe trabalhadora – das décadas de 1920 e 1930 é frequentemente vista como uma importante contribuição não acadêmica para essa tradição intelectual[87]. Embora Ann duCille nos advirta com razão do perigo de se ver o *blues* das mulheres negras sob um prisma exclusivamente positivo[88], é verdade que muito mais mulheres negras ouviram Bessie Smith e Ma Rainey do que leram Nella Larsen ou Jessie Fauset. E, apesar de avanços impressionantes no campo da educação terem permitido a muitas estadunidenses negras conseguir emprego no ensino superior e nos meios de comunicação, é possível que isso continue a ser assim. Imani Perry sugere que o *hip-hop*, por exemplo, está servindo como um novo espaço de produção intelectual das mulheres negras[89]. Mais uma vez, apesar de o *hip-hop*

---

[86] Karl Mannheim, *Ideology and Utopia* (Nova York, Harcourt, Brace & World, 1936) [ed. bras.: *Ideologia e utopia*, trad. Thiago Mazucato, São Paulo, Ideias e Letras, 2014]; Antonio Gramsci, *Selections from the Prison Notebooks*, cit.

[87] Angela Davis, *Blues Legacies and Black Feminism* (Nova York, Vintage, 1998).

[88] Ann duCille, "Blue Notes on Black Sexuality: Sex and the Texts of the Twenties and Thirties" em John C. Fout e Maura Shaw Tantillo (orgs.), *American Sexual Politics: Sex, Gender, and Race Since the Civil War* (Chicago, University of Chicago Press, 1993), p. 193-219.

[89] Imani Perry, "It's My Thang and I'll Swing It the Way That I Feel!", em Gail Dines e Jean Humez (orgs.), *Gender, Race and Class in Media* (Thousand Oaks, Sage, 1995), p. 524-30.

se compor de elementos diversos e contraditórios[90], e de a popularidade por si só ser insuficiente para conferir o título de "intelectual", há muito mais mulheres negras ouvindo Queen Latifah e Salt-N-Pepa do que lendo a literatura de Alice Walker e Toni Morrison.

Dado que a elucidação das experiências e das ideias das mulheres negras ocupa o cerne do pensamento feminista negro, interpretá-las requer um espírito de liderança colaborativa por parte das pessoas que participam das diversas formas hoje assumidas pelas comunidades de mulheres negras. Para isso, é preciso reconhecer não só a maneira como as afro-americanas de fora do meio acadêmico, ao representar os interesses das mulheres negras como grupo, há muito tempo exercem o papel de intelectuais, mas também como continuam a exercê-lo. Por exemplo, a música da *rapper* Sister Souljah, assim como sua autobiografia, *No Disrespect* [Sem desrespeito][91], decerto podem ser vistas como contribuições para o pensamento feminista negro como teoria social crítica. Apesar de sua aceitação acrítica de uma ideologia nacionalista negra masculinista, Souljah demonstra profunda preocupação com as questões ligadas à opressão das mulheres negras e apresenta um ponto de vista importante sobre a cultura urbana contemporânea. No entanto, enquanto as jovens negras ouvem sua música e refletem sobre suas ideias, seu trabalho tem sido deixado de fora das salas de aula de estudos feministas por ser considerado "não feminista". Se não dermos atenção a essas fontes não tradicionais, grande parte da tradição intelectual das mulheres negras corre o risco de permanecer "desconhecida e, portanto, desacreditada"[92].

Ao mesmo tempo, muitas acadêmicas negras lutam para encontrar maneiras de realizar um trabalho intelectual que desafie a injustiça. Elas sabem que ser uma acadêmica e ser uma intelectual não constituem necessariamente a mesma coisa. A partir da década de 1960, as estadunidenses negras têm ocupado cargos de docência e pesquisa no ensino superior em número inédito, ainda que pequeno. Essas mulheres enfrentam um dilema peculiar. Por um lado, adquirir o mesmo prestígio de seus colegas exigia muitas vezes aceitar as normas acadêmicas sem questioná-las. Por outro, muitas dessas mesmas normas continuam ligadas a concepções de inferioridade de negros e mulheres. Encontrar maneiras de ajustar o tom de respostas críticas à academia sem arriscar indevidamente a

---

[90] Tricia Rose, *Black Noise: Rap Music and Black Culture in Contemporary America* (Hanover, NH, Wesleyan University Press, 1994).

[91] Sister Souljah, *No Disrespect* (Nova York, Random House, 1994).

[92] Fannie Barrier Williams, "The Colored Girl", cit., p. 150.

própria carreira constitui um novo desafio para as mulheres negras que visam ser intelectuais da academia, sobretudo aquelas empenhadas no desenvolvimento do pensamento feminista negro[93].

Sobreviver a esses desafios requer novas formas de realizar o trabalho intelectual feminista negro. Desenvolver o pensamento feminista negro como teoria social crítica implica incluir tanto as ideias de mulheres negras que não eram consideradas intelectuais – muitas das quais da classe trabalhadora, empregadas fora da academia – quanto as ideias que emanam dos ambientes de conhecimento mais formais e legitimados. As ideias que compartilhamos umas com as outras, como mães de famílias estendidas, como mães de criação em comunidades negras, como membros de igrejas negras e professoras de crianças de comunidades negras, constituem uma área fundamental, na qual afro-americanas elaboraram um ponto de vista feminino negro multifacetado. Musicistas, cantoras, poetas, escritoras e outras artistas constituem outro grupo do qual emergiram intelectuais negras. Baseando-se em tradições orais de matriz africana, as musicistas, em particular, têm desfrutado de uma relação próxima com a comunidade mais ampla de afro-americanas que constituem seu público. Por meio de suas palavras e iniciativas, as ativistas de base também contribuem para as tradições intelectuais das mulheres negras. Em geral, não se atribui a condição de produção de trabalho intelectual a artistas e ativistas políticas negras. Em instituições de ensino superior de elite, em especial, essas mulheres costumam ser consideradas objetos de estudo, uma classificação que cria uma falsa dicotomia entre pesquisa acadêmica e ativismo, entre pensar e fazer. Em contrapartida, analisar as ideias e as iniciativas desses grupos excluídos de modo que sejam percebidos como sujeitos revela um mundo no qual o comportamento corresponde a uma asserção filosófica, e no qual uma tradição vibrante, ao mesmo tempo acadêmica e ativista, se mantém íntegra.

OBJETIVOS DESTE LIVRO

O lugar social das afro-americanas como coletividade estimulou a formação de tradições intelectuais feministas negras específicas, embora heterogêneas, que por conveniência chamo neste livro de *pensamento feminista negro*. Pesquisas sobre quatro componentes básicos do pensamento feminista negro – conteúdo

---

[93] Patricia Hill Collins, *Fighting Words*, cit., p. 95-123.

56 Pensamento feminista negro

temático, referenciais interpretativos, abordagens epistemológicas e importância para o empoderamento – constituem o núcleo deste trabalho. Todos esses quatro componentes foram moldados pelo lugar que as mulheres negras estadunidenses ocupam num contexto político em considerável mudança. Assim, os temas centrais, os referenciais interpretativos, as posições epistemológicas e as percepções sobre o empoderamento próprios do pensamento feminista negro refletirão e procurarão dar forma a contextos políticos específicos que confrontem as afro-americanas como grupo.

Neste livro, pretendo descrever, analisar e explicar a importância do pensamento feminista negro e contribuir para seu desenvolvimento como teoria social crítica. Ao levar adiante esse objetivo geral, tenho vários objetivos específicos. Primeiramente, sintetizo temas centrais selecionados no âmbito do pensamento feminista negro, examinando como se expressaram ao longo da história e na contemporaneidade. Baseando-me principalmente em obras de acadêmicas afro-americanas e no pensamento produzido por uma ampla gama de intelectuais negras, exploro vários temas centrais que preocupam as pensadoras negras. A grande maioria das pensadoras discutidas no livro é, até onde observei, de estadunidenses negras. Cito uma série de pensadoras negras não por acreditar que as afro-americanas detêm o monopólio sobre as ideias apresentadas, mas porque pretendo demonstrar a amplitude e a profundidade das pensadoras oriundas da sociedade civil negra dos Estados Unidos. Conferir centralidade à análise das ideias tanto de afro-americanas comuns como de intelectuais negras conhecidas possibilita um novo ângulo de visão sobre os interesses das mulheres negras. Ao mesmo tempo, não se pode desenvolver o pensamento feminista negro de forma isolada do pensamento e das iniciativas de outros grupos. Assim, incluo também as ideias de diversas pensadoras e pensadores com contribuições importantes para o desenvolvimento do pensamento feminista negro. As mulheres negras devem estar à frente do pensamento feminista negro, o que não significa excluir os outros.

O uso e a promoção de um arcabouço ou um paradigma interpretativo que veio a ser conhecido como estudos de raça, classe e gênero constituem um segundo objetivo de *Pensamento feminista negro*. Ao rejeitar modelos de opressão de tipo aditivo, os estudos sobre raça, classe e gênero cresceram consideravelmente desde a década de 1980[94]. Durante essa década, afro-americanas acadêmicas ativistas,

---

[94] Em *Inessential Woman*, cit., Elizabeth Spelman discorda de abordagens de tipo aditivo para conceituar a opressão, pois elas tratam a opressão da mulher negra em sociedades sexistas e racistas como se fosse *mais um* fardo se comparada à opressão em uma sociedade sexista, mas não racista,

entre outras, reivindicaram uma nova abordagem para a análise das experiências das mulheres negras. Defendendo que tais experiências são moldadas não apenas pela raça, mas por gênero, classe social e sexualidade, trabalhos inovadores, como *Mulheres, raça e classe* (1981), de Angela Davis, "A Black Feminist Statement" [Declaração feminista negra] (1982), elaborado pelo Combahee River Collective, e *Irmã outsider* (1984), obra clássica de Audre Lorde, investigaram as interconexões entre os sistemas de opressão[95]. Trabalhos subsequentes procuraram descrever diferentes dimensões dessa relação interconectada, lançando mão de termos como *interseccionalidade*[96] e *matriz de dominação*. Neste livro, ao examinar como a opressão afeta as mulheres negras, uso ambos os termos e faço uma distinção entre eles. A ideia de interseccionalidade se refere a formas particulares de opressão interseccional, por exemplo, intersecções entre raça e gênero, ou entre sexualidade e nação. Os paradigmas interseccionais nos lembram que a opressão não é redutível a um tipo fundamental, e que as formas de opressão agem conjuntamente na produção da injustiça. Em contrapartida, a ideia de matriz de dominação se refere ao modo como essas opressões interseccionais são de fato organizadas. Independentemente das intersecções específicas em questão, domínios de poder estruturais, disciplinares, hegemônicos e interpessoais reaparecem em formas bastante diferentes de opressão.

Meu terceiro objetivo é desenvolver um referencial epistemológico que possa ser usado tanto para avaliar o pensamento feminista negro já existente quanto

---

quando, na realidade, se trata de um fardo *diferente*. De forma semelhante, Brittan e Maynard argumentam que formas distintas de opressão não podem ser fundidas em uma "grande teoria da opressão"; ver Arthur Brittan e Mary Maynard, *Sexism, Racism and Oppression* (Nova York, Basil Blackwell, 1984). Já Omi e Winant advertem contra a tendência a subsumir um tipo de opressão a outro – por exemplo, afirmar que tudo decorre da estrutura de classes; ver Michael Omi e Howard Winant, *Racial Formation in the United States: From the 1960s to the 1990s* (2. ed., Nova York, Routledge, 1994). Para uma discussão incisiva sobre o risco múltiplo como modelo alternativo, ver Deborah K. King, "Multiple Jeopardy, Multiple Consciousness: The Context of a Black Feminist Ideology", *Signs*, v. 14, n. 1, 1988, p. 42-72. O campo da interseccionalidade se desenvolveu consideravelmente nos anos 1990. Para antologias que usam a perspectiva dos estudos de raça, classe e gênero, ver Margaret L. Andersen e Patricia Hill Collins (orgs.), *Race, Class, and Gender: An Anthology* (3. ed., Belmont, CA, Wadsworth, 1988). Para uma análise útil da literatura dedicada às opressões interseccionais, ver Floya Anthias e Nira Yuval-Davis, *Racialized Boundaries: Race, Nation, Gender, Colour and Class in the Anti-Racist Struggle* (Nova York, Routledge, 1992).

95 Angela Davis, *Mulheres, raça e classe*, cit.; The Combahee River Collective, "A Black Feminist Statement", cit.; Audre Lorde, *Sister Outsider*, cit.

96 Kimberlé Williams Crenshaw, "Mapping the Margins: Intersectionality, Identity Politics, and Violence Against Women of Color", *Stanford Law Review*, v. 43, n. 6, 1991, p. 1.241-99.

para elucidar alguns dos pressupostos que dificultam seu desenvolvimento. Esse problema da epistemologia suscita algumas questões difíceis. Considero necessário definir os limites que dão contorno ao pensamento feminista negro, distinguindo-o de outras áreas de investigação intelectual. Quais critérios, se é que eles existem, podem ser aplicados às ideias para determinarmos se elas são de fato negras e feministas? Que características fundamentais o pensamento feminista negro compartilha com outras teorias sociais críticas, em particular com a teoria feminista ocidental, a teoria afrocêntrica, as análises marxistas e o pós-modernismo? Será que as mulheres afro-americanas recorrem implicitamente a padrões alternativos para identificar se determinadas ideias são verdadeiras? Os pressupostos epistemológicos tradicionais que dizem como chegamos à "verdade" são simplesmente insuficientes para a tarefa de levar adiante o pensamento feminista negro. Se conceitos como *mulher* e *intelectual* devem ser desafiados, também o processo pelo qual chegamos à verdade merece passar por um exame à altura. Em *Fighting Words: Black Women and the Search for Justice* [Palavras de combate: mulheres negras e a busca por justiça], abordo a fundo essas questões teóricas; aqui, porém, concentro-me nas características distintivas de uma epistemologia feminista negra.

Pretendo utilizar esse mesmo arcabouço epistemológico ao longo deste livro. Alice Walker se refere a esse processo como aquele em que "escrever livros que despertem interesse consiste tanto em apontar a direção da visão quanto em segui-la"[97]. Esse processo foi muito difícil para mim: exigiu não apenas que eu desenvolvesse padrões e diretrizes para avaliar o pensamento feminista negro nos Estados Unidos como também que eu aplicasse esses mesmos padrões e diretrizes a meu próprio trabalho enquanto o concebia. Nos capítulos 2 e 10, por exemplo, defendo que as intelectuais negras contribuem melhor para a formação de um ponto de vista do grupo das mulheres negras quando utilizam suas experiências como conhecedoras situadas. Aderir a esse princípio epistemológico exigiu que, quando fosse apropriado, eu rejeitasse os pronomes *elas* e *seus/suas* ao descrever as estadunidenses negras e nossas ideias para substituí-los pelos termos *nós*, *nos* e *nossos/nossas*. Usar termos de distanciamento como *elas* e *seus/suas* ao descrever meu próprio grupo e nossas experiências pode reforçar tanto minhas credenciais como pesquisadora quanto a credibilidade de meus argumentos em alguns ambientes acadêmicos. No entanto, ao assumir essa

---

[97] Alice Walker, *In Search of Our Mother's Gardens*, cit., p. 8.

posição epistemológica que reflete minha formação como socióloga, recorro a padrões de certificação da verdade que não subscrevo totalmente.

Em contrapartida, ao me identificar como membro e observadora das comunidades de mulheres negras, corro o risco de ser desacreditada como demasiado subjetiva e, portanto, menos acadêmica. No entanto, ao defender o material que proponho, valido princípios epistemológicos que afirmo serem fundamentais para o pensamento feminista negro, a saber, munir as pessoas para resistir à opressão e inspirá-las a fazer isso[98]. Para mim, a supressão das tradições intelectuais das mulheres negras fez com que o processo de buscar nosso próprio caminho se tornasse uma posição epistemológica incontornável para as intelectuais negras. Como ressalta Walker, "ela deve ser seu próprio modelo e também a artista que acompanha, cria, realiza e aprende com o modelo, ou seja, ela própria"[99].

Pretendo, finalmente, promover as contribuições do pensamento feminista negro para o empoderamento das afro-americanas. O empoderamento continua a ser um construto fugidio, e o desenvolvimento de uma política feminista negra de empoderamento requer que domínios de poder que limitam as mulheres negras sejam especificados, bem como os modos de resistir a essa dominação. Idealmente, o pensamento feminista negro contribui com ideias e referenciais analíticos para esse fim. Além disso, é importante lembrar que o empoderamento pleno das mulheres negras somente pode ocorrer em um contexto transnacional de justiça social. Ainda que enfoque as estadunidenses negras, o feminismo negro nos Estados Unidos é historicamente um dos muitos projetos de justiça social especificamente dedicados a promover o empoderamento de grupos em um contexto de justiça que seja abrangente. Nesse sentido, o pensamento feminista negro é parte de um projeto de justiça social muito mais amplo, que vai bem além das experiências das afro-americanas.

---

[98] Patricia Hill Collins, *Fighting Words*, cit., p. 196-200.
[99] Alice Walker, *In Search of Our Mother's Gardens*, cit., p. 8.

2
CARACTERÍSTICAS DISTINTIVAS DO PENSAMENTO FEMINISTA NEGRO

Sou produto de uma tradição intelectual que não existia na academia até 25 anos atrás. Tal qual retalhos de uma colcha, essa tradição foi composta por partes e pedaços importantes. Minha tradição não tem nome, porque é mais ampla que o mulherismo [*womanism*], a negritude ou os estudos africanos, ainda que esses termos sirvam por enquanto.

Barbara Omolade, *The Rising Song of African American Women*, p. ix

Parece que as palavras têm me fugido ultimamente. Sinto como se estivesse em uma esteira linguística cuja velocidade aumentou gradual mas inequivocamente, de modo que nenhuma palavra que eu use de forma positiva para descrever a mim mesma ou a meus projetos acadêmicos dura mais de cinco segundos. Não há palavras na língua inglesa que justifiquem, por exemplo, minha presença na academia. No momento em que encontro um símbolo de minha presença nos seletos salões das instituições de elite, ele é roubado, cooptado ou associado a significados negativos.

Patricia J. Williams, *The Rooster's Egg*, p. 27

As dificuldades enfrentadas pelas mulheres negras estadunidenses nessa "esteira linguística" para designar essa tradição que "não tem nome" revelam quão problemático é nos contentarmos com "termos [que] sirvam por enquanto". Amplamente utilizado, mas cada vez mais difícil de definir, o pensamento feminista negro estadunidense engloba significados diversos e muitas vezes contraditórios. Apesar da energia considerável despendida pelas mulheres negras estadunidenses, em particular, para nomear o conhecimento produzido por elas, as tensões relacionadas às definições não apenas persistem como deparam com climas políticos cambiantes, repletos de novos obstáculos. Quando o próprio vocabulário usado para descrever o pensamento feminista negro se vê atacado, a construção de autodefinições se torna ainda mais difícil. Por exemplo, apesar da aceitação de longa data entre muitas afro-americanas do termo *afrocentrismo* como referente às tradições de consciência negra e solidariedade racial, ele foi difamado por acadêmicos e comentaristas midiáticos nas décadas de 1980 e 1990. Similarmente, os significados pejorativos cada vez mais ligados ao termo *feminista* parecem concebidos para desacreditar um movimento voltado ao empoderamento das mulheres. Até mesmo o termo *negro* [*Black*] se tornou vítima da onda desconstrucionista, e um número crescente de intelectuais "negros" que se dedicam a pesquisar sobre "raça" tem questionado os termos usados para descrever a eles próprios e a suas lutas políticas[1]. Em conjunto, essas transformações produziram um contexto político e intelectual muito diferente para a definição do pensamento feminista negro.

Apesar dessas dificuldades, continua a ser importante encontrar um terreno comum de reflexão sobre as fronteiras do pensamento feminista negro, porque, como nos lembra a ativista feminista negra Pearl Cleage, "temos de entender de forma clara que somos um grupo único, inegavelmente distinto em razão de raça e sexo, com um conjunto único de desafios"[2]. Em vez de desenvolver definições e discutir sobre os nomes que usamos – por exemplo, se esse pensamento deveria ser chamado de feminismo negro, mulherismo [*womanism*], feminismo afrocêntrico, mulherismo africano ou afins –, talvez seja mais útil revisitar as razões pelas quais o pensamento feminista negro existe. A análise de seis características que definem o pensamento feminista negro pode nos proporcionar o terreno comum tão necessário hoje entre as afro-americanas, assim como entre as afro-americanas e todos os grupos cujo conhecimento ou pensamento coletivo têm propósitos semelhantes. As características distintivas do pensamento feminista negro não precisam ser exclusivas e podem ter muitos pontos compartilhados com outros conjuntos de conhecimento. É, na realidade, a *convergência* dessas características distintivas que dá ao pensamento feminista negro estadunidense seus contornos particulares.

---

[1]   Ver, por exemplo, Paul Gilroy, *The Black Atlantic: Modernity and Double Consciousness* (Cambridge, MA, Harvard University Press, 1993) [ed. bras.: *O Atlântico negro: modernidade e dupla consciência*, trad. Cid Knipel Moreira, São Paulo, Editora 34, 2001].

[2]   Pearl Cleage, *Deals With the Devil and Other Reasons to Riot* (Nova York, Ballantine, 1993), p. 55.

POR QUE UM PENSAMENTO FEMINISTA NEGRO ESTADUNIDENSE?

O feminismo negro continua sendo importante porque as mulheres negras constituem um grupo oprimido nos Estados Unidos. Como coletividade, elas participam de uma relação *dialética* entre a opressão sofrida e o ativismo exercido. Relações dialéticas desse tipo significam que dois grupos são contrários e opostos. Enquanto persistir a subordinação das mulheres negras dentro das opressões interseccionais de raça, classe, gênero, sexualidade e nação, o feminismo negro como resposta ativista a essa opressão continuará sendo necessário.

De modo semelhante, o objetivo mais amplo do pensamento feminista negro estadunidense é resistir à opressão – tanto a suas práticas quanto às ideias que a justificam. Se não existissem opressões interseccionais, o pensamento feminista negro e os conhecimentos de resistência afins seriam desnecessários. Como teoria social crítica, o pensamento feminista negro visa empoderar as afro-americanas em um contexto de injustiça social sustentado por opressões interseccionais. Na medida em que as mulheres negras não podem ser plenamente empoderadas a menos que as opressões interseccionais sejam eliminadas, o pensamento feminista negro apoia princípios amplos de justiça social que transcendem as necessidades específicas das mulheres negras estadunidenses.

Dado que grande parte do feminismo negro estadunidense foi visto pelo prisma do contexto em que se inseria, seus contornos foram muito afetados pela especificidade do multiculturalismo do país[3]. Em particular, o pensamento e a prática feminista negra nos Estados Unidos respondem a uma contradição fundamental da sociedade local. Por um lado, as promessas democráticas de liberdade individual, igualdade perante a lei e justiça social são feitas a todos os cidadãos estadunidenses. Por outro lado, no entanto, persiste a realidade do tratamento diferenciado para cada grupo, baseado em raça, classe, gênero, sexualidade e condição de cidadania. Os grupos organizados em torno de raça, classe e gênero não são em si um problema. No entanto, quando afro-americanos, pobres, mulheres e outros grupos discriminados veem pouca esperança de melhora para seu grupo, constitui-se uma injustiça social.

Dentro dessa contradição mais geral, as mulheres negras estadunidenses encontram um conjunto específico de práticas sociais que acompanham nossa história particular no interior de uma matriz de dominação exclusiva caracterizada por opressões interseccionais. A raça está longe de ser o único marcador

---

[3] Ronald Takaki, *A Different Mirror: A History of Multicultural America* (Boston, Little Brown, 1993).

significativo de diferença entre grupos: classe, gênero, sexualidade, religião e condição de cidadania são muito importantes nos Estados Unidos[4]. No entanto, para as mulheres afro-americanas, os efeitos do racismo institucionalizado permanecem visíveis e palpáveis. Além disso, o racismo institucionalizado que as afro-americanas enfrentam baseia-se fortemente na segregação racial e nas práticas discriminatórias que a acompanham, as quais negam um tratamento igualitário aos negros estadunidenses. Apesar dos passos importantes que têm sido dados desde 1970 para abolir a segregação racial na sociedade estadunidense, ela continua profundamente arraigada nas condições de moradia, educação e emprego[5]. Para muitas afro-americanas, o racismo não é algo distante. Encontramos o racismo em situações cotidianas, nos locais de trabalho e de moradia, em lojas e escolas e interações sociais diárias[6]. A maioria das mulheres negras não tem oportunidade de fazer amizade com vizinhas e vizinhos brancos nem seus filhos estão matriculados em escolas frequentadas por crianças brancas. A segregação racial continua a ser uma característica fundamental na paisagem social estadunidense e faz com que muitos afro-americanos acreditem que "quanto mais as coisas mudam, mais continuam as mesmas". Mascarar essas persistentes desigualdades sociais é uma retórica "cega à cor"*, concebida para torná-las invisíveis. Em um contexto em que muitos acreditam que falar de raça fomenta o racismo, a igualdade consiste supostamente em tratar todos da mesma forma. No entanto, como aponta Kimberlé Crenshaw, "é bastante óbvio que tratar coisas diferentes do mesmo modo pode gerar tanta desigualdade quanto tratar as mesmas coisas de maneira diferente"[7].

Embora hoje a segregação racial se organize de maneira diferente da de épocas anteriores[8], ser negra e mulher nos Estados Unidos continua a expor as

---

[4] Margaret L. Andersen e Patricia Hill Collins (orgs.), *Race, Class, and Gender, An Anthology* (3. ed., Belmont, Wadsworth, 1988).

[5] Douglas S. Massey e Nancy A. Denton, *American Apartheid: Segregation and the Making of the Underclass* (Cambridge, MA, Harvard University Press, 1993).

[6] Yanick St. Jean e Joe R. Feagin, *Double Burden: Black Women and Everyday Racism* (Armonk, M. E. Sharpe, 1998).

* No original, *colorblind*. O termo, em tradução literal, significa "daltônico". No contexto, se refere ao não reconhecimento oficial de que o fator racial causa diferenças de tratamento na sociedade – ideia próxima ao conceito de neutralidade racial [*race neutrality*]. (N. T.)

[7] Kimberlé Williams Crenshaw, "Color Blindness, History, and the Law", em Wahneema Lubiano (org.), *The House That Race Built* (Nova York, Pantheon, 1997), p. 285.

[8] Patricia Hill Collins, *Fighting Words: Black Women and the Search for Justice* (Minneapolis, University of Minnesota Press, 1998), p. 11-43.

afro-americanas a certas experiências em comum. Nossas experiências familiares e profissionais, bem como nossa participação em diversas expressões da cultura afro-americana, significam que, no geral, as mulheres negras dos Estados Unidos vivem em um mundo diferente daquele das pessoas que não são negras nem mulheres. Para cada uma, as experiências específicas que acumulamos como mulheres negras nos Estados Unidos podem nos levar a uma consciência distinta quanto a nossas experiências e quanto à sociedade em geral. Muitas afro-americanas captaram essa conexão entre o que fazemos e o que pensamos. Hannah Nelson, uma trabalhadora doméstica negra e idosa, discute como o trabalho molda as perspectivas de mulheres afro-americanas e brancas: "Como tenho de trabalhar, realmente não tenho de me preocupar com a maioria das coisas que preocupam as mulheres brancas para quem trabalhei. E se essas mulheres trabalhassem, elas pensariam exatamente como eu – ao menos sobre isso"[9]. Ruth Shays, moradora negra de um bairro central pobre, chama atenção para o fato de que as variações nas experiências de homens e mulheres levam a perspectivas diferentes. "A cabeça do homem e a cabeça da mulher são iguais", observa, "mas esse negócio de viver leva as mulheres a usar a cabeça de jeitos sobre os quais os homens nem precisam pensar"[10].

O reconhecimento dessa conexão entre experiência e consciência que forma a vida cotidiana de cada afro-americana permeia com frequência o trabalho de ativistas e acadêmicas negras. Em sua autobiografia, Ida B. Wells-Barnett descreve como o linchamento de suas amigas impactou de tal forma sua visão de mundo que ela passou a dedicar grande parte de sua vida à causa do antilinchamento[11]. O desconforto da socióloga Joyce Ladner diante da disparidade entre os ensinamentos da produção acadêmica dominante e suas experiências como jovem negra do Sul dos Estados Unidos a levou a escrever *Tomorrow's Tomorrow: The Black Woman* [O amanhã do amanhã: a mulher negra] (1972)[12], um estudo inovador sobre a adolescência das mulheres negras. Da mesma forma, a transformação de consciência por que passou Janie, a heroína de pele clara do clássico *Seus olhos viam Deus* (1937), de Zora Neale

---

[9]   John Langston Gwaltney, *Drylongso, A Self-Portrait of Black America* (Nova York, Random House, 1980), p. 4.

[10] Ibidem, p. 33.

[11] Alfreda M. Duster (org.), *Crusade for Justice: The Autobiography of Ida B. Wells* (Chicago, University of Chicago Press, 1970).

[12] Joyce Ladner, *Tomorrow's Tomorrow: The Black Woman* (Garden City, Doubleday, 1972).

Hurston[13], que de neta e esposa obediente passou a afro-americana consciente de si, está diretamente relacionada às experiências da autora com cada um de seus três maridos. Em determinada passagem, Janie apanha de seu segundo marido, que se irritou porque ela lhe servira arroz queimado, peixe malpassado e pão solado. Esse acontecimento estimula Janie a ficar "onde ele a deixara por um tempo incalculável, pensando". E, ao refletir, "a imagem que tinha de Jody caiu e se despedaçou [...] tinha agora um interior e um exterior, e de repente sabia como não misturá-los"[14].

No geral, esses vínculos entre o que fazemos e o que pensamos, ilustrados por mulheres negras como *indivíduo*, também podem caracterizar as experiências e as ideias das mulheres negras como *grupo*. Historicamente, a segregação racial em questões de moradia, educação e emprego criou elementos comuns, motivando a formação de um ponto de vista coletivo[15], baseado em grupos. Por exemplo, a forte concentração de negras no trabalho doméstico nos Estados Unidos, associada à segregação racial no que diz respeito à moradia e à escola, significou que essas mulheres tinham redes organizacionais comuns que lhes permitiam compartilhar experiências e construir um corpo coletivo de saberes. Essa sabedoria coletiva sobre como sobreviver como mulheres negras nos Estados

---

13 Zora Neale Hurston, *Seus olhos viam Deus* (trad. Marcos Santarrita, Rio de Janeiro, Record, 2002).

14 Ibidem, p. 87.

15 Para discussões sobre o conceito de ponto de vista, ver Nancy M. Hartsock, "The Feminist Standpoint: Developing the Ground for a Specifically Feminist Historical Materialism", em Sandra Harding e Merrill B. Hintikka (orgs.), *Discovering Reality* (Boston, D. Reidel, 1983), p. 283-310, e *Money, Sex and Power* (Boston, Northeastern University Press, 1983); Alison M. Jaggar, *Feminist Politics and Human Nature* (Totowa, Rowman & Allanheld, 1983); Dorothy Smith, *The Everyday World as Problematic* (Boston, Northeastern University Press, 1987). Embora eu use as epistemologias do ponto de vista como um conceito organizador desta obra, elas continuam controversas. Para uma crítica proveitosa das epistemologias do ponto de vista, ver Sandra Harding (org.), *The Science Question in Feminism* (Ithaca, NY, Cornell University Press, 1986). Ver a discussão ampliada que faço sobre a teoria do ponto de vista em Patricia Hill Collins, *Fighting Words*, cit., p. 201-28. A socióloga canadense Dorothy Smith, em *The Everyday World as Problematic*, cit., também considera o mundo cotidiano das mulheres uma teoria estimulante. Mas o cotidiano que ela examina é individual, uma situação que reflete em parte o isolamento das mulheres brancas de classe média. Em contrapartida, afirmo que os valores coletivos nos bairros negros dos Estados Unidos, quando combinados com as experiências de classe trabalhadora da maioria das mulheres negras, propiciaram historicamente mundos cotidianos tanto coletivos quanto individuais. Assim, a cultura negra estadunidense, criada continuamente por meio da experiência de segregação racial vivida pelos negros, proporcionou um contexto social em que o ponto de vista das mulheres negras pôde se desenvolver. Embora os contextos em que esse ponto de vista coletivo foi desenvolvido estejam mudando, o mesmo não pode ser dito quanto ao propósito ou à necessidade disso.

Unidos deu forma a um ponto de vista particular a respeito de padrões específicos de gênero na segregação racial e as sanções econômicas deles decorrentes.

A presença de saberes coletivos de mulheres negras desafia duas interpretações predominantes a respeito da consciência dos grupos oprimidos. A primeira afirma que os grupos subordinados se identificam com os poderosos e não têm interpretação independente válida de sua própria opressão. A segunda pressupõe que os oprimidos são menos humanos que aqueles que os dominam e, portanto, menos capazes de interpretar suas próprias experiências[16]. Ambas consideram que qualquer consciência independente expressa pelas afro-americanas e por outros grupos oprimidos ou não é de nossa criação, ou é inferior à dos grupos dominantes. E o que é mais importante: ambas as explicações sugerem que a suposta falta de ativismo político dos grupos oprimidos decorre de uma falta de consciência de nossa própria subordinação[17].

Historicamente, a localização das mulheres negras, como grupo, em opressões interseccionais produziu pontos em comum entre elas. Ao mesmo tempo, ainda que essas experiências comuns possam predispor as mulheres negras a desenvolver uma consciência de grupo distintiva, nada garante que essa consciência se desenvolverá em todas as mulheres nem que será articulada como tal pelo grupo. À medida que mudam as condições históricas, mudam os vínculos entre os tipos de experiência que as mulheres negras terão e a consciência de grupo que porventura resultar dessas experiências. Como os pontos de vista de grupo se situam em relações de poder injustas, as refletem e ajudam a lhes dar forma, eles não são estáticos[18]. Assim, os desafios comuns podem estimular ângulos de visão semelhantes e levar as afro-americanas a um conhecimento ou ponto de vista de grupo. Mas não necessariamente.

---

[16] Judith Rollins, *Between Women, Domestics and Their Employers* (Filadélfia, Temple University Press, 1985); James C. Scott, *Weapons of the Weak: Everyday Forms of Peasant Resistance* (New Haven, CT, Yale University Press, 1985).

[17] James C. Scott define a consciência como os símbolos, as normas e as formas ideológicas que as pessoas criam para dar sentido a seus atos; ver *Weapons of the Weak*, cit. Para Teresa de Lauretis, a consciência é um processo, uma "configuração particular de subjetividade [...] produzida na intersecção do significado com a experiência. [...] A consciência é fundamentada na história pessoal, e o eu e a identidade são compreendidos dentro de contextos culturais específicos. A consciência [...] nunca é fixa, nunca é alcançada de uma vez por todas, porque as fronteiras discursivas mudam com as condições históricas". Ver Teresa de Lauretis, "Feminist Studies/Critical Studies: Issues, Terms, and Contexts", em *Feminist Studies/Critical Studies* (Bloomington, IN, Indiana University Press, 1986), p. 8. É importante distinguir consciência individual de consciência de grupo.

[18] Patricia Hill Collins, *Fighting Words*, cit., p. 201-28.

RESPOSTAS DIFERENTES A DESAFIOS COMUNS NO FEMINISMO NEGRO

Uma segunda característica distintiva do pensamento feminista negro estadunidense vem de uma tensão que vincula experiências e ideias. Por um lado, todas
nós, mulheres afro-americanas, enfrentamos desafios semelhantes que decorrem
da vida em uma sociedade que histórica e cotidianamente anula as mulheres de
ascendência africana. Apesar de as mulheres negras estadunidenses enfrentarem
desafios comuns, isso não significa que todas tenhamos passado pelas mesmas
experiências nem que concordemos quanto ao significado de nossas experiências
variadas. Por outro lado, portanto, apesar dos desafios comuns enfrentados
pelas mulheres negras estadunidenses como grupo, respostas diversas a essas
questões centrais caracterizam o conhecimento ou ponto de vista [*standpoint*]
das afro-americanas como grupo.

Apesar das diferenças de idade, orientação sexual, classe social, região e
religião, nós, mulheres negras estadunidenses, deparamos com práticas sociais
que nos restringem a possibilidades inferiores de moradia, vizinhança, escola,
trabalho e tratamento na esfera pública, e que escondem esse julgamento diferenciado com uma série de crenças comuns sobre nossa inteligência, nossos
hábitos de trabalho e nossa sexualidade. Os desafios que compartilhamos, por
sua vez, resultam em padrões de experiências para os indivíduos que compõem
o grupo. Por exemplo, mulheres afro-americanas de meios sociais muito diversos relatam ser tratadas de maneira similar quando vão a uma loja. Não é
preciso que toda consumidora negra, *individualmente*, passe pela experiência
de ser seguida em uma loja por considerarem-na suspeita de furtar, ou de ser
ignorada enquanto outros são atendidos primeiro, ou de ser instalada, nos
restaurantes, em mesas localizadas perto da cozinha ou dos banheiros, para
que as mulheres afro-americanas reconheçam, como coletividade, que o *grupo*
é tratado de forma diferenciada.

Como os pontos de vista se referem ao conhecimento de grupo, padrões
recorrentes de tratamento diferenciado sugerem que certos temas caracterizam o
conhecimento ou o ponto de vista de grupo das mulheres negras estadunidenses.
Por exemplo, um tema fundamental diz respeito a legados multifacetados de
luta, especialmente em resposta às formas de violência que acompanham as
opressões interseccionais[19]. Como observa Katie Cannon:

---

[19] Idem, "The Tie That Binds: Race, Gender and U.S. Violence", *Ethnic and Racial Studies*, v. 21.
n. 5, 1998, p. 918-38.

CARACTERÍSTICAS DISTINTIVAS DO PENSAMENTO FEMINISTA NEGRO 69

Ao longo da história dos Estados Unidos, a inter-relação entre supremacia branca e superioridade masculina tem caracterizado a realidade da mulher negra como situação de luta – uma luta para sobreviver ao mesmo tempo em dois mundos contraditórios, um branco, privilegiado e opressivo, e outro negro, explorado e oprimido.[20]

A vulnerabilidade das mulheres negras a agressões no ambiente de trabalho, na rua, em casa e nas representações feitas pelos meios de comunicação tem sido um dos fatores que instigam esse legado de luta.

Apesar das diferenças criadas pelo momento histórico, pela idade, pela classe social, pela orientação sexual, pela cor da pele ou pela etnia, o legado de luta contra a violência entranhada nas estruturas sociais estadunidenses é um fio comum que interliga as afro-americanas. Anna Julia Cooper, uma intelectual negra do século XIX com educação formal, descreve da seguinte maneira a vulnerabilidade das mulheres negras à violência sexual:

> Peço [...] que considerem também meu apelo pelas meninas de cor [*Colored Girls*] do Sul: essa classe numerosa, brilhante, promissora e fatalmente bela [...] repleta de promessas e possibilidades, mas tão próxima da destruição; muitas vezes sem um pai a quem ousem pedir afeto, muitas vezes sem um irmão mais forte que apoie sua causa e defenda sua honra com o sangue de sua própria vida; vivendo entre armadilhas e ciladas, perseguidas pelas classes mais baixas de homens brancos, sem refúgio, sem proteção.[21]

Ainda assim, durante esse período, Cooper e outras mulheres negras estadunidenses de classe média criaram um poderoso movimento de associações e numerosas organizações comunitárias[22].

Dizer que existe um legado de lutas não significa que todas as mulheres negras estadunidenses sejam beneficiadas por ele nem que o reconheçam. Para as meninas afro-americanas, por exemplo, a idade raramente representa proteção

---

[20] Katie G. Cannon, "The Emergence of a Black Feminist Consciousness", em Letty M. Russell (org.), *Feminist Interpretations of the Bible* (Filadélfia, Westminster, 1985), p. 30-40.

[21] Anna Julia Cooper, *A Voice from the South: By a Black Woman of the South* (Xenia, Aldine, 1892), p. 240.

[22] Paula Giddings, *When and Where I Enter... The Impact of Black Women on Race and Sex in America* (Nova York, William Morrow, 1984), e *In Search of Sisterhood: Delta Sigma Theta and the Challenge of the Black Sorority Movement* (Nova York, William Morrow, 1988); Cheryl Townsend Gilkes, "'Together and in Harness': Women's Traditions in the Sanctified Church", *Signs*, v. 10, n. 4, 1985, p. 678-99.

contra as agressões. Muitas jovens negras vivem em ambientes perigosos e hostis[23]. Em 1975, recebi uma redação intitulada "My World" ["Meu mundo"], de Sandra, uma aluna de sexto ano que residia em um dos mais perigosos conjuntos habitacionais de Boston: "Meu mundo está cheio de pessoas sendo estupradas. Pessoas atirando umas nas outras. Jovens e adultos brigando por namoradas. E gente desempregada sem condições para pagar por uma formação que permita conseguir um trabalho [...], bêbados nas ruas estuprando e matando crianças". As palavras de Sandra expressam de forma pungente uma crescente sensibilidade feminista negra para o fato de que ela pode ser vítima do racismo, da misoginia e da pobreza. Elas revelam a consciência de sua vulnerabilidade ao estupro como forma de violência sexual. Apesar de sua opinião a respeito da comunidade em que vivia, Sandra não apenas caminhava por aquelas ruas diariamente como conseguia levar em segurança três irmãos menores para a escola. Ao fazê-lo, participava da tradição de luta das mulheres negras. Sandra se impôs, mas isso teve um preço. E, ao contrário dela, outras simplesmente desistem.

Esse legado de lutas constitui um dos principais elementos do ponto de vista das mulheres negras. Os esforços para recuperar as tradições intelectuais das mulheres negras estadunidenses revelaram que a atenção delas se voltou há muito tempo a outros temas centrais, apontados inicialmente por Maria W. Stewart[24]. A perspectiva de Stewart sobre as opressões interseccionais, seu apelo para que as imagens depreciadas da condição de mulher negra fossem substituídas por imagens autodefinidas, sua crença no ativismo das mulheres negras como mães, professoras e líderes da comunidade negra, bem como sua sensibilidade para a política sexual, são temas centrais desenvolvidos por diversas intelectuais feministas negras.

Apesar dos desafios semelhantes que nós, afro-americanas, enfrentamos como grupo, não temos experiências idênticas nem as interpretamos da mesma maneira. A existência de questões centrais não significa que as afro-americanas respondam da mesma maneira. As diferenças entre as mulheres negras produzem padrões diferentes de conhecimento experiencial que, por sua vez, dão forma a reações individuais às questões centrais. Por exemplo, quando confrontadas com imagens de controle que representam as mulheres negras como feias e

---

[23]   Rebecca Carroll, *Sugar in the Raw: Voices of Young Black Girls in America* (Nova York, Crown Trade, 1997).

[24]   Marilyn Richardson (org.), *Maria W. Stewart: America's First Black Woman Political Writer* (Bloomington, IN, Indiana University Press, 1987).

CARACTERÍSTICAS DISTINTIVAS DO PENSAMENTO FEMINISTA NEGRO 71

não femininas, algumas mulheres – como Sojourner Truth – questionam: "Por acaso não sou mulher?". Ao desconstruir o aparato conceitual do grupo dominante, elas põem em xeque concepções de feminilidade do tipo "boneca Barbie" pressupostas nas experiências de mulheres brancas de classe média[25]. Em contraste, outras mulheres internalizam as imagens de controle e passam a acreditar que elas mesmas correspondem aos estereótipos[26]. Outras ainda tentam transgredir os limites que circunscrevem essas imagens. Jaminica, uma adolescente negra de 14 anos, descreve assim suas estratégias:

> A menos que você queira se meter numa grande luta ativista, você aceita os estereótipos que lhe foram dados e apenas tenta reformulá-los com o tempo. De certa forma, isso me dá bastante liberdade. Não posso ser mais malvista na sociedade do que eu já sou – negra e mulher estão bem no topo da lista das coisas que você não deve ser.[27]

Muitos fatores explicam essa diversidade de respostas. Por exemplo, embora todas as afro-americanas deparem com o racismo institucionalizado, as diferenças de classe social influenciam os padrões de racismo na moradia, na educação e no emprego. As mulheres negras de classe média são mais sujeitas a deparar com uma forma perniciosa de racismo que as deixa com raiva e desapontadas[28]. Uma jovem administradora que se formou com louvor na Universidade de Maryland descreve a forma específica que o racismo pode assumir no caso de negros de classe média. Antes de pegar um avião para Cleveland a fim de apresentar um plano de *marketing* para sua empresa, seu gerente a fez repeti-lo três ou quatro vezes diante dele para que ela não se esquecesse do plano que *ela mesma* tinha elaborado. Depois lhe explicou como despachar a bagagem no aeroporto e como restituí-la na chegada. "Simplesmente fiquei sentada durante todo o almoço ouvindo aquele homem falar comigo como se eu fosse um macaco capaz de memorizar, mas não de pensar." Perdendo a paciência, "perguntei se ele queria amarrar meu dinheiro em um lenço e pregar um bilhete em mim dizendo que eu era funcionária da empresa. Caso me perdesse, a assistência ao passageiro

---

[25] Ann duCille, *Skin Trade* (Cambridge, MA, Harvard University Press, 1996), p. 8-59.

[26] Alice Brown-Collins, Deborah Ridley Sussewell, "The Afro-American Woman's Emerging Selves", *Journal of Black Psychology*, v. 13, n. 1, 1986, p. 1-11.

[27] Rebecca Carroll, *Sugar in the Raw*, cit., p. 94-5.

[28] Ellis Cose, *The Rage of the Privileged Class* (Nova York, HarperCollins, 1993); Joe R. Feagin e Melvin P. Sikes, *Living with Racism: The Black Middle Class Experience* (Boston, Beacon, 1994).

me encontraria e me mandaria de volta"[29]. A maioria das mulheres negras de classe média não passa por situações tão flagrantes, mas muitos negros da classe trabalhadora sim. Os negros da classe trabalhadora historicamente enfrentam formas de racismo institucionalizado diretamente organizadas por instituições brancas e mediada por certos segmentos da classe média negra. Assim, embora os negros da classe trabalhadora e as mulheres negras da classe trabalhadora, em particular, tenham muito em comum com as mulheres negras de classe média, o legado de lutas desses dois grupos sociais possui caráter específico[30].

A sexualidade é outro fator importante que influencia a diversidade de respostas das afro-americanas a desafios comuns. As lésbicas negras identificaram o heterossexismo como forma de opressão, e as questões que enfrentam em comunidades homofóbicas moldam a forma como interpretam os acontecimentos cotidianos[31]. Beverly Smith diz que ser lésbica afetou sua percepção a respeito do casamento de uma de suas amigas mais próximas: "Meu Deus, como eu gostaria de ter uma amiga aqui. Alguém que me conhecesse e entendesse como eu me sinto. Estou fingindo ser uma 'garota' negra legal, de classe média e hétero"[32]. Enquanto a maioria das pessoas presentes no casamento julgava apenas assistir a um evento festivo, Beverly Smith sentia que sua amiga estava ingressando em uma espécie de servidão. De maneira semelhante, as várias condições étnicas e de cidadania no Estado-nação expressam diferenças entre as mulheres negras nos Estados Unidos. Por exemplo, a população negra de Porto Rico constitui um grupo que combina de maneira muito particular categorias de raça, nacionalidade e etnia. Assim, as negras porto-riquenhas devem negociar um conjunto específico de experiências que advêm de serem

---

[29] George Davis e Glegg Watson, *Black Life in Corporate America* (Nova York, Anchor, 1985), p. 86.

[30] Robin D. G. Kelley, *Race Rebels: Culture, Politics, and the Black Working Class* (Nova York, Free Press, 1994); Signithia Fordham, "'Those Loud Black Girls': (Black) Women, Silence, and Gender 'Passing' in the Academy", *Anthropology and Education Quarterly*, v. 24, n. 1, 1993, p. 3-32.

[31] Ann Allen Shockley, *Loving Her* (Tallahassee, Naiad, 1974); Audre Lorde, *Zami: A New Spelling of My Name* (Trumansburg, Crossing, 1982), e *Sister Outsider* (Trumansburg, Crossing, 1984) [ed. bras.: *Irmã outsider*, trad. Stephanie Borges, Belo Horizonte, Autêntica, no prelo]; Cheryl Clarke et al. "Conversations and Questions: Black Women on Black Women Writers", *Conditions: Nine*, v. 3, n. 3, 1983, p. 88-137; Barbara Smith, "Introduction", em *Home Girls: A Black Feminist Anthology* (Nova York, Kitchen Table, 1983), p. xix–lvi, e *The Truth That Never Hurts: Writings on Race, Gender, and Freedom* (New Brunswick, Rutgers University Press, 1998); Rhonda Williams, "Living at the Crossroads: Explorations in Race, Nationality, Sexuality, and Gender", em Wahneema Lubiano (org.), *The House That Race Built*, cit., p. 136-56.

[32] Beverly Smith, "The Wedding", em Barbara Smith (org.), *Home Girls*, cit., p. 172.

racialmente negras, possuírem uma forma especial de cidadania estadunidense e serem etnicamente latinas.

Dada a maneira como esses fatores influenciam a diversidade de respostas a desafios comuns, é importante ressaltar que não existe um ponto de vista homogêneo da *mulher* negra. Não existe uma mulher negra essencial ou arquetípica cujas experiências sejam típicas, normativas e, portanto, autênticas. Um entendimento essencialista do ponto de vista da mulher negra suprime as diferenças entre as mulheres negras em busca de uma unidade de grupo enganosa. Em vez disso, pode ser mais correto dizer que existe um ponto de vista coletivo das *mulheres* negras, caracterizado pelas tensões geradas por respostas diferentes a desafios comuns. Ao reconhecer e buscar incorporar essa heterogeneidade na elaboração dos saberes de resistência das mulheres negras, esse ponto de vista renuncia ao essencialismo em favor da democracia. Uma vez que o pensamento feminista negro tanto surge no interior de um ponto de vista das *mulheres* negras como grupo quanto visa articulá-lo com as experiências associadas às opressões interseccionais que elas sofrem, é importante ressaltar a composição heterogênea desse ponto de vista do grupo.

Além disso, ao refletirmos sobre os contornos de um ponto de vista das mulheres negras, é igualmente importante reconhecermos que, nos Estados Unidos, elas enfrentam os mesmos desafios (e, em mesma medida, expressões diferentes) que as mulheres de ascendência africana em contexto da diáspora negra. Esse contexto, por sua vez, situa-se em um contexto global e transnacional. O termo *diáspora* expressa as experiências de pessoas que, em razão da escravidão, do colonialismo, do imperialismo e da imigração, foram forçadas a deixar sua terra natal[33]. Para as mulheres negras estadunidenses e outros afrodescendentes, um referencial diaspórico sugere uma dispersão desde a África para as sociedades do Caribe, da América do Sul, da América do Norte e da Europa. As compreensões da condição de mulher afro-americana refletem, assim, um padrão distintivo de dispersão, associado à imigração forçada para os Estados Unidos e à subsequente escravização[34]. Como o referencial diaspórico não é normativo, não deve ser usado para avaliar a autenticidade de afrodescendentes

---

[33] Lumka Funami, "The Nigerian Conference Revisited", em Obioma Nnaemeka (org.), *Sisterhood, Feminisms, and Power: From Africa to the Diaspora* (Trenton, NJ, Africa World, 1998), p. 417.

[34] Achola O. Pala, "Introduction", em *Connecting Across Cultures and Continents: Black Women Speak Out on Identity, Race and Development* (Nova York, United Nations Development Fund for Women, 1995), p. 3-10.

em referência a uma norma africana presumida. Antes, os referenciais diaspóricos negros situam as análises das mulheres negras no contexto de desafios comuns vivenciados transnacionalmente.

A versão do feminismo negro que as mulheres negras desenvolveram nos Estados Unidos deve, claro, ser entendida no contexto da política do Estado-nação estadunidense. Ao mesmo tempo, esse feminismo negro, como projeto de justiça social, tem muito em comum com projetos semelhantes de justiça social promovidos não apenas por outros grupos étnicos/raciais dos Estados Unidos[35], mas também por mulheres de ascendência africana em sociedades bastante diversas. No contexto de um "movimento intercontinental de consciência das mulheres negras"[36], nós, afrodescendentes, estamos dispersas globalmente, mas os problemas que enfrentamos podem ser semelhantes. Transnacionalmente, as mulheres deparam com desafios sociais recorrentes, como pobreza, violência, questões reprodutivas, falta de acesso à educação, trabalho sexual e suscetibilidade a doenças[37]. Situar as experiências, o pensamento e a prática das afro-americanas em um contexto diaspórico negro transnacional revela essas e outras semelhanças entre as afrodescendentes e, ao mesmo tempo, aquilo que é específico das afro-americanas.

PRÁTICA FEMINISTA NEGRA E PENSAMENTO FEMINISTA NEGRO

Uma terceira característica distintiva do pensamento feminista negro diz respeito às interconexões entre as experiências das mulheres negras estadunidenses como coletividade heterogênea e qualquer conhecimento ou ponto de vista de grupo associado a ela. Um dos principais motivos pelos quais os pontos de vista dos grupos oprimidos são suprimidos é que os pontos de vista autodefinidos podem fomentar a resistência. Annie Adams, uma mulher negra do Sul, relata como se envolveu com o movimento pelos direitos civis:

> Quando fui pela primeira vez ao moinho, os bebedouros eram separados. [...] Assim como os banheiros. Eu tinha de limpar os banheiros da sala de inspeção e,

---

[35] Ver, por exemplo, Ronald Takaki, *A Different Mirror*, cit.

[36] Andree Nicola McLaughlin, "The Impact of the Black Consciousness and Women's Movements on Black Women's Identity: Intercontinental Empowerment", em Achola O. Pala (org.), *Connecting Across Cultures and Continents*, cit., p. 73.

[37] *Rights of Women: A Guide to the Most Important United Nations Treaties on Women's Human Rights* (Nova York, International Women's Tribune Centre, 1998).

quando eu mesma precisava usar o banheiro, tinha descer a escada inteira e ir até o celeiro. Então perguntei a meu patrão: "Qual a diferença? Se posso ir lá limpar os banheiros, por que não posso usá-los?". Por fim, comecei a usar o banheiro que eu queria. Decidi que não ia andar um quilômetro para ir ao banheiro.[38]

Nesse caso, Adams considerou o ponto de vista do "patrão" inadequado, desenvolveu uma perspectiva própria e agiu de acordo com ela. No nível individual, suas ações exemplificam a conexão entre experiências vividas e opressão, o desenvolvimento de um ponto de vista próprio sobre essas experiências e os atos de resistência que podem surgir disso. Uma relação semelhante caracteriza o conhecimento das afro-americanas como grupo. Suas experiências históricas coletivas com a opressão podem motivar a formação de um ponto de vista autodefinido que, por sua vez, promova o ativismo.

Como membros de um grupo oprimido, as mulheres negras estadunidenses geraram práticas e conhecimentos alternativos para promover seu empoderamento como grupo. Em contraste com a relação dialética que interliga opressão e ativismo, uma relação *dialógica* caracteriza as experiências coletivas das mulheres negras e os conhecimentos que elas compartilham como grupo. Tanto individualmente como em grupo, a relação *dialógica* sugere que mudanças de pensamento podem ser acompanhadas de transformações em ações e que experiências alteradas podem, por sua vez, estimular uma mudança de consciência. Para as mulheres negras estadunidenses como coletividade, a luta por um feminismo negro autodefinido ocorre por meio de um diálogo contínuo no qual ação e pensamento informam um ao outro.

O próprio feminismo negro estadunidense exemplifica essa relação dialógica. Por um lado, existe uma prática feminista negra que surge no contexto da experiência vivida nos Estados Unidos. Quando se mostrou organizada e visível, essa prática tomou a forma de movimentos sociais abertamente feministas negros, dedicados ao empoderamento das mulheres negras estadunidenses. Dois momentos especialmente notórios caracterizam a visibilidade do feminismo negro. O primeiro ocorreu na virada do século [XIX para o XX] por meio do movimento de associações de mulheres negras, apontando muitas das ideias fundamentais que nos orientam hoje. O segundo movimento, ou feminismo negro moderno, foi estimulado pelos movimentos antirracistas e por justiça social para as mulheres dos anos 1960 e 1970, continuando até a atualidade.

---

[38] Victoria Byerly, *Hard Times Cotton Mills Girls* (Ithaca, NY, Cornell University Press, 1986), p. 134.

No entanto, esses períodos de ativismo político explícito, nos quais as afro-
-americanas se manifestaram na arena política em nosso próprio nome, são
ainda pouco usuais. Eles parecem pouco usuais quando justapostos a padrões
mais típicos de inércia em relação à defesa das mulheres negras.

Dada a história de segregação racial nos Estados Unidos, o ativismo feminista
negro apresenta padrões distintivos. Como há muito tempo os afro-americanos
têm sido relegados a ambientes racialmente segregados, a prática feminista
negra estadunidense com frequência ocorreu num contexto de esforços para o
desenvolvimento da comunidade negra e outros projetos de inspiração nacionalista negra. O nacionalismo negro surge junto com a segregação racial – se
os negros estadunidenses vivessem em uma sociedade racialmente integrada,
provavelmente não achariam o nacionalismo negro tão necessário. Como filosofia política, o nacionalismo negro se baseia na percepção de que os negros
constituem um povo ou "nação" com uma história e um destino comuns. A
solidariedade negra, ideia de que os negros têm interesses comuns e devem se
apoiar mutuamente, há muito permeia a filosofia política das mulheres negras. Assim, o desenvolvimento de uma consciência "feminista" por parte das
mulheres negras muitas vezes ocorre no âmbito de projetos de justiça social
antirracista, muitos deles influenciados pelas ideologias nacionalistas negras.
Ao descrever como esse fenômeno afeta as mulheres negras no contexto global, Andree Nicola McLaughlin argumenta o seguinte: "As ativistas negras
em geral reconhecem que a luta nacionalista propicia um terreno fértil para o
desenvolvimento da consciência da mulher"[39]. Tentar encontrar o feminismo
negro numa busca por mulheres negras estadunidenses que se identifiquem
como "feministas negras" passa ao largo da complexidade com que a prática
feminista negra realmente opera[40].

Há opiniões semelhantes a respeito do feminismo na África. Quando uma
colega pediu a Obioma Nnaemeka que relatasse como as feministas africanas
definem o feminismo africano, sua resposta imediata foi: "[A] maioria das mulheres africanas não se preocupa em 'articular seu feminismo'; elas simplesmente
o praticam". Na opinião de Nnaemeka:

---

[39] Andree Nicola McLaughlin, "The Impact of the Black Consciousness and Women's Movements
on Black Women's Identity", cit., p. 80.

[40] Patricia Hill Collins, "Black Feminism in the Twentieth Century", em Darlene Clark Hine, Elsa
Barkley Brown e Rosalyn Terborg-Penn (orgs.), *Black Women in the United States: An Historical
Encyclopedia* (Nova York, Carlson, 1993), p. 418-25.

O "arcabouço" nasce do que elas *fazem* e do *modo como* fazem; não se trata de levar o "arcabouço" ao teatro da ação como ferramenta de definição. [...] As tentativas de tornar o "feminismo africano" facilmente digerível não apenas suscitam questões relativas à definição, mas também criam dificuldades para se estabelecer parâmetros organizacionais e iluminar modos complexos de engajamento.[41]

Nnaemeka apresenta aqui um argumento convincente relativo à interconexão de experiências e ideias, o qual difere claramente dos modelos aceitos para a definição dos movimentos de justiça social. Seu modelo faz referência à relação dialógica e aponta para uma maneira diferente de pensar sobre o pensamento feminista negro como conhecimento. Em particular, a prática feminista negra necessita do pensamento feminista negro e vice-versa.

Quando se trata da relação dialógica no feminismo negro estadunidense, por outro lado, podemos entendê-lo como teoria social crítica. Uma teoria social crítica consiste em teorizar o social em defesa da justiça econômica e social. Como teoria social crítica, o pensamento feminista negro abarca corpos de conhecimento e conjuntos de práticas institucionais que tratam ativamente de questões centrais para as mulheres negras estadunidenses como grupo. Ele reconhece que as mulheres negras estadunidenses constituem um grupo entre muitos que se situam de formas diferentes em situações de injustiça. O que torna a teoria social crítica "crítica" é seu compromisso com a justiça, para o próprio grupo e para outros.

Dentro desses parâmetros, o conhecimento pelo conhecimento não é suficiente – o pensamento feminista negro deve estar ligado às experiências vividas pelas mulheres negras e ter como objetivo mudar essas experiências para melhor. Quando esse pensamento é suficientemente fundamentado na prática feminista negra, ele reflete essa relação dialógica. O pensamento feminista negro abrange o conhecimento geral que ajuda as mulheres negras estadunidenses a sobreviver, enfrentar e resistir ao tratamento diferenciado que nos é dado. Também inclui um conhecimento mais especializado, que investiga os temas e os desafios específicos de um período determinado. Em contrapartida, quando as mulheres negras estadunidenses não conseguem ver as conexões entre os temas que permeiam o pensamento feminista negro e os que têm influência sobre sua vida cotidiana, é importante questionar se essa relação dialógica se

---

[41] Obioma Nnaemeka, "Introduction: Reading the Rainbow", em *Sisterhood, Feminisms, and Power*, cit., p. 5.

sustenta. Também é razoável questionar a validade dessa expressão particular do pensamento feminista negro. Por exemplo, durante a escravidão, uma questão em destaque no pensamento feminista negro era o estupro institucionalizado das mulheres negras escravizadas como mecanismo de controle social. No período em que as mulheres negras trabalhavam principalmente na agricultura e no serviço doméstico, a oposição ao assédio sexual das trabalhadoras domésticas que moravam na residência onde trabalhavam ganhou especial importância. Havia conexões claras entre o conteúdo e o propósito do pensamento feminista negro e questões importantes na vida das mulheres negras.

A potencial relevância do pensamento feminista negro vai muito além da demonstração de que as afro-americanas podem ser teóricas. O pensamento feminista negro – assim como a prática feminista negra, que ele reflete e procura promover – pode criar uma identidade coletiva no que diz respeito a um ponto de vista das mulheres negras. Por meio de um processo de *rearticulação*, o pensamento feminista negro pode oferecer às afro-americanas uma perspectiva diferente de nós mesmas e de nossos mundos[42]. Tomando os temas centrais do ponto de vista das mulheres negras e dando a eles novo significado, o pensamento feminista negro pode promover uma nova consciência que utilize o conhecimento cotidiano das mulheres negras, comumente naturalizado. Mais que estimular uma tomada de consciência, o pensamento feminista negro afirma, rearticula e proporciona um veículo para expressar publicamente uma consciência que muitas vezes já existe. Mais importante ainda, essa consciência rearticulada tem como objetivo empoderar as afro-americanas e fomentar a resistência.

Sheila Radford-Hill, em seu ensaio "Considering Feminism as a Model for Social Change" [Considerando o feminismo como modelo para a mudança social], enfatiza a rearticulação como elemento essencial de uma teoria feminista negra empoderadora. Ao avaliar se as mulheres negras deveriam aderir aos programas feministas, Radford-Hill afirma:

> A pergunta fundamental que as mulheres negras devem se fazer na hora de avaliar uma posição feminista é a seguinte: "Se eu, como mulher negra, 'me tornar feminista', que ferramentas básicas ganharei para resistir à opressão que sofro como indivíduo e como parte de um grupo?".[43]

---

[42] Michael Omi e Howard Winant, *Racial Formation in the United States: From the 1960s to the 1990s* (2. ed., Nova York, Routledge, 1994), p. 99.

[43] Sheila Radford-Hill, "Considering Feminism as a Model for Social Change", em Teresa de Lauretis (org.), *Feminist Studies/Critical Studies*, cit., p. 160.

Para Radford-Hill, a relevância do feminismo como veículo para a mudança social deve ser avaliada por sua "capacidade de levar em conta as mulheres negras e outras mulheres de cor* em concepções alternativas de poder, bem como nas consequências de seu uso"[44]. Assim, o pensamento feminista negro como teoria social crítica busca contribuir para a luta das afro-americanas contra as opressões interseccionais.

À primeira vista, essas conexões entre prática feminista negra e pensamento feminista negro poderiam sugerir que somente as mulheres afro-americanas podem participar da produção do pensamento feminista negro e apenas as experiências das mulheres negras podem formar o conteúdo desse pensamento. Esse modelo de feminismo negro, contudo, ficaria enfraquecido como perspectiva crítica por depender exclusivamente de quem é biologicamente negra e mulher. As definições excludentes do feminismo negro, que confinam "a crítica feminista negra a críticas feitas por mulheres negras a artistas mulheres negras que retratam mulheres negras"[45], são inadequadas, porque inerentemente separatistas. As conexões de que falamos aqui buscam, em vez disso, autonomia. Dada a necessidade de autodefinição e autonomia – um objetivo importante de "uma tradição intelectual que não existia na academia até 25 anos atrás"[46] –, qual é a importância das intelectuais negras no pensamento feminista negro?

PRÁTICAS DIALÓGICAS E AS INTELECTUAIS NEGRAS

Uma quarta característica distintiva do pensamento feminista negro diz respeito às contribuições essenciais das intelectuais afro-americanas. A existência de um ponto de vista comum às mulheres negras não significa que as afro-americanas, acadêmicas ou não, apreciem seu conteúdo, percebam sua importância ou reconheçam seu potencial como catalisador de mudanças sociais. Uma tarefa fundamental das intelectuais negras de diversas idades, classes sociais, ocupações e trajetórias na educação formal consiste em fazer as perguntas certas e

---

* No contexto estadunidense, "*person of color*" ("pessoa de cor") é qualquer pessoa não branca, incluindo, por exemplo, indígenas. A expressão não tem conotação pejorativa. (N. E.)

[44] Idem.

[45] Hazel Carby, *Reconstructing Womanhood: The Emergence of the Afro-American Woman Novelist* (Nova York, Oxford University Press, 1987), p. 9.

[46] Barbara Omolade, *The Rising Song of African American Women* (Nova York, Routledge, 1994), p. ix.

investigar todas as dimensões de um ponto de vista das mulheres negras com as afro-americanas e para as afro-americanas. Historicamente, as intelectuais negras mantêm uma relação especial com a comunidade mais ampla de afro-americanas, uma relação que fez com que o pensamento feminista negro se tornasse uma teoria social crítica. A continuidade dessa relação especial depende, ironicamente, da capacidade das intelectuais negras de analisar seus próprios lugares sociais.

Tipos muito diferentes de "pensamento" e "teorias" surgem quando o pensamento abstrato se junta à ação pragmática. Impedidas em posições de pesquisadoras acadêmicas e escritoras que permitem enfatizar questões puramente teóricas, o trabalho da maioria das intelectuais negras foi influenciado por uma mistura de ação e teoria. A atividade de intelectuais negras do século XIX como Anna J. Cooper, Frances Ellen Watkins Harper, Ida B. Wells-Barnett e Mary Church Terrell ilustra essa tradição que funde trabalho intelectual e ativismo. Essas mulheres analisaram as opressões interseccionais que limitavam a vida das mulheres negras e também trabalharam pela justiça social. Criado por elas, o movimento de associações de mulheres negras foi uma iniciativa ao mesmo tempo ativista e intelectual. As mulheres negras da classe trabalhadora também se engajaram em uma combinação paralela de ideias e ativismo. Porém, como o acesso à educação formal lhes era negado, a forma desse ativismo e o conteúdo das ideias que elas desenvolveram diferiam daqueles das mulheres negras de classe média. As apresentações das intérpretes negras clássicas de *blues* na década de 1920 podem ser vistas como um importante espaço no qual as mulheres da classe trabalhadora se reuniam e compartilhavam ideias especialmente pertinentes para elas[47].

Muitas intelectuais negras contemporâneas ainda recorrem a essa tradição, aplicando em nosso trabalho teórico ações e experiências cotidianas. A historiadora feminista negra Elsa Barkley Brown fala da importância das ideias de sua mãe para a sua produção acadêmica sobre as lavadeiras afro-americanas. Inicialmente, Brown usou as lentes fornecidas por sua formação como historiadora e analisou seu grupo de amostra como prestadoras de serviços desvalorizados. Com o tempo, porém, passou a ver as lavadeiras como empreendedoras. Levando as roupas até quem tivesse a maior cozinha, elas criaram entre si uma comunidade e uma cultura. Ao explicar a mudança de perspectiva que lhe permitiu reavaliar essa parte da história das mulheres negras, Brown observa:

---

[47] Angela Davis, *Blues Legacies and Black Feminism* (Nova York, Vintage, 1998).

"Foi minha mãe que me ensinou a fazer as perguntas certas – e todos nós que tentamos fazer o que chamamos de pesquisa acadêmica sabemos que fazer as perguntas certas é a parte mais importante do processo"[48].

Essa relação especial das intelectuais negras com a comunidade de mulheres afro-americanas corresponde à existência de dois níveis inter-relacionados de conhecimento[49]. O conhecimento trivial, naturalizado, compartilhado pelas afro-americanas, que provém de nossas ações e pensamentos cotidianos, constitui o primeiro e mais fundamental nível de conhecimento. As ideias que as mulheres negras compartilham umas com as outras de maneira informal, no dia a dia, sobre assuntos como penteados, características de um homem negro "bom", estratégias para lidar com os brancos e habilidades para "deixar algo para trás" constituem a base desse conhecimento naturalizado.

Estudiosas ou especialistas que se originam e participam de determinado grupo produzem um segundo tipo de conhecimento, mais especializado. De classe trabalhadora ou de classe média, instruídas ou não, famosas ou desconhecidas, a gama de intelectuais negras discutida no capítulo 1 é um exemplo dessas especialistas. Suas teorias facilitam a expressão do ponto de vista das mulheres negras e formam o conhecimento especializado do pensamento feminista negro.

Esses dois tipos de conhecimento são interdependentes. Na medida em que o pensamento feminista negro articula o conhecimento – muitas vezes naturalizado – compartilhado por mulheres afro-americanas como grupo, a consciência das mulheres negras pode ser transformada por tal pensamento. Muitas intérpretes negras de *blues* cantaram sobre situações naturalizadas que afetam as mulheres negras estadunidenses. Por meio de sua música, elas não apenas descreveram as realidades das mulheres negras como também buscaram dar forma a elas.

Por haverem tido mais oportunidades de se alfabetizar, as mulheres negras de classe média tiveram mais acesso a recursos para ingressar na pesquisa acadêmica feminista negra. A educação não precisa implicar uma alienação dessa relação dialógica. As ações de mulheres negras instruídas dentro do movimento de associações simbolizam essa relação especial entre um segmento de intelectuais negras e a comunidade mais ampla de afro-americanas:

---

[48] Cynthia Stokes Brown (org.), *Ready from Within: Septima Clark and the Civil Rights Movement* (Navarro, CA, Wild Trees, 1986), p. 14.

[49] Peter L. Berger e Thomas Luckmann, *The Social Construction of Reality* (Nova York, Doubleday, 1966) [ed. bras.: *A construção social da realidade: tratado de sociologia do conhecimento*, trad. Floriano de Souza Fernandes, Petrópolis, Vozes, 2004].

É importante reconhecer que mulheres negras como Frances Harper, Anna Julia Cooper e Ida B. Wells não eram figuras isoladas da genialidade intelectual; elas se formaram dentro de um movimento mais amplo de mulheres afro-americanas, que elas também ajudaram a construir. Com isso, não quero dizer que elas representavam todas as mulheres negras; elas e seus pares fizeram parte de uma elite culta, intelectual; mas uma elite que tentou desenvolver uma perspectiva cultural e histórica que mantivesse uma relação orgânica com a condição mais ampla das mulheres negras.[50]

O trabalho dessas mulheres é importante porque ilustra uma tradição que combina produção acadêmica e ativismo. Como muitas vezes moravam nos mesmos bairros que os negros de classe trabalhadora, as mulheres que se envolveram com o movimento de associações na virada do século [XIX para o XX] viviam em um tipo de sociedade civil negra na qual era mais fácil estabelecer essa relação dialógica. Elas viam os problemas. Participavam de instituições sociais que incentivavam a proposição de soluções. Fomentavam uma "perspectiva cultural e histórica que mantivesse uma relação orgânica com a condição mais ampla das mulheres negras". As intelectuais negras contemporâneas enfrentam desafios semelhantes para incentivar o diálogo, mas em condições sociais muito distintas. Se, por um lado, a segregação racial nos Estados Unidos se constituiu para manter os negros em situação de opressão, ela fez florescer certa forma de solidariedade racial nos bairros negros. Em contraste, agora que os negros vivem em bairros economicamente heterogêneos, chegar ao mesmo nível de solidariedade racial gera novos desafios.

As intelectuais negras são centrais para o pensamento feminista negro por várias razões. Em primeiro lugar, nossas experiências como afro-americanas nos proporcionam uma perspectiva única sobre a condição de mullher negra, uma perspectiva que não é acessível a outros grupos, caso a adotemos. É mais provável que as mulheres negras, como membros de um grupo oprimido, tenham uma compreensão mais crítica de nossa condição de opressão que as mulheres que vivem fora dessas estruturas. Uma das personagens do romance *Iola Leroy*, de Frances Ellen Watkins Harper, publicado em 1892, expressa essa percepção com uma visão própria daqueles que já experimentaram a opressão:

> Senhorita Leroy, pensadores e escritores devem vir de sua própria raça. Autores da raça branca escreveram bons livros, pelos quais sou profundamente grato, mas

---

[50] Hazel Carby, *Reconstructing Womanhood*, cit., p. 115.

parece ser quase impossível um homem branco se colocar plenamente em nosso lugar. Nenhum homem sente de fato o ferro que perfura a alma de outro homem.[51]

Somente afro-americanas ocupam esse centro e "sentem de fato o ferro" que perfura a alma das mulheres negras; afinal, ainda que as experiências das mulheres negras se assemelhem às de outras, elas continuam únicas. A importância da liderança das mulheres negras na produção do pensamento feminista negro não significa que outros não possam participar disso. Significa apenas que a responsabilidade pela definição da realidade de cada um cabe sobretudo a quem vive essa realidade, a quem realmente passa por essas experiências.

Em segundo lugar, as intelectuais negras, acadêmicas ou não, são menos propensas a se afastar das lutas das mulheres negras quando os obstáculos parecem gigantescos ou quando as recompensas por persistir não são atraentes. Ao discutir o envolvimento das mulheres negras no movimento feminista, Sheila Radford-Hill enfatiza a importância de agir em nome próprio:

> As mulheres negras estão se dando conta de que parte do problema do movimento era nossa insistência para que as mulheres brancas fizessem por nós ou conosco o que devemos fazer nós mesmas e para nós mesmas, isto é, construir nossa própria ação social em torno da nossa própria agenda de mudanças. [...] O direito de se organizar em nome próprio é fundamental para esse debate. [...] A crítica das feministas negras deve reafirmar esse princípio.[52]

Para a maioria das mulheres negras estadunidenses, envolver-se com a pesquisa e com a produção acadêmica feministas negras não é uma moda passageira – essas questões afetam tanto a vida cotidiana contemporânea quanto as realidades intergeracionais.

Em terceiro lugar, as intelectuais negras de todas as esferas da vida devem enfatizar veementemente a questão da autodefinição, porque falar por si mesma e elaborar uma agenda própria é essencial para o empoderamento. Como afirma a socióloga feminista negra Deborah K. King, "a autodeterminação é essencial para o feminismo negro"[53]. O pensamento feminista negro não pode fazer frente às opressões intersseccionais sem empoderar as afro-americanas. A autodefinição

---

[51] Ibidem, p. 62.
[52] Sheila Radford-Hill, "Considering Feminism as a Model for Social Change", cit., p. 162.
[53] Deborah K. King, "Multiple Jeopardy, Multiple Consciousness: The Context of a Black Feminist Ideology", *Signs*, v. 14, n. 1, 1988, p. 72.

é a chave do empoderamento dos indivíduos e dos grupos, de modo que ceder esse poder a outros grupos (não importa quão bem-intencionados sejam nem quanto apoiem as mulheres negras) reproduz em essência as hierarquias de poder existentes. Como afirma Patrice L. Dickerson, "Uma pessoa é e conhece a si mesma por meio de suas realizações, e realiza por meio de seus esforços para ser e conhecer a si mesma"[54]. Como Dickerson, há muito tempo as afro-americanas vêm manifestando individualmente diferentes tipos de consciência a respeito de nossa perspectiva compartilhada. Quando essas expressões de consciência individuais são articuladas, discutidas, contestadas e agregadas de maneiras que refletem a heterogeneidade da condição de mulher negra, uma consciência coletiva de grupo, empenhada em resistir à opressão, torna-se possível. A capacidade das mulheres negras de elaborar essas expressões individuais – muitas vezes desarticuladas, mas potencialmente poderosas – da consciência cotidiana em um ponto de vista coletivo articulado, autodefinido, é fundamental para nossa sobrevivência. Como ressalta Audre Lorde, "é evidente que se nós mesmas não nos definirmos por conta própria, outros nos definirão – para uso deles e em detrimento nosso"[55].

Em quarto lugar, as intelectuais negras são centrais na produção do pensamento feminista negro porque só nós podemos fomentar a autonomia de grupo necessária para gerar coalizões efetivas com outros grupos. Lembremos que as intelectuais negras não precisam ser de classe média, instruídas, de meia-idade ou reconhecidas como tais pela academia ou outras instituições. As intelectuais negras são um grupo altamente diversificado. Em vez de pressupor que as intelectuais negras constituem uma versão feminina negra do "décimo talentoso" de William E. B. Du Bois – um equívoco comum propagado por acadêmicos elitistas que aparentemente têm dificuldade em imaginar mulheres negras comuns como intelectuais autênticas[56] –, imaginamos um tipo de liderança intelectual que requer colaboração entre mulheres negras diversas para que se possa refletir sobre o que constitui nossa autonomia. Além disso, embora o pensamento feminista negro tenha origem nas comunidades de mulheres negras, ele não tem como florescer apartado das experiências e das ideias de outros grupos. As intelectuais negras precisam encontrar maneiras de colocar

---

[54] Patrice L. Dickerson, correspondência pessoal, 1988.

[55] Audre Lorde, *Sister Outsider*, cit., p. 45.

[56] Ver, por exemplo, Paul Gilroy, *The Black Atlantic*, cit., p. 53.

nossas próprias experiências e nossas consciências heterogêneas no centro de esforços sinceros para desenvolver o pensamento feminista negro sem que ele se torne separatista ou excludente.

Essa autonomia é bastante distinta de posições separatistas que levam as mulheres negras a se afastar de outros grupos e se envolver em políticas excludentes. Barbara Smith, em sua introdução a *Home Girls: A Black Feminist Anthology* [Meninas de casa: uma antologia feminista negra], descreve essa diferença:

> Autonomia e separatismo são fundamentalmente diferentes. Enquanto a autonomia vem de uma posição de força, o separatismo vem de uma posição de medo. Quando somos verdadeiramente autônomos, podemos lidar com outros tipos de gente, com uma multiplicidade de questões e com a diferença, porque já temos formada uma base sólida de força.[57]

Como mães, diretoras de faculdades, ativistas de base, professoras, musicistas e executivas, as intelectuais negras que contribuem para articular um ponto de vista autônomo e autodefinido são capazes de avaliar a utilidade de coalizões com outros grupos, tanto acadêmicos quanto ativistas, a fim de desenvolver novos modelos para promover a mudança social. Ter autonomia para desenvolver uma análise independente e autodefinida não significa nem que o pensamento feminista negro tem relevância apenas para as afro-americanas, nem que devemos nos restringir à análise de nossas próprias experiências. Como assinala Sonia Sanchez, "eu sempre soube que, quando você escreve a partir de uma experiência negra, você está escrevendo também a partir de uma experiência universal. [...]. Eu sei que você não precisa se branquear para ser universal"[58].

Ao defender, refinar e disseminar o pensamento feminista negro, indivíduos de outros grupos engajados em projetos semelhantes de justiça social – por exemplo, homens negros, mulheres africanas, homens brancos, latinas, mulheres brancas e membros de outros grupos raciais/étnicos nos Estados Unidos – podem identificar pontos de conexão que favoreçam os projetos de justiça social em geral. Muito frequentemente, porém, envolver-se com o tipo de coalizão que imaginamos aqui exige que os indivíduos se tornem "traidores" dos privilégios que sua raça, classe, gênero, sexualidade ou condição de cidadania lhes proporcionam. Por exemplo, em *Memoir of a Race Traitor* [Memórias de

---

[57] Barbara Smith (org.), *Home Girls*, cit., p. xl.

[58] Claudia Tate (org.), *Black Women Writers at Work* (Nova York, Continuum Publishing, 1983), p. 142.

86 Pensamento feminista negro

um traidor da raça][59], Mab Segrest conta que assumir sua identidade lésbica a ajudou a ver que o fato de ser branca lhe dava privilégios não merecidos. Diferentemente da maioria das mulheres brancas estadunidenses, Segrest deu as costas aos privilégios, abraçou a nova identidade de "traidora da raça" e entendeu seu papel no enfrentamento das injustiças sociais[60]. O sociólogo antirracista Joe Feagin é outro exemplo de rejeição semelhante aos privilégios não merecidos da branquitude. Feagin opta por usar os benefícios que lhe advêm por ser homem e branco para colaborar em estudos com homens negros e mulheres negras[61]. Se muitos veem Segrest e Feagin como "traidores da raça", o trabalho intelectual desenvolvido por eles mostra como pode operar a construção de coalizões que promovam o pensamento feminista negro.

Assim como as afro-americanas que buscam promover o feminismo negro como projeto de justiça social podem apoiar outros projetos de justiça social – as mulheres negras estadunidenses que respeitam a importância da autonomia latina

---

[59] Mab Segrest, *Memoir of a Race Traitor* (Boston, South End, 1994).

[60] É claro que mulheres brancas de classe média e todos os demais que reconhecem a relevância de membros de grupos oprimidos falarem por si mesmos e compartilham a missão global do pensamento feminista negro podem apoiar o desenvolvimento do pensamento feminista negro. Exemplos de tais trabalhos já existem, muitos dos quais com contribuições importantes para o pensamento feminista negro. Várias acadêmicas brancas nos Estados Unidos fizeram estudos importantes sobre as mulheres negras. Por exemplo: a história das mulheres negras e de seu trabalho escrita pela historiadora Jacqueline Jones em *Labor of Love, Labor of Sorrow: Black Women, Work, and the Family from Slavery to the Present* (Nova York, Basic Books, 1985); a análise que Nancie Caraway faz do feminismo nos Estados Unidos em *Segregated Sisterhood: Racism and the Politics of American Feminism* (Knoxville, University of Tennessee Press, 1991); o trabalho de Nancy Naples sobre a maternidade negra ativista em "'Just What Needed to Be Done': The Political Practice of Women Community Workers in Low-Income Neighborhoods", *Gender and Society*, v. 5, n. 4, p. 478-94, e "Activist Mothering: Cross-Generational Continuity in the Community Work of Women from Low-Income Urban Neighborhoods", em Esther Ngan-Ling Chow, Doris Wilkinson e Maxine Baca Zinn, *Race, Class, and Gender: Common Bonds, Different Voices* (Thousand Oaks, Sage, 1996), p. 223-45; a análise da bióloga Anne Fausto-Sterling do uso da Vênus Hotentote em "Gender, Race and Nation: The Comparative Anatomy of 'Hottentot' Women in Europe, 1815-1817", em Jennifer Terry e Jacqueline Urla (orgs.), *Deviant Bodies: Critical Perspectives on Difference in Science and Popular Culture* (Bloomington, IN, Indiana University Press, 1995), p. 19-48; e o estudo da academia na construção social da branquitude por Jessie Daniels, em *White Lies* (Nova York, Routledge, 1997), e Abby Ferber, em *White Man Falling: Race, Gender, and White Supremacy* (Lanham, Rowman & Littlefield, 1998), contribuíram significativamente para o pensamento feminista negro. O que distingue esses trabalhos é a compreensão básica das características específicas do feminismo negro. Eles veem as conexões entre conhecimento e poder, entre poder de definir conhecimento e opressões interseccionais. Essas conexões não são periféricas nesses trabalho; ao contrário, são centrais.

[61] Joe R. Feagin e Melvin P. Sikes, *Living with Racism*, cit.; Yanick St. Jean e Joe R. Feagin, *Double Burden*, cit.

para projetos de justiça social latina podem estudar, aprender, pesquisar e ensinar sobre as mulheres latinas, contanto que o façam sem explorá-las –, outros podem abordar o pensamento feminista negro de maneira semelhante. Assim, o pensamento feminista negro efetivo é um empreendimento colaborativo. Deve estar aberto a coalizões com indivíduos engajados em projetos semelhantes de justiça social.

A formação desse tipo de coalizão exige diálogos simultâneos, se não prévios, entre as intelectuais negras e no interior da comunidade ampla de mulheres afro-americanas. Investigar os temas comuns do ponto de vista das mulheres negras é um primeiro passo importante. Além disso, encontrar maneiras de lidar com as dissidências internas é especialmente importante para construir as comunidades intelectuais das mulheres negras. Evelynn Hammonds afirma que manter uma frente unida centrada nos brancos sufoca seu pensamento: "O que preciso fazer é desafiar meu pensamento, expandi-lo. Em publicações brancas, às vezes sinto que estou levantando a bandeira da condição das mulheres negras. E isso não me permite ser tão crítica quanto eu gostaria de ser"[62]. Cheryl Clarke observa que mantém dois diálogos: um com o público e outro privado, no qual ela se sente livre para criticar o trabalho de outras mulheres negras. Clarke afirma que os diálogos privados "mudaram minha vida, deram forma à maneira como me sinto [...], foram muito importantes para mim"[63].

A formação de coalizões também requer diálogos com grupos engajados em projetos semelhantes de justiça social. As intelectuais negras podem lançar mão de nossa posição de *outsiders* internas para construir coalizões eficazes e estimular o diálogo com terceiros em situação semelhante. Barbara Smith sugere que as mulheres negras desenvolvam diálogos a partir de um "compromisso com coalizões baseadas em princípios, não em conveniência, mas na necessidade real que temos uns dos outros"[64]. Diálogos e coalizões com uma série de grupos, cada qual com seu conjunto distinto de experiências e pensamento especializado incorporado nessas experiências, formam um campo mais amplo e mais geral do discurso intelectual e político necessário para promover o feminismo negro. Por meio de diálogos que investiguem como a dominação se mantém e se transforma, os paralelos entre as experiências das mulheres negras e as de outros grupos se tornam o foco da investigação.

---

[62] Em Cheryl Clarke et al., "Conversations and Questions", cit., p. 104.

[63] Ibidem, p. 103.

[64] Barbara Smith (org.), *Home Girls*, cit., p. xxxiii.

88 Pensamento feminista negro

Diálogos associados à formação de coalizões éticas e baseadas em princípios criam possibilidades para novas versões da verdade. A resposta de Alice Walker à pergunta sobre as principais diferenças entre a literatura afro-americana e a branca oferece uma percepção instigante dos tipos de verdade que podem surgir de epistemologias que abraçam os diálogos e a formação de coalizões. Walker não perdeu muito tempo com a pergunta, porque não era a diferença entre as literaturas que a interessava, e sim a maneira como escritores negros e escritores brancos pareciam escrever uma enorme narrativa, com diferentes partes vindas de múltiplas perspectivas. Walker, em uma conversa com sua mãe, refina essa visão epistemológica:

> Acredito que a verdade sobre qualquer assunto só aparece quando todos os lados de uma história se juntam, e a partir de todos os diferentes significados surge um novo. Cada escritor escreve uma parte que falta na história de outro escritor, e o que estou procurando é a história inteira.[65]

A resposta da mãe de Walker à visão dela acerca da possibilidade de diálogos e coalizões sugere certa dificuldade para sustentar tais diálogos quando há diferenças de poder:

> "Olhe, duvido que você consiga com os brancos as *verdadeiras* partes faltantes de qualquer coisa que seja", diz minha mãe baixinho, para não ofender a garçonete que está limpando uma mesa perto de nós. "Eles se apoderaram da verdade há tanto tempo que já arrancaram o que tinha de vida nela".[66]

O FEMINISMO NEGRO COMO UM MOVIMENTO DINÂMICO E CAMBIANTE

Uma quinta característica distintiva do pensamento feminista negro estadunidense diz respeito à importância da mudança. Para que o pensamento feminista negro opere efetivamente no feminismo negro como projeto de justiça social, ambos devem manter-se dinâmicos. Nem o pensamento feminista negro como teoria social crítica nem a prática feminista negra podem ser estáticos; assim como as condições sociais mudam, os conhecimentos e as práticas para resistir a elas também mudam. Por exemplo, enfatizar a importância da centralidade das mulheres negras no pensamento feminista negro não significa que todas as afro-americanas desejem,

---

[65] Alice Walker, *In Search of Our Mother's Gardens* (Nova York, Harcourt Brace Jovanovich, 1983), p. 49.
[66] Idem.

estejam posicionadas ou sejam qualificadas para exercer esse tipo de liderança intelectual. Nas condições atuais, parte das pensadoras negras perdeu o contato com a prática feminista negra. Em contrapartida, as condições sociais atuais em que as mulheres negras estadunidenses se tornam mulheres – bairros segregados por classe, alguns integrados, mas a maior parte não – põem mulheres negras de diferentes classes sociais em relações inteiramente novas umas com as outras.

As afro-americanas como grupo podem ter experiências que nos proporcionam um ângulo de visão sem igual. Contudo, expressar uma consciência feminista negra coletiva, autodefinida, é problemático exatamente porque os grupos dominantes têm interesse efetivo em suprimir esse pensamento. Como observa Hannah Nelson, "tornei-me mulher em um mundo em que quanto mais sã você é, mais louca a fazem parecer"[67]. Nelson percebe que aqueles que controlam os currículos escolares, os programas de televisão, as estatísticas do governo e a imprensa fazem prevalecer seu ponto de vista como superior aos dos outros.

As experiências de um grupo oprimido podem colocar seus membros em uma posição na qual veem as coisas de maneira diferente, mas a falta de controle sobre os aparatos ideológicos da sociedade torna mais difícil a expressão de um ponto de vista autodefinido. Rosa Wakefield, uma trabalhadora doméstica idosa, fala da divergência entre o ponto de vista dos poderosos e o dos que os servem:

> Se você come na janta uma refeição que não preparou, se você veste uma roupa que não comprou ou passou, você é capaz de começar a achar que uma fada do bem ou um espírito fez tudo isso. [...] Os negros não têm tempo de achar isso. [...] Quando você não tem mais nada para fazer, talvez comece a acreditar nisso. Mas pensar assim faz mal.[68]

A perspectiva autodefinida da senhora Wakefield surgiu de suas próprias experiências e permitiu que rejeitasse pontos de vista propagados por grupos mais poderosos. Ainda assim, ideias como as dela são tipicamente suprimidas pelos grupos dominantes. Se há desigualdade de poder entre os grupos, há também desigualdade na capacidade deles de tornar seu ponto de vista conhecido para si mesmos e para os outros.

As condições sociais cambiantes com que deparam as afro-americanas fazem com que sejam necessárias novas análises feministas negras sobre as diferenças

---

[67] John Langston Gwaltney, *Drylongso*, cit., p. 7.

[68] Ibidem, p. 88.

90 Pensamento feminista negro

comuns que caracterizam a condição de mulher negra nos Estados Unidos. Algumas pensadoras negras já estão envolvidas nesse processo. Consideremos, por exemplo, a análise perspicaz de Barbara Omolade sobre a atuação histórica e contemporânea das mulheres negras como *mammies*[69]. A maioria consegue entender o contexto histórico do trabalho como *mammy*, no qual as mulheres negras eram confinadas ao serviço doméstico, e da criação de Tia Jemima como imagem de controle para ocultar a exploração das mulheres negras. Ao considerar as limitações do serviço doméstico, grande parte do progresso das mulheres negras no mercado de trabalho tem sido medida por sua capacidade de sair do serviço doméstico. Atualmente, poucas mulheres negras estadunidenses trabalham como domésticas em residências particulares. Boa parte desse trabalho é feito agora por mulheres de cor imigrantes sem registro nem cidadania estadunidense. A exploração dessas mulheres se assemelha àquela que coube tempos atrás às afro-americanas[70]. Omolade aponta, porém, que essas mudanças não significam que as mulheres negras estadunidenses tenham se livrado do trabalho de *mammy*. Ainda que hoje existam poucas tias Jemimas, e as que existem tenham sido cosmeticamente modificadas, dando a impressão de que as *mammies* desapareceram, Omolade lembra que esse tipo de trabalho assumiu novas formas. Em cada segmento do mercado de trabalho – as vagas mal remuneradas em restaurantes de *fast-food*, asilos, creches e lavanderias, que caracterizam o setor de empregos secundário, secretárias e auxiliares administrativas dos estratos inferiores do setor de empregos primário, professoras, assistentes sociais, enfermeiras e administradoras do estrato superior do setor de empregos primário* – as mulheres negras estadunidenses, em grande medida, ainda se ocupam do suporte emocional e da higiene de outras pessoas, muitas vezes em troca de salários mais baixos. Nesse contexto, a tarefa do pensamento feminista negro contemporâneo consiste em explicar essas relações cambiantes e desenvolver análises acerca das maneiras diversas como esses pontos em comum são experimentados.

As condições cambiantes do trabalho das mulheres negras como um todo têm implicações importantes para nosso trabalho intelectual. Historicamente,

---

[69] Barbara Omolade, *The Rising Song of African American Women*, cit.

[70] Grace Chang, "Undocumented Latinas: The New 'Employable Mothers'", em Evelyn Nakano Glenn, Grace Chang e Linda Forcey (orgs.), *Mothering: Ideology, Experience, and Agency* (Nova York, Routledge, 1994), p. 259-86.

* Os setores são aqui referidos segundo a teoria da segmentação do mercado de trabalho, para a qual raça e gênero são fatores explicativos, e não suplementares. (N. E.)

a supressão do pensamento feminista negro fez com que as intelectuais negras recorressem tradicionalmente a instituições alternativas para produzir conhecimento especializado sobre o ponto de vista das mulheres negras. Muitas acadêmicas, escritoras e artistas negras tiveram de trabalhar sozinhas, como foi o caso de Maria W. Stewart, ou em organizações comunitárias afro-americanas, como foi o caso das mulheres negras que se juntaram ao movimento de associações e às igrejas negras. A relutante incorporação dos estudos sobre mulheres negras no currículo de faculdades e universidades historicamente brancas, em paralelo com a criação, nesses lugares instituicionais, de uma massa crítica de escritoras afro-americanas, como Toni Morrison, Alice Walker e Gloria Naylor, significa que as intelectuais negras agora podem encontrar emprego na academia. A história das mulheres negras e a crítica literária feminista negra são dois pontos cruciais desse renascimento do trabalho intelectual das mulheres negras[71]. Além disso, o acesso das mulheres negras estadunidenses à mídia não tem precedentes, como mostra a apresentadora Oprah Winfrey com seu programa de entrevistas, já de longa data, e suas incursões na produção cinematográfica.

A visibilidade que esses novos lugares institucionais têm proporcionado às mulheres negras estadunidenses e às nossas ideias é imensa. No entanto, um perigo que as intelectuais afro-americanas que trabalham nesses novos espaços enfrentam é seu potencial isolamento em relação às experiências coletivas das mulheres negras – a falta de acesso a outras mulheres negras estadunidenses e às comunidades de mulheres negras. Outro perigo é a pressão para separar pensamento e ação – em particular, o ativismo político –, tão comum em disciplinas acadêmicas padrão ou em esferas supostamente neutras, como a imprensa "livre". Um terceiro perigo é a incapacidade de algumas *"superstars"* negras de questionar os termos de sua participação nessas novas relações. Ofuscadas por suas autoproclamadas aspirações de divas do feminismo negro, elas sentem que não devem nada a ninguém, especialmente a outras mulheres negras. Assim, ficam presas em seus próprios universos feministas negros empobrecidos. Apesar dos riscos, esses novos espaços institucionais oferecem numerosas oportunidades para promover a visibilidade do pensamento feminista negro. Nesse novo contexto, o desafio consiste em permanecer dinâmico, sempre lembrando que é mais difícil atingir um alvo quando ele está em movimento.

---

[71] Hazel Carby, *Reconstructing Womanhood*, cit.

O FEMINISMO NEGRO E OUTROS PROJETOS DE JUSTIÇA SOCIAL NOS ESTADOS UNIDOS

Uma última característica distintiva do pensamento feminista negro diz respeito a sua relação com outros projetos de justiça social. Muitas das intelectuais afro-americanas têm promovido a ideia de que as lutas das mulheres negras são parte de uma luta mais ampla pela dignidade humana, pelo empoderamento e pela justiça social. Anna Julia Cooper, em um discurso proferido em 1893 para as mulheres, expressou essa visão de mundo de forma convincente:

> Tomamos partido em favor da solidariedade da humanidade, da unicidade da vida, e contra a antinaturalidade e a injustiça de todos os favoritismos especiais, sejam de sexo, raça, nacionalidade ou condição. [...] A mulher de cor sente que a causa das mulheres é una e universal; e [...] enquanto raça, cor, sexo e condição não forem vistos como acasos, e não como a substância da vida; enquanto o direito universal da humanidade à vida, à liberdade e à busca da felicidade não for inalienável para todos; enquanto isso, nem a lição das mulheres será aprendida nem a causa das mulheres, atendida – não a causa das mulheres brancas, nem a das mulheres negras, nem a das mulheres vermelhas, mas a causa de todo homem e de toda mulher que tenha sofrido silenciosamente sob uma grande injustiça.[72]

Como Cooper, muitas intelectuais afro-americanas abraçaram essa perspectiva, independentemente das soluções políticas específicas que propomos, de nossa formação escolar, de nossa área de estudo ou do momento histórico. Quer quando defendemos o trabalho em organizações autônomas de mulheres negras, a participação em associações de mulheres, a candidatura a cargos públicos ou o apoio a instituições comunitárias negras, as intelectuais afro-americanas costumam identificar essas ações políticas como um *meio* de empoderamento humano, e não como fim em si e de si mesmas. Assim, a visão humanista é um importante princípio orientador do feminismo negro[73].

---

[72] Bert J. Loewenberg e Ruth Bogin (orgs.), *Black Women in Nineteenth Century American Life* (University Park, Pennsylvania State University Press, 1976), p. 330-1.

[73] Ver Filomina Chioma Steady, "The Black Woman Cross-Culturally: An Overview", em *The Black Woman Cross-Culturally* (Cambridge, MA, Schenkman, 1981), p. 7-42, e "African Feminism: A Worldwide Perspective", em Rosalyn Terborg-Penn, Sharon Harley e Andrea Benton Rushing (orgs.), *Women in Africa and the African Diaspora* (Washington, D. C., Howard University Press, 1987), p. 3-24. Meu uso do termo *humanista* deriva de um contexto histórico de matriz africana, distinto daquele criticado por feministas ocidentais. Lanço mão do termo para explorar um humanismo centrado na África, tal como o mencionado por Cornel West, "Philosophy and the Afro-American Experience", *Philosophical Forum*, v. 9, n. 2-3, 1977-1978,

A preferência de Alice Walker pelo termo *mulherista* [*womanist*] chama atenção para a ideia de solidariedade com a humanidade. "Ser mulherista está para ser feminista assim como o roxo está para o lavanda", escreve ela. Para Walker, somos mulheristas quando estamos "comprometidas com a sobrevivência e a integridade plenas de homens e mulheres". Uma mulherista "não é separatista, exceto ocasionalmente, pelo bem da própria saúde", e é "tradicionalmente universalista", como se observaria no seguinte exemplo: "'Mamãe, por que somos pardos, rosa e amarelos e nossos primos são brancos, beges e pretos?'. Resposta: 'Bem, as cores das raças são como um jardim florido, há flores de todas as cores sendo representadas'"[74]. Ao redefinir todas as pessoas como "de cor", Walker universaliza o que é tipicamente visto como uma luta individual, ao mesmo tempo que abre espaço para movimentos autônomos de autodeterminação[75].

Ao tratar do sexismo do movimento nacionalista negro dos anos 1960, a advogada Pauli Murray identifica os perigos inerentes ao separatismo como contrários à autonomia, e faz eco à preocupação de Cooper em relação à solidariedade com a humanidade:

A lição que a história nos ensina sobre a indivisibilidade dos direitos humanos e o risco que os direitos de todos correm quando esse princípio é desrespeitado é particularmente aplicável nesse caso. Um risco inerente de um movimento etnocêntrico agressivo, que não considera os interesses de outros grupos desfavorecidos, é que ele se torne restrito e, em última instância, autodestrutivo diante de reações hostis, juntando cada vez menos aliados e cada vez mais frustrações. [...] Somente um amplo movimento a favor dos direitos humanos pode impedir o isolamento e assegurar o êxito da Revolução Negra.[76]

---

p. 117-48, e Molefi Kete Asante, *The Afrocentric Idea* (Filadélfia, Temple University Press, 1987), e que faz parte das tradições teológicas dos negros. Ver Henry H. Mitchell e Nicholas Cooper Lewter, *Soul Theology: The Heart of American Black Culture* (São Francisco, Harper and Row, 1986), e Katie G. Cannon, *Black Womanist Ethics* (Atlanta, Scholars Press, 1988). Para discussões sobre a espiritualidade afro-americana, ver Dona Richards, "The Implications of African-American Spirituality", em Molefi Kete Asante e Kariamu Welsh Asante, *African Culture: The Rhythms of Unity* (Trenton, NJ, Africa World, 1990), p. 207-31; e Peter J. Paris, *The Spirituality of African Peoples*, cit.

[74] Alice Walker, *In Search of Our Mother's Gardens*, cit., p. xi.

[75] O uso que Walker faz do termo *mulherismo* contém contradições que influenciaram abordagens variadas do feminismo negro. Para uma discussão sobre o uso do termo por Walker, ver Patricia Hill Collins, *Fighting Words*, cit., p. 61-5.

[76] Pauli Murray, "The Liberation of Black Women", em Mary Lou Thompson (org.), *Voices of the New Feminism* (Boston, Beacon, 1970), p. 102.

Sem um compromisso com a solidariedade humana e a justiça social, sugere Murray, qualquer movimento político – seja nacionalista negro, seja feminista, seja antielitista – estará fadado ao fracasso.

A ex-deputada Shirley Chisholm também aponta a necessidade da luta consciente contra os estereótipos que sustentam a injustiça social.

> Ao trabalhar em prol de nossa própria liberdade, podemos ajudar os outros a se libertar das armadilhas de seus estereótipos. No fim, toda discriminação contra os negros, contra as mulheres ou em qualquer outra forma resulta na mesma coisa: o anti-humanismo. [...] Devemos rejeitar não apenas os estereótipos que os outros têm de nós, mas também os que temos de nós mesmos e dos outros.[77]

Essa orientação humanista no interior do feminismo negro estadunidense se assemelha a posições similares vistas nos feminismos da diáspora negra. Ama Ata Aidoo, ex-ministra da Educação de Gana e autora de romances, poemas e contos, descreve da seguinte maneira a natureza inclusiva de sua filosofia política:

> Sempre que as pessoas me perguntam com muita franqueza se sou feminista, não apenas respondo que sim, mas vou além e insisto que toda mulher e todo homem devem ser feministas – especialmente se acreditam que os africanos deveriam assumir o controle das terras africanas, da riqueza africana, das vidas africanas e da responsabilidade sobre o desenvolvimento africano. Não há como defender a independência do continente africano sem também acreditar que as mulheres africanas devem ter o melhor que o ambiente pode oferecer. Para algumas de nós, esse é o elemento crucial de nosso feminismo.[78]

Aidoo reconhece que nem as africanas, nem as afro-americanas, nem qualquer outro grupo jamais serão empoderados em situações de injustiça social. Os projetos de justiça social não são iniciativas exclusivas, em que se possa dizer: "Nós temos nosso movimento e vocês têm o de vocês – nossos movimentos não têm nada a ver um com o outro". Ao contrário, o que faz sentido nesses projetos é: "Nós temos nosso movimento e apoiamos o seu". Em um contexto de opressões intersseccionais, o feminismo negro exige que busquemos justiça não apenas para as afro-americanas, mas para todo mundo.

---

[77] Shirley Chisholm, *Unbought and Unbossed* (Nova York, Avon, 1970), p. 181.

[78] Ama Ata Aidoo, "The African Woman Today", em Obioma Nnaemeka (org.), *Sisterhood, Feminisms, and Power*, cit., p. 39.

As palavras e as ações dessas diversas intelectuais negras podem se endereçar a públicos nitidamente diferentes. No entanto, em seu compromisso com o empoderamento das mulheres negras em um contexto de justiça social, elas promovem a questão surpreendentemente similar da unidade de toda a vida humana. Talvez a versão mais concisa da visão humanista no pensamento feminista negro dos Estados Unidos seja a de Fannie Lou Hamer, filha de meeiros e ativista pelos direitos civis no Mississippi. Certa vez, sentada na varanda de sua casa, Hamer observou: "Não é possível odiar alguém e ter esperança de ver a face de Deus"[79].

---

[79] June Jordan, *Civil Wars* (Boston, Beacon, 1981), p. xi.

PARTE II
TEMAS CENTRAIS DO PENSAMENTO FEMINISTA NEGRO

3
TRABALHO, FAMÍLIA E OPRESSÃO DAS MULHERES NEGRAS

Querida, o branco manda em tudo desde que eu me entendo por gente.
[Talvez o homem negro esteja no poder em algum lugar além do oceano,
mas só sabemos o que vemos.] Por isso o branco larga a carga e manda o
crioulo pegar. Ele pega porque tem que pegar, mas num carrega. Dá pras
mulher dele. As crioula é as mula do mundo até onde eu sei.

Zora Neale Hurston, *Seus olhos viam Deus*, p. 31*

Com essas palavras, Nanny, uma afro-americana idosa de *Seus olhos viam Deus*,
de Zora Neale Hurston, explica o "lugar" das mulheres negras para sua jovem
e impressionável neta. Nanny sabe que ser tratada como "mula do mundo" é
o centro da opressão que aflige as mulheres negras. Assim, uma questão fundamental do pensamento feminista negro nos Estados Unidos é a análise do
trabalho das mulheres negras, e especialmente sua vitimização como "mulas"
no mercado de trabalho. Como objetos desumanizados, as mulas são máquinas
vivas e podem ser tratadas como parte da paisagem. As mulheres plenamente
humanas são menos facilmente exploradas. Como observa Corine Cannon,
operária de fiação, "o seu trabalho define o que você é, e isso vale para brancos
e negros [...]. Seu trabalho é sua vida"[1].

---

* A tradução do trecho entre colchetes, que não consta da edição brasileira de *Seus olhos viam Deus*
(trad. Marcos Santarrita, Rio de Janeiro, Record, 2002), é nossa. No original: "*Honey, de white
man is the de ruler of everything as fur as Ah been able tuh find out. Maybe it's some place way off
in de ocean where de black man is in power, but we don't know nothin' but what we see. So de white
man throw down de load and tell de nigger man tuh pick it up. He pick it up because he have to,
but he don't tote it. He hand it to his womenfolks. De nigger woman is de mule uh de world so fur
as Ah can see*". (N. T.)

[1] Victoria Byerly, *Hard Times Cotton Mills Girls* (Ithaca, NY, Cornell University Press, 1986),
p. 156.

100 Pensamento feminista negro

Em geral, as análises feministas negras do trabalho das mulheres negras enfatizam dois temas. Por um lado, muitos estudos investigam como o trabalho remunerado das mulheres negras se organiza no interior de opressões interseccionais de raça, classe e gênero. Documentar a situação das mulheres negras no mercado de trabalho, a fim de verificar padrões gerais de desigualdade racial e de gênero, é uma das principais áreas de análise nesse sentido[2]. Tais pesquisas são complementadas por estudos sobre o trabalho das mulheres negras em períodos específicos da história, como a escravidão[3] e a urbanização do Sul[4], e a posições delas em nichos ocupacionais específicos, principalmente no trabalho doméstico[5], nos sindicatos[6] e nas profissões[7]. Na produção acadêmica influenciada pelo feminismo negro, é comum que as afro-americanas sejam apresentadas como figuras em condições de restrição, mas empoderadas, mesmo em cenários extremamente difíceis no mercado de trabalho[8]. Estudar as condições laborais das mulheres negras, especialmente a discriminação racial no trabalho, também

---

[2] Elizabeth Higginbotham, "Laid Bare by the System: Work and Survival for Black and Hispanic Women", em Amy Smerdlow e Hanna Lessinger (orgs.), *Class, Race, and Sex: The Dynamics of Control* (Boston, G. K. Hall, 1983), p. 200-15; Jacqueline Jones, *Labor of Love, Labor of Sorrow: Black Women, Work, and the Family from Slavery to the Present* (Nova York, Basic Books, 1985); Teresa Amott e Julie Matthaei, *Race, Gender, and Work: A Multicultural Economic History of Women in the United States* (Boston, South End, 1991).

[3] Jacqueline Jones, *Labor of Love, Labor of Sorrow*, cit.; Deborah Gray White, *Ar'n't I a Woman? Female Slaves in the Plantation South* (Nova York, W. W. Norton, 1985).

[4] Elizabeth Clark-Lewis, *"This Work Had a' End": The Transition from Live-In to Day Work*. Southern Women: The Intersection of Race, Class and Gender. Working Paper #2 (Memphis, Center for Research on Women, Memphis State University, 1985).

[5] Bonnie Thornton Dill, "'The Means to Put My Children Through': Child-Rearing Goals and Strategies among Black Female Domestic Servants", em La Francis Rodgers-Rose (org.), *The Black Woman* (Beverly Hills, Sage, 1980), p. 107-23; "'Making Your Job Good Yourself': Domestic Service and the Construction of Personal Dignity", em Ann Bookman e Sandra Morgen (orgs.), *Women and the Politics of Empowerment* (Filadélfia, Temple University Press, 1988), p. 33-52; Judith Rollins, *Between Women, Domestics and Their Employers* (Filadélfia, Temple University Press, 1985).

[6] Karen Brodkin Sacks, "Gender and Grassroots Leadership", em Ann Bookman e Sandra Morgen (orgs.), *Women and the Politics of Empowerment*, cit., p. 77-94.

[7] Yolanda T. Moses, *Black Women in Academe: Issues and Strategies. Project on the Status and Education of Women* (Washington, D. C., American Association of American Colleges, 1989); Philomena Essed, *Understanding Everyday Racism: An Interdisciplinary Theory* (Newbury Park, CA, Sage, 1991); Elizabeth Higginbotham, "Black Professional Women: Job Ceilings and Employment Sectors", em Maxine Baca Zinn e Bonnie Thornton Dill (orgs.), *Women of Color in U.S. Society* (Filadélfia, Temple University Press, 1994), p. 113-31.

[8] Rosalyn Terborg-Penn, "Survival Strategies among African-American Women Workers: Continuing Process", em Ruth Milkman (org.), *Women, Work and Protest: A Century of U.S. Women's Labor History* (Boston, Routledge & Kegan Paul, 1985), p. 139-55.

oferece novos conhecimentos sobre a relevância do trabalho das mulheres negras[9]. Apesar da visão acadêmica sobre a resiliência das mulheres negras, pesquisas influenciadas pelo feminismo negro indicam que, para demasiadas mulheres negras estadunidenses, as palavras de Maria Stewart – "deixem nossas meninas terem toda amabilidade de alma que tenham [...] é impossível que uma delas que seja possa ascender além da servidão"[10] – continuam verdadeiras[11]. As mulheres negras estadunidenses podem ter deixado de trabalhar como domésticas em residências particulares, mas sua sobrerrepresentação como cuidadoras, auxiliares de creches, funcionárias de lavanderias e de lojas de *fast-food* sugere que ter afro-americanas em empregos mal remunerados está longe de ser algo do passado.

Um tema menos desenvolvido, mas igualmente importante, diz respeito à maneira como o trabalho doméstico não remunerado das mulheres negras é simultaneamente limitador e empoderador. Em particular, pesquisas sobre o trabalho não remunerado das mulheres negras estadunidenses em suas famílias estendidas continuam menos desenvolvidas no pensamento feminista negro que pesquisas sobre o trabalho remunerado. Ao enfatizar as contribuições das afro-americanas para o bem-estar de suas famílias, tais como manter as famílias unidas e ensinar habilidades de sobrevivência às crianças[12], esses estudos sugerem que as mulheres negras veem o trabalho não remunerado prestado a suas famílias mais como forma de resistência à opressão que como forma de exploração pelos homens. Apesar dessa visão, a exploração do trabalho não remunerado das mulheres negras nas redes familiares afro-americanas – por exemplo, por namorados, por parentes e até por políticas públicas sociais – continua sendo um tópico negligenciado nas pesquisas. No contexto dos estudos sobre as famílias negras, seja para criticar duramente as mães negras, seja para exaltá-las, ignora-se com frequência quão árduo é o *trabalho* das mulheres negras.

Quando combinadas, as análises inspiradas pelo feminismo negro acerca do trabalho remunerado e do não remunerado, tanto no mercado de trabalho como

---

[9] Yanick St. Jean e Joe R. Feagin, *Double Burden: Black Women and Everyday Racism* (Armonk, M. E. Sharpe, 1998), p. 40-72.

[10] Marilyn Richardson (org.), *Maria W. Stewart: America's First Black Woman Political Writer* (Bloomington, IN, Indiana University Press, 1987), p. 46.

[11] Barbara Omolade, *The Rising Song of African American Women* (Nova York, Routledge, 1994).

[12] Elmer Martin e Joanne Mitchell Martin, *The Black Extended Family* (Chicago, University of Chicago Press, 1978); Angela Davis, *Mulheres, raça e classe* (trad. Heci Regina Candiani, São Paulo, Boitempo, 2016).

no interior das famílias, proporcionam uma melhor apreciação da complexa e poderosa interação que dá forma à posição das mulheres negras como "mulas do mundo". Também podem lançar luz sobre os debates em curso relativos às conexões entre trabalho e família.

FAMÍLIA E TRABALHO: CONTESTANDO AS DEFINIÇÕES

Quando Dan Quayle, então vice-presidente dos Estados Unidos, usou a expressão "valores familiares" perto do fim de um discurso proferido em 1992, durante um evento de arrecadação de fundos, ele aparentemente tocou um ponto nevrálgico no plano nacional. Após esse discurso, cerca de trezentos artigos contendo "valores familiares" no título apareceram na imprensa popular. Apesar da gama de perspectivas políticas que "valores familiares" pode expressar, uma coisa ficou clara: os valores familiares, seja qual for sua definição, pareciam importantes para o bem-estar nacional, e Quayle havia tirado proveito de sentimentos bem mais profundos sobre a importância das ideias a respeito de família em geral, se não das famílias reais, nos Estados Unidos.

Entendimentos como o de Dan Quayle sobre a família estão fortemente ligados a quem controla as definições. E as definições promovidas pelos grupos de elite nos Estados Unidos agem constantemente em detrimento das afro--americanas. Existe um ideal tradicional de família no centro dos debates sobre os valores familiares. Formadas por uma combinação de laços conjugais e de sangue, as famílias "normais" consistiriam em casais heterossexuais, racialmente homogêneos, que geram filhos biológicos. Tais famílias devem ter uma estrutura de autoridade específica, a saber, encabeçada por um pai que ganhe um salário adequado à família, uma esposa e mãe que fique em casa, e filhos. Idealizada como refúgio privado do mundo público, a família tradicional seria unida por laços emocionais primários de amor e carinho. Pressupondo uma divisão sexual do trabalho relativamente fixa, na qual os papéis das mulheres são definidos principalmente no lar e os dos homens no mundo público do trabalho, o ideal tradicional de família também parte do princípio de que trabalho e família são separados. Definido como arranjo natural ou biológico baseado na atração heterossexual, esse tipo de família monolítico é, de fato, apoiado pelas políticas governamentais. É organizado não em torno de um núcleo biológico, mas de um casamento heterossexual, sancionado pelo Estado, que confere legitimidade não apenas à estrutura familiar em si, mas também aos filhos nascidos nessa

Em geral, o que se imagina como o ideal tradicional de família é tudo que as famílias afro-americanas não são[14].

Dois elementos do ideal tradicional de família são especialmente problemáticos para as mulheres afro-americanas. Primeiro, a divisão presumida entre a esfera "pública" do emprego remunerado e a esfera "privada" das responsabilidades familiares não remuneradas nunca se aplicou a elas. Sob a escravidão, as mulheres negras estadunidenses trabalhavam sem remuneração na esfera supostamente pública da agricultura do Sul do país e tinham sua privacidade familiar diariamente violada. Em segundo lugar, o par público/privado que separa o lar familiar do mercado de trabalho remunerado é fundamental para explicar a ideologia de gênero nos Estados Unidos. Se partíssemos do princípio de que homens de verdade trabalham e mulheres de verdade cuidam da família, então os afro-americanos sofreriam de ideias deficientes em relação a gênero. Em particular, as mulheres negras se tornariam menos "femininas" porque trabalham fora de casa, são remuneradas – e, portanto, competem com os homens – e porque seu trabalho as obriga a ficar longe dos filhos.

Consideradas sob o prisma desse ideal tradicional de família imaginado, as experiências das mulheres negras estadunidenses, bem como de outras mulheres de cor, costumam ser consideradas deficientes[15]. Em vez de tentarmos explicar

---

[13] Margaret L. Andersen, "Feminism and the American Family Ideal", *Journal of Comparative Family Studies*, v. 22, n. 2, 1991, p. 235-46; Barrie Thorne, "Feminism and the Family: Two Decades of Thought", em Barrie Thorne e Marilyn Yalom (orgs.), *Rethinking the Family: Some Feminist Questions* (2. ed., Boston, Northeastern University Press, 1992), p. 3-30.

[14] Ao deslocar crenças sobre a naturalidade ou a normalidade de uma forma específica de família, a produção acadêmica feminista analisa a centralidade de noções específicas de família para a opressão de gênero; ver Margaret L. Andersen, "Feminism and the American Family Ideal", cit.; Barrie Thorne, "Feminism and the Family", cit. Como Stephanie Coontz relata, esse ideal tradicional de família nunca existiu, nem mesmo na década de 1950, que é considerada com frequência a era da sua concretização; ver Stephanie Coontz, *The Way We Never Were: American Families and the Nostalgia Trap* (Nova York, Basic Books, 1992). Sua análise das origens históricas de cada segmento do ideal fornece uma visão geral de como os valores que caracterizam o ideal da família tradicional emergiram em circunstâncias históricas específicas. As antropólogas feministas também desafiam o ideal tradicional de família, demonstrando que o casal heterossexual nuclear nos Estados Unidos não é nem "natural", nem universal, nem normativo em todas as culturas. Ver Jane Collier, Michelle Z. Rosaldo e Sylvia Yanagisko, "Is There a Family? New Anthropological Views", em Barrie Thorne e Marilyn Yalom (orgs.), *Rethinking the Family*, cit., p. 31-48. Pesquisas recentes sugerem que um grande número de famílias estadunidenses nunca vivenciou o ideal tradicional de família, e as que um dia chegaram a essa forma agora a estão abandonando. Ver Stephanie Coontz, *The Way We Never Were*, cit.

[15] Elizabeth Higginbotham, "Laid Bare by the System", cit., p. 200-15; Evelyn Nakano Glenn, "Racial Ethnic Women's Labor: The Intersection of Race, Gender and Class Oppression",

por que o trabalho e os padrões familiares das mulheres negras divergem da aparente normalidade do ideal tradicional de família, parece mais produtivo desafiar os próprios constructos de trabalho e de família[16].

As concepções de trabalho, assim como de família, variam muito dependendo de quem controla as definições. Ao discutir a distinção entre o trabalho e as medidas para si, May Madison, uma participante da pesquisa de John Gwaltney sobre afro-americanos que vivem em bairros centrais pobres das grandes cidades, aludiu à diferença entre o trabalho como atividade instrumental e o trabalho como algo para si:

> Uma diferença muito importante entre brancos e negros é que os brancos pensam que o trabalho define quem você é. [...]. Ora, um negro sabe que faz muito mais sentido pensar que o que estou fazendo não tem nada a ver com o que eu quero fazer nem com o que faço quando estou fazendo algo por mim. Ora, o que os negros pensam é que meu trabalho é exatamente o que tenho de fazer para conseguir o que quero.[17]

A perspectiva da senhora Madison coloca em xeque as definições de trabalho que concedem aos homens brancos mais *status* e valor humano porque têm ocupações mais bem remuneradas. Ela reconhece que o trabalho é um constructo controvertido, e que medir o valor de um indivíduo pelo tipo de trabalho que ele realiza é uma prática questionável em sistemas baseados nas desigualdades de raça e de gênero.

Parece-nos mais apropriado conceber o que é trabalho considerando as várias formas de trabalho que as afro-americanas de fato exercem. O trabalho na forma de trabalho alienado pode ser economicamente explorador, fisicamente exigente e intelectualmente sufocante – o tipo de trabalho que há muito tempo é associado à condição da mulher negra como "mula". O trabalho alienado pode ser remunerado – como é o caso das mulheres negras que prestam serviços domésticos, que trabalham lavando pratos e roupas, que são cozinheiras e cuidadoras, ou de algumas profissionais negras que exercem o trabalho de *mammy*

Review of Radical Political Economics, v. 17, n. 3, 1985, p. 86-108; Leith Mullings, *On Our Own Terms: Race, Class, and Gender in the Lives of African American Women* (Nova York, Routledge, 1997).

[16] Patricia Hill Collins, "Intersections of Race, Class, Gender, and Nation: Some Implications for Black Family Studies", *Journal of Comparative Family Studies*, v. 29, n. 1, 1998, p. 27-36.

[17] John Langston Gwaltney, *Drylongso, A Self-Portrait of Black America* (Nova York, Random House, 1980), p. 174.

em formas corporativas; ou pode ser não remunerado, como acontece com as tarefas aparentemente intermináveis de muitas avós negras e mães solteiras negras. No entanto, o trabalho também pode ser empoderador e criativo, mesmo que seja fisicamente desafiador e pareça degradante. Esse tipo de trabalho pode envolver salários abusivos, que são usados pelas mulheres negras em benefício próprio, ou pode ser feito por amor para os membros da família. Mais uma vez, esse tipo de trabalho pode ou não ser remunerado.

Qual a conexão entre o trabalho que as mulheres negras estadunidenses exercem no mercado de trabalho e aquele que realizam nas redes familiares? Abordaremos essa questão em quatro períodos históricos fundamentais da economia política negra, lançando mão dessa compreensão mais ampla do trabalho das mulheres negras para levar adiante análises feministas negras da opressão sofrida pelas mulheres negras estadunidenses.

O PROCESSO DE ESCRAVIZAÇÃO

Historicamente, as famílias afro-americanas têm sido economicamente exploradas e politicamente privadas de direitos no âmbito da economia política dos Estados Unidos[18]. Isso não significa que todos os afro-americanos tenham sido pobres nem que a maioria ainda o seja. Mas a diversidade entre os negros estadunidenses no que diz respeito às opressões interseccionais de raça e classe sofridas ao longo da história e na atualidade não apaga a relação fundamental de injustiça. Esse contexto injusto atingiu os negros nos Estados Unidos como grupo e, portanto, fornece um arcabouço para compreendermos as experiências de trabalho das mulheres negras em suas redes de parentesco e no mercado de trabalho[19].

Na transição para a industrialização, no início do século XIX, imigrantes, proprietários de terras e outros brancos de todas as classes sociais e categorias de cidadania tinham o direito legal de prover famílias e, se necessário, trabalhar em troca de remuneração. Em contrapartida, a maioria dos afro-americanos era escravizada. Eles tinham muita dificuldade em sustentar uma família e manter a privacidade em esferas públicas que não lhes concediam direitos

---

[18] Mary Frances Berry, *Black Resistance, White Law: A History of Constitutional Racism in America* (Nova York, Penguin, 1994 [1971]).

[19] Leith Mullings, *On Our Own Terms*, cit., p. 20-51.

de cidadania. Os africanos escravizados eram uma propriedade[20], e uma das maneiras que muitos encontraram para resistir aos efeitos de desumanização da escravidão foi recriar noções africanas de família como unidade ampliada de parentesco[21]. As linhagens, cuidadosamente observadas nas sociedades da África Ocidental, foram substituídas por um conceito de "sangue" por meio do qual os africanos escravizados recorriam a ideias de família para se redefinir como parte de uma comunidade negra composta por "irmãos" e "irmãs" escravizados[22]. Essa comunidade de escravizados encontrava-se em posição oposta à da esfera pública branca masculina da economia política capitalista. Desse modo, a linha que separa mulheres e homens africanos escravizados de mulheres e homens brancos estimulou a formação de uma sociedade civil negra importante, ainda que subjugada[23]. Essa divisão racial serviu, para os afro-americanos, como marcador mais preciso para delimitar as esferas pública e privada do que aquele que separa os lares negros da comunidade negra em geral.

Nas sociedades africanas, antes da escravização nos Estados Unidos e da colonização africana, as mulheres aparentemente conjugavam trabalho e família sem que houvesse muitos conflitos entre os dois. Nas sociedades da África Ocidental, as responsabilidades familiares fundamentais das mulheres giravam em torno da maternidade, e elas combinavam rotineiramente cuidado das crianças e contribuições para a economia política pré-capitalista em que viviam. Em sociedades agrícolas que dependiam do trabalho das mulheres no cultivo, as crianças acompanhavam as mães nas idas ao campo. As comerciantes levavam filhas e filhos quando iam trabalhar no mercado. E as crianças, quando atingiam idade suficiente, contribuíam para a produção familiar, cuidando de irmãos, assumindo tarefas e ajudando com o que fosse necessário. Para as mulheres da África Ocidental, o trabalho não representava um desvio das atribuições da maternidade. Ao contrário, ser economicamente produtiva e contribuir para a economia familiar

---

[20] Margaret A. Burnham, "An Impossible Marriage: Slave Law and Family Law", *Law and Inequality*, v. 5, 1987, p. 187-225.

[21] Thomas L. Webber, *Deep Like the Rivers* (Nova York, W. W. Norton, 1978); Mechal Sobel, *Trabelin' On: The Slave Journey to an Afro-Baptist Faith* (Princeton, Princeton University Press, 1979).

[22] Herbert Gutman, *The Black Family in Slavery and Freedom, 1750-1925* (Nova York, Random House, 1976).

[23] Elsa Barkley Brown, "Negotiating and Transforming the Public Sphere: African American Political Life in the Transition from Slavery to Freedom", *Public Culture*, v. 7, n. 1, 1994, p. 107-46.

fazia parte da maternidade[24]. Isso não significa que não houvesse dominação masculina nessas sociedades[25], apenas que as atividades relacionadas ao trabalho e à família diferiam daquelas que as mulheres encontraram na escravidão.

Para as africanas escravizadas nos Estados Unidos, essas ideias básicas a respeito do trabalho, da família e da maternidade foram mantidas, mas alteradas por duas imposições fundamentais da escravidão. Em primeiro lugar, enquanto as africanas trabalhavam em prol de sua família, de suas filhas e seus filhos, o trabalho das afro-americanas escravizadas beneficiava seus proprietários. Em segundo lugar, a natureza do trabalho realizado mudou. As mulheres não tinham controle sobre o tempo, a tecnologia utilizada, os colegas de trabalho, o tipo ou o montante de trabalho. Em suma, a incorporação forçada das mulheres da África Ocidental, como escravizadas, a uma economia política capitalista significou que elas se tornaram unidades de trabalho economicamente exploradas e politicamente impotentes.

Os papéis de gênero foram moldados de maneira semelhante sob a escravidão. Em geral, as mulheres negras realizavam o mesmo tipo de trabalho dos homens. Isso lhes permitiu recriar as tradições da África Ocidental, nas quais as mulheres não se limitavam a um trabalho doméstico desvalorizado[26]. No entanto, diferentemente do que ocorria nas economias políticas pré-coloniais africanas, em que o trabalho das mulheres beneficiava sua linhagem e seus filhos, sob a escravidão nem homens nem mulheres ficavam com o que produziam. A escravidão também deu contornos raciais à divisão do trabalho no capitalismo estadunidense, de modo que os afro-americanos foram relegados aos empregos vis, manuais e não intelectuais. Apesar do fardo da escravidão, os afro-americanos não viam o trabalho como problema, e sim a exploração inerente ao trabalho que realizavam. Uma expressão comum entre os africanos escravizados – "É um pobre cachorro que não abana o próprio rabo" – alude a uma visão popular entre os negros de que os brancos eram preguiçosos e não valorizavam o trabalho na mesma medida que os afro-americanos.

O trabalho das mulheres negras teve impacto sobre a organização do cuidado dos filhos. Promovida pelo ideal tradicional de família, a percepção da

---

[24] Niara Sudarkasa, "Interpreting the African Heritage in Afro-American Family Organization", em Harriette Pipes McAdoo (org.), *Black Families* (Beverly Hills, Sage, 1981), p. 37-53.

[25] Ayesha Imam, Amina Mama e Fatou Sow (orgs.), *Engendering African Social Sciences* (Dacar, Council for the Development of Economic and Social Research, 1997).

[26] Jacqueline Jones, *Labor of Love, Labor of Sorrow*, cit.; Deborah Gray White, *Ar'n't I a Woman?*, cit.

108 PENSAMENTO FEMINISTA NEGRO

maternidade como uma ocupação não remunerada exercida no lar e comparável à ocupação remunerada dos homens na esfera pública nunca chegou a se difundir entre as afro-americanas[27]. Ao negar às mulheres africanas escravizadas o casamento, a cidadania e até mesmo a humanidade, a escravidão impediu o reconhecimento social da maternidade como ocupação exercida no lar de forma privada. Arranjos comunitários de cuidados infantis substituíram os cuidados maternos individualizados – umas poucas mulheres eram responsáveis por cuidar das crianças que ainda eram pequenas demais para o trabalho, e as mulheres, como grupo, sentiam-se responsáveis pelos filhos umas das outras[28].

As experiências das afro-americanas como mães foram moldadas pelos esforços do grupo dominante para tirar proveito da sexualidade e da fecundidade das mulheres negras em benefício de um sistema de exploração capitalista. Os esforços para controlar a reprodução das mulheres negras nos Estados Unidos foram importantes para a manutenção da desigualdade racial, de classe e de gênero, caracterizando a ordem escravista ao menos de três maneiras. Primeiro, as noções biológicas de raça em que se sustenta a subordinação racial do sistema escravista exigiam uma pretensa pureza racial para serem efetivas. Como os filhos herdavam a condição das mães, crianças nascidas de mulheres negras escravizadas se tornavam escravas. A proibição de que homens negros tivessem relações sexuais com mulheres brancas de qualquer classe social reduziu as chances de que crianças de ascendência africana nascessem de mães brancas. Qualquer criança nascida sob tais condições era considerada produto de estupro. Havia uma ligação simbólica entre maternidade e racismo, e o controle da sexualidade e da fecundidade das mulheres afro-americanas e também das brancas era fundamental para a reprodução de noções racializadas da condição de mulher nos Estados Unidos[29].

Segundo, a maternidade como instituição tem um papel especial na transmissão de valores às crianças quanto a seu devido lugar. Por um lado, as mães podem alimentar a opressão de suas filhas e seus filhos se os ensinar a acreditar na própria inferioridade. Por outro, a relação entre mães e filhos pode servir como esfera privada na qual se aprendem culturas e formas cotidianas de resistência[30]. Quando mães negras escravizadas ensinavam as filhas e os filhos a

---

[27] Leith Mullings, *On Our Own Terms*, cit.

[28] Deborah Gray White, *Ar'n't I a Woman?*, cit.

[29] Mae King, "The Politics of Sexual Stereotypes", *Black Scholar*, v. 4, n. 6-7, 1973, p. 12-23.

[30] James C. Scott, *Weapons of the Weak: Everyday Forms of Peasant Resistance* (New Haven, CT, Yale University Press, 1985).

confiar em suas autodefinições e valorizar a si mesmos, elas lhes ofereciam uma ferramenta poderosa de resistência à opressão.

Por fim, o controle da reprodução das mulheres negras era fundamental para a criação e perpetuação das relações de classe capitalistas. A escravidão beneficiou certos segmentos da população estadunidense, enquanto outros eram economicamente explorados. Como argumentou a intelectual feminista negra Frances Ellen Watkins Harper: "Como podemos agradar nosso apetite com luxos obtidos de dedos relutantes? Ah, será que a escravidão teria existido tanto tempo se não estivesse sentada em um trono de comércio?"[31]. Nesse sistema em que o controle da propriedade é fundamental, as mulheres africanas escravizadas eram mercadorias valiosas[32]. Os proprietários de pessoas escravizadas controlavam o trabalho das mulheres negras e transformavam seus corpos em mercadoria, na forma de unidades de capital. Além disso, a fecundidade das mulheres negras gerava as crianças que acabariam por aumentar os bens de propriedade e a força de trabalho à disposição do senhor[33].

Os esforços para controlar a sexualidade das mulheres negras estavam diretamente ligados aos esforços dos proprietários de escravos para aumentar o número de crianças produzidas por elas. Como explica a historiadora Deborah Gray White: "Os donos de escravos queriam que as adolescentes tivessem filhos e, para isso, praticavam um tipo passivo, mas insidioso de procriação"[34]. Para aumentar a reprodução das mulheres negras, utilizavam-se técnicas como atribuir às mulheres grávidas cargas de trabalho mais leves, dar-lhes mais assistência e comida e recompensar as mais fecundas. Também se tomavam medidas punitivas. Mulheres inférteis eram muitas vezes tratadas "como porcas improdutivas e passadas de um comprador desavisado para outro"[35].

A relativa segurança que muitas vezes acompanhava a maternidade servia para reforçar sua importância. Para as mulheres negras escravizadas, ter filhos era uma forma de passar um período maior em determinado lugar e manter relacionamentos mais duradouros com maridos, familiares e amigos. Dada a

---

[31] Dorothy Sterling (org.), *We Are Your Sisters: Black Women in the Nineteenth Century* (Nova York, W. W. Norton, 1984), p. 160.

[32] Patricia J. Williams, *The Alchemy of Race and Rights: Diary of a Law Professor* (Cambridge, MA, Harvard University Press, 1991).

[33] Angela Davis, *Mulheres, raça e classe*, cit.; Margaret A. Burnham, "An Impossible Marriage", cit.

[34] Deborah Gray White, *Ar'n't I a Woman?*, cit., p. 98.

[35] Ibidem, p. 101.

curta expectativa de vida das escravas (33,6 anos) e as altas taxas de mortalidade das crianças negras (de 1850 a 1860, menos de duas em cada três crianças negras sobreviviam até os 10 anos), a capacidade das mulheres escravizadas de ter várias crianças saudáveis era muitas vezes o elemento decisivo para a duração e estabilidade dos casamentos entre escravizados[36]. Da mesma forma, a recusa a ter filhos e casos de infanticídio negro podem ser interpretados como atos de resistência[37].

Deborah Grey White afirma que os esforços dos proprietários de escravos para aumentar a fecundidade das mulheres negras incentivavam-nas a privilegiar a maternidade em detrimento do casamento. Ao mesmo tempo, isso criava um paralelo com os padrões culturais de matriz africana, segundo os quais se esperava que as mulheres provessem a subsistência de filhas e filhos:

> Os relacionamentos entre mãe e filhos [...] suplantavam os de marido e mulher. As práticas escravistas encorajavam a primazia do relacionamento mãe-filhos. Além disso, nos costumes da comunidade de escravos, a maternidade era considerada superior ao casamento [...]. As mulheres, exercendo o papel de mãe, eram as figuras centrais das famílias nucleares de escravos.[38]

A centralidade das mulheres negras nas redes familiares negras não deve ser confundida com a direção de unidades familiares por mulheres nem com a matriarcalidade[39]. As teses que sustentam o matriarcado pressupõem que alguém deve "estar no comando" para que as famílias funcionem efetivamente. Nem homens nem mulheres comandavam as redes familiares negras[40]. Ao contrário, as posições de homens e mulheres afro-americanos nas economias políticas escravistas dificultavam o enraizamento tanto da dominação patriarcal quanto da matriarcal.

---

[36] Paula Giddings, *When and Where I Enter... The Impact of Black Women on Race and Sex in America* (Nova York, William Morrow, 1984).

[37] Darlene Clark Hine e Kate Wittenstein, "Female Slave Resistance: The Economics of Sex", em Filomina Chioma Steady (org.), *The Black Woman Cross-Culturally* (Cambridge, MA, Schenkman, 1981), p. 289-300.

[38] Deborah Gray White, *Ar'n't I a Woman?*, cit., p. 159.

[39] Patricia Hill Collins, "A Comparison of Two Works on Black Family Life", *Signs*, v. 14, n. 4, 1989, p. 875-84; Bette J. Dickerson, "Introduction", em *African American Single Mothers: Understanding Their Lives and Families* (Thousand Oaks, Sage, 1995), p. ix-xxx.

[40] Angela Davis, *Mulheres, raça e classe*, cit.; Margaret A. Burnham, "An Impossible Marriage", cit.

A TRANSIÇÃO PARA O TRABALHO "LIVRE"

Para os afro-americanos, o período entre a emancipação e as subsequentes migrações para cidades do Sul e do Norte foi caracterizado por dois modelos distintos de comunidade. Cada modelo oferecia uma versão diferente das ligações entre trabalho e família. O modelo de comunidade promovido pela sociedade branca dominante refletia as economias de mercado do capitalismo competitivo, industrial e monopolista[41]. Firmemente enraizado em um mercado baseado na troca, pressupondo decisões econômicas tomadas racionalmente e o controle masculino do mercado, esse modelo de comunidade enfatizava o direito do indivíduo de decidir segundo seus interesses, independentemente do impacto na sociedade em geral. Composto por indivíduos desiguais que competem por partes maiores de dinheiro como meio de troca, esse modelo de comunidade legitima as relações de dominação, seja negando sua existência, seja tratando-as como inevitáveis[42].

Sob a escravidão, os afro-americanos estavam, paradoxalmente, bem integrados nos benefícios econômicos e políticos da economia de mercado e de sua versão de comunidade, embora excluídos deles. As ideias de comunidade negra que circulavam entre os escravos, ainda que influenciadas por um pensamento de matriz africana, eram sustentadas pelas condições comuns de exclusão da economia de mercado. Com a emancipação, os negros se tornaram trabalhadores assalariados e tiveram de participar de relações de troca em que os ganhos individuais eram privilegiados em detrimento do bem coletivo. Anna Julia Cooper se refere a esse cenário mais amplo como Período Acumulativo e questiona seus pressupostos básicos sobre a comunidade e o papel que as mulheres exercem nela:

> Na época mais difícil do que chamamos de Período Acumulativo, quando conflitos internos, motivados pela ganância dos homens e sua determinação de subordinar os interesses nacionais e os direitos dos homens negros à preocupação com os lucros e as perdas pessoais, banharam nosso país com o melhor sangue de que dispúnhamos, quem estaria interessado na honra das mulheres de ambos os lados dessa contenda insensata?[43]

---

[41] Teresa Amott e Julie Matthaei, *Race, Gender, and Work*, cit.

[42] Nancy M. Hartsock, *Money, Sex and Power* (Boston, Northeastern University Press, 1983).

[43] Anna Julia Cooper, *A Voice from the South: By a Black Woman of the South* (Xenia, Aldine, 1892), p. 128.

As ideias de Cooper são muito importantes, pois não apenas expressam a ligação entre o racismo, a exploração econômica que ocorre após a emancipação e a violência necessária para sustentar ambos, mas demonstram claramente como a esfera pública e a comunidade em seu entorno são um campo determinado por homens. Ao perguntar "quem estaria interessado na honra das mulheres", ela questiona o papel do gênero na estruturação da subordinação das mulheres em geral, e o papel das mulheres negras no trabalho e na família, em particular.

Durante esse período, a opressão política e econômica dos afro-americanos no Sul dos Estados Unidos influenciou as ações e ideias dos negros estadunidenses sobre a família e a comunidade. A segregação racial se consolidou legalmente durante esse período[44]. Na sociedade civil negra, as ideias a respeito das relações interpessoais que haviam sido forjadas durante a escravidão perduraram – como equiparar a família nuclear à família extensa e os membros da mesma comunidade à família, além de ver as negociações com os brancos como parte do discurso público e as negociações com os negros como parte dos assuntos familiares[45]. Em um ambiente de violência racial sancionada pelo Estado, a solidariedade entre negros se tornou importantíssima e ajudou a suprimir diferenças legítimas entre os negros estadunidenses. Como consequência, surgiram definições afro--americanas de comunidade que diferiam dos modelos públicos e baseados na troca impulsionada pelo mercado. Quer tenham sido adotadas como remanescentes do passado africano ou como resposta às exigências de privação de direitos políticos e econômicos no Sul após a Reconstrução*, as comunidades negras, como lugares de esforço e vontade coletivos, continuarão a contrastar com a economia política dominante – pública, baseada na troca e impulsionada pelo mercado.

Para as afro-americanas, não se tratava tanto de paridade econômica com os negros de sexo masculino, mas de assegurar uma renda familiar adequada. Negar aos homens negros estadunidenses um salário que possibilitasse sustentar uma família significava que as mulheres negras continuariam a trabalhar em troca de remuneração. A maternidade como "ocupação" feminina e própria do

---

[44] Mary Frances Berry, *Black Resistance, White Law*, cit.

[45] Elsa Barkley Brown, "Negotiating and Transforming the Public Sphere", cit.

* Período da história estadunidense que se seguiu à Guerra Civil Estadunidense (ou Guerra de Secessão), estendendo-se de 1865 até 1877. Nesses anos, os estados do Sul foram ocupados por tropas da União a fim de sufocar o separatismo e assegurar direitos civis à população negra. A tensão entre sulistas e nortistas gerada durante a Reconstrução resultou no acordo mediante o qual os estados de tradição escravista puderam aprovar políticas segregacionistas. (N. E.)

âmbito privado nunca predominou na sociedade civil negra, porque não podia se embasar em termos de classe social[46]. Os cuidados comunitários das crianças continuaram a existir dentro de famílias estendidas[47]. Iniciada com a decisão do Supremo Tribunal no caso *Plessy v. Ferguson**, a legalização da segregação racial em habitação, educação, emprego e estabelecimentos de uso público instaurou fronteiras rígidas entre afro-americanos e americanos brancos. Ao mesmo tempo, persistiam os limites mais fluidos que caracterizavam as relações entre os lares, as redes familiares negras e as organizações da comunidade negra, como as igrejas. Nas comunidades afro-americanas, uma ideologia de gênero ligada à especificidade da classe social se desenvolveu durante esse período[48].

Durante ao menos 75 anos após a emancipação, a grande maioria das famílias negras ainda permanecia no Sul[49]. As trabalhadoras negras foram confinadas a duas ocupações principais. A maioria trabalhava no campo, e o chefe da unidade familiar estendida (um homem) recebia todo o salário ganho pelo grupo. Era um trabalho duro, exaustivo, que pouco diferia daquele das afro-americanas escravizadas. Sara Brooks começou a trabalhar em tempo integral no campo aos onze anos de idade e lembra: "A gente nunca foi preguiçosa porque trabalhava pra valer. Trabalhava que nem homem. Ah, discutia um pouco, zoava um pouco, mas trabalhava"[50].

O trabalho doméstico era a outra ocupação básica dentre as possibilidades de trabalho assalariado para as mulheres negras. Entendendo que esse tipo de trabalho era inevitável, as famílias tentavam preparar as jovens negras. Uma mulher de 87 anos, da Carolina do Norte, recorda sua formação: "Todas as garotas que conheço já estavam treinadas aos dez anos. No dia em que deixava de engatinhar a gente começava a lavar, a cuidar das pessoas e a dar bronca. A partir do momento que

---

[46] Bonnie Thornton Dill, "Our Mothers' Grief: Racial Ethnic Women and the Maintenance of Families", *Journal of Family History*, v. 13, n. 4, 1988, p. 415-31.

[47] Elmer Martin e Joanne Mitchell Martin, *The Black Extended Family* (Chicago, University of Chicago Press, 1978); Jacqueline Jones, *Labor of Love, Labor of Sorrow*, cit.

* Ao julgar, em 1896, um caso de discriminação racial em uma viagem de trem, o tribunal decidiu não ser inconstitucional segregar racialmente a oferta de serviços, estabelecendo a política do *separate, but equal* [separados, mas iguais]. Além da chancela oficial à segregação, na prática os serviços oferecidos aos negros eram sempre de qualidade inferior. (N. E.)

[48] Evelyn Brooks Higginbotham, "Beyond the Sound of Silence: AfroAmerican Women in History", *Gender and History*, v. 1, n. 1, 1989, p. 50-67; idem, *Righteous Discontent: The Women's Movement in the Black Baptist Church, 1880-1920* (Cambridge, MA, Harvard University Press, 1993).

[49] Jacqueline Jones, *Labor of Love, Labor of Sorrow*, cit.

[50] Thordis Simonsen (org.), *You May Plow Here: The Narrative of Sara Brooks* (Nova York, Touchstone, 1986), p. 39.

uma garota conseguisse ficar de pé, começava a ser preparada para trabalhar"[51]. O trabalho era mal pago, além de expor as meninas e as mulheres negras à constante ameaça de assédio sexual. Uma afro-americana descreve do seguinte modo a falta de proteção das trabalhadoras domésticas negras no Sul: "Lembro que [...] perdi meu serviço porque me recusei a deixar o marido da senhora me beijar. [...] Quando meu marido foi falar com o homem que tinha me insultado, o homem o xingou, deu um tapa nele e – pior – conseguiu que ele fosse preso!"[52].

Embora ela tenha deposto no tribunal, o marido foi multado em US$ 25 e teve de ouvir do juiz: "Esse tribunal nunca se deixará levar pela palavra de um preto contra a palavra de um branco"[53].

O assédio sexual de afro-americanas por homens brancos contribuiu para que elas fossem vistas como um alvo fácil para os homens em geral. A dificuldade do ambiente levou uma mulher negra do Sul a protestar:

> Nós, mulheres negras pobres assalariadas do Sul, estamos travando uma terrível batalha. [...] Por um lado, somos assediadas por homens brancos e, por outro lado, somos assediadas por homens negros, que deveriam ser nossos protetores por natureza; fora que, seja na cozinha, no tanque, na máquina de costura, atrás do carrinho de bebê ou na tábua de passar, não somos mais que burros de carga, escravas![54]

Muitas vezes, quando eram esposas e filhas de homens fisicamente capazes, as afro-americanas se retiravam do trabalho no campo e do serviço doméstico para se dedicar aos deveres domésticos em sua própria casa. Ao fazê-lo, porém, eram "severamente criticadas pelos brancos por abandonar o trabalho no campo, porque eram vistas como aspirantes a um modelo de condição feminina que lhes era inadequado"[55]. As mulheres negras queriam se retirar da população economicamente ativa não para imitar a domesticidade das mulheres brancas de classe média, mas para fortalecer a posição política e econômica de suas famílias. Suas ações podem ser vistas como um esforço contínuo para se retirar da população economicamente ativa explorada, a fim de devolver à família o valor de seu trabalho e se livrar do assédio sexual que enfrentavam no serviço doméstico.

---

[51] Elizabeth Clark-Lewis, *"This Work Had a' End"*, cit., p. 7.

[52] Gerda Lerner, *Black Women in White America: A Documentary History* (Nova York, Vintage, 1972), p. 155-6.

[53] Ibidem, p. 156.

[54] Ibidem, p. 157.

[55] Bonnie Thornton Dill, "Our Mothers' Grief", cit., p. 422.

Enquanto muitas mulheres tentavam se retirar da população economicamente ativa remunerada, as poucas oportunidades disponíveis para os homens afro-americanos tornavam praticamente impossível para a maioria das famílias negras sobreviver apenas do salário deles. Embora só recebesse ofertas de trabalho como doméstica, a mãe de Elsa Barkley Brown, que havia conseguido uma formação universitária, teve sorte. Do ponto de vista de Brown, a decisão de sua mãe de "ser esposa e mãe em um mundo que definia as mulheres negras de muitas outras maneiras, a decisão de priorizar a família, foi um ato de resistência"[56]. Muitas mulheres negras não podiam fazer essa escolha – continuavam a trabalhar em troca de remuneração, o que impactou profundamente a vida familiar, as comunidades e as próprias mulheres afro-americanas[57].

URBANIZAÇÃO E TRABALHO DOMÉSTICO

A migração das mulheres negras para as cidades do Sul e do Norte no início dos anos 1900 continuou praticamente inabalada até depois da Segunda Guerra Mundial[58]. A migração estimulou mudanças substanciais tanto nas atividades das mulheres negras no mercado de trabalho, especialmente das mulheres da classe trabalhadora, como nos padrões familiares e na organização comunitária afro-americana. Enquanto a segregação racial na moradia separava afro-americanos e estadunidenses brancos, as relações de gênero na sociedade civil negra separavam homens e mulheres. O espaço que cabia aos homens incluía as ruas, as barbearias e os salões de bilhar; o espaço destinado às mulheres eram o lar e a igreja. "As mulheres que borraram as fronteiras físicas de gênero fizeram-no sob o risco de perder o respeito em suas comunidades"[59]. Além disso, ainda que existissem diferenças de classe entre os afro-americanos, elas eram encobertas pela força da segregação racial. A grande maioria dos negros estadunidenses era pobre ou da classe trabalhadora.

Durante esse período, padrões históricos de emprego persistiam, e os afro-americanos tinham ocupações mais bem remuneradas, mas pouco seguras,

---

[56] Elsa Barkley Brown, *Hearing Our Mothers' Lives* (Atlanta, Fifteenth Anniversary of African-American and African Studies, Emory University, 1986), p. 11.

[57] Jacqueline Jones, *Labor of Love, Labor of Sorrow*, cit.

[58] Carole Marks, *Farewell, We're Good and Gone: The Great Black Migration* (Bloomington, IN, Indiana University Press, 1989).

[59] Evelyn Brooks Higginbotham, "Beyond the Sound of Silence", cit., p. 59.

enquanto as mulheres negras encontravam maior abundância de empregos, embora de menor remuneração. Por exemplo, os homens negros empregados em ocupações manufatureiras que exigiam pouca qualificação geralmente recebiam salários mais altos que os de suas esposas que trabalhavam no serviço doméstico. Porém, como competiam diretamente com os trabalhadores brancos do sexo masculino, os homens negros ficavam mais vulneráveis a demissões. Embora os homens negros recebessem salários mais altos quando encontravam trabalho, havia poucas garantias de que o salário estaria consistentemente disponível para a família. Em contrapartida, as mulheres negras recebiam salários substancialmente mais baixos no serviço doméstico, mas tinham segurança de que os receberiam. Esse padrão clássico de exploração, diferenciado por gênero, com frequência tem sido deturpado por argumentos que sugerem que as mulheres negras ou os homens negros têm "vantagem" no mercado de trabalho em relação um ao outro. O que essas abordagens não veem é que tanto elas como eles foram desfavorecidos no mercado de trabalho urbano, no qual diferenças de gênero estruturam padrões distintos de vulnerabilidade econômica no emprego.

As mulheres negras migrantes encontraram um mercado de trabalho urbano segmentado de acordo com raça e gênero[60]. Para a grande maioria das afro-americanas, a urbanização significou a migração do trabalho agrícola para o trabalho doméstico. Um dos benefícios da urbanização foi permitir que as trabalhadoras domésticas negras mudassem suas condições de trabalho, passando de trabalhadora residente para trabalhadora diária. Em um padrão migratório comum, as meninas negras eram treinadas para o trabalho doméstico no Sul, ao lidar com afazeres e cuidar dos irmãos. Por volta dos dez anos de idade, seguiam para cidades do Norte para auxiliar parentes que trabalhavam fora[61]. A princípio, as jovens tomavam conta dos filhos de seus parentes. Mais tarde – às vezes após anos de procura –, encontravam um emprego de jornada regular. Ingressar em um mercado amplo, no qual trabalhadoras domésticas podiam deixar seus empregadores quando as exigências se tornassem inapropriadas, permitiu às mulheres afro-americanas fazer a transição do trabalho na residência para o trabalho diário. Uma mulher de 83 anos, entrevistada por Elizabeth

---

[60] Teresa Amott e Julie Matthaei, *Race, Gender, and Work*, cit.
[61] Elizabeth Clark-Lewis, *"This Work Had a' End"*, cit.

Clark-Lewis em sua pesquisa, relata que viu essa transformação como um passo em direção a melhores condições de trabalho:

> Morar no emprego significava estar sempre trabalhando; a gente nunca parava. Fosse dia, fosse noite, a gente estava sempre levando alguma coisa para alguém. Servindo alguém. A gente não tinha um minuto de sossego. [...] Mas quando passei a trabalhar por dia, eu fazia meu trabalho e ia embora. Acho que é isso. O trabalho acabava.[62]

Mesmo tendo significado uma melhoria, a transição para o trabalho diário manteve certas características negativas da relação empregador/empregado. Embora tenham se afastado da forma específica de controle que havia no Sul, as trabalhadoras domésticas das cidades do Norte eram exploradas economicamente, mesmo em circunstâncias melhores. Nas piores, o trabalho doméstico se assemelhava às condições que as mulheres haviam deixado para trás no Sul. Florence Rice conta como funcionava o "mercado de escravos do Bronx" na cidade de Nova York, nos anos 1930, onde as mulheres esperavam em determinado local que empregadores passassem e lhes oferecessem uma diária: "Sempre me lembro da minha época de doméstica. Algumas mulheres, quando não queriam pagar, acusavam a gente de roubar; [...] Era uma forma de intimidação"[63]. Embora o assédio sexual fosse menos frequente, continuava a ser um problema. Rice lembra de um empregador que "foi me buscar dizendo que a esposa estava doente, e quando cheguei lá, a esposa dele não estava e ele queria ter um caso"[64].

Judith Rollins afirma que o que torna o trabalho doméstico mais "profundamente abusivo que outras ocupações comparáveis" é exatamente o que o torna único: a relação pessoal entre empregador e empregado[65]. Rollins relata que os empregadores não consideravam o desempenho profissional prioridade ao avaliar as trabalhadoras domésticas. Ao contrário, a "personalidade e o tipo de relação que os empregadores estabeleciam com elas eram preocupações tão ou mais importantes" que o desempenho[66].

A deferência era importante, e as mulheres submissas ou que representavam bem o papel de serviçais obedientes eram mais valorizadas por seus empregadores, independentemente da qualidade de seu trabalho. Quando a trabalhadora

---

[62] Ibidem, p. 1.
[63] Gerda Lerner, *Black Women in White America*, cit., p. 275.
[64] Ibidem, p. 275.
[65] Judith Rollins, *Between Women, Domestics and Their Employers*, cit.
[66] Ibidem, p. 156.

doméstica Hannah Nelson relata que "a maioria das pessoas que já trabalhou como doméstica tem de aprender a falar de nada por um bom tempo", ela identifica o papel que deve ser representado para satisfazer a visão do empregador do que é uma boa trabalhadora doméstica negra. Ela continua: "Nunca fui muito boa nisso, então normalmente não falo. [...] Algumas pessoas para quem trabalhei acham que não sou inteligente porque falo muito pouco no trabalho"[67].

Os empregadores recorriam a uma série de estratégias para estruturar a relação de poder no trabalho doméstico e solicitar a deferência que desejavam. Havia técnicas de deferência linguística, como abordar as trabalhadoras domésticas pelo primeiro nome, chamá-las de "meninas" e exigir que se referissem às patroas como "senhora" [ma'am]. Eles costumavam fazer perguntas às domésticas sobre seu estilo de vida – perguntas que hesitariam em fazer aos membros de seu próprio círculo social. Dar roupas usadas e outros utensílios domésticos ressaltava a desigualdade econômica que separa a trabalhadora doméstica de seus empregadores. As empregadoras usavam as domésticas de confidente, outro comportamento que reforçava a percepção de que elas não eram da casa[68].

Marcadores físicos reforçavam a relação de deferência. Uma técnica utilizada era exigir que as trabalhadoras domésticas vestissem uniformes. Uma das mulheres entrevistadas para a pesquisa de Clark-Lewis explica por que seus empregadores gostavam de uniformes:

> Os uniformes pareciam fazer com que eles soubessem que eu era deles. Algumas pessoas diziam que serviam para mostrar os diferentes trabalhos de cada pessoa. Algumas vestiam cinza, outras vestiam preto. Mas, na maioria das vezes, os uniformes só serviam para mostrar que a gente estava sempre a postos para obedecer. Era só isso mesmo que significavam![69]

O uso do espaço também era um importante dispositivo para estruturar os comportamentos de deferência. As trabalhadoras domésticas ficavam confinadas em uma área da casa, geralmente a cozinha, e esperava-se que se tornassem invisíveis quando passassem por outras áreas da casa. Judith Rollins relata como se sentia quando era objetificada dessa maneira, tratada como se fosse invisível enquanto seus empregadores conversavam perto dela:

---

67 John Langston Gwaltney, *Drylongso*, cit., p. 6.
68 Judith Rollins, *Between Women, Domestics and Their Employers*, cit.
69 Elizabeth Clark-Lewis, *"This Work Had a' End"*, cit., p. 16.

Era esse caráter de servidão que eu via como uma das mais graves afrontas à minha dignidade como ser humano. Aos olhos da senhora Thomas e de seu filho, eu ficava invisível; a conversa deles continuava em particular estivesse eu, a serviçal negra, presente ou não. [...] Esses gestos que ignoravam minha presença não eram, penso eu, insultos intencionais; eram expressões da capacidade que a minha empregadora tinha de aniquilar minha humanidade e, às vezes, minha própria existência como serva e mulher negra.[70]

Algumas afro-americanas tiveram a sorte de conseguir trabalho na manufatura. No Sul, as mulheres negras trabalhavam em fábricas de processamento de tabaco, fiações de algodão e moinhos de farinha. Alguns dos empregos mais sujos desses setores eram oferecidos às afro-americanas. Nas fiações, elas eram contratadas como trabalhadoras comuns de chão de fábrica, como catadoras de lixo e limpadoras de maquinário[71]. Com a migração para o Norte, algumas mulheres negras passaram a trabalhar em indústrias, principalmente em lavanderias ou em funções não mecanizadas, como varredoras, faxineiras e catadoras. Independentemente de sua posição, as afro-americanas enfrentavam discriminação[72]. Por exemplo, Luanna Cooper, funcionária da Winston Leaf Tobacco Storage, descreve sua reação aos esforços para criar sindicatos segregados na fábrica: "Estão tentando criar sindicatos *jimcrow*. Mas o que eu acho é que sindicatos *jimcrow* não dão certo. Queriam que eu participasse. Eu disse: 'Estou fora de sindicatos *jimcrow*. Não vou pagar por isso'"[73].

A transição para o trabalho diário das domésticas e a incorporação de mulheres negras no setor manufatureiro ocorreu em paralelo às mudanças nas famílias e nas estruturas comunitárias afro-americanas. Ainda que as horas de trabalho fossem longas e a remuneração baixa nas ocupações que as mulheres negras costumavam desempenhar, elas tinham mais tempo que as trabalhadoras domésticas que residiam no emprego para dedicar à família e à comunidade. Durante a primeira onda de urbanização dos Estados Unidos, a população afro-americana recriou o tipo de comunidade que conhecia do Sul rural[74]. A segregação racial na moradia e no emprego significava que os afro-americanos continuariam a viver em comunidades circunscritas, mesmo

---

[70] Judith Rollins, *Between Women, Domestics and Their Employers*, cit., p. 209.

[71] Evelyn Nakano Glenn, "Racial Ethnic Women's Labor", cit., p. 86-108.

[72] Rosalyn Terborg-Penn, "Survival Strategies among African-American Women Workers", cit.

[73] Gerda Lerner, *Black Women in White America*, cit., p. 268.

[74] Herbert Gutman, *The Black Family in Slavery and Freedom*, cit.

depois de migrar para as cidades do Norte. O resultado foi que a divisão público/privado que separava as comunidades negras da vizinhança branca, muitas vezes hostil, continuou a ser uma característica marcante que dava forma ao trabalho e às relações familiares das mulheres negras, especialmente entre as mulheres da classe trabalhadora. As redes cooperativas criadas por elas durante a escravidão, e preservadas no Sul rural, perduraram em muitos casos. As trabalhadoras domésticas negras que viajavam juntas de ônibus compartilhavam informações essenciais à sua sobrevivência. Algumas vezes, tentaram se organizar em sindicatos[75]. As vizinhas cuidavam dos filhos umas das outras e as igrejas, com frequência, constituíam o núcleo de muitas das atividades comunitárias das mulheres negras[76].

O TRABALHO DAS MULHERES NEGRAS E A ECONOMIA POLÍTICA APÓS A SEGUNDA GUERRA MUNDIAL

Enquanto viveram em bairros circunscritos, ainda que racialmente segregados, as pessoas afro-americanas receberam ajuda de instituições da comunidade negra para lidar com as mudanças na sociedade em geral. Depois de 1945, as transformações na economia global, além do surgimento de um novo contexto, pós-colonial e transnacional, estimularam mudanças significativas na sociedade civil negra. Em todo o mundo, vários grupos travaram lutas anticoloniais bem-sucedidas que resultaram em novos Estados-nação na África e na Ásia. Nos Estados Unidos, o ativismo negro das décadas de 1950-1970 estimulou o desmantelamento da segregação racial *de jure* e *de facto*. Em conjunto, essas mudanças políticas internas e externas tiveram grande impacto na relação entre trabalho e família para as afro-americanas.

O período pós-Segunda Guerra Mundial apresenta várias contradições. Por um lado, foi marcado por conquistas substanciais em termos de direitos políticos formais para os estadunidenses negros como coletividade. Do fim da guerra até meados dos anos 1970, os negros estadunidenses tiveram acesso sem precedentes à educação, à moradia e a empregos durante muito tempo negados pela segregação legal. Desde a fundação, em 1910, da Associação Nacional para

---

[75] Rosalyn Terborg-Penn, "Survival Strategies among African-American Women Workers", cit., p. 139-55.

[76] Elizabeth Clark-Lewis, *"This Work Had a' End"*, cit.; Bonnie Thornton Dill, "'Making Your Job Good Yourself'", cit.

o Progresso das Pessoas de Cor (em inglês, NAACP) até a aprovação da Lei dos Direitos Civis em 1964 e da Lei dos Direitos de Voto em 1965, os negros estadunidenses buscaram desenvolver uma política de conquista de direitos civis e tratamento igualitário na habitação, na educação, na oferta de empregos e nos estabelecimentos de uso público. As transformações no ambiente político levaram a sociedade civil negra a se tornar mais estratificada por classe social[77]. A expressiva classe trabalhadora, que foi por muito tempo o núcleo da sociedade civil negra, expandiu-se consideravelmente. A partir desse "centro" representado pela classe trabalhadora, muitos negros ascenderam para a recém--formada classe média negra.

Por outro lado, ficou cada vez mais claro que muitos dos problemas enfrentados pelos estadunidenses negros não se deviam apenas à discriminação racial. Ainda que muitas pessoas afro-americanas tenham se beneficiado do novo ambiente legal, muitas outras não passaram por isso. Fatores ligados à classe eram igualmente importantes. Muitos negros que estavam em meio à classe trabalhadora conheceram uma mobilidade social descendente. Os que decaíram – os que perderam o emprego e não conseguiram encontrar um novo trabalho – se juntaram a uma população crescente de negros pobres que nunca conseguiram sair do fundo do poço. Esse grupo, frequentemente chamado de "subclasse negra", foi produto, e não a causa, da situação econômica desfavorecida dos negros.

Durante esse período, a sociedade civil negra sofreu mudanças consideráveis, muitas delas influenciadas por padrões específicos de gênero que determinaram a incorporação dos negros em uma economia política cada vez mais globalizada[78]. De modo geral, não havia mais trabalho para os homens negros nas fábricas. As mulheres negras conseguiam encontrar trabalho, mas em geral de meio período, mal remunerado, sem garantias nem benefícios[79]. Além disso, a introdução do

---

[77] A definição de classe social que uso nesta seção é derivada de modelos de conflito de classes, especialmente os que se baseiam na teoria da segmentação do mercado de trabalho. Ver Reeve Vanneman e Lynn Weber Cannon, *The American Perception of Class* (Filadélfia, Temple University Press, 1987).

[78] Rose Brewer, "Theorizing Race, Class and Gender: The New Scholarship of Black Feminist Intellectuals and Black Women's Labor", em Stanlie M. James e Abena P. A. Busia (orgs.), *Theorizing Black Feminisms: The Visionary Pragmatism of Black Women* (Nova York, Routledge, 1993), p. 13-30; Gregory D. Squires, *Capital and Communities in Black and White: The Intersections of Race, Class, and Uneven Development* (Albany, NY, State University of New York Press, 1994); William Julius Wilson, *When Work Disappears: The World of the New Urban Poor* (Nova York, Vintage, 1996).

[79] William Julius Wilson, *When Work Disappears*, cit.

crack nos bairros negros no início da década de 1980 levou homens e mulheres a ingressar na economia informal de diferentes maneiras, de acordo com o gênero. O meio das drogas se tornou um grande empregador de homens negros jovens, e as mulheres negras jovens recorriam a eles em busca de apoio financeiro.

Muitos jovens negros estadunidenses cresceram em comunidades muito diferentes daquelas anteriores à década de 1980. As redes familiares extensas perderam força[80] e, ao mesmo tempo que os estadunidenses negros se tornavam mais estratificados em termos de classe, persistia a segregação racial na habitação, levando a desigualdades na educação e no emprego[81]. Muitos jovens negros vislumbravam futuro para si mesmos apenas como *rappers*, jogadores de basquete ou traficantes de drogas. Muitas jovens negras viam poucas alternativas para além da maternidade. No geral, os jovens negros e negras não tinham diante de si o otimismo dos diversos projetos de justiça social dos anos 1950 e 1960; ao contrário, encontraram pessimismo diante de cada vez menos oportunidades. Eles, que aparentemente seriam os beneficiários do ativismo negro da geração anterior, aprenderam a viver com as novas formas de controle introduzidas por um sistema penal em expansão e uma burocracia de bem-estar social de caráter punitivo[82]. Para muitos jovens negros e negras estadunidenses, o acesso às tradições intelectuais e políticas afro--americanas, feministas ou não, continuava distante. Em vez disso, eles se viram em ambientes econômicos e intelectuais empobrecidos.

Vários fatores estimularam essas e outras mudanças radicais na sociedade civil negra que, por sua vez, afetaram as experiências familiares e profissionais das afro-americanas. A reestruturação da economia política global foi a principal dessas mudanças. A exportação de vagas de emprego para mercados não sindicalizados ou estrangeiros, a desqualificação de competências no trabalho, a transição do setor manufatureiro para o de prestação de serviços e a criação de empregos em comunidades suburbanas possibilitaram às empresas encontrar

---

[80] Ver, por exemplo, Elaine Bell Kaplan, *Not Our Kind of Girl: Unraveling the Myths of Black Teenage Motherhood* (Berkeley, CA, University of California Press, 1997).

[81] Douglas S. Massey e Nancy A. Denton, *American Apartheid: Segregation and the Making of the Underclass* (Cambridge, MA, Harvard University Press, 1993).

[82] Angela Davis, "Race and Criminalization: Black Americans and the Punishment Industry", em Wahneema Lubiano (org.), *The House That Race Built* (Nova York, Pantheon, 1997); Rose Brewer, "Race, Class, Gender and US State Welfare Policy: The Nexus of Inequality for African American Families", em Gay Young e Bette J. Dickerson (orgs.), *Color, Class and Country: Experiences of Gender* (Londres, Zed, 1994), p. 115-27.

substitutos mais baratos para a mão de obra negra estadunidense[83]. Como ressalta a socióloga feminista negra Rose Brewer, "as empresas capitalistas não precisam depender do trabalho negro, seja de homens, seja de mulheres. É possível encontrar mão de obra barata em todo o mundo"[84]. Além disso, as vitórias nos tribunais não significavam que todos os segmentos da sociedade estadunidense estivessem dispostos a cumprir as leis contra a discriminação. A partir dos anos 1980 e ao longo da década de 1990, políticos conservadores levaram adiante uma série de projetos raciais destinados a limitar, se não a eliminar, as conquistas sociais da década de 1960[85]. A reação da população branca também foi espantosa, expressando-se até mesmo no crescimento de novas organizações de supremacia branca[86]. Quando combinado a padrões profundamente arraigados de segregação racial na habitação – refletindo o que poderíamos chamar de "*apartheid* estadunidense"[87] –, o desemprego crônico persistiu e se agravou em muitos bairros negros. De forma geral, o ativismo político negro dos anos 1950 e 1960, no contexto de uma economia política global em transformação, estimulou o surgimento de uma nova classe média negra em condição confortável, porém vulnerável. Também levou ao desenvolvimento de uma classe trabalhadora negra reorganizada, segmentada de acordo com sua capacidade de encontrar emprego estável e bem remunerado.

Ir levando: as mulheres negras da classe trabalhadora

Um aspecto fundamental da sociedade civil afro-americana contemporânea é não simplesmente a marginalização dos homens negros no âmbito do trabalho, mas as mudanças que afetam o trabalho remunerado e não remunerado das mulheres negras[88]. Duas mudanças importantes impactaram o trabalho remunerado das mulheres negras estadunidenses. A primeira foi terem passado do serviço doméstico para o trabalho industrial e administrativo. A segunda foi a integração das mulheres

---

[83] William Julius Wilson, *The Truly Disadvantaged: The Inner City, the Underclass, and Public Policy* (Chicago, University of Chicago Press, 1987); idem, *When Work Disappears*, cit.

[84] Rose Brewer, "Theorizing Race, Class and Gender", cit., p. 19.

[85] Michael Omi e Howard Winant, *Racial Formation in the United States: From the 1960s to the 1990s* (2. ed., Nova York, Routledge, 1994).

[86] Jessie Daniels, *White Lies* (Nova York, Routledge, 1997); Abby Ferber, *White Man Falling: Race, Gender, and White Supremacy* (Lanham, Rowman & Littlefield, 1998).

[87] Douglas S. Massey e Nancy A. Denton, *American Apartheid*, cit.

[88] Rose Brewer, "Theorizing Race, Class and Gender", cit.

negras à divisão internacional do trabalho em serviços de baixa remuneração, que não geram renda suficiente para o sustento de uma família. Quando combinadas, essas duas mudanças segmentam as mulheres negras da classe trabalhadora em dois subgrupos. As que possuem bons empregos na indústria e no setor público formam o núcleo da classe trabalhadora negra. As que apenas conseguem encontrar oportunidades em serviços intermitentes e mal remunerados fazem parte do grupo dos trabalhadores pobres, segmento da classe trabalhadora negra que provavelmente acabará na miséria. Ambos os grupos trabalham, e a natureza do trabalho que exercem determina suas experiências profissionais e familiares.

São extremamente necessárias mais pesquisas de orientação feminista negra que investiguem o impacto das intersecções de raça e gênero nas experiências de trabalho das mulheres negras da classe trabalhadora. Quanto a isso, a análise de Rose Brewer a respeito da participação de mulheres negras na indústria têxtil no Sul dos Estados Unidos ilustra como o estudo da participação de mulheres negras em um setor específico é revelador do modo como elas foram afetadas pela reestruturação econômica global[89]. Barbara Omolade chama atenção para a existência de um novo arcabouço de relações entre as afro-americanas, que ela descreve como um "espaço de trabalho das mulheres negras estruturado em três níveis: administradoras negras que supervisionam funcionárias negras que, por sua vez, servem clientes negras"[90]. As "funcionárias" negras da classe trabalhadora, espremidas entre as administradoras e as clientes, podem estar sujeitas a relações de deferência que lembram as do estudo de Judith Rollins sobre as trabalhadoras domésticas negras[91]. No entanto, essas relações entre afro-americanas de diferentes classes sociais representam uma situação inteiramente nova. Tomemos a experiência de Alice Walker ao tentar visitar, na penitenciária, Dessie Woods, uma mulher negra que foi presa na Geórgia por se defender de um estuprador branco. Walker descreve sua chegada à prisão, e como foi rejeitada não por guardas brancos, mas por uma mulher negra muito parecida com ela própria:

> Entreolhamo-nos, ferozes. E eu a "reconheço" também. Ela é muito negra, tem o pescoço rígido e os traços suavizados pelos golpes da vida. Durante o dia, enquanto seus filhos são sustentados pelo que a mãe ganha ali, ela se senta, isolada, naquele

---

[89] Idem.

[90] Barbara Omolade, *The Rising Song of African American Women*, cit., p. 62.

[91] Judith Rollins, *Between Women, Domestics and Their Employers*, cit.

cubículo de vidro, rodeada de brancos que a empregaram para fazer o trabalho sujo, como sempre. Não é por acaso que também ela está nesta prisão.[92]

Barbara Omolade desenvolve um argumento parecido:

> Ao contrário do que acontecia nas plantações escravistas, que reuniam diferentes tipos de trabalhadoras em uma comunidade de resistência, o atual espaço de trabalho feminino negro, estruturado em três níveis, não estimula a formação de comunidades.[93]

O desaparecimento de empregos bem remunerados para os homens negros da classe trabalhadora no setor industrial sugere que as jovens afro-americanas vejam a família de classe trabalhadora com dupla fonte de renda como uma opção esperada, embora difícil de alcançar. A alternativa encontrada por pessoas negras em gerações passadas – casamentos sólidos sustentados por empregos razoavelmente estáveis, adequadamente remunerados para os homens, e por empregos seguros, porém de remuneração mais baixa, para as mulheres – é cada vez mais rara no Estado de bem-estar do capitalismo avançado. As mulheres negras da classe trabalhadora, especialmente as empregadas em cargos administrativos do setor público, têm mais chance de encontrar estabilidade no emprego. Mas a renda das esposas negras da classe trabalhadora não chega a compensar as perdas na renda dos homens negros. Apesar de seu apoio à ideologia dominante dos "valores familiares", as trabalhadoras negras são, muitas vezes, mães solteiras. Agravados pela dificuldade dos homens negros para encontrar trabalho bem remunerado, os índices de separação e divórcio aumentaram. Mais significativo, porém, é o fato de que muitas jovens negras não chegam a se casar. Para muitas famílias negras da classe trabalhadora, a vulnerabilidade econômica dos homens é um fator fundamental para a crescente pobreza entre as trabalhadoras negras[94].

Apesar de seu tamanho e importância, a classe trabalhadora negra foi invisibilizada no pensamento feminista negro estadunidense contemporâneo. Ainda que muitos fatores tenham contribuído para isso, Rose Brewer chama atenção

---

[92] Alice Walker, *Living by the Word* (Nova York, Harcourt Brace Jovanovich, 1988), p. 23 [ed. bras.: *Vivendo pela palavra*, trad. Aulyde Soares Rodrigues, Rio de Janeiro, Rocco, 1988, p. 36 – tradução adaptada].

[93] Barbara Omolade, *The Rising Song of African American Women*, cit., p. 63.

[94] Linda Burnham, "Has Poverty Been Feminized in Black America?", *Black Scholar*, v. 16, n. 2, 1985, p. 14-24.

para um importante aspecto geral: "Ainda existe uma classe trabalhadora negra, apesar de ter sido atacada. Ela está misturada aos trabalhadores pobres. É altamente explorada e seu salário sofreu fortes ataques. É uma classe em geral pobre e formada por mulheres"[95].

As novas trabalhadoras pobres: mães solteiras negras

As mulheres negras que trabalham, mas continuam pobres, formam um segmento importante da classe trabalhadora negra. As tendências do mercado de trabalho, bem como as mudanças nas políticas federais para os pobres, fizeram com que esse grupo ficasse economicamente marginalizado[96]. Ironicamente, as diferenças de gênero nos empregos ocupados por trabalhadores negros pobres estão se tornando menos acentuadas. Em média, um terço das mulheres e dos homens empregados trabalham em funções caracterizadas por baixos salários, instabilidade e más condições. A oferta desse tipo de emprego tem aumentado rapidamente, estimulada pela demanda crescente de cozinheiros, garçonetes e garçons, funcionários de lavanderias, cuidadores e empregados domésticos a serviço de famílias de classe média alta. Embora abundantes, esses empregos se concentram em bairros distantes dos centros urbanos onde vivem as mulheres negras pobres. Além disso, são poucos os que oferecem salários, estabilidade ou potencial de crescimento à altura dos cada vez mais escassos empregos na indústria.

O trabalho realizado por mulheres negras pobres se assemelha às tarefas há muito associadas ao serviço doméstico. No passado, o serviço doméstico era confinado às residências particulares. Hoje, ao contrário, os trabalhos ligados a cozinha, limpeza, enfermagem e cuidado de crianças viraram rotina e foram descentralizados em uma série de restaurantes de *fast-food*, serviços de limpeza, creches e outros do setor de serviços. As mulheres negras exercem trabalho semelhante, mas em ambiente diferente. O local pode ter mudado, mas o tipo de trabalho não. Além disso, o tratamento dispensado às mulheres negras se assemelha às relações interpessoais de dominação remanescentes do trabalho doméstico. Mabel Lincoln, moradora de um bairro central pobre, descreve como o mundo a percebe como mulher trabalhadora:

---

[95] Rose Brewer, "Theorizing Race, Class and Gender", cit., p. 25.

[96] Maxine Baca Zinn, "Family, Race, and Poverty in the Eighties", *Signs*, v. 14, n. 4, 1989, p. 856-74.

Se a gente é mulher e tá servindo a comida ou lavando a louça de alguém, ou fazendo seja lá o que for para não ser uma vagabunda nem uma escrava voluntária, vai ser insultada e vão mandar a gente tirar a roupa. Nesse mundo, a maioria das pessoas toma conta de tudo que acha que a gente pode dar. Não importa quanto elas queiram, se precisam ou não, nem se é errado fazer isso.[97]

Muitas mulheres negras recorrem ao mercado de trabalho informal e a programas governamentais de transferência de renda para não ouvir insultos nem ter de tirar a roupa. Em muitos casos, mulheres negras com mais de dezesseis anos não estão empregadas porque não conseguem encontrar trabalho, estão na escola, têm filhos para cuidar, estão aposentadas ou têm problemas de saúde. Um número considerável se sustenta com uma combinação variável de empregos mal remunerados e programas governamentais de transferência de renda.

Para as mulheres negras estadunidenses que se encontram entre os trabalhadores pobres, a vulnerabilidade das pessoas afro-americanas da classe trabalhadora em relação ao emprego na economia política pós-Segunda Guerra Mundial, a relativa igualdade que mulheres e homens negros pobres experimentam nessa questão, bem como os padrões específicos de gênero relacionados à dependência da economia informal, têm implicações substanciais. Um dos efeitos tem sido o aumento do número de famílias sustentadas por mães solteiras negras. Como sugerem os depoimentos de inúmeros afro-americanos criados apenas pela mãe, tais famílias não são um problema em si. Ao contrário, a tendência que preocupa é a persistência da pobreza das afro-americanas e das crianças que vivem nessas famílias[98].

O aumento no número de adolescentes negros solteiros com filhos é apenas um dos sinais dos efeitos que as mudanças na economia política tiveram sobre os padrões profissionais e familiares não apenas das mulheres negras pobres, mas de muitos outros segmentos da população estadunidense. Os índices de gravidez na adolescência, na realidade, estão *diminuindo* entre as jovens negras. A verdadeira mudança tem sido uma diminuição paralela nos índices de casamento de adolescentes negros, uma decisão diretamente ligada à percepção quanto às oportunidades de apoiar e sustentar famílias independentes. Um número considerável de famílias sustentadas por mulheres negras solteiras é iniciado por mães

---

[97] John Langston Gwaltney, *Drylongso*, cit., p. 68.

[98] Bette J. Dickerson (org.), "Introduction", em *African American Single Mothers: Understanding Their Lives and Families*, cit., p. ix-xxx.

adolescentes solteiras. Esse declínio nos índices de casamentos, uma tendência pós-Segunda Guerra Mundial que se acelerou depois da 1960, faz parte das mudanças ocorridas nas estruturas comunitárias afro-americanas em geral[99]. As redes comunitárias de cuidados de crianças da época da escravidão, os arranjos de famílias extensas no Sul rural e as redes familiares cooperativas anteriores à migração urbana negra perderam força. Essas mudanças anunciavam problemas consideráveis para as afro-americanas, além de assinalarem a continuidade da opressão sofrida por elas, agora estruturada em novos arranjos institucionais.

Os efeitos dessas mudanças são demonstrados de forma convincente por Ladner e Gourdine em um estudo de replicação de *Tomorrow's Tomorrow: The Black Woman*, pesquisa de Joyce A. Ladner sobre as adolescentes negras[100]. O estudo mais antigo investigou os valores das adolescentes negras pobres em relação à maternidade e à condição das mulheres negras. As jovens que participaram do estudo original enfrentavam experiências comuns da pobreza urbana – tornaram-se mães muito novas, residiram em moradias precárias, frequentaram escolas de qualidade inferior e, na maioria dos casos, precisaram amadurecer rapidamente para sobreviver. Contudo, apesar da dureza do ambiente em que viviam, ainda "tinham grandes esperanças e sonhos de que seu futuro seria positivo e produtivo"[101].

A pesquisa posterior, por sua vez, chegou a resultados bem diferentes. Ladner e Gourdine relatam que "as adolescentes e suas mães avaliaram suas condições socioeconômicas, bem como sua perspectiva de futuro, de forma bem mais dura e mais sombria que o grupo similar da geração anterior"[102]. Ao conversar com jovens avós, todas aparentando ser mais velhas do que realmente eram – embora a maioria estivesse na casa dos 30 anos e a mais nova tivesse 29 –, Ladner e Gourdine descobriram que todas se tornaram mães solteiras após se divorciar ou nem chegaram a se casar. As fortes avós negras das gerações anteriores não apareciam em destaque. Em vez disso, Ladner e Gourdine descobriram que as jovens avós reclamavam de necessidades emocionais e sociais não satisfeitas. Pareciam se sentir "impotentes para lidar com as exigências dos

---

[99] William Julius Wilson, *The Truly Disadvantaged*, cit.

[100] Joyce Ladner e Ruby Morton Gourdine, "Intergenerational Teenage Motherhood: Some Preliminary Findings", *Sage: A Scholarly Journal on Black Women*, v. 1, n. 2, 1984, p. 22-4; Joyce Ladner, *Tomorrow's Tomorrow: The Black Woman* (Garden City, Doubleday, 1972).

[101] Joyce Ladner e Ruby Morton Gourdine, "Intergenerational Teenage Motherhood", cit., p. 24.

[102] Idem.

filhos. Costumam comentar que os filhos não as respeitam, não ouvem seus conselhos e dão pouco valor a seu papel como mães"[103].

Um importante estudo da socióloga Elaine Bell Kaplan com 32 mães adolescentes e mulheres adultas que foram mães na adolescência chegou a descobertas similares. Na década de 1980, relata Kaplan, havia tantas jovens negras "empurrando carrinhos de bebê em bairros centrais pobres das grandes cidades que se tornaram parte tanto da realidade quanto do mito sobre a sexualidade da cultura da subclasse negra"[104]. Kaplan descreve um sistema de família extensa bastante desgastado e sobrecarregado, no qual as mães negras não conseguiam responder às necessidades emocionais das filhas. Sem apoio, as adolescentes engravidavam e decidiam ficar com o bebê. Justamente no momento da vida em que as jovens negras mais precisavam de afeto, muitas se sentiam pouco amadas pela mãe, ignoradas na escola e rejeitadas por pais e namorados. As mães tinham suas próprias necessidades. Muitas vezes enfrentando problemas de saúde, angustiadas, desorientadas e exaustas pela luta para cuidar da família em bairros com condições difíceis, as mães frequentemente viam a gravidez das filhas como mais uma responsabilidade para si mesmas.

Mulheres negras de classe média

O acesso cada vez maior a cargos gerenciais e administrativos permitiu que um número significativo de afro-americanas ingressasse na classe média na economia política pós-Segunda Guerra Mundial. As integrantes da nova classe média* trabalham para grandes empresas e no setor público, assim como as trabalhadoras em funções manuais, e podem receber remunerações generosas e gozar de considerável prestígio. Essa nova classe média negra ocupa um lugar contraditório na economia política dos Estados Unidos. Assim como no caso de seus homólogos brancos, ser de classe média requer que os afro-americanos em cargos gerenciais e administrativos estabeleçam relações sociais específicas com os donos do capital e com os trabalhadores. Em particular, a classe média domina o trabalho e, por sua vez, se subordina ao capital. É essa simultaneidade

---

[103] Ibidem, p. 23.

[104] Elaine Bell Kaplan, *Not Our Kind of Girl*, cit., p. xx.

* Neste contexto, não deve ser confundido com o uso que "nova classe média" assumiu no Brasil a partir dos anos 2000. (N. E.)

de domínio e subordinação que faz com que a classe média seja "média"[105]. Como os donos do capital, ela exerce controle econômico. Quem ocupa cargos gerenciais e administrativos também tem controle político sobre as condições de seu trabalho e dos trabalhadores. Por fim, os membros da nova classe média exercem o controle ideológico do conhecimento: eles planejam o trabalho e formulam as ideias que circulam na sociedade.

Em todas as três dimensões do poder da classe média – econômica, política e ideológica –, a classe média negra difere de sua homóloga branca. Em consequência da persistente discriminação racial, mulheres e homens negros de classe média não desfrutam da mesma segurança econômica que os brancos de classe média[106]. Membros da classe média negra, em sua maioria originários da classe trabalhadora, podem demonstrar mais ambivalência em relação à função de controlar empregados, especialmente trabalhadores negros. Enquanto alguns aspiram a gerir negros da classe trabalhadora, outros visam libertá-los da opressão racial e da pobreza, e há ainda os que desejam se distanciar das preocupações da classe trabalhadora negra. Da mesma forma, enquanto muitos negros de classe média defendem ideologias de grupos dominantes, outros põem em xeque ideologias e práticas ligadas a raça, gênero e classe.

O espaço de trabalho feminino negro estruturado em três níveis, segundo a concepção da teórica feminista negra Barbara Omolade[107], diz respeito não só às necessidades de funcionários e clientes, mas também às novas exigências impostas às profissionais negras. De acordo com Omolade, o trabalho dessas mulheres envolve uma nova versão da *mammificação*, na qual o legado do trabalho das mulheres negras como domésticas se entrelaça ao emprego profissional de mulheres negras hoje. Elizabeth Higginbotham observa que as profissionais negras são desproporcionalmente empregadas no setor público, o que as torna especialmente vulneráveis a mudanças políticas, como ocorreu com a redução do setor durante as décadas de 1980 e 1990[108]. Além disso, o trabalho dessas mulheres pode se assemelhar ao de "*mammies* modernas", ou seja, cuidar das necessidades pessoais dos pobres e desamparados nas instituições públicas. Espera-se que as profissionais negras solucionem problemas em sistemas que

---

[105] Reeve Vanneman e Lynn Weber Cannon, *The American Perception of Class*, cit., p. 57.

[106] Melvin L. Oliver e Thomas M. Shapiro, *Black Wealth/White Wealth: A New Perspective on Racial Inequality* (Nova York, Routledge, 1995).

[107] Barbara Omolade, *The Rising Song of African American Women*, cit.

[108] Elizabeth Higginbotham, "Black Professional Women", cit., p. 113-31.

estão em crise por falta de financiamento, deterioração da infraestrutura e desmoralização dos funcionários. Como assinala Barbara Omolade:

> As novas *mammies*, especialmente as que se formaram após a era do movimento pelos direitos civis, têm dificuldade em indicar a fonte de sua alienação e depressão, ou em identificar-se claramente com uma base e um grupo com interesses comuns dentro da comunidade negra. As profissionais negras geralmente ocupam posições de alta visibilidade, o que exige que sirvam a superiores brancos e, ao mesmo tempo, apaziguem os negros.[109]

Elaine Kaplan descobriu nas profissionais negras que ela entrevistou, e que trabalhavam com mães adolescentes negras, uma ambivalência em relação a seus empregos. Ao concluir seu trabalho de campo em um centro de aconselhamento, ela notou que a maioria dos funcionários brancos tinha saído da equipe e que o espaço estava sendo gerido por uma equipe predominantemente negra. A descrição de Kaplan das reações dos funcionários negros ao novo estatuto que detinham remete aos argumentos de Omolade sobre a *mammificação*:

> Os funcionários negros também queriam sair do centro, mas sentiam que teriam dificuldade em encontrar outros empregos que correspondessem às suas habilidades e competências, um problema que atribuíam a empregadores brancos racistas. Em função da rotatividade da equipe, várias mulheres negras foram promovidas. As mulheres recém-promovidas também temiam a vizinhança, mas a questão central para elas era estar em uma posição desfavorecida e, ao mesmo tempo, ter de trabalhar com pessoas desfavorecidas.[110]

Quando as diferenças tradicionais de gênero nos padrões profissionais dos negros se somam à vulnerabilidade econômica, política e ideológica da classe média negra, decorrente da raça, revelam-se alguns padrões interessantes no caso das afro-americanas. Mulheres e homens negros são mais vulneráveis à exclusão de cargos administrativos e gerenciais do que mulheres e homens brancos. Poucos homens negros ocupam esses cargos, mas aqueles que os ocupam são mais bem remunerados e têm *status* mais elevado. Há mais mulheres negras que homens negros em cargos administrativos e gerenciais, mas elas costumam ganhar menos e ter *status* inferior.

---

[109] Barbara Omolade, *The Rising Song of African American Women*, cit., p. 55.
[110] Elaine Bell Kaplan, *Not Our Kind of Girl*, cit., p. 154.

132 Pensamento feminista negro

Para as mulheres negras, que na maioria não nasceram na classe média, mas ascenderam recentemente a ela, pode ser inquietante lidar com as demandas do trabalho e da família, bem como as da sociedade civil negra[111]. Consideremos o caso de Leanita McClain, jornalista afro-americana que cresceu em um conjunto habitacional segregado em Chicago e se tornou redatora de um grande jornal da cidade[112]. Em um artigo amplamente citado, "The Middle-class Black's Burden" [O fardo do negro de classe média], McClain lamenta: "Não me sinto confortável na classe média; eu me sinto desconfortável. Consegui chegar aonde cheguei, mas que lugar é esse?"[113]. Ela se sente frustrada, em grande parte, por ocupar posições marginais em vários cenários: "Minha vida é repleta de incongruências. [...] Às vezes, enquanto espero o ônibus com a minha pasta executiva, vejo a minha tia descendo do ônibus com outras faxineiras, a caminho do serviço na casa do meu vizinho"[114]. Não é de admirar que McClain tenha se sentido compelida a dizer: "Sou um membro da classe média negra que já teve a cabeça afagada por mãos brancas e o rosto esbofeteado por mãos negras em função de meu sucesso"[115].

Profissionais negras estadunidenses relatam ter cada vez mais dificuldade de encontrar homens negros de classe média interessados em se casar com elas. O fato de haver menos homens negros que mulheres negras em cargos de administração e gerência é uma questão importante para as heterossexuais negras que querem se casar com homens negros. Como as profissionais negras separadas e divorciadas são muito menos propensas a se casar novamente que suas homólogas brancas, os índices mais altos de separações e divórcios podem ser um problema particularmente para as profissionais negras casadas. Confrontadas com a perspectiva de nunca se casar com um profissional negro, por escolha ou não, muitas profissionais negras simplesmente seguem a vida sozinhas.

---

[111] Rhetaugh Graves Dumas, "Dilemmas of Black Females in Leadership", em La Francis Rodgers--Rose (org.), *The Black Woman* (Beverly Hills, Sage, 1980), p. 203-15; Elizabeth Higginbotham e Lynn Weber, "Moving Up with Kin and Community: Upward Social Mobility for Black and White Women", *Gender and Society*, v. 6, n. 3, 1992, p. 416-40.

[112] Irma McClaurin-Allen, "Incongruities: Dissonance and Contradiction in the Life of a Black Middle-Class Woman" (Amherst, MA, University of Massachusetts, Department of Anthropology, 1989).

[113] Leanita McClain, "The Middle-class Black's Burden", em Clarence Page (org.), *A Foot in Each World* (Evanston, IL, Northwestern University Press, 1986), p. 13.

[114] Idem.

[115] Ibidem, p. 12.

Questões importantes para o feminismo negro

Em épocas anteriores, o confinamento das afro-americanas no trabalho doméstico e agrícola estruturou mais uniformemente a opressão das mulheres negras como "mulas do mundo". Na virada do século XXI, o trabalho ainda é importante, mas se organiza em formações de classe social que muitas vezes colocam as mulheres da classe trabalhadora e da classe média em territórios novos e inexplorados. A capacidade das mulheres negras de cooperar entre classes diferentes para o empoderamento coletivo não é nova, mas as maneiras pelas quais essas diferenças de classe foram redefinidas em uma economia política global é. Todas as afro-americanas deparam com um tema comum: nossas experiências profissionais e familiares são moldadas por opressões interseccionais de raça, gênero e classe. Mas esse ponto em comum é vivenciado de maneira diferente por mulheres da classe trabalhadora, como Mabel Lincoln, e por mulheres de classe média, como Leanita McClain.

Um grande número de trabalhadoras negras pobres está empregado em cozinhas, lavanderias, creches e serviços de enfermagem. Essas mulheres servem não apenas aos brancos, mas também aos negros abastados, a outras pessoas de cor e a imigrantes recém-chegados. Elas dependem de serviços públicos de toda espécie – escolas públicas para as filhas e os filhos, clínicas de saúde para fazer exames e ônibus e outros meios de transporte público para ir ao trabalho, além dos trâmites da assistência social para cobrir a diferença entre contracheque e despesas mensais – e podem deparar com professores, enfermeiros, motoristas de ônibus e assistentes sociais negros de classe média que lhes causem tantos problemas quanto os brancos. Muitas e muitas mães solteiras negras que moram em bairros centrais pobres das grandes cidades são isoladas e conhecem mulheres negras de classe média sobretudo como policiais, assistentes sociais, professoras ou por meio da televisão. Como essas mulheres negras da classe trabalhadora, das quais muitas se sentem presas ao grupo dos trabalhadores pobres, veem suas irmãs mais privilegiadas?

Ao refletir sobre esse novo contexto social, tão profundamente reestruturado em termos de classe, as mulheres de classe média enfrentam um conjunto distinto de desafios. Em épocas anteriores, a precária posição política e social do pequeno número de mulheres negras de classe média levou-as a trabalhar pela "ascensão racial" e estimulou a solidariedade entre todas as mulheres afro-americanas. Hoje, porém, as mulheres negras de classe média parecem ter escolha. Será que continuarão a valorizar a solidariedade negra com suas irmãs da classe trabalhadora, ainda que essa solidariedade possa colocá-las em descompasso com os deveres de *mammy* que lhes são atribuídos? Ou será que verão a posição que conquistaram como mérito exclusivo seu, perpetuando assim a subordinação das mulheres negras da classe trabalhadora?

As experiências das afro-americanas nunca foram uniformes, e isso é ainda mais perceptível hoje. O que continua a ser um desafio para as pensadoras feministas negras, tanto da classe trabalhadora quanto da classe média, é analisar como essas novas estruturas de opressão afetam diferentemente as mulheres negras. É fundamental que isso aconteça; do contrário, parte das mulheres negras estadunidenses pode vir a servir à própria opressão das mulheres negras.

4
MAMMIES, MATRIARCAS E OUTRAS IMAGENS DE CONTROLE

> Matriarca, castradora e mamãe gostosa. Às vezes mana, gracinha,
> tiazinha, *mammy* e menina. Mãe solteira, dependente do Estado
> e sacoleira de centro pobre. A Mulher Negra Americana teve de
> admitir que, embora ninguém tivesse noção dos problemas que ela
> enfrentava, todo mundo, de seu irmão a seu cachorro, achava que
> era qualificado para explicar quem ela era, até para ela mesma.
>
> Trudier Harris, *From Mammies to Militants*, p. 4

Opressões interseccionais de raça, classe, gênero e sexualidade não poderiam
continuar a existir sem justificativas ideológicas poderosas. Como defende
Cheryl Gilkes, a "assertividade das mulheres negras, bem como o uso que
fazem das expressões de racismo para combater a desigualdade no todo, têm
desafiado o *status quo* de maneira consistente e multifacetada. Como punição,
as mulheres negras têm sido atacadas com uma série de imagens negativas"[1].
Retratar as afro-americanas com os estereótipos da *mammy*, da matriarca, da mãe
dependente do Estado e da gostosa ajuda a justificar sua opressão. Desafiar essas
imagens de controle é um dos temas principais do pensamento feminista negro.

Como parte de uma ideologia generalizada de dominação, as imagens estereotipadas da condição de mulher negra assumem um significado especial. Dado
que a autoridade para definir valores sociais é um importante instrumento de
poder, grupos de elite no exercício do poder manipulam ideias sobre a condição
de mulher negra. Para tal, exploram símbolos já existentes, ou criam novos.
Hazel Carby sugere que o objetivo dos estereótipos não é "refletir ou representar

---

[1] Cheryl Townsend Gilkes, "From Slavery to Social Welfare: Racism and the Control of Black
Women", em Amy Swerdlow e Hanna Lessinger (orgs.), *Class, Race, and Sex: The Dynamics of
Control* (Boston, G. K. Hall, 1983), p. 294.

uma realidade, mas funcionar como um disfarce ou mistificação de relações sociais objetivas"[2]. Essas imagens de controle são traçadas para fazer com que o racismo, o sexismo, a pobreza e outras formas de injustiça social pareçam naturais, normais e inevitáveis na vida cotidiana.

Mesmo quando as condições iniciais que promovem as imagens de controle desaparecem, tais imagens se mostram bastante tenazes, pois não apenas subjugam as mulheres negras estadunidenses como também são essenciais para manter as opressões interseccionais[3]. O *status* de *outsider* das afro-americanas se torna o ponto a partir do qual outros grupos se definem como normais. Ruth Shays, moradora negra de um bairro central pobre, descreve como o ponto de vista de um grupo subordinado é desacreditado:

> Ouvir a verdade não mata ninguém, mas as pessoas não gostam da verdade e preferem ouvi-la de alguém de seu próprio grupo que de um estranho. Ora, para os brancos, uma pessoa de cor é sempre um estranho. E mais, acreditam que somos estranhos e estúpidos, por isso não podemos dizer nada para eles![4]

Como os "Outros" da sociedade, aqueles que nunca poderão ser realmente parte dela, os estranhos ameaçam a ordem moral e social. Ao mesmo tempo, são fundamentais para sua sobrevivência, porque os indivíduos que estão à margem são os que explicitam os limites da sociedade. As afro-americanas, por não pertencerem, colocam em evidência o significado do pertencimento.

A OBJETIFICAÇÃO DAS MULHERES NEGRAS COMO O OUTRO

Nos Estados Unidos, afirma a crítica feminista negra Barbara Christian, "a mulher africana escravizada se tornou a base da definição do *Outro* em nossa sociedade"[5]. Manter imagens das mulheres negras estadunidenses como o Outro justifica ideologicamente a opressão de raça, gênero e classe. Essas e outras formas de opressão são atravessadas por certas ideias básicas. Uma dessas ideias

---

[2] Hazel Carby, *Reconstructing Womanhood: The Emergence of the Afro-American Woman Novelist* (Nova York, Oxford University Press, 1987), p. 22.

[3] Leith Mullings, *On Our Own Terms: Race, Class, and Gender in the Lives of African American Women* (Nova York, Routledge, 1997), p. 109-30.

[4] John Langston Gwaltney, *Drylongso, A Self-Portrait of Black America* (Nova York, Random House, 1980), p. 29.

[5] Barbara Christian, *Black Feminist Criticism: Perspectives on Black Women Writers* (Nova York, Pergamon, 1985), p. 160.

consiste no pensamento binário que categoriza pessoas, coisas e ideias segundo as diferenças que existem entre elas[6]. Por exemplo, cada termo dos pares branco/ preto, masculino/feminino, razão/emoção, cultura/natureza, fato/opinião, mente/corpo e sujeito/objeto tem significado apenas em *relação* a sua contraparte[7].

Outra ideia básica diz respeito a como o pensamento binário dá forma à compreensão da diferença humana. Nesse pensamento, a diferença é definida em termos opostos. Uma parte não é simplesmente diferente de sua contraparte; é inerentemente oposta a seu "outro". Brancos e negros, homens e mulheres, pensamento e sentimento não são partes contrárias e complementares – são entidades fundamentalmente diferentes que se relacionam apenas como opostos. Não é possível incorporar o sentimento ao pensamento nem fazê-los funcionar em conjunto, porque nesse tipo de pensamento binário, definido em termos opostos, o sentimento retarda o pensamento e os valores obscurecem os fatos.

A objetificação é fundamental para esse processo de diferenças formadas por oposição. No pensamento binário, um elemento é objetificado como o Outro e visto como um objeto a ser manipulado e controlado. A teórica social Dona Richards sugere que o pensamento ocidental requer a objetificação, um processo que ela descreve como a "separação entre o 'eu cognoscente' e o 'objeto cognoscível'"[8]. Uma intensa objetificação é "pré-requisito para a desespiritualização do universo", escreve Richards, "e, por meio dela, o cosmos ocidental foi preparado para uma materialização cada vez maior"[9]. Segundo uma análise marxista do binarismo cultura/natureza, a história pode ser vista como processo em que os seres humanos objetificam constantemente o mundo natural para controlá-lo e explorá-lo[10]. A cultura é definida como o oposto de uma natureza objetificada. Se não for domesticada, essa natureza selvagem e primitiva pode destruir uma cultura mais civilizada[11]. Pesquisas feministas chamam atenção

---

[6] Evelyn Fox Keller, *Reflections on Gender and Science* (New Haven, CT, Yale University Press, 1985), p. 8.

[7] Zuleyma Tang Halpin, "Scientific Objectivity and the Concept of 'The Other'", *Women's Studies International Forum*, v. 12, n. 3, 1989, p. 285-94.

[8] Dona Richards, "European Mythology: The Ideology of 'Progress'", em Molefi Kete Asante e Abdulai S. Vandi, *Contemporary Black Thought* (Beverly Hills, Sage, 1980), p. 72.

[9] Idem.

[10] Arthur Brittan e Mary Maynard, *Sexism, Racism and Oppression* (Nova York, Basil Blackwell, 1984), p. 198.

[11] Ver Dona Richards, "European Mythology", cit. A autora oferece uma análise perspicaz da relação entre as contribuições do cristianismo para uma ideologia de dominação e o binarismo cultura/ natureza. Ela observa que o cristianismo europeu se baseia em uma cosmovisão que corrobora

para o fato de que a identificação das mulheres com a natureza é fundamental para a objetificação e a conquista das mulheres pelos homens[12]. Já os *Black Studies* e a teoria pós-colonial sugerem que definir as pessoas de cor como menos humanas, animalescas ou mais "naturais" nega a subjetividade dos povos africanos e asiáticos e corrobora a economia política de dominação que caracterizou a escravidão, o colonialismo e o neocolonialismo[13].

A dominação sempre envolve tentativas de objetificar o grupo subordinado. "Como sujeito, toda pessoa tem o direito de definir sua própria realidade, estabelecer sua própria identidade, dar nome a sua própria história", afirma bell hooks[14]. "Como objeto, a realidade da pessoa é definida por outras, sua identidade é criada por outras, sua história é nomeada apenas de maneiras que definem sua relação com pessoas consideradas sujeitos"[15]. A maneira como as trabalhadoras domésticas negras estadunidenses são tratadas ilustra as muitas formas que a objetificação pode assumir. Fazer as mulheres negras trabalharem como se fossem animais ou "mulas do mundo" é uma forma de objetificação. Os rituais de deferência, por exemplo, chamar as trabalhadoras domésticas negras de "meninas", permitem que os empregadores as tratem como crianças, como seres humanos menos capazes. A objetificação pode ser tão grave que o Outro simplesmente desaparece, como aconteceu quando a empregadora de Judith Rollins a tratou como se ela fosse invisível.

---

a exploração da natureza: "O pensamento cristão traz uma visão do homem, da natureza e do universo que fundamenta não apenas a ascendência da ciência, mas também da ordem técnica, do individualismo e do progresso implacável. Nessa visão de mundo, a ênfase é colocada no domínio da humanidade sobre *todos* os outros seres, que se tornam 'objetos' em um universo 'objetificado'. Não há ênfase em um Deus ou cosmo inspirador. Ser 'feito à imagem de Deus', dado o *ethos* europeu, traduz-se em 'agir *como* Deus', recriando o universo. A humanidade é separada da natureza" (ibidem, p. 69). Para trabalhos que investigam as conexões entre pensamento ocidental, colonialismo e capitalismo, ver Marianna Torgovnick, *Gone Primitive: Savage Intellects, Modern Lives* (Chicago, University of Chicago Press, 1990); Rey Chow, *Writing Diaspora: Tactics of Intervention in Contemporary Cultural Studies* (Bloomington, IN, Indiana University Press, 1993); Edward W. Said, *Culture and Imperialism* (Nova York, Knopf, 1993) [ed. bras.: *Cultura e imperialismo*, trad. Denise Bottmann, São Paulo, Companhia de Bolso, 2011]; Anne McClintock, *Imperial Leather: Race, Gender and Sexuality in the Colonial Conquest* (Nova York, Routledge, 1995) [ed. bras.: *Couro imperial: raça, gênero e sexualidade no embate colonial*, trad. Plínio Dentzen, Campinas, Editora Unicamp, 2010].

[12] Anne McClintock, *Imperial Leather*, cit.

[13] Marianna Torgovnick, *Gone Primitive*, cit.; Rey Chow, *Writing Diaspora*, cit., p. 27-54; Edward W. Said, *Culture and Imperialism*, cit.; Himani Bannerji, *Thinking Through: Essays on Feminism, Marxism, and Anti-Racism* (Toronto, Women's, 1995), p. 55-95.

[14] bell hooks, *Talking Back: Thinking Feminist, Thinking Black* (Boston, South End, 1989), p. 42.

[15] Idem.

Por fim, como os binarismos raramente representam relações diferentes, mas paritárias, eles são inerentemente instáveis. A tensão pode ser temporariamente aliviada pela subordinação de uma parte do binarismo à outra. Assim, os brancos governam os negros, os homens dominam as mulheres, a razão é superior à emoção na averiguação da verdade, os fatos substituem a opinião na avaliação do conhecimento, e os sujeitos governam os objetos. Os alicerces das opressões interseccionais se apoiam em conceitos interdependentes do pensamento binário, em diferenças formadas por oposição, na objetificação e na hierarquia social. Dado que a dominação baseada na diferença forma um substrato essencial para todo esse sistema de pensamento, esses conceitos implicam invariavelmente relações de superioridade e inferioridade, vínculos hierárquicos que se misturam a economias políticas de opressão de raça, gênero e classe.

As afro-americanas ocupam uma posição na qual há um paralelismo entre as partes inferiores de uma série desses binarismos, e essa situação tem sido fundamental para manter nossa condição subordinada. A natureza supostamente emocional e passional das mulheres negras é há muito utilizada para justificar sua exploração sexual. Da mesma forma, limitar o acesso das mulheres negras à educação e, depois, alegar que nos faltam fatos para julgar corretamente nos relega à parte inferior do binarismo fato/opinião. Negar a humanidade plena das mulheres negras, tratando-nos como o Outro objetificado em múltiplos binarismos, demonstra o poder que o pensamento binário, a diferença formada por oposições e a objetificação exercem nas opressões interseccionais.

Apesar de sua aparente persistência, essa maneira de pensar, ao estimular a injustiça, também fomenta a resistência. Por exemplo, as mulheres negras estadunidenses há muito reconheceram quão injusto é um sistema que cotidianamente, e de geração em geração, relega as mulheres negras à parte inferior da hierarquia social. Muitas mulheres negras, quando se viram confrontadas com essa injustiça estrutural dirigida a nosso grupo, reafirmaram nosso direito de definir nossa própria realidade, estabelecer nossa própria identidade e dar nome a nossa história. Uma contribuição importante das pesquisas sobre as trabalhadoras domésticas foi documentar a resistência cotidiana das mulheres negras a essa tentativa de objetificação.

Analisar as imagens de controle aplicadas às afro-americanas revela os contornos específicos da objetificação das mulheres negras, bem como as maneiras pelas quais as opressões de raça, gênero, sexualidade e classe se interseccionam. Além disso, como essas imagens são dinâmicas e cambiantes, cada uma é um ponto de partida para abordarmos novas formas de controle em um contexto transnacional no qual a comercialização de imagens no mercado internacional tem sido cada vez mais importante.

IMAGENS DE CONTROLE E OPRESSÃO DAS MULHERES NEGRAS

"As mulheres negras saíram da escravidão firmemente sacramentadas na consciência estadunidense branca como a '*mammy*' e a 'negra má'", afirma Cheryl Gilkes[16]. A ideologia dominante na era da escravidão estimulou a criação de várias imagens de controle inter-relacionadas e socialmente construídas da condição de mulher negra que refletiam o interesse do grupo dominante em manter a subordinação das mulheres negras. Além disso, como negras e brancas eram importantes para que a escravidão continuasse, as imagens de controle da condição de mulher negra também funcionavam para mascarar relações sociais que afetavam todas as mulheres.

De acordo com o culto da verdadeira condição de mulher, associado ao ideal tradicional de família, as mulheres "de verdade" tinham quatro virtudes fundamentais: piedade, pureza, submissão e domesticidade. As mulheres brancas das classes abastadas e da classe média emergente eram encorajadas a aspirar a essas virtudes. As afro-americanas depararam com um conjunto diferente de imagens de controle.

A primeira imagem de controle aplicada às mulheres negras estadunidenses é a da *mammy* – a serviçal fiel e obediente. Criada para justificar a exploração econômica das escravas domésticas e mantida para explicar o confinamento das mulheres negras ao serviço doméstico, a imagem da *mammy* representa o padrão normativo usado para avaliar o comportamento das mulheres negras em geral. Ao amar, alimentar e cuidar dos filhos e das "famílias" brancas melhor que dos seus, a *mammy* simboliza as percepções do grupo dominante sobre a relação ideal das mulheres negras com o poder da elite masculina branca. Mesmo que seja querida e tenha autoridade considerável em sua "família" branca, a *mammy* conhece seu "lugar" como serviçal obediente. Ela aceita sua subordinação.

Intelectuais negras criticaram duramente a imagem das afro-americanas como *mammies* satisfeitas. A antologia *From Mammies to Militants: Domestics in Black American Literature* [Das *mammies* às militantes: as domésticas na

---

[16] Cheryl Townsend Gilkes, "From Slavery to Social Welfare", cit.

literatura negra estadunidense], da crítica literária Trudier Harris, investiga diferenças importantes no modo como as mulheres negras têm sido retratadas por outros na literatura e como elas mesmas se retratam[17]. Em seu trabalho sobre as dificuldades das mulheres negras que ocupam posições de liderança, Rhetaugh Dumas afirma que as executivas negras são prejudicadas por serem tratadas como *mammies* e penalizadas se não parecerem calorosas e carinhosas[18]. Em sentido semelhante, a descrição de Barbara Omolade da *mammificação* das profissionais negras aponta para o modo como a *mammy* negra é imaginada[19]. Apesar desses estudos, no entanto, a imagem da *mammy* continua viva na cultura erudita e popular. O relato de Audre Lorde de uma ida às compras mostra um exemplo contundente da persistência dessa imagem: "Levo minha filha de dois anos no carrinho de compras em um supermercado em [...] 1967, e uma garotinha branca passando com a mãe no carrinho exclama, animada: 'Olha, mamãe! Uma babá bebê!'"[20].

A imagem da *mammy* é fundamental em opressões interseccionais de raça, gênero, sexualidade e classe. Em relação à opressão de raça, imagens de controle como a da *mammy* visam influenciar o comportamento materno das mulheres negras. As mães negras, como membros de famílias afro-americanas que estão mais familiarizados com as habilidades necessárias para a adaptação dos negros, são incentivadas a transmitir aos filhos o tipo de deferência que costumam ser obrigadas a demonstrar no trabalho *mammificado*. Ao ensinar às crianças negras seu lugar nas estruturas brancas de poder, as mulheres negras que internalizam a imagem da *mammy* podem se tornar canais efetivos de perpetuação da opressão de raça. Concepções a respeito da *mammy* reforçam as hierarquias raciais

---

[17]   Trudier Harris, *From Mammies to Militants: Domestics in Black American Literature* (Filadélfia, Temple University Press, 1982).

[18]   Rhetaugh Graves Dumas, "Dilemmas of Black Females in Leadership", em La Francis Rodgers-Rose (org.), *The Black Woman* (Beverly Hills, Sage, 1980), p. 203-15.

[19]   Barbara Omolade, *The Rising Song of African American Women* (Nova York, Routledge, 1994).

[20]   Audre Lorde, *Sister Outsider* (Trumansburg, Crossing, 1984), p. 126 [ed. bras.: *Irmã outsider*, trad. Stephanie Borges, Belo Horizonte, Autêntica, no prelo]. Arthur Brittan e Mary Maynard observam que a ideologia (1) é um senso comum e óbvia; (2) parece natural, inevitável e universal; (3) dá forma à experiência e ao comportamento vividos; (4) está sedimentada na consciência das pessoas; e (5) consiste em um sistema de ideias embutidas no sistema social como um todo. Esse exemplo captura todas as dimensões do funcionamento ideológico do racismo e do sexismo. O estatuto da mulher negra como serviçal é tão "senso comum" que até uma criança sabe disso. O fato de a criança ter visto uma criança negra como uma babá bebê é revelador da dimensão da naturalização e da persistência das imagens de controle na consciência individual e no sistema social em geral. Ver Arthur Brittan e Mary Maynard, *Sexism, Racism and Oppression*, cit.

de outras maneiras. Empregar mulheres negras em trabalhos *mammificados* corrobora a superioridade racial dos empregadores brancos, estimulando as mulheres brancas de classe média, em particular, a se identificar com o privilégio racial e de classe proporcionado a seus pais, maridos e filhos. Em um contexto em que, como diz Patricia Williams, "os negros que de fato ascendem à classe média acabam sendo vistos apenas como aqueles a quem *foi dado* o que lhes agrada, e os negros da 'subclasse' como aqueles cuja única ocupação na vida é *aceitar*"[21], não é de admirar que os brancos da classe trabalhadora esperem que as mulheres negras demonstrem deferência e se ressintam profundamente daquelas que não o fazem. A *mammy* é a face pública que os brancos esperam que as mulheres negras assumam diante deles.

A imagem da *mammy* também tem uma função simbólica na manutenção de opressões de gênero e sexualidade. A crítica feminista negra Barbara Christian argumenta que as imagens associadas à condição da mulher negra servem como um reservatório dos medos da cultura ocidental, "um local de despejo para aquelas funções femininas que uma sociedade fundamentalmente puritana não conseguiu confrontar"[22]. Justaposta a imagens das mulheres brancas, a imagem da *mammy* como o Outro simboliza as diferenças formadas por oposições entre mente/corpo e cultura/natureza, pensadas para distinguir as mulheres negras das demais pessoas. Christian comenta a importância do gênero na imagem da *mammy*:

> Todas as funções da *mammy* são extremamente físicas. Implicam um corpo sensual e vibrante, a parte da mulher que o Sul branco estadunidense temia profundamente. Sendo assim, a *mammy*, inofensiva em sua posição de escrava, incapaz de fazer mal a alguém em razão de sua natureza generosa, é uma imagem necessária, um sucedâneo para conter todos os medos dos aspectos físicos da mulher.[23]

A imagem da *mammy* corrobora a ideologia do culto à verdadeira condição de mulher, a qual elimina a sexualidade e a fecundidade. Espera-se que as "boas" mães brancas neguem sua sexualidade. Em contraste, a imagem da *mammy* é a de uma mulher assexuada, uma mãe substituta de rosto negro [*in blackface*], cuja devoção histórica a sua família branca dá lugar, hoje em dia, a

---

21 Patricia J. Williams, *The Rooster's Egg: On the Persistence of Prejudice* (Cambridge, MA, Harvard University Press, 1995), p. 61.

22 Barbara Christian, *Black Feminist Criticism*, cit., p. 2.

23 Idem.

novas expectativas. Espera-se que as *mammies* contemporâneas se comprometam totalmente com o trabalho.

Não importa quanto fossem amadas por suas "famílias" brancas, as trabalhadoras domésticas negras continuavam pobres porque eram trabalhadoras economicamente exploradas em uma economia política capitalista. A economia reestruturada do período pós-Segunda Guerra Mundial – quando as afro-americanas trocaram o trabalho em casas particulares por empregos mal remunerados no setor de serviços, em cargos administrativos e em profissões *mammificadas* – produziu uma forma semelhante de exploração econômica, mesmo que organizada de maneira diferente. Historicamente, muitas famílias brancas, tanto da classe média quanto da classe trabalhadora, mantiveram sua posição de classe porque usaram as trabalhadoras domésticas negras como mão de obra barata[24]. A imagem da *mammy* foi concebida para ocultar essa exploração econômica de classe social[25]. Hoje, ainda que a imagem da *mammy* seja cada vez mais atenuada à medida que as mulheres negras passam a ocupar cargos melhores, persiste o modelo de exploração econômica em que as mulheres negras estadunidenses ganham menos pelo mesmo trabalho ou trabalham duas vezes mais por uma remuneração equivalente. As mulheres e as comunidades afro-americanas pagam um preço alto por essa exploração. Retirar o trabalho das mulheres negras das famílias afro-americanas e explorá-lo nega à família extensa negra tanto o benefício de um salário decente quanto o trabalho afetivo que elas realizariam em casa. Além disso, como sugerem análises feministas negras sobre a questão do estresse na saúde das mulheres negras estadunidenses, trabalhos cronicamente sub-remunerados e não reconhecidos cobram um preço alto[26].

Por razões de sobrevivência econômica, as mulheres negras estadunidenses podem desempenhar o papel de *mammy* em ambientes de trabalho remunerado. Nas famílias e nos bairros afro-americanos, porém, essas mesmas mulheres muitas vezes ensinam aos filhos algo bem diferente. O trabalho de Bonnie Thornton Dill sobre os padrões de criação de filhos entre as domésticas negras mostra que, embora se comportassem com deferência no trabalho, as

---

[24] Judith Rollins, *Between Women, Domestics and Their Employers* (Filadélfia, Temple University Press, 1985); Victoria Byerly, *Hard Times Cotton Mills Girls* (Ithaca, NY, Cornell University Press, 1986).

[25] Mae King, "The Politics of Sexual Stereotypes", *Black Scholar*, v. 4, n. 6-7, 1973, p. 12-23.

[26] Evelyn White (org.), *The Black Women's Health Book: Speaking for Ourselves* (Seattle, Seal, 1994), p. 11-4.

participantes de seu estudo desencorajavam as filhas e os filhos a ser deferentes com os brancos e os incentivava a evitar o trabalho doméstico[27]. A análise de Barbara Christian sobre a imagem da *mammy* nas narrativas de negros escravizados revela que, "ao contrário da imagem da *mammy* no Sul branco, ela é esperta, disposta a envenenar os proprietários e nem um pouco satisfeita com o destino que lhe deram"[28].

O fato de que a imagem da *mammy* por si só não é capaz de controlar o comportamento das mulheres negras está ligado à formação da segunda imagem de controle da condição de mulher negra. Embora seja um fenômeno mais recente, a imagem da matriarca negra cumpre funções similares na explicação do lugar das mulheres negras nas opressões interseccionais. Ironicamente, estudiosos negros como William E. B. Du Bois e Edward Franklin Frazier descreveram a ligação entre índices mais altos de famílias chefiadas por mulheres em comunidades afro-americanas, a importância das mulheres nas redes da família negras e a persistência da pobreza entre os negros. No entanto, nenhum desses estudiosos interpretou a centralidade das mulheres negras nas famílias negras como uma *causa* do *status* de classe afro-americano. Ambos consideravam as "famílias matriarcais" um *resultado* da opressão racial e da pobreza. Na época em que Du Bois e Frazier escreveram, a privação política e a exploração econômica das pessoas afro-americanas estavam tão entranhadas que o controle sobre as mulheres negras podia ser mantido sem a necessidade do estereótipo matriarcal. Mas o que era um tema silenciado no trabalho desses estudiosos se transformou em uma imagem racializada plenamente caracterizada nos anos 1960, época de significativa mobilidade política e econômica para as pessoas afro-americanas. A racialização consiste na atribuição de um significado racial a uma relação, prática social ou grupo que antes não eram categorizados em termos raciais[29]. Antes da década de 1960, as comunidades negras apresentavam porcentagens mais altas de famílias mantidas por mães solteiras do que as comunidades brancas, mas não havia uma ideologia que racializasse a chefia feminina como uma causa importante da pobreza negra. Curiosamente, a introdução da tese

---

[27] Bonnie Thornton Dill, "'The Means to Put My Children Through'", cit., p. 107-23.

[28] Barbara Christian, *Black Feminist Criticism*, cit., p. 5.

[29] William E. B. Du Bois, *The Negro American Family* (Nova York, Negro Universities Press, 1969); Edward Franklin Frazier, *The Negro Family in the United States* (Nova York, Dryden, 1948); Michael Omi e Howard Winant, *Racial Formation in the United States: From the 1960s to the 1990s* (2. ed., Nova York, Routledge, 1994).

do matriarcado negro nas discussões sobre a pobreza negra ocorreu em meio a um considerável ativismo negro. Mais ainda, a imagem pública das mulheres negras estadunidenses como matriarcas desprovidas de feminilidade surgiu precisamente no momento em que o movimento das mulheres criticava o patriarcado estadunidense[30].

Enquanto a *mammy* caracteriza a figura da mãe negra nas famílias brancas, a matriarca simboliza a figura materna nas famílias negras. Assim como a *mammy* representa a mãe negra "boa", a matriarca simboliza a mãe negra "má". Introduzida e amplamente divulgada por um relatório do governo intitulado *The Negro Family: The Case for National Action* [A família negra: em defesa de uma ação nacional], a tese do matriarcado negro argumentava que as afro-americanas que não cumpriam seus deveres "femininos" tradicionais em casa contribuíam para os problemas sociais na sociedade civil negra[31]. Por passarem muito tempo longe de casa, as mães que trabalhavam fora não conseguiriam supervisionar adequadamente as filhas e os filhos e, assim, contribuíam de modo relevante para o fracasso escolar das crianças. Consideradas excessivamente agressivas e não femininas, as matriarcas negras eram supostamente castradoras de seus amantes e maridos. Esses homens, compreensivelmente, abandonavam suas parceiras ou se recusavam a casar com as mães de suas filhas e seus filhos. Da perspectiva do grupo dominante, a matriarca representava uma *mammy* fracassada, um estigma negativo aplicado às afro-americanas que ousassem rejeitar a imagem de serviçais submissas e diligentes.

No geral, as intelectuais negras que estudam as famílias afro-americanas e a maternidade negra relatam ter encontrado poucas matriarcas e um número ainda menor de *mammies*[32]. Ao contrário, retratam as mães afro-americanas como indivíduos complexos, que frequentemente demonstram uma força tremenda sob condições adversas, ou que se exaurem com as exigências incessantes de cuidados com a família. Em *O sol tornará a brilhar* (1959), a primeira peça escrita por uma mulher negra a ser apresentada na Broadway, Lorraine

---

[30]   Cheryl Townsend Gilkes, "From Slavery to Social Welfare", cit., p. 296.

[31]   Daniel Patrick Moynihan, *The Negro Family: The Case for National Action* (Washington, D. C., Government Printing Office, 1965).

[32]   Lena Wright Myers, *Black Women: Do They Cope Better?* (Englewood Cliffs, Prentice-Hall, 1980); Niara Sudarkasa, "Interpreting the African Heritage in Afro-American Family Organization", em Harriette Pipes McAdoo (org.), *Black Families* (Beverly Hills, Sage, 1981), p. 37-53; Bonnie Thornton Dill, "Our Mothers' Grief: Racial Ethnic Women and the Maintenance of Families", *Journal of Family History*, v. 13, n. 4, 1988, p. 415-31.

146 PENSAMENTO FEMINISTA NEGRO

Hansberry examina as dificuldades da viúva Lena Younger para concretizar o sonho de comprar uma casa para a família[33]. Em *Brown Girl, Brownstones** [Menina marrom, sobrados marrons] (1959), a romancista Paule Marshall apresenta a senhora Boyce, uma mãe negra às voltas com o marido, as filhas, as mulheres da comunidade e o trabalho fora de casa[34]. Já em *Loving Her* [Amando-a] (1979), Ann Allen Shockley retrata a luta de uma mãe lésbica tentando equilibrar a necessidade de autorrealização com a pressão de criar uma filha em uma comunidade homofóbica[35].

Assim como as análises ficcionais, as pesquisas realizadas por mulheres negras sobre mães solteiras negras desafiam a tese do matriarcado, mas identificam bem menos Lena Youngers ou senhoras Boyce[36]. Em seu estudo sobre mães adolescentes negras, Elaine Bell Kaplan descobriu que as reações das mães à gravidez das filhas adolescentes estavam longe da imagem da mãe negra superforte[37]. As mães do novo estrato de trabalhadoras pobres sentiam que as filhas adolescentes grávidas as haviam decepcionado. Até a gravidez das filhas, essas mães esperavam que as filhas fizessem algo melhor da vida. As mães de origem humilde que trabalharam arduamente para conseguir um mínimo de respeitabilidade segundo os termos da classe média sentiam-se enganadas pelas filhas que engravidavam. Em ambos os grupos de mães, a adaptação à gravidez das filhas trouxe muito sofrimento.

Assim como a imagem da *mammy*, a da matriarca é fundamental para corroborar opressões interseccionais de classe, gênero e raça. Embora à primeira vista a matriarca pareça distante de questões relacionadas ao desenvolvimento capitalista dos Estados Unidos, trata-se de uma imagem bastante importante

---

[33] Lorraine Hansberry, *A Raisin in the Sun* (Nova York, Signet, 1959).

* A palavra *brownstone* significa "grés marrom" ou "arenito", mas também designa os sobrados geminados revestidos desse material, muito comuns nas grandes cidades da Costa Leste estadunidense. (N. E.)

[34] Paule Marshall, *Brown Girl, Brownstones* (Nova York, Avon, 1959).

[35] Ann Allen Shockley, *Loving Her* (Tallahassee, Naiad, 1974).

[36] Joyce Ladner, *Tomorrow's Tomorrow: The Black Woman* (Garden City, Doubleday, 1972); Rose Brewer, "Black Women in Poverty: Some Comments on Female-Headed Families", *Signs*, v. 13, n. 2, 1988, p. 331-39; Robin Jarrett, "Living Poor: Family Life Among Single Parent, African-American Women", *Social Problems*, v. 41, p. 30-49; Bette J. Dickerson (org.), "Introduction", em *African American Single Mothers: Understanding Their Lives and Families* (Thousand Oaks, Sage, 1995), p. ix-xxx; Elaine Bell Kaplan, *Not Our Kind of Girl: Unraveling the Myths of Black Teenage Motherhood* (Berkeley, University of California Press, 1997).

[37] Elaine Bell Kaplan, *Not Our Kind of Girl*, cit.

para explicar a persistência do cenário social das pessoas negras. Ao pressupor que a pobreza negra nos Estados Unidos é transmitida intergeracionalmente por meio de valores que os pais ensinam aos filhos, a ideologia dominante sugere que as crianças negras não recebem a mesma atenção e o mesmo cuidado que supostamente são dedicados às crianças brancas de classe média. Essa pretensa falha cultural dificulta seriamente o progresso das crianças negras. Tal perspectiva desvia a atenção das desigualdades políticas e econômicas que caracterizam cada vez mais o capitalismo global. Também sugere que qualquer pessoa é capaz de sair da pobreza se for criada com bons valores. Condições inferiores de moradia, escolas subfinanciadas, discriminação no emprego e racismo nas relações de consumo são praticamente desconsiderados da vida das mulheres negras. Nessa visão higienizada da sociedade estadunidense, as pessoas afro-americanas pobres são responsáveis pela própria vitimização. Nesse contexto, retratar as afro-americanas como matriarcas permite que homens e mulheres brancos culpem as mulheres negras pelo fracasso de seus filhos na escola e perante a lei, bem como pelas subsequente pobreza das crianças negras. Recorrer a imagens de mães negras ruins para explicar a desvantagem econômica de quem é negro vincula a ideologia de gênero à distribuição desigual de renda que caracteriza o capitalismo nos Estados Unidos.

Uma das causas do fracasso da matriarca é sua dificuldade em adotar um modelo adequado de comportamento de gênero. Assim, rotular as mulheres negras de não femininas e especialmente fortes serve para minar sua assertividade. Muitas mulheres negras estadunidenses que sustentam sozinhas suas famílias costumam achar que fizeram algo errado. Se não fossem tão fortes, pensam algumas delas, teriam encontrado um parceiro, ou seus filhos homens não teriam tantos problemas com a lei. Esse entendimento mascara a culpa do sistema penal estadunidense, descrito por Angela Davis como uma "indústria punitiva fora de controle" que trancafia um número desproporcional de estadunidenses negros[38]. A probabilidade de um afro-americano ser preso é quase oito vezes maior que a de um branco[39]. Essa política social torna o número de homens negros disponíveis para casar com mulheres negras muito menor que o número de homens brancos disponíveis para casar com mulheres brancas. Além

---

[38] Angela Davis, "Race and Criminalization: Black Americans and the Punishment Industry", em Wahneema Lubiano (org.), *The House That Race Built* (Nova York, Pantheon, 1997), p. 264-79.

[39] Ibidem, p. 267.

disso, a imagem da matriarca negra não só procura regular o comportamento das mulheres negras, mas também parece ter sido concebida para influenciar a identidade das mulheres brancas em relação ao gênero. No pós-Segunda Guerra Mundial, mais e mais mulheres brancas ingressaram no mercado de trabalho, controlaram sua fecundidade e, de modo geral, desafiaram o papel prescrito a elas como auxiliares subservientes na família e no local de trabalho. Nesse contexto, a imagem da matriarca negra serve como um símbolo forte, tanto para as mulheres negras como para as brancas, do que pode dar errado se o poder patriarcal for desafiado. As mulheres agressivas e assertivas são punidas – abandonadas pelos parceiros, acabam na pobreza e são estigmatizadas como não femininas. A imagem da matriarca ou da mulher negra excessivamente forte também tem sido usada para influenciar o modo como os homens negros entendem a masculinidade negra. Muitos homens negros rejeitam as mulheres negras como cônjuges, sob o pretexto de que somos menos desejáveis que as brancas por sermos assertivas demais.

A imagem da matriarca também corrobora a opressão racial. Várias pesquisas da área de ciências sociais usam implicitamente as relações de gênero nas comunidades afro-americanas como medida aparente da desvantagem cultural das pessoas negras. O Relatório Moynihan, por exemplo, afirma que a escravidão destruiu as famílias negras ao criar papéis invertidos para homens e mulheres[40]. As estruturas familiares negras são vistas como desviantes porque desafiam os pressupostos patriarcais que sustentam o ideal tradicional da família. Além disso, a ausência de um patriarcado negro é usada como evidência para justificar a inferioridade cultural dos negros[41]. Sob o racismo científico, o negro é tido como inferior, e essa suposta inferioridade é atribuída a causas biológicas ou diferenças culturais. Assim, situar as diferenças culturais em relações de gênero imperfeitas fornece um fundamento poderoso para o racismo nos Estados Unidos. E o fato de as mulheres negras não se conformarem ao culto à verdadeira condição de mulher pode então ser identificado como causa da suposta deficiência cultural negra. A promoção de ideias sobre a desvantagem cultural dos negros por meio da imagem da matriarca funcionou como contraposição aos esforços de afro-americanos que identificavam as diretrizes

---

[40] Daniel Patrick Moynihan, *The Negro Family*, cit.

[41] Patricia Hill Collins, "A Comparison of Two Works on Black Family Life", *Signs*, v. 14, n. 4, 1989, p. 875-84.

políticas e sociais como fonte importante da desvantagem econômica dos negros. A imagem das mulheres negras como mães perigosas, desviantes e castradoras dividiu a comunidade negra em um período fundamental de sua luta pela libertação. Tais imagens geraram reação semelhante no ativismo político feminino e criaram um abismo ainda maior entre o mundo das mulheres negras e o mundo das mulheres brancas em um período igualmente fundamental na história das mulheres[42].

Consideradas em conjunto, as imagens da *mammy* e da matriarca colocam as afro-americanas em uma posição insustentável. Para as mulheres negras com empregos que exigem longas jornadas e/ou um esforço emocional substancial, tornar-se a *mammy* ideal significa despender tempo e energia preciosos longe do marido, das filhas e dos filhos. Mas estar empregada quando os homens negros têm dificuldade em encontrar trabalho estável expõe as mulheres afro-americanas à acusação de que são castradoras, porque não são submissas, dependentes e "femininas". Essa imagem ignora padrões específicos de gênero no que diz respeito à incorporação na economia capitalista, na qual homens negros têm maior dificuldade de encontrar trabalho, mas ganham salários mais altos quando conseguem ocupar uma vaga, e as mulheres negras encontram trabalho com mais facilidade, embora ganhem muito menos. Além disso, a contribuição financeira das mulheres negras para o bem-estar da família negra é mencionada como uma evidência que corrobora a tese do matriarcado[43]. Muitas mulheres negras são o único sustento da família, e rotulá-las como "matriarcas" abala sua autoconfiança e sua capacidade de enfrentar a opressão. Em suma, as afro-americanas que precisam trabalhar são pressionadas a ser *mammies* submissas em determinado ambiente e então estigmatizadas como matriarcas porque são figuras fortes nos próprios lares.

Uma terceira imagem de controle da condição de mulher negra, definida externamente – a da mãe dependente do Estado – parece vinculada ao acesso cada vez maior das mulheres negras da classe trabalhadora aos direitos providos pelo Estado de bem-estar social nos Estados Unidos. Em essência, a imagem da mãe dependente do Estado constitui uma imagem de controle com um viés de classe, desenvolvida para mulheres negras pobres da classe trabalhadora que fazem uso dos benefícios sociais a que têm direito por lei. Enquanto os

---

[42] Cheryl Townsend Gilkes, "From Slavery to Social Welfare", cit.

[43] Daniel Patrick Moynihan, *The Negro Family*, cit.

benefícios sociais foram negados às mulheres negras pobres, não houve necessidade desse estereótipo. Porém, quando as mulheres negras estadunidenses ganharam poder político e exigiram equidade no acesso aos serviços do Estado, ele passou a ser necessária.

Essa imagem de controle, essencialmente uma versão atualizada da imagem da mulher procriadora inventada durante a escravidão, fornece uma justificativa ideológica para as tentativas de atrelar a fecundidade das mulheres negras às necessidades de uma economia política em transformação. Durante a escravidão, a imagem da mulher procriadora retratava as mulheres negras como mais adequadas para ter filhos que as brancas. Ao alegar que as mulheres negras eram capazes de ter filhos tão facilmente quanto os animais, essa imagem forneceu justificação para a interferência na vida reprodutiva das africanas escravizadas. Os proprietários de escravos queriam que elas "procriassem" porque cada criança escravizada que nascesse representava uma propriedade valiosa, uma unidade de trabalho a mais e, se fosse mulher, a perspectiva de mais escravos. A imagem de controle da mulher procriadora serviu para justificar a intromissão dos proprietários de escravos nas decisões das mulheres negras sobre sua fecundidade[44].

Na economia política pós-Segunda Guerra Mundial, a população afro-americana batalhou e conquistou direitos que lhes haviam sido negados em períodos históricos anteriores[45]. Ao contrário do que diz a crença popular, ninguém "concedeu" direitos não merecidos; elas tiveram de lutar por direitos rotineiramente concedidos a outros cidadãos estadunidenses[46]. A população afro-americana conquistou proteções políticas e econômicas básicas de um Estado de bem-estar social significativamente ampliado, em particular previdência social, seguro-desemprego, programas de alimentação escolar, bolsas e empréstimos para educação superior, ações afirmativas, direito de voto, leis de combate à discriminação, programas de bem-estar infantil e salário mínimo. Apesar da oposição constante dos governos republicanos na década de 1980,

---

[44] Mae King, "The Politics of Sexual Stereotypes", cit.; Angela Davis, *Mulheres, raça e classe* (trad. Heci Regina Candiani, São Paulo, Boitempo, 2016); Deborah Gray White, *Ar'n't I a Woman? Female Slaves in the Plantation South* (Nova York, W. W. Norton, 1985).

[45] Gregory D. Squires, *Capital and Communities in Black and White: The Intersections of Race, Class, and Uneven Development* (Albany, NY, State University of New York Press, 1994).

[46] Teresa L. Amott, "Black Women and AFDC: Making Entitlement Out of Necessity", em Linda Gordon (org.), *Women, the State, and Welfare* (Madison, WI, University of Wisconsin Press, 1990), p. 280-98; Jill Quadagno, *The Color of Welfare: How Racism Undermined the War on Poverty* (Nova York, Oxford University Press, 1994).

esses programas de bem-estar social permitiram que boa parte da população afro-americana rejeitasse empregos abusivos, que garantiam apenas o suficiente para a subsistência, como os que seus pais e avós tinham. No entanto, esses direitos de cidadania para os negros surgiram em um momento de redução de oportunidades econômicas na indústria e na agricultura. A exportação de empregos, a desqualificação e o aumento do uso de imigrantes ilegais foram utilizados para substituir a mão de obra barata e dócil que os negros estadunidenses costumavam fornecer[47]. Até meados da década de 1990, o grande número de afro-americanos de baixa escolaridade e desempregados, morando em guetos nos bairros centrais das grandes cidades dos Estados Unidos, a maioria das quais mulheres e crianças, não podia ser forçado a trabalhar. Essa população excedente não era mais mão de obra barata, mas, sob a ótica das elites, significava uma ameaça dispendiosa à estabilidade política e econômica do país. Os homens afro-americanos passaram a ser alvo cada vez mais frequente de uma crescente indústria da punição[48]. Na ausência de empregos fiáveis, muitos homens trabalhavam informalmente, servindo no baixo escalão da indústria de drogas global em expansão, que introduziu o *crack* nos bairros negros estadunidenses na década de 1980. Para muitos, enredar-se na indústria da punição era o preço a pagar pelos negócios que faziam.

Nesse contexto político e econômico, o controle da fecundidade das mulheres negras se tornou importante para os grupos de elite. A imagem da mãe dependente do Estado cumpre essa função ao qualificar como desnecessária e até perigosa para os valores do país a fecundidade das mulheres que não são brancas nem de classe média. Um olhar mais atento a essa imagem de controle revela que ela compartilha algumas características importantes com a imagem da *mammy* e da matriarca. Como a matriarca, a mãe dependente do Estado é qualificada como uma mãe ruim. Mas, diferentemente da matriarca, ela não é agressiva demais – ao contrário, ela não é agressiva o suficiente. Se no caso da matriarca sua indisponibilidade contribuiu para a socialização insatisfatória de filhas e filhos, no caso da mãe dependente do Estado o problema é o acesso aos

---

[47] June Nash e Maria Patricia Fernandez-Kelly (orgs.), *Women, Men and the International Division of Labor* (Albany, NY, State University of New York, 1983); Rose Brewer, "Theorizing Race, Class and Gender: The New Scholarship of Black Feminist Intellectuals and Black Women's Labor", em Stanlie M. James e Abena P. A. Busia (orgs.), *Theorizing Black Feminisms: The Visionary Pragmatism of Black Women* (Nova York, Routledge, 1993), p. 13-30; Gregory D. Squires, *Capital and Communities in Black and White*, cit.

[48] Angela Davis, "Race and Criminalization", cit.

programas de assistência social. Ela é retratada como uma pessoa acomodada, satisfeita com os auxílios concedidos pelo governo, que foge do trabalho e transmite valores negativos para os descendentes. A imagem da mãe dependente do Estado representa outra *mammy* fracassada – aquela que não está disposta a se tornar "mula do mundo".

A imagem da mãe dependente do Estado propicia justificativas ideológicas para opressões interseccionais de raça, gênero e classe. As pessoas afro-americanas acabam estereotipadas racialmente como preguiçosas quando as mães dependentes do Estado são culpadas por não transmitir a ética do trabalho aos filhos. Além disso, a mãe dependente do Estado não dispõe da ajuda de uma figura de autoridade masculina. Tipicamente retratada como mãe solteira, ela viola um dogma fundamental da ideologia branca e masculina: é uma mulher sozinha. Consequentemente, o modo como ela é tratada reforça a ideologia de gênero dominante, que afirma que o verdadeiro valor e a segurança financeira de uma mulher devem vir pelo casamento heterossexual. Por fim, em média, na economia política pós-Segunda Guerra Mundial, uma em cada três famílias afro-americanas era oficialmente classificada como pobre. Com índices tão altos de pobreza entre as pessoas negras, as políticas públicas de bem-estar social que apoiavam as mães negras pobres, suas filhas e seus filhos tornaram-se cada vez mais dispendiosas. Criar a imagem de controle da mãe dependente do Estado e estigmatizá-la como causadora de sua própria pobreza e da pobreza das comunidades afro-americanas desloca o ângulo de visão das fontes estruturais da pobreza e culpa as vítimas. A imagem da mãe dependente do Estado fornece, assim, uma justificativa ideológica para o interesse do grupo dominante em limitar a fecundidade das mães negras, consideradas produtoras de um excesso de crianças economicamente improdutivas[49].

Com a eleição do governo Reagan em 1980, a já estigmatizada mãe dependente do Estado evoluiu para uma imagem ainda mais perniciosa: a da rainha da assistência social[50]. Para mascarar os efeitos dos cortes promovidos pelo governo em programas de bem-estar social que alimentavam crianças, abrigavam famílias trabalhadoras, ajudavam cidades a conservar estradas, pontes e infraestrutura básica, além de outros serviços públicos essenciais, imagens

---

[49] Angela Davis, *Mulheres, raça e classe*, cit.

[50] Wahneema Lubiano, "Black Ladies, Welfare Queens, and State Minstrels: Ideological War by Narrative Means", em Toni Morrison (org.), *Race-ing Justice, En-Gendering Power* (Nova York, Pantheon, 1992), p. 323-63.

midiáticas passaram a apontar cada vez mais as mulheres negras como culpadas pela deterioração dos interesses dos Estados Unidos. Assim, as mulheres negras pobres se tornam ao mesmo tempo símbolo do que ia mal nos Estados Unidos e alvo de políticas sociais concebidas para a redução do setor público. Wahneema Lubiano descreve como a imagem da rainha da assistência social associa as mulheres negras a uma aparente deterioração da qualidade de vida:

> "Rainha da assistência social" é uma expressão que descreve dependência econômica – falta de emprego e/ou renda (que equivale à degeneração nos Estados Unidos calvinistas); a presença de filhas ou filhos sem pai e/ou marido (desvio moral); e, por fim, um encargo para o Tesouro Nacional – um débito humano. A totalidade, a circulação e o efeito cumulativos desses significados em uma época de escassez de recursos na classe trabalhadora e na classe média baixa são catastróficos. A rainha da assistência social representa uma aberração moral e um peso econômico, mas o *status* problemático da figura se torna ainda mais ameaçador quando a responsabilidade pela destruição do modo de vida estadunidense [*American way of life*] é atribuída a ela.[51]

Em contraste com a imagem da mãe dependente do Estado, que recorre ao capital moral ligado à maternidade estadunidense, a imagem da rainha da assistência social se refere a uma mulher negra da classe trabalhadora altamente materialista, dominadora e sem parceiro homem. Contando com os subsídios públicos, as rainhas negras do bem-estar aceitam dinheiro suado de cidadãos que pagam impostos e são casadas com o Estado. Assim, a imagem da rainha da assistência aponta para os esforços de utilizar a situação das mulheres negras da classe trabalhadora como sinal da deterioração do Estado.

Nesse mesmo período, a imagem da rainha da assistência social foi acompanhada de outra semelhante, mas com uma especificidade de classe: a da "dama negra"[52]. Como a dama negra se refere às profissionais negras de classe média que representam uma versão moderna da política de respeitabilidade promovida pelas associações de mulheres, talvez não pareça uma imagem de controle, mas uma imagem meramente positiva[53]. Afinal, são essas as mulheres que concluíram os estudos, trabalharam duro e foram longe. No entanto, a imagem da dama negra se baseia de muitas maneiras em imagens anteriores da

---

[51] Ibidem, p. 337-8.

[52] Idem.

[53] Stephanie J. Shaw, *What a Woman Ought to Be and to Do: Black Professional Women Workers During the Jim Crow Era* (Chicago, University of Chicago Press, 1996).

condição de mulher negra. Por um lado, parece ser mais uma versão da *mammy* moderna, ou seja, da profissional negra diligente, que trabalha duas vezes mais que os outros. Também se assemelha a aspectos da tese do matriarcado – os empregos das damas negras são tão exigentes que elas não têm *tempo* para os homens ou não sabem mais como tratá-los. Como costumam competir com os homens e ser bem-sucedidas, elas se tornam menos femininas. As damas negras altamente instruídas são consideradas assertivas *demais* – é por isso que não conseguem homens para casar.

À primeira vista, as damas negras também parecem distantes da acusação de depender do Estado sem merecer, tantas vezes feita às mulheres negras estadunidenses da classe trabalhadora por meio imagem da rainha da assistência social. No entanto, também existem paralelos nesse caso. Supõe-se que as mulheres negras se valham das ações afirmativas para assumir vagas que deveriam se destinar a pessoas brancas mais merecedoras, especialmente homens brancos estadunidenses. Dado o clima político das décadas de 1980 e 1990, que reinterpretou os programas de combate à discriminação e as ações afirmativas como exemplos de um "racismo reverso" injusto, mesmo que as damas negras tenham instrução elevada ou competência comprovada, suas realizações continuam questionáveis. Além disso, muitos homens negros acreditam erroneamente que as damas negras ocupam cargos reservados a eles. Aos olhos desses homens, as damas negras se beneficiam do fato de serem mulheres, negras e aparentemente menos ameaçadoras aos brancos. Wahneema Lubiano chama atenção para o fato de que as imagens da rainha da assistência social e da dama negra evoluíram em conjunto com os esforços continuados para cortar gastos sociais com a população negra de classe trabalhadora e limitar as ações afirmativas para a população negra de classe média:

> Seja porque não são bem-sucedidas e passam adiante uma cultura negativa como mães dependentes do Estado, seja porque são bem-sucedidas ao ingressar na classe média [...] as mulheres negras são sempre responsáveis pelo *status* desfavorecido dos afro-americanos.[54]

Assim, quando consideradas em conjunto, a rainha da assistência social e a dama negra constituem versões com caráter de classe específico de uma tese de matriarcado cuja finalidade básica é deslegitimar o pleno exercício dos direitos

---

[54] Wahneema Lubiano, "Black Ladies, Welfare Queens, and State Minstrels", cit., p. 335.

de cidadania das mulheres negras. Essas imagens interconectadas colocam as mulheres negras estadunidenses entre a cruz e a espada.

Uma última imagem de controle – a jezebel, a prostituta ou a *hoochie** – é fundamental nesse nexo de imagens de controle da condição de mulher negra. Como os esforços para controlar a sexualidade das mulheres negras estão na base da opressão delas, as jezebéis do passado e as *hoochies* contemporâneas representam uma forma desviante da sexualidade feminina negra. A imagem da jezebel surgiu na época da escravidão, quando as mulheres negras eram retratadas, segundo Jewelle Gomez, como "amas de leite sexualmente agressivas"[55]. A função da jezebel era relegar todas as mulheres negras à categoria de mulheres sexualmente agressivas, fornecendo assim uma justificação eficaz para os frequentes ataques sexuais de homens brancos relatados pelas mulheres negras escravizadas[56]. A imagem de jezebel cumpria ainda outra função. Se as mulheres negras escravizadas eram retratadas como detentoras de um apetite sexual excessivo, o resultado esperado seria o aumento da fecundidade. Ao impedir o cuidado que as mulheres afro-americanas poderiam dedicar às filhas e aos filhos delas – o que fortalecia as redes familiares negras – e obrigá-las a trabalhar no campo, a ser "amas de leite" das crianças brancas e a cuidar emocionalmente deles, os brancos proprietários de escravos vincularam as imagens de controle da jezebel e da *mammy* à exploração econômica inerente à instituição da escravidão.

Enraizada no legado histórico da jezebel, a *hoochie* contemporânea parece ter um estofo completamente diferente. Por um lado, se a imagem da mulher negra como sexualmente agressiva permeia a cultura popular em geral, a *hoochie* parece ter se entranhado na cultura negra cotidiana de maneira totalmente nova. Por exemplo, a música "Hoochie Mama", do 2 Live Crew, leva a humilhação das mulheres negras a um novo patamar. Nessa música, o grupo começa com o grito de guerra *"big hooty hoes hop wit it!"* ["as malandras sacodem o popozão pra cima e pra baixo"] e lista em seguida as características da *"hoodrat hoochie mama"* [*"hoochie* cachorra gostosa"]. Os cantores são bastante claros quanto ao uso dessas mulheres: *"I don't need no confrontation/ All I want is an ejaculation cos I like them ghetto hoochies"* ["Não preciso de polêmica/ Só quero é ejacular,

---

*   Expressão coloquial pejorativa que designa uma mulher jovem, promíscua e que se veste de forma sexualmente provocante. (N. T.)

[55]   Cheryl Clarke et al. "Conversations and Questions: Black Women on Black Women Writers", *Conditions: Nine*, v. 3, n. 3, 1983, p. 99.

[56]   Angela Davis, *Mulheres, raça e classe*, cit.; Deborah Gray White, *Ar'n't I a Woman?*, cit.

porque curto as *hoochies* do gueto"]. A misoginia de "Hoochie Mama" faz as antigas representações da jezebel parecerem inofensivas. Por exemplo, o remédio do 2 Live Crew para a "mentira" [*lyin*] mostra o desprezo do grupo pelas mulheres: "*Keep runnin ya mouth and I'ma stick my dick in it*" ["Continue falando e vou enfiar meu pau na sua boca"], ameaçam. E para quem ainda não sabe distinguir com clareza as mulheres boas das más, o 2 Live Crew está disposto a ajudar:

> *Mama just don't understand*
> *why I love your hoochie ass*
> *Sex is what I need you for*
> *I gotta good girl but I need a whore**

Nos Estados Unidos, as garantias de liberdade de expressão permitem que o 2 Live Crew e grupos similares digam o que pensam sobre as *hoochies* ou qualquer outra coisa que lhes dê dinheiro. O problema é a aceitação dessas imagens por parte dos afro-americanos. É comum que mulheres e homens afro-americanos não questionem essas e outras caracterizações da mulher negra como *hoochies* na cultura popular negra. Por exemplo, apesar da natureza ofensiva de boa parte das músicas do 2 Live Crew, houve pessoas negras defendendo que, embora infelizes, visões como essa circulam há muito tempo na cultura negra[57]. Essa aceitação não apenas mascara os benefícios financeiros que essas imagens proporcionam tanto ao 2 Live Crew quanto à mídia controlada por pessoas brancas como valida tacitamente essa imagem. Quanto mais circula entre os estadunidenses negros, mais credibilidade tem. A imagem da *hoochie* parece mesmo ter adquirido vida própria. Por exemplo, uma pesquisa informal realizada por algumas de minhas amigas, alunas e colegas revelou que existe uma taxonomia complexa de *hoochies*. A maioria concordou que a primeira categoria é a "*hoochie* básica", a mulher sexualmente assertiva que pode ser encontrada em todas as classes sociais. Mulheres que vão a boates vestidas com roupas provocantes e dançam de maneira "vulgar" são as "*hoochies* de boate". Essas mulheres tentam atrair homens endinheirados para noitadas de sexo. A ambição das "*hoochies* interesseiras", por sua vez, são relações estáveis com

---

* "Gostosa, você não entende/ Por que eu adoro o seu popozão de *hoochie*/ Preciso de você pra trepar/ Já tenho uma boa menina, preciso é de uma piranha". (N. T.)

57 Kimberlé Williams Crenshaw, "Beyond Racism and Misogyny: Black Feminism and 2 Live Crew", em Mari J. Matsuda et al. (orgs.), *Words That Wound: Critical Race Theory, Assaultive Speech, and the First Amendment* (Boulder, Westview, 1993), p. 111-32.

homens endinheirados. Essas *hoochies* muitas vezes tentam fisgar atletas que recebem altos salários, e podem fazer isso engravidando. Por fim, há a "*hoochie mama*", popularizada pelo 2 Live Crew, uma imagem que vincula a *hoochie* à pobreza. Na canção do grupo, a *hoochie mama* é uma "*hoodrat*" ["cachorra"], uma "*hoochie* do gueto" cuja finalidade principal é lhes proporcionar favores sexuais. O fato de ser também uma "*mama*" é revelador do número de mulheres negras pobres que são mães solteiras e trocam favores sexuais por dinheiro movidas pelas necessidades econômicas de filhas e filhos.

A jezebel do passado e sua homóloga moderna, a *hoochie*, demarcam uma série de limites em meio aos pressupostos que normalizam a heterossexualidade. A própria heterossexualidade é construída a partir do pensamento binário que justapõe sexualidade masculina e sexualidade feminina, para o qual os papéis de gênero giram em torno de percepções do que seriam expressões sexuais apropriadas ao homem e à mulher. Os homens são ativos e as mulheres devem ser passivas. No contexto da sociedade estadunidense, eles são racializados – homens brancos são ativos e mulheres brancas devem ser passivas. Quem é negro ou pertence a outros grupos racializados ao mesmo tempo se situa fora dessas definições de normalidade e marca seus limites. Nesse contexto de normalidade heterossexual branca específica de gênero, a jezebel ou *hoochie* se torna um símbolo racializado e generificado da sexualidade feminina desviante. A heterossexualidade feminina normal é expressa pelo culto à verdadeira condição de mulher branca, enquanto a heterossexualidade feminina desviante é caracterizada pelas "mamães gostosas" associadas à condição de mulher negra.

No âmbito das opressões interseccionais, a sexualidade supostamente desviante das mulheres negras se constrói em torno dos desejos sexuais da jezebel. A jezebel pode ser uma "gracinha", mas suas atitudes de "mamãe gostosa" indicam que ela é voraz. Como a jezebel ou *hoochie* é construída como uma mulher cujo apetite sexual é, na melhor das hipóteses, inadequado e, na pior, insaciável, basta um pequeno passo para que ela seja imaginada como uma "aberração". E, como uma aberração, seus parceiros sexuais também passam a ser estigmatizados. Por exemplo, a hipermasculinidade frequentemente atribuída aos homens negros reflete certas crenças acerca do apetite sexual excessivo deles. Ironicamente, o apetite sexual excessivo da jezebel a masculiniza, porque ela busca sexo da mesma forma que um homem. Além disso, a jezebel também pode ser masculinizada – e mais uma vez considerada uma "aberração" – se desejar sexualmente outras mulheres. O 2 Live Crew não teve dificuldades em dar esse salto conceitual: "*Freaky shit is what I like/ and I love to see two bitches dyke*" ["Eu gosto é de doideira/ Adoro ver duas cachorras sapatão"]. Em um contexto em que as mulheres femininas são as que continuam submissas, mas flertam apropriadamente com os homens, as mulheres cujas investidas sexuais se assemelham às dos homens são estigmatizadas.

Quando se trata da sexualidade feminina, a imagem de controle da jezebel e de sua homóloga, a *hoochie*, constitui um dos polos do binômio normal/desviante. Quando, porém, ampliamos esse pensamento binário no qual se apoiam as opressões interseccionais de raça, classe, gênero e sexualidade, notamos que a heterossexualidade é justaposta à homossexualidade como seu "outro" oposto, diferente e inferior. Dentro dessa diferença mais ampla entre opostos, a jezebel se torna a aberração limiar, marcando a fronteira entre a heterossexualidade e a homossexualidade. Seu desejo sexual insaciável ajuda a definir os limites da sexualidade normal. Do outro lado da fronteira estão as lésbicas, as bissexuais e as transexuais, que em grande medida são consideradas desviantes em função de suas escolhas de parceiros sexuais. Considerada uma aberração sexual, a jezebel tem um pé para lá da divisa. A *hoochie*, por sua vez, faz parte de um grupo de "sexualidades femininas desviantes", das quais algumas são associadas a ambições materialistas (ela faz sexo por dinheiro), outras, a práticas sexuais desviantes (como transar com outras mulheres), e outras ainda, a práticas sexuais "aberrantes" (como fazer sexo oral e anal).

As imagens de sexualidade associadas à jezebel e à *hoochie* não apenas demarcam os limites das sexualidades desviantes como também entretecem as concepções predominantes da *mammy*, da matriarca e da rainha da assistência social/dama negra – esta, uma imagem de duas faces. O tema comum da sexualidade das mulheres negras interliga todas essas imagens. Cada imagem transmite uma mensagem distinta sobre as relações adequadas entre sexualidade feminina, níveis desejáveis de fecundidade para as mulheres negras da classe trabalhadora e da classe média e lugar das mulheres negras estadunidenses em hierarquias de classe social e cidadania. Por exemplo, a *mammy*, uma das duas únicas figuras que têm algo de positivo, é um indivíduo dessexuado. A *mammy* é comumente retratada como uma mulher obesa de pele escura e características tipicamente africanas – em resumo, como parceira sexual inadequada para os homens brancos. É assexuada e, portanto, livre para se tornar mãe substituta dos filhos que não teve por meio de sua própria sexualidade. A *mammy* é o exemplo mais claro da divisão entre sexualidade e maternidade presente no pensamento masculinista eurocêntrico. Em contraste, tanto a matriarca quanto a mãe dependente do Estado são seres sexuais. A sexualidade delas, porém, está ligada à fecundidade, e essa ligação constitui uma das razões fundamentais pelas quais elas são imagens negativas. A matriarca representa a mulher sexualmente agressiva, que castra os homens negros porque não lhes permite assumir o papel de patriarcas negros. Ela se recusa a ser passiva e, portanto, é estigmatizada. Da mesma forma, a mãe dependente do Estado representa uma mulher de moral baixa e sexualidade descontrolada, fatores identificados como causa de seu estado de pobreza. Em ambos os casos, o controle das mulheres negras sobre sua sexualidade e sua fecundidade é conceituado como antitético aos interesses da elite masculina branca. A dama negra completa o círculo. Como a *mammy*, sua respeitabilidade de classe média, duramente conquistada, baseia-se em sua aparente assexualidade. No entanto, a fecundidade também é um problema nesse caso. Apesar de a dama negra de classe média ser considerada mais adequada para procriar, ela é a menos propensa a fazê-lo. Dizem-lhe que ela pode procriar, mas ninguém, exceto ela mesma, se sentirá especialmente incomodado se ela não o fizer.

Consideradas em conjunto, essas imagens predominantes da condição de mulher negra representam o interesse da elite masculina branca em definir a sexualidade e a fecundidade das mulheres negras. Além disso, ao formar sutilmente uma trama com opressões interseccionais de raça, classe, gênero e sexualidade, elas ajudam a justificar as práticas sociais que caracterizam a matriz de dominação nos Estados Unidos.

IMAGENS DE CONTROLE E INSTITUIÇÕES SOCIAIS

A universidade, a mídia e as agências governamentais constituem esferas importantes de reprodução dessas imagens de controle. Ainda que a academia e os estudos produzidos e divulgados por seu corpo docente tenham desempenhado historicamente um papel importante na geração dessas imagens de controle[58], seu significado atual na reprodução dessas imagens é observado com menos frequência. Consideremos, por exemplo, como a pesquisa em ciências sociais sobre a sexualidade das mulheres negras foi influenciada pelos pressupostos da jezebel. Dois tópicos, ambos considerados problemas sociais, são preponderantes:

---

[58] Patricia Morton, *Disfigured Images: The Historical Assault on Afro-American Women* (Nova York, Praeger, 1991).

a sexualidade das mulheres negras figura em pesquisas sobre a aids e em estudos sobre gravidez na adolescência. Ambos fazem referência a tipos de sexualidade supostamente desviantes e têm o objetivo de modificar o comportamento das mulheres negras. Nas pesquisas sobre a aids, o foco está em práticas sexuais de risco que possam expor mulheres, filhos não nascidos e parceiros à infecção pelo HIV. Prostitutas e outras profissionais do sexo suscitam especial preocupação. A motivação subjacente dos estudos da sexualidade das adolescentes negras pode ser ajudar as meninas, mas uma razão igualmente plausível é o desejo de fazer com que essas meninas não sejam assistidas financeiramente pelo Estado. A sexualidade das adolescentes negras não consiste em práticas sexuais arriscadas, mas na sexualidade fora do casamento. Situar as pesquisas sobre a sexualidade das mulheres negras no quadro dos problemas sociais promove a representação dela como um problema social.

A crescente influência de televisão, rádio, cinema, vídeos, CDs e internet constitui novas maneiras de fazer circular as imagens de controle. A cultura popular se tornou cada vez mais importante na promoção dessas imagens, especialmente com as novas tecnologias globais, que permitem que a cultura popular dos Estados Unidos seja exportada para todo o mundo. Nessa nova estrutura corporativa, a misoginia de algumas vertentes do *hip-hop* negro se torna especialmente preocupante. Grande parte dessa música é produzida por uma indústria cultural negra na qual os artistas afro-americanos têm pouca influência sobre a produção. Por um lado, o *rap* negro pode ser visto como uma resposta criativa ao racismo dada pelos jovens negros das cidades que foram abandonados pela sociedade estadunidense[59]. Por outro, imagens de mulheres negras como *hoochies* sexualmente disponíveis persistem nos vídeos de música negra. Como "aberrações", as mulheres negras estadunidenses agora podem ser vistas "*poppin' that coochie*" ["remexendo o popozão"] – outra expressão do 2 Live Crew para descrever o balançar do bumbum – em um contexto global.

As agências governamentais também participam da legitimação dessas imagens de controle. Como os órgãos legislativos e os tribunais, no caso do julgamento por obscenidade do 2 Live Crew[60], determinam quais narrativas são legitimadas e quais são censuradas, as agências governamentais decidem

---

[59] Tricia Rose, *Black Noise: Rap Music and Black Culture in Contemporary America* (Hanover, NH, Wesleyan University Press, 1994); Robin D. G. Kelley, *Race Rebels: Culture, Politics, and the Black Working Class* (Nova York, Free Press, 1994), p. 43-77.

[60] Ver, por exemplo, Kimberlé Williams Crenshaw, "Beyond Racism and Misogyny", cit.

quais interpretações oficiais da realidade social prevalecem[61]. A excessiva atenção que se dá à gravidez e à parentalidade das adolescentes negras nas pesquisas acadêmicas e os tipos de política pública voltados para as meninas negras ilustram o impacto do apoio governamental às imagens de controle. Como o hedonismo sexual é comumente pressuposto nas garotas negras das cidades, é mais provável que se ofereçam a elas medidas coercitivas de controle de natalidade, como os contraceptivos Norplant e Depo Provera, que a suas homólogas brancas, suburbanas e de classe média[62].

Continua sendo essencial confrontar imagens de controle divulgadas por instituições externas às comunidades afro-americanas. Tais esforços não devem, porém, obscurecer a questão igualmente importante da perpetuação dessas imagens de controle pelas instituições afro-americanas. Por mais doloroso que isso seja – especialmente no contexto de uma sociedade racialmente tensa, sempre atenta a sinais de desunião na população negra –, é importante abordar a reprodução das imagens de controle da condição de mulher negra pelas organizações da sociedade civil negra, e sua incapacidade de se posicionar contra as imagens desenvolvidas fora dela.

Desde 1970, as mulheres negras estadunidenses têm cada vez mais assumido posições críticas ao sexismo na sociedade civil negra[63]. A feminista negra Pauline Terrelonge, por exemplo, confronta a questão do papel da comunidade negra na subordinação das afro-americanas com esta pergunta: "Se há algo na condição objetiva das mulheres negras que justifica o desenvolvimento de uma consciência feminista negra, por que tantas mulheres negras não conseguem reconhecer os padrões de sexismo que afetam diretamente sua vida cotidiana?"[64]. Para responder a essa pergunta, Terrelonge argumenta que uma visão comum é de que as pessoas afro-americanas resistiram à longa história de abusos que foram perpetrados contra nós principalmente por causa da "firmeza, da sabedoria interior e da enorme capacidade de sobrevivência" das mulheres negras. Essa ênfase

---

[61] Teun A. Van Dijk, *Elite Discourse and Racism* (Newbury Park, Sage, 1993).

[62] Dorothy Roberts, *Killing the Black Body: Race, Reproduction, and the Meaning of Liberty* (Nova York, Pantheon, 1997).

[63] Michele Wallace, *Black Macho and the Myth of the Superwoman* (Nova York, Dial, 1978); E. Frances White, "Listening to the Voices of Black Feminism", *Radical America*, v. 18, n. 2-3, 1984, p. 7-25; Pearl Cleage, *Deals With the Devil and Other Reasons to Riot* (Nova York, Ballantine, 1993); Kimberlé Williams Crenshaw, "Beyond Racism and Misogyny", cit.

[64] Pauline Terrelonge, "Feminist Consciousness and Black Women", em Jo Freeman (org.), *Women: A Feminist Perspective* (3. ed., Palo Alto, Mayfield, 1984), p. 562.

na força das mulheres negras está relacionada à ideia de que as afro-americanas desempenham papel crucial na união das famílias negras e no apoio aos homens negros. Essas atitudes têm sido importantes para impedir a potencial aniquilação das pessoas afro-americanas como "raça". Consequentemente,

> Muitos negros acreditam que o principal dever da mulher negra é cumprir o papel de unir todas as pessoas negras, um papel que deve se sobrepor a todos os outros que ela queira desempenhar e, sem dúvida, um papel essencialmente incompatível com a própria liberação individual da mulher negra.[65]

Essa análise muda nosso entendimento sobre as organizações comunitárias negras. Em vez de considerarmos a família, a igreja e as organizações cívicas da sociedade negra por uma perspectiva exclusivamente racial de resistência contra o racismo, podemos entender melhor essas instituições como locais complexos, nos quais as ideologias dominantes são simultaneamente questionadas e reproduzidas. As organizações comunitárias negras podem se opor à opressão racial e ainda assim perpetuar a opressão de gênero; podem desafiar a exploração de classe e ao mesmo tempo promover o heterossexismo. É possível questionar em que espaços, dentro da sociedade civil negra, as mulheres afro-americanas têm condições de desafiar abertamente a imagem da *hoochie* e outras imagens de controle. Instituições controladas por pessoas afro-americanas podem ser vistas como espaços contraditórios nos quais as mulheres negras adquirem competências que as ajudam a ser mais independentes e autossuficientes e permitem que as famílias, as igrejas e as organizações cívicas afro-americanas perdurem. Essas mesmas instituições também podem ser, no entanto, lugares em que nós, mulheres negras, aprendemos a subordinar nossos interesses como mulheres ao bem supostamente maior da comunidade afro-americana como um todo.

Consideremos, por exemplo, as faculdades e universidades historicamente negras. Na tentativa de dissipar os mitos sobre as mulheres afro-americanas e torná-las aceitáveis para a sociedade em geral, algumas dessas faculdades podem promover a subordinação das mulheres negras. Em *Meridian*, Alice Walker descreve uma faculdade de elite para mulheres negras na qual "a maioria das estudantes – tímidas, imitadoras, bastante inteligentes, mas nunca ousadas, eram dia após dia levadas a se aproximar cada vez mais da condição

---

[65] Ibidem, p. 557.

de dama"[66]. Confinada ao *campus*, Meridian, a heroína, teve de deixá-lo para descobrir as pessoas negras comuns que possuíam todas as qualidades que sua instituição de elite desejava eliminar. A descrição de Walker da cerca ao redor do *campus* simboliza quão alienante para as estudantes negras era o culto à verdadeira condição de mulher. Mas também descreve os problemas que as instituições afro-americanas criam para as mulheres negras quando adotam imagens de controle definidas externamente:

> Da rua, quase não dava para perceber a cerca ao redor do *campus* e, de fora, ela parecia mais uma tentativa de decoração que um esforço de contenção ou exclusão. Somente as estudantes que moravam no *campus* entendiam, muitas vezes de forma dolorosa, que a beleza ou a feiura de uma cerca não impediriam ninguém de sair de lá.[67]

Jacquelyn Grant identifica a igreja como uma das instituições-chave cuja importância para o desenvolvimento da comunidade negra se concretizou à custa de muitas das afro-americanas que constituem a maior parte de seus membros[68]. Como afirma Grant:

> Muitas vezes se diz que as mulheres são a "espinha dorsal" da igreja. À primeira vista, isso pode parecer um elogio. [...] Ficou evidente para mim que a maioria dos ministros que usam esse termo está se referindo à localização, e não à função. O que eles realmente querem dizer é que as mulheres estão em "segundo plano" e é lá que devem ser mantidas.[69]

Ao mesmo tempo, as igrejas negras foram claramente importantes nas lutas políticas negras, e as mulheres negras estadunidenses estiveram no centro desses esforços. Historicamente, a participação das mulheres negras nas igrejas batistas negras e em outras igrejas negras sugere que elas têm sido sua espinha dorsal, mas resistem a permanecer sempre em "segundo plano"[70]. É de se perguntar, no

---

[66] Alice Walker, *Meridian* (Nova York, Pocket Books, 1976), p. 39.

[67] Ibidem, p. 41.

[68] Jacquelyn Grant, "Black Women and the Church", em Gloria T. Hull, Patricia Bell Scott e Barbara Smith (orgs.), *But Some of Us Are Brave* (Old Westbury, Feminist Press, 1982), p. 141-52.

[69] Ibidem, p. 141.

[70] Cheryl Townsend Gilkes, "'Together and in Harness': Women's Traditions in the Sanctified Church", *Signs*, v. 10, n. 4, 1985, p. 678-99; Evelyn Brooks Higginbotham, *Righteous Discontent: The Women's Movement in the Black Baptist Church, 1880-1920* (Cambridge, MA, Harvard University Press, 1993).

entanto, se as igrejas negras contemporâneas estão preparadas para lidar com as novas questões levantadas pela circulação global da *hoochie* e de outras imagens comparáveis. Simplesmente não basta subir ao púlpito e denunciar as *hoochies* e tudo o que elas representam, com a advertência de "não ser uma delas".

As famílias afro-americanas formam mais um esfera contraditória em que as imagens de controle da condição de mulher negra são negociadas. As feministas brancas de classe média parecem ter tido poucos escrúpulos ao criticar a perpetuação da subordinação das mulheres por suas famílias[71]. Até recentemente, no entanto, como consequência do fato de as famílias negras terem sido tão patologizadas pelo ideal tradicional de família, as mulheres negras relutavam em analisar em público a culpa potencial das famílias na opressão das mulheres negras. As pensadoras negras têm sido mais uniformemente positivas ao descrever as famílias negras e muito mais relutantes em criticar a organização das famílias negras que suas homólogas brancas. Consequentemente, os *Black Studies* enfatizam materiais que, embora demonstrem com razão as qualidades positivas das famílias negras estadunidenses em um contexto de opressões interseccionais, tratam apenas superficialmente de seus problemas[72]. Essa ênfase nas qualidades, contudo, muitas vezes tem um preço, e frequentemente quem o paga são as mulheres afro-americanas. Assim, na produção acadêmica feminista negra, finalmente começamos a ouvir não apenas histórias, por tanto tempo ocultas, de mulheres negras fortes[73], mas também histórias de mulheres cujas responsabilidades familiares, atribuídas segundo o gênero, lhes trouxeram problemas[74].

Algumas ativistas feministas negras afirmam que a relegação das mulheres negras a papéis mais submissos e coadjuvantes nas organizações afro-americanas tem sido um obstáculo ao empoderamento político das pessoas negras em geral. As filosofias nacionalistas negras, em particular, foram atacadas por suas ideias

---

[71] Ver, por exemplo, Nancy Chodorow, *The Reproduction of Mothering* (Berkeley, University of California Press, 1978) [ed. bras.: *Psicanálise da maternidade: uma crítica de Freud a partir da mulher*, trad. Nathanael C. Caixeiro, Rio de Janeiro, Rosa dos Tempos, 1991].

[72] Ver, por exemplo, Andrew Billingsley, *Black Families in White America* (Englewood Cliffs, Prentice Hall, 1992).

[73] Gloria Joseph, "Black Mothers and Daughters: Their Roles and Functions in American Society", em Gloria Joseph e Jill Lewis (org.), *Common Differences* (Garden City, Anchor, 1981,) p. 75--126; Patricia Hill Collins, "The Meaning of Motherhood in Black Culture and Black Mother/ Daughter Relationships", *Sage: A Scholarly Journal on Black Women*, v. 4, n. 2, 1987, p. 4-11.

[74] Beth E. Richie, *Compelled to Crime: The Gender Entrapment of Battered Black Women* (Nova York, Routledge, 1996); Elaine Bell Kaplan, *Not Our Kind of Girl*, cit.

sobre o lugar das mulheres negras nas lutas políticas[75]. Ao descrever o movimento nacionalista dos anos 1960, Pauli Murray afirma que muitos homens negros interpretaram erroneamente a autossuficiência e a independência das mulheres negras ao aceitar tacitamente a tese do matriarcado. Tal postura era e é altamente problemática para as mulheres negras. Murray observa:

> O clamor dos militantes negros pelo resgate da masculinidade negra sugere uma aceitação desse estereótipo, uma associação da masculinidade com a dominância masculina e uma tendência a tratar os valores de autossuficiência e independência como traços puramente masculinos.[76]

Fazendo eco a Murray, Sheila Radford-Hill considera a subordinação das mulheres negras nas instituições afro-americanas uma preocupação persistente[77]. Para Radford-Hill, a corrosão das bases tradicionais de poder das mulheres negras nas comunidades afro-americanas, ocorrida na esteira dos movimentos nacionalistas, é problemática porque

> o macho negro constituiu uma traição dos homens negros; uma rejeição psicossexual das mulheres negras vista como a pedra angular do declínio de nosso poder cultural. [...] Sem o poder de influenciar o propósito e a direção da nossa experiência coletiva, sem o poder de influenciar de dentro nossa cultura, ficamos cada vez mais imobilizados.[78]

COR, TIPO DE CABELO E PADRÕES DE BELEZA

Como qualquer um, as mulheres afro-americanas entendem o funcionamento das opressões interseccionais sem que estas lhes sejam ensinadas explicitamente nem aprendidas conscientemente. As imagens de controle

---

[75] E. Frances White, "Africa on My Mind: Gender, Counter Discourse and African-American Nationalism", *Journal of Women's History*, v. 2, 1990, p. 73-97; Wahneema Lubiano, "Black Nationalism and Black Common Sense", cit., p. 232-52; Rhonda Williams, "Living at the Crossroads: Explorations in Race, Nationality, Sexuality, and Gender", em Wahneema Lubiano (org.), *The House That Race Built*, cit., p. 136-56; Patricia Hill Collins, *Fighting Words: Black Women and the Search for Justice* (Minneapolis, University of Minnesota Press, 1998), p. 155-86.

[76] Pauli Murray, "The Liberation of Black Women", em Mary Lou Thompson (org.), *Voices of the New Feminism* (Boston, Beacon, 1970), p. 89.

[77] Sheila Radford-Hill, "Considering Feminism as a Model for Social Change", em Teresa de Lauretis (org.), *Feminist Studies/Critical Studies* (Bloomington, IN, Indiana University Press, 1986), p. 162.

[78] Ibidem, p. 168.

das mulheres negras não são apenas enxertadas nas instituições sociais existentes, e sim tão amplamente difundidas que, embora essas imagens mudem na imaginação popular, a caracterização das mulheres negras como o Outro persiste. Significados, estereótipos e mitos específicos podem mudar, mas a ideologia geral da dominação parece ser uma característica duradoura das opressões interseccionais[79].

As afro-americanas deparam com essa ideologia em uma série de experiências diárias incontestadas. Porém, quando as contradições entre as autodefinições das mulheres negras e o tratamento que recebem no cotidiano se intensificam, as imagens de controle se tornam cada vez mais visíveis. Karen Russell, filha do grande jogador de basquete Bill Russell, conta como os estereótipos raciais a afetam:

> Como devo reagir a gente branca bem-intencionada, boa e liberal que diz coisas do tipo: "Sabe, Karen, não entendo o motivo de tanto rebuliço. Você é uma amiga tão querida, nunca penso em você como negra". O que está implícito em tal observação é: "Eu penso em você como branca", ou talvez simplesmente: "Eu não penso nem um pouco na sua raça".[80]

Karen Russell foi perspicaz o suficiente para perceber que observações cuja intenção era de elogiá-la na realidade insultavam as pessoas afro-americanas. Na posição de Outro, as pessoas negras estadunidenses têm atribuídas a si todas as características negativas opostas e inferiores àquelas reservadas aos brancos. Ao dizer que Karen Russell não é de fato "negra", seus amigos validam involuntariamente esse sistema de significados raciais e a incentivam a internalizar essas imagens.

Embora a maioria das mulheres negras costume resistir a sua objetificação como o Outro, essas imagens de controle continuam a exercer uma influência poderosa sobre nossa relação com brancos, com homens negros, com outros grupos raciais/étnicos e entre nós. Os padrões dominantes de beleza – em particular a cor da pele, as características faciais e a textura do cabelo – são um exemplo específico de como as imagens de controle depreciam as afro-americanas. Uma cantiga infantil comumente cantada nas comunidades negras proclama:

---

[79] Michael Omi e Howard Winant, *Racial Formation in the United States*, cit.
[80] Karen K. Russell, "Growing Up with Privilege and Prejudice", *New York Times Magazine*, 14 jun. 1987, p. 22.

Now, if you're white you're all right,
If you're brown, stick around,
*But if you're black, Git back! Git back! Git back!**

Os padrões dominantes de beleza dizem que, por mais inteligente, educada ou "bonita" que seja, uma mulher negra com traços ou cor da pele mais africanos devem "voltar para trás". No pensamento binário que sustenta as opressões interseccionais, as loiras magras e de olhos azuis não poderiam ser consideradas bonitas sem o Outro – as mulheres negras com características tipicamente africanas: pele escura, nariz largo, lábios carnudos e cabelo crespo.

Raça, gênero e sexualidade convergem nessa questão da valoração da beleza. A negritude dos homens negros os penaliza. No entanto, por não serem mulheres, valorações de sua autoestima não dependem tanto de quão atraentes são no aspecto físico. Em contraste, parte da objetificação de toda mulher está ligada à valoração de sua aparência. No pensamento binário, mulheres brancas e negras, como coletividades, representam polos opostos, enquanto latinas, asiático-americanas e indígenas disputam as posições intermediárias. Julgar as mulheres brancas por sua aparência física e atratividade é uma forma de objetificá-las. Ao mesmo tempo, porém, a pele branca e o cabelo liso lhes dão privilégios num sistema que valoriza a branquitude, em detrimento da negritude. Em contraste, as afro-americanas sentem a dor de nunca conseguirem viver de acordo com os padrões de beleza vigentes – padrões usados por homens brancos, mulheres brancas, homens negros e, mais dolorosamente, pelas próprias mulheres afro-americanas. Independentemente da realidade subjetiva de qualquer mulher, esse é o sistema de ideias com o qual ela depara. Como as imagens de controle são hegemônicas e pressupostas, é praticamente impossível contorná-las.

No prefácio a *Skin Deep: Women Writing on Color, Culture and Identity* [À flor da pele: mulheres escrevem sobre cor, cultura e identidade], a organizadora Elena Featherstone sugere que, ao contrário do que diz a crença popular, "questões de raça e cor *não* se resumem a pretos e brancos – ou vermelhos, amarelos, pardos e brancos"[81]. Featherstone está certa, e obras como a dela continuam sendo necessárias. Ao mesmo tempo, porém, o colorismo no contexto estadunidense

---

* Em tradução livre: "Ora, se você for branco, tudo bem,/ Se você for pardo, fique por perto,/ Mas se você for negro, volte para trás! Volte para trás! Volte para trás!" (N. T.)

[81] Elena Featherstone (org.), *Skin Deep: Women Writing on Color, Culture and Identity* (Freedom, The Crossing, 1994), p. vi.

funciona da maneira como funciona porque está profundamente enraizado em uma forma de racismo típica dos Estados Unidos, que se fundamenta nas diferenças estabelecidas pela oposição entre negros e brancos. Outros grupos "de cor" precisam negociar os significados ligados a sua "cor". Todos precisam se posicionar em uma hierarquia de cores constantemente renegociada, na qual os significados ligados à branquitude e à negritude, por definirem o topo e a base, mudam muito menos do que pensamos. Interligados em uma relação simbiótica, "branco" e "negro" têm significado apenas em relação um ao outro. Por mais bem-intencionadas que sejam as conversas entre "mulheres de cor" a respeito do significado da cor nos Estados Unidos, essas conversas exigem uma análise da maneira pela qual o racismo institucionalizado produz hierarquias de cor entre as mulheres estadunidenses. Sem atentar para a dominação, essas conversas podem contribuir para nivelar diferenças genuínas de poder entre mulheres brancas, latinas, asiático-americanas, indígenas e negras. Até mesmo Featherstone reconhece o fato da negritude, assinalando que "a cor é a prova decisiva da 'americanidade', e a cor preta é a mais não americana de todas"[82].

Como as mulheres negras estadunidenses foram as mais homogeneamente prejudicadas pelo colorismo, que é um subproduto do racismo no país, é importante analisarmos como os padrões de beleza vigentes afetam o tratamento que as mulheres negras estadunidenses recebem na vida cotidiana. A atenção que musicistas, escritoras e artistas dedicam há muito tempo a esse tema revela que as afro-americanas têm sentimentos conflitantes sobre cor de pele, tipo de cabelo e padrões de beleza. Maya Angelou registrou em sua autobiografia a dolorosa consciência de que a única maneira de se tornar verdadeiramente bonita era tornando-se branca:

> Não ficariam eles surpresos quando, um dia, eu acordasse de meu feio sonho negro, e meu cabelo de verdade, longo e louro, assumisse o lugar do capacete crespo que a Momma não me deixava alisar? [...] Então eles entenderiam por que eu nunca peguei o sotaque sulista nem falava gírias comuns, e por que eu só comia rabo e focinho de porco se obrigada. Porque, na verdade, eu era branca, e uma fada-madrinha cruel [...] me transformou numa menina negra grandalhona de cabelo preto pixaim.[83]

---

[82] Ibidem, p. iii.

[83] Maya Angelou, *I Know Why the Caged Bird Sings* (Nova York, Bantam, 1969), p. 2 [ed. bras.: *Eu sei por que o pássaro canta na gaiola*, trad. Regiane Winarski, Bauru, Astral Cultural, 2018].

Mammies, matriarcas e outras imagens de controle 169

Gwendolyn Brooks também investiga o significado da cor da pele e da textura do cabelo para as mulheres negras estadunidenses. Na infância de Brooks, as feições africanas eram tão universalmente desvalorizadas que ela escreve: "quando eu era criança, não me passou nem uma vez sequer pela cabeça que o crespo que me envolvia [...] poderia um dia ser considerado bonito"[84]. Ainda pequena, Brooks descobriu que entre os próprios afro-americanos existia uma hierarquia muito nítida, baseada na proximidade com a brancura. Como membro dos "negros inferiores", os mais afastados dos brancos, Brooks vivenciou em primeira mão a diferença na forma como seu grupo e o grupo dos "mais claros" eram tratados:

> Uma das primeiras verdades "do mundo" que me foram reveladas quando finalmente entrei para a ESCOLA foi que, para ser socialmente bem-sucedida, a menina tinha de ser "mais clara". Melhor ainda se também tivesse cabelo encaracolado – ou ao menos de um tipo bom (tipo bom implicava, normalmente, não usar pente quente) –, mas *precisava* ser maravilhosamente "mais clara".[85]

Essa divisão das pessoas afro-americanas em duas categorias – "mais claros" e os "negros inferiores" – afeta as mulheres de pele escura e de pele clara de maneiras diferentes. As mulheres mais escuras enfrentam situações em que são julgadas como inferiores e recebem o tratamento oferecido a "uma menina negra grandalhona de cabelo preto pixaim". Instituições controladas por brancos demonstram evidente preferência por negros de pele mais clara, discriminando os mais escuros ou qualquer pessoa afro-americana que pareça rejeitar referências brancas de beleza. Sonia Sanchez relata: "As manas contam que [...] quando saem para procurar emprego, alisam o cabelo, porque se fossem com o cabelo natural ou trançado, provavelmente não conseguiriam trabalho"[86].

Às vezes, a dor mais profunda é a que as mulheres negras causam umas às outras. A mãe de Marita Golden lhe dizia para não brincar ao sol porque, "pelo bem de seus filhos, você vai ter de arrumar um marido de pele clara"[87]. Em *Color*, um curta-metragem que aborda o impacto da cor da pele na vida das mulheres negras, a mãe da personagem de pele escura tenta fazer com que a filha fique

---

[84]   Gwendolyn Brooks, *Report from Part One: The Autobiography of Gwendolyn Brooks* (Detroit, Broadside, 1972), p. 37 [No original: "*the black in which I was encased ... would be considered, one day, beautiful*". *Black* tem, aí, o sentido de penteado e de negro – N. T.].

[85]   Idem.

[86]   Claudia Tate (org.), *Black Women Writers at Work* (Nova York, Continuum, 1983), p. 141.

[87]   Marita Golden, *Migrations of the Heart* (Nova York, Ballantine, 1983), p. 24.

imóvel para passar o pente quente e pergunta: "Você não quer que seu cabelo balance que nem o da sua amiga Rebecca?". Vemos a tristeza da menina negra sentada na cozinha, protegendo as orelhas para que não se queimem com o pente quente que vai alisar seu cabelo. A mãe não consegue deixá-la bonita, mas apenas "apresentável" para a igreja. A descrição de Marita Golden de um salão de beleza negro mostra a opressão internalizada que algumas mulheres afro-americanas enfrentam em relação aos traços africanos:

> Entre as clientes, girando na cadeira com as pernas cruzadas enfiadas em meias brancas, minha esteticista se queixou para a cabeleireira na bancada ao lado: "Espero que Gloria Johnson não venha atrás de mim hoje. O cabelo dela é deste tamanho, juro por Deus". Ela estalou os dedos para indicar o comprimento. Com desdém, acendeu um cigarro e concluiu: "Mal dá pra lavar, muito menos escovar e enrolar".[88]

As afro-americanas que fazem parte das "mais claras" não se dão muito melhor, pois também são tratadas de modo especial por sua cor de pele e pelo tipo de cabelo. Harriet Jacobs, uma mulher escravizada de pele clara, era sexualmente assediada por causa de sua aparência. O cabelo liso, a pele clara e a aparência de mulher branca bronzeada a tornavam fisicamente atraente para os homens brancos. Mas o fato de ser negra a tornou disponível para os homens brancos como nenhum outro grupo de mulheres brancas havia sido. Pela avaliação de Jacobs ao descrever a situação, "se Deus lhe deu beleza, isso será sua maior maldição. Aquilo que faz a mulher branca ser admirada só acelera o processo de degradação da escrava"[89].

Essas diferenças na valoração e no tratamento para mulheres negras de pele escura e mulheres negras de pele clara influenciam as relações entre as mulheres afro-americanas. O romance *O olho mais azul*, de Toni Morrison, explora o tema da tensão que pode existir entre mulheres negras confrontadas com o significado dos padrões de beleza vigentes[90]. Frieda, uma garota negra "comum" de pele escura, luta com o significado desses padrões. Ela se pergunta por que os adultos ficavam tão chateados quando ela rejeitava as bonecas brancas que lhe davam, e por que Maureen Peal, uma menina da sua idade, de pele clara e duas tranças

---

[88] Ibidem, p. 25.

[89] Mary Helen Washington (org.), *Invented Lives: Narratives of Black Women 1860-1960* (Garden City, Anchor, 1987), p. 17.

[90] Toni Morrison, *The Bluest Eye* (Nova York, Pocket Books, 1970) [ed. bras.: *O olho mais azul*, trad. Manoel Paulo Ferreira, São Paulo, Companhia das Letras, 2003].

que pendiam como "cordas de linchamento em suas costas", recebia amor e atenção de professores, adultos e meninos negros. Morrison explora a tentativa de Frieda de não culpar Maureen pelas vantagens que a pele clara e o cabelo longo lhe proporcionaram com base na percepção cada vez mais nítida de que a "Coisa" a temer não era Maureen, mas a "Coisa" que tornava Maureen bonita.

Gwendolyn Brooks captura a raiva e a frustração das mulheres de pele escura quanto têm de lidar com o tratamento diferente que elas e as irmãs de pele mais clara recebem. Em seu romance *Maud Martha*, a heroína de pele escura pensa sobre as medidas que poderia tomar contra uma mulher negra de cabelo vermelho que seu marido achava atraente[91]. Maud Martha cogita: "Eu poderia ir até lá e arranhá-la todinha. Eu poderia cuspir nas costas dela. Eu poderia gritar. 'Escuta aqui', eu poderia gritar: 'Eu vou fazer um filho para esse homem e pretendo fazê-lo em paz'"[92]. Mas Maud Martha desiste de tomar essas medidas, ao ponderar: "Se a raiz é azeda, qual o sentido de cortar uma folha?".

Essa "raiz azeda" também produz problemas nas relações entre mulheres e homens afro-americanos. Maud Martha explica:

> É minha cor que deixa ele louco. Tento fechar os olhos para isso, mas adianta. Ele até que gosta do que eu sou por dentro, do que eu realmente sou. Mas ele não cansa de reparar na minha cor, que funciona como uma parede. Ele tem de saltar por cima dessa parede para conhecer e tocar o que eu tenho a oferecer. Ele tem de saltar bem alto para perceber isso. Ele se cansa de tanto saltar.[93]

A atração do marido por mulheres de pele clara machucava Maud Martha, porque a incapacidade de "saltar" por cima da parede da cor limitava a capacidade de vê-la como realmente era.

AS REAÇÕES DAS MULHERES NEGRAS ÀS IMAGENS DE CONTROLE

Em *Seus olhos viam Deus* (1937), Nanny expressa eloquentemente sua visão da condição de mulher negra:

> Eu nasci no tempo da escravidão, e por isso num podia tornar verdade meus sonho do que devia ser e fazer uma mulher. Isso é um dos mal da escravidão. Mas nada

---

[91] Gwendolyn Brooks, *Maud Martha* (Boston, Atlantic, 1953).

[92] Mary Helen Washington (org.), *Invented Lives*, cit., p. 422.

[93] Ibidem, p. 421.

impede que ocê queira! Ninguém pode rebaixar tanto uma pessoa com pancada que roube ela da vontade dela. Eu num queria ser usada que nem boi de carga ou porca parideira, e também num queria que minha filha fosse.[94]

Como muitas mulheres afro-americanas, ela resistiu às imagens de controle de "boi de carga" e "porca parideira", mas seu estatuto de escravizada a impedia de realizar seu "sonho do que devia ser e fazer uma mulher". Ela percebia as restrições de sua vida, mas conseguiu preservar a vontade de resistir. Além disso, tentou passar para a neta essa perspectiva de liberdade diante das imagens de controle.

Dada a natureza onipresente das imagens de controle, não deveria nos surpreender que o tema da construção de realidades sociais por mulheres negras seja recorrente no pensamento feminista negro. No geral, apesar da ampla difusão das imagens de controle, as afro-americanas como grupo resistimos a essas justificativas ideológicas de nossa opressão[95]. Ao contrário das mulheres brancas, que "enfrentam a armadilha de se deixar seduzir ao se unir ao opressor sob a intenção de compartilhar o poder", e para as quais "existe uma ampla gama de pretensas escolhas e recompensas em troca de se identificarem com o poder patriarcal e suas ferramentas", às mulheres negras se oferecem menos possibilidades[96]. Nesse contexto, mulheres individualmente e subgrupos de mulheres dentro da coletividade feminina negra estadunidense demonstraram reações diversas ao modo como são tratadas. Entender os contornos gerais dessa heterogeneidade, e como as mulheres negras estadunidenses podem se equipar melhor para resistir a esse tratamento negativo, é uma importante tarefa do pensamento feminista negro nos Estados Unidos.

Historicamente, a literatura produzida por escritoras negras estadunidenses oferece uma visão abrangente das lutas das mulheres negras para dar forma a autodefinições positivas diante de imagens depreciadas da condição de mulher negra. Retratar as várias maneiras pelas quais as afro-americanas experimentam a opressão internalizada é um dos principais temas das escritoras negras. A discussão de Mary Helen Washington sobre o tema das mulheres em suspenso na literatura feminina negra aborda uma das dimensões da opressão internalizada

---

[94] Zora Neale Hurston, *Seus olhos viam Deus* (trad. Marcos Santarrita, Rio de Janeiro, Record, 2002), p. 32.

[95] Karla Holloway, "The Body Politic", em *Codes of Conduct: Race, Ethics, and the Color of Our Character* (New Brunswick, Rutgers University Press, 1995), p. 15-71.

[96] Audre Lorde, *Sister Outsider*, cit., p. 117-8.

das mulheres negras[97]. Dor, violência e morte formam o conteúdo essencial da vida dessas mulheres. Elas estão suspensas no tempo e no espaço; suas escolhas de vida são tão severamente limitadas que muitas vezes as próprias mulheres são destruídas. Em *O olho mais azul* (1970), a personagem Pecola Breedlove, uma menina negra de onze anos, "feia", que nunca foi amada, internaliza as imagens negativas das afro-americanas e acredita que o fato de não ter olhos azuis é fundamental para sua "feiura"[98]. Pecola não consegue dar valor a sua negritude – deseja ser branca para escapar da dor de ser negra, mulher, pobre e criança. Sua mãe, Pauline Breedlove, caracteriza a internalização da imagem da *mammy*. Breedlove negligencia os próprios filhos, preferindo dedicar sua atenção e preocupação aos filhos dos brancos sob seus cuidados. Somente aceitando esse papel subordinado às crianças brancas ela conseguia, como negra pobre, enxergar um lugar positivo para si mesma.

As escritoras negras estadunidenses retrataram outras formas pelas quais as mulheres negras tentaram escapar desse mundo ditado por imagens deprecia-das da condição de mulher negra. Na ficção, as afro-americanas usam drogas, álcool, religiosidade excessiva e até a loucura para criar outros mundos além daqueles que produziram essas dolorosas realidades femininas negras. Pauline Breedlove, de *O olho mais azul*, e a senhora Hill, de *Meridian* (1976)[99], são tão apegadas à religião que conseguem ignorar as filhas. Eva Medina, de *Eva's Man* [O homem de Eva] (1976), escrito por Gayl Jones, Merle Kibona, de *The Chosen Place, The Timeless People* [Lugar escolhido, pessoas atemporais] (1969), de autoria de Paule Marshall, e Velma Henry, de *The Salt Eaters* [Os comedores de sal] (1980), escrito por Toni Cade Bambara, experimentam a loucura como fuga da dor[100].

A negação é outra reação característica às imagens de controle da condição de mulher negra e às condições que a acompanham. Afirmando não ser como as demais, algumas afro-americanas rejeitam conexões com outras mulheres negras e exigem ser tratadas de forma especial. Mary Helen Washington se refere

---

[97] Mary Helen Washington, "Teaching Black-Eyed Susans: An Approach to the Study of Black Women Writers", em Gloria T. Hull, Patricia Bell Scott e Barbara Smith (orgs.), *But Some of Us Are Brave*, cit., p. 208-17.

[98] Toni Morrison, *O olho mais azul*, cit.

[99] Alice Walker, *Meridian*, cit.

[100] Gayl Jones, *Eva's Man* (Boston, Beacon, 1976); Paule Marshall, *The Chosen Place, the Timeless People* (Nova York, Vintage, 1969); Toni Cade Bambara, *The Salt Eaters* (Nova York, Vintage, 1980).

a essas personagens como mulheres assimiladas[101]. Elas são mais conscientes de sua condição que as mulheres em suspenso, mas, apesar de seu maior potencial para dar forma às próprias vidas, elas ainda se sentem frustradas porque estão deslocadas no tempo e nas circunstâncias. Cleo, negra de pele clara, classe média e figura-chave no livro *The Living is Easy* [A vida é fácil] (1948), de Dorothy West, ilustra essa reação[102]. Em uma das cenas, a corajosa Cleo passa rapidamente com a filha por um parquinho cheio de crianças negras recém-chegadas do Sul e pensa que "não gostaria que a filha fosse para a escola com aqueles pretos". Cleo se apega a sua posição de classe, que, para ela, a distancia dos demais afro-americanos, e tenta atenuar o *status* negativo ligado a sua negritude, enfatizando sua posição de classe superior. Mesmo que Cleo seja mais aceitável para o mundo branco, o preço que ela paga por sua aceitação é a negação de sua identidade racial e o afastamento da sustentação que essa identidade pode lhe oferecer.

As escritoras negras estadunidenses não só retratam as várias reações que as mulheres afro-americanas expressam individualmente a sua objetificação como o Outro, mas também documentam o processo de crescimento pessoal na direção de autodefinições positivas. O crescimento pessoal de Renay, a heroína de *Loving Her* (1974), de Ann Allen Shockley, ilustra o processo de rejeição das imagens de controle da condição de mulher negra definidas externamente[103]. De início, a autora apresenta Renay como uma mulher em suspenso: ela está presa em um casamento heterossexual com um marido abusivo e tenta negar seus sentimentos por outras mulheres. Renay se refugia na música e no álcool como espaços temporários nos quais não precisa ver sua diferença – nesse caso, a negritude e o lesbianismo – sendo julgada como inferior e desviante. Ao se tornar amante de uma mulher branca, Renay se sente feliz de início, mas logo percebe que substituiu uma série de imagens de controle – as que experimentou com o marido abusivo – por outras. Ela abandona a amante para buscar sua própria autodefinição. No fim do romance, Renay resiste a todas as definições externas de si mesma que derivam de imagens de controle aplicadas a negras, mulheres e lésbicas.

As experiências de Renay mostram como as escritoras negras exploram o tema da resistência das mulheres negras às imagens de controle, uma resistência

---

[101] Mary Helen Washington, "Teaching Black-Eyed Susans", cit.

[102] Dorothy West, *The Living Is Easy* (Nova York, Arno-Press/ New York Times, 1948).

[103] Ann Allen Shockley, *Loving Her*, cit.

MAMMIES, MATRIARCAS E OUTRAS IMAGENS DE CONTROLE 175

caracterizada pela mulher emergente na literatura feminina negra. O romance *Dessa Rose* (1986), de Sherley Anne Williams, descreve o crescente sentimento de poder de uma mulher negra depois que ela participa de uma revolta de escravizados, foge e, por fim, garante sua própria liberdade[104]. Dorine Davis, a heroína de *A Measure of Time* [Uma medida do tempo] (1983), de Rosa Guy, é estuprada aos dez anos por seu empregador branco, depois dorme com homens por dinheiro, mas ainda mantém um âmago de resistência[105]. Ainda que Dorine passe por experiências ruins, Guy não a retrata como uma vítima. Em *O olho mais azul*, Toni Morrison apresenta a personagem Claudia como uma menina negra de dez anos que, para o desgosto dos adultos, arranca a cabeça de bonecas brancas e, diferentemente de seus colegas de turma, se recusa a admirar Maureen Peal, a menina de pele clara e cabelos compridos. A consciência cada vez maior de Claudia sobre a "'Coisa' que tornava Maureen bonita e a gente feia" – imagens racistas das mulheres negras – representa mais uma reação às imagens negativas da condição de mulher negra. Como Merle Kibona de *The Chosen Place, the Timeless People*, Vyry de *Jubilee* [Jubileu] (1966), de Margaret Walker[106], Janie Crawford de *Seus olhos viam Deus*, ou Meridian do romance homônimo de Alice Walker, Claudia representa uma versão jovem das mulheres negras emergentes que estão criando novas definições da condição de mulher negra.

A ficção das mulheres negras estadunidenses dos anos 1990 está repleta de heroínas negras independentes. Muitas dessas personagens ficcionais expressam dimensões variadas da tese da mulher emergente. Assim como as diferenças de classe social se tornaram proeminentes nas imagens de controle das mulheres negras em geral, as imagens de mulheres emergentes na literatura de mulheres negras também refletem a diversidade de classes sociais. As mulheres da classe trabalhadora se tornam mulheres emergentes ao superar uma série de dificuldades – muitas delas financeiras – que visam diminuí-las. No romance *Blanche on the Lam* [Blanche em fuga] (1992), de Barbara Neely, Blanche foge da justiça e se esconde, como doméstica, na casa de uma família rica e branca[107]. Outra heroína da classe trabalhadora é a detetive Tamara Hale, de Valerie Wilson. Mãe solteira de um filho adolescente, Hale busca conciliar o bem-estar financeiro e a criação do filho na região metropolitana de Newark.

---

[104] Sherley Anne Williams, *Dessa Rose* (Nova York, William Morrow, 1986).

[105] Rosa Guy, *A Measure of Time* (Nova York, Bantam, 1983).

[106] Margaret Walker, *Jubilee* (Nova York, Bantam, 1966).

[107] Barbara Neely, *Blanche on the Lam* (Nova York, Penguin, 1992).

176 Pensamento feminista negro

Curiosamente, tanto na ficção de Neely quanto na de Wilson, as mulheres da classe trabalhadora passam pouco tempo lamentando o fato de serem solteiras. Nenhuma dessas heroínas ficcionais sofre com a ausência de um marido ou de um amante negro. As mulheres negras de classe média, por sua vez, se tornam emergentes após mudarem suas expectativas em relação a sua feminilidade e às expectativas dos homens negros. *Falando de amor* (1992) e *Como Stella recuperou o rebolado* (1996), ambos de Terry McMillan, podem ser lidos como peças complementares que aconselham as mulheres negras de classe média a ascender[108]. Em *Falando de amor*, quatro amigas negras enfrentam a busca de relacionamentos satisfatórios com homens negros. No fim do livro, duas delas conseguem estabelecer relacionamentos significativos com homens. No entanto, o que todas aprendem é que a amizade entre elas é tão importante quanto os laços que têm com os homens. No livro seguinte de McMillan, Stella, negra, mãe solteira e profissional bem-sucedida com um bom salário, viaja sozinha à Jamaica e conhece Winston, um homem muito mais jovem que ela. No fim do livro, Stella deixa para trás as limitações das imagens de controle especificamente estadunidenses e decide que o amor verdadeiro transcende diferenças de idade e nacionalidade. Embora o racismo, o sexismo e a exploração de classe não preocupem as mulheres emergentes criadas por Neely, Wilson e McMillan, os contextos sociais nos quais essas autoras inserem suas personagens são claramente estruturados por essas formas de opressão.

Os muitos documentários e longas-metragens em que as mulheres negras aparecem como protagonistas constituem outra arena em que mulheres negras emergentes são retratadas. As mulheres negras não só puderam ler sobre as mulheres negras emergentes na ficção de Terry McMillan, como também puderam ver imagens de mulheres negras tentando "falar de amor" e "recuperar o rebolado" na tela grande*. A questão das mulheres negras estadunidenses que passam a conhecer a si próprias, muitas vezes na companhia de outras mulheres negras, aparece em uma série de filmes de temáticas bastante variadas. Longas-metragens dirigidos por mulheres negras, como *As filhas do pó*, de Julie Dash,

---

[108] Terry McMillan, *Waiting to Exhale* (Nova York, Viking, 1992) [ed. bras.: *Falando de amor*, trad. Claudia Costa Guimarães, Rio de Janeiro, Record, 1998], e *How Stella Got Her Groove Back* (Nova York, Viking, 1996) [ed. bras.: *Como Stella recuperou o rebolado*, trad. Claudia Costa Guimarães, Rio de Janeiro, Record, 1999].

* Os dois livros de Terry McMillan citados foram transformados em longas-metragens. No Brasil, os filmes saíram com os títulos *Falando de amor* (1995) e *A nova paixão de Stella* (1998). (N. E.)

Gotta Make That Journey: Sweet Honey in the Rock [Tenho de fazer essa viagem], de Michelle Parkerson, e *Alma's Rainbow* [O arco-íris de Alma], de Ayoka Chenzira, ilustram o valor que as cineastas negras atribuem às autodefinições emergentes das mulheres negras.

As mulheres emergentes podem ter surgido na ficção e no cinema das mulheres negras apenas recentemente, mas há muito tempo povoam as experiências cotidianas. Em sua autobiografia, Lorene Carey, uma afro-americana de classe trabalhadora que ajudou a acabar com a segregação em um prestigiado internato na Nova Inglaterra, conta o que acontece quando mulheres negras comuns decidem "se rebelar":

> Minha mãe e a mãe dela, que trabalhavam em uma fábrica, e a mãe dela, que limpava apartamentos em Manhattan, estudaram essas pessoas a vida toda [...]. E eu as estudei. Estudei minha mãe quando ela se rebelou em escolas primárias e lojas de departamento. Eu sempre pressentia quando isso ia acontecer. Um gerente branco de uma loja de departamentos olhava para minha mãe e via apenas uma jovem negra de roupas modestas reclamando exaustivamente. Ele usava aquele tom de voz que eles usam quando têm um trabalho importante para fazer em outro lugar. "Sei". Então ele a dispensava com os olhos. Eu sentia o corpo dela enrijecer ao meu lado, e sabia que ele a tirara do sério. E então começava para valer, e ela se rebelava. E não se conformava. Não importava quantas pessoas estivessem na fila [...]. Rebelar-se, aprendi, não era uma questão de estilo; a indignação fria era tão eficiente quanto o calor da fúria. Rebelar-se tinha a ver com ter vontade.[109]

As mulheres emergentes perceberam que uma das formas de sobreviver ao desrespeito cotidiano e aos ataques diretos inerentes às imagens de controle é "se rebelar". É nesse momento que o silêncio se transforma em fala, que a quietude se transforma em ação. Como diz Karla Holloway, "não há vencedores nessa situação, mas muitas vezes a gente se sente melhor"[110].

---

[109] Lorene Cary, *Black Ice* (Nova York, Knopf, 1991), p. 58-9.
[110] Karla Holloway, "The Body Politic", cit., p. 31.

5
O PODER DA AUTODEFINIÇÃO

"Para alguns de nós a opressão é tão típica dos Estados Unidos quanto uma torta de maçã, e, para sobreviver, sempre tivemos de estar vigilantes", afirma a poeta e feminista negra Audre Lorde[1]. Essa "vigilância" gera uma consciência dupla nas afro-americanas, na qual elas "se familiarizam com a linguagem e as maneiras de agir do opressor, chegando às vezes a adotá-las por certa ilusão de proteção"[2], e ao mesmo tempo escondem um ponto de vista autodefinido dos olhos curiosos dos grupos dominantes. Ella Surrey, trabalhadora doméstica negra idosa, resume de forma eloquente a energia necessária para sustentar autodefinições independentes: "Sempre fomos as melhores atrizes do mundo. [...] Acho que somos muito mais inteligentes que eles, porque sabemos que temos de jogar o jogo. Sempre tivemos de viver duas vidas – uma para eles, outra para nós mesmas"[3].

Por trás da máscara de conformidade imposta às mulheres afro-americanas, existem há muito tempo atos de resistência organizados e anônimos[4]. Apesar

---

[1] Audre Lorde, *Sister Outsider* (Trumansburg, Crossing, 1984) [ed. bras.: *Irmã outsider*, trad. Stephanie Borges, Belo Horizonte, Autêntica, no prelo], p. 114.

[2] Idem.

[3] John Langston Gwaltney, *Drylongso, A Self-Portrait of Black America* (Nova York, Random House, 1980), p. 238 e 240. O tema da dupla consciência tem uma longa história nos *Black Studies* estadunidenses. O caráter de proximidade das relações raciais nos Estados Unidos, nas quais as pessoas negras comumente se encontravam na condição de subordinados diante dos brancos, estimulou o desenvolvimento desse tema. Para uma discussão a esse respeito, ver a análise de William E. B. Du Bois feita por Paul Gilroy em *The Black Atlantic: Modernity and Double Consciousness* (Cambridge, MA, Harvard University Press, 1993) [ed. bras.: *O Atlântico negro: modernidade e dupla consciência*, trad. Cid Knipel Moreira, 2. ed., São Paulo/Rio de Janeiro, Editora 34/Ucam, 2012]. Curiosamente, ao discutir a primeira edição de *Pensamento feminista negro*, Gilroy se mostrou surpreso por eu não mencionar Du Bois, e teve a impressão errônea de que eu não sabia da importância de Du Bois para o tema da dupla consciência.

[4] Angela Davis, *Mulheres, raça e classe* (trad. Heci Regina Candiani, São Paulo, Boitempo, 2016); idem, *Mulheres, cultura e política* (trad. Heci Regina Candiani, São Paulo, Boitempo, 2017); Rosalyn Terborg-Penn, "Black Women in Resistance: A Cross-Cultural Perspective", em Gary Y. Okhiro (org.), *Resistance: Studies in African, Caribbean and Afro-American History* (Amherst, MA, University of Massachusetts Press, 1986), p. 188-209; Darlene Clark Hine, "Rape and

das tensões relacionadas ao trabalho doméstico, Judith Rollins afirma que as trabalhadoras domésticas entrevistadas por ela pareciam ter preservado um "notável senso de valor próprio"[5]. Elas "desviam com habilidade os ataques psicológicos a sua personalidade, a sua vida adulta, a sua dignidade, tentativas de induzi-las a se deixar definir como inferiores pelos empregadores"[6]. Em sua pesquisa, Bonnie Thornton Dill descobriu que as trabalhadoras domésticas que entrevistou se recusavam a aceitar pressão de seus empregadores. Como declarou uma das entrevistadas[7]:

> Quando comecei a trabalhar [...] minha mãe me disse: "Não deixe ninguém tirar vantagem de você. Defenda seus direitos, mas faça o trabalho corretamente. Se eles não lhe derem seus direitos, exija que tratem você adequadamente. E se não fizerem isso, largue o emprego".[8]

Jacqueline Bobo[9] relata que as mulheres negras estadunidenses que participaram de seu estudo e viram o filme *A cor púrpura* não eram consumidoras passivas de imagens de controle da condição de mulher negra. Ao contrário, essas mulheres criaram identidades concebidas para empoderá-las. Em 1905, época de forte repressão racial, a educadora Fannie Barrier Williams considerou que as afro-americanas eram não vítimas indefesas, mas resistentes obstinadas: "Por mais que seja vista de forma mesquinha e encontre dificuldades onde quer que vá, ela sempre faz algo digno de mérito e crédito, algo que não se espera dela"[10]. Williams via a mulher negra como "irreprimível. Ainda que insultada, mantém a cabeça erguida; ainda que desprezada, exige respeito orgulhosamente. [...] A garota mais interessante deste país é a garota de cor"[11].

---

the Inner Lives of Black Women in the Middle West: Preliminary Thoughts on the Culture of Dissemblance", *Signs*, v. 14, n. 4, 1989, p. 912-20; Bernice McNair Barnett, "Invisible Southern Black Women Leaders in the Civil Rights Movement: The Triple Constraints of Gender, Race, and Class", *Gender and Society*, v. 7, n. 2, 1993, p. 162-82.

[5] Judith Rollins, *Between Women, Domestics and Their Employers* (Filadélfia, Temple University Press, 1985).

[6] Ibidem, p. 212.

[7] Bonnie Thornton Dill, "'Making Your Job Good Yourself': Domestic Service and the Construction of Personal Dignity", em Ann Bookman e Sandra Morgen (orgs.), *Women and the Politics of Empowerment* (Filadélfia, Temple University Press, 1988), p. 33-52.

[8] Ibidem, p. 41.

[9] Jacqueline Bobo, *Black Women as Cultural Readers* (Nova York, Columbia University Press, 1995).

[10] Fannie Barrier Williams, "The Colored Girl", em Mary Helen Washington (org.), *Invented Lives: Narratives of Black Women 1860-1960* (Garden City, Anchor, 1987), p. 151.

[11] Idem.

Para as mulheres negras, resistir fazendo algo que "não se espera" delas não seria possível se não rejeitassem as *mammies*, as matriarcas e outras imagens de controle. Quando combinados, esses atos individuais de resistência sugerem que as mulheres negras têm uma consciência coletiva específica. Essa consciência estava presente no discurso de Maria Stewart, em 1831, quando aconselhou as "filhas da África": "Despertem! Levantem-se! Chega de sono, chega de marasmo. Sejam únicas. Mostrem ao mundo que vocês têm qualidades nobres e magníficas"[12]. Essa consciência está presente na visão de mundo de Johnny Mae Fields, trabalhadora de uma fiação da Carolina do Norte com poucas oportunidades de resistir. Fields anuncia: "Se me dizem para fazer algo que eu sei que não vou fazer, não conto a eles. Apenas vou em frente e não faço"[13].

O silêncio não deve ser interpretado como submissão a essa consciência coletiva e autodefinida das mulheres negras. Em 1925, a escritora Marita Bonner mostrou de forma muito convincente como a consciência continuava sendo a única esfera de liberdade possível para ela no estado persistente de confinamento em que vivia, tanto em seu mundo de classe média negra quanto na sociedade branca racista:

> Então – sendo mulher – você pode esperar. Melhor ficar quieta e de mãos vazias. Não saturada – pesada como se os seus pés estivessem fundidos no ferro da sua alma. Não desperdiçando força com gestos debilitantes, como se duzentos anos de algemas e chicotes tivessem deixado você impaciente e insegura. Mas quieta, quieta. Quieta como Buda, que – pardo como eu – sentou-se totalmente à vontade, completamente seguro de si; imóvel e ciente. [...] Imóvel por fora. Mas e por dentro?[14]

As intelectuais negras estadunidenses há tempos exploram esse espaço privado, oculto, da consciência feminina negra, os pensamentos "íntimos" que permitem às mulheres negras suportar e, em muitos casos, transcender os limites das opressões interseccionais de raça, classe, gênero e sexualidade. Como nós, afro--americanas, como grupo conseguimos encontrar forças para fazer frente a nossa objetificação como "mulas do mundo"? Como explicar as vozes de resistência de Audre Lorde, Ella Surrey, Maria Stewart, Fannie Barrier Williams e Marita

---

[12] Marilyn Richardson (org.), *Maria W. Stewart: America's First Black Woman Political Writer* (Bloomington, IN, Indiana University Press, 1987), p. 30.

[13] Victoria Byerly, *Hard Times Cotton Mills Girls* (Ithaca, NY, Cornell University Press, 1986), p. 141.

[14] Marita O. Bonner, "On Being Young – A Woman – and Colored", em Joyce Flynn e Joyce Occomy Stricklin (orgs.), *Frye Street and Environs: The Collected Works of Marita Bonner* (Boston, Beacon, 1987), p. 7.

Bonner? Que alicerce sustentava Sojourner Truth quando ela perguntou: "Por acaso não sou mulher?". A voz dessas mulheres afro-americanas não é de vítimas, mas de sobreviventes. Suas ideias e ações sugerem que não apenas existe um ponto de vista autodefinido das mulheres negras como grupo, mas que sua presença tem sido essencial para a sobrevivência das mulheres negras nos Estados Unidos.

"Um sistema de opressão", afirma a ativista feminista negra Pauli Murray, "tira grande parte de sua força do consentimento de suas vítimas, que aceitaram a imagem dominante de si mesmas e ficaram paralisadas por um sentimento de impotência."[15] As ideias e ações das mulheres negras nos Estados Unidos exigem que se repense o conceito de hegemonia, a ideia de que a objetificação das mulheres negras como o Outro é tão absoluta que nos tornamos participantes voluntárias de nossa própria opressão. A maioria das afro-americanas simplesmente não se define como *mammies*, matriarcas, mães dependentes do Estado, mulas ou mulheres sexualmente depreciadas. A matriz de dominação na qual essas imagens de controle estão inseridas é muito menos coesa ou uniforme do que se imagina.

As mulheres afro-americanas deparam com essas imagens de controle não como mensagens simbólicas desencarnadas, mas como ideias concebidas para dar sentido a nossa vida diária[16]. O trabalho e as experiências familiares das mulheres negras criam as condições sob as quais as contradições entre as experiências cotidianas e as imagens de controle da condição de mulher negra se tornam visíveis. Ver as contradições nas ideologias possibilita abri-las à desmistificação. Assim como Sojourner Truth desconstruiu o termo *mulher* usando suas próprias experiências de vida para desafiá-lo, as afro-americanas fazem o mesmo todos os dias de várias maneiras. As poucas Maria Stewart, Sojourner Truth, Ella Surrey e Johnny Mae Fields de que ouvimos falar talvez sejam menos uma afirmação sobre a existência das ideias das mulheres negras que um reflexo da supressão de suas ideias. Como diz Nancy White, moradora de um bairro central pobre de uma grande cidade: "Eu gosto de dizer o que penso. Mas não faço isso muito, porque a maioria das pessoas não se importa com o que penso"[17]. Como Marita Bonner, muitas mulheres negras permanecem inertes por fora... mas e por dentro?

---

[15] Pauli Murray, *Song in a Weary Throat: An American Pilgrimage* (Nova York, Harper and Row, 1987), p. 106.

[16] James C. Scott, *Weapons of the Weak: Everyday Forms of Peasant Resistance* (New Haven, CT, Yale University Press, 1985).

[17] John Langston Gwaltney, *Drylongso*, cit., p. 156.

EM BUSCA DA PRÓPRIA VOZ: ENTRAR EM ACORDO COM AS CONTRADIÇÕES

"Ser capaz de usar a extensão plena da própria voz, tentar expressar a totalidade do 'eu', é uma luta recorrente na tradição das escritoras [negras]", afirma a crítica literária feminista negra Barbara Christian[18]. As afro-americanas certamente expressaram nossas vozes individuais. Em geral as mulheres negras estadunidenses têm sido descritas como francas e incisivas ao se expressar, uma consequência da expectativa de que tanto homens como mulheres participem da sociedade civil negra. Apesar dessa tradição, a questão da busca de uma voz própria para expressar um ponto de vista coletivo e autodefinido das mulheres negras continua sendo central no pensamento feminista negro.

Não nos surpreende que o tema da autodefinição interesse às afro-americanas. A vida das mulheres negras consiste em uma série de negociações que visam conciliar as contradições que separam nossas próprias imagens internas de mulheres afro-americanas com nossa objetificação como o Outro. A dificuldade de viver duas vidas, uma para "eles e uma para nós mesmos"[19], cria uma tensão peculiar, própria da construção de autodefinições independentes em um contexto em que a condição de mulher negra permanece depreciada no cotidiano. Como assinala Karla Holloway, "a realidade do racismo e do sexismo quer dizer que devemos configurar nossas realidades privadas de modo a incluir a consciência do que nossa imagem pública pode significar para os outros. Isso não é paranoia. É preparo"[20].

Muito do que há de melhor no pensamento feminista negro reflete essa busca de uma voz coletiva e autodefinida, e também expressa um ponto de vista mulherista plenamente articulado[21]. Audre Lorde observa que "neste país, onde diferenças raciais criam uma constante, ainda que velada, distorção de visões, as mulheres negras, por um lado, sempre foram altamente visíveis, assim como, por outro lado, foram invisibilizadas pela despersonalização do racismo"[22]. Lorde

---

[18] Barbara Christian, *Black Feminist Criticism: Perspectives on Black Women Writers* (Nova York, Pergamon, 1985), p. 172.

[19] John Langston Gwaltney, *Drylongso*, cit., p. 240.

[20] Karla Holloway, "The Body Politic", em *Codes of Conduct: Race, Ethics, and the Color of Our Character* (New Brunswick, Rutgers University Press, 1995), p. 36.

[21] Patricia Hill Collins, *Fighting Words: Black Women and the Search for Justice* (Minneapolis, University of Minnesota Press, 1998), p. 61-5.

[22] Audre Lorde, *Sister Outsider*, cit., p. 42.

também assinala que a "visibilidade que nos torna mais vulneráveis" – inerente a ser negro – "é também a fonte de nossa maior força"[23]. A categoria "mulher negra" torna todas as mulheres negras estadunidenses especialmente visíveis e suscetíveis à objetificação das mulheres negras como categoria. Esse tratamento dirigido ao grupo torna cada afro-americana potencialmente invisível como ser humano. Paradoxalmente, porém, ser tratada como um Outro invisível coloca a afro-americana em uma posição de *outsider* interna que estimula a criatividade em muitas de nós.

Individualmente, resolver contradições dessa magnitude requer uma força interior considerável. Ao descrever o desenvolvimento de sua própria identidade racial, Pauli Murray lembra:

> Minha autoestima vivia me escapando. Eu não tinha me libertado inteiramente do pressuposto de que devo provar que sou digna dos direitos que os indivíduos brancos nem sequer precisam pensar que têm. Esse condicionamento psicológico, juntamente com o medo, acabou abalando minha capacidade de resistir à injustiça racial.[24]

A busca de Murray era pelo conhecimento construído, um tipo de conhecimento essencial para resolução de contradições[25]. Para aprender a falar com uma "voz única e autêntica, as mulheres devem 'se lançar para fora' dos enquadramentos e dos sistemas fornecidos pelas autoridades e criar seu próprio enquadramento"[26]. Ao contrário das imagens de controle desenvolvidas para as mulheres brancas de classe média, as imagens de controle aplicadas às mulheres negras são tão uniformemente negativas que quase exigem resistência. Para as mulheres negras estadunidenses, o conhecimento construído do "eu" emerge da luta para substituir as imagens de controle pelo conhecimento autodefinido, considerado pessoalmente importante, um conhecimento muitas vezes essencial para a sobrevivência das mulheres negras[27].

---

[23] Idem.

[24] Pauli Murray, *Song in a Weary Throat*, cit., p. 106.

[25] Mary Field Belenky et al., *Women's Ways of Knowing* (Nova York, Basic Books, 1986).

[26] Ibidem, p. 134.

[27] Belenky, Clinchy, Goldberger e Tarule sugerem que conquistar o conhecimento construído requer autorreflexão e distanciamento das situações familiares, tanto psicológicas quanto físicas; ver Mary Field Belenky et al., *Women's Ways of Knowing*, cit. Para as intelectuais negras, ser *outsider* interna pode proporcionar a distância e o ângulo de visão do familiar que podem ser usados para "encontrar uma voz" ou dar forma a um conhecimento construído. Belenky e suas colegas consideram que esse processo afeta os indivíduos; sugiro que um argumento semelhante pode ser aplicado às mulheres negras como grupo. As autoras também relatam que as mulheres

ESPAÇOS SEGUROS E BUSCA DE VOZ

Embora a dominação seja inevitável como fato social, é improvável que seja hegemônica como ideologia dentro dos espaços sociais nos quais as mulheres negras falam livremente. Essa esfera de discurso relativamente seguro, embora restrita, é uma condição necessária para a resistência das mulheres negras. As famílias extensas, as igrejas e as organizações comunitárias afro-americanas são locais importantes, nos quais há possibilidades de expressar um discurso seguro. Sondra O'Neale descreve o funcionamento desses espaços para as mulheres negras:

> Por trás da máscara, no gueto da comunidade das mulheres negras, na família e, mais importante, em sua psique, existe e sempre existiu outro mundo, um mundo em que ela funciona – às vezes na tristeza, mas sentindo na maioria das vezes uma alegria genuína [...] – fazendo coisas que as mulheres negras "normais" fazem.[28]

Esses espaços não são apenas seguros – eles formam locais privilegiados de resistência à objetificação como o Outro. Nesses espaços, as mulheres negras "observam as imagens femininas da cultura 'mais ampla', percebem que esses modelos são, na melhor das hipóteses, inadequados e, na pior, destrutivos para elas, e seguem o propósito de se definir com base nos modelos femininos negros históricos vigentes em sua própria comunidade"[29]. Ao promover o empoderamento das mulheres negras por meio da autodefinição, esses espaços seguros as ajudam a resistir à ideologia dominante promulgada não apenas fora da sociedade civil negra, mas também dentro das instituições afro-americanas.

---

usam repetidamente a metáfora da voz para descrever seu desenvolvimento intelectual e ético: "A tendência das mulheres a fundamentar suas premissas epistemológicas em metáforas que fazem referência a falar e escutar está em desacordo com as metáforas visuais (como comparar conhecimento e iluminação, saber e ver, verdade e luz) que cientistas e filósofos costumam usar para expressar seu senso de pensamento" (ibidem, p. 16). Essa ênfase na voz observada na cultura feminina tem paralelo na importância da comunicação oral na cultura afro-americana. Sobre isso, ver Ben Sidran, *Black Talk* (Nova York, Da Capo, 1971), e Geneva Smitherman, *Talkin and Testifyin: The Language of Black America* (Boston, Houghton Mifflin, 1977). Essa metáfora da busca da voz, quando aplicada às tradições intelectuais das mulheres negras, é útil em muitos contextos. No entanto, como metáfora para o empoderamento das mulheres negras, continua a ser problemática. Discuto longamente essa contradição em *Fighting Words*, cit., p. 44-76.

28 Sondra O'Neale, "Inhibiting Midwives, Usurping Creators: The Struggling Emergence of Black Women in American Fiction", em Teresa de Lauretis (org.), *Feminist Studies/Critical Studies*, (Bloomington, IN, Indiana University Press, 1986), p. 139.

29 Idem.

186 Pensamento feminista negro

Esses espaços institucionais nos quais as mulheres negras constroem autodefinições independentes refletem a natureza dialética de opressão e ativismo. As escolas, a mídia impressa e de radiodifusão, as agências governamentais e outras instituições de comunicação reproduzem as imagens de controle da condição de mulher negra. Em resposta, as afro-americanas tradicionalmente utilizam as redes familiares e as instituições da comunidade negra como espaços para combater essas imagens. Por um lado, essas instituições comunitárias negras têm importância vital para o desenvolvimento de estratégias de resistência. Num contexto de segregação racial profundamente arraigada, que persistiu mesmo durante a década de 1960, a grande maioria das mulheres negras estadunidenses não tinha acesso a outras formas de organização política. Por outro lado, muitas dessas instituições da sociedade civil negra perpetuaram ideologias racistas, sexistas, elitistas e homofóbicas. Esse mesmo período de dessegregação da sociedade estadunidense estimulou uma dessegregação paralela *dentro da* sociedade civil negra, na qual mulheres, membros da classe trabalhadora, lésbicas, *gays*, bissexuais, transgêneros e outros grupos minorizados antes subjugados no interior da sociedade civil negra começaram a se expressar.

Em consequência desse contexto político cambiante, a realidade se mostra muito mais complexa que a de uma poderosa maioria branca objetificando mulheres negras e uma comunidade unida de negros estadunidenses desafiando firmemente esses ataques externos. Nunca existiu uma cultura de resistência uniforme e homogênea entre as pessoas negras estadunidenses – nunca existiu e continua não existindo. Pode-se dizer, no entanto, que os afro-americanos compartilharam uma mesma agenda política e cultural, vivenciada e expressa de formas diferentes por eles como coletividade heterogênea. A sobrevivência da população afro-americana, ao longo da história, dependeu de sua união e, de muitas maneiras, da minimização das diferenças internas. Mais recentemente, sob uma economia política em transformação, em que a sobrevivência de muitos estadunidenses negros parece menos problemática, surgiu espaço para a expressão dessas diferenças. O próprio feminismo negro, em grande parte pela demanda de autodefinição das mulheres negras, tem sido fundamental para a criação desse espaço. No geral, as mulheres afro-americanas se encontram em uma rede de relações transversais, cada qual apresentando combinações variadas de imagens de controle e autodefinições.

Assim, a complexidade histórica desses arranjos institucionais de segregação racial e dessas políticas heterogêneas da comunidade negra afetou profundamente a consciência das mulheres negras e sua articulação em um ponto de vista autodefinido. Dado esse contexto, quais têm sido os espaços seguros de estímulo à consciência das mulheres negras? Onde as afro-americanas puderam falar individualmente de modo livre, contribuindo para um ponto de vista coletivo e autodefinido? Além disso, quão "seguros" são esses espaços atualmente?

Relações das mulheres negras umas com as outras

Tradicionalmente, as mulheres negras estadunidenses buscaram construir vozes individuais e coletivas em ao menos três espaços seguros. Um deles envolve as relações das mulheres negras umas com as outras. Em alguns casos, como amizades e interações familiares, essas relações são negociações informais e privadas entre indivíduos. Em outros, como ocorreu durante a escravidão, nas igrejas negras ou nas associações de mulheres negras, vínculos organizacionais mais formais deram estímulo às comunidades de mulheres negras[30]. Como mães, filhas, irmãs e amigas, muitas afro-americanas se apoiam mutuamente[31].

A relação mãe/filha é fundamental entre as mulheres negras. Inúmeras mães negras empoderaram as filhas transmitindo-lhes o conhecimento cotidiano essencial para sua sobrevivência como mulheres afro-americanas[32]. Filhas negras identificam a profunda influência que as mães tiveram em suas vidas[33]. Mães e figuras maternas são centrais em autobiografias como *Eu sei*

---

[30] Deborah Gray White, *Ar'n't I a Woman? Female Slaves in the Plantation South* (Nova York, W. W. Norton, 1985); Cheryl Townsend Gilkes, "'Together and in Harness': Women's Traditions in the Sanctified Church", *Signs*, v. 10, n. 4, 1985, p. 678-99; Evelyn Brooks Higginbotham, *Righteous Discontent: The Women's Movement in the Black Baptist Church, 1880-1920* (Cambridge, MA, Harvard University Press, 1993); Paula Giddings, *In Search of Sisterhood: Delta Sigma Theta and the Challenge of the Black Sorority Movement* (Nova York, William Morrow, 1988); Johnetta B. Cole, *Conversations: Straight Talk with America's Sister President* (Nova York, Anchor, 1993); Beverly Guy-Sheftall, "A Black Feminist Perspective on Transforming the Academy: The Case of Spelman College", em Stanlie M. James e Abena P. A. Busia (orgs.), *Theorizing Black Feminisms: The Visionary Pragmatism of Black Women* (Nova York, Routledge, 1993), p. 77-89.

[31] Lena Wright Myers, *Black Women: Do They Cope Better?* (Englewood Cliffs, NJ, Prentice-Hall, 1980).

[32] Gloria Joseph, "Black Mothers and Daughters: Their Roles and Functions in American Society", em Gloria Joseph e Jill Lewis (org.), *Common Differences* (Garden City, Anchor, 1981,) p. 75-126; Patricia Hill Collins, "The Meaning of Motherhood in Black Culture and Black Mother/Daughter Relationships", *Sage: A Scholarly Journal on Black Women*, v. 4, n. 2, 1987, p. 4-11.

[33] Patricia Bell-Scott et al., *Double Stitch: Black Women Write About Mothers and Daughters* (Boston, Beacon, 1991).

por que o pássaro canta na gaiola (1969), de Maya Angelou, *Sweet Summer* [Doce verão] (1989), de Bebe Moore Campbell, *Lemon Swamp and Other Places* [Charco do Limão e outros lugares] (1983), de Mamie Garvin Fields e Karen Fields, e *A Taste of Power* [Um gosto de poder] (1992), de Elaine Brown[34]. Alice Walker atribui sua autoconfiança à mãe. Ao descrever essa relação, Mary Helen Washington afirma que Walker "nunca duvidou de sua capacidade de discernimento porque sua mãe partia do princípio de que ela era sensata; nunca questionou seu direito de seguir sua vocação intelectual, porque sua mãe lhe deu implicitamente o direito de fazê-lo"[35]. Ao dar à filha uma carteirinha de biblioteca, a mãe de Walker mostrou ter consciência da importância de uma mente livre.

No conforto das conversas cotidianas, em momentos mais sérios e nos bem-humorados, as afro-americanas, como irmãs e amigas, reafirmam a humanidade, o caráter singular e o direito de existir umas das outras. A ficção escrita por mulheres negras, como o conto "The Johnson Girls" ["As meninas Johnson"] (1981), de Toni Cade Bambara[36], os romances *O olho mais azul* (1970), *Sula* (1974) e *Amada* (1987), de Toni Morrison[37], e o sucesso *Falando de amor* (1992), de Terry McMillan, é um espaço importante no qual a amizade entre as mulheres negras é levada a sério. Em um diálogo com outras quatro mulheres negras, Evelynn Hammonds descreve essa relação especial que as mulheres negras podem ter umas com as outras: "Acho que na maioria das vezes você tem de passar pela experiência para entender. Sempre que estou com outras mulheres negras eu rio. Acho que nosso humor vem do reconhecimento compartilhado de quem nós somos no mundo"[38].

Esse reconhecimento compartilhado muitas vezes acontece entre afro-americanas que, embora não se conheçam, percebem a necessidade de valorizar

---

[34] Bebe Moore Campbell, *Sweet Summer: Growing Up with and without My Dad* (Nova York, Putnam, 1989); Mamie Garvin Fields e Karen Fields, *Lemon Swamp and Other Places: A Carolina Memoir* (Nova York, Free Press, 1983); Elaine Brown, *A Taste of Power: A Black Woman's Story* (Nova York, Pantheon, 1992).

[35] Mary Helen Washington, "I Sign My Mother's Name: Alice Walker, Dorothy West and Paule Marshall", em Ruth Perry e Martine Watson Brownley (orgs.), *Mothering the Mind: Twelve Studies of Writers and Their Silent Partners* (Nova York, Holmes & Meier, 1984), p. 145.

[36] Toni Cade Bambara, "The Johnson Girls", em *Gorilla, My Love* (Nova York, Vintage, 1981).

[37] Toni Morrison, *Sula* (Nova York, Random House, 1974), e *Beloved* (Nova York, Random House, 1987) [ed. bras.: *Amada*, trad. José Rubens Siqueira, São Paulo, Companhia das Letras, 2007].

[38] Cheryl Clarke et al., "Conversations and Questions: Black Women on Black Women Writers", *Conditions: Nine*, v. 3, n. 3, 1983, p. 114.

a condição de mulher negra. Marita Golden relembra suas dificuldades para cursar a faculdade em 1968. A instituição, conta ela, se "localizava [...] num confortável bairro nobre do noroeste de Washington, cercada de [...] gramados bem cuidados da classe alta da cidade". Para entrar nesse mundo, Golden pegava um ônibus no centro com "trabalhadoras domésticas negras que seguiam até o fim da linha para limpar a casa de jovens e matronas brancas". Ela relata a reação de suas companheiras de viagem quando souberam que ela estava cursando uma faculdade:

> Elas me olhavam com orgulho, aprovando com acenos de cabeça os livros no meu colo [...]. Eu acolhia o incentivo delas e odiava os Estados Unidos por nunca terem permitido que elas fossem egoístas ou gananciosas, que sentissem a mordida dura da ambição [...]. Elas tinham negociado a própria raiva, transformando-a em uma armadura leve, sob medida para a sobrevivência. O espírito daquelas mulheres me acompanhou em todas as disciplinas que cursei.[39]

Uma experiência semelhante me estimulou a ir atrás de meu doutorado. Em 1978, ofereci um seminário como parte de um curso de verão para docentes e funcionários de escola em diferentes cidades. Depois do seminário em Chicago, uma participante negra mais velha sussurrou para mim: "Querida, estou muito orgulhosa de você. Mesmo que algumas pessoas não queiram ver você lá na frente [da sala de aula], lá é seu lugar. Volte para a escola e faça seu doutorado. Então eles não vão poder dizer nada contra você!". Até hoje, agradeço a ela e tento fazer pelos outros o que ela fez por mim. Ao conversar com outras afro-americanas, descobri que muitas de nós passaram por experiências semelhantes.

Essa questão de as mulheres negras ouvirem realmente umas às outras é significativa, especialmente pela importância da voz na vida delas. Ao observar o valor da amizade entre as mulheres negras, Karla Holloway rememora o apoio de umas às outras em um clube de leitura do qual participou:

> Nossos encontros sempre aconteciam por razões semelhantes – quando alguém, um professor ou um diretor de escola primária, um vendedor, uma equipe médica, nos tratava como se não tivéssemos noção de nós mesmas, nem capacidade de filtrar as bobagens que nos empurram goela abaixo, nem maturidade para fazer escolhas na vida de nossos filhos.[40]

---

[39] Marita Golden, *Migrations of the Heart* (Nova York, Ballantine, 1983), p. 21.
[40] Karla Holloway, "The Body Politic", cit., p. 31.

Essas mulheres relatavam momentos catárticos, nos quais reagiam de forma criativa, "rebelando-se". Cada uma delas sabia que somente outra mulher negra entenderia plenamente como era ser tratada assim e reagir à altura.

Audre Lorde fala da importância que a expressão da voz individual pode ter para a autoafirmação no contexto coletivo das comunidades de mulheres negras: "é claro que tenho medo, porque a transformação do silêncio em linguagem e ação é um ato de revelação individual, algo que parece estar sempre carregado de perigo"[41]. É possível escrever para um público sem nome e sem rosto, mas o ato de usar a voz exige que haja alguém ouvindo e, portanto, estabelece uma conexão. Para as afro-americanas, o ouvinte mais capaz de romper a invisibilidade criada pela objetificação das mulheres negras é outra mulher negra. Esse processo de confiança umas nas outras pode parecer perigoso, porque somente as mulheres negras sabem o que significa ser mulher negra. Mas se não escutarmos umas às outras, quem vai nos escutar?

As escritoras negras foram pioneiras no reconhecimento da importância das relações das mulheres negras entre si. Mary Helen Washington ressalta que uma das características distintivas da literatura feminina negra é que ela trata de mulheres afro-americanas. As mulheres conversam umas com as outras e "a amizade que têm com outras mulheres – mães, irmãs, avós, amigas, amantes – é vital para seu crescimento e bem-estar"[42]. A importância dessas relações transcende os escritos das mulheres negras estadunidenses. Por exemplo, o romance *Changes* [Mudanças] (1991), da ganesa Ama Ata Aidoo, usa a amizade entre duas profissionais africanas para explorar os desafios enfrentados pelas mulheres profissionais nas sociedades africanas contemporâneas[43]. Na ficção feminina negra estadunidense, essa ênfase nas relações das mulheres negras é tão marcante que a romancista Gayl Jones sugere que as escritoras selecionam temas diferentes dos de seus colegas homens. No trabalho de muitos escritores negros homens, os relacionamentos significativos são aqueles que envolvem confronto com indivíduos fora da família e da comunidade. Entre as escritoras negras, porém, as relações dentro da família e da comunidade, entre homens e mulheres, e entre mulheres, são tratadas como complexas e significativas[44].

---

[41] Audre Lorde, *Sister Outsider*, cit., p. 42.

[42] Mary Helen Washington (org.), *Invented Lives*, cit., p. xxi.

[43] Ama Ata Aidoo, *Changes: A Love Story* (Nova York, Feminist, 1991).

[44] Claudia Tate (org.), *Black Women Writers at Work* (Nova York, Continuum Publishing, 1983), p. 92.

Escritoras e cineastas negras estadunidenses exploraram muitos dos temas que afetam as relações entre as mulheres negras. Um desses temas diz respeito às dificuldades que as afro-americanas podem encontrar umas com as outras em uma sociedade que deprecia as mulheres negras como grupo. Por razões diversas, a incapacidade das mães de ajudar as filhas a compreender a condição de mulher negra caracteriza as relações entre mãe e filha no romance *O olho mais azul*, de Toni Morrison, e no filme *Ganhando espaço*. Outro tema é o apoio e a renovação que podem surgir dessas relações entre mulheres negras. Em relações como as que existem entre Celie e Shug no romance *A cor púrpura*, de Alice Walker, entre as irmãs do filme *Alimento da alma*, entre as quatro mulheres de *Falando de amor* e entre as mulheres de uma família extensa no filme *Daughters of the Dust* [Filhas da poeira], as mulheres negras se ajudam mutuamente a crescer. Outro tema são as relações entre mulheres negras como forma de controle e repressão. A relação de Audre Lorde com a mãe, narrada em sua autobiografia, *Zami*[45], e o relacionamento da adolescente Alma com a mãe autoritária no filme *Alma's Rainbow* [O arco-íris de Alma] ilustram como mulheres negras com algum poder – nesse caso, o da autoridade materna – podem reprimir outras mulheres. Talvez Ntozake Shange seja quem melhor sintetize a importância das mulheres negras umas para as outras na resistência às condições de opressão. Shange conta a razão por que escreve: "Quando eu morrer, não serei culpada de ter deixado para trás uma geração de meninas que acham que ninguém, além delas mesmas, liga para sua saúde emocional"[46].

A tradição do *blues* das mulheres negras

A música afro-americana como forma de arte proporcionou uma segunda esfera na qual as mulheres negras puderam encontrar sua voz[47]. "A arte é especial por sua capacidade de influenciar tanto sentimentos como conhecimento", sugere Angela Davis[48]. Davis afirma que o grupo dominante não conseguiu captar a função social da música em geral, principalmente o papel central que a música

---

[45]   Audre Lorde, *Zami: A New Spelling of My Name* (Trumansburg, Crossing, 1982).

[46]   Em Claudia Tate (org.), *Black Women Writers at Work*, cit., p. 162.

[47]   Irene V. Jackson, "Black Women and Music: From Africa to the New World", em Filomina Chioma Steady (org.), *The Black Woman Cross-Culturally* (Cambridge, MA, Schenkman, 1981), p. 383-401.

[48]   Angela Davis, *Mulheres, cultura e política*, cit., p. 166.

desempenhava em todos os aspectos da vida na sociedade da África Ocidental. Assim, "o povo negro foi capaz de criar com sua música uma comunidade estética de resistência que, por sua vez, encorajou e nutriu uma comunidade política de luta ativa pela liberdade"[49]. *Spirituals, blues, jazz, rhythm and blues* e *hip-hop* progressista fazem parte de um *"continuum* de lutas", que é "estético e político ao mesmo tempo"[50].

Os padrões de comunicação de matriz africana preservam a integridade do indivíduo e sua voz pessoal, mas fazem isso no contexto das atividades em grupo[51]. Na música, um dos efeitos desse modo de discurso oral é que a individualidade, em vez de ser reprimida pela atividade grupal ou ser equiparada à especialização, floresce coletivamente[52]. "Há algo tão penetrante na música que até nossa alma capta a mensagem. Não importa qual problema aflija uma pessoa, a música pode ajudá-la a enfrentá-lo", afirma Mahalia Jackson[53]. "Uma canção deve fazer algo por mim e pelas pessoas que a escutam. Não consigo cantar músicas que não tenham uma mensagem, que não tenham uma força capaz de reerguer alguém."[54]

A tradição do *blues* é parte essencial da música afro-americana[55]. A intérprete Alberta Hunter explica a importância do *blues* como maneira de lidar

---

[49] Ibidem, p. 167.

[50] Ibidem, p. 201.

[51] Geneva Smitherman, *Talkin and Testifyin*, cit.; Thomas Kochman, *Black and White Styles in Conflict* (Chicago, University of Chicago Press, 1981); Molefi Kete Asante, *The Afrocentric Idea* (Filadélfia, Temple University Press, 1987); Katie G. Cannon, *Black Womanist Ethics* (Atlanta, Scholars Press, 1988).

[52] Sidran sugere que chegar a um "som" ou voz própria é um componente fundamental da música negra vocalizada; ver Ben Sidran, *Black Talk*, cit. O teólogo negro James Cone também se referiu à música negra como portadora de valores da cultura afro-americana. Cone observa que a música negra é uma "música que remete à unidade. Ela une a alegria e a tristeza, o amor e o ódio, a esperança e a desesperança dos negros [...]. A música negra é unificadora porque coloca o indivíduo diante da verdade da existência negra, e afirma que ser negro só é possível em um contexto comunitário. A música negra é funcional. Seus propósitos e objetivos se relacionam diretamente com a consciência da comunidade negra". Ver James H. Cone, *The Spirituals and the Blues: An Interpretation* (Nova York, Seabury, 1972), p. 5. Note-se a lógica não excludente da descrição de Cone, uma análise que rejeita o pensamento binário das sociedades ocidentais.

[53] Mahalia Jackson, "Singing of Good Tidings and Freedom", em Milton C. Sernett (org.), *Afro-American Religious History* (Durham, Duke University Press, 1985), p. 454.

[54] Ibidem, p. 446.

[55] As mulheres negras participaram de todos os gêneros de música negra, mas tiveram um protagonismo especial nos gêneros vocais, como *spirituals, gospel* e *blues*; ver Irene V. Jackson, "Black Women and Music", cit. Eu me concentro no *blues* por sua associação com a tradição secular das mulheres negras e pela atenção que recebeu na análise feminista negra; ver, por exemplo, Angela Davis, *Blues Legacies and Black Feminism* (Nova York, Vintage, 1998). Embora seja um

com a dor: "Para mim, o *blues* é quase religioso [...], quase sagrado – quando cantamos *blues*, cantamos o que vem diretamente do coração [...], nossos sentimentos"[56]. A capacidade que a população negra tem de enfrentar e até superar os problemas, sem ignorá-los, significa que eles não vão nos destruir[57].

Tradicionalmente, o *blues* assumiu, na cultura oral afro-americana, uma função semelhante à da mídia impressa para a cultura branca, de base visual. O *blues* não era apenas entretenimento – era uma maneira de consolidar a comunidade e discutir o tecido social da vida da classe trabalhadora negra nos Estados Unidos. Sherley Anne Williams afirma que "os discos de *blues* de cada década têm algo a dizer sobre a base filosófica de nossa vida como pessoas negras. Se não entendermos isso como intelectuais que supostamente somos, não entenderemos nada sobre nós mesmos"[58]. Para as afro-americanas, o *blues* parecia estar em toda parte. Mahalia Jackson relembra como o gênero se encontrava difundido por toda parte em sua infância em Nova Orleans:

> A gente até ouvia cantores brancos famosos, como Caruso, quando passava por uma casa de branco, mas numa casa de cor a gente ouvia *blues*. Não tinha como não ouvir *blues* – pelas paredes finas das casas; pelas janelas abertas; subindo e descendo a rua nos bairros de cor – todo mundo tocava *blues* bem alto.[59]

As mulheres negras têm sido fundamentais na manutenção, transformação e recriação das tradições do *blues* na cultura afro-americana[60]. Como afirma Michele Russell, o "*blues* é, em primeiro lugar, uma linguagem familiar para as mulheres negras, ou até parte fundamental da vida"[61]. O *blues* ocupou um lugar especial na música das mulheres negras como espaço de expressão de

---

fenômeno mais recente, o *gospel* também é "uma tradição musical feminina negra", diz Irene V. Jackson no texto supracitado. As letras das músicas *gospel*, com raízes na igreja urbana negra, também poderiam ser examinadas.

[56] Daphne Duval Harrison, "Black Women in the Blues Tradition", em Sharon Harley e Rosalyn Terborg-Penn (orgs.), *The Afro-American Woman: Struggles and Images* (Port Washington, Kennikat, 1978), p. 63.

[57] James H. Cone, *The Spirituals and the Blues*, cit.

[58] Em Claudia Tate (org.), *Black Women Writers at Work*, cit., p. 208.

[59] Mahalia Jackson, "Singing of Good Tidings and Freedom", cit., p. 447.

[60] Daphne Duval Harrison, "Black Women in the Blues Tradition", cit., e *Black Pearls: Blues Queens of the 1920s* (New Brunswick, Rutgers University Press, 1988); Michele Russell, "Slave Codes and Liner Notes", em Gloria T. Hull, Patricia Bell Scott e Barbara Smith (orgs.), *But Some of Us Are Brave* (Old Westbury, Feminist Press, 1982), p. 129-40; Angela Davis, *Blues Legacies and Black Feminism*, cit.

[61] Michele Russell, "Slave Codes and Liner Notes", cit., p. 130.

autodefinição. As cantoras de *blues* tentam criar uma atmosfera na qual possa haver uma análise e, ainda assim, essa atmosfera é intensamente pessoal e individualizada. Quando nós, mulheres negras, cantamos *blues*, cantamos nossos próprios *blues*, individualizados e personalizados, ao mesmo tempo que expressamos o *blues* coletivo de todas as afro-americanas*.

A análise de Michele Russell da música de cinco intérpretes negras de *blues* mostra que as letras podem ser vistas como expressões de um ponto de vista das mulheres negras. Russell afirma que a obra de Bessie Smith, Bessie Jackson, Billie Holiday, Nina Simone e Esther Phillips ajudam as mulheres negras a "tomar posse de seu passado, presente e futuro". Para Russell, essas mulheres são o que são porque "o conteúdo de sua mensagem [dessas artistas], junto a sua forma de expressão, as fizeram assim"[62].

A música de intérpretes clássicos de *blues* da década de 1920 – quase exclusivamente mulheres – marca o primeiro registro escrito dessa dimensão da cultura oral negra estadunidense. As canções eram originalmente cantadas em pequenas comunidades, nas quais os limites que distinguiam intérprete e público, canto e resposta e pensamento e ação eram fluidos e permeáveis. Apesar do controle das gravadoras geridas por brancos, os discos eram feitos exclusivamente para o "mercado racial" afro-americano e, portanto, para os consumidores negros. Como um grande número de mulheres negras não tinha acesso à educação formal, esses discos foram os primeiros documentos permanentes a explorar um ponto de vista das mulheres negras da classe trabalhadora, ao qual elas tinham acesso apenas em locais específicos. As músicas podem ser vistas como poesia, como expressão de mulheres negras comuns rearticulada pelas tradições orais negras.

Os *blues* cantados por muitas intérpretes negras desafiam as imagens de controle definidas externamente e usadas para justificar a objetificação das mulheres negras como o Outro. As canções de Ma Rainey, apelidada de "Rainha do *blues*" e primeira grande intérprete mulher de *blues* amplamente gravada, validam as tradições intelectuais feministas negras expressas por mulheres negras da classe trabalhadora. Em contraste com a ingenuidade da maior parte da música popular branca do mesmo período, Ma Rainey e suas contemporâneas cantam sobre mulheres maduras e sensuais. Por exemplo, a música "Mean Tight

---

* *Blues*, aqui, é usado pela autora no sentido de gênero musical e também de tristeza ou lamento, sentimentos usualmente associados a essa expressão cultural. (N. E.)

[62] Idem.

Mama" [Mamãe má e durona], de Sara Martin, rejeita o culto da verdadeira condição de mulher e suas imagens limitadoras de beleza:

Now my hair is nappy and I don't wear no clothes of silk
Now my hair is nappy and I don't wear no clothes of silk
But the cow that's black and ugly has often got the sweetest milk[63]

A música de Bessie Smith "Get It, Bring It, and Put It Right Here" [Se virar e trazer dinheiro para casa] – como as palavras de Maria Stewart – aconselha as mulheres negras a ter espírito de independência. Sobre seu parceiro, ela canta:

I've had a man for fifteen years, give him his room and his board
Once he was like a Cadillac, now he's like an old worn-out Ford.
He never brought me a lousy dime, and put it in my hand
Oh, there'll be some changes from now on, according to my plan.
He's got to get it, bring it, and put it right here
Or else he's gonna keep it out there.
If he must steal it, beg it, or borrow it somewhere
Long as he gets it, I don't care[64]

Às vezes, as letras cantadas pelas intérpretes negras de *blues* assumem formas abertamente políticas. Billie Holiday gravou "Strange Fruit" [Estranho fruto] em 1939, no final de uma década de muita agitação racial:

Southern trees bear a strange fruit, blood on the leaves and blood at the root
Black body swinging in the Southern breeze, strange fruit hanging from the poplar trees.
Pastoral scene of the gallant South, the bulging eyes and the twisted mouth,
Scent of magnolia sweet and fresh, and the sudden smell of burning flesh!
Here is a fruit for the crows to pluck, for the rain to gather, for the wind to suck, for
*   the sun to rot, for a tree to drop,*
Here is a strange and bitter crop[65]

---

[63] Ver Daphne Duval Harrison, "Black Women in the Blues Tradition", cit., p. 69 [Tradução: "Olha, meu cabelo é crespo e não uso roupas de seda/ Olha, meu cabelo é crespo e não uso roupas de seda/ Mas quem tem o leite mais doce costuma ser a vaca preta e feia" – N. T.].

[64] Ver Michele Russell, "Slave Codes and Liner Notes", cit., p. 133 [Tradução: "Tive um homem por quinze anos, dei a ele cama e mesa/ Ele antes era um Cadillac, agora é um Ford velho e gasto/ Ele nunca me deu um centavo sequer/ Ah, agora as coisas vão mudar, meu plano vai dar certo/ Ele tem de se virar e trazer dinheiro para casa/ Ou então vai ficar para fora/ Se tiver de roubar, implorar, emprestar/ Desde que consiga, não me importo como será" – N. T.].

[65] *Billie Holiday Anthology – Lady Sings the Blues* (Ojai, CA, Creative Concepts Publishing, 1976) [Tradução: As árvores do Sul dão um estranho fruto/ Sangue nas folhas e sangue na raiz/ Corpo

Com sua interpretação poderosa dessas letras, Billie Holiday mostrou uma conexão direta com a luta política de Ida B. Wells-Barnett e outras notórias feministas negras contra os linchamentos. A música de Holiday, ainda que date de tempos passados, aborda temas que iluminam o presente.

Apesar da contribuição do *blues* das mulheres negras como espaço em que mulheres negras comuns tiveram voz, Ann duCille chama a atenção para certa tendência da crítica cultural negra contemporânea de ver o *blues* sob uma perspectiva idealizada[66]. DuCille afirma que, embora as rainhas negras do *blues*, como Bessie Smith e Ma Rainey, cantassem o sexo e a sexualidade com uma franqueza surpreendente para a época, elas raramente o faziam em seus próprios termos. Embora no auge do *blues* centenas de mulheres tenham tido a oportunidade de gravar seu trabalho, elas fizeram isso em gravadoras controladas por homens brancos. Ao mesmo tempo, negros de classe média que na década de 1920 estavam envolvidos em uma espécie de Renascimento cultural em geral viam esse gênero musical como antitético aos objetivos de seu movimento cultural. O *blues* das mulheres negras era com frequência considerado "baixa" cultura[67]. Assim, embora as cantoras negras da década de 1920 parecessem ter liberdade para cantar temas sexualmente explícitos, elas o faziam em um contexto complicado quanto às políticas de raça, classe e gênero.

Além disso, duCille afirma que identificar o *blues* como espaço "autêntico" da voz das mulheres negras divide a experiência negra em dois grupos aparentemente opostos: o das "literatas" da classe média negra e as intérpretes de *blues* da classe trabalhadora negra. O fato de as intérpretes de *blues* serem mais "autênticas" relega as escritoras negras, e aquelas que as estudam, à categoria de uma negritude menos autêntica. DuCille revela que a ficção de duas escritoras negras de classe média, Jessie Fauset e Nella Lawson, fazia uma crítica mais complexa da sociedade que a apresentada pelas cantoras de *blues*. O argumento

---

negro balançando na brisa do Sul, estranhos frutos pendendo dos álamos/ Cenário pastoral do galante Sul, os olhos esbugalhados e a boca retorcida,/ Aroma doce e fresco de magnólia, e o súbito cheiro de carne em brasa!/ Eis um fruto para os corvos bicarem, para a chuva colher, para o vento chupar, para o sol apodrecer, para uma árvore derrubar,/ Eis uma colheita estranha e amarga – N. T.].

[66] Ann duCille, "Blue Notes on Black Sexuality: Sex and the Texts of the Twenties and Thirties", em John C. Fout e Maura Shaw Tantillo (orgs.), *American Sexual Politics: Sex, Gender, and Race Since the Civil War* (Chicago, University of Chicago Press, 1993), p. 193-219.

[67] Angela Davis, *Blues Legacies and Black Feminism*, cit., p. xii-xiii.

de duCille não diz respeito às cantoras em si, mas à forma como esses espaços aparentemente seguros do *blues* das mulheres negras são vistos dentro da crítica cultural negra contemporânea. No entanto, levando em consideração essas advertências, é importante lembrar que, apesar de suas apropriações contemporâneas, para a grande maioria das trabalhadoras negras os espaços do *blues* das mulheres negras foram e continuam sendo importantes[68]. Onde mais as mulheres negras da classe trabalhadora podiam dizer em público o que compartilhavam entre si em particular?

As vozes das escritoras negras

No verão de 1944, Pauli Murray, recém-formada em direito, retornou a seu apartamento na Califórnia e encontrou o seguinte bilhete da "Associação dos Proprietários de Imóveis da Rua South Crocker":

> Nós [...] gostaríamos de informá-la que o apartamento que você ocupa no momento [...] é restrito à raça branca ou caucasiana. [...] Pretendemos respeitar essas restrições, assim pedimos a você que desocupe o apartamento acima mencionado [...] em no máximo sete dias.[69]

A reação de Murray foi escrever. Ela recorda: "Eu estava aprendendo que a expressão criativa faz parte do equipamento necessário a uma causa convincente; é outra forma de ativismo. As palavras foram fluindo da minha máquina de escrever"[70].

Embora existisse uma tradição de escrita de mulheres negras[71], ela estava disponível sobretudo para as mulheres com educação formal. Sem acesso à instrução que lhes possibilitaria ler livros, e sem tempo para isso, as mulheres negras da classe trabalhadora lutavam para conquistar uma voz pública. Daí a importância do *blues* e de outras dimensões da tradição oral negra na vida dessas mulheres. Nesse contexto de segmentação de classes, é digno de nota encontrar escritos de mulheres negras que transcendam as divisões entre as tradições escritas e as orais. Nesse sentido, por não se encaixar nem só na

---

[68] Idem.

[69] Pauli Murray, *Song in a Weary Throat*, cit., p. 253.

[70] Ibidem, p. 255.

[71] Barbara Christian, *Black Feminist Criticism*, cit.; Hazel Carby, *Reconstructing Womanhood: The Emergence of the Afro-American Woman Novelist* (Nova York, Oxford University Press, 1987).

tradição do *blues* das mulheres negras, nem só na tradição igualmente importante das escritoras negras, a obra de Alice Childress é exemplar[72]. Childress criou a personagem Mildred, uma trabalhadora doméstica negra ficcional. Em breves monólogos a sua amiga Marge, Mildred fala sobre uma série de tópicos. Os 62 monólogos de Mildred, cada um com duas ou três páginas, são afirmações provocativas da teoria feminista negra de Childress[73]. Consideremos, por exemplo, a versão que Mildred apresenta a Marge da resposta que ela deu a seu chefe após ouvi-lo dizer num almoço com amigos que ela era quase como um membro da família:

> Eu *não* sou quase da família, não mesmo! A família come na sala de jantar e eu como na cozinha. Sua mulher empresta sua toalha de mesa de renda para a visita e seu filho se diverte com os amigos na sala de estar, sua filha tira o cochilo da tarde no sofá da sala e o cachorro dorme espalhado na colcha de cetim... Veja que eu não sou *bem* da família.[74]

Nessa passagem, Childress cria uma versão ficcional do que muitas trabalhadoras domésticas negras gostariam de dizer em algum momento. Também faz uma crítica mordaz ao uso da imagem da *mammy* para justificar o modo negativo como as mulheres negras são tratadas.

Prenunciando a personagem Blanche, criada por Barbara Neely, as ideias de Mildred soam de fato verdadeiras. Mas a Mildred de Childress também ilustra um uso criativo da escrita das mulheres negras, direcionada não apenas para mulheres negras com instrução, mas para uma comunidade mais ampla de mulheres negras. A personagem Mildred apareceu pela primeira vez em uma série de conversas originalmente publicadas no jornal *Freedom*, de Paul Robeson, sob o título "Conversations from Life" [Conversas da vida]. Tiveram continuidade no *Baltimore Afro-American* como "Here's Mildred" [Esta é Mildred]. Como muitas leitoras de Childress também eram trabalhadoras domésticas, as ousadas afirmações de Mildred soavam como as vozes silenciadas de muitas delas. Além disso, a identidade de Mildred como trabalhadora doméstica negra e a forma de publicação desses relatos ficcionalizados é um exemplo de prática cada vez mais rara na produção intelectual negra – uma autora negra ou um autor negro

---

[72] Alice Childress, *Like One of the Family: Conversations from a Domestic's Life* (Boston, Beacon, 1986).

[73] Trudier Harris, "Introduction", em Alice Childress, *Like One of the Family*, cit.

[74] Alice Childress, *Like One of the Family*, cit., p. 2.

escrevendo para um público afro-americano de classe trabalhadora em um meio controlado por pessoas negras[75].

Desde a década de 1970, o aumento do acesso à educação entre pessoas afro-americanas proporcionou novas oportunidades para que as mulheres negras estadunidenses expandissem o uso dos estudos acadêmicos e da literatura em espaços institucionais de resistência mais visíveis. A partir de então, surgiu uma comunidade de escritoras negras que iniciaram um diálogo entre si para explorar assuntos até então considerados tabu. A crítica literária feminista negra documentou o espaço intelectual e pessoal criado para as afro-americanas nesse conjunto emergente de ideias[76]. Especialmente digno de nota é o tratamento dado por muitas escritoras negras a temas e abordagens da tradição do *blues* das mulheres negras, bem como a escritoras negras do passado[77].

Os espaços seguros são realmente "seguros"?

Historicamente, os lugares seguros eram "seguros" porque ali nós, mulheres negras, podíamos tratar livremente de questões que nos diziam respeito. Por definição, tais espaços se tornam menos "seguros" se compartilhados com pessoas que não são negras nem mulheres. Os espaços seguros das mulheres negras não foram feitos para ser um estilo de vida. Ao contrário, constituem um mecanismo dentre muitos destinados a promover o empoderamento das mulheres negras e nos capacitar para participar de projetos de justiça social.

---

[75] Trudier Harris, "Introduction", cit. Infelizmente, Alice Childress é uma das muitas escritoras afro-americanas cujo trabalho ainda não foi reconhecido. Nascida na Carolina do Sul em 1920 e bisneta de escrava, Childress não só escreveu livros e contos, mas também atuou no teatro negro de Nova York. Embora as conversas de Mildred tenham sido publicadas em forma de livro pela primeira vez em 1956 por uma pequena editora, essa importante antologia do trabalho de Alice Childress foi negligenciada por quase duas décadas. Em 1986, a crítica literária Trudier Harris estudou a compilação e reeditou-a com o título *Like One of the Family* [Como se fosse da família], nome também do primeiro texto do volume.

[76] Mary Helen Washington, *Midnight Birds* (Garden City, Anchor, 1980), e "Teaching Black-Eyed Susans: An Approach to the Study of Black Women Writers", em Gloria T. Hull, Patricia Bell Scott e Barbara Smith (orgs.), *But Some of Us Are Brave*, cit., p. 208-17; Claudia Tate (org.), *Black Women Writers at Work*, cit.; Mari Evans, *Black Women Writers* (1950-1980) (Garden City, Anchor, 1984); Barbara Christian, *Black Feminist Criticism*, cit.; Sondra O'Neale, "Inhibiting Midwives, Usurping Creators", cit.

[77] Sherley A. Williams, "The Blues Roots of Afro-American Poetry", em Michael S. Harper e Robert B. Stepto (orgs.), *Chant of Saints: A Gathering of Afro-American Literature, Art and Scholarship* (Urbana, University of Illinois Press, 1979), p. 123-35; Katie G. Cannon, *Black Womanist Ethics*, cit.

200 Pensamento feminista negro

Estrategicamente, os espaços seguros dependem de práticas excludentes, mas seu objetivo geral é uma sociedade mais inclusiva e justa. Como sugere o trabalho das cantoras de *blues* e das escritoras negras, muitas ideias geradas nesses espaços foram bem-vindas fora das comunidades de mulheres negras. Como, porém, as mulheres negras poderiam gerar esses entendimentos sobre as realidades das mulheres negras sem antes conversar umas com as outras?

A partir da década de 1970, as mulheres negras estadunidenses foram incorporadas desigualmente em escolas, empregos, bairros e instituições sociais dos Estados Unidos que até então nos excluíam. Consequentemente, a estratificação das afro-americanas por classe se tornou maior que em qualquer período do passado. Nesses ambientes recém-dessegregados, um novo desafio consiste em construir "espaços seguros" que não sejam estigmatizados como "separatistas". As mulheres negras estadunidenses que se encontram vinculadas a empresas e universidades deparam com novas formas de racismo e sexismo que exigem respostas igualmente inovadoras. Uma nova retórica de "cegueira de cor" [*color blindness*], que reproduz as desigualdades sociais ao tratar a todos da mesma forma, dificulta ainda mais a manutenção de espaços seguros[78]. Qualquer grupo que se organize em torno de seus próprios interesses corre o risco de ser rotulado de "separatista", "essencialista" e antidemocrático. Esse ataque prolongado às chamadas políticas identitárias tenta suprimir grupos historicamente oprimidos que tenham por objetivo criar agendas políticas independentes em torno de identidades de raça, gênero, classe e/ou sexualidade.

Nessa atmosfera, é cada vez mais frequente perguntarem por que as mulheres afro-americanas queremos nos "separar" dos homens negros, e por que o feminismo não pode falar em nome de todas as mulheres, inclusive nós. Em suma, essas perguntas desafiam a necessidade de comunidades específicas de mulheres negras como entidades *políticas*. Organizações de mulheres negras dedicadas a culinária, manicure, onde encontrar uma boa babá e outras questões apolíticas atraem pouca atenção. Mas como nós, mulheres negras, como coletividade, resistimos às opressões intersseccionais quando elas nos atingem sem que estejamos organizadas como grupo? Como as mulheres negras estadunidenses identificam as questões específicas associadas às imagens de controle da condição das mulheres negras sem espaços seguros nos quais possamos conversar livremente?

---

[78] Kimberlé Williams Crenshaw, "Color Blindness, History, and the Law", em Wahneema Lubiano (org.), *The House That Race Built* (Nova York, Pantheon, 1997).

Uma das razões pelas quais os espaços seguros são tão ameaçadores para aqueles que se sentem excluídos, e com tanta frequência acabam castigados por eles, é que os espaços seguros são livres da vigilância de grupos mais poderosos. Tais espaços liberam as mulheres negras da vigilância e ao mesmo tempo lhes oferecem condições para autodefinições independentes. Quando institucionalizadas, essas autodefinições se tornam fundamentais para pontos de vista feministas negros politizados. Assim, há muito mais em jogo aqui que a simples expressão da voz.

Um clima mais amplo de supressão do discurso político das afro-americanas, entre outros grupos, afetou a organização de espaços historicamente seguros na sociedade civil negra. As relações entre as mulheres negras nas famílias e nas organizações da comunidade negra devem enfrentar as novas realidades e a nova retórica que caracterizam uma dessegregação racial e de gênero não consumada em um contexto de relações de classe cada vez mais antagônicas.

A tradição do *blues* na música das mulheres negras também permanece sob ataque nessas novas condições sociais. Tradicionalmente, as intérpretes de *blues* usavam as tradições de luta para produzir uma "arte progressista". Essa arte era emancipatória porque unia pensamento, sentimento e ação e ajudava as mulheres negras, entre outras, a ver seu mundo de forma diferente e mudá-lo. Mais recentemente, a transformação do *blues* em mercadoria e em uma mistura comercializável praticamente romperam seus estreitos laços com as tradições orais afro-americanas. Há uma controvérsia considerável a respeito de como se deve avaliar os diversos gêneros da música negra contemporânea. Como observa Angela Davis, "algumas das maiores estrelas da cultura musical popular de hoje são inquestionavelmente gênios musicais, mas distorceram a tradição da música negra ao desenvolver brilhantemente sua forma, ignorando seu conteúdo de luta e liberdade"[79]. A crítica literária negra Sondra O'Neale sugere que processos similares de despolitização podem estar afetando a escrita das mulheres negras. "Onde estão as Angela Davis, Ida B. Wells e Daisy Bates da literatura feminista negra?", pergunta ela[80].

Músicos, escritores, críticos e intelectuais afro-americanos contemporâneos trabalham em uma economia política radicalmente diferente daquela de gerações anteriores. Resta saber se o pensamento especializado produzido pelas

---

[79] Angela Davis, *Mulheres, cultura e política*, cit.

[80] Sondra O'Neale, "Inhibiting Midwives, Usurping Creators", cit., p. 144.

A CONSCIÊNCIA COMO ESFERA DE LIBERDADE

pensadoras feministas negras da atualidade em instituições tão diversas será capaz de criar espaços seguros que levarão as afro-americanas ainda mais longe.

A CONSCIÊNCIA COMO ESFERA DE LIBERDADE

Tradicionalmente, quando consideradas em conjunto, as relações das mulheres negras umas com as outras, a tradição do *blues* das mulheres negras e o trabalho das escritoras negras criaram condições para a elaboração de alternativas às imagens predominantes da condição das mulheres negras. Esses contextos ofereciam espaços seguros que alimentavam o pensamento cotidiano e especializado das afro-americanas. Neles, as intelectuais negras podiam construir ideias e experiências que traziam um novo significado para a vida cotidiana. Esses novos significados ofereciam às afro-americanas ferramentas potencialmente poderosas para resistir às imagens de controle da condição de mulher negra. Longe de ser uma preocupação secundária no que diz respeito às mudanças sociais, desafiar as imagens de controle e substituí-las pelo ponto de vista das mulheres negras formam um componente essencial da resistência às opressões interseccionais[81]. Que ideias importantes se desenvolveram nesses espaços seguros? E quão úteis são essas ideias como resposta ao contexto social altamente transformado que confronta as mulheres negras estadunidenses?

A importância da autodefinição

"Os grupos negros que mergulham em filosofias brancas deveriam considerar a fonte. Antes de dançar, saiba quem está tocando a música", adverte a poeta Nikki Giovanni[82]. Seu conselho é especialmente pertinente para as afro-americanas. Giovanni sugere:

> Nós, mulheres negras, somos o único grupo intacto do Ocidente. E qualquer um pode ver que somos bem instáveis. Somos [...] o único grupo que extrai sua identidade de si mesmo. Ainda que isso se dê de forma bastante inconsciente, nós próprias estabelecemos os contornos da nossa medida, e acho que é isso que não podemos nos dar ao luxo de perder.[83]

---

[81] Chezia Thompson-Cager, "Ntozake Shange's Sassafras, Cypress and Indigo: Resistance and Mythical Women of Power", *NWSA Journal*, v. 1, n. 4, 1989.

[82] Nikki Giovanni, *Gemini* (Nova York, Penguin, 1971), p. 126.

[83] Ibidem, p. 144.

Quando a sobrevivência da mulher negra está em jogo, criar autodefinições independentes é essencial.

A questão da passagem da opressão internalizada para a "mente livre" da consciência mulherista autodefinida tem sido um tema importante em obras de escritoras negras estadunidenses. A escritora Alexis DeVeaux observa que há uma "investigação significativa do 'eu' nas obras das mulheres. É o 'eu' em relação com um outro íntimo, com a comunidade, a nação e o mundo"[84]. Longe de ser uma preocupação narcisista ou trivial, posicionar o "eu" no centro da análise é fundamental para a compreensão de uma série de outras relações. DeVeaux prossegue: "Temos de entender qual é nosso lugar como indivíduo e qual é o lugar da pessoa que está perto de nós. Precisamos entender o espaço entre cada um, antes de entendermos grupos mais complexos ou maiores"[85].

As mulheres negras também enfatizaram a importância da autodefinição como parte da passagem da vitimização para uma mente livre em seus *blues*. A análise de Sherley Anne Williams a respeito da afirmação do "eu" no *blues* traz uma contribuição fundamental para a compreensão do gênero musical como um texto próprio das mulheres negras. Ao discutir as raízes da literatura negra no *blues*, Williams observa: "A afirmação da individualidade e a afirmação implícita – como ação, não como mera declaração verbal – do 'eu' é uma dimensão importante do *blues*"[86].

A afirmação do "eu" geralmente vem no fim de uma canção, após a descrição ou a análise da situação problemática. Essa afirmação do "eu" é muitas vezes a única solução para esse problema ou situação. "Four Women" [Quatro mulheres], canção clássica de Nina Simone, é um exemplo da afirmação do "eu" por meio do *blues*[87]. Ela fala de três mulheres negras cujas experiências traduzem imagens de controle típicas: tia Sarah, a mula, cujas costas ficaram curvadas após uma vida inteira de trabalho árduo; Sweet Thing, a prostituta negra que se entrega a quem tiver dinheiro para pagar; e Saphronia, a mulata cuja mãe negra foi estuprada tarde da noite. Simone explora a objetificação das mulheres negras como o Outro invocando a dor dessas três mulheres. Peaches, a quarta mulher, porém, é uma figura especialmente poderosa, porque ela sente raiva. "Hoje me sinto terrivelmente amarga", diz Peaches, "porque meus pais

---

[84] Em Claudia Tate (org.), *Black Women Writers at Work*, cit., p. 54.

[85] Idem.

[86] Sherley A. Williams, "The Blues Roots of Afro-American Poetry", cit., p. 130.

[87] Nina Simone, *Backlash* (Portugal, Movieplay Portuguesa Recording, 1985).

eram escravos". Essas palavras e os sentimentos que elas invocam mostram uma consciência e uma autodefinição cada vez mais claras da situação. Eles transmitem ao ouvinte não tristeza e remorso, mas uma raiva que leva à ação. Esse é o tipo de individualidade ao qual Williams se refere – não o da fala, mas o das autodefinições que promovem a ação.

Embora o tema também apareça no trabalho de homens negros, escritoras e intérpretes musicais afro-americanas lidam com essa jornada em direção à liberdade de maneira caracteristicamente feminina[88]. A jornada das mulheres negras, embora às vezes abarquem questões políticas e sociais, assume formas pessoais e psicológicas e raramente reflete a liberdade de movimento dos homens negros, que "pegam um trem", põem o "pé na estrada" ou se deslocam fisicamente para encontrar essa esfera fugidia da liberdade em relação à opressão racial. A jornada das mulheres negras, ao contrário, em geral envolve "a transformação do silêncio em linguagem e ação"[89]. Tipicamente ligadas aos filhos e/ou à comunidade, as mulheres negras da ficção, especialmente as criadas antes dos anos 1990, empreendem uma busca por autodefinição em limites geográficos próximos. Mesmo que as limitações físicas confinem a busca da heroína negra a uma área específica, "estabelecer relações pessoais complexas traz profundidade a sua busca de identidade, em vez de amplitude geográfica"[90]. Na busca pela autodefinição e pelo poder de uma mente livre, as heroínas negras podem permanecer "inertes por fora... mas e por dentro?".

Dadas as limitações físicas à mobilidade das mulheres negras, a conceituação do "eu" que tem sido parte da autodefinição das mulheres negras é distinta. O "eu" não é autodefinido como uma maior autonomia que ganhamos ao nos separar dos outros. Ao contrário, o "eu" se encontra no contexto da família e da comunidade – como diz Paule Marshall, é "a capacidade que alguém tem de reconhecer sua própria continuidade com a comunidade mais ampla"[91]. Ao prestar contas aos outros, as afro-americanas desenvolvem "eus" mais plenamente humanos, menos objetificados. Sonia Sanchez chama atenção para essa versão do "eu" quando afirma isto: "Devemos ir além do foco no 'eu pessoal', porque existe um 'eu' maior. Existe um 'eu' dos negros"[92]. Em vez de definir

---

[88]   Chezia Thompson-Cager, "Ntozake Shange's Sassafras, Cypress and Indigo", cit.

[89]   Audre Lorde, *Sister Outsider*, cit., p. 40.

[90]   Claudia Tate (org.), *Black Women Writers at Work*, cit., p. xxi.

[91]   Mary Helen Washington, "I Sign My Mother's Name", cit., p. 159.

[92]   Claudia Tate (org.), *Black Women Writers at Work*, cit., p. 134.

O "eu" em oposição aos outros, a conexão entre os indivíduos proporciona às mulheres negras autodefinições mais profundas e mais significativas[93].

Essa jornada rumo à autodefinição tem importância política. Como observa Mary Helen Washington, as mulheres negras que lutam para "criar uma identidade mais ampla que aquela a que a sociedade lhes empurraria [...] estão conscientes e atentas, e essa consciência é potente"[94]. A identidade não é o objetivo, e sim o ponto de partida do processo de autodefinição. Nesse processo, nós, mulheres negras, partimos rumo a uma compreensão de que nossa vida pessoal foi fundamentalmente moldada por opressões interseccionais de raça, gênero, sexualidade e classe. O que Peaches diz – "hoje me sinto terrivelmente amarga porque meus pais eram escravos" – ilustra essa transformação.

Essa expressão particular da jornada para a autodefinição coloca em xeque as imagens de controle externamente definidas das afro-americanas. A substituição de imagens negativas por imagens positivas pode ser igualmente problemática caso a função dos estereótipos como imagens de controle não seja reconhecida. A entrevista que John Gwaltney conduziu com Nancy White, de 73 anos, sugere que as mulheres negras comuns podem estar plenamente conscientes do poder dessas imagens de controle[95]. Para Nancy White, a diferença entre as imagens de controle aplicadas às mulheres afro-americanas e às brancas é de grau, não de tipo:

> Minha mãe costumava dizer que a mulher negra é a mula do homem branco, enquanto a mulher branca é o cachorro dele. O que ela queria dizer com isso é o seguinte: nós fazemos o trabalho pesado e somos espancadas independentemente de fazê-lo bem ou não. Já a mulher branca está mais perto do mestre, ele dá um

---

[93] A produção acadêmica estadunidense negra investigou essa conceituação do "eu" em comunidades africanas e afro-americanas. Ver Geneva Smitherman, *Talkin and Testifyin*, cit.; Molefi Kete Asante, *The Afrocentric Idea*, cit.; Elsa Barkley Brown, "African-American Women's Quilting: A Framework for Conceptualizing and Teaching African-American Women's History", *Signs*, v. 14, n. 4, 1989, p. 921-9. Para análises feministas do desenvolvimento do "eu" nas mulheres como um processo específico, ver principalmente a discussão de Keller sobre a autonomia dinâmica e a relação desta com as relações de dominação; Evelyn Fox Keller, *Reflections on Gender and Science* (New Haven, CT, Yale University Press, 1985). Para uma discussão fascinante sobre o "eu" fragmentado na agência das afro-surinamesas, ver Gloria Wekker, "One Finger Does Not Drink Okra Soup: Afro-Surinamese Women and Critical Agency", em M. Jacqui Alexander e Chandra Talpade Mohanty (orgs.), *Feminist Genealogies, Colonial Legacies, Democratic Futures* (Nova York, Routledge, 1997), p. 330-52.

[94] Mary Helen Washington, *Midnight Birds*, cit., p. xv.

[95] John Langston Gwaltney, *Drylongso*, cit.

tapinha na cabeça dela e a deixa dormir dentro de casa, mas não trata nenhuma das duas como se estivesse lidando com uma pessoa.[96]

Embora os dois grupos sejam objetificados, cada qual a sua maneira, as imagens funcionam para desumanizar e controlar ambos. Por esse prisma, faz pouco sentido, no longo prazo, que as mulheres negras troquem um conjunto de imagens de controle por outro, mesmo que os estereótipos positivos lhes tragam um melhor tratamento no curto prazo.

A ênfase na autodefinição das mulheres negras reformula todo o diálogo: de um diálogo de protesto contra a precisão técnica de uma imagem – ou seja, que refuta a tese do matriarcado negro – para um diálogo que enfatiza a dinâmica de poder subjacente ao próprio processo de definição. Ao enfatizar a autodefinição, as mulheres negras questionam não apenas o que já foi dito sobre as afro-americanas, mas a credibilidade e as intenções daqueles que têm o poder de definir. Quando nós, mulheres negras, nos autodefinimos, rejeitamos claramente o pressuposto de que aqueles em posição de autoridade para interpretar nossa realidade têm o direito de fazê-lo. Independentemente do conteúdo real das autodefinições das mulheres negras, o ato de insistir em nossa autodefinição valida nosso poder como sujeitos humanos.

Autovalorização e respeito

A autodefinição é reveladora da dinâmica de poder envolvida na rejeição de imagens de controle da condição de mulher negra definidas externamente. Em contraste, o tema da autovalorização das mulheres negras diz respeito ao conteúdo real dessas autodefinições. Muitas das imagens de controle aplicadas às afro-americanas são, na realidade, representações distorcidas de aspectos de nosso comportamento que ameaçam os arranjos de poder existentes[97]. Por exemplo, as mães batalhadoras são consideradas ameaçadoras porque contradizem as definições vigentes de feminilidade. Ridicularizar mães negras batalhadoras e assertivas, qualificando-as de matriarcas, é reflexo de uma tentativa de controlar uma dimensão do comportamento das mulheres negras que ameaça o *status*

---

[96] Ibidem, p. 148.

[97] Cheryl Townsend Gilkes, "From Slavery to Social Welfare: Racism and the Control of Black Women", em Amy Swerdlow e Hanna Lessinger (orgs.), *Class, Race, and Sex: The Dynamics of Control* (Boston, G. K. Hall, 1983); Deborah Gray White, *Ar'n't I a Woman?*, cit.

quo. As afro-americanas que valorizam aqueles aspectos da condição de mulher negra que são estereotipados, ridicularizados e caluniados na academia e na mídia popular desafiam ideias básicas inerentes a uma ideologia de dominação.

A ênfase das pensadoras feministas negras na questão do respeito ilustra a importância da autovalorização. Em uma sociedade na qual ninguém é obrigado a respeitar as mulheres afro-americanas, há muito advertimos umas às outras da importância do respeito próprio e do respeito aos outros. Vozes femininas negras vindas de fontes diversas refletem essa demanda por respeito. Katie G. Cannon sugere que a ética mulherista negra abarca três dimensões básicas: a "dignidade invisível", a "graça silenciosa" e a "coragem não declarada", qualidades essenciais para a autovalorização e o respeito próprio[98]. Para a crítica feminista negra Claudia Tate, a questão do respeito próprio é tão primordial na escrita das mulheres negras que merece atenção especial. Tate afirma que as escritoras parecem dizer: "As mulheres devem assumir a responsabilidade pelo fortalecimento de sua autoestima aprendendo a se amar e se valorizar"[99]. A análise de Tate é corroborada pelos comentários que Alice Walker compartilha com um público de mulheres. Walker adverte:

> Por favor, lembrem-se, especialmente nesses tempos de pensamento de grupo e de julgamento coletivo: ninguém que seja seu amigo (ou parente) exige seu silêncio ou nega seu direito de crescer e ser percebida como plenamente realizada, como você pretendia. Ou menospreza de alguma maneira os dons que você se esforça para trazer ao mundo.[100]

O direito de ser negra *e* mulher *e* respeitada permeia as conversas cotidianas das afro-americanas. Ao descrever a importância que o respeito próprio tem para ela, Sara Brooks, uma trabalhadora doméstica idosa, observa: "Posso não ter tanto quanto você, posso não ter a educação que você tem, mas, ainda assim, se eu me comportar como uma pessoa decente, sou tão boa quanto qualquer um"[101].

O respeito dos outros – especialmente dos homens negros – tem sido um tema recorrente na literatura das mulheres negras. Ao descrever o que uma

---

[98] Katie G. Cannon, *Black Womanist Ethics*, cit.

[99] Claudia Tate (org.), *Black Women Writers at Work*, cit., p. xxiii.

[100] Alice Walker, *In Search of Our Mother's Gardens* (Nova York, Harcourt Brace Jovanovich, 1983), p. 36.

[101] Thordis Simonsen (org.), *You May Plow Here: The Narrative of Sara Brooks* (Nova York, Touchstone, 1986), p. 132.

mulher quer da vida, Marita Bonner, que é de classe média, cita "uma carreira tão estável, serena e brilhante quanto a Estrela Polar. A única coisa real que o dinheiro compra. Tempo [...]. E, claro, um marido que você possa admirar sem menosprezar a si mesma"[102]. A crença das mulheres negras no respeito também aparece na obra de várias intérpretes negras de *blues*. Uma das declarações mais conhecidas sobre a exigência das mulheres negras por respeito – tanto próprio quanto dos outros – pode ser encontrada na versão de Aretha Franklin para "Respect", canção de Otis Redding[103]. Aretha canta para seu companheiro:

> *What you want? Baby I got it*
> *What you need? You know I got it*
> *All I'm asking for is a little respect when you come home**

Embora possa ser cantada por qualquer pessoa, a letra da música adquire um significado especial quando cantada por Aretha da maneira como ela a canta. De certa forma, a canção funciona como uma metáfora da condição das pessoas afro-americanas em uma sociedade racista. Mas Aretha, sendo uma *mulher* negra, dá à música um significado mais profundo. Na tradição do *blues*, o público de mulheres afro-americanas pressupõe que a letra fala de "nós", mulheres negras, mesmo que Aretha, como intérprete, cante "eu". Sherley Anne Williams descreve o poder do *blues* na voz de Aretha:

> Aretha apareceu no momento certo, mas também tinha alguma coisa diferente no modo como ela caracterizava o respeito como algo que se conquista com força, com muito empenho e muito custo. E quando ela chegou ao ponto de soletrar a palavra "respeito", nós tivemos certeza absoluta de que aquela irmã não estava brincando sobre conquistar respeito e mantê-lo.[104]

June Jordan sugere que essa ênfase no respeito está ligada a uma política feminista negra específica. Para Jordan, um "feminismo negro moralmente defensável" pode ser verificado no modo como nós, mulheres negras estadunidenses, nos apresentamos umas às outras, assim como na maneira como tratamos pessoas diferentes de nós. Ainda que o respeito próprio seja essencial, o respeito

---

[102] Marita O. Bonner, "On Being Young – A Woman – and Colored", cit., p. 3.

[103] Aretha Franklin, *I Never Loved a Man the Way I Love You*, Atlantic Recording Corp, 1967.

* "O que você quer? Meu bem, eu tenho/ Do que você precisa? Você sabe que eu tenho/ Tudo o que estou pedindo é um pouco de respeito quando você chega em casa". (N. T.)

[104] Sherley A. Williams, "The Blues Roots of Afro-American Poetry", cit., p. 124.

O PODER DA AUTODEFINIÇÃO 209

pelos outros é fundamental. Segundo Jordan: "Como feminista negra, não se pode esperar que eu respeite o que outra pessoa chama de amor-próprio caso esse conceito de amor-próprio requeira de mim algum grau de suicídio"[105].

Autossuficiência e independência

A pensadora feminista negra Maria Stewart, em seu ensaio de 1831, não apenas encorajou a autodefinição e a autovalorização das mulheres negras, mas também associou a autossuficiência das mulheres negras à questão da sobrevivência:

> Nós nunca tivemos a oportunidade de mostrar nossos talentos; o mundo, portanto, acha que não sabemos nada. [...] Tenham espírito de independência. Se os americanos têm, por que você não teria? Tenham o espírito dos homens, ousado e intrépido, destemido e inabalável: lutem pela defesa de seus direitos e privilégios. [...] Tentar talvez nos custe a vida, mas não tentar certamente nos levará à morte.[106]

Seja por escolha seja por força das circunstâncias, as afro-americanas tiveram "espírito de independência", foram autossuficientes e encorajaram umas às outras a valorizar essa visão da condição de mulher que põe claramente em xeque as ideias dominantes a respeito da feminilidade[107]. Esse entendimento encontrou amplo apoio entre as afro-americanas. Por exemplo, quando perguntadas sobre o que admiravam em suas mães, as mulheres que participaram da pesquisa de Gloria Joseph sobre as relações entre mães e filhas negras citaram a independência e a capacidade de prover o sustento da família, apesar das dificuldades[108]. Na pesquisa de Lena Wright Myers sobre as habilidades das mulheres negras para enfrentar as dificuldades, as entrevistadas demonstraram respeito às mulheres adaptáveis e autossuficientes[109]. Autobiografias de mulheres negras, como *Unbought and Unbossed* [Incompradas e inchefiadas] (1970), de Shirley Chisholm, e *Eu sei por que o pássaro canta na gaiola* (1969), de Maya Angelou, ilustram a autovalorização da autossuficiência das mulheres negras. Como explica, de forma convincente, a trabalhadora doméstica idosa Nancy

---

[105] June Jordan, *Civil Wars* (Boston, Beacon, 1981), p. 144.

[106] Marilyn Richardson, *Maria W. Stewart*, cit., p. 38.

[107] Filomina Chioma Steady, "African Feminism: A Worldwide Perspective", em Rosalyn Terborg--Penn, Sharon Harley e Andrea Benton Rushing (orgs.), *Women in Africa and the African Diaspora* (Washington, D. C., Howard University Press, 1987), p. 3-24.

[108] Gloria Joseph, "Black Mothers and Daughters", cit.

[109] Lena Wright Myers, *Black Women*, cit.

White: "A maioria das mulheres negras pode ser chefe de si mesma, então é isso que elas são"[110].

A obra de grandes cantoras de *blues* também dá conselhos às afro-americanas sobre a importância da autossuficiência e da independência. Na clássica balada "God Bless the Child (That's Got His Own)" [Deus abençoe a criança (Que se banca)], Billie Holiday canta:

The strong gets more, while the weak ones fade
Empty pockets don't ever make the grade
Mama may have, Papa may have
But God bless the child that's got his own![111]

Nessa canção pesarosa, Billie Holiday apresenta uma análise perspicaz da necessidade de autonomia e autossuficiência. "Quando você tem dinheiro, tem pencas de amigos batendo a sua porta", declara ela. Mas "quando você fica sem um tostão, eles somem". Nessas passagens, Holiday aconselha as mulheres negras a se tornarem financeiramente independentes, porque "se bancar" lhes permite escolher com quem vão se relacionar.

A ligação entre a autonomia econômica como dimensão fundamental da autossuficiência e a exigência de respeito permeia o pensamento feminista negro. Por exemplo, em "Respect", quando Aretha canta que "seus beijos são mais doces que o mel, mas, adivinhe, meu dinheiro também", ela exige respeito em virtude de sua autossuficiência econômica. Talvez essa conexão entre respeito, autossuficiência e assertividade seja mais bem sintetizada por Nancy White, que declara: "É raro um marido conseguir segurar uma mulher negra pelo bolso, porque a gente tem capacidade de se virar por conta própria e faz isso num piscar de olhos!"[112].

O "eu", a transformação e o empoderamento pessoal

"As ferramentas do senhor nunca derrubarão a casa-grande. Elas podem nos permitir vencê-lo durante certo tempo em seu próprio jogo mas nunca nos

---

[110] John Langston Gwaltney, *Drylongso*, cit., p. 149.

[111] *Billie Holiday Anthology*, cit. [Tradução: "O forte ganha mais, enquanto os fracos esmorecem/ Um bolso vazio nunca satisfaz/ Mamãe pode ter, papai pode ter/ Mas Deus abençoe a criança que se banca!" – N. T.].

[112] John Langston Gwaltney, *Drylongso*, cit., p. 149.

deixarão provocar uma mudança autêntica"[113]. Nessa passagem, Audre Lorde discute como as autodefinições independentes empoderam as mulheres negras na promoção de mudanças sociais. Ao lutar por perspectivas mulheristas autodefinidas que rejeitem as imagens do "mestre", nós, mulheres afro-americanas, transformamos a nós mesmas. Uma massa crítica de indivíduos com consciência transformada pode, por sua vez, promover o empoderamento coletivo das mulheres negras. Uma consciência transformada encoraja as pessoas a mudar as condições de sua vida.

Nikki Giovanni esclarece essas conexões entre o "eu", a transformação e o empoderamento pessoal. Adverte que as pessoas raramente são impotentes, não importa quão duras sejam as restrições da vida: "Temos de viver no mundo real. Se não gostamos do mundo em que vivemos, temos de mudá-lo. E se não podemos mudá-lo, temos de mudar a nós mesmos. Há sempre alguma coisa que podemos fazer"[114]. Giovanni reconhece que a mudança efetiva ocorre por meio da ação. As múltiplas estratégias de resistência empregadas pelas mulheres negras – como deixar o trabalho na agricultura no período pós-emancipação para dedicar sua força de trabalho à própria família, aparentar conivência com os rituais de deferência do trabalho doméstico, protestar contra o viés masculino nas organizações afro-americanas ou desenvolver a tradição do *blues* como uma forma de arte progressista – são ações destinadas a promover mudanças. Vemos aqui o "eu" em relação com o coletivo e o empoderamento individual que vem da mudança no contexto comunitário.

Mas a transformação também pode ocorrer no espaço pessoal e privado da consciência individual de uma mulher. Igualmente fundamental, esse tipo de transformação também é empoderadora no plano pessoal. Qualquer mulher negra que seja forçada a permanecer, como indivíduo, "inerte por fora" pode desenvolver o "dentro" de uma consciência transformada como esfera de liberdade. O empoderamento pessoal por meio do autoconhecimento, mesmo em condições que limitem severamente a capacidade de agir, é essencial. Na literatura das mulheres negras,

> esse tipo de mudança [...] acontece porque a heroína reconhece e, sobretudo, respeita sua incapacidade de mudar uma situação. [...] Isso não implica que ela seja completamente restringida por suas limitações. Ao contrário, ela aprende a ir

---

[113] Audre Lorde, *Sister Outsider*, cit., p. 112.

[114] Em Claudia Tate (org.), *Black Women Writers at Work*, cit., p. 68.

além de seus limites, mas apenas como resultado direto do fato de saber onde eles se encontram. A esse respeito, ela ensina suas leitoras a construir uma vida significativa em meio ao caos e às contingências, armadas unicamente de seu intelecto e suas emoções.[115]

Nesse trecho, Claudia Tate demonstra o significado da rearticulação, ou seja, da redefinição de realidades sociais por meio de novas combinações de ideias familiares[116]. Rearticular não significa, porém, conciliar a ética mulherista com as éticas masculinistas eurocêntricas, tipicamente opostas a ela. Ao contrário, como afirma Chezia Thompson-Cager, a rearticulação "confronta-as na tradição da nomeação como poder, revelando-as com muito cuidado"[117]. Nomear a vida cotidiana aplicando a linguagem à experiência do dia a dia lhe dá o significado renovado de uma consciência mulherista. Nomear se torna uma maneira de transcender as limitações das opressões interseccionais.

A literatura das mulheres negras contém muitos exemplos de empoderamento pessoal de mulheres negras por meio da transformação da consciência. Barbara Christian defende que as heroínas da literatura feminina negra dos anos 1940, como a Lutie Johnson de *The Street* [A rua] (1946), de Ann Petry, e a Cleo Judson de *The Living Is Easy* (1948), de Dorothy West, são derrotadas não apenas pela realidade social, mas por sua "falta de autoconhecimento"[118]. Em contraste, as heroínas dos anos 1950 até a atualidade representam uma transformação significativa em direção ao autoconhecimento como esfera de liberdade. Christian identifica a origem dessa transição em *Maud Martha* (1953), de Gwendolyn Brooks, e afirma: "Como Maud Martha constrói seus próprios padrões, ela consegue fazer essa 'vida simples' se desenvolver muito além do esperado, apesar dos limites impostos a ela. [...] [Ela] não aparece nem destroçada nem triunfante"[119].

Para muitas escritoras afro-americanas, não importa quanto uma mulher seja oprimida, o poder de resgatar o "eu" existe dentro do "eu". Outras mulheres negras podem ajudar uma mulher negra nesse caminho rumo ao empoderamento pessoal, mas a responsabilidade final pela autodefinição e pela autovalorização está dentro de cada mulher. Uma mulher, individualmente, pode lançar mão

---

[115] Ibidem, p. xxiv.

[116] Michael Omi e Howard Winant, *Racial Formation in the United States: From the 1960s to the 1990s* (2. ed., Nova York, Routledge, 1994), p. 163.

[117] Chezia Thompson-Cager, "Ntozake Shange's Sassafras, Cypress and Indigo", cit., p. 590.

[118] Ann Petry, *The Street* (Boston, Beacon, 1946); Dorothy West, *The Living Is Easy*, cit.

[119] Barbara Christian, *Black Feminist Criticism*, cit., p. 176.

de várias estratégias para construir o conhecimento de uma voz independente. Como a Celie de *A cor púrpura*, de Alice Walker, algumas mulheres podem se libertar pela escrita. Sexualmente, fisicamente e emocionalmente abusada, Celie escreve cartas para Deus quando ninguém mais a escuta. O ato de adquirir voz pela escrita, de romper o silêncio pela linguagem, leva-a a falar com os outros. Outras mulheres se libertaram pela fala. Em *Seus olhos viam Deus*, Janie conta sua história a uma amiga querida, um excelente exemplo do processo de rearticulação que é tão fundamental para o pensamento feminista negro[120]. Ntozake Shange, em *For Colored Girls Who Have Considered Duicide* [Para meninas de cor que pensaram em suicídio], também capta esse caminho rumo à autodefinição, à autovalorização e ao empoderamento do "eu". No fim da peça, as mulheres se reúnem em torno de uma personagem que fala da dor que sentiu ao ver os filhos serem mortos. As mulheres a escutam, até que ela diz: "Encontrei Deus em mim mesma e amei-a com toda a intensidade". Essas palavras, que expressam sua capacidade de se definir como valiosa, estabelece um vínculo entre essas mulheres. Cada mulher negra toca a outra como parte de uma comunidade que cura a que sente dor, mas só depois que esta deu o primeiro passo – o desejo de ser curada, de seguir o caminho em busca da voz do empoderamento.

A consciência das mulheres negras ainda é importante?

Apesar da persistência dessas quatro ideias sobre a consciência – a importância da autodefinição, o significado da autovalorização e do respeito próprio, a necessidade de autossuficiência e independência, e o papel central da transformação do "eu" para o empoderamento pessoal –, esses temas não ocupam um lugar de destaque em grande parte do pensamento feminista negro estadunidense acadêmico. Infelizmente, as intelectuais negras que fazem parte da academia se veem pressionadas a escrever para o público acadêmico, que em sua maioria resiste a incorporar as mulheres negras estadunidenses como estudantes, professoras e gestoras. Por mais interessado que o público acadêmico branco de classe média, tanto masculino como feminino, possa estar na produção intelectual das mulheres negras, suas preocupações diferem marcadamente daquelas da maioria das afro-americanas.

Apesar desse contexto, muitas das intelectuais negras que atuam na academia ainda exploram o tema da consciência, de maneiras novas e muitas vezes

---

[120] Zora Neale Hurston, *Seus olhos viam Deus* (trad. Marcos Santarrita, Rio de Janeiro, Record, 2002).

extremamente relevantes. Consideremos, por exemplo, o livro *Compelled to Crime: The Gender Entrapment of Battered Black Women* [Empurrada para o crime: a armadilha do gênero para as mulheres negras agredidas], da criminalista Beth Richie[121]. Por meio de entrevistas com detentas, Richie desenvolve a tese inovadora de que as mulheres negras que eram autossuficientes e independentes quando crianças e, portanto, se imaginavam como mulheres negras fortes eram *mais* propensas a se sentirem combalidas que as demais. À primeira vista, essa é uma combinação curiosa – quanto mais autossuficiente, menos a mulher se valoriza. A explicação de Richie é reveladora. As mulheres negras de caráter forte, se procurassem ajuda, se veriam como fracassadas. Em contraste, as mulheres que não carregam o peso dessa imagem aparentemente positiva da condição de mulher negra tinham mais facilidade em pedir ajuda. A pesquisa de Richie chama atenção para o significado das definições externas de todos os tipos. Ao atentar para a heterogeneidade entre as mulheres negras, seu trabalho cria espaço para novas autovalorizações, que não precisam ter relação com imagens de mulheres negras fortes.

O interesse cada vez maior da academia pelas adolescentes negras deve trazer à tona novas reações às opressões interseccionais em uma população que atingiu a maioridade sob novas condições sociais. Seguindo essa tradição, *Sugar in the Raw* [Açúcar bruto], de Rebecca Carroll, que apresenta quinze das mais de cinquenta entrevistas realizadas pela autora com adolescentes estadunidenses negras, é um vislumbre da consciência dessa geração contemporânea[122]. Apesar de elementos da cultura popular negra que as bombardeiam com imagens de mulheres sexualizadas e da infinidade de *hoochies* que povoa os videoclipes, muitas meninas apresentam uma maturidade impressionante. Consideremos, por exemplo, as reflexões de Kristen, de 18 anos, sobre sua luta para se valorizar depois de ter se apaixonado por um garoto negro que parecia não reparar que ela existia:

> Era óbvio e evidente que a maioria, se não todos os garotos negros da minha escola, não queria nada com garotas negras, o que era meio traumatizante. A gente não tem como sair de uma experiência como essa sem sentir que tem algo de errado com a gente. No fim das contas, acabei sentindo que tinha algo errado com ele, mas, até entender isso, passei por um inferno.[123]

---

[121] Beth E. Richie, *Compelled to Crime: The Gender Entrapment of Battered Black Women* (Nova York, Routledge, 1996).

[122] Rebecca Carroll, *Sugar in the Raw: Voices of Young Black Girls in America* (Nova York, Crown Trade, 1997).

[123] Ibidem, p. 131-2.

O interesse cada vez maior que as pesquisas acadêmicas inspiradas pelo feminismo negro tem demonstrado tanto pelo sofrimento das mulheres negras que passam por todo tipo de relacionamentos abusivos quanto pelas preocupações específicas das adolescentes negras tende a levar ao surgimento de um novo espaço intelectual e político para a discussão do "inferno" que muitas mulheres negras ainda enfrentam. Ao menos nesse momento histórico, criar uma frente unificada parece menos importante que explorar as várias maneiras pelas quais as mulheres negras são pessoalmente empoderadas e desempoderadas, mesmo dentro de espaços supostamente seguros. A consciência ainda é uma questão relevante, mas deve-se reconhecer as complexidades das relações transversais de raça, gênero, classe e sexualidade.

A busca por passar do silêncio para a linguagem e para a ação individual e de grupo está entremeada por esses esforços históricos e contemporâneos de autodefinição. A persistência é um requisito fundamental para essa busca. A convicção de que ser negra e mulher é algo valioso e digno de respeito impulsiona a persistência das mulheres negras. Na canção "A Change Is Gonna Come" [Uma mudança está por vir], Aretha Franklin expressa esse sentimento de perseverança, apesar das dificuldades[124]. Canta que houve momentos em que pensou que não resistiria muito tempo. Canta que encontrar força para continuar foi sempre "um caminho árduo". Mas, apesar das dificuldades, Aretha "sabe" que "uma mudança está por vir".

Sejam esforços individuais para consolidar uma transformação na consciência, seja a persistência de grupo necessária para modificar as instituições sociais, as ações que provocam mudanças empoderam as afro-americanas. Ao persistir na busca por autodefinição, nós nos transformamos como indivíduos. Nossas lutas individuais, quando interligadas a ações em grupo, ganham novo significado. Dado que nossas ações como indivíduos fazem com que deixemos de simplesmente existir no mundo e passemos a ter algum controle sobre ele, elas nos permitem ver a vida cotidiana como um processo e, portanto, como algo passível de mudança. Talvez seja por isso que tantas mulheres afro-americanas tenham conseguido persistir e "encontrar um caminho onde não havia saída". Talvez elas conhecessem o poder da autodefinição.

---

[124] Aretha Franklin, *I Never Loved a Man the Way I Love You*, cit.

6
A POLÍTICA SEXUAL PARA AS MULHERES NEGRAS

> Mesmo para mim parecia quase impossível deixar que *ela* contasse o
> fato do modo como ela tinha sentido [...]. E por quê? Porque uma
> vez revelada a mentira de que o estupro é agradável [...], de que as
> crianças não ficam permanentemente traumatizadas pela dor sexual,
> de que a violência cometida é anulada pelo medo, pelo silêncio e
> pelo tempo, sobra apenas o horror definitivo da vida de milhares de
> crianças [...] que sofreram violência sexual e nunca puderam falar
> sobre isso em sua própria linguagem.
>
> Alice Walker, *Vivendo pela palavra*, p. 66

Em *A cor púrpura*, Alice Walker apresenta a personagem Celie, uma adolescente negra que é abusada sexualmente pelo padrasto. Escrever cartas a Deus e estabelecer relações de apoio com outras mulheres negras ajuda Celie a encontrar sua própria voz, e essa voz permite que ela transcenda o medo e o silêncio de sua infância. Ao criar a personagem e lhe dar a linguagem que a torna capaz de falar de seu abuso sexual, Walker soma a voz de Celie às discussões silenciadas, porém cada vez mais presentes, sobre a política sexual relativa à condição de mulher negra. Quando se trata de outras questões importantes relativas à sexualidade das mulheres negras, no entanto, relatar o que aconteceu é quase impossível para as afro-americanas.

Como assinala Evelynn Hammonds, "a sexualidade das mulheres negras é frequentemente descrita por metáforas que fazem referência à falta de palavras, espaço ou visão; como um 'vácuo' ou espaço vazio que é ao mesmo tempo visível (exposto) e invisível, no qual o corpo das mulheres negras já está colonizado"[1]. Em resposta, as mulheres negras ficaram em silêncio por muito tempo. Um

---

[1] Evelynn M. Hammonds, "Toward a Genealogy of Black Female Sexuality: The Problematic of Silence", em M. Jacqui Alexander e Chandra Talpade Mohanty (orgs.), *Feminist Genealogies, Colonial Legacies, Democratic Futures* (Nova York, Routledge, 1997), p. 171.

fator importante que contribui para esses silêncios de longa data, tanto entre as afro-americanas quanto no pensamento feminista negro, é a falta de acesso das mulheres negras a posições de poder nas instituições sociais dos Estados Unidos. Quem controla as escolas, a mídia, as igrejas e o governo reprime a voz coletiva das mulheres negras. São os grupos dominantes que constroem as mulheres negras como "a personificação do sexo, e a invisibilidade das mulheres negras como desprovidas de voz e despercebidas – tudo o que não é branco"[2].

Pesquisas acadêmicas críticas também abordaram a sexualidade das mulheres negras a partir de um conjunto próprio de pressupostos. Nas comunidades intelectuais negras estadunidenses em geral e, em particular, nos estudos sobre os negros, a sexualidade das mulheres negras ou é ignorada, ou é abordada sobretudo em relação a questões pertinentes aos homens afro-americanos. Em contextos críticos negros, nos quais as mulheres negras lutam pelo reconhecimento da importância da questão da opressão de gênero, ainda há poucas análises teóricas a respeito da sexualidade negra[3]. A produção acadêmica sobre mulheres mostra predileção por situar as mulheres negras em quadros comparativos. É comum que teóricas interessadas em formar coalizões entre mulheres de diferentes raças insiram as mulheres negras em referenciais feministas preexistentes, muitas vezes para mostrar que elas estão em uma situação "mais grave". Todos falam em nome das mulheres negras, dificultando que falemos por nós mesmas.

A supressão, porém, não explica por completo o persistente silêncio das afro-americanas sobre a sexualidade. As mulheres negras estadunidenses foram desencorajadas a analisar uma série de tópicos, assim como a falar sobre eles. Por que continuam a encontrar tanta dificuldade em relação a este, em especial? Em resposta a essa pergunta, Paula Giddings identifica outro fator importante, a saber, o "último tabu" da exposição "não apenas [de] um gênero, mas [de] um discurso sexual, não mediado pela questão do racismo"[4]. Nos termos desse tabu, falar de construções racistas brancas da sexualidade das mulheres negras é aceitável, mas desenvolver análises da sexualidade que impliquem homens

---

[2]   Idem.

[3]   Patricia Hill Collins, "It's in Our Hands: Breaking the Silence on Gender in African-American Studies", em Willian F. Pinar e Louis Castenall (orgs.), *Understanding Curriculum as Racial Text* (Albany, NY, Suny, 1993), p. 127-41; idem, *Fighting Words: Black Women and the Search for Justice* (Minneapolis, University of Minnesota Press, 1998), p. 155-83.

[4]   Paula Giddings, "The Last Taboo", em Toni Morrison (org.), *Race-ing Justice, En-gendering Power* (Nova York, Pantheon, 1992), p. 442.

negros não – isso viola normas de solidariedade racial que aconselham as mulheres negras a colocar suas próprias necessidades em segundo lugar sempre. Mesmo dentro dessas fronteiras raciais, alguns tópicos são mais aceitáveis que outros – o estupro de mulheres negras por homens brancos durante a escravidão pode ser um tema de discussão, mas não o estupro de mulheres negras por homens negros nos dias de hoje. No ensaio "Remembering Anita Hill and Clarence Thomas: What Really Happened When One Black Woman Spoke Out" [Rememorando Anita Hill e Clarence Thomas: o que de fato aconteceu quando uma mulher negra falou], Nellie McKay explica por que as mulheres negras silenciaram quanto a questões de sexualidade:

> Em toda a sua vida nos Estados Unidos [...], as mulheres negras se sentiram divididas entre a lealdade à raça, de um lado, e ao sexo, de outro. Escolher um ou outro, é claro, significa tomar partido contra o "eu", mas elas quase sempre escolheram a raça em detrimento do sexo: um sacrifício da condição de seu eu como mulheres e da plena humanidade feito em favor da raça.[5]

"Tomar partido contra o eu" exige que certos elementos da sexualidade das mulheres negras possam ser examinados, a saber, aqueles que não põem em questão um discurso racial que historicamente privilegiou as experiências dos homens afro-americanos. O preço a pagar é que outros elementos permanecem fora dos limites: estupro, incesto e misoginia nas práticas culturais negras, e outras questões dolorosas que envolvam os homens negros, continuam sendo tabus.

Outro fator que influencia o silêncio das mulheres negras diz respeito aos possíveis benefícios de permanecer calada. Por exemplo, durante o movimento de associações do início do século XX, as mulheres brancas foram mais bem-sucedidas no desenvolvimento de análises de relações de gênero e sexualidade intrarraciais que as mulheres negras. Em um contexto de racismo virulento, a exposição pública poderia tornar homens e mulheres negros mais vulneráveis ao risco de violência sexual cometida por homens brancos. As mulheres brancas que desenvolveram análises orientadas pela questão do gênero não enfrentaram esse medo. Em situações como essas, nas quais a regulação dos corpos das mulheres negras beneficiava os sistemas de raça, classe e gênero, a manutenção dos espaços seguros para a autodefinição das mulheres negras muitas vezes exigia

---

5   Nellie McKay, "Remembering Anita Hill and Clarence Thomas: What Really Happened When One Black Woman Spoke Out", em Toni Morrison (org.), *Race-ing Justice, Engendering Power*, cit., p. 277-8.

que, em público, se mantivesse silêncio sobre questões aparentemente polêmicas. Esse silêncio era especialmente importante em uma cultura estadunidense que costumava acusar as mulheres negras de serem jezebéis imorais e promíscuas. Em um ambiente em que a sexualidade de alguém é publicamente exposta, assegurar a privacidade e manter a porta do armário fechada se torna fundamental. Hine se refere a essa estratégia como uma cultura de dissimulação na qual as mulheres negras parecem extrovertidas e abertas, mas usam isso como fachada para esconder um mundo secreto dentro de si mesmas. Como sugere Hine, "somente sob sigilo, portanto por meio de uma invisibilidade autoimposta, mulheres negras comuns encontram um espaço psíquico e aproveitam os recursos necessários para conseguir sustentar seus esforço de resistência, muitas vezes unilateral e dissonante"[6]. Em contextos de violência em que a autocensura interna era vista como uma forma de proteção, o silêncio fazia sentido.

A convergência de todos esses fatores – a supressão da voz das mulheres negras pelos grupos dominantes, as dificuldades enfrentadas pelas mulheres negras para trabalhar dentro dos limites das normas da solidariedade racial e a aparente proteção oferecida pela cultura da dissimulação – influenciam ainda outro fator que molda os padrões de silêncio. Em geral, as mulheres negras estadunidenses têm relutado em reconhecer as valiosas contribuições da teoria feminista lésbica negra para a reconceituação da sexualidade das mulheres negras. Desde o início dos anos 1980, as teóricas e ativistas lésbicas negras identificaram a homofobia e seu impacto sobre as afro-americanas como um tópico importante para o pensamento feminista negro. "A opressão que afeta as pessoas homossexuais negras, homens e mulheres, é generalizada, constante e não abstrata. Muitos morrem em consequência disso", argumenta Barbara Smith[7]. Apesar da crescente visibilidade das lésbicas negras como mães, acadêmicas e ativistas, como parte da história lésbica ou como assumidas[8], os afro-americanos em geral

---

[6] Darlene Clark Hine, "For Pleasure, Profit, and Power: The Sexual Exploitation of Black Women", em Geneva Smitherman (org.), *African American Women Speak Out on Anita Hill-Clarence Thomas* (Detroit, Wayne State University Press, 1995), p. 168-77.

[7] Barbara Smith (org.), *Home Girls: A Black Feminist Anthology* (Nova York, Kitchen Table, 1983), p. xlvii.

[8] Audre Lorde, *Sister Outsider* (Trumansburg, Crossing, 1984) [ed. bras.: *Irmã outsider*, trad. Stephanie Borges, Belo Horizonte, Autêntica, no prelo], p. 72-80; Rhonda Williams, "Living at the Crossroads: Explorations in Race, Nationality, Sexuality, and Gender", em Wahneema Lubiano (org.), *The House That Race Built* (Nova York, Pantheon, 1997); Doris Davenport, "Black Lesbians in Academia: Visible Invisibility", em Bonnie Zimmerman e Toni A. H. McNaron (orgs.), *The New Lesbian Studies: Into the Twenty-First Century* (Nova York, Feminist, 1996); Jewell Gomez

A POLÍTICA SEXUAL PARA AS MULHERES NEGRAS 221

tentaram ignorar a homossexualidade e evitaram empreender análises sérias a respeito da homofobia nas comunidades afro-americanas.

Nesse contexto, a teorização das lésbicas negras sobre a sexualidade tem sido marginalizada, embora de formas diferentes, tanto dentro das comunidades intelectuais negras quanto no campo acadêmico de estudos sobre mulheres. Como consequência, o pensamento feminista negro ainda não tirou pleno proveito dessa importante fonte da teoria feminista negra. Como grupo, as afro-americanas heterossexuais têm mantido um estranho silêncio sobre a questão do lesbianismo negro. Barbara Smith aponta uma razão convincente: "O privilégio heterossexual é geralmente o único que as mulheres negras têm. Nenhuma de nós tem privilégios raciais ou sexuais, quase nenhuma de nós tem privilégio de classe, o que torna a 'heterice' nosso último recurso"[9]. Da mesma forma que as feministas brancas se identificam com a vitimização das afro-americanas como mulheres, mas ignoram o privilégio que o racismo concede a si mesmas, e os homens negros condenam o racismo, mas veem o sexismo como menos censurável, as afro-americanas heterossexuais podem se dar conta de que sofrem opressão de raça e gênero, mas discriminar lésbicas, *gays* e bissexuais. Barbara Smith trata de uma questão fundamental que pode ser observada melhor pelo ponto de vista de *outsider* interna das lésbicas negras: as opressões interseccionais de sexualidade, raça, gênero e classe não produzem nem opressores absolutos nem vítimas puras.

As audiências de confirmação de Clarence Thomas no Supremo Tribunal de Justiça em 1992, fartamente noticiadas, acabaram com esse silêncio de tantas faces. Durante as audiências, Anita Hill, advogada e ex-funcionária de Thomas nos anos em que ele presidiu a Comissão para a Igualdade nas Oportunidades de Emprego, acusou-o de assédio sexual. Durante dias, o público estadunidense ficou fixado diante da televisão, ouvindo os detalhes das acusações de Hill sobre o suposto abuso de poder de Thomas e as engenhosas refutações dele. As audiências foram notáveis em vários sentidos: o formato televisivo e altamente público; as similaridades de Hill e Thomas quanto a origens de raça e classe e

---

e Barbara Smith, "Taking the Home Out of Homophobia: Black Lesbian Health", em Evelyn C. White (org.), *The Black Women's Health Book: Speaking for Ourselves* (Seattle, Seal, 1994), p. 198-213; Elizabeth Lapovsky Kennedy e Madeline Davis, *Boots of Leather, Slippers of Gold: The History of a Lesbian Community* (Nova York, Penguin, 1994), p. 113-31; Lisa C. Moore (org.), *Does Your Mama Know? An Anthology of Black Lesbian Coming Out Stories* (Decatur, Red Bone, 1997).

9   Barbara Smith, "Toward a Black Feminist Criticism", em Gloria T. Hull, Patricia Bell Scott e Barbara Smith (orgs.), *But Some of Us Are Brave* (Old Westbury, Feminist Press, 1982), p. 171.

a ideologias politicamente conservadoras; e a divulgação pública de materiais sexualmente explícitos. Ao expor publicamente questões de raça, gênero, classe e sexualidade, as audiências serviram como um poderoso catalisador para romper silêncios de longa data.

As reações às audiências evidenciaram diferenças significativas entre mulheres brancas e homens negros, as quais levaram as afro-americanas a quebrar a cabeça para não "tomar partido contra elas mesmas"[10]. As mulheres brancas estadunidenses em geral consideraram as audiências um evento marcante, que pôs a tão silenciada questão do assédio sexual na agenda nacional. Partindo de certa irmandade em torno da questão do assédio sexual no local de trabalho, entendiam a raça de Anita Hill como algo de menor relevância. Ao contrário: para elas, a negritude de Hill era apenas uma qualidade a mais – reforçando a afirmação de que, independentemente da cor da pele e de outros marcadores da diferença, todas as mulheres tinham de se unir para combater o assédio sexual. Em contraste, as pessoas negras estadunidenses em geral viam o acontecimento pela perspectiva da solidariedade racial, segundo a qual o testemunho de Hill violava os "segredos de família" a respeito de homens negros abusivos. Para muitos homens e mulheres afro-americanos, o fato de Hill ter "lavado roupa suja" em público minava a integridade das alegações. Houve quem argumentasse que, mesmo que Thomas fosse um assediador, Hill, por solidariedade aos homens negros, deveria ter ficado de boca fechada. A crítica cultural Lisa Jones descreve uma reação comum: "O que aconteceu com Hill passou uma mensagem mais forte que o rosto dela na televisão: falar não compensa. A mulher assediada é vítima em dobro, e a mulher negra que se mostra crítica e franca é, ainda, uma traidora da raça"[11].

Com questões de sexualidade publicamente expostas, as afro-americanas se viram num dilema. A situação de Anita Hill era familiar a muitas delas. Por um lado, a imagem de uma série de homens brancos abastados julgando os relatos sexuais de Anita Hill e Clarence Thomas cheirava a silenciamentos generalizados por parte dos grupos dominantes. Associar-se às mulheres brancas parecia uma tolice, pois os discursos de gênero por muito tempo ignoraram as circunstâncias específicas em que vivem as mulheres negras. Por ter de viver

---

[10]   Kimberlé Williams Crenshaw, "Whose Story Is It Anyway? Feminist and Antiracist Appropriations of Anita Hill", em Toni Morrison (org.), *Race-ing Justice, En-gendering Power*, cit.

[11]   Lisa Jones, *Bulletproof Diva: Tales of Race, Sex, and Hair* (Nova York, Anchor, 1994), p. 120.

com as consequências do assédio sexual, Anita Hill não sentia que o código de silêncio imposto pela solidariedade racial tivesse lhe servido de ajuda. Como a sexualidade das mulheres negras fora silenciada por tanto tempo, parecia não haver lugar para a história de Anita Hill.

Muito se escreveu sobre as audiências de 1992, boa parte por mulheres negras estadunidenses[12]. Há nesses estudos uma disposição renovada para mostrar que as construções sociais da sexualidade das mulheres negras devem se tornar mais centrais no pensamento feminista negro. Seguindo os padrões estabelecidos pelos estudos de caráter feminista acerca da família, do trabalho, de imagens de controle e outros temas que estão no cerne do feminismo negro, grande parte desse trabalho contextualiza as análises da sexualidade das mulheres negras dentro de relações estruturais de poder. Por tratar raça, classe, gênero e sexualidade menos como atributos pessoais e mais como sistemas de dominação nos quais os indivíduos constroem identidades únicas, as análises feministas negras costumam assinalar a importância das múltiplas opressões para o estudo da sexualidade das mulheres negras. Por exemplo, pensadoras feministas negras investigaram de que maneira o estupro, como forma específica de violência sexual, se encontra enraizado em opressões interseccionais de raça, gênero e classe[13]. Questões relativas a direitos reprodutivos, como o acesso a informações sobre sexualidade e controle de natalidade, a luta pelo direito ao aborto e os padrões de esterilização forçada, exigem atenção para o efeito das políticas do Estado-nação sobre as mulheres negras estadunidenses[14]. Pesquisas de lésbicas negras sobre a homofobia investigam como o impacto do heterossexismo sobre as afro-americanas continua incorporado em estruturas sociais mais amplas[15].

---

[12] Ver, por exemplo, Toni Morrison (org.), *Race-ing Justice, En-Gendering Power*, cit.; Geneva Smitherman (org.), *African American Women Speak Out on Anita Hill-Clarence Thomas*, cit.

[13] Angela Davis, "Rape, Racism and the Capitalist Setting", *Black Scholar*, v. 9, n. 7, 1978, p. 24-30; idem, *Mulheres, raça e classe* (trad. Heci Regina Candiani, São Paulo, Boitempo, 2016); idem, *Mulheres, cultura e política* (trad. Heci Regina Candiani, São Paulo, Boitempo, 2017); Kimberlé Williams Crenshaw, "Mapping the Margins: Intersectionality, Identity Politics, and Violence Against Women of Color", *Stanford Law Review*, v. 43, n. 6, 1991, p. 1.241-99.

[14] Angela Davis, *Mulheres, raça e classe*, cit.; Dorothy Roberts, *Killing the Black Body: Race, Reproduction, and the Meaning of Liberty* (Nova York, Pantheon, 1997); Patricia Hill Collins, "Will the 'Real' Mother Please Stand Up? The Logic of Eugenics and American National Family Planning", em Adele Clarke e Virginia Olesen (orgs.), *Revisioning Women, Health and Healing: Feminist, Cultural, and Technoscience Perspectives* (Nova York, Routledge, 1999), p. 266-82.

[15] Audre Lorde, *Zami: A New Spelling of My Name* (Trumansburg, Crossing, 1982); idem, *Sister Outsider*, cit.; Cheryl Clarke, "The Failure to Transform: Homophobia in the Black Community", em Barbara Smith (org.), *Home Girls*, cit., p. 197-208; Ann Allen Shockley, "The Black Lesbian

Essa contextualização nas relações de poder gera um tipo particular de argumento socioconstrucionista, para o qual a sexualidade das mulheres negras é construída dentro de uma matriz de dominação historicamente específica, caracterizada por opressões interseccionais. Para compreender essas contextualizações feministas negras, talvez seja mais apropriado falar da *política sexual da condição das mulheres negras*, isto é, de como a sexualidade e o poder se vinculam na construção da sexualidade das mulheres negras.

MULHERES NEGRAS, OPRESSÕES INTERSECCIONAIS E POLÍTICA SEXUAL

Em grande parte como consequência da natureza politizada das próprias definições, as questões relativas à sexualidade e as políticas sexuais das quais elas fazem parte despertam preocupações específicas. O que é sexualidade? O que é poder? Ambas as questões geram amplo debate. Além disso, analisar questões de sexualidade e poder dentro de uma referencial interpretativo que leve em conta as opressões interseccionais pode parecer uma tarefa desafiadora.

Ainda que a sexualidade faça parte das opressões interseccionais, as maneiras pelas quais ela pode ser conceituada são distintas. A sexualidade pode ser analisada como um sistema autônomo de opressão similar às opressões de raça, classe e gênero. Essa abordagem considera o heterossexismo um sistema de poder que vitimiza as mulheres negras de maneiras específicas. Dentro do heterossexismo como sistema de opressão, as afro-americanas descobrem que o lugar distintivo de seu grupo nas hierarquias de raça, classe e gênero dá forma às experiências das mulheres negras como coletividade e suas histórias sexuais individuais.

Uma segunda abordagem examina como a sexualidade se torna manipulada *no âmbito* da classe, da raça, da nação e do gênero como sistemas distintivos de opressão, a partir de hipóteses heterossexistas. A regulação da sexualidade das mulheres negras nos Estados Unidos se mostra uma característica distintiva da exploração de classe social, do racismo institucionalizado, das políticas do Estado-nação e da opressão de gênero. Em suma, essa abordagem sugere que tanto os significados sexuais atribuídos ao corpo das mulheres negras como as práticas sociais justificadas por ideologias sexuais reaparecem em sistemas de opressão aparentemente separados.

---

in American Literature: An Overview", em Barbara Smith (org.), *Home Girls*, cit., p. 83-93; Barbara Smith (org.), *Home Girls*, cit.

Há ainda uma terceira abordagem, que considera a sexualidade uma esfera específica de interseccionalidade na qual opressões interseccionais se encontram. Estudar a sexualidade das mulheres negras revela de que modo a sexualidade constitui uma importante esfera de convergência de heterossexismo, classe, raça, nação e gênero como sistemas de opressão. Para as mulheres negras, abrir mão do controle das autodefinições de sua sexualidade confirma as múltiplas opressões. Isso porque todos os sistemas de opressão tiram proveito do poder do erótico. Em contraste, a sexualidade das mulheres negras pode se tornar um importante lugar de resistência quando é autodefinida por nós mesmas. Assim, do mesmo modo que aproveitar o poder do erótico é importante para a dominação, reivindicar e autodefinir esse erotismo pode se mostrar um caminho para o empoderamento das mulheres negras.

O heterossexismo como sistema de poder

Um importante fruto dos movimentos sociais de lésbicas, *gays*, bissexuais e transgêneros tem sido o reconhecimento do heterossexismo como sistema de poder. Em essência, o espaço político e intelectual formado por esses movimentos pôs em questão a suposta normalidade da heterossexualidade[16]. Esses questionamentos promoveram uma mudança na percepção da sexualidade: antes, ela era situada na composição biológica individual; agora, o heterossexismo é analisado como sistema de poder. Assim como as opressões de raça ou gênero marcam o corpo com significados sociais, o heterossexismo marca o corpo com significados sexuais. Dentro dessa lógica, o *heterossexismo* pode ser definido como a crença na superioridade inerente de uma forma de expressão sexual sobre outra, da qual decorreria, portanto, o direito de dominar.

Quando se trata de refletir sobre as sexualidades das mulheres negras, é necessário um referencial que não apenas analise o heterossexismo como sistema de opressão, mas também conceitue suas relações com raça, classe e gênero como sistemas comparáveis de opressão. Esse referencial pode dar destaque a duas dimensões interdependentes do heterossexismo, a saber, a simbólica e a estrutural. A dimensão simbólica se refere aos significados sexuais usados para representar e avaliar as sexualidades das mulheres negras. Por exemplo, por

---

[16] Stevi Jackson, "Heterosexuality and Feminist Theory", em Diane Richardson (org.), *Theorising Heterosexuality* (Filadélfia, Open University Press, 1996), p. 21-38; Diane Richardson, "Heterosexuality and Social Theory", em *Theorising Heterosexuality*, cit., p. 1-20.

meio da imagem da *hoochie*, a sexualidade das mulheres negras é vista como não natural, suja, doente e pecaminosa. Em contraste, a dimensão estrutural abrange o modo como as instituições sociais são organizadas para reproduzir o heterossexismo, principalmente por meio de leis e costumes sociais. Por exemplo, não indiciar estupradores de mulheres negras porque elas são vistas como "aberrações" sexuais constitui uma prática social que molda e reforça essas estruturas simbólicas. Embora analiticamente distintas, essas duas dimensões na realidade operam em conjunto.

Nos Estados Unidos, os pressupostos da heterossexualidade funcionam como uma ideologia hegemônica ou pressuposta – ser heterossexual é normal, ser qualquer outra coisa é se tornar suspeito. O sistema de significados sexuais associado ao heterossexismo é a tal ponto normalizado que tais significados muitas vezes não são questionados. Por exemplo, o próprio uso do termo *sexualidade* faz referência à *hetero*ssexualidade como normal, natural e normativa.

A dimensão ideológica do heterossexismo está arraigada no pensamento binário que toma a heterossexualidade como normal e outras sexualidades como desviantes. Esse pensamento divide a sexualidade em duas categorias, a saber, a "normal" e a "desviante", e tem implicações significativas para a compreensão da sexualidade das mulheres negras. Dentro dos pressupostos da heterossexualidade normalizada, há duas importantes categorias de sexualidade "desviante". Primeiro, a sexualidade *africana* ou *negra* é construída como uma forma anormal ou patologizada de heterossexualidade. Ideias de longa data sobre o apetite sexual desmedido dos afrodescendentes, evocadas no imaginário branco, produzem imagens de controle específicas de gênero – o estuprador negro e a jezebel negra – e estão alicerçadas em mitos acerca da hipersexualidade negra. Dentro dos pressupostos da heterossexualidade normalizada, independentemente do comportamento individual, ser branco marca a categoria normal da heterossexualidade. Em contraste, ser negro indica a hiper-heterossexualidade desenfreada e descontrolada do apetite sexual excessivo.

Dentro dos pressupostos da heterossexualidade normalizada, a *homossexualidade* surge como uma segunda categoria importante de sexualidade "desviante". Nesse caso, a homossexualidade constitui uma sexualidade anormal, patologizada como o oposto da heterossexualidade. Embora se pense que o problema do desvio sexual dos africanos ou negros esteja em sua hiper-heterossexualidade, o problema da homossexualidade está ligado não ao excesso de desejo heterossexual, mas na aparente ausência dele. As mulheres que não se interessam por homens como parceiros sexuais são patologizadas como "frígidas", caso se afirmem heterossexuais, ou estigmatizadas como lésbicas, caso contrário.

Nas ideologias eurocêntricas, a heterossexualidade normalizada é construída em contraste com duas sexualidades supostamente desviantes, a saber, aquelas atribuídas aos afrodescendentes e aquelas aplicadas a lésbicas, *gays* e outras. O binarismo fundamental do heterossexismo, isto é, o que divide a sexualidade dita normal de seu outro desviante, coaduna-se com os binarismos subjacentes a outros sistemas de opressão. Os importantes binarismos introduzidos na discussão do capítulo 3 sobre a objetificação das mulheres negras – branco/preto, masculino/feminino, razão/emoção e mente/corpo – agora se juntam a uma série de binarismos sexuais: madona/prostituta, mulher de verdade/sapatão, homem de verdade/bicha e garanhão/afeminado. Os binarismos sexuais são, por sua vez, justificados por teorias médicas (normal/doente), crenças religiosas (salvo/pecador) e regulamentações estatais (legal/ilegal).

Tudo isso influencia o sistema atual de regulação sexual nos Estados Unidos, onde as ideias sobre a heterossexualidade normalizada permeiam uma série de instituições sociais. Apesar das semelhanças que caracterizam as construções da sexualidade africanas/negras e da homossexualidade, essas sexualidades diferem em seus modos característicos de regulação. Os negros vivenciam um *racismo sexualizado* altamente visível, no qual a visibilidade dos corpos negros reinscreve a hipervisibilidade dos supostos desvios sexuais de homens negros e mulheres negras. Como a percepção estadunidense de raça se baseia em categorias biológicas que, embora renegociadas, não podem ser transformadas – a cor da pele é permanente –, a hipersexualidade negra é conceituada como intergeracional e resistente à mudança.

A aparente intratabilidade do estigma da negritude, por sua vez, dá forma a possíveis respostas a esse desvio socialmente construído, mas altamente visível[17]. Como os traços biológicos são concebidos como permanentes, é improvável que as estratégias reformistas funcionem. Nesse contexto, todo tipo de estratégias de contenção ganha maior importância. Por exemplo, a segregação racial na moradia, nas escolas, no emprego e nos espaços públicos não só beneficia

---

[17] O suposto caráter desviante dos acusados de crimes sexuais foi analisado de maneiras características: se possível, corrija-o (postura reformista); se não puder corrigi-lo, ao menos contenha-o para que a doença não infecte a população dita "saudável" (guetização, segregação); e se a correção e a repressão falharem, elimine-o, erradicando as práticas desviantes, se não as próprias pessoas (impulso genocida).

economicamente alguns grupos de brancos, como mantém os negros supostamente hipersexuais separados dos brancos. Manter a distância física não é a única estratégia. Pessoas negras trabalham há muito tempo perto das brancas, mas ambos os grupos eram desencorajados a ver o outro como amigos, vizinhos, amantes e, sobretudo, parceiros sexuais legais. Num contexto em que o corpo negro sinaliza desvios sexuais, as leis contra os casamentos inter-raciais e outros componentes da segregação racial asseguravam que o desvio fosse simultaneamente explorado e contido.

Como a natureza da ameaça é considerada diferente, as formas de controle para lésbicas, *gays* e outros grupos sexualmente estigmatizados diferem daquelas do racismo sexualizado. A *homofobia* floresceu em um contexto em que a invisibilidade do suposto desvio é percebida como o problema. Enquanto os medos associados ao racismo consistem em ideias projetadas sobre corpos negros altamente visíveis e objetificados, os medos subjacentes à homofobia vêm do entendimento de que *qualquer pessoa* pode ser *gay* ou lésbica. Lembrando o racismo imediato do antissemitismo – por exemplo, no contexto em que cientistas nazistas gastaram um tempo considerável tentaram encontrar maneiras de identificar a judaicidade de alguém –, a homofobia constitui um medo da proximidade de que qualquer um a qualquer hora possa se revelar *gay* ou lésbica.

O amplo leque de respostas ao suposto caráter desviante da homossexualidade também corresponde à natureza da ameaça percebida. A contenção também funciona, mas de forma diferente. Por exemplo, a medicina foi encarregada da estratégia reformista de aconselhar *gays* e lésbicas a lidar melhor com a heterossexualidade normalizada. Os crimes de ódio punem indivíduos, mas esses crimes são usados como exemplo de uma homossexualidade visível com o objetivo de levar o restante de volta ao armário. Quando se reconhece que a homossexualidade dificilmente poderia ser eliminada, busca-se retirá-la do espaço público e, portanto, legitimado. As leis que proíbem casamentos *gays* e lésbicos, associadas à resistência à possibilidade de *gays* e lésbicas terem e criarem filhos, parecem querer impedir a "disseminação" da homossexualidade. Dentro dessa lógica da ameaça imediata, os esforços para manter *gays*, lésbicas e outras minorias sexuais "no armário" e "escondidos" parecem destinados a conter as ameaças internas.

Levar o heterossexismo como sistema de opressão para o centro da reflexão sobre a sexualidade das mulheres negras sugere dois aspectos significativos. Primeiro, grupos diferentes continuam diferentemente situados no heterossexismo como estrutura abrangente de poder. Como discutirei neste capítulo e no próximo, a história das afro-americanas como grupo é elaborada no contexto da especificidade da matriz de dominação dos Estados Unidos. A história particular do grupo das mulheres negras no interior do heterossexismo se cruza com a de outros grupos. Por exemplo, as construções das sexualidades masculina negra e feminina negra estão ligadas – são semelhantes, mas ao mesmo tempo diferentes. Da mesma maneira, a sexualidade das mulheres brancas de classe média não poderia ser construída sem as imagens de controle que são aplicadas às mulheres negras estadunidenses. Além disso, a história coletiva das mulheres negras estadunidenses não descarta uma maior especificação de histórias de grupos dentro da coletividade das afro-americanas – por exemplo, lésbicas negras, adolescentes negras, idosas negras, mães negras que dependem de programas de assistência social e assim por diante. Ao contrário, ela especifica os contornos dos significados sexuais atribuídos às mulheres negras. Existe uma enorme diversidade no modo como as mulheres negras estadunidenses experimentam e respondem às dimensões simbólica e estrutural do heterossexismo.

Uma segunda característica significativa diz respeito ao espaço criado para a agência individual das mulheres negras. Como as afro-americanas expressam uma série de sexualidades, incluindo celibato, heterossexualidade, lesbianismo e bissexualidade, e as diferentes formas de expressão sexual mudam ao longo da vida de um indivíduo, as autodefinições das mulheres negras são fundamentais. É importante ressaltar que as dimensões simbólica e estrutural do heterossexismo são sempre contestadas. As mulheres afro-americanas como indivíduos constroem significados e práticas sexuais dentro dessa estrutura abrangente de relações de poder heterossexuais. Assim, nos Estados Unidos, a agência individual de uma mulher negra se expressa no contexto de estruturas institucionais amplas e histórias de grupos particulares que afetam outros grupos. Para cada mulher negra individualmente, os esforços se voltam para a rejeição de ideias e práticas definidas desde fora, assim como a reivindicação do erótico como um mecanismo de empoderamento.

A sexualidade dentro de sistemas distintivos de classe, raça, gênero e nação

Analisar de que maneira o heterossexismo como sistema de opressão vitimiza as mulheres negras constitui uma das principais abordagens da sexualidade. Uma segunda abordagem investiga como as sexualidades construídas em conjunto com

230　Pensamento feminista negro

um heterossexismo não questionado são manipuladas dentro de classe, raça, gênero e nação como sistemas distintivos de opressão. Por exemplo, a imagem de controle da jezebel reaparece em vários sistemas de opressão. No que diz respeito à opressão de classe, a imagem da jezebel promove a exploração sexual do corpo das mulheres negras por meio da prostituição. A imagem de jezebel também reforça a opressão racial ao justificar as agressões sexuais contra as mulheres negras. A ideologia de gênero também se baseia na imagem da jezebel – uma jezebel desvalorizada torna possível a condição da mulher branca pura. Essas relações são monitoradas por políticas do Estado-nação que, ao considerar implicitamente as mulheres negras como jezebéis, lhes negam tratamento igual perante a lei. Mães negras não casadas têm lutado por benefícios sociais que há muito tempo estão disponíveis para as mulheres brancas[18]. As adolescentes negras estão mais sujeitas a receber Norplant e outros métodos contraceptivos que as mulheres brancas, o que pressupõe que elas não controlam sua libido[19], e, como Anita Hill veio a descobrir, quando mulheres negras afirmam ter sido assediadas sexualmente e estupradas, com frequência são ignoradas. Assim, cada sistema tem interesse em regular a sexualidade e, para isso, fundamenta-se em práticas simbólicas e estruturais.

Examinar como a regulação da sexualidade das mulheres negras funciona para apoiar cada sistema é uma das maneiras de investigar essas relações. Controlar os corpos das mulheres negras foi especialmente importante para as relações de classe capitalistas nos Estados Unidos. Quando se trata das experiências das mulheres negras estadunidenses, duas características do capitalismo são notáveis. A primeira é que o corpo das mulheres negras foi objetificado e transformado em mercadoria sob as relações de classe capitalistas nos Estados Unidos. A objetificação das mulheres negras, discutida no capítulo 4, e a subsequente transformação desses corpos objetificados em mercadoria estão intimamente ligadas – a objetificação do corpo das mulheres negras o transforma em uma mercadoria que pode ser vendida ou trocada no mercado. Corpos mercadorizados de todos os tipos se tornam marcadores de *status* nas hierarquias de classe estabelecidas por raça e gênero. Por exemplo, bebês brancos saudáveis são mercadorias disputadas no mercado de adoção dos Estados Unidos, enquanto bebês negros saudáveis definham nos orfanatos. A segunda característica das relações de classe capitalistas nos Estados

---

[18]　Teresa L. Amott, "Black Women and AFDC: Making Entitlement Out of Necessity", em Linda Gordon (org.), *Women, the State, and Welfare* (Madison, WI, University of Wisconsin Press, 1990), p. 280-98.

[19]　Dorothy Roberts, *Killing the Black Body*, cit., p. 104-49.

Unidos diz respeito ao modo como o corpo das mulheres negras é explorado. O trabalho, a sexualidade e a fecundidade das mulheres negras são explorados por meio de mecanismos como a discriminação no mercado de trabalho, a perpetuação da imagem das mulheres negras como mulas ou objetos de prazer, e o estímulo ou desestímulo estatal à reprodução de mulheres negras.

Existe não apenas uma ligação entre transformação em mercadoria e exploração, mas também diferentes formas de padrões de exploração da sexualidade das mulheres negras . Em alguns casos, o corpo como um todo se tornou mercadoria. Por exemplo, corpos mercadorizados de mulheres e homens negros eram negociados em leilões de escravos – era possível comprar e vender corpos em praça aberta. Em outros casos, partes do corpo poderiam ser transformadas em mercadoria e vendidas para fins lucrativos. Barbara Omolade apresenta a noção de mercadorização especializada, segundo a qual "todas as partes da mulher negra" eram usadas pelo mestre branco. "Ela era, para ele, uma mercadoria fragmentada cujos sentimentos e escolhas raramente eram considerados: cabeça e coração eram separados das costas e das mãos, e desvinculados do ventre e da vagina."[20] A sexualidade das mulheres negras poderia ser reduzida ao controle de uma vagina objetificada, que poderia então ser transformada em mercadoria e vendida. O interesse de longa data da ciência ocidental pela genitália das mulheres negras parece se adequar a isso, na medida em que reduzir essas mulheres a uma genitália mercadorizada é tratá-las como prostitutas em potencial. Da mesma forma, visões atuais das mulheres negras na cultura popular – que as reduzem à bunda – tentam reinscrever essas partes do corpo como mercadoria. Talvez o próximo passo seja mercadorizar e explorar o ventre das mulheres negras. Quando um juiz da Califórnia rejeitou a afirmação da afro-americana Anna Johnson de que o bebê branco que ela carregava no útero lhe dava certos direitos de maternidade, a mensagem parecia clara: guarda-móveis e úteros são propriedades alugadas[21].

A regulação da sexualidade das mulheres negras foi significativa no discurso e na prática racistas. Na medida em que a raça foi construída nos Estados Unidos como categoria biológica enraizada no corpo, controlar a sexualidade negra foi importante para preservar as fronteiras raciais. A noção estadunidense de pureza

---

[20] Barbara Omolade, *The Rising Song of African American Women* (Nova York, Routledge, 1994), p.7.

[21] Valerie Hartouni, "Breached Birth: Anna Johnson and the Reproduction of Raced Bodies", em *Cultural Conceptions: On Reproductive Technologies and the Remaking of Life* (Minneapolis, University of Minnesota Press, 1997), p. 85-98.

racial, segundo a qual uma gota de "sangue" negro determina a identidade racial, exigia controle rigoroso sobre a sexualidade e a fecundidade das mulheres negras, das mulheres brancas e dos homens negros. Embora tenha sido um meio explícito de impedir que negros e brancos se associassem em espaços públicos, a segregação racial no Sul se fundamentava no medo profundo de que "a mistura social levasse à mistura sexual"[22]. Esses mecanismos de controle afetaram os diversos grupos da população de maneiras diferentes. Homens brancos abastados tinham acesso ao corpo tanto de mulheres brancas quanto de negras, sobrepondo-se aos outros homens na competição sexual. O surgimento de uma classe de "homens brancos raivosos" na esteira das reformas sociais dos anos 1960 e 1970 reflete, em parte, a deterioração de práticas supremacistas brancas que davam esse poder aos homens brancos[23]. Mulheres brancas ricas eram avaliadas pela virgindade pré-matrimonial, que, ao ser "perdida" no contexto do casamento heterossexual, assegurava que todos os filhos e as filhas eram biologicamente "brancos". Independentemente de classe social, os brancos eram encorajados a temer a mistura racial, pois esta os rebaixava ao *status* de outras raças[24]. Nesse contexto, os homens negros foram construídos como feras sexualmente violentas, uma visão que não apenas justificava sua perseguição pelo Estado como lhes negava acesso ao corpo das mulheres brancas[25]. A sexualidade das mulheres negras não dispunha de proteção. Assim, a noção de supremacia branca dependia de uma ideia de diferença racial segundo a qual "a diferença se fundamentaria amplamente em percepções de diferença sexual, e [...] a base da diferença sexual residiria nas posições em relação às mulheres negras"[26].

A regulação da sexualidade das mulheres negras também fazia parte da opressão de gênero. A divisão das mulheres em duas categorias – as honestas e assexuais, protegidas pelo casamento, e seu oposto, as imorais e sexuais – serviu como modelo de gênero para a construção de ideias sobre masculinidade e feminilidade. Os principais símbolos arquetípicos das mulheres no pensamento

---

[22] John d'Emilio e Estelle Freedman, "Race and Sexuality", em *Intimate Matters: A History of Sexuality in America* (Nova York, Harper and Row, 1988), p. 106.

[23] Abby Ferber, *White Man Falling: Race, Gender, and White Supremacy* (Lanham, Rowman & Littlefield, 1998).

[24] John d'Emilio e Estelle Freedman, "Race and Sexuality", cit., p. 86.

[25] Mary Frances Berry, *Black Resistance, White Law: A History of Constitutional Racism in America* (Nova York, Penguin, 1994 [1971]).

[26] Paula Giddings, "The Last Taboo", em Toni Morrison (org.), *Race-ing Justice, En-gendering Power* (Nova York, Pantheon, 1992), p. 450.

ocidental mostram a sexualidade das mulheres por uma série de binarismos intimamente entrelaçados. Coletivamente, esses binarismos criam uma hierarquia sexual em que a expressão sexual aceita se situa no topo e as sexualidades proibidas são relegadas à base. Pressupostos acerca de formas normais e desviantes de sexualidade servem para rotular as mulheres como meninas boas ou más, o que resulta em duas categorias de sexualidade feminina. As virgens são as que guardam o celibato antes do casamento, e ganham licença para manter práticas sexuais heterossexuais depois do casamento. Em contraste, as prostitutas são as não casadas, que "dão" voluntariamente. Importa menos que uma mulher seja ou não virgem do que sua possibilidade de se construir socialmente, dentro dessa lógica, como "boa" menina. A racialização dessa ideologia de gênero, que atribui a categoria de menina "má" a todas as mulheres negras, independentemente de seu comportamento, simplifica o manejo desse sistema.

É importante lembrar que o que parecem ser ideias e práticas naturais e normais relativas à sexualidade são, na realidade, ideias cuidadosamente fabricadas e promovidas por escolas, religiões organizadas, meios de comunicação e, sobretudo, políticas governamentais. As ramificações locais, estaduais e federais do governo dos Estados Unidos podem parecer alheias à questão da sexualidade, mas, por meio da tributação, das políticas de bem-estar social e de outras políticas públicas, o Estado-nação estadunidense regula qual sexualidade é legítima e qual não é. Por exemplo, certas políticas de Estado dão forma a um entendimento sobre quais cidadãos devem ter a privacidade assegurada. Famílias ricas que moram em condomínios fechados nos subúrbios das cidades têm muito mais privacidade e proteção do governo que famílias pobres que vivem em habitações públicas no centro, onde a polícia invade a privacidade com mais frequência que a protege. Do mesmo modo, a sexualidade das mulheres negras foi legalmente construída como propriedade pública – as mulheres negras não têm direitos de privacidade que devam ser respeitados pelas pessoas brancas. Como afirma Barbara Omolade:

> os homens brancos usaram seu poder na esfera pública para construir uma esfera privada que satisfizesse suas necessidades e seu desejo pelas mulheres negras, que, se admitidos publicamente, minariam a falsa construção de raça de que precisavam para manter o poder público. Assim, a história das mulheres negras nos Estados Unidos reflete uma conjuntura em que esferas privada e pública e opressão pessoal e política se encontram.[27]

---

[27]   Barbara Omolade, *The Rising Song of African American Women*, cit., p. 17.

A REGULAÇÃO DO CORPO DAS MULHERES NEGRAS

A sexualidade pode ser conceituada como um sistema autônomo de opressão semelhante às opressões de raça, classe, nação e gênero, bem como parte de cada um desses distintos sistemas de opressão. Uma terceira abordagem considera a sexualidade um importante lugar social que conjuga esses distintos sistemas de opressão. Nessa conceituação, a sexualidade é um cimento conceitual que une as opressões interseccionais. Em outras palavras, as opressões interseccionais compartilham certas características básicas. A manipulação e a regulação da sexualidade de diversos grupos fazem parte dessas características ou esferas de interseccionalidade compartilhadas.

Nesse contexto, investigar as tentativas de regulação do corpo das mulheres negras pode lançar luz sobre uma questão mais ampla: o modo de operar da sexualidade como lugar de interseccionalidade. Dentro desse empenho mais amplo, as experiências das mulheres negras com a pornografia, a prostituição e o estupro constituem casos específicos de como grupos poderosos buscaram regular o corpo das mulheres negras. Esses casos revelam as conexões entre as ideologias sexuais desenvolvidas para justificar práticas sociais reais e o uso da força para manter a ordem social. Como tais, esses temas fornecem uma perspectiva útil para a análise do modo como as opressões interseccionais se baseiam na sexualidade para se constituir umas às outras.

A pornografia e o corpo das mulheres negras

Durante séculos, a mulher negra serviu como principal "válvula de escape" pornográfica para os homens brancos na Europa e nos Estados Unidos. Basta pensarmos nas mulheres negras usadas para a procriação, estupradas para o prazer e o lucro de seus proprietários. Basta pensarmos na licenciosidade desfrutada pelo "mestre" das mulheres escravas. O mais notável, porém, é que basta estudarmos as antigas sociedades escravagistas do Sul para vermos o tratamento sádico – nas mãos de "cavalheiros" brancos – de "belas jovens *quadroons* ou *octoroons*"*, que se tornaram (e foram deliberadamente criadas para se tornarem) indistinguíveis das mulheres brancas e, por isso, eram as amantes escravas mais valorizadas.[28]

---

* Referência ofensiva a pessoas com um quarto ou um oitavo de ascendência africana. (N. T.)

[28] Alice Walker, "Coming Apart", em *You Can't Keep a Good Woman Down* (Nova York, Harcourt Brace Jovanovic, 1981), p. 42.

A descrição de Alice Walker do estupro de mulheres africanas escravizadas "para o prazer e o lucro de seus proprietários" condensa vários elementos da pornografia contemporânea. Em primeiro lugar, as mulheres negras eram usadas como objeto sexual para o prazer dos homens brancos. Essa objetificação das afro--americanas é comparável à representação da mulher na pornografia como objeto sexual cuja sexualidade está disponível aos homens[29]. A exploração das mulheres negras como procriadoras as objetificou como menos que humanas, porque somente os animais podem ser levados a se reproduzir contra a própria vontade. Na pornografia contemporânea, as mulheres são objetificadas ao serem retratadas como pedaços de carne, como animais sexuais à espera de subjugação. Em segundo lugar, as afro-americanas eram estupradas, o que é uma forma de violência sexual. A violência costuma ser uma questão implícita ou explícita na pornografia. Além disso, o estupro das mulheres negras associava a sexualidade à violência, outro traço característico da pornografia[30]. Em terceiro lugar, o estupro e outras formas de violência sexual agem para privar as vítimas da vontade de resistir e torná-las passivas e submissas à vontade do estuprador. A passividade feminina, o fato de que coisas são feitas às mulheres independentemente da vontade delas, é um tema recorrente na pornografia contemporânea[31]. Em quarto lugar, a lucratividade da exploração sexual das mulheres negras para "cavalheiros" brancos se assemelha à lucratividade que a pornografia garante aos pornógrafos[32]. Por fim, a reprodução de "*quadroons* e *octoroons*" não apenas reforça os temas da passividade, da objetificação e da maleabilidade das mulheres negras ao controle masculino como também mostra que a pornografia está fundamentada no racismo e no sexismo. O destino das mulheres negras e brancas se entrelaçou nesse processo de procriação. A mulher afro-americana ideal como objeto pornográfico era indistinguível da mulher branca e, portanto, assemelhava-se à imagem de beleza, assexualidade e castidade imposta às mulheres brancas. Dentro dela, porém, havia uma prostituta altamente sexualizada, uma "amante escrava" pronta a satisfazer seu proprietário[33].

---

[29] Scott G. McNall, "Pornography: The Structure of Domination and the Mode of Reproduction", em *Current Perspective in Social Theory* (Greenwich, CT, JAI, 1983), v. 4, p. 181-203.

[30] Hester Eisenstein, *Contemporary Feminist Thought* (Boston, G. K. Hall, 1983).

[31] Scott G. McNall, "Pornography", cit.

[32] Gail Dines, *Pornography: The Production and Consumption of Inequality* (Nova York, Routledge, 1998).

[33] Apresentando um argumento semelhante a respeito da relação entre raça e masculinidade, Hoch sugere que o homem branco ideal é um herói que defende a própria honra. Dentro dele, porém,

A pornografia contemporânea consiste em uma série de ícones ou representações que orientam a atenção do espectador para a relação entre o indivíduo retratado e as qualidades gerais atribuídas a essa classe de indivíduos. As imagens pornográficas são iconográficas na medida em que representam realidades da maneira determinada pela posição histórica dos observadores e por sua relação com o tempo e com a história das convenções que elas empregam[34]. O tratamento que se dava, no século XIX, ao corpo das mulheres negras na Europa e nos Estados Unidos pode ser o fundamento sobre o qual se assenta a pornografia contemporânea como representação da objetificação, da dominação e do controle das mulheres. Nesses contextos, ícones da sexualidade do corpo da mulher negra surgiram. Na medida em que são representações específicas de raça e gênero, esses ícones também influenciam o modo como as mulheres afro-americanas e as mulheres brancas são tratadas na pornografia contemporânea.

A meu ver, as afro-americanas não foram inseridas tardiamente na pornografia, mas, ao contrário, são o pilar fundamental sobre o qual a própria pornografia contemporânea se assenta. Como aponta Alice Walker:

> as raízes mais antigas da pornografia moderna se encontram no tratamento quase sempre pornográfico das mulheres negras que, desde o momento em que foram escravizadas [...], foram submetidas ao estupro como convergência "lógica" de sexo e violência. Uma conquista, em suma.[35]

Uma das principais características do tratamento dado às mulheres negras no século XIX era a exposição de seus corpos como objeto. No Sul pré-Guerra Civil, os homens brancos não precisavam de figuras pornográficas de mulheres porque podiam observar as mulheres negras nos leilões. Um exemplo perturbador dessa objetificação do corpo feminino negro é a exibição de Sarah Bartmann, apelidada de Vênus Hotentote, na Europa do início do século XIX. Sua exposição constituiu um dos ícones originais da sexualidade feminina negra. Africana, Sarah Bartmann era exibida para entretenimento em festas da moda em Paris, quase sempre vestindo pouca roupa. Para o público, ela

---

esconde-se uma "besta negra" cheia de violência e desejo sexual, traços que o herói branco projeta nos homens de cor. Ver Paul Hoch, *White Hero Black Beast: Racism, Sexism and the Mask of Masculinity* (Londres, Pluto, 1979).

[34] Sander L. Gilman, "Black Bodies, White Bodies: Toward an Iconography of Female Sexuality in Late Nineteenth-Century Art, Medicine, and Literature", *Critical Inquiry*, v. 12, n. 1, 1985, p. 205-43.

[35] Alice Walker, "Coming Apart", cit., p. 42.

representava uma forma desviante de sexualidade. Na época, os europeus acreditavam que os africanos tinham práticas sexuais desviantes, e procuravam diferenças fisiológicas, como pênis descomunais e genitálias femininas malformadas como indicativos dessa sexualidade desviante. A exibição de Sarah Bartmann alimentou essas crenças racistas e sexistas. Após sua morte, em 1815, seu corpo foi dissecado, e sua genitália e suas nádegas, expostas[36].

Sander Gilman explica o impacto da exposição de Sarah Bartmann sobre o público vitoriano:

> É importante notar que Sarah Bartmann foi exibida não com o objetivo de mostrar sua genitália – mas de apresentar mais uma anomalia que o público europeu [...] achava fascinante. Refiro-me à esteatopigia, ou nádegas protuberantes, outra característica física da mulher hotentote que atraiu o olhar dos primeiros viajantes europeus [...]. A figura de Sarah Bartmann foi reduzida a suas partes sexuais. O público que pagava para ver suas nádegas e fantasiava sobre a singularidade de sua genitália quando ela estava viva pôde, depois de sua morte e dissecação, examinar ambas.[37]

Nessa passagem, Gilman descreve, ainda que involuntariamente, que Bartmann foi usada como objeto pornográfico de modo muito semelhante à representação das mulheres na pornografia contemporânea. Ela foi reduzida a suas partes sexuais, e essas partes representavam um ícone dominante aplicado às mulheres negras durante todo o século XIX. Além disso, o fato de Sarah Bartmann ser africana e mulher ressalta a importância do gênero na perpetuação da ideia de pureza racial. Nesse caso, Bartmann simbolizava os negros como "raça". Sua exibição também serviu para reforçar a ideia de que as nações europeias eram "civilizadas", em oposição às colônias atrasadas e incapazes de se desenvolver[38]. Na criação do ícone aplicado às mulheres negras, as noções de gênero, raça, nação e sexualidade estavam ligadas a estruturas abrangentes de dominação política e exploração econômica.

O tratamento pornográfico do corpo das africanas escravizadas e de mulheres como Sarah Bartmann se tornou uma indústria. Na pornografia, todas as mulheres são objetificadas segundo sua raça/etnia. As mulheres negras costumam ser

---

36 Sander L. Gilman, "Black Bodies, White Bodies", cit.

37 Ibidem, p. 213.

38 Anne Fausto-Sterling, "Gender, Race and Nation: The Comparative Anatomy of 'Hottentot' Women in Europe, 1815-1817", em Jennifer Terry e Jacqueline Urla (orgs.), *Deviant Bodies: Critical Perspectives on Difference in Science and Popular Culture* (Bloomington, IN, Indiana University Press, 1995), p. 19-48.

238 PENSAMENTO FEMINISTA NEGRO

retratadas na pornografia contemporânea de uma maneira que dá continuidade ao tratamento recebido por seus corpos reais ao longo da história[39]. As afro-americanas são geralmente retratadas em situações de servidão e escravidão, tipicamente em atitude submissa, e frequentemente com dois homens brancos. Um estudo com 54 vídeos revelou que as mulheres negras eram mais frequentemente retratadas em situações de sujeição a atos de agressão e entregando-se a uma relação sexual após resistir. Em comparação com as mulheres brancas, as mulheres negras eram mais frequentemente mostradas de joelhos fazendo sexo oral[40]. Russell relata que as mulheres negras são equiparadas a cobras, associadas a sexo com animais e consideradas incestuosas e apreciadoras do estupro, especialmente se o estuprador for branco[41]. Como observa Bell, essas configurações lembram "os dispositivos da escravidão: correntes, chicotes, colares de ferro, algemas de pulso"[42]. As imagens pornográficas aplicadas a mulheres brancas e a mulheres de cor são diferentes. As mulheres negras quase sempre aparecem na pornografia se livrando de correntes. As asiáticas são quase sempre retratadas na pornografia em situações de tortura[43].

O tratamento pornográfico do corpo das mulheres negras desafia os pressupostos dominantes de que, dado o predomínio de mulheres brancas na pornografia, o racismo foi introduzido posteriormente na pornografia. As experiências das afro-americanas sugerem que as mulheres negras não foram inseridas em uma pornografia preexistente, mas que a pornografia deve ser reconceituada como uma transição da objetificação do corpo das mulheres negras que visava dominá-las e explorá-las para uma objetificação das representações midiáticas de todas as mulheres que cumprem o mesmo propósito. Concepções de determinismo biológico segundo as quais afrodescendentes e mulheres possuem características biológicas imutáveis que marcam sua inferioridade em relação à elite masculina branca estão no cerne do racismo e sexismo[44]. Na pornografia,

---

[39] Aminatta Forna, "Pornography and Racism: Sexualizing Oppression and Inciting Hatred", em Catherine Itzin (org.), *Pornography: Women, Violence, and Civil Liberties* (Nova York, Oxford University Press, 1992), p. 102-12.

[40] Gloria Cowan e Robin R. Campbell, "Racism and Sexism in Interracial Pornography", *Psychology of Women Quarterly*, v. 18, 1994, p. 323-38.

[41] Diane E. H. Russell, *Against Pornography: The Evidence of Harm* (Berkeley, Russell, 1993), p. 45-9.

[42] Laurie Bell, *Good Girls/Bad Girls: Feminists and Sex Trade Workers Face to Face* (Toronto, Seal, 1987), p. 59.

[43] Ibidem, p. 161.

[44] Zuleyma Tang Halpin, "Scientific Objectivity and the Concept of 'The Other'", *Women's Studies International Forum*, v. 12, n. 3, 1989, p. 285-94; Anne Fausto-Sterling, *Myths of Gender: Biological Theories about Women and Men* (2. ed., Nova York, Basic Books, 1992).

essas percepções racistas e sexistas são sexualizadas. Além disso, o tratamento pornográfico das afro-americanas não é atemporal e universal, mas surgiu com a colonização europeia e a escravidão nos Estados Unidos[45]. A lucratividade da pornografia serve, portanto, às relações de classe capitalistas.

Essa ligação entre percepções do corpo, construções sociais de raça e gênero, lucratividade da pornografia e conceituações de sexualidade que informa o tratamento das mulheres negras como objetos pornográficos promete ter implicações significativas na forma como avaliamos a pornografia contemporânea. A importância da pornografia como esfera de opressões interseccionais promete lançar nova luz para a compreensão das injustiças sociais.

Investigar padrões raciais na pornografia pode ser um caminho para desenvolver essa análise. As mulheres negras identificam com frequência uma ligação entre as imagens da sexualidade das mulheres brancas e a imagem de controle da mulher negra sexualmente depreciada: "Nos Estados Unidos, o medo e o fascínio em relação à sexualidade feminina foram projetados nas mulheres negras; a imagem da dama desapaixonada surgiu em simbiose com a do escravo de sexualidade primitiva"[46]. Existem conexões comparáveis na pornografia[47]. Alice Walker faz um relato fictício da crescente conscientização do homem negro sobre as diferentes maneiras pelas quais as mulheres afro-americanas e as brancas são objetificadas na pornografia:

> O que ele se recusava a ver – porque revelaria outra área na qual ele é incapaz de proteger ou defender as mulheres negras – é que, se na pornografia as mulheres brancas são retratadas como "objetos", as mulheres negras são retratadas como animais. Se as mulheres brancas são representadas como corpos humanos, senão seres, as mulheres negras são retratadas como merda.[48]

A distinção que Walker faz entre "objetos" e "animais" é fundamental para esclarecer a dinâmica de gênero, raça e classe na pornografia. Nos binarismos

---

[45] Marianna Torgovnick, *Gone Primitive: Savage Intellects, Modern Lives* (Chicago, University of Chicago Press, 1990); Anne McClintock, *Imperial Leather: Race, Gender and Sexuality in the Colonial Conquest* (Nova York, Routledge, 1995) [ed. bras.: *Couro imperial: raça, gênero e sexualidade no embate colonial*, trad. Plínio Dentzen, Campinas, Editora da Unicamp, 2010].

[46] Jacqueline Dowd Hall, "The Mind that Burns in Each Body: Women, Rape, and Racial Violence", em Ann Snitow, Christine Stansell e Sharon Thompson (orgs.), *Powers of Desire: The Politics of Sexuality* (Nova York, Monthly Review, 1983), p. 333.

[47] Tracey A. Gardner, "Racism and Pornography in the Women's Movement", em Laura Lederer (org.), *Take Back the Night: Women on Pornography* (Nova York, William Morrow, 1980), p. 105-14.

[48] Alice Walker, "Coming Apart", cit., p. 52.

mente/corpo, cultura/natureza, masculino/feminino do pensamento social ocidental, os objetos ocupam uma posição incerta e transitória. Como objetos, as mulheres brancas se tornam criação da cultura – no caso, da mente dos homens brancos – a partir dos materiais da natureza – no caso, a sexualidade feminina fora de controle. Em contraste, como animais, as mulheres negras não recebem essa dose redentora de cultura e permanecem abertas ao tipo de exploração vista na natureza em geral. A representação das mulheres negras na pornografia como criaturas enjauladas, acorrentadas e nuas, que possuem qualidades sexuais exóticas e indômitas, "semelhantes a panteras"[49], reforça esse tema da "selvageria" das mulheres negras como símbolo de uma sexualidade feminina desenfreada. Num contexto em que a brancura como símbolo da civilização e da cultura é usada para separar objetos de animais, a diferença racial assentada na sexualidade se torna a característica distintiva que serve para identificar o tipo de objetificação com o qual as mulheres depararão.

Apesar da importância das dimensões sexual e racial de ser tratada como um animal, o alicerce econômico subjacente a esse tratamento é fundamental. Sob as relações de classe capitalistas, os animais podem servir para o trabalho, ser vendidos, mortos e consumidos, tudo por lucro. Como "mulas", as mulheres afro-americanas são suscetíveis a esse tratamento. A economia política da pornografia se enquadra nesse amplo sistema de valores que objetifica, mercadoriza e comercializa produtos, ideias, imagens e pessoas. A pornografia é fundamental na mediação de contradições em sociedades que passam por transformações[50]. Não é por acaso que a biologia racista, as justificativas religiosas da escravidão e a subordinação das mulheres, além de outras explicações para o racismo e o sexismo do século XIX, tenham surgido num período de profundas mudanças políticas e econômicas. Os meios simbólicos de dominação são particularmente importantes na mediação de contradições em economias políticas em transformação. A exibição de Sarah Bartmann e de mulheres negras em leilões não era um exercício intelectual inofensivo – essas práticas defendiam interesses materiais e políticos reais. As transformações pelas quais o capitalismo internacional está passando hoje exigem justificativas ideológicas semelhantes. A pornografia contemporânea acompanha as transformações globais do pós-colonialismo do

---

[49] Aminatta Forna, "Pornography and Racism", cit.

[50] Scott G. McNall, "Pornography", cit.

fim do século XX, de maneira muito semelhante às mudanças globais associadas ao colonialismo do século XIX[51].

A exibição pública de mulheres negras pode ter sido fundamental para objetificá-las como animais e criar o ícone das mulheres negras como animais. Yi-Fu Tuan apresenta um argumento inovador sobre semelhanças nos esforços para controlar a natureza – especialmente a vida vegetal –, domesticar os animais e dominar certos grupos de seres humanos[52]. Tuan sugere que exibir humanos ao lado de animais implica que eles são mais parecidos com macacos e ursos que com pessoas "normais". Essa mesma justaposição leva os espectadores a ver os animais em cativeiro de maneira especial. Os animais adquirem a definição de quase humanos, embora mais abertamente carnais e sensuais, uma característica dos animais que constitui importante fonte de atração para os visitantes dos zoológicos modernos. Ao discutir a popularidade dos macacos nos zoológicos, Tuan observa: "Alguns visitantes são especialmente atraídos pelo comportamento sexual descomplicado dos macacos. O voyeurismo é proibido, exceto quando aplicado a subumanos"[53]. A análise de Tuan sugere que a exibição pública de Sarah Bartmann e de inúmeras africanas escravizadas nos leilões realizados no Sul dos Estados Unidos antes da Guerra Civil – em particular ao lado de animais – promoveu a imagem delas como seres animalescos.

Essa ligação entre mulheres negras e animais é evidente na literatura científica do século XIX. A equação mulheres, negros e animais é revelada na seguinte descrição de uma africana, retirada de um artigo de antropologia de 1878:

> Ela fazia beicinho com os lábios do mesmo modo que observamos no orangotango. Seus movimentos tinham algo de abrupto e surpreendente, lembrando os do macaco. Sua orelha era como a de muitos macacos. [...] Trata-se de personagens animais. Nunca vi uma cabeça humana mais parecida com a de um macaco como a dessa mulher.[54]

Em uma atmosfera como essa, não é de surpreender que um importante médico europeu tenha declarado que o "apetite sexual animalesco das mulheres negras ia tão longe que elas chegavam a copular com macacos"[55]. A ciência do

---

[51] Gail Dines, *Pornography*, cit.

[52] Yi-Fu Tuan, *Dominance and Affection: The Making of Pets* (New Haven, CT, Yale University Press, 1984).

[53] Ibidem, p. 82.

[54] Zuleyma Tang Halpin, "Scientific Objectivity and the Concept of 'The Other'", cit., p. 287.

[55] Sander L. Gilman, "Black Bodies, White Bodies", cit., p. 212.

fim do século XX encontrou dificuldades para abandonar crenças tão arraigadas. A associação entre a África, os animais e as sexualidades aparentemente desviantes no discurso sobre a aids é reveladora da persistência dessas ideias[56]. Segundo Paula Giddings, o fato de que

[...] revistas respeitáveis chegaram a fazer conexões entre os macacos-verdes e as mulheres africanas, por exemplo, ou identificaram a origem da aids em prostitutas africanas – nos órgãos sexuais poluídos das mulheres negras – traz à tona nossa contínua vulnerabilidade à ideologia racista.[57]

O modo como as mulheres em geral são tratadas na pornografia contemporânea tem fortes laços com a representação das mulheres negras como animais. Na pornografia, as mulheres se tornam não pessoas, e muitas vezes são representadas como a soma das partes fragmentadas de seu corpo. Como observa Scott McNall:

Essa fragmentação das mulheres está relacionada à prevalência de fotografias em que elas aparecem sendo penetradas por trás [...]. Todos esses tipos de fotografias reduzem a mulher a seu sistema reprodutor e, além disso, a tornam aberta, disposta e disponível – desprovida de controle [...]. Outra coisa que essas fotos nos dizem é que as mulheres são animais. São animais porque são como cachorros – cadelas no cio que não conseguem se controlar.[58]

Essa ligação entre animais e mulheres na pornografia se viabiliza quando fundamentada na degradação prévia das mulheres negras como animais.

O desenvolvimento de uma análise abrangente do lugar das mulheres negras na pornografia e da própria pornografia como espaço de opressões interseccionais traz possibilidades de mudança. Para as intelectuais feministas negras que investigam a política sexual, a situação é muito mais complicada do que aponta o feminismo ocidental, para o qual "os homens oprimem as mulheres" porque são homens. Tais abordagens pressupõem visões biologicamente deterministas de gênero e sexualidade e oferecem poucas possibilidades de mudança. Em contraste, o empenho das análises feministas

---

[56] Evelynn M. Hammonds, "Missing Pieces: African American Women, Aids, and the History of Disease", *Radical America*, v. 20, 1986, p. 7-23; Simon Watney, "Missionary Positions: Aids, Africa, and Race", em Russell Ferguson (org.), *Out There: Marginalization and Contemporary Cultures* (Nova York, New Museum of Contemporary Art, 1990), p. 89-102.

[57] Paula Giddings, "The Last Taboo", cit., p. 458.

[58] Scott G. McNall, "Pornography", cit., p. 197-8.

negras da política sexual em adotar paradigmas interseccionais abre espaço para a agência humana. As mulheres não são intrinsecamente consideradas vítimas da pornografia nem os homens estão destinados a usar a pornografia acriticamente. No conto "Coming Apart" [Desmoronando], Alice Walker descreve como um homem negro toma consciência de que seu prazer pela pornografia, seja com mulheres brancas como "objetos", seja com mulheres negras como "animais", o avilta:

> Ele começa a se sentir mal. Afinal, percebe que comprou certo tipo de propaganda sobre as mulheres, tanto negras como brancas. Além disso, e inevitavelmente, comprou propagandas sobre si mesmo. Na pornografia, o homem negro é retratado como capaz de foder qualquer coisa [...], até um monte de merda. É definido apenas pelo tamanho, pela prontidão e pela falta de seletividade de seu pau.[59]

Walker conceitua a pornografia como um mecanismo inerente às opressões interseccionais que aprisionam a todos. Ao explorar, contudo, o esforço de um *homem* afro-americano para entender sua participação na pornografia, Walker sugere que a transformação da consciência é essencial para a mudança social. Se os homens negros podem entender como a pornografia os afeta, então outros grupos enredados no mesmo sistema são igualmente capazes de mudanças semelhantes no modo de pensar e agir.

Dado que a pornografia como modo de pensar está tão profundamente arraigada na cultura ocidental, é difícil chegar a essa transformação da consciência e da ação. Reagindo ao mesmo catalisador do caso Anita Hill, a teórica feminista negra Patricia Williams ficou intrigada com a afirmação de Clarence Thomas de que ele admirava Malcolm X. Depois que um amigo comentou que Malcolm X não era apenas um modelo, mas o "objeto pornográfico máximo", Williams foi à biblioteca em busca de trabalhos sobre pornografia. Sua conclusão subsequente mostra que a pornografia é uma maneira de pensar que, segundo ela, não tem relação necessária com o sexo. Williams vê a pornografia como "um hábito de pensamento" que reproduz relações de dominação e submissão. Para ela, a pornografia:

> permite que a imaginação do *voyeur* se entregue à autossensação que oblitera a subjetividade do observado. Um hábito de pensamento que permite que essa sensação autogerada substitua a interação com outro ser humano, a escuta, a

---

[59] Alice Walker, "Coming Apart", cit., p. 52.

conversa ou o cuidado [...], o objeto é pacificado, uma "coisa" maleável sobre a qual se pode projetar.[60]

Infelizmente, esse "modo de pensar" persiste até mesmo entre os autoproclamados pensadores progressistas. Já deparei com três usos públicos da imagem de Sarah Bartmann. O primeiro foi de uma acadêmica feminista branca que se recusou a mostrar as imagens sem antes preparar o público. Ela sabia que as imagens contundentes da objetificação e da degradação das mulheres negras, seja nos leilões, seja como objeto de uma ciência voyeurística do século XIX, seja no âmbito da pornografia contemporânea, seriam perturbadoras para alguns membros do público. Inicialmente, achei sua preocupação admirável, mas excessivamente cautelosa. Então vi a reação das jovens negras que viam imagens de Sarah Bartmann pela primeira vez. Embora a palestrante tenha tentado prepará-las, as jovens choraram. Elas viram as imagens e perceberam conexões entre as mulheres exibidas nos leilões, o tratamento *voyeur* dado a Sarah Bartmann, a representação de mulheres negras na pornografia e suas próprias experiências diárias sob vigilância sexual. Mudei rapidamente minha opinião sobre a preocupação de minha colega – ela estava certa.

Os outros dois usos da imagem de Sarah Bartmann com que deparei ilustram as contradições e ironias da produção acadêmica contemporânea. Um importante pesquisador branco que contribuiu muito em questionar o racismo científico aparentemente não hesitou em usar um *slide* de Sarah Bartmann como parte de uma apresentação em PowerPoint. Deixando a imagem na tela durante vários minutos diante de uma mesa que incluía mulheres negras, ele contou piadas sobre os supostos interesses sexuais dos *voyeurs* brancos do século XIX. Ele parecia incapaz de entender que o uso que ele próprio estava fazendo dessa imagem, no século XX, bem como o convite para que a plateia se tornasse *voyeur* junto com ele, reinscrevia Sarah Bartmann como um "objeto [...], uma 'coisa' maleável" sobre a qual ele projetou seus próprios interesses. Quando o questionei sobre o uso pornográfico que ele fez do *slide*, a resposta foi reveladora. Assim como os pornógrafos, esse importante acadêmico se escondeu atrás da "liberdade de expressão". Defendeu seu "direito" de usar material de domínio público como julgasse conveniente, mesmo que isso ofendesse as mulheres negras e contribuísse para a continuidade da objetificação delas.

---

[60] Patricia J. Williams, *The Rooster's Egg: On the Persistence of Prejudice* (Cambridge, MA, Harvard University Press, 1995), p. 123.

O último uso ilustra mais uma vez a dificuldade de perceber a pornografia pela perspectiva das opressões interseccionais. Foi em uma conferência sobre raça e etnia, na qual um importante acadêmico negro apresentou uma análise do significado da variação de tamanho dos corpos negros na iconografia racista. Mais uma vez, a apresentação de *slides* começou e lá estava ela. O corpo de Sarah Bartmann apareceu na tela não para ser um interlúdio humorístico, mas para representar o corpo "racializado" do século XIX. Mais uma vez, a plateia teve a oportunidade de dar uma longa espiada *voyeurística* em Bartmann, enquanto ouvia meu colega explicar que aquele corpo "racializado" em particular ilustrava suas mais recentes reflexões sobre tamanhos de corpos. Apesar de estarmos olhando para uma mulher negra seminua, ele não fez nenhuma menção a gênero, muito menos ao papel fundamental desse corpo "racializado" e "generificado" para o tratamento pornográfico das mulheres negras. Por mais que me constrangesse violar a regra tácita da solidariedade racial, quando ele terminou a apresentação, fiz uma pergunta sobre essas omissões. Depois de um breve silêncio de desaprovação, ele ignorou minha pergunta. Em um tom irônico que sugeria que eu não havia alcançado a profundidade de sua argumentação, respondeu, com toda a arrogância: "O que me interessa aqui é raça, não gênero!".

Infelizmente, parece que tanto meu colega branco como o negro desenvolveram "hábitos de pensamento" que lhes permitiam usar a imaginação "para se entregar à "autossensação que oblitera a subjetividade do observado". Com certeza a subjetividade das mulheres negras, tanto a de Sarah Bartmann quanto a minha, foram obliteradas pela forma como esses dois homens usaram a imagem dela. Por fim, fui convidada a me objetificar para desenvolver a objetividade que me permitiria participar da objetificação de Bartmann. Eu poderia rir e me tornar *voyeuse* do aviltamento de Bartmann ou de seu corpo "racializado", mas não generificado, mas ainda assim seria *voyeuse*. Aparentemente, para alguns pensadores, é extremamente difícil romper com certos hábitos de pensamento.

A prostituição e a exploração do corpo das mulheres negras

Em *To Be Young, Gifted and Black* [Ser jovem, talentosa e negra], Lorraine Hansberry apresenta três personagens femininas: uma jovem trabalhadora doméstica, uma profissional chique de meia-idade e uma mãe na casa dos trinta anos. Cada uma apresenta uma variante disto:

Por essas ruas, qualquer menino branco de Long Island ou Westchester me vê e grita de dentro do carro: "Ei, *chocolate quente*! Diz aí, Jezebel! Ei, você – 'Mal-entendido de cem dólares'*! VOCÊ! Aposto que você sabe onde dá pra se divertir à noite". Basta me acompanhar uma vez ou outra e você vai ver se estou mentindo. Às vezes isso acontece depois de eu ter trabalhado oito horas em uma linha de montagem ou catorze horas na cozinha da senhora Halsey. Pode acontecer de eu estar irritada naquele dia, com trezentos anos de raiva acumulada, os olhos arregalados e a carne tremendo – e os meninos brancos me veem passar na rua e pensam em sexo. Eles olham para mim e só pensam nisso [...]. Meu bem, ainda que você fosse Jesus travestido, basta ser marrom e eles têm certeza de que você está se prostituindo![61]

Como as personagens da narrativa ficcional de Hansberry, todas as mulheres negras são afetadas pela imagem de controle generalizada de que as afro-americanas são promíscuas. A ampla disseminação dessa imagem é ilustrada de forma contundente pela advogada e ativista negra Pauli Murray, que relata um incidente vivido por ela quando defendeu duas mulheres do Harlem hispânico que haviam sido presas por prostituição:

A primeira testemunha, um homem branco de Nova Jersey, depôs sobre os detalhes da transação sexual e o pagamento em dinheiro. Quando lhe pediram para identificar a mulher com quem tivera relações sexuais, ele, sem hesitar, apontou diretamente para mim, sentada ao lado de minhas duas clientes na mesa da defesa![62]

As clientes de Murray, mesmo assim, foram condenadas.

Não apenas homens brancos, mas também homens negros envolveram-se em maneiras de lucrar com o corpo das mulheres negras. Em uma entrevista com Brother Marquis, do 2 Live Crew, a crítica cultural negra Lisa Jones se deu conta de que "Hoochie Mama" e outras músicas do grupo são, na verdade, "pornografia leve". A entrevista de Jones com Brother Marquis mostra que existem ligações importantes entre pornografia, comercialização de imagens das mulheres negras e exploração do corpo das mulheres negras. Ao defender as letras misóginas do 2 Live Crew, Brother Marquis afirma:

---

* Referência ao romance *One Hundred Dollar Misunderstanding* [O mal-entendido de cem dólares] (1962), de Robert Gover, em que um homem branco sai com uma prostituta negra sem entender que ela cobraria por isso. (N. E.)

[61] Lorraine Hansberry, *To Be Young, Gifted and Black* (Nova York, Signet, 1969), p. 98.

[62] Pauli Murray, *Song in a Weary Throat: An American Pilgrimage* (Nova York, Harper and Row, 1987), p. 274.

Não vou ser desrespeitoso e apelidar vocês que nem faço nos discos. Nunca faria isso com uma moça, especialmente uma irmã. Se falo de vocês de um jeito degradante, é pra tentar ganhar algum dinheiro [...]. E, além do mais, vocês me deixam fazer isso. Tem cafetões por aí fazendo vocês venderem o corpo. Só me deixem falar de vocês um tempinho, sabe? E me ajudem a ganhar uma grana.[63]

A explicação de Brother Marquis apresenta raciocínios familiares. Ele dividiu as mulheres em duas categorias: as boas moças e as *hoochies*. De acordo com seu modo de pensar, se as mulheres negras já são aviltadas na prostituição, que mal existe em *falar* da degradação das mulheres negras, especialmente se ele pode lucrar com o que diz?

Na lógica de Brother Marquis, as imagens das mulheres negras como jezebéis e *hoochies* não são tão danosas. No entanto, essa imagem de controle tem sido fundamental para justificar o modo negativo como as mulheres negras são tratadas nas opressões interseccionais. Analisar de que maneira a imagem da mulher afro-americana como prostituta foi usada em sistemas de opressão específicos mostra que eles são interligados pela sexualidade. Mas o modo como as mulheres negras são tratadas também mostra que a prostituição funciona como um lugar de interseccionalidade.

Yi-Fu Tuan sugere que o poder como dominação implica reduzir os seres humanos a uma forma animada de natureza a fim de explorá-los economicamente ou tratá-los com condescendência, tal como animais de estimação[64]. A dominação pode ser cruel e exploratória, sem afetividade nenhuma, ou pode ser exploratória e coexistir com a afetividade. A primeira produz a vítima – nesse caso, a mulher negra como "mula" cujo trabalho é explorado. Em contraste, a combinação de dominação e afetividade produz o ser de estimação, o indivíduo que é subordinado e cuja sobrevivência depende dos caprichos dos mais poderosos. As "belas jovens *quadroons ou octoroons*" descritas por Alice Walker foram criadas para serem animais de estimação – amantes negras escravizadas cuja existência exigia que tivessem a afeição de seus proprietários. O tratamento dado a essas mulheres ilustra um processo que afeta todas as afro-americanas: sua representação como vítimas reais ou potenciais e como animais de estimação da elite masculina branca[65].

---

[63] Lisa Jones, *Bulletproof Diva*, cit., p. 243.

[64] Yi-Fu Tuan, *Dominance and Affection*, cit.

[65] Qualquer grupo pode ser transformado em animal de estimação. Consideremos a discussão de Yi-Fu Tuan sobre o papel dos meninos negros como ornamentos exóticos de mulheres brancas ricas dos anos 1500 até o início dos anos 1800 na Inglaterra. Diferentemente dos outros criados

A vítima e o animal de estimação coexistem nas mulheres afro-americanas, e sua sobrevivência está frequentemente ligada a sua capacidade de se subordinar apropriadamente. As experiências das mulheres negras como trabalhadoras remuneradas e não remuneradas demonstram a vida difícil que as vítimas são forçadas a levar. Se a vida da vítima é difícil, quem é reduzido a animal de estimação experimenta uma forma distinta de exploração. Em "The 'Pet' Negro System" [O sistema do preto "de estimação"], ensaio publicado em 1943, Zora Neale Hurston revela o caráter insultuoso dessa situação aparentemente benigna que combina dominação e afetividade. Escrevendo no estilo retórico negro, Hurston observa: "Irmãos e Irmãs, meu texto desta manhã vem do Livro de Dixie*. [...] E ele diz aqui: 'E a todo homem branco será permitido ter um preto de estimação. Sim, ele terá um homem preto de sua estima do qual poderá cuidar, e esse mesmo preto será perfeito a seus olhos'"[66]. Os seres de estimação são tratados como exceções e vivem sob a constante ameaça de deixarem de ser "perfeitos a seus olhos", de seus proprietários se cansarem deles e os relegarem ao papel nada invejável de vítimas.

A prostituição representa a fusão da exploração para fins econômicos – a mercadorização da sexualidade das mulheres negras – com o tratamento degradante dado aos animais de estimação. O sexo se transforma em mercadoria não apenas no sentido de que pode ser comprado – dimensão da exploração econômica –, mas também no sentido de que se refere a um ser totalmente alienado, que está separado de seu corpo e aparentemente não o controla – dimensão do poder como dominação[67]. Assim, o sexo mercadorizado pode ser apropriado pelos poderosos. Quando os "meninos brancos de Long Island" olham para mulheres negras e *só* pensam em sexo, eles pensam que podem se apropriar dos

---

do sexo masculino, os meninos eram os favoritos das nobres damas, tendo acesso às salas de visitas, aos aposentos privados e aos camarotes de suas senhoras. Os meninos muitas vezes recebiam colares chiques com cadeados. "Assim como faziam com seus cachorros e macacos de estimação, as senhoras passavam a gostar genuinamente de seus meninos negros"; ver Yi-Fu Tuan, *Dominance and Affection*, cit., p. 142. Além disso, como vimos no capítulo 5, a análise de Nancy White sobre as diferenças de tratamento que os homens brancos dispensam às mulheres brancas e às mulheres negras usa essa metáfora da vítima e do animal de estimação; ver John Langston Gwaltney, *Drylongso, A Self-Portrait of Black America* (Nova York, Random House, 1980), p. 148.

* Apelido dado aos estados escravistas do Sul que integravam os Estados Confederados durante a Guerra Civil Estadunidense. (N. E.)

[66] Alice Walker, *I Love Myself When I am Laughing, And Then Again When I Am Looking Mean and Impressive: A Zora Neale Hurston Reader* (Old Westbury, Feminist Press, 1979), p. 156.

[67] Scott G. McNall, "Pornography", cit.

corpos das mulheres negras. Quando gritam: "Aposto que você sabe onde dá pra se divertir à noite", eles esperam que o sexo mercadorizado com mulheres negras, consideradas "animais", seja melhor que o sexo com mulheres brancas, consideradas "objetos". Tanto a pornografia como a prostituição mercadorizam a sexualidade e sugerem aos "meninos brancos" que todas as afro-americanas podem ser compradas.

Sob o capitalismo europeu e estadunidense, portanto, a prostituição ocorre em uma complexa teia de relações políticas e econômicas. O estudo de Gilman sobre a exibição de Sarah Bartmann como a "Vênus hotentote" sugere outra conexão intrigante entre raça, gênero e sexualidade na Europa do século XIX: a ligação do ícone da mulher negra com o ícone da prostituta branca[68]. Enquanto a mulher hotentote representava a essência dos africanos como raça, a prostituta branca simbolizava a mulher sexualizada. A prostituta representava a encarnação da sexualidade e de tudo que a sociedade europeia associava a ela: doença e paixão. Como aponta Gilman:

> É essa impureza, essa doença, que forma o último elo entre duas imagens de mulher, a negra e a prostituta. Assim como a genitália da hotentote era vista como comparável à genitália doente da prostituta, [...] o poder da ideia de corrupção liga ambas as imagens.[69]

Essas conexões entre os ícones da mulher negra e da prostituta branca mostram a interdependência de raça, gênero e sexualidade na formação das percepções europeias de classe social.

No Sul pré-Guerra Civil, ambas as imagens foram fundidas na prostituição forçada de africanas escravizadas. A prostituição das mulheres negras permitiu às mulheres brancas ser seu oposto: as "prostitutas" negras tornaram possíveis as "virgens" brancas. Esse nexo entre raça e gênero produziu uma situação em que os homens brancos podiam distinguir entre a mulher sexualizada, que é dominada e "dá", e a mulher assexual, de espírito puro, que é idealizada e apresentada para a mãe[70]. A mulher sexualmente depreciada, quer tenha se tornado vítima por meio de estupro, quer tenha se tornado de estimação por meio de sedução, poderia ser usada como parâmetro pelo qual é medido o culto da verdadeira condição de mulher. Além disso, essa situação era lucrativa.

---

[68] Sander L. Gilman, "Black Bodies, White Bodies", cit.

[69] Ibidem, p. 237.

[70] Paul Hoch, *White Hero Black Beast*, cit., p. 70.

250 Pensamento feminista negro

A imagem da lésbica também pode ser ligada à imagem da prostituta e às imagens das mulheres negras como a personificação da "raça" negra. Christian observa que as escritoras negras ampliaram a imagem física das lésbicas: "O corpo estereotípico da lésbica negra era masculinizado; [...] ela não era bem uma mulher, mas um homem defeituoso, uma descrição que às vezes era aplicada a qualquer mulher negra de aparência negroide ou arrogante"[71]. Consideremos a análise de Christian sobre os vínculos entre gênero, raça e sexualidade. O lesbianismo, uma prática sexual supostamente desviante, é vinculado a marcadores biológicos de raça e a aparências "masculinizadas". Essas ligações também reforçam as construções da sexualidade das mulheres negras como desviante: a junção do suposto desvio sexual das heterossexuais negras, que consistiria em um excesso de apetite sexual, com o aparente desvio das lésbicas negras, que se encontraria em sua rejeição daquilo que torna as mulheres femininas, a saber, o contato heterossexual com os homens.

Estupro e violência sexual

O uso da força foi importante para criar a centralidade das afro-americanas nas imagens estadunidenses da mulher sexualizada e moldar suas experiências com a pornografia e a prostituição. As mulheres negras não se exibiram voluntariamente nos leilões sulistas – elas foram forçadas a se exibir. As africanas escravizadas não podiam escolher entre trabalhar ou não – elas eram espancadas e muitas vezes mortas, caso se recusassem a trabalhar. Trabalhadoras domésticas negras que resistiram às investidas sexuais de seus empregadores muitas vezes tiveram de procurar trabalho onde não havia. Tanto a violência real quanto a ameaça de violência funcionaram como forma de controle social das afro-americanas[72].

O estupro é um instrumento fundamental de violência sexual contra mulheres afro-americanas. Enfrentar a disseminação do estupro e da exploração sexual delas por homens brancos é um tema importante nos escritos das mulheres negras. Autobiografias como *Eu sei por que o pássaro canta na gaiola* (1970), de Maya Angelou, e *Incidentes na vida de uma garota escrava* (1860), de Harriet Jacobs, sobretudo o capítulo "A passagem perigosa na vida de uma garota

---

[71] Barbara Christian, *Black Feminist Criticism: Perspectives on Black Women Writers* (Nova York, Pergamon, 1985), p. 191.

[72] Patricia Hill Collins, "The Tie That Binds: Race, Gender and U.S. Violence", *Ethnic and Racial Studies*, v. 21, n. 5, 1998, p. 918-38.

escrava"[73], registram agressões sexuais reais, bem como ameaças. Os efeitos do estupro para as afro-americanas são um tema importante na ficção das mulheres negras. *Corregidora* (1975), de Gayl Jones, e *A Measure of Time* [Uma medida do tempo] (1983), de Rosa Guy, abordam o estupro inter-racial de mulheres negras[74]. *O olho mais azul* (1970), de Toni Morrison, *A cor púrpura* (1982), de Alice Walker, e *The Women of Brewster Place* [As mulheres da praça Brewster] (1980), de Gloria Naylor, examinam o estupro nas famílias e comunidades afro-americanas[75]. O estudo de Elizabeth Clark-Lewis sobre trabalhadoras domésticas revelou que mães, tias e mães de criação da comunidade alertavam jovens negras sobre a ameaça de estupro[76]. Uma das entrevistadas da pesquisa de Clark-Lewis, uma trabalhadora doméstica da Carolina do Norte de 87 anos, recorda: "Ninguém saía sem antes ouvir que era para ter cuidado com o homem branco ou com seus filhos"[77].

O estupro, assim como outros atos de violência sofridos pelas mulheres negras, tais como agressões físicas sob a escravidão, abuso doméstico, incesto e exploração sexual, fazem parte da subordinação das mulheres negras nas opressões intersecionais. Esses atos de violência são a dimensão visível de um sistema mais generalizado de opressão cotidiana. A violência contra as mulheres negras tende a ser legitimada e, portanto, perdoada, enquanto a mesma violência em outros grupos pode ser não legitimada e não desculpável. Ao longo da história, essa violência conquistou o apoio e o controle do Estado[78]. Atos específicos de

---

[73] Maya Angelou, *I Know Why the Caged Bird Sings* (Nova York, Bantam, 1969) [ed. bras.: *Eu sei por que o pássaro canta na gaiola*, trad. Regiane Winarski, Bauru, Astral Cultural, 2018]; Harriet Jacobs, "The Perils of a Slave Woman's Life", em Mary Helen Washington (org.), *Invented Lives*: *Narratives of Black Women 1860-1960* (Garden City, Anchor, 1987), p. 16-67 [ed. bras.: "A passagem perigosa na vida de uma garota escrava", em *Incidentes na vida de uma garota escrava*, trad. Felipe Vale da Silva, São Paulo, Aetia, 2018].

[74] Gayl Jones, *Corregidora* (Nova York, Bantam, 1975); Rosa Guy, *A Measure of Time* (Nova York, Bantam, 1983).

[75] Toni Morrison, *The Bluest Eye* (Nova York, Pocket Books, 1970) [ed. bras.: *O olho mais azul*, trad. Manoel Paulo Ferreira, São Paulo, Companhia das Letras, 2003]; Alice Walker, *The Color Purple* (Nova York, Washington Square Press, 1982) [ed. bras.: *A cor púrpura*, trad. Betúlia Machado, Maria José Silveira e Peg Bodelson, Rio de Janeiro, José Olympio, 2016]; Gloria Naylor, *The Women of Brewster Place* (Nova York, Penguin, 1980).

[76] Elizabeth Clark-Lewis, "This Work Had a' End: The Transition from Live-In to Day Work", em *Southern Women: The Intersection of Race, Class and Gender, working paper* n. 2 (Memphis, Center for Research on Women, Memphis State University, 1985).

[77] Ibidem, p. 15.

[78] Joy James, *Resisting State Violence: Radicalism, Gender, and Race in U.S. Culture* (Minneapolis, University of Minnesota Press, 1996).

violência sexual contra afro-americanas refletem um processo mais amplo pelo qual a violência é socialmente construída de maneira especificamente racializada e generificada. Assim, mulheres negras, homens negros e mulheres brancas experimentam formas distintas de violência sexual. Como aponta Angela Davis:

> seria um erro considerar o padrão de estupros instituído durante a escravidão uma expressão dos impulsos sexuais dos homens brancos [...]. O estupro era uma arma de dominação, uma arma de repressão, cujo objetivo oculto era aniquilar o desejo das escravas de resistir e, nesse processo, desmoralizar seus companheiros.[79]

O trabalho de Angela Davis ilustra esse esforço para conceituar a violência sexual contra as afro-americanas como um lugar de opressões interseccionais[80]. Davis sugere que o mito do estuprador negro surgiu com a representação dos afro-americanos como bestas cheias de impulsos sexuais que desejavam mulheres brancas. O linchamento surgiu como forma específica de violência sexual dirigida aos homens negros, ideologicamente justificada pelo mito do estuprador negro. A importância desse mito é o fato de ele ter sido "metodicamente evocado" nos momentos em que "ondas recorrentes de violência e terror contra a comunidade negra exigiam uma explicação convincente"[81]. As mulheres negras experimentaram uma forma paralela de violência sexual, especificamente atrelada a raça e gênero. Tratar as afro-americanas como objetos pornográficos e representá-las como animais sexualizados, como prostitutas, deu origem à imagem de controle da jezebel. O estupro se tornou um ato específico de violência sexual imposto às mulheres negras, e o mito da prostituta negra, sua justificativa ideológica.

Linchamento e estupro, duas formas de violência sexual especificamente baseadas em raça e gênero, fundiram-se com as justificativas ideológicas do estuprador e da prostituta a fim de proporcionar um sistema eficaz de controle social sobre as pessoas afro-americanas. Davis afirma que a imagem de controle dos homens negros como estupradores sempre "fortaleceu seu par inseparável: a imagem da mulher negra como cronicamente promíscua. E por uma boa razão, porque uma vez aceita a ideia de que os homens negros têm impulsos sexuais irresistíveis, como os animais, bestialidade é atribuída a toda a raça"[82].

---

[79]   Angela Davis, *Mulheres, raça e classe*, cit., p. 36.

[80]   Idem, "Rape, Racism and the Capitalist Setting", cit.; *Mulheres, raça e classe*, cit.; *Mulheres, cultura e política*, cit.

[81]   Idem, "Rape, Racism and the Capitalist Setting", cit., p. 25.

[82]   Ibidem, p. 27.

Uma raça de "animais" pode ser tratada como tal – como vítimas ou animais de estimação. "O estuprador mítico pressupõe a prostituta mítica – e uma raça de estupradores e prostitutas merece ser punida, e nada mais."[83]

As mulheres negras ainda têm de lidar com esse legado de violência sexual dirigida aos afro-americanos em geral e com a nossa história como vítimas de estupro coletivo. Um exemplo é o tratamento dispensado às vítimas de estupro. Essas mulheres são vitimadas duplamente: primeiro pelo estupro, nesse caso o estupro coletivo sob a escravidão; e segundo de membros da família, moradores da comunidade e instituições sociais, como a justiça penal, que de alguma maneira acreditam que as vítimas de estupro são responsáveis por serem vítimas. Embora as estatísticas atuais indiquem que as mulheres negras têm mais probabilidade de sofrer estupro que as mulheres brancas, elas são menos propensas a denunciar o estupro, menos propensas a levar o caso aos tribunais, menos propensas a conseguir que julgamentos resultem em condenações de seus algozes e, o que é ainda mais perturbador, menos propensas a procurar aconselhamento e outros serviços de apoio.

Outro exemplo desse legado de violência sexual é o significado do persistente silêncio das mulheres negras sobre o estupro. Esse silêncio esconde uma questão importante: a maioria das mulheres negras é estuprada por homens negros. Ainda que o legado histórico da tríade pornografia, prostituição e estupro institucionalizado das mulheres negras tenha dado origem a um contexto social mais amplo no qual todas as pessoas afro-americanas estão inseridas, a infeliz realidade atual é que muitos homens negros internalizaram as imagens de controle aplicadas às mulheres negras. Como Brother Marquis, acham que se eles, como indivíduos, não estuprarem mulheres, estarão contribuindo pouco para o ambiente cultural geral de tolerância à violência sexual. Essa crença permite que eles ignorem o estupro das mulheres negras por outros homens negros, sua própria culpa na promoção da objetificação das mulheres negras como objetos pornográficos e, em alguns casos, seu próprio comportamento de estuprador. Por exemplo, é comum que mulheres e homens negros discordem ao julgar se Nola Darling, a heroína sexualmente liberada do aclamado filme *Ela quer tudo*, de Spike Lee, foi estuprada. Os homens não acreditam na contestação de Nola e acham que seu protesto serve para aumentar o prazer sexual do parceiro. Em contraste, muitas mulheres veem sua reação como típica das vítimas de

---

[83] Ibidem, p. 28.

estupro. Reconhecendo que é inútil protestar, Nola Darling cede. Nola Darling foi estuprada? Será que as políticas sexuais da condição da mulher negra que constroem jezebéis e *hoochies* têm fundamento na realidade? A resposta para ambas as perguntas talvez tenha a ver com quem detém o poder de definição.

7
AS RELAÇÕES AFETIVAS DAS MULHERES NEGRAS

Em *Amada*, de Toni Morrison, Sethe conta a seu amigo Paul D como se sentiu depois de escapar da escravidão:

> Foi um tipo de um egoísmo que eu nem conhecia. Era gostoso. Gostoso e certo. Eu fiquei grande, Paul D, profunda e larga, e quando estiquei os braços, todos os meus filhos cabiam dentro. Grande *assim*. Parece que amei eles mais depois que cheguei aqui. Ou quem sabe eu não podia amar eles direito em Kentucky porque eles não eram meus para amar. Mas quando cheguei aqui, quando saltei daquela carroça, não tinha ninguém no mundo que eu não pudesse amar se eu [...] quisesse. Sabe do que eu estou falando?[1]

Ao distorcer a capacidade de Sethe de amar os filhos "direito", a escravidão se apoderou de sua força, transformando-a em energia para seus próprios fins. As palavras de Sethe tocam Paul D profundamente, porque ele ainda também se lembrava da vida que levava sob a escravidão. Sua resposta tácita a Sethe revela os mecanismos utilizados por sistemas de dominação, como a escravidão, para se apoderar da força dos grupos subordinados:

> Então você se protegia e amava pequeno. Escolhia as menores estrelas do céu para serem suas; deitava com a cabeça virada para ver a amada do outro lado da vala antes de dormir. Roubava tímidos olhares dela entre as árvores durante o acorrentamento. Hastes de grama, salamandras, aranhas, pica-paus, besouros, um reino de formigas. Qualquer coisa maior não servia. Uma mulher, um filho, um irmão – um amor grande como esses arrebentava você em Alfred, na Geórgia. Ele sabia exatamente do que ela estava falando: chegar a um lugar onde você podia amar qualquer coisa que quisesse – sem precisar de permissão para desejar –, bem, ora, *isso* era liberdade.[2]

---

[1] Toni Morrison, *Beloved* (Nova York, Random House, 1987), p. 162 [ed. bras.: *Amada*, trad. José Rubens Siqueira, São Paulo, Companhia das Letras, 2011, p. 234 – tradução adaptada].

[2] Ibidem, p. 235.

256 Pensamento feminista negro

As palavras de Sethe e Paul D sugerem que, para se perpetuar, a escravidão corrompe e distorce as fontes de poder que seriam capazes de dar aos grupos oprimidos a energia necessária para a mudança. Para eles, libertar-se da escravidão significava não apenas a ausência de mestres autoritários e de trabalho interminável, mas recuperar a capacidade de "amar qualquer coisa que quisessem". Tanto Sethe como Paul D compreenderam que a escravidão inibia sua capacidade de ter "um grande amor", fosse pelos filhos, pelos amigos, uns pelos outros, fosse por princípios como a justiça. Ambos perceberam que os sistemas de opressão frequentemente são bem-sucedidos por controlarem a "permissão para desejar" – em outras palavras, esses sistemas se aproveitam da força dos sentimentos profundos para concretizar os desígnios da dominação.

O tipo de poder que nasce de "um grande amor" está em completo desacordo com as epistemologias ocidentais, que muitas vezes veem emoção e racionalidade como fenômenos distintos e concorrentes[3]. Descritos como a força do erótico pela poeta feminista negra Audre Lorde, os sentimentos profundos que provocam as pessoas à ação constituem uma importante fonte de poder[4]. Em "Usos do erótico: o erótico como poder", Audre Lorde investiga a ligação fundamental entre sentimentos profundos e poder, traçando uma rota para uma política sexual de resistência:

> Existem muitos tipos de poder, reconhecidos ou ignorados, utilizados ou não. O erótico é um recurso intrínseco a cada uma de nós, localizado em um plano profundamente feminino e espiritual, e que tem firmes raízes no poder de nossos sentimentos reprimidos e desconsiderados. Para se perpetuar, toda opressão precisa corromper ou distorcer as várias fontes de poder na cultura do oprimido que podem fornecer a energia necessária à mudança. No caso das mulheres, isso significou a supressão do erótico como fonte de poder e de informação levada em consideração ao longo de nossas vidas.[5]

Para Lorde, a sexualidade é um componente do erótico como fonte de poder para as mulheres. A autora entende o poder como energia, como algo que as

---

[3] Patricia Hill Collins, *Fighting Words: Black Women and the Search for Justice* (Minneapolis, University of Minnesota Press, 1998), p. 243-5.

[4] Audre Lorde, *Sister Outsider* (Trumansburg, Crossing, 1984) [ed. bras.: "Usos do erótico: o erótico como poder", em *Irmã outsider*, Belo Horizonte, Autêntica, no prelo]

[5] Ibidem, tradução adaptada.

pessoas possuem que precisa ser incorporado para garantir o funcionamento dos sistemas de opressão[6].

Lorde sugere que esse poder erótico reside nas mulheres, mas os homens também podem experimentar sentimentos profundos. As diferença nas formas de expressar esses sentimentos profundos têm menos relação com as diferenças de gênero baseadas na biologia que com as estruturas sociais que associam esse tipo de paixão à feminilidade e à fraqueza. Infelizmente, nas relações de mercado capitalistas, esse poder erótico é tão sexualizado que não só é com frequência mal compreendido como a força do amor profundo chega a ser temida.

As experiências das afro-americanas com a pornografia, a prostituição e o estupro mostram que o poder erótico é transformado em mercadoria e explorado pelas instituições sociais. Igualmente importante é como as mulheres negras se apegam a essa fonte de empoderamento individual e a utilizam para estabelecer relações afetivas humanizadas. Quando as pessoas "se protegem e amam pequeno", considerando certos grupos mais merecedores de amor que outros, fontes potenciais de poder como energia que flui dos relacionamentos afetivos são atenuadas. Quando, porém, as pessoas rejeitam o mundo oferecido pelas opressões interseccionais, o poder como energia que flui dos diferentes relacionamentos afetivos se torna possível.

Todas as relações afetivas obtêm uma energia associada aos sentimentos profundos, mas nem todas as relações amorosas são iguais. Essas relações podem ser ordenadas num contínuo que vai desde as relações afetivas não sexuais até as relações afetivas sexualizadas – em que os sentimentos profundos encontram expressão sexual –, passando por aquelas "exclusivamente sexuais", que refletem as relações do mercado capitalista.

Este capítulo pretende examinar alguns tipos de relação afetiva de mulheres negras que envolvem sentimentos profundos, com ou sem expressão sexual. O amor profundo que as afro-americanas sentimos por mães e pais, filhas e filhos e irmãs e irmãos constitui relações amorosas profundas, espirituais, que não são consideradas sexuais. Por outro lado, relações afetivas que envolvem expressão

---

[6]   O filósofo francês Michel Foucault apresenta um argumento semelhante: "Creio que o significado político do problema do sexo se deve ao fato de que o sexo se encontra no ponto de intersecção entre a disciplina do corpo e o controle da população"; ver Michel Foucault, *Power/Knowledge: Selected Interviews and Other Writings, 1972-1977* (Nova York, Pantheon, 1980), p. 125. O erótico é algo sentido, é um poder corporificado. Controlar a sexualidade permite que esse poder seja utilizado para as necessidades de sistemas hierárquicos maiores, uma vez que controla o corpo e, consequentemente, a população.

sexual constituem relações afetivas sexualizadas. Amizades afetuosas de todos os tipos ficam entre as duas; alguns, mais conflituosos, ocorrem quando os envolvidos não sabem estabelecer um limite sexual. Em alguns casos, a própria sexualidade obscurece esses limites. Por exemplo, para muitas pessoas negras heterossexuais, homens e mulheres, as construções dominantes das sexualidades negras feminina e masculina limitam a capacidade de estabelecer amizades afetuosas e não sexualizadas. Em outros casos, um amor proibido se torna fonte de discórdia. Amores que vencem a fronteira de cor, quando indivíduos de "raças" diferentes se apaixonam, ou amores que atravessam as categorias de classe social turvam os limites entre as amizades não sexualizadas e relações afetivas sexualizadas. Em outros casos, há um medo de amar profundamente elementos de si mesmo encontrados no outro. Como apontam as lésbicas negras, grande parte da homofobia das afro-americanas heterossexuais decorre do medo de que seu amor pelas mulheres negras encontre expressão sexual.

As opressões interseccionais que produzem sistemas de dominação como a escravidão visam frustrar o poder como energia disponível aos grupos subordinados. A política sexual que restringe a condição da mulher negra constitui um sistema de dominação eficaz, porque invade a vida cotidiana das pessoas até o nível da consciência. De que maneira, exatamente, as políticas sexuais voltadas para a condição de mulher negra influenciam as relações afetivas entre essas mulheres? Mais ainda, como um entendimento mais amplo dessas relações pode fazer com que as afro-americanas extraiam fontes de poder como energia e se empoderem?

MULHERES NEGRAS, HOMENS NEGROS E A TRADIÇÃO DO "AMOR E DOR"

No inovador ensaio "On the Issue of Roles" [Sobre a questão dos papéis], Toni Cade Bambara observa que "não é necessário conhecimento específico para observar que um dos traços mais característicos de nossa comunidade é o antagonismo entre nossos homens e nossas mulheres"[7]. As tensões entre mulheres e homens afro-americanos é um tema há muito presente no pensamento feminista negro estadunidense. Em um discurso de 1833, Maria Stewart questionou corajosamente o que considerava ser uma resposta apagada

---

[7]   Toni Cade Bambara (org.), "On the Issue of Roles", *The Black Woman: An Anthology* (Nova York, Signet, 1970), p. 106.

dos homens negros ao racismo: "Falar, sem fazer esforço, não é nada; vocês são perfeitamente capazes, senhores, de se fazerem homens distintos; mas essa negligência grosseira de sua parte faz meu sangue ferver"[8]. Ma Rainey, Bessie Smith e outras grandes intérpretes negras de *blues* dão conselhos importantes às mulheres negras sobre como lidar com homens infiéis e não confiáveis[9]. Mais recentemente, os problemas das mulheres negras com homens negros geraram raiva e, com essa raiva, autorreflexão. Bonnie Daniels sugere:

> Nós tivemos raiva, e ainda temos às vezes, não pelo que os homens fizeram, mas pelo que permitimos a nós mesmas nos tornar, muitas e muitas vezes, em meu passado, no passado de minha mãe, nos séculos perdidos de feminilidade, pelo "bem" dos homens, cuja masculinidade ajudamos a solapar.[10]

Além dessa tradição da "dor", existe outra questão antiga: o grande amor das mulheres negras pelos homens negros. As narrativas de afro-americanos escravizados dão exemplos incontáveis de mulheres negras recém-libertadas que passaram anos tentando localizar filhos, cônjuges, pais e entes queridos do sexo masculino[11]. Escritoras negras expressam o amor que sentem pelos filhos homens e o temor pelo futuro deles[12]. Poemas de amor escritos para homens negros permeiam a poesia das mulheres negras. A música das mulheres negras também é repleta de canções sobre o amor sexualizado. Seja na voz brincalhona de Alberta Hunter dizendo que seu companheiro "é um homem prático", no choro pesaroso de Billie Holiday em "My Man" [Meu homem], na tristeza que Nina Simone evoca em "I Loves You Porgy" [Eu amo você, Porgy] por ter de abandonar o parceiro, ou na voz poderosa de Jennifer Holliday, que berra: "Você vai me amar", as cantoras negras identificam as relações das mulheres

---

8   Marilyn Richardson (org.), *Maria W. Stewart: American's First Black Women Political Writer* (Bloomington, IN, Indiana University Press, 1987), p. 58.

9   Daphne Duval Harrison, "Black Women in the Blues Tradition", em Sharon Harley e Rosalyn Terborg-Penn (orgs.), *The Afro-American Woman: Struggles and Images* (Port Washington, NY, Kennikat, 1978), p. 63 e *Black Pearls: Blues Queens of the 1920s* (New Brunswick, Rutgers University Press, 1988); Michele Russell, "Slave Codes and Liner Notes", em Gloria T. Hull, Patricia Bell Scott e Barbara Smith (orgs.), *But Some of Us Are Brave* (Old Westbury, Feminist Press, 1982); Angela Davis, *Blues Legacies and Black Feminism* (Nova York, Vintage, 1998).

10 Bonnie Daniels, "For Colored Girls... A Catharsis", *Black Scholar*, v. 10, n. 8-9, 1979, p. 62.

11 Herbert Gutman, *The Black Family in Slavery and Freedom, 1750-1925* (Nova York, Random House, 1976).

12 Maya Angelou, *I Know Why the Caged Bird Sings* (Nova York, Bantam, 1969) [ed. bras.: *Eu sei por que o pássaro canta na gaiola*, trad. Regiane Winarski, Bauru, Astral Cultural, 2018]; Marita Golden, *Saving Our Sons: Raising Black Children in a Turbulent World* (Nova York, Anchor, 1995).

negras com os homens negros como fonte de força, apoio e sustentação[13]. Como apontam as feministas negras estadunidenses, muitas mulheres negras rejeitam o feminismo porque o consideram contrário à família e aos homens negros. Elas não querem desistir dos homens – querem que os homens negros mudem. A ativista negra Fannie Lou Hamer capta de forma sucinta como pode ser uma boa relação de amor entre uma mulher negra e um homem negro: "Sabe, eu não estou ligada nesse negócio de me libertar dos homens negros. Não vou nem tentar. Tenho um marido negro, de 1,90 m de altura e 110 kg, que calça 47, do qual não quero ser libertada"[14].

As afro-americanas comentam a tradição do "amor e dor" nas relações entre mulheres negras e homens negros há muito tempo. A romancista Gayl Jones explica:

> As relações entre homens e mulheres que me interessam são as relações do *blues*. Elas se originaram dessa tradição do "amor e dor". [...] O *blues* fala da simultaneidade do bem e do mal, como sentimento, como algo sentido. [...] O *blues* reconhece todo tipo de sentimento de uma só vez.[15]

Tomados em conjunto, as tensões entre mulheres e homens afro-americanos e o forte apego que sentimos uns pelos outros representam uma rejeição ao pensamento binário, assim como a aceitação de uma lógica não excludente no pensamento feminista negro.

Para entender a tradição do "amor e dor", é preciso avaliar a influência da ideologia de gênero eurocêntrica e heterossexista sobre os afro-americanos – em especial as ideias sobre homens e mulheres promovidas pelo ideal da família tradicional. Definições do que é um comportamento de gênero apropriado para mulheres negras, homens negros e membros de outros grupos raciais/étnicos não apenas afetam instituições sociais como escolas e mercados de trabalho, mas também dão forma às interações do dia a dia. Análises que afirmam que as pessoas negras estadunidenses seriam iguais às brancas, caso tivessem

---

[13] Jennifer Holliday, "And I Am Telling You I'm Not Going" (Santa Monica, Geffen, 1982); Daphne Duval Harrison, "Black Women in the Blues Tradition", cit.; idem, *Black Pearls*, cit.; Michele Russell, "Slave Codes and Liner Notes", cit.

[14] Gerda Lerner, *Black Women in White America: A Documentary History* (Nova York, Vintage, 1972), p. 612.

[15] Michael S. Harper, "Gayl Jones: An Interview", em Michael S. Harper e Robert B. Stepto (orgs.), *Chant of Saints: A Gathering of Afro-American Literature, Art and Scholarship* (Urbana, University of Illinois Press, 1979), p. 360.

oportunidades comparáveis, reafirmam implicitamente a política sexual vigente. Tal pensamento oferece ideologias de gênero hegemônicas de masculinidade branca e feminilidade branca como modelos para os afro-americanos imitarem. Da mesma maneira, aqueles que proclamam que os homens negros vivenciam uma forma mais severa de opressão racial que as mulheres com frequência aconselham as afro-americanas a sujeitar nossas necessidades às dos homens negros[16]. No entanto, aconselhar as mulheres negras a apoiar inquestionavelmente o assédio sexual, a violência doméstica e outras formas de sexismo cometidas pelos homens negros estadunidenses reforça uma política sexual que controla a todos de maneiras diferentes. Como pergunta Audre Lorde: "Se a sociedade atribui aos homens negros papéis que eles não têm permissão de cumprir, são as mulheres negras que devem se curvar e alterar nossas vidas como forma de compensação ou é a sociedade que precisa mudar?"[17]. Bonnie Daniels oferece uma resposta: "Aprendi [...] que ser menos do que sou capaz de ser só para levantar o ego de outra pessoa na realidade *não ajuda nenhum dos dois*"[18].

As intelectuais negras não apenas questionam o aviltamento das afro-americanas no interior da política sexual vigente – por exemplo, as imagens de controle da *mammy*, da matriarca, da mãe dependente do Estado e da jezebel – como muitas vezes baseiam esse questionamento em uma crítica mais ampla ao heterossexismo eurocêntrico. A questão lançada por Sojourner Truth em 1851 – "Eu era capaz de trabalhar e comer tanto quanto um homem – quando havia comida –, além de aguentar chicotada! E por acaso não sou mulher?" – confrontava assim a premissa do culto à verdadeira condição de mulher, segundo o qual as mulheres "de verdade" são frágeis e decorativas. Toni Cade Bambara sustenta que os entendimentos de gênero eurocêntricos, baseados na experiência da classe média branca, são não apenas problemáticos para os afro-americanos, mas prejudiciais: "Acho que sempre me opus às definições estereotipadas de 'masculino' e 'feminino' [...] porque sempre achei a lógica dessas definições antitética ao que me interessa, e ao que interessa à revolução de si: a pessoa como um todo"[19].

Como apontam muitas ativistas feministas negras estadunidenses, as políticas sexuais relativas às mulheres negras limitam o desenvolvimento de

---

[16] Ver, por exemplo, Robert Staples, "The Myth of Black Macho: A Response to Angry Black Feminists", *Black Scholar*, v. 10, n. 6, 1979, p. 24-33.

[17] Audre Lorde, *Sister Outsider*, cit., p. 61.

[18] Bonnie Daniels, "For Colored Girls... A Catharsis", cit., p. 61.

[19] Toni Cade Bambara, "On the Issue of Roles", cit., p. 101.

projetos transformadores de justiça social no interior da sociedade civil negra. A ativista negra Frances Beale identifica os efeitos negativos do sexismo na comunidade negra sobre o ativismo político negro nos anos 1960:

> Infelizmente, parece haver certa confusão no movimento hoje em relação a quem oprime quem. Desde o surgimento do Black Power, o homem negro tem exercido um papel mais proeminente de liderança na luta por justiça neste país. Na maior parte do tempo, ele vê o sistema como este realmente é. Porém, quando rejeita determinados valores e costumes desse sistema – especialmente em relação às mulheres –, ele parece se orientar pelas páginas do *Ladies' Home Journal*.[20]

As ciências sociais também parecem se preocupar demais com os problemas dos homens negros. O trabalho inovador do sociólogo William Julius Wilson sobre o desemprego e a pobreza entre pessoas negras estadunidenses se debruça mais sobre os problemas dos homens que os das mulheres[21]. Do conservadorismo negro ao nacionalismo negro, independentemente da perspectiva política, há um viés masculino implícito. A ênfase excessiva na necessidade de mais modelos masculinos negros para garotos negros na teoria e na prática política contemporânea em geral ocorre em detrimento das necessidades das meninas. Esse viés masculinista estimulou duas pensadoras feministas negras a fazer esta reflexão: "A luta é definida como forma de recuperar e redefinir a masculinidade negra. Ironicamente, a política e as posições de alguns nacionalistas, liberais e conservadores no campo cultural parecem convergir para esse mesmo ponto"[22].

Embora as afro-americanas critiquem a política sexual que caminha de braços dados com as opressões interseccionais, pouquíssimas questionam diretamente os homens negros que aceitam as noções predominantes de masculinidade negra e branca[23]. Antes do divisor de águas que foram as audiências públicas de Anita Hill contra Clarence Thomas em 1992, era a tradição do *blues* que apresentava o registro mais consistente e duradouro de mulheres negras exigindo que

---

[20] Frances Beale, "Double Jeopardy: To Be Black and Female", em Toni Cade Bambara (org.), *The Black Woman*, cit, p. 92 [*Ladies' Home Journal* é uma revista fundada em 1883, voltada ao público feminino (especialmente o branco), com pautas e abordagens que em geral se alinham ao "culto à verdadeira condição de mulher" – N. E.].

[21] William Julius Wilson, *The Truly Disadvantaged: The Inner City, the Underclass, and Public Policy* (Chicago, University of Chicago Press, 1987); idem, *When Work Disappears: The World of the New Urban Poor* (Nova York, Vintage, 1996).

[22] Barbara Ransby e Tracye Matthews, "Black Popular Culture and the Transcendence of Patriarchal Illusions", *Race and Class*, v. 35, n. 1, 1993, p. 60.

[23] Michele Wallace, *Black Macho and the Myth of the Superwoman* (Nova York, Dial, 1978).

os homens negros "mudassem de hábitos". Desde o passado, muitas canções encorajam os homens negros a estabelecer novos tipos de relacionamentos. Em "Do Right Woman – Do Right Man" [Mulher que faz as coisas direito – Homem que faz as coisas direito], quando Aretha Franklin canta que a mulher é um ser humano, e não brinquedo, que é feita de carne e osso como qualquer homem, ela repete a afirmação de Sojourner Truth de que mulheres e homens são igualmente humanos[24]. Aretha diz que sabe que vive em um "mundo dos homens", mas incentiva seu companheiro a não usar nem abusar dela como forma de "provar" que é homem. Enquanto estiverem juntos, ela quer que ele demonstre "respeito" por ela. Sua posição é clara – se ele quer uma "mulher que faça as coisas direito, a hora que for", ele tem de ser um homem "que faça as coisas direito, a hora que for". Aretha diz que os afro-americanos devem rejeitar a política sexual vigente, segundo a qual o mundo é "um mundo dos homens", e se tornem "homens que fazem as coisas direito". Mostrando respeito pelas mulheres negras e sendo "homem que faz as coisas direito" – fiel, financeiramente confiável e sexualmente expressivo –, o homem negro pode se relacionar com "uma mulher que faz as coisas direito".

Diversas artistas negras de *hip-hop* repetem em suas obras o desafio de Aretha. Na canção "Unity" [Unidade], Queen Latifah diz querer um homem capaz de respeitar as mulheres. Para quem precisar de mais detalhes, o hino "Whatta Man" [Que homem], de Salt-N-Pepa, do álbum *Very Necessary* [Muito necessário], identifica as qualidades de um "homem bom e poderoso"[25]. Ao reconhecer que "os homens bons são difíceis de encontrar", a letra afirma a intenção de "respeitar os homens que fizeram a diferença". A lista de qualidades é clara. Um homem bom é aquele que faz a mulher rir, não sai por aí com outras mulheres, tem um corpo bonito, é bom amante, consegue ter uma conversa decente e "está ao lado dos filhos quando pode". Esse homem "segura as pontas" da mulher sempre que ela precisa e "nunca é desrespeitoso, porque sua mãe o ensinou direitinho".

Muitos homens negros não aceitam de bom grado esses pedidos. Uma ilustração disso é a resposta que deram às obras de escritoras negras. Esquecendo-se, aparentemente, das regras de solidariedade racial que esperavam que as mulheres seguissem em relação às conquistas deles, muitos homens negros se ressentiram do sucesso das escritoras negras. Para explicar essa situação, o crítico

---

[24] Aretha Franklin, *I Never Loved a Man the Way I Love You* (Atlantic Recording Corp, 1967).

[25] Salt-N-Pepa, *Very Necessary* (Nova York, London Records, 1993).

literário negro Calvin Hernton descreve como essa postura antagônica deriva da aceitação da política sexual vigente por parte dos homens negros:

> Com muita frequência os homens negros têm uma filosofia de masculinidade que relega as mulheres ao segundo plano. Portanto, sentem-se ofendidos quando as mulheres negras lutam por si mesmas, sobretudo quando alcançam suas próprias vitórias. Assim, não importa quão originais, belos e formidáveis sejam os trabalhos das escritoras negras, os homens negros se "ofendem" quando essas obras fazem a menor crítica que seja a eles, ou quando as mulheres negras recebem reconhecimento de outras mulheres, em especial do cânone literário branco. Eles não se comportam como se algo de valor tivesse sido acrescentado aos anais da literatura negra. Ao contrário, comportam-se como se algo tivesse sido subtraído, não apenas da literatura, mas de toda a raça e, mais especificamente, *deles*.[26]

Enquanto alguns homens apenas resmungam porque suas supostas necessidades deixam de estar em primeiro lugar, outros interpretam o sucesso das mulheres negras como um ataque pessoal. Se a política sexual que promove essas reações não for devidamente estudada, o dano tanto para as mulheres negras quanto para os homens negros pode ser grande, como Lisa Jones afirma sucintamente:

> Entre *rappers* que põem "*ho*"* na boca do país inteiro e [o filme] *Falando de amor*, que diz aos afro-americanos que nosso verdadeiro problema é a falta de irmãos ao mesmo tempo bem-dotados e bem pagos, estou começando a achar que tudo o que podemos oferecer uns aos outros como mulheres e homens negros é a genitália e o contracheque.[27]

Evitar que sejamos reduzidos a "genitália e contracheque" requer o desenvolvimento de uma análise abrangente sobre a influência da política sexual vigente sobre as relações afetivas heterossexuais negras. No entanto, ao desenvolver essa análise, é importante termos em mente a distinção analítica entre o domínio do poder interpessoal – no qual homens e mulheres interagem como indivíduos – e as estruturas de poder subjacentes, que operam para estimular esses resultados individuais. Por exemplo, a pensadora mulherista Geneva Smitherman destaca essa distinção quando solicitada a descrever o tratamento que alguns homens

---

[26] Calvin Hernton, "The Sexual Mountain and Black Women Writers", *Black Scholar*, v. 16, n. 4, 1985, p. 6.

* Corruptela de *whore* (vadia) muito usada nas letras de *rap* estadunidense. (N. E.)

[27] Lisa Jones, *Bulletproof Diva: Tales of Race, Sex, and Hair* (Nova York, Anchor, 1994), p. 267.

negros dispensam às mulheres negras. Em resposta à afirmação de que os homens negros são sexistas, ela afirma:

> Não se trata de afirmar que os homens negros não tenham atitudes sexistas. Isso está claro. Tais atitudes estão no próprio tecido social dos Estados Unidos; elas contaminam todos, inclusive as mulheres. No entanto, a prática do patriarcado, a subordinação das mulheres – e dos homens – exige poder em grande escala, além de controle sobre as instituições da nação. Desculpe-me, mas nossos irmãos ainda não chegaram lá.[28]

Homens negros não estão na sala da diretoria das grandes empresas e, portanto, não podem ser responsabilizados por ações destinadas a proteger os privilégios da masculinidade branca[29]. Ao mesmo tempo, porém, nossos "irmãos" estão, sim, na casa das mulheres negras. Eles *podem* ser responsabilizados pela maneira como tratam as mulheres negras, as crianças negras e uns aos outros, por mais que sofram opressão racial.

O antagonismo que muitas mulheres e homens afro-americanos sentem e expressam uns pelos outros reflete as contradições que caracterizam a masculinidade negra e a feminilidade negra na política sexual predominante nos Estados Unidos. O heterossexismo racializado objetifica tanto os homens negros quanto as mulheres negras. Assim, quando os homens afro-americanos veem as mulheres negras como *mammies*, matriarcas ou *hoochies*, ou mesmo quando insistem em colocá-las no mesmo pedestal reservado às mulheres brancas, eles objetificam não apenas as mulheres negras, mas a si próprios[30]. Por outro lado, quando as mulheres negras exigem que seus parceiros "mostrem o dinheiro", elas não apenas os reduzem a um valor financeiro como reforçam a imagem de controle de "cadelas" materialistas. O desafio é romper os roteiros eurocêntricos da masculinidade negra e da feminilidade negra, não apenas para receber um melhor tratamento individual, mas para minar e mudar a política sexual vigente.

Em "Sensuous Sapphires: A Study of the Social Construction of Black Female Sexuality" [Safiras sensuais: um estudo sobre a construção social da

---

[28] Geneva Smitherman, "A Womanist Looks at the Million Man March", em Haki R. Madhubuti e Maulana Karenga (orgs.), *Million Man March/Day of Absence* (Chicago, Third World, 1996), p. 105.

[29] Abby Ferber, *White Man Falling: Race, Gender, and White Supremacy* (Lanham, Rowman & Littlefield, 1998).

[30] Tracey A. Gardner, "Racism and Pornography in the Women's Movement", em Laura Lederer (org.), *Take Back the Night: Women on Pornography* (Nova York, William Morrow, 1980).

266 Pensamento feminista negro

sexualidade feminina negra], Annecka Marshall investiga como as mulheres negras percebem as imagens de controle aplicadas a elas e como negociam essas imagens na formação de seu eu sexual[31]. As mulheres que participaram do estudo viam as limitações dos roteiros eurocêntricos da feminilidade negra em relação à sexualidade e relataram diversas estratégias para lidar com elas. Embora algumas rejeitassem os estereótipos, não havia como evitá-los. Muitas acreditavam que deviam escolher entre a imagem da mãe assexual e a da prostituta hipersexualizada. Outras acreditavam que ser reconhecidas como "safiras sensuais" afetaria a maneira como as pessoas as viam e, por isso, tentavam se desvincular dessa categoria. Ao afirmar que outras mulheres negras são "safiras", não elas, essas mulheres podem sentir certo alívio no plano individual, mas contribuem para manter intactas essas imagens. Marshall também enumera uma série de estratégias de enfrentamento utilizadas pelas mulheres que questionam as estruturas por trás dessas imagens.

Até recentemente, muitos homens heterossexuais negros eram incapazes de questionar as imagens de controle da masculinidade negra ou não estavam dispostos a questioná-las[32]. Infelizmente, acreditando nas noções dominantes a respeito da masculinidade e a feminilidade negras, esses homens apresentam comportamentos estruturalmente recorrentes que muitas vezes não são reconhecidos como tal. Os homens negros estadunidenses encontram expectativas contraditórias em relação à masculinidade negra. Por um lado, foram rotulados de estupradores sexualmente violentos, brutos e irresponsáveis que não se casam com as mães de seus filhos nem os apoiam financeiramente. Embora os negros escravizados soubessem que não eram nada disso, a impotência a que estavam reduzidos lhes negava a masculinidade definida pelos homens brancos. A emancipação trouxe consigo a indignação do homem negro com o tratamento destinado às mulheres negras

---

[31] Annecka Marshall, "Sensuous Sapphires: A Study of the Social Construction of Black Female Sexuality", em Mary Maynard e June Purvis (orgs.), *Researching Women's Lives from a Feminist Perspective* (Londres, Taylor and Francis, 1994), p. 106-24.

[32] Há um *corpus* cada vez maior de trabalhos de homens negros sobre a masculinidade negra. Ver, por exemplo, Michael Awkward, "A Black Man's Place(s) in Black Feminist Criticism", em Marcellus Blount e George P. Cunningham (orgs.), *Representing Black Men* (Nova York, Routledge, 1996) e Michael Eric Dyson, *Race Rules: Navigating the Color Line* (Nova York, Vintage, 1996). Como grande parte desse trabalho foi realizado por homens *gays* negros, sua aceitação tem sido lenta entre os homens heterossexuais negros. Para uma importante análise feminista negra sobre como a masculinidade negra foi moldada pelas opressões interseccionais de classe, raça e gênero, ver o ensaio de Barbara Omolade "Hearts of Darkness", em *The Rising Song of African American Women* (Nova York, Routledge, 1994), em especial p. 12-5.

escravizadas. Boa parte de sua energia foi empregada para proteger as mulheres negras da exploração econômica e sexual. Nesse sentido, os esforços dos homens negros para proteger as mulheres negras são valorizados. Muitas mulheres negras desejam essa proteção. Sonsyrea Tate, que foi criada na Nação do Islã, acabou por rejeitar as rigorosas normas de gênero que costumavam colocar os meninos acima das meninas. Tate, contudo, também descreve como se sentia protegida na Nação: "Quando eu era mais nova, o Fruto do Islã, a segurança dada pela unidade da Nação do Islã, permitia que eu, uma criança negra, me sentisse mais segura que em qualquer outra época dos Estados Unidos"[33].

Barbara Omolade afirma que "proteger as mulheres negras era a medida mais significativa da masculinidade negra e o aspecto central do patriarcado masculino negro"[34]. Se Omolade estiver certa, a importante opção pela proteção das mulheres negras foi aparelhada pelas ideologias a respeito da masculinidade negra, de tal maneira que esta se tornou dependente da disposição das mulheres negras a aceitar proteção. Essa versão da masculinidade se situa num terreno pantanoso entre *proteger* as mulheres negras e *controlá-las*. Muitas vezes esse controle é dissimulado pela crença generalizada de que os homens negros devem estar no comando para que possam recuperar a masculinidade perdida. Nas palavras de Paula Giddings:

São os homens, e não as mulheres, que controlam as relações sociossexuais e profissionais na comunidade negra. Entre as noções que devem ser desconstruídas está o paradigma patriarcal dos homens fracos/mulheres fortes que nos impede de pensar com nitidez sobre nós mesmos.[35]

Esse clima geral leva muitas mulheres negras a acreditar que devem subordinar suas necessidades às dos homens negros para ajudá-los a recuperar e manter sua masculinidade. No entanto, a luta diária das mulheres negras pela sobrevivência encoraja padrões de autoconfiança e autovalorização que beneficiam não apenas elas mesmas como os homens e as crianças. Como assinala Barbara Omolade, "a mulher negra não podia ser completamente controlada e definida por seus homens, porque já aprendera a administrar e resistir às

---

[33]   Sonsyrea Tate, *Little X: Growing Up in the Nation of Islam* (São Francisco, Harper SanFrancisco, 1997), p. 4-5.

[34]   Barbara Omolade, *The Rising Song of African American Women*, cit., p. 13.

[35]   Paula Giddings, "The Last Taboo", em Toni Morrison (org.), *Race-ing Justice, En-gendering Power* (Nova York, Pantheon, 1992), p. 463.

268 Pensamento feminista negro

investidas dos homens brancos"[36]. As tensões que caracterizam a soma da necessária autoconfiança das mulheres negras com nossa necessidade genuína de proteção, bem como as tensões que caracterizam a justaposição do desejo dos homens negros de proteger as mulheres negras à admiração e ao ressentimento pela assertividade e pela independência delas, resultam em uma complicada tradição de amor e dor.

A incapacidade de desconstruir uma situação em que a masculinidade negra é definida pela capacidade dos homens de "possuir" e "controlar" suas mulheres, ao passo que a feminilidade negra se define pela capacidade das mulheres de ajudar os homens negros estadunidenses a se sentir homens de verdade, pode levar a uma situação de abuso das mulheres afro-americanas. Os homens negros que só se sentem homens se estiverem no comando se veem muito ameaçados por mulheres negras assertivas, especialmente dentro de sua própria casa. Em *A cor púrpura*, o retrato de Mister – um homem negro que maltrata sua esposa, Celie – feito por Alice Walker ilustra a coexistência do amor e da dor nas comunidades afro-americanas, especialmente entre os homens[37]:

> Na raiz da negação da facilmente observável e amplamente documentada brutalidade sexista na comunidade negra – a afirmação de que os homens negros não agem como senhores e, se o fazem, é em razão da pressão que sofrem como negros em uma sociedade branca – está nossa profunda e dolorosa recusa a aceitar o fato de que não somos apenas descendentes de escravos, mas também descendentes de *proprietários* de escravos. E assim como tivemos de nos esforçar para nos livrar dos comportamentos próprios dos escravos, temos de eliminar qualquer desejo de ser a "sinhá" ou o "sinhô".[38]

Os homens negros que desejam se tornar "senhores", ocupando espaços tradicionalmente destinados à masculinidade – branca, próspera e detentora do comando –, mas são impedidos disso, podem se tornar perigosos para aqueles que estão mais próximos deles[39].

---

[36] Barbara Omolade, *The Rising Song of African American Women*, cit., p. 16.

[37] Alice Walker, *The Color Purple* (Nova York, Washington Square Press, 1982) [ed. bras.: *A cor púrpura*, trad. Betúlia Machado, Maria José Silveira e Peg Bodelson, Rio de Janeiro, José Olympio, 2016].

[38] Alice Walker, *Living by the Word* (Nova York, Harcourt Brace Jovanovich, 1988), p. 80 [ed. bras.: *Vivendo pela palavra*, trad. Aulyde Soares Rodrigues, Rio de Janeiro, Rocco, 1988, p. 36 – tradução adaptada].

[39] Jo-Ellen Asbury, "African-American Women in Violent Relationships: An Exploration of Cultural Differences", em Robert L. Hampton (org.), *Violence in the Black Family: Correlates and Consequences* (Lexington, Lexington Books, 1987), p. 89-105.

O pensamento feminista negro se dedica cada vez mais a repensar esse tipo de relação[40]. Recusando-se a reduzir o abuso cometido por homens negros a falhas psicológicas individuais, as análises feministas negras se caracterizam pela cuidadosa atenção à forma como as opressões interseccionais de raça, gênero, classe e sexualidade compõem o pano de fundo das relações afetivas entre afro-americanos heterossexuais[41]. Angela Davis afirma: "Não é possível apreender a verdadeira natureza da agressão sexual sem situá-la em seu contexto sociopolítico mais amplo"[42]. Gayl Jones concorda: "É importante compreender [...] as relações em *situação*, em vez de estabelecer uma teoria sobre o modo como os homens tratam as mulheres"[43]. Em *O olho mais azul*, de Toni Morrison, Pecola Breedlove é um verdadeiro estudo sobre o abuso emocional[44]. Morrison retrata a opressão internalizada de uma criança cuja identidade é diariamente atacada. A família de Pecola é a fonte imediata de sua dor, mas a autora mostra também o papel da comunidade, que tolera os abusos sofridos pela garota. No coreopoema *For Colored Girls Who Have Considered Suicide* [Para meninas de cor que pensaram em suicídio], Ntozake Shange cria o personagem Beau Willie Brown, um homem que abusa de sua amada, Crystal, e mata seus dois filhos pequenos[45]. Em vez de apontar para Beau Willie Brown como a fonte de opressão de Crystal, a autora reflete sobre a situação "asfixiante" – nesse caso, a falta de oportunidades para os dois indivíduos – que desumaniza Crystal e Beau Willie Brown.

Com frequência a investigação dos problemas causados por homens negros abusivos expõe as intelectuais negras a críticas. O tratamento que Alice Walker dá à violência masculina em obras como *The Third Life of Grange Copeland* [A terceira vida de Grange Copeland][46] e *A cor púrpura* atraiu reprimendas. Embora o coreopoema de Ntozake Shange trate de mulheres negras, uma das críticas

---

[40] Evelyn White, *Chain Chain Change: For Black Women Dealing with Physical and Emotional Abuse* (Seattle, Seal, 1985).

[41] Idem.

[42] Angela Davis, *Mulheres, cultura e política* (trad. Heci Regina Candiani, São Paulo, Boitempo, 2017), p. 41.

[43] Michael S. Harper, "Gayl Jones: An Interview", cit.

[44] Toni Morrison, *The Bluest Eye* (Nova York, Pocket Books, 1970) [ed. bras.: *O olho mais azul*, trad. Manoel Paulo Ferreira, São Paulo, Companhia das Letras, 2003].

[45] Ntozake Shange, *For Colored Girls Who Have Considered Suicide/When the Rainbow Is Enuf* (Nova York, Macmillan, 1975).

[46] Alice Walker, *The Third Life of Grange Copeland* (Nova York, Harcourt Brace Jovanovich, 1970).

apresentadas a seu trabalho volta-se ao retrato supostamente negativo que ela faz dos homens negros[47]. Para alguns críticos, a representação de Beau Willie Brown é particularmente desconfortável. Em uma entrevista, Claudia Tate perguntou a Ntozake Shange: "Por que você tinha de falar de Beau Willie Brown?". Com essa pergunta, Tate invoca a norma do sigilo familiar que muitas vezes permeia as famílias disfuncionais e quer saber por que Shange violou o "segredo" familiar da comunidade afro-americana. A resposta de Shange é reveladora: "Eu me recuso a fazer parte dessa conspiração do silêncio. Não vou fazer parte disso. Foi por isso que escrevi sobre Beau Willie Brown. Estou cansada de viver na mentira"[48].

Essa "conspiração do silêncio" sobre o abuso físico e emocional de mulheres negras cometido por homens negros se assemelha ao silêncio das mulheres negras em relação à política da sexualidade como um todo. Ambos os silêncios derivam de um sistema de violência legitimada e rotineira contra as mulheres negras, e ambos servem para reafirmar as hierarquias sociais[49]. Uma vez que as ideologias hegemônicas fazem a violência cotidiana contra as mulheres negras parecer tão rotineira, muitas mulheres não veem a si mesmas nem às outras como vítimas. O marido de Sara Brooks a agrediu pela primeira vez quando ela estava grávida, jogou-a certo dia por uma janela e chamou-a de "maldito saco de pancada" várias vezes. Apesar da enorme violência, ela achava que o comportamento dele era normal: "Quando eu tentava conversar com ele, ele me batia tanto que eu chegava a ver estrelas. Ele me batia tanto que eu nem sabia mais por quê. [...] Meu marido me batia e depois ia para a casa da amante. A vida era assim"[50]. As imagens aparentemente positivas das mulheres negras as tornam mais propensas a aceitar a violência doméstica como rotina[51]. Muitas afro-americanas tiveram de se mostrar independentes e autoconfiantes para garantir sua própria sobrevivência e a de seus entes queridos. Essa imagem da mulher negra autoconfiante pode, contudo, ser problemática para ela em relacionamentos violentos. Quando uma mulher abusada como Sara Brooks

---

[47] Robert Staples, "The Myth of Black Macho", cit.

[48] Claudia Tate (org.), *Black Women Writers at Work* (Nova York, Continuum Publishing, 1983), p. 158-9.

[49] Beth E. Richie, *Compelled to Crime: The Gender Entrapment of Battered Black Women* (Nova York, Routledge, 1996); Patricia Hill Collins, "The Tie That Binds: Race, Gender and U.S. Violence", *Ethnic and Racial Studies*, v. 21, n. 5, 1998, p. 918-38.

[50] Thordis Simonsen (org.), *You May Plow Here: The Narrative of Sara Brooks* (Nova York, Touchstone, 1986), p. 162.

[51] Evelyn White, *Chain Chain Change*, cit.

As relações afetivas das mulheres negras 271

acredita que "esperam que ela seja forte e independente, ela pode relutar em chamar a atenção para a situação, pois acredita que deveria ser capaz de lidar com isso sozinha; ela pode negar a gravidade da situação"[52].

As mulheres abusadas, especialmente as que carregam as cicatrizes invisíveis do abuso emocional, são silenciadas com frequência pela imagem da mulher negra "superforte"[53]. Contudo, de acordo com Audre Lorde, a violência sexual contra as mulheres negras "é uma doença pulsando no coração da nação negra, e o silêncio não fará com que ela desapareça"[54]. Para Lorde, a violência é exacerbada pelo racismo e pela impotência, de tal forma que "a violência contra mulheres e crianças com frequência se torna um padrão em nossas comunidades, padrão pelo qual a masculinidade pode ser medida. No entanto, esses atos misóginos raramente são debatidos como crimes contra as mulheres negras"[55]. Ao dar visibilidade à dor das vítimas, intelectuais feministas negras como Alice Walker, Audre Lorde e Ntozake Shange questionam a suposta "racionalidade" desse sistema de controle e o rearticulam como violência.

Uma das melhores análises feministas negras da violência doméstica é feita em *Seus olhos viam Deus*, de Zora Neale Hurston. Na passagem a seguir, Hurston conta como Tea Cake respondeu à ameaça de que outro homem pudesse conquistar Janie:

> Antes do fim da semana, já batera em Janie. Não porque o comportamento dela justificasse seu ciúme, mas aliviara aquele medo que ele sentia por dentro. O fato de poder bater nela reassegurou-o de sua posse.
> "Tea Cake, tu é memo um home de sorte", disse-lhe Sop-de-Bottom. "A gente vê todos os lugar onde tu bateu nela. E eu aposto que ela num levantou a mão pra bater em tu também. Pega uma dessas nega velha enferrujada, que ela vai lutar com a gente a noite toda e no outro dia ninguém vai nem saber que tu bateu nela. [...] Sinhô! Eu adoro bater numa mulher fofinha que nem Janie. Eu aposto que ela nem grita. Só chora, né, Tea Cake?"[56]

A obra de Hurston pode ser lida como uma análise feminista negra da violência sexualizada que muitas mulheres negras encontram nas relações afetivas mais

---

[52] Jo-Ellen Asbury, "African-American Women in Violent Relationships", cit., p. 101.

[53] Beth E. Richie, *Compelled to Crime*, cit.

[54] Audre Lorde, *Sister Outsider*, cit., p. 120.

[55] Idem.

[56] Zora Neale Hurston, *Seus olhos viam Deus* (trad. Marcos Santarrita, Rio de Janeiro, Record, 2002), p. 165-6.

profundas. Tea Cake e Sop-de-Bottom veem as mulheres como mercadorias, como propriedades que podem ser surradas para "reassegurá-los de sua posse". Janie não é uma pessoa; ela é objetificada como algo que pertence a Tea Cake. Mesmo que um homem ame uma mulher, como é claramente o caso de Tea Cake e Janie, a ameaça de competição que outro macho representa é suficiente para provocar um "medo terrível" de que ela escolha outro homem e o julgue menos viril que seus rivais. Surrar Janie assegurava a Tea Cake que ela era dele. A conversa entre os dois homens também é reveladora. Imagens a respeito de cor e beleza permeiam a conversa. Sop-de-Bottom sente inveja porque "vê todos os lugar" onde Tea Cake bateu nela, ela era passiva e não resistia como "uma dessas nega velha enferrujada". Tea Cake e Sop-de-Bottom aceitaram a ideologia de gênero eurocêntrica sobre masculinidade e feminilidade e usavam a força para preservá-la. Além disso, a transgressão de Janie era a possibilidade de ser infiel, de ser sexualmente promíscua, de se tornar uma prostituta. Por fim, a violência ocorre em uma relação íntima, na qual o amor está presente. Esse incidente mostra de que maneira o poder como dominação – nesse caso, a opressão de gênero estruturada pela ideologia de gênero eurocêntrica e a opressão de classe refletida na objetificação e na mercadorização de Janie – consegue anexar o poder fundamental do erótico à relação de Tea Cake e Janie. Tea Cake não quer bater em Janie, mas faz isso porque *sente* – e não porque pensa – que deve bater[57]. O relacionamento deles representa a ligação entre sexualidade e poder, o potencial de dominação em relações afetivas sexualizadas, e o uso potencial do erótico, do amor que um sente pelo outro, como catalisador de mudança.

A SOLIDÃO DA MULHER NEGRA

Muitas mulheres negras querem ter relações afetivo-sexuais com homens negros, mas acabam sozinhas. Embora os homens negros sejam os mais próximos das mulheres negras e, portanto, acabem apontados como principais responsáveis pelo sentimento de inferioridade das mulheres negras, esse julgamento social

---

[57]   Michel Foucault se refere a esse fenômeno como uma "rede ou circuito de biopoder, ou soma-topoder, que atua como matriz formativa da própria sexualidade" (Michel Foucault, *Power/ Knowledge*, cit.). Para Foucault, "as relações de poder podem penetrar materialmente no corpo em profundidade, sem depender da mediação das representações do próprio sujeito. Se o poder toma conta do corpo, não é porque primeiro teve de ser interiorizado na consciência das pessoas" (ibidem, p. 186). Essa dimensão particular do poder como dominação tem eficácia extrema precisamente porque é sentida, e não conceituada.

e a rejeição das mulheres negras permeiam toda a cultura. Como assinala Karla Holloway, "a solidão trágica que as mulheres negras enfrentamos constantemente quando nos colocamos diante do julgamento alheio – às vezes de brancos, mas às vezes de negros; às vezes de homens, mas às vezes de mulheres – exige que tenhamos sabedoria, experiência e certa paixão para combater esse abuso"[58]. Para as afro-americanas, ser rejeitada pelos brancos é uma coisa – ser rejeitada pelos homens negros é outra completamente diferente. Quando elas têm de lidar com a solidão por não encontrar um parceiro negro, "sabedoria, experiência e certa paixão" se tornam armas importantes.

Essa solidão, o sentimento de estar na parte inferior da escala de desejabilidade, provoca reações divergentes nas afro-americanas. Muitas têm esperança de se casar algum dia com um bom homem negro e tocar a vida. Algumas concentram as energias na maternidade, um aspecto importante e respeitado na sociedade civil negra. As mães solteiras não são tão desprezadas na sociedade civil negra, porque a maioria das afro-americanas sabe que é difícil encontrar um parceiro negro. A intensidade da ligação das mulheres negras com as filhas e os filhos está vinculada a antigos sistemas de crenças que valorizam a maternidade. No entanto, apesar da importância dessa escolha, para muitas mulheres, ela preenche a falta de um relacionamento afetivo estável e sexualizado. Em *Falando de amor*, de Terry MacMillan, a personagem Gloria representa a escolha de perder a esperança de ser desejável o suficiente para encontrar o "homem bom e poderoso" de Salt-N-Pepa[59]. Gloria dedica toda a sua energia à criação do filho. Cozinha para ele, engorda e não namora por medo de comprometer a respeitabilidade que conquistou, apesar do estigma da mãe solteira negra. No entanto, Gloria entra em crise quando o filho inicia sua vida sexual e tem idade suficiente para sair de casa. Ele está se tornando um homem e não pode mais ser "o homem dela". MacMillan recorre a uma solução de "conto de fadas" para a situação de Gloria. Um viúvo se muda para a casa em frente à dela, fica cativado por Gloria e a ajuda a aprender a se amar como um ser sexual. É raro que a vida real seja tão indulgente.

Lidar com a realidade da rejeição dos homens negros leva outras mulheres negras a se dedicar a suas carreiras. Com o passar do tempo, essas mulheres se

---

[58] Karla Holloway, "The Body Politic", em *Codes of Conduct: Race, Ethics, and the Color of Our Character* (New Brunswick, Rutgers University Press, 1995), p. 38.

[59] Terry MacMillan, *Waiting to Exhale* (Nova York, Viking, 1992) [ed. bras.: *Falando de amor*, trad. Claudia Costa Guimarães, Rio de Janeiro, Record, 1998]; Salt-N-Pepa, *Very Necessary*, cit.

274 Pensamento feminista negro

tornam respeitáveis senhoras de classe média, frequentemente sem filhos, que, segundo Wahneema Lubiano, são representadas por Anita Hill[60]. Apesar das conquistas muitas vezes notáveis dessas mulheres negras, a dor – mascarada pelo sucesso – que muitas vivenciam no caminho da respeitabilidade de classe média não é menos real. Gloria Wade-Gayles descreve a raiva e a frustração das universitárias negras quando percebem o alcance da rejeição. Muitas de suas alunas passam os quatro anos da vida universitária sem um único relacionamento amoroso, observa Wade-Gayles. As conversas sobre essa solidão revelam a raiva e a tristeza de muitas jovens negras quando sofrem uma rejeição dessa magnitude. Em suma, os homens negros dão preferência a mulheres não negras e, para muitas mulheres negras, isso dói. Wade-Gayles relembra suas próprias experiências para tentar entender essa situação:

> A dor que experimentamos como adolescentes negras nos acompanha até a idade adulta e, se somos profissionais negras, continua em dose dupla. Uma colega professora explicou nossa situação da seguinte maneira: "Os homens negros não nos querem como companheiras porque somos independentes; os homens brancos, porque somos negras".[61]

Nesse contexto, as mulheres negras heterossexuais se tornam concorrentes na busca pelo esquivo homem negro, e em muitos casos ressentem-se das mulheres brancas que ingenuamente se relacionam com ele. Os esforços para lidar com a rejeição social que emerge dessas políticas sexuais atravessam classe e idade. Como assinala Wade-Gayles: as "adolescentes conhecem atletas e artistas; nós conhecemos políticos e acadêmicos. As adolescentes veem rostos; nós vemos símbolos que, em nossa opinião, sincronizam a imagem das mulheres brancas com o som de uma sinfonia"[62].

Nesse contexto de rejeição aparentemente generalizada por parte dos homens negros, muitas vezes em favor de mulheres brancas, as relações das afro-americanas com os brancos se tornam mais intensas. Por um lado, o antagonismo pode caracterizar as relações entre mulheres negras e brancas, em especial aquelas do segundo grupo que parecem ser alegremente alheias à política sexual que privilegia a pele branca. Apesar da alegada sororidade, as mulheres heterossexuais

---

[60] Wahneema Lubiano, "Black Ladies, Welfare Queens, and State Minstrels: Ideological War by Narrative Means", em Toni Morrison (org.), *Race-ing Justice, En-Gendering Power*, cit.

[61] Gloria Wade-Gayles, *Rooted Against the Wind* (Boston, Beacon, 1996), p. 106.

[62] Ibidem, p. 106-7.

continuam participando de uma competição na qual muitas mulheres brancas nem sabem que ingressaram. "Os homens brancos usam formas diferentes de reforçar a opressão sobre as mulheres brancas e as mulheres de cor", argumenta a estudiosa *chicana* Aida Hurtado. "Consequentemente, esses grupos de mulheres apresentam respostas e habilidades políticas diferentes, e às vezes essas diferenças levam os dois grupos a entrar em conflito."[63] Por outro lado, dada a culpa dos homens brancos na criação e na manutenção dessas políticas sexuais, muitas mulheres negras relutam em amar homens brancos. Constrangidas ao mesmo tempo por normas sociais que nos consideram indignas dos homens brancos e por normas da sociedade civil negra que tacham de traidoras da raça as mulheres negras que cruzam a linha da cor, muitas permanecem sozinhas.

Isso revela o duplo padrão da sociedade civil negra no que diz respeito às relações afetivas inter-raciais e heterossexuais. Para as mulheres negras, a relação histórica com os homens brancos é de rejeição legal, mas não sexual: homens brancos de posses há tempos exploram, objetificam e recusam-se a se casar com afro-americanas, além de oferecer uma aparência de poder aos brancos pobres que endossam essa ideologia. As relações entre mulheres negras e homens brancos são limitadas pelo legado de abuso sexual das primeiras pelos últimos e pelas tensões não resolvidas que isso cria. Tradicionalmente, liberdade significou para as mulheres negras libertar-se *dos* homens brancos, não liberdade de escolher homens brancos como amantes e amigos. Mulheres negras que escolheram amigos e amantes brancos foram duramente reprimidas pelas comunidades afro-americanas por terem traído a "raça". Ou foram acusadas de se prostituir, de se rebaixar ao usar deliberadamente os homens brancos para ter ganhos financeiros ou sociais.

Dado o histórico de abuso sexual de mulheres negras por homens brancos, as mulheres negras que escolhem parceiros brancos se tornam lembretes de uma história difícil para as mulheres negras como coletividade. Essas relações individuais aprofundam uma ferida coletiva, pois relembram relações históricas entre senhores e escravas. Qualquer encontro sexual em que uma das partes tenha tanto controle sobre a outra jamais poderá ser totalmente consensual, mesmo que a escrava parecesse concordar. Diferenças estruturais de poder dessa magnitude limitam o poder de consentimento ou de recusa do subordinado.

---

[63] Aida Hurtado, "Relating to Privilege: Seduction and Rejection in the Subordination of White Women and Women of Color", *Signs*, v. 14, n. 4, 1989, p. 843.

Imagens de controle como a da jezebel existem especificamente para mascarar essa diferença de poder, criando uma ilusão de consentimento. No entanto, mesmo sob a escravidão, caracterizar o sexo inter-racial puramente em termos da vitimização das mulheres negras seria uma distorção, porque essa representação priva as mulheres negras de agência. Muitas mulheres negras resistiram com sucesso à agressão sexual, enquanto outras negociaram com seus senhores. Entretanto, o ponto mais difícil de abordar é que, mesmo em vista dessa enorme diferença de poder, houve afeto genuíno em algumas relações sexuais entre mulheres negras e homens brancos[64].

Esse histórico de abuso sexual contribui para um duplo padrão contemporâneo em que as mulheres negras que namoram e se casam com homens brancos são frequentemente acusadas de ter perdido a identidade negra. Nesse contexto, mulheres negras que se envolvem com homens brancos deparam com normas da comunidade negra que questionam seu compromisso com a negritude. Uma estudante de vinte anos que participou do estudo de Annecka Marshall sobre como as mulheres negras britânicas constroem sua sexualidade descreve como positivas suas experiências com relacionamentos "mistos"[65]. Contudo, também reconhece o duplo padrão que muitas vezes é aplicado aos que cruzam a linha de cor:

> Na comunidade negra, é mais aceitável que homens negros saiam com mulheres brancas do que mulheres negras saiam com homens brancos. Tudo se resume a controle e poder. O homem negro é visto como aquele que controla o relacionamento, portanto a "raça" não está sendo oprimida e pisoteada. Mas se uma mulher negra faz a mesma coisa, ela está sendo submissa.[66]

Nos Estados Unidos, as relações entre mulheres negras e brancas revelam uma complexidade semelhante. Uma vez que homens brancos não se casavam com mulheres negras, em grande parte em razão das leis contra a miscigenação, criadas para impedir que os filhos de uniões entre homens brancos e mulheres negras herdassem propriedades[67], as mulheres negras tinham poucas ilusões de desfrutar dos privilégios ligados ao poder masculino branco. Por outro lado,

---

[64] John d'Emilio e Estelle Freedman, "Race and Sexuality", em *Intimate Matters: A History of Sexuality in America* (Nova York, Harper and Row, 1988), p. 100-4.

[65] Annecka Marshall, "Sensuous Sapphires", cit.

[66] Ibidem, p. 119.

[67] John d'Emilio e Estelle Freedman, "Race and Sexuality", cit., p. 106.

as mulheres brancas receberam parte do poder masculino branco, mas à custa de participar de sua própria subordinação. "Às vezes me sinto mais triste pela mulher branca que por nós mesmas. Porque ela se envolveu nessa coisa e acabou se sentindo muito especial", observa Fannie Lou Hamer[68]. Assim, embora "as mulheres brancas, como grupo, sejam subordinadas pela sedução e as mulheres de cor, como grupo, pela rejeição"[69], muitas mulheres brancas parecem pouco dispostas a abrir mão dos benefícios que acumularam. Essa é a opinião de Tina, uma mulher negra de Minneapolis cuja colega de trabalho – que era branca – costumava compartilhar os detalhes de seus inúmeros encontros sexuais com homens negros. Ela não estava convencida de que sua colega fosse completamente ignorante dos problemas que as mulheres negras enfrentam para encontrar homens com quem namorar e casar. Tina não aceitava a ideia de que as mulheres brancas são "inocentes raciais" e questionava: "Que vantagem ela teria em desmontar uma ordem de feminilidade que a coloca no topo?"[70].

O legado histórico de rejeição e sedução define as relações entre mulheres negras e brancas. As mulheres negras muitas vezes expressam raiva e amargura em relação às mulheres brancas por estar terem historicamente desculpado as transgressões de seus filhos, maridos e pais. Em seu diário, um senhor de escravos descreveu que as mulheres brancas preferiam ignorar os atos dos homens brancos:

> Sob a escravidão, vivemos cercados de prostitutas. [...] Alguém pensaria algo pior de uma negra ou mulata por ser uma coisa que não podemos nomear? Deus nos perdoe, mas nosso sistema é monstruoso. [...] Como os patriarcas da antiguidade, nossos homens vivem sob o mesmo teto com suas esposas e concubinas; e os mulatos que são encontrados em todas as famílias se parecem um pouco com as crianças brancas. Qualquer mulher sabe dizer quem é o pai das crianças mulatas da casa de qualquer um, exceto as da própria casa dela. Parecem acreditar que estas caíram do céu.[71]

Se as mulheres brancas do período escravocrata podiam ignorar transgressões dessa magnitude, quanto mais as mulheres brancas de hoje.

Para muitas afro-americanas, pouquíssimas mulheres brancas estão dispostas a reconhecer – e muito menos a questionar – as ações dos homens brancos,

---

68   Gerda Lerner, *Black Women in White America*, cit., p. 610.
69   Aida Hurtado, "Relating to Privilege", cit., p. 844.
70   Lisa Jones, *Bulletproof Diva*, cit., p. 255.
71   Gerda Lerner, *Black Women in White America*, cit., p. 51.

pois também se beneficiaram delas. Fannie Lou Hamer analisa a culpabilidade das mulheres brancas pela subordinação das mulheres negras:

> Você está envolvida nesse negócio, sabe? Porque você botou minha avó para trabalhar, depois fez a mesma coisa com a minha mãe e agora é a minha vez. E você realmente pensou... você pensou que valia *mais* porque é uma mulher, uma mulher branca. Por isso você imaginou que era intocável como um anjo.[72]

A incapacidade das mulheres brancas de reconhecer que o racismo as privilegia reflete sua relação com o poder masculino branco. "Eu acredito que os brancos são cuidadosamente ensinados a não reconhecer os privilégios brancos", diz a acadêmica feminista Peggy McIntosh, "assim como os homens são ensinados a não reconhecer o privilégio masculino"[73]. McIntosh descreve sua própria dificuldade para aprender a ver como era privilegiada: "Passei a ver o privilégio branco como um pacote invisível de benesses imerecidas com as quais posso contar todos os dias, mas que eu 'devia' desconhecer"[74].

Uma manifestação desse privilégio é a aparente ingenuidade de muitas mulheres brancas heterossexuais a respeito da maneira como as mulheres negras veem as relações afetivas sexualizadas entre mulheres brancas e homens negros. Em *Dessa Rose*, Nathan, um negro escravizado, e Rufel, uma mulher branca proprietária das terras em que eles vivem, têm um relacionamento sexual. Embora Dessa, uma mulher negra, não sinta uma atração amorosa por Nathan, ela se ressente profundamente do comportamento dele:

> Os brancos tinham tirado tudo de mim, exceto meu bebê e minha vida. E até isso eles tinham tentado levar. Me machucava muito ver o homem que ajudou a me salvar, e foi meu amigo nos piores momentos, se deixando estar, se afundando assim. Nada que eu dissesse o faria entender o que era essa dor. E eu não achava que era meu dever explicar por que ele não deveria se enrolar com uma branca; era dever dele me dizer por que estava fazendo isso.[75]

Como muitas mulheres afro-americanas, Dessa vê a admiração dos homens negros pelas mulheres brancas como uma rejeição a ela. A personagem

---

[72] Ibidem, p. 610.

[73] Peggy McIntosh, *White Privilege and Male Privilege: A Personal Account of Coming to See Correspondences through Work in Women's Studies, working paper n. 189* (Wellesley, Center for Research on Women, Wellesley College, 1988), p. 1.

[74] Idem.

[75] Sherley Anne Williams, *Dessa Rose* (Nova York, William Morrow, 1986), p. 186.

se pergunta: "Ele realmente queria que eu fosse como a Senhora, eu pensava, como Miz Ruint, com aquela pele mole e aquele cabelo ensebado? Era *isso* que eles queriam?"[76].

O número de homens negros estadunidenses que "querem" mulheres brancas aumentou desde a década de 1960, em decorrência de dois fatores. Por um lado, a eliminação oficial da segregação racial (embora não confirmada na prática) aproximou negros e brancos nas escolas e nos locais de trabalho, muitas vezes em pé de igualdade. As leis contra a miscigenação aprovadas nos estados do Sul durante a década de 1860, que proibiam casamentos inter-raciais, foram abolidas. Em termos de relacionamentos entre homens negros e mulheres brancas, *Conduzindo Miss Daisy** ficou no passado, ao menos do ponto de vista legal. Ao mesmo tempo, as mudanças no comportamento sexual colocaram em xeque a velha ordem, na qual, segundo Paula Giddings,

> o sexo era o princípio em torno do qual a segregação e a discriminação se organizavam com o objetivo final de impedir o casamento inter-racial. A revolução sexual [...] separou a sexualidade da reprodução e, assim, diluiu as noções de pureza – moral, racial e física.[77]

A transformação das condições sociais permitiu que o desejo masculino negro por mulheres brancas e o desejo feminino branco por homens negros fossem expressos sem a censura sofrida por Nathan e Rufel.

O nascimento de crianças birraciais ou multirraciais é prova dessas relações afetivas sexualizadas entre homens negros e mulheres brancas. Historicamente, as crianças multirraciais eram aceitas na sociedade civil negra segregada, porque todos sabiam que elas não podiam ser responsabilizadas pelas circunstâncias de sua concepção e de seu nascimento. Na maioria das vezes as crianças birraciais e multirraciais eram filhas de mães negras e, por isso participavam da sociedade civil negra tanto quanto as suas mães. Hoje, no entanto, o nascimento de crianças birraciais ou multirraciais cujas mães são brancas apresenta novas questões para as afro-americanas. Apesar da rejeição dos homens negros – que leva muitas mulheres negras a ficar sem parceiro –, ironicamente elas ainda são convocadas a aceitar e amar os filhos multirraciais de irmãos, amigos e parentes.

---

[76] Ibidem, p. 199.

* Filme de Bruce Beresford, baseado na peça homônima de Alfred Uhry, em que uma idosa branca reluta em aceitar como motorista um homem negro. (N. E.)

[77] Paula Giddings, "The Last Taboo", cit, p. 459.

Por serem as mães negras que essas crianças não têm, essas mulheres deparam com a expectativa de que ajudem a criar filhos birraciais que, ao mesmo tempo, são um lembrete tangível de sua própria rejeição.

Atualmente, sabe-se muito mais a respeito de como as mulheres brancas negociam esses novos relacionamentos com seus filhos birraciais que da participação dos homens negros como pais dessas crianças, ou das mulheres negras que são chamadas a ajudar as mães brancas a criá-las. São bem documentados os relatos de crianças que mostram como é importante que seus parentes negros as ajudem a entender o racismo e a lidar com ele[78].

As mulheres birraciais que reconhecem essas contradições encontram dificuldades para lidar com a situação. Por um lado, mães brancas de meninas birraciais as posicionam mais perto da brancura, e esse tipo de beleza física as torna mais atraentes para muitos homens negros. Por outro, essas meninas se juntam às fileiras das mulheres negras e, assim, herdam a rejeição histórica. Em "Mama's White" [A mamãe é branca], Lisa Jones descreve sua reação aos casais de mulheres brancas e homens negros, abordando, assim, algumas das complexidades que acompanham essas novas relações: "Eu dizia claramente que esses casais confundiam minhas emoções: eu os vejo do ponto de vista de alguém que é fruto de um casamento inter-racial, mas também como uma mulher negra que enxerga o valor de mercado da feminilidade branca"[79]. Rejeitando ainda outra forma de sedução – os aparentes benefícios de uma identidade multirracial como um refúgio dentro de uma sociedade que deprecia a negritude –, Jones reconhece as dificuldades – senão a impossibilidade – de superar as categorias raciais e fingindo que são irrelevantes. Colocar entre aspas o termo "mulher negra" a fim de chamar atenção para sua natureza socialmente construída não elimina o fato de viver como uma mulher negra sob condições de opressão. Ao problematizar e simultaneamente aceitar esses relacionamentos, Jones indica o caminho para uma nova análise.

Não importa quanto amor exista entre homens negros e mulheres brancas, esses casais continuarão a atrair a atenção das mulheres negras. Gloria Wade-Gayles descreve como a realidade desses casais afeta muitas afro-americanas:

> Nós olhamos para eles e nos sentimos abandonadas. Nós nos sentimos abandonadas porque fomos abandonadas de tantas maneiras, por tantas pessoas e durante tantos

---

[78] Ver, por exemplo, Lisa Jones, *Bulletproof Diva*, cit.

[79] Ibidem, p. 30.

séculos. Somos o grupo de mulheres mais distante do conceito de beleza e feminilidade que invade cada canto do planeta e, como consequência, somos ensinadas a não gostar de nós mesmas. Ou, como disse uma aluna, somos ensinadas a não acreditar que podemos fazer ou ser o suficiente para sermos amadas e desejadas. A verdade é que sentimos uma dor muito especificamente nossa, como grupo, quando homens negros se casam com mulheres brancas e até quando não se casam. É uma dor que nossas mães conheciam e suas mães antes delas. Uma dor transmitida de geração em geração, pois as circunstâncias que criam essa dor permanecem inalteradas.[80]

Enfrentar essa dor exige mais que culpar as mulheres brancas por supostamente roubar homens negros ou culpar os homens negros por nos rejeitar. É preciso mudar as "circunstâncias que criam a dor".

MULHERES NEGRAS E AUTONOMIA ERÓTICA

Para mudar as circunstâncias que criam essa dor é necessário desenvolver uma análise dos diversos tipos de relação afetiva envolvendo mulheres negras. Como aponta Evelynn Hammonds, "o espelhamento como forma de negação de um legado de silêncio precisa ser avaliado de maneira muito mais profunda pelas pesquisadoras feministas negras"[81]. Para Karla Holloway, o primeiro passo ocorre no "momento fundamental em que as mulheres negras reconhecem o impacto poderoso de nossa aparência física. Nossos atributos físicos são um fator relevante para o que vivenciamos"[82]. Holloway defende que, por meio de construções da sexualidade das mulheres negras, os sistemas de opressão mantêm espelhos que distorcem uma "imagem pública" com base na qual as mulheres negras aprendem a se ver. Holloway aconselha as mulheres negras a não ver "o reflexo do olhar preconceituoso no espelho" e adotar uma "visão reflexiva e automediada de nossos corpos"[83]. Quando as mulheres negras aprendem a sustentar novos "espelhos" umas para as outras, nos quais possamos nos ver e nos amar pelo que realmente somos, novas possibilidades de empoderamento por meio do amor profundo podem emergir.

---

[80] Gloria Wade-Gayles, *Rooted Against the Wind*, cit., p. 110.
[81] Evelynn M. Hammonds, "Toward a Genealogy of Black Female Sexuality: The Problematic of Silence", em M. Jacqui Alexander e Chandra Talpade Mohanty (orgs.), *Feminist Genealogies, Colonial Legacies, Democratic Futures* (Nova York, Routledge, 1997), p. 179.
[82] Karla Holloway, "The Body Politic", cit., p. 36.
[83] Ibidem, p. 45.

282 PENSAMENTO FEMINISTA NEGRO

Na teoria isso parece muito bom, mas na prática as mulheres negras que servem de espelho para as demais – e que nos ensinam a nos amar – deparam com a possível erotização desse amor. Em questões de sexualidade, esse espelhamento revela que o compartilhamento necessário para que apoiemos e amemos umas às outras pode encontrar uma expressão erótica. Se a sexualidade representa uma dimensão do amor, então, para muitas mulheres negras, amar mulheres negras significa amá-las sexualmente. O reconhecimento de que amar a si mesma e amar as mulheres negras pode levar a uma expressão erótica ou sexual desse amor pode representar uma ameaça. A estigmatização das relações lésbicas tem o objetivo de conter essa ameaça.

Nesse sentido, as relações lésbicas entre negras não apenas ameaçam os sistemas de opressão interseccionais como põem em xeque a já muito atacada visão de si das afro-americanas heterossexuais. É claro que a homofobia de muitas mulheres heterossexuais negras é influenciada, em parte, pelas crenças sociais a respeito das lésbicas. Para as mulheres negras – que já são vistas como o Outro em virtude de raça e gênero –, a ameaça do rótulo de lésbicas tem efeitos negativos sobre a maneira como as mulheres negras se veem e se relacionam umas com as outras. Ao se questionar por que tantas escritoras e críticas negras evitaram tratar do lesbianismo, Ann Allen Shockley sugere que "o medo de ser considerada lésbica, fosse isso verdade ou não", é um grande impeditivo[84].

No entanto, o problema pode ser muito mais profundo. Barbara Smith sugere isto: "Acredito que a razão pela qual as mulheres negras são tão homofóbicas é aquela coisa da repulsão e da atração. Elas têm de se manifestar enfaticamente contra o lesbianismo porque, caso contrário, teriam de lidar com o que sentem pelas mulheres"[85]. Shockley concorda: "A maioria das mulheres negras temia e abominava mais as lésbicas que o estupro – talvez em razão do medo gerado pela potencialidade interior delas mesmas ao lesbianismo"[86]. Do mesmo modo que os homens que aceitam as noções eurocêntricas de masculinidade temem e negam aquilo que identificam em si mesmos como traços associados à feminilidade – por exemplo, interpretar a expressividade masculina como fraqueza

---

[84] Ann Allen Shockley, "The Black Lesbian in American Literature: An Overview", em Barbara Smith (org.), *Home Girls: A Black Feminist Anthology* (Nova York, Kitchen Table, 1983), p. 84.

[85] Barbara Smith e Beverly Smith, "Across the Kitchen Table: A Sister-to-Sister Dialogue", em Cherrie Moraga e Gloria Anzaldua (orgs.), *This Bridge Called My Back: Writings by Radical Women of Color* (Watertown, Persephone, 1981), p. 124.

[86] Ann Allen Shockley, *Loving Her* (Tallahassee, Naiad, 1974), p. 31-2.

e falta de virilidade[87] –, muitas mulheres negras heterossexuais podem reprimir seus sentimentos por outras mulheres negras em consequência do medo de serem estigmatizadas como lésbicas. Assim como a dominação das mulheres incorpora os temores dos homens em relação a sua própria masculinidade, o tratamento que as mulheres negras heterossexuais dispensam às negras lésbicas reflete o medo de que todas as afro-americanas sejam essencialmente iguais. No entanto, como aponta Audre Lorde,

> [...] da mesma maneira que a existência da mulher negra autodefinida não é uma ameaça para o homem negro autodefinido, a lésbica negra é uma ameaça emocional apenas para as mulheres negras cujos sentimentos de afinidade e de amor por outras mulheres negras são de alguma maneira problemáticos.[88]

Relacionamentos lésbicos entre negras não são uma ameaça para mulheres e homens negros "autodefinidos" e seguros de sua sexualidade. Contudo, os relacionamentos afetivos entre mulheres negras representam uma enorme ameaça aos sistemas de opressão interseccionais. Como essas mulheres se atrevem a se amar em um contexto que atribui tão pouco valor às mulheres negras em geral? A forma como as lésbicas negras são tratadas revela como a expressão sexual das mulheres negras é regulada nos sistemas de opressão interseccionais. Como espaço de interseccionalidade específico, os relacionamentos lésbicos negros são compostos pelo Outro em sua forma máxima. As lésbicas negras não são brancas, nem homens, nem heterossexuais e, em geral, tampouco são ricas. Representam, portanto, a antítese da "norma mítica" de Audre Lorde e se tornam o padrão pelo qual outros grupos medem sua própria suposta normalidade e sua autoestima. A política sexual só funciona plenamente quando as não conformidades sexuais se mantêm invisíveis ou quando são punidas por terem se tornado visíveis. "Como são sexualmente independentes dos homens, as lésbicas – simplesmente por existirem – põem em xeque as definições de mulher estabelecidas pela sociedade", observa Barbara Christian[89]. Lésbicas negras visíveis desafiam a norma mítica de que os melhores são os homens brancos, ricos e heterossexuais. Por essa razão, as lésbicas geram ansiedade e desconforto, e

---

[87] Paul Hoch, *White Hero Black Beast: Racism, Sexism and the Mask of Masculinity* (Londres, Pluto, 1979).

[88] Audre Lorde, *Sister Outsider*, cit., p. 49.

[89] Barbara Christian, *Black Feminist Criticism: Perspectives on Black Women Writers* (Nova York, Pergamon, 1985), p. 199.

284 Pensamento feminista negro

põem em questão a capacidade dos grupos dominantes de controlar o poder e a sexualidade em nível interpessoal[90].

Para as afro-americanas, levar a sério a ideia de criar "espelhos" afetivos umas para as outras requer abrir mão de todos os "ismos" que as oprimem, inclusive o heterossexismo. Isso significa superar a estigmatização das mulheres negras heterossexuais como jezebéis – desviantes sexuais *dentro* de uma heterossexualidade presumida – e das lésbicas negras – desviantes sexuais *fora* da heterossexualidade. Evelynn Hammonds é uma dentre diversas intelectuais a defender

> um nível diferente de envolvimento entre heterossexuais negras e lésbicas negras como base para o desenvolvimento de uma práxis feminista negra que articule os modos pelos quais a invisibilidade, a alteridade e o estigma são produzidos e reproduzidos no corpo das mulheres negras.[91]

Examinar essas conexões para refletir sobre o que M. Jacqui Alexander descreve como *autonomia erótica* pode abrir espaço para pensarmos e fazermos algo novo[92].

Alexander sugere que a agência sexual ou a autonomia erótica das mulheres representa uma ameaça para uma série de instituições sociais. Ao longo da história, a prostituta e a lésbica funcionaram como os principais símbolos de ameaça. Esses dois grupos de mulheres rejeitam a família nuclear heterossexual que dá sentido a tantas instituições sociais. Em consequência, "as categorias de lésbica e prostituta agora funcionam juntas […] fora dos limites da lei e, portanto, são passíveis de disciplina e punição"[93]. Alexander estuda como essa autonomia erótica é suprimida pelo Estado nas Bahamas. No entanto, seus argumentos contêm reflexões importantes para as mulheres negras dos Estados Unidos, que ainda têm de desenvolver uma autonomia erótica capaz de três coisas.

Primeiro, essa autonomia deve ajudar as mulheres negras estadunidenses a rejeitar o duplo estigma, que pesa sobre as heterossexuais negras como *hoochies* e as lésbicas negras como aberrações sexuais. Reconhecer que tanto a sexualidade heterossexual quanto a lésbica são estigmatizadas em um paradigma heterossexista e que essa estigmatização reforça as opressões interseccionais contribuiria

---

[90]   Carole S. Vance, *Pleasure and Danger: Exploring Female Sexuality* (Londres, Routledge and Kegan Paul, 1984).

[91]   Evelynn M. Hammonds, "Toward a Genealogy of Black Female Sexuality", cit., p. 181-2.

[92]   M. Jacqui Alexander, "Erotic Autonomy as a Politics of Decolonization: An Anatomy of Feminist and State Practice in the Bahamas Tourist Industry", em M. Jacqui Alexander e Chandra Talpade Mohanty (orgs.), *Feminist Genealogies, Colonial Legacies, Democratic Futures*, cit.

[93]   Ibidem, p. 65.

para identificar práticas na sociedade civil negra que prejudicam as mulheres negras como coletividade. Evelynn Hammonds sugere que, no legado histórico de silêncio sobre a sexualidade das mulheres negras, certas expressões dessa sexualidade são consideradas perigosas, tanto para os indivíduos quanto para o grupo. Dentro dessa lógica, a cultura da dissimulação que prescreve um silêncio autoimposto sobre a sexualidade feminina negra torna aceitável que algumas mulheres negras heterossexuais classifiquem como "traidoras" da raça tanto as heterossexuais negras abertamente sexualizadas quanto as lésbicas negras. Essa censura funciona de maneira similar ao depoimento de Anita Hill contra Clarence Thomas. A continuidade dessa cultura da dissimulação explica por que tantas mulheres negras heterossexuais que assumem as rédeas de sua sexualidade são criticadas. Quando cantam a sensualidade e os desejos eróticos das mulheres negras, tanto as cantoras negras de *blues* da década de 1920 quanto o grupo de *hip-hop* Salt-N-Pepa são vistos como expressões públicas inapropriadas da sexualidade feminina negra. Essa cultura da dissimulação também pode explicar porque as lésbicas negras – "cuja sexualidade 'desviante' é enquadrada em uma sexualidade desviante já existente – são tão cautelosas em acatar esse rótulo de 'traidoras', dada a perda do senso de comunidade que isso poderia causar"[94].

Um segundo componente da busca da autonomia erótica envolve a redefinição dos padrões de beleza para incluir neles as mulheres negras. Novas compreensões da beleza alterariam necessariamente os tipos de espelho apresentados às mulheres negras para que julguem sua própria beleza. Para redefinir a beleza, é preciso aprender a reconhecer a beleza nas afro-americanas que possuem características negras africanas. Afirmar que as mulheres negras são "lindas" e as brancas são "feias" apenas substitui um conjunto de imagens de controle por outro e não questiona a estética masculinista eurocêntrica. Fazer isso seria simplesmente inverter o pensamento binário: para que um indivíduo seja considerado bonito, outro indivíduo – o Outro – deve ser considerado feio. Quando Dessa Rose afirma que Miz Ruint tem "pele mole e cabelo ensebado", ilustra a tentativa de uma mulher negra de se proteger da depreciação da negritude invertendo as categorias de beleza. Criar uma estética feminista negra alternativa envolve a rejeição completa do pensamento binário.

Nessa empreitada, as afro-americanas podem recorrer a estéticas de matriz africana potencialmente capazes de libertar as mulheres dos padrões de beleza

---

[94]   Evelynn M. Hammonds, "Toward a Genealogy of Black Female Sexuality", cit., p. 181.

ornamental[95]. Embora essas estéticas estejam presentes na música[96], na dança[97] e na língua[98], as colchas de retalhos oferecem um modelo de estética feminista negra capaz de conduzir as mulheres negras e outras pessoas à autonomia erótica. As mulheres negras que fazem colchas de retalhos não se interessam por esquemas uniformes de cor, mas preferem métodos diversos de brincar com as cores para criar imprevisibilidade e movimento[99]. Por exemplo, uma cor forte pode ser justaposta a outra cor forte ou a uma fraca. O contraste é usado para estruturar ou organizar. Em geral, a simetria das colchas produzidas por afro-americanas não vem da uniformidade, como nas colchas das euro-americanas, mas da diversidade. Nikki Giovanni salienta que as colchas são tradicionalmente feitas de retalhos: "Essas artesãs nos ensinam que não existe lixo, que às vezes só falta encontrar serventia para as coisas"[100].

Essa dupla ênfase na beleza que surge da singularidade individual justaposta a um ambiente comunitário, por um lado, e na importância de criar uma beleza funcional a partir dos recortes da vida cotidiana, por outro, oferece uma poderosa

---

[95] Ver Addison Gayle, "Cultural Strangulation: Black Literature and the White Aesthetic", em Addison Gayle (org.), *The Black Aesthetic* (Garden City, Doubleday, 1971), p. 39-46; Ortiz M. Walton, "Comparative Analysis of the African and Western Aesthetics", em Addison Gayle (org.), *The Black Aesthetic*, cit., p. 154-64. Estudos sobre a arte e a cultura africana indicam que o comportamento, as criações e os indivíduos considerados "belos" de uma perspectiva afrocentrada são valorizados por qualidades que vão além de sua aparência e de seu valor de mercado. Ver Addison Gayle (org.), *The Black Aesthetic*, cit., e Molefi Kete Asante e Kariamu Welsh Asante, *African Culture: The Rhythms of Unity* (Trenton, NJ, Africa World, 1990). Por exemplo, os Iorubá avaliam tudo esteticamente, desde o sabor da comida e as qualidades do vestuário até o comportamento de uma mulher ou homem. A beleza se encontra no ponto médio – nem muito muito alto nem muito baixo, nem muito bonito (nos contos populares, as pessoas bonitas demais são esqueletos disfarçados) nem muito feio. Além disso, os Iorubá apreciam o frescor e a improvisação nas artes. Ver Robert Farris Thompson, *Flash of the Spirit: African and Afro-American Art and Philosophy* (Nova York, Vintage, 1983).

[96] Ben Sidran, *Black Talk* (Nova York, Da Capo, 1971); James H. Cone, *The Spirituals and the Blues: An Interpretation* (Nova York, Seabury, 1972).

[97] Kariamu Welsh Asante, "Commonalities in African Dance: An Aesthetic Foundation", em Molefi Kete Asante e Kariamu Welsh Asante, *African Culture*, cit., p. 71-82.

[98] Geneva Smitherman, *Talkin and Testifyin: The Language of Black America* (Boston, Houghton Mifflin, 1977); Thomas Kochman, *Black and White Styles in Conflict* (Chicago, University of Chicago Press, 1981).

[99] Maude Southwell Wahlman e John Scully, "Aesthetic Principles of Afro-American Quilts", em William Ferris (org.), *Afro-American Folk Arts and Crafts* (Boston, G. K. Hall, 1983), p. 79-97; Elsa Barkley Brown, "African-American Women's Quilting: A Framework for Conceptualizing and Teaching African-American Women's History", *Signs*, v. 14, n. 4, 1989, p. 922.

[100] Nikki Giovanni, *Sacred Cows... and Other Edibles* (Nova York, Quill/William Morrow, 1988), p. 89.

alternativa à estética eurocêntrica. Noções de matriz africana de diversidade na comunidade e de beleza funcional ajudam a eliminar muitos dos binarismos que fundamentam o pensamento social ocidental. Partindo de perspectivas de influência africana, a beleza das mulheres não se baseia apenas em critérios físicos, porque mente, espírito e corpo não são vistos como separados e opostos. Ao contrário, tudo isso é fundamental na avaliação estética dos indivíduos e de suas criações. A beleza é funcional na medida em que não tem significado se independente do grupo. Aquilo que se desvia da "norma" do grupo não é percebido como "beleza". Mas participar do grupo e ser um indivíduo funcional que busca a harmonia é fundamental na avaliação da beleza de um indivíduo[101]. Além disso, a participação não se baseia na conformidade, mas é vista como uma singularidade individual que torna maior a "beleza" do grupo como um todo. Segundo esses critérios, nenhum indivíduo pode ser considerado inerentemente bonito, pois a beleza não é um estado do ser. A beleza é, isso sim, um estado de devir. Assim como todas as afro-americanas e todos os demais seres humanos são capazes de beleza, todos podem avançar para a autonomia erótica.

O último componente do desenvolvimento da autonomia erótica das afro--americanas é encontrar maneiras de enfatizar que elas aprenderam a ver a expressão do amor mútuo como algo fundamental para resistir à opressão. Esse componente politiza o amor e o retira do lugar individualizado e banalizado que ocupa hoje. Relações afetivas autodefinidas e publicamente expressas entre mulheres negras – tenham elas expressão sexual ou não – são uma forma de resistência. Se as integrantes do grupo inferiorizado forem capazes de se amar mutuamente e afirmar o valor umas das outras, então todo o sistema que relega esse grupo a uma posição inferior se torna suspeito.

Muitas mulheres negras entendem que o amor materno foi importante para empoderá-las como indivíduos. No entanto, o poder do amor profundo permanece restrito à maternidade biológica, à irmandade biológica, aos laços de sororidade e a outras relações socialmente chanceladas. Conforme veremos nos dois próximos capítulos, o amor materno estimulou muitas mulheres negras a se dedicar ao ativismo em outras esferas e pode ser visto como uma importante dimensão do feminismo negro nos Estados Unidos. Ampliar o espectro das relações afetivas entre mulheres negras – inclusive as que encontram expressão sexual – pode ajudá-las a recuperar o poder do amor profundo.

---

[101] Molefi Kete Asante, *The Afrocentric Idea* (Filadélfia, Temple University Press, 1987).

AMOR E EMPODERAMENTO

"Para se perpetuar, toda opressão precisa corromper ou distorcer as várias fontes de poder na cultura do oprimido que podem fornecer a energia necessária à mudança."[102] A capacidade que práticas sociais como a pornografia, a prostituição e o estupro têm de distorcer o domínio privado das relações afetivas das mulheres negras com homens negros, com pessoas brancas ou entre si é um exemplo desse processo. Os paralelos entre as distorções de sentimentos humanos profundos na opressão racial e as distorções do erótico na opressão sexual são impressionantes. As análises das dinâmicas interpessoais do racismo apontam que os brancos projetam nos negros – e por isso os temem – as características que mais temem em si mesmos. Ao rotular os negros de sexualmente animalescos e dominá-los, os brancos têm por objetivo reprimir essa dimensão de seu próprio caráter. Quando os homens dominam as mulheres e as acusam de ser sexualmente passivas, o ato de dominação – da relação sexual coagida ao estupro – reduz a ansiedade masculina em relação à própria impotência, epítome da passividade sexual[103]. Da mesma forma, a repressão de *gays* e lésbicas simboliza o recalcamento de sentimentos fortes por indivíduos de mesmo gênero, sentimentos que a cultura estadunidense sexualizou e estigmatizou dentro do heterossexismo. Todas essas emoções – o fato de que os brancos sabem que os negros são humanos, o fato de que os homens amam as mulheres e o fato de que as mulheres têm sentimentos profundos umas pelas outras – devem ser distorcidas no nível emocional do erótico para que os sistemas opressivos possam continuar existindo. A sexualidade – no âmbito individual e interpessoal do poder – é sequestrada pelas opressões interseccionais – no âmbito estrutural do poder – para assegurar o bom funcionamento da dominação.

Reconhecer que a corrupção e a distorção dos sentimentos básicos que os seres humanos nutrem uns pelos outros estão no cerne de diversos sistemas de opressão abre novas possibilidades de transformação e mudança. June Jordan explora essa conexão entre o reconhecimento dos sentimentos e o empoderamento humano: "Quando penso em alguém ou em alguma coisa – seja a história, a literatura, meu pai, organizações políticas, um poema ou um filme –, quando procuro avaliar a potencialidade, o compromisso/possibilidade de

---

[102] Audre Lorde, *Sister Outsider*, cit., p. 53.
[103] Paul Hoch, *White Hero Black Beast*, cit.

apoio à vida dessa pessoa ou coisa, a questão decisiva é sempre: '*Onde está o amor?*'"[104].

A pergunta de Jordan toca numa questão central para o pensamento social e ético afro-americano. Em *Black Womanist Ethics* [Ética mulherista negra], Katie G. Cannon sugere que amor, comunidade e justiça estão profundamente entrelaçados na ética afro-americana[105]. Cannon analisa o trabalho de dois importantes teóricos negros – Howard Thurman e Martin Luther King Jr. – e conclui que suas ideias representam valores fundamentais que dão força às mulheres negras. Segundo Thurman, o amor é a base da comunidade, e a comunidade é o espaço de agência moral. Somente o amor a si mesmo, o amor entre indivíduos e o amor a Deus podem dar forma, empoderar e sustentar a mudança social. Em sua ética, Martin Luther King Jr. eleva a importância da relação entre amor e justiça, sugerindo que o amor é ativo, dinâmico e determinado, gera o motivo e o impulso para a justiça. Tanto para Thurman quanto para King, tudo caminha na direção da comunidade e da expressão do amor no contexto comunitário. Segundo Cannon, essa noção de amor e comunidade abre espaço para uma ética feminina negra distinta.

Para June Jordan, o amor começa pelo amor-próprio e pela autoestima, atitudes que levam as afro-americanas à autodeterminação e ao ativismo político essenciais para a justiça social. Ao se defrontar com a pergunta simples, mas profunda, "Onde está o amor?", as mulheres negras resistem a vários tipos de opressão. Essa pergunta encoraja todos os grupos inseridos em sistemas de dominação a buscar um lugar onde, como disse o personagem Paul D, de Toni Morrison, você possa "amar qualquer coisa" que queira, "sem precisar de permissão para desejar – bem, ora, *isso* era liberdade"[106].

---

[104] June Jordan, *Civil Wars* (Boston, Beacon, 1981), p. 141.

[105] Katie G. Cannon, *Black Womanist Ethics* (Atlanta, Scholars Press, 1988)

[106] Toni Morrison, *Amada*, cit., p. 235.

8
AS MULHERES NEGRAS E A MATERNIDADE

Ontem mesmo fiquei alguns minutos no alto de uma escada que leva
ao consultório de um médico branco, em um bairro branco. Observei
inúmeras mulheres negras caminhando a passo firme em direção à esquina,
onde esperavam o ônibus para casa. Essas mulheres negras ainda limpam
a casa de outra pessoa, essas mulheres negras ainda cuidam dos idosos e
dos doentes de outras famílias, antes de retornar *às tarefas* frequentemente
ingratas de suas próprias solidões, de suas próprias famílias. E senti raiva
e vergonha. Mais uma vez, senti ressurgir o calor da esperança de que nós,
as filhas dessas mulheres negras, faremos jus a seu sacrifício expressando
nossa gratidão. Levaremos a cabo, com orgulho, todo sonho transcendente
de liberdade tornado possível pela humildade de seu amor.

June Jordan, *On Call*, p. 105

As palavras de June Jordan expressam de forma pungente a necessidade de
as afro-americanas reconhecerem o sacrifício de nossas mães, desenvolvendo
análises autodefinidas da maternidade negra. Até o florescimento do feminismo
negro moderno, na década de 1970, as análises da maternidade negra eram, em
grande medida, dominadas por homens – tanto brancos quanto negros –, e as
perspectivas masculinas sobre as mães negras prevaleciam. As mães negras eram
acusadas de não disciplinar os filhos e as filhas, de castrar os filhos homens, de
tornar suas filhas pouco femininas e de retardar as conquistas acadêmicas de seus
filhos[1]. Tomando por base os altos índices de divórcios, de famílias chefiadas
por mulheres e de filhos fora do casamento, as pesquisas acadêmicas em geral
afirmavam que as mães afro-americanas exerciam um poder anormal sobre

---

[1]   Daniel Patrick Moynihan, *The Negro Family: The Case for National Action* (Washington, D. C.,
Government Printing Office, 1965).

292 PENSAMENTO FEMINISTA NEGRO

estruturas familiares supostamente deterioradas[2]. As mães afro-americanas observadas por Jordan não apareciam nesses relatos.

Trabalhos feministas dos anos 1970 e 1980 sobre a maternidade produziram uma crítica limitada dessa visão. Refletindo ângulos de visão de mulheres brancas de classe média, as análises feministas geralmente deixavam de lado os recortes de raça e classe[3]. Dedicadas a desmistificar o ideal tradicional de família, as obras desse período questionavam as análises prevalecentes acerca das experiências vivenciadas por mães brancas de classe média. Essas críticas não foram capazes de questionar as imagens de controle das afro-americanas, muito menos as práticas que essas imagens pressupõem. Reconhecendo que boa parte da literatura feminista desse período não incluía as mães negras que "ainda limpam a casa de outra pessoa, [...] ainda cuidam dos idosos e dos doentes de outras famílias", a produção acadêmica posterior das feministas estadunidenses brancas buscou explicitamente expor as diferenças das mulheres em termos de raça, classe, sexualidade e *status* de cidadania[4].

As ideias sobre a maternidade negra oriundas das comunidades afro-americanas eram consideravelmente diferentes. Historicamente, o conceito de maternidade é central nas filosofias dos afrodescendentes. Em muitas comunidades afro-americanas a exaltação em torno da maternidade negra era tanta que "a ideia de que as mães deveriam viver uma vida de sacrifícios se tornou a norma"[5]. Dada essa importância histórica, muitos pensadores afro-americanos tendem a glorificar a maternidade negra. Negam-se a reconhecer os problemas enfrentados pelas mães negras, que retornam "às tarefas frequentemente ingratas de suas próprias solidões, de suas próprias famílias". Essa glorificação da mãe se evidencia principalmente na obra de homens negros estadunidenses, que

---

[2] Maxine Baca Zinn, "Family, Race, and Poverty in the Eighties", *Signs*, v. 14, n. 4, 1989, p. 856--74; Bette J. Dickerson, "Introduction", em *African American Single Mothers: Understanding Their Lives and Families* (Thousand Oaks, Sage, 1995).

[3] Patricia Hill Collins, "Shifting the Center: Race, Class, and Feminist Theorizing about Motherhood", em Evelyn Nakano Glenn, Grace Chang e Linda Forcey (orgs.), *Mothering: Ideology, Experience and Agency* (Nova York, Routledge, 1994), p. 45-65.

[4] Margaret L. Andersen, "Feminism and the American Family Ideal", *Journal of Comparative Family Studies*, v. 22, n. 2, 1991, p. 235-46; Stephanie Coontz, *The Way We Never Were: American Families and the Nostalgia Trap* (Nova York, Basic Books, 1992); Barrie Thorne, "Feminism and the Family: Two Decades of Thought", em Barrie Thorne e Marilyn Yalom (orgs.), *Rethinking the Family: Some Feminist Questions* (2. ed., Boston, Northeastern University Press, 1992), p. 3-30.

[5] Barbara Christian, *Black Feminist Criticism: Perspectives on Black Women Writers* (Nova York, Pergamon, 1985), p. 234.

elogiam com frequência as mães negras, em especial as suas próprias. Contudo, ao afirmar que as mães negras são ricamente dotadas de devoção, autossacrifício e amor incondicional – atributos associados à maternidade arquetípica –, os homens negros estadunidenses inadvertidamente fomentam uma imagem diferente das mulheres negras, ainda que pareça positiva. A imagem de controle da "mãe negra superforte" é um elogio à resiliência das mulheres negras em uma sociedade que frequentemente as retrata como mães ruins. Ainda assim, para que possam permanecer no pedestal, essas mães negras superfortes devem colocar as necessidades dos outros, especialmente as dos filhos e das filhas, acima das suas. Até mesmo a teoria social crítica de matriz nacionalista negra encontra dificuldades para superar a imagem da mãe negra forte que trabalha por uma nova nação negra. No afrocentrismo, por exemplo, persiste a imagem da mulher negra "autêntica", que se aferra aos valores tradicionais de origem africana no contexto do racismo estadunidense[6].

Dar um passo além do discurso negro revela que muitos homens negros que louvam suas mães consideram que devem menos satisfações às mães de suas filhas e seus filhos. Permitem que suas esposas e namoradas sejam as provedoras de um grupo cada vez maior de crianças afro-americanas que vivem abaixo da linha da pobreza[7]. Apesar da alarmante deterioração das estruturas de apoio social e econômico para mães negras nos Estados Unidos, não faltam jovens negros que continuam fiéis ao mito de sua hiperssexualidade, encorajando suas namoradas adolescentes a ter filhos cujo futuro está em risco[8]. Até mesmo quando têm consciência da pobreza e das dificuldades que essas mulheres enfrentam, muitos homens negros não conseguem superar as poderosas imagens de controle das matriarcas negras ou das mães negras superfortes. De acordo com Michele Wallace, muitos afro-americanos são incapazes de enxergar os verdadeiros custos da maternidade para as afro-americanas:

> Eu me lembro de um dia em que estava assistindo ao noticiário com um amigo meu que é negro, tem doutorado em psicologia e é diretor de uma clínica. Estávamos

---

6   Patricia Hill Collins, *Fighting Words: Black Women and the Search for Justice* (Minneapolis, University of Minnesota Press, 1998), p. 167-74.

7   Carl Husemoller Nightingale, *On the Edge: A History of Poor Black Children and Their American Dreams* (Nova York, Basic Books, 1993), p. 16-22.

8   Joyce Ladner, *Tomorrow's Tomorrow: The Black Woman* (Garden City, Doubleday, 1972); Joyce Ladner e Ruby Morton Gourdine, "Intergenerational Teenage Motherhood: Some Preliminary Findings", *Sage: A Scholarly Journal on Black Women*, v. 1, n. 2, 1984, p. 22-4.

vendo imagens de uma mulher negra. [...]. Ela estava na cama, enrolada em lençóis, e seus numerosos filhos se aninhavam em torno dela. O apartamento parecia infestado de ratos, sujo e cheio de tralhas. Segundo ela, estavam sem aquecimento e água quente havia dias. Meu amigo, que é de uma classe média bastante remediada, mas conheceu a pobreza na infância, se sentiu obrigado a fazer um comentário... "Essa mulher é uma *guerreira*", fazendo sinal de reverência com a cabeça.[9]

Nesse contexto geral, os padrões de ênfase e omissão que caracterizam as análises feministas da maternidade negra não nos surpreendem. Diversos fatores internos à sociedade civil negra contribuem para formar esses padrões. Um deles reflete as restrições autoimpostas que acompanham as normas da solidariedade racial. Em um contexto de racismo institucionalizado no qual os afro-americanos se esforçam para criar uma frente unida para defrontar os brancos, muitas pessoas negras aprendem a policiar umas às outras[10]. As discordâncias internas são especialmente malvistas quando se trata da maternidade, suposto núcleo da família, da cultura e da comunidade. Outro fator diz respeito à relutância das mulheres afro-americanas em desafiar os homens negros *em público*. Os ataques veementes a Michele Wallace, Alice Walker, Ntozake Shange e outras acadêmicas feministas negras acusadas de insultar os homens negros serviram de lição, e mostraram que falar abertamente o que se pensa pode trazer uma dolorosa censura[11]. Como pôde sentir Anita Hill, verdadeiras ou não, críticas públicas aos homens negros são malvistas por boa parte da população afro-americana. Para muitas mulheres negras estadunidenses, esse silêncio vem do esforço para apoiar a luta bem-intencionada dos homens negros em defesa e proteção da condição da mulher negra. Exaltar as mães negras é uma tentativa de substituir as interpretações negativas feitas pelos homens brancos por interpretações positivas feitas pelos homens negros.

Outro conjunto de fatores que influencia o relativo silêncio das mulheres negras está relacionado à aparente branquidão do feminismo nos Estados Unidos. Infelizmente, ainda que o feminismo continue a ser um dos poucos discursos a desenvolver análises importantes sobre a maternidade, a combinação

---

[9] Michele Wallace, *Black Macho and the Myth of the Superwoman* (Nova York, Dial, 1978), p. 108-9.

[10] Wahneema Lubiano, "Black Nationalism and Black Common Sense: Policing Ourselves", em *The House That Race Built* (Nova York, Pantheon, 1997), p. 232-52.

[11] Ver, por exemplo, Robert Staples, "The Myth of Black Macho: A Response to Angry Black Feminists", *Black Scholar*, v. 10, n. 6, 1979, p. 24-33.

da branquidão que ele transmite com a defesa de políticas aparentemente contrárias à família acaba limitando sua eficácia. No contexto de uma sociedade racialmente segregada, na qual as mulheres brancas se beneficiam histórica e contemporaneamente da subordinação das mulheres negras, as afro-americanas que desconfiam do feminismo não são nem exageradas nem demonstram falta de consciência feminista. Ademais, quando esse quadro se combina à noção de que o feminismo adota uma postura contrária à família e, por consequência, à maternidade, a relutância coletiva das mulheres negras estadunidenses em desenvolver análises críticas da maternidade negra se torna ainda mais compreensível.

Por mais sinceras que sejam, definições externas da maternidade negra – mesmo as oferecidas por homens negros simpáticos à causa ou por feministas brancas bem-intencionadas – carregam consigo uma série de problemas. No caso da maternidade negra, os principais problemas são a impossibilidade de um diálogo franco entre as afro-americanas e a perpetuação de imagens de controle problemáticas, tanto negativas quanto positivas. Nas palavras de Renita Weems:

> Ficamos sentadas, concordando com tudo, enquanto os demais falavam sobre as mulheres magníficas que os pariram e criaram, e que, ao lado de Deus, escreveram certo por linhas tortas. [...] Gastamos nosso dinheiro para ouvir essas pessoas discursando sobre a força invencível e o gênio criativo da mãe negra, embora soubéssemos muito bem que essa imagem pode ser tão falsa quanto a do escravo feliz.[12]

Em geral, as afro-americanas precisam de uma análise feminista negra revitalizada a respeito da maternidade, uma análise que desconstrua a imagem da "escrava feliz", seja ela oriunda da ideia de "matriarca" criada pelos homens brancos, seja da ideia de "mãe negra superforte" perpetuada pelos homens negros.

A MATERNAGEM SOB O PONTO DE VISTA DA MULHER NEGRA

A instituição da maternidade negra consiste em uma série de relações constantemente renegociadas que as mulheres negras experimentam umas com as outras, com os filhos e as filhas, com a comunidade afro-americana como um todo e consigo mesmas. Essas relações ocorrem em locais específicos, tais como os lares que compõem as redes de famílias extensas e as instituições das comunidades

---

[12] Renita Weems, "'Hush. Mama's Gotta Go Bye Bye': A Personal Narrative", *Sage: A Scholarly Journal on Black Women*, v. 1, n. 2, 1984, p. 27.

negras[13]. Além disso, assim como as experiências das mulheres negras com a família e o trabalho mudaram nos Estados Unidos durante a transição da escravidão para a economia política do pós-Segunda Guerra Mundial, a forma como essas mulheres definem, avaliam e dão forma à maternidade negra como instituição igualmente mudou.

A maternidade negra como instituição é ao mesmo tempo dinâmica e dialética. As tensões que vemos hoje são resultado, de um lado, dos esforços para moldar a maternidade negra em benefício de opressões interseccionais de raça, gênero, classe, sexualidade e nação e, de outro, dos esforços das afro-americanas para definir e valorizar suas próprias experiências com a maternidade. As imagens de controle da *mammy*, da matriarca e da mãe dependente do Estado, assim como as práticas que elas justificam, têm o objetivo de oprimir. No contexto de uma política sexual que visa controlar a sexualidade e a fecundidade da mulher negra, as afro-americanas batalham para ser boas mães. Por outro lado, a maternidade pode ser um espaço no qual as mulheres negras se expressam e descobrem o poder da autodefinição, a importância de valorizar e respeitar a si mesmas, a necessidade de autonomia e independência, assim como a crença no empoderamento da mulher negra. Essas tensões fomentam um espectro de respostas. Algumas mulheres veem a maternidade como um fardo que sufoca sua criatividade, explora seu trabalho e as torna cúmplices de sua própria opressão. Para outras, a maternidade promove o crescimento pessoal, eleva o *status* nas comunidades negras e serve de catalisador para o ativismo social. Essas aparentes contradições coexistem tanto nas comunidades e nas famílias afro-americanas quanto nas mulheres individualmente.

Incorporados a essas relações em constante transformação, cinco temas caracterizaram e, para muitas afro-americanas, continuam a caracterizar o ponto de vista da mulher negra sobre a maternidade negra. Em todas as épocas, a forma como as mulheres negras se relacionam entre si, com os filhos, com a comunidade e com elas próprias dependeu de como se expressou essa relação dialética entre a gravidade da opressão enfrentada pelas afro-americanas e nossas ações de resistência contra essa opressão. Apesar de a temática desse ponto de vista da mulher negra ser compartilhada, sempre existiu uma grande heterogeneidade

---

[13] Elmer Martin e Joanne Mitchell Martin, *The Black Extended Family* (Chicago, University of Chicago Press, 1978); Niara Sudarkasa, "Interpreting the African Heritage in Afro-American Family Organization", em Harriette Pipes McAdoo (org.), *Black Families* (Beverly Hills, Sage, 1981), p. 37-53.

no que diz respeito a sua expressão. Sob muitos aspectos, é mais fácil distinguir os contornos do ponto de vista das mulheres negras acerca da maternidade no período anterior à Segunda Guerra Mundial. Os cinco temas descritos abaixo surgiram no contexto da escravidão e foram mantidos pelas condições sociais associadas à escravidão, à vida rural no Sul dos Estados Unidos e aos bairros racial e socialmente segregados do período inicial da migração negra para as cidades. Essas condições promoveram o surgimento de um ponto de vista específico das mulheres negras sobre a maternagem [*mothering*] e forneceram razões claras para sua continuidade. Por outro lado, como a organização familiar afro-americana e a sociedade civil negra mudaram profundamente desde a Segunda Guerra Mundial, é preciso se perguntar de que forma esses temas persistem, ou mesmo se seguem relevantes.

Em vez de compreender esses temas como "normativos" e, em seguida, avaliar se as afro-americanas estão à altura de certa perspectiva "essencialista" das mulheres negras, fazemos melhor uso deles se os enxergarmos como recursos resilientes e culturalmente específicos que podem ser constantemente remodelados em resposta a novos contextos. Assim como a cultura é dinâmica e se transforma, os temas que no longo prazo têm caracterizado o ponto de vista das mulheres negras são moldados pelo diálogo com as práticas sociais efetivas. Em outras palavras, esses temas dão conta de uma rede complexa de ideias *e* práticas sociais engajadas em diálogo umas com as outras. Nesse contexto, a agência das mulheres negras estadunidenses é fundamental para determinar qual será o ponto de vista delas acerca da maternidade, quais temas característicos desses pontos de vista perdurarão e se novas linhas-mestras, resistentes e culturalmente específicas, devem ser criadas para garantir a sobrevivência coletiva. Em alguns casos, uma linha-mestra desse tipo pode constituir o alicerce de novas formas de lidar com os problemas sociais que atingem os afro-americanos particularmente. A necessidade de creches para os filhos das trabalhadoras negras, a educação de baixa qualidade oferecida às crianças negras nas escolas públicas subfinanciadas dos bairros centrais pobres das grandes cidades, o número desproporcional de jovens negros fichados ou encarcerados e o grande número de crianças afro-americanas acolhidas temporariamente pelo Estado são novas versões dos velhos problemas que afetam as mulheres afro-americanas. É preciso encontrar formas de reconstruir esses temas para reagir a essas questões sociais. Alguns desses temas podem se mostrar importantes para lidarmos com essas questões, enquanto outros já perderam relevância. Analisar temas persistentes sob esse

298 Pensamento feminista negro

ponto de vista é uma forma de testá-los contra os desafios das condições sociais de nossos tempos. Ademais, uma vez que se baseia na agência delas, essa abordagem enfatiza a relevância das ideias e das ações das mulheres negras quando utilizam esse ponto de vista para enfrentar os desafios políticos, econômicos e sociais dos dias de hoje.

MÃES DE SANGUE, MÃES DE CRIAÇÃO E REDES CENTRADAS NAS MULHERES

Em muitas comunidades afro-americanas, limites fluidos e em constante transformação distinguem as mães biológicas das mulheres que cuidam das crianças. Supõe-se que as mães biológicas, ou de sangue, têm a responsabilidade de cuidar de seus filhos. Contudo, as comunidades africanas e afro-americanas reconhecem que atribuir a uma única pessoa a plena responsabilidade pela maternagem nem sempre é uma opção sensata ou mesmo viável. Consequentemente, mães de criação – mulheres que ajudam as mães de sangue, dividindo com elas a responsabilidade pela maternagem – têm um papel central na instituição da maternidade negra[14].

A centralidade das mulheres nas famílias extensas afro-americanas reflete tanto a continuidade da sensibilidade cultural de origem africana quanto as adaptações funcionais às opressões interseccionais de raça, gênero, classe e nação[15]. A centralidade da mulher é caracterizada menos pela *falta* de maridos e pais que pela relevância das mulheres. Ainda que os homens possam estar fisicamente presentes, ou tenham papéis culturais bem definidos dentro da família extensa, a unidade de parentesco costuma girar em torno da mulher. Os pais de Bebe

---

[14] Rosalie Riegle Troester, "Turbulence and Tenderness: Mothers, Daughters, and 'Othermothers' in Paule Marshall's *Brown Girl, Brownstones*", *Sage: A Scholarly Journal on Black Women*, v. 1, n. 2, 1984, p. 13-6.

[15] Carol D. Stack, *All Our Kin: Strategies for Survival in a Black Community* (Nova York, Harper and Row, 1974); Nancy Tanner, "Matrifocality in Indonesia and Africa and among Black Americans", em Michelle Z. Rosaldo e Louise Lamphere (orgs.), *Woman, Culture, and Society* (Stanford, CA, Stanford University Press, 1974), p. 129-56 [ed. bras.: *A mulher, a cultura e a sociedade*, trad. Cila Ankier e Rachel Gorenstein, Rio de Janeiro, Paz e Terra, 1979]; Elmer Martin e Joanne Mitchell Martin, *The Black Extended Family*, cit.; Niara Sudarkasa, "Interpreting the African Heritage in Afro-American Family Organization", cit.; Bernice Johnson Reagon, "African Diaspora Women: The Making of Cultural Workers", em Rosalyn Terborg-Penn, Sharon Harley e Andrea Benton Rushing (orgs.), *Women in Africa and the African Diaspora* (Washington, D. C., Howard University Press, 1987).

Moore Campbell se separaram quando ela era pequena[16]. Embora ela passasse o ano escolar na casa da avó e da mãe no norte da Filadélfia, o pai tinha um papel importante em sua vida. "Meu pai cuidava de mim", recorda Campbell. "Nossa separação não me atrapalhou nem me condenou a uma existência sub-humana. Sua ausência nunca fez de mim uma criança sem pai, e eu continuo a ter um pai."[17] Em unidades de parentesco centradas em figuras femininas, como a de Campbell – seja um lar composto por mãe e filhos, seja um lar formado por um casal, sejam unidades mais amplas, incluindo diversos lares –, a centralidade das mães não é determinada pela falta de poder masculino[18].

Redes de mulheres organizadas e resilientes, formadas por mães de sangue e de criação, são fundamentais para compreender essa centralidade. Avós, irmãs, tias e primas atuam como mães de criação, assumindo responsabilidades pelos cuidados dos filhos e das filhas de outras mulheres. Historicamente, o cuidado temporário e esporádico de crianças se converte muitas vezes em cuidados de longo prazo ou adoções informais[19]. Essas práticas persistem mesmo sob novas pressões sociais. A pesquisa de Andrea Hunter sobre as avós negras mostra que mães e pais negros contam com as avós para lhes dar apoio parental[20]. Essa fonte tradicional de apoio se tornou ainda mais necessária nos anos 1980 e 1990, à medida que um número crescente de mães negras viu seus filhos adolescentes se tornarem vítimas das drogas e dos crimes associados ao tráfico. Muitas mães viram seus filhos homens serem presos ou mortos e suas filhas se viciarem. Em numerosos casos, homens e mulheres jovens deixaram filhos pequenos, que com frequência acabaram sob os cuidados do Estado. Muitas outras crianças, porém, ficaram com as avós, que, embora em condições difíceis, se responsabilizaram por sua criação.

Em muitas comunidades afro-americanas, essas redes de cuidados centradas nas mulheres se estendem além das relações consanguíneas e incluem "parentes de consideração"[21] [*fictive kin*]. A ativista dos direitos civis Ella Baker descreve

---

[16] Bebe Moore Campbell, *Sweet Summer: Growing Up with and without My Dad* (Nova York, Putnam, 1989).

[17] Ibidem, p. 271.

[18] Nancy Tanner, "Matrifocality in Indonesia and Africa and among Black Americans", cit., p. 133.

[19] Carol D. Stack, *All Our Kin*, cit.; Herbert Gutman, *The Black Family in Slavery and Freedom, 1750-1925* (Nova York, Random House, 1976).

[20] Andrea Hunter, "Counting on Grandmothers: Black Mothers' and Fathers' Reliance on Grandmothers for Parenting Support", *Journal of Family Issues*, v. 18, n. 3, 1997, p. 251-69.

[21] Carol D. Stack, *All Our Kin*, cit.

como a adoção informal pelas mães de criação funcionava na comunidade rural onde cresceu, no Sul dos Estados Unidos:

> Minha tia, que tinha treze filhos de sangue, criou outros três. Ela era parteira, e uma criança tinha nascido coberta de feridas. Ninguém queria a criança, então ela pegou o menino e o criou [...], e outra mãe achou que não daria conta de dois filhos. Então minha tia pegou um e o criou [...], eles eram parte da família.[22]

Stanlie James conta como, em sua família extensa, a tradição das mães de criação trabalha com a noção de "parentes de consideração". James destaca que a morte de sua avó, em 1988, reuniu a família, descrita como um conjunto de parentes de sangue e de consideração. A narrativa de como uma parente de James ajudou sua filha, então com nove anos, a lidar com a perda da bisavó ilustra a interação entre redes de parentesco extenso centradas em mulheres, parentes de consideração e a tradição das mães de criação. A mulher que ajudou a filha de James não era uma parente de sangue, mas "filha de criação" de sua avó e, portanto, membro de pleno direito da família extensa. A avó de James acreditava que toda criança deve ser alimentada, vestida e educada, e, se os pais biológicos não puderem assumir essa responsabilidade, outro membro da comunidade deve fazê-lo. Como James destaca, "essa parente de consideração que consolou minha filha manteve uma tradição familiar iniciada por minha avó cinquenta anos antes"[23].

Mesmo quando as relações não são entre parentes formais ou de consideração, as normas tradicionais das comunidades afro-americanas determinam que os vizinhos cuidem dos filhos uns dos outros. Sara Brooks, trabalhadora doméstica do Sul dos Estados Unidos, conta como foi importante o cuidado comunitário que sua vizinha ofereceu a sua filha: "Ela cuidava da Vivian e não cobrava nada por isso. Sabe, as pessoas costumavam cuidar umas das outras, agora não é mais assim. A gente era tudo pobre. Eu acho que por causa disso a pessoa se colocava no lugar de quem ela estava ajudando"[24].

---

[22] Ellen Cantarow, *Moving the Mountain: Women Working for Social Change* (Old Westbury, Feminist Press, 1980), p. 59.

[23] Stanlie James, "Mothering: A Possible Black Feminist Link to Social Transformation?", em Stanlie James e Abena Busia (orgs.), *Theorizing Black Feminisms: The Visionary Pragmatism of Black Women* (Nova York, Routledge, 1993), p. 44.

[24] Thordis Simonsen (org.), *You May Plow Here: The Narrative of Sara Brooks* (Nova York, Touchstone, 1986), p. 181.

As experiências de Brooks mostram que o valor cultural que as comunidades afro-americanas atribuíam ao cuidado cooperativo encontrou apoio institucional nas condições adversas sob as quais tantas mulheres negras se tornaram mães.

As mães de criação podem ser fundamentais não apenas no cuidado das crianças, mas também no auxílio a mães biológicas que, por diversas razões, não estão preparadas ou não desejam a maternidade. No confronto com a opressão racial, a existência do cuidado comunitário das crianças e o respeito às mães de criação podem ter um papel fundamental nas comunidades afro-americanas. Crianças que se tornavam órfãs em decorrência da venda ou da morte de seus pais escravizados, crianças concebidas por estupro, filhos de mães adolescentes, crianças nascidas em condição de extrema pobreza ou com mães biológicas alcoólatras ou viciadas em drogas, crianças que por alguma outra razão não puderam ficar com suas mães biológicas foram cuidadas por mães de criação que, assim como a tia de Ella Baker, assumem mais filhos, mesmo quando não têm o suficiente para cuidar dos seus.

Não é raro que mulheres sejam cuidadosamente preparadas ainda muito jovens para se tornar mães de criação. Aos dez anos de idade, Ella Baker aprendeu a ser mãe de criação ao cuidar dos filhos de uma vizinha que enviuvara:

> Minha mãe dizia: "Você precisa levar as roupas para a senhora Powell e dar banho em fulano e beltrano". As crianças faziam a maior bagunça. [...] A garotada [...] saía correndo pelo quintal. A gente tinha de correr atrás deles, trazer de volta, colocar na banheira, esfregar, trocar as roupas, voltar para buscar os que ainda estavam sujos e dar banho neles também. A rotina era basicamente essa.[25]

Muitos homens negros valorizam o cuidado infantil comunitário, mas historicamente os praticam em menor medida. Sob a escravidão, por exemplo, crianças negras de menos de dez anos não eram submetidas a uma divisão do trabalho muito específica. Todas vestiam roupas parecidas e realizavam tarefas similares. Se o trabalho e as brincadeiras são uma indicação do grau de diferenciação dos papéis de gênero entre as crianças escravizadas, "as meninas provavelmente cresceram vivenciando pouca diferença entre os sexos, mas aprenderam muito sobre a diferença entre as raças"[26]. Como frequentemente são responsáveis por irmãos mais novos, muitos homens negros aprendem a cuidar de crianças. Geoffrey

---

[25]   Ellen Cantarow, *Moving the Mountain*, cit., p. 59.

[26]   Deborah Gray White, *Ar'n't I a Woman? Female Slaves in the Plantation South* (Nova York, W. W. Norton, 1985), p. 94.

302 PENSAMENTO FEMINISTA NEGRO

Canada conta como teve de aprender a brigar[27]. O clima de violência que ele e seus dois irmãos enfrentavam no bairro onde moravam exigia que soubessem cuidar uns dos outros, até por serem filhos de mãe solteira que trabalhava fora e nem sempre podia lhes oferecer proteção. Portanto, diferenças de comportamento entre mulheres e homens negros no que diz respeito às crianças podem estar mais relacionadas aos padrões da população economicamente ativa masculina e outros fatores similares. Como observa Ella Baker: "Meu pai também cuidava das pessoas, mas [...] meu pai tinha de trabalhar"[28].

Historicamente, nas comunidades da diáspora negra, os cuidados comunitários das crianças e as relações entre mães de sangue e mães de criação em redes centradas em mulheres assumiram diversas formas institucionais. Em algumas sociedades políginas da África Ocidental, filhos de mesmo pai e mães diferentes se referem uns aos outros como irmãos e irmãs. Embora exista um forte laço entre mãe biológica e seus filhos – tão forte que, entre os Ashanti, por exemplo "desrespeitar a mãe de alguém é um sacrilégio"[29] –, as crianças podem ser disciplinadas por qualquer uma das "mães". Comparativamente, o elevado *status* das mães de criação e a natureza cooperativa do cuidado infantil entre mães de sangue e mães de criação no Caribe e em outras sociedades da diáspora negra atestam a importância que os povos de origem africana dão à maternagem[30].

Ainda que a economia política da escravidão tenha gerado profundas mudanças nos africanos escravizados nos Estados Unidos, a crença na importância da maternidade e o valor das abordagens cooperativas de cuidados com as crianças permaneceram. Durante a escravidão, embora as mulheres mais velhas também servissem de enfermeiras e parteiras, sua ocupação mais comum era cuidar dos filhos de parentes que trabalhavam[31]. A adoção informal de órfãos reforçava a importância da maternidade social nas comunidades afro-americanas[32]. As

---

[27]   Geoffrey Canada, *Fist Stick Knife Gun: A Personal History of Violence in America* (Boston, Beacon, 1995).

[28]   Ellen Cantarow, *Moving the Mountain*, cit., p. 60.

[29]   Meyer Fortes, "Kinship and Marriage among the Ashanti", em Alfred R. Radcliffe-Brown e Daryll Forde (orgs.), *African Systems of Kinship and Marriage* (Nova York, Oxford University Press, 1950), p. 263 [ed. port.: *Sistemas políticos africanos de parentesco e casamento*, trad. Teresa Brandão, 2. ed., Lisboa, Fundação Calouste Gulbenkian, 1982].

[30]   Niara Sudarkasa, "Female Employment and Family Organization in West Africa", em Filomina Chioma Steady (org.), *The Black Woman Cross-Culturally* (Cambridge, MA, Schenkman, 1981), p. 49-64.

[31]   Deborah Gray White, *Ar'n't I a Woman?*, cit.

[32]   Herbert Gutman, *The Black Family in Slavery and Freedom*, cit.

relações entre mães de sangue e mães de criação também resistiram à transição da economia escravocrata para a economia agrícola do pós-emancipação no Sul. As crianças que viviam nas comunidades rurais sulinas não eram responsabilidade exclusiva das mães biológicas. Tias, avós e outras mulheres que tivessem tempo atuavam como mães de criação[33]. O *status* elevado das mulheres nas redes familiares e nas comunidades afro-americanas estava relacionado a suas atividades como mães de sangue e/ou mães de criação.

Na década de 1980, a estrutura comunitária de mães de sangue e de criação entrou em crise. O fim da segregação racial, assim como o surgimento de bairros negros estratificados por classe alteraram profundamente o tecido da sociedade civil negra. Afro-americanos de diversas classes sociais se viram em novos ambientes de residência, ensino e trabalho que puseram em xeque o tradicional tema das mães de sangue, das de criação e das redes centradas nas mulheres. Em muitos bairros operários centrais das grandes cidades, o próprio tecido da vida comunitária afro-americana foi corroído pela chegada do *crack*. Crianças e jovens negros se tornaram vítimas desse crescente mercado de drogas, o que se vê desde o crescimento do número de crianças negras nas filas de adoção até crianças ameaçadas pela violência e mesmo mortas[34]. Moradores do Central Harlem entrevistados pela antropóloga Leith Mullings expressaram repetidamente sua preocupação com a perda das crianças da comunidade, levando Mullings a observar: "É difícil transmitir a profundidade da preocupação com as crianças que crescem nessas condições"[35]. Diante dessa situação, é notável que mesmo nas comunidades mais problemáticas ainda haja resquícios da tradição das mães de criação. O bairro no norte da Filadélfia onde Bebe Moore Campbell cresceu, nos anos 1950, enfrentou mudanças drásticas nos anos 1980. O aumento dos casos de abuso infantil e negligência parental deixou muitas crianças desassistidas. Porém, alguns moradores do bairro, como Miss Nee, deram continuidade à tradição das mães de criação. Depois de cuidar de seus irmãos e irmãs mais novos e de cinco filhos biológicos, Miss Nee cuidou de outras três crianças cujas famílias se desestruturaram. Além disso, todas as noites havia mais de

---

[33] Molly C. Dougherty, *Becoming a Woman in Rural Black Culture* (Nova York, Holt, Rinehart and Winston, 1978).

[34] Carl Husemoller Nightingale, *On the Edge*, cit.; Geoffrey Canada, *Fist Stick Knife Gun*, cit.

[35] Leith Mullings, *On Our Own Terms: Race, Class, and Gender in the Lives of African American Women* (Nova York, Routledge, 1997), p. 93.

uma dúzia de crianças em sua casa, pois Miss Nee era conhecida no bairro por nunca virar as costas para uma criança necessitada[36].

Mulheres negras de classe média e suas famílias enfrentaram outros tipos de problema. Em grande medida, ascender à classe média significa adotar valores e o estilo de vida das famílias brancas de classe média. Embora o ideal tradicional de família não seja a norma, o relativo isolamento dessas famílias impressiona. A vida das famílias de classe média nos Estados Unidos se baseia na privatização – comprar uma casa tão grande que não seja preciso cooperar com os vizinhos, nem mesmo vê-los. As famílias de classe média participam da privatização de tudo, das escolas ao sistema de saúde, passando pelas academias de ginástica e pelos carros particulares. As famílias afro-americanas da classe trabalhadora que ascendem socialmente encontram, portanto, um sistema de valores muito distinto. Não apenas é muito mais difícil manter estruturalmente as redes de mães de sangue e de criação – os padrões de estratificação de classe na moradia e no emprego levam as mulheres negras de classe média a enxergar as mulheres negras da classe trabalhadora apenas como funcionárias ou clientes –, de forma que esse tipo de noção se torna anátema para o *éthos* da meritocracia. Das empresas de segurança privada que se dedicam ao monitoramento de babás aos condomínios fechados dos subúrbios afluentes, a aquisição de serviços parece ser a marca registrada da classe média estadunidense. Assim, dedicar tempo a ajudar pessoas que não fazem parte do núcleo familiar e, sobretudo, fazer isso gratuitamente parece ir contra os valores básicos da economia de mercado capitalista.

Nesse contexto, as relações entre mães de sangue e mães de criação e a persistência das redes centradas em mulheres parecem ter uma importância teórica maior do que normalmente se considera. O ideal tradicional de família delega às mães plena responsabilidade pelas crianças, avaliando seu desempenho conforme sua capacidade de obter os benefícios de uma família nuclear. No modelo capitalista de mercado, as mulheres que "conquistam" maridos de papel passado, que vivem em lares unifamiliares e são capazes de pagar escola particular e aulas de música para os filhos são consideradas melhores mães que aquelas que não atingem esse ideal. As afro-americanas que dão continuidade ao cuidado comunitário das crianças colocam em xeque um pressuposto fundamental do sistema capitalista: o de que as crianças são "propriedade privada" e podem ser

---

[36] Tom Morganthau et al., "Children of the Underclass", *Newsweek*, 11 set. 1989, p. 16-27.

tratadas como tal. No modelo privatista que acompanha o ideal tradicional de família, embora os pais não digam literalmente que os filhos são propriedade sua, a forma como os educam pode refletir pressupostos análogos aos de sua relação com a propriedade privada. Por exemplo, o "direito" parental exclusivo de disciplinar as crianças de acordo com as crenças dos pais, mesmo que essa disciplina beire o abuso, pode ser comparado ao pressuposto generalizado de que os donos de uma propriedade podem dispor dela sem consultar os demais membros da comunidade.

Quando enxergam a *comunidade* como responsável pela criança e atribuem a mães de criação e pessoas de fora do ambiente familiar o "direito" de educar a criança, as afro-americanas que endossam esses valores questionam as relações de propriedade prevalecentes no capitalismo. No Harlem, por exemplo, as mulheres negras são cada vez mais o arrimo familiar e o número de lares sustentados por mães solteiras continua alto. Embora essas famílias estejam sob pressão, entender a formação da família como um indicativo de que a organização familiar negra está em declínio é perder de vista uma situação mais complexa. Leith Mullings sugere que muitos desses lares fazem parte de redes fluidas análogas a grupos familiares e com diferentes propósitos. As mulheres ativam certas redes com objetivos de socialização, reprodução e consumo, e outras para fins de apoio emocional, cooperação econômica e sexualidade. As redes podem se sobrepor, mas não são coextensivas[37].

A resiliência das redes familiares centradas nas mulheres e a disposição delas para assumir a responsabilidade pelas crianças negras mostra como as noções de família de origem africana foram repetidamente retrabalhadas para ajudar a comunidade afro-americana a resistir e lidar com a opressão. Ademais, a noção de redes de parentesco centradas nas mulheres é fundamental para compreendermos o conceito mais amplo de comunidade para os afro-americanos. Ao mesmo tempo, a erosão dessas redes diante da profunda transformação da sociedade civil negra aponta para a necessidade de repensar essas redes ou desenvolver estratégias de apoio às crianças negras. Para um número demasiado alto de crianças afro-americanas, supor que a avó ou os "parentes de criação" se responsabilizarão por elas já não é mais possível.

---

[37] Leith Mullings, *On Our Own Terms*, cit., p. 74.

MÃES, FILHAS E A SOCIALIZAÇÃO PELA SOBREVIVÊNCIA

Mães negras estadunidenses que têm filhas enfrentam um sério dilema. Por um lado, para garantir a sobrevivência física das filhas, as mães devem ensiná-las a se enquadrar na política sexual da condição de mulher negra. Por exemplo, quando ainda era criança, a ativista negra Ann Moody queria saber por que recebia tão pouco dinheiro pelo trabalho doméstico que começou a fazer aos nove anos de idade, por que os patrões brancos assediavam sexualmente as trabalhadoras domésticas negras e por que os brancos tinham tão mais que os negros. Sua mãe, porém, se negava a responder e a castigava por questionar o sistema e não conhecer seu "lugar"[38]. Assim como Ann Moody, as filhas negras aprendem que devem trabalhar, lutar para estudar e se sustentar, e carregar fardos pesados dentro da família e da comunidade, pois essa capacidade será fundamental para sua própria sobrevivência e para a sobrevivência daqueles que um dia estarão sob sua responsabilidade[39]. A nova-iorquina Michele Wallace conta: "Não me lembro exatamente quando foi que descobri que minha família esperava que eu trabalhasse e fosse capaz de cuidar de mim mesma quando crescesse. [...] Soube desde sempre que só podia contar de verdade comigo mesma"[40]. As mães também sabem que, se suas filhas aceitarem de bom grado o glorificado "trabalho de *mammy*" e a política sexual oferecida às mulheres negras, elas se tornarão participantes dispostas a sua própria subordinação. As mães podem garantir a sobrevivência física das filhas, mas à custa de sua destruição emocional.

Entretanto, filhas negras com forte autodefinição e autovalorização, que desafiam as situações de opressão, podem não sobreviver fisicamente. Quando Ann Moody começou a participar de protestos e campanhas de recenseamento eleitorais, sua mãe primeiro lhe pediu que não fosse, depois lhe disse que não voltasse para casa, porque temia que os brancos de sua cidade a matassem. Apesar dos perigos, as mães negras frequentemente encorajam as filhas a desenvolver as habilidades necessárias para confrontar condições opressivas. Aprender que terão de trabalhar e que a educação é uma estratégia de ascensão também pode ajudar a elevar a autoestima e a autoconsciência das jovens negras. A força emocional é essencial, desde que não seja à custa da sobrevivência física.

---

[38] Ann Moody, *Coming of Age in Mississippi* (Nova York, Dell, 1968).

[39] Joyce Ladner, *Tomorrow's Tomorrow*, cit.; Gloria Joseph, "Black Mothers and Daughters: Their Roles and Functions in American Society", em Gloria Joseph e Jill Lewis (org.), *Common Differences* (Garden City, Anchor, 1981,) p. 75-126.

[40] Michele Wallace, *Black Macho and the Myth of the Superwoman*, cit., p. 89-90.

A historiadora Elsa Barkley Brown descreve esse delicado equilíbrio que as mães negras têm de encontrar: o comportamento de sua mãe revelava "a necessidade de me ensinar a viver de uma maneira e, ao mesmo tempo, me fornecer todas as ferramentas para que eu pudesse viver de uma maneira completamente diferente"[41]. As filhas negras devem aprender a sobreviver à política sexual da opressão interseccional e, ao mesmo tempo, rejeitar e transcender essas relações de poder. Para desenvolver essas habilidades em suas filhas, as mães demonstram combinações variadas de comportamentos cujo objetivo é garantir a sobrevivência das filhas – por exemplo, garantir suas necessidades básicas e protegê-las de ambientes perigosos –, a fim de ajudá-las a ir além daquilo que foi permitido a elas mesmas[42]. São ao mesmo tempo visionárias em relação às possibilidades, mas pragmáticas em relação aos caminhos para chegar até lá[43].

O pragmatismo visionário de muitas mães negras dos Estados Unidos advém da natureza do trabalho desempenhado pelas mulheres para garantir a sobrevivência das crianças negras. Essas experiências de trabalho oferecem a muitas mulheres negras um ponto de vista especial, uma perspectiva de mundo que deve ser passada a suas filhas. Como em outras sociedades da diáspora negra, as mulheres afro-americanas incorporaram há muito tempo a autossuficiência econômica e a maternagem. Em oposição ao culto à verdadeira condição de mulher associado ao ideal tradicional de família, segundo o qual o trabalho remunerado é incompatível e oposto à maternidade, para as mulheres negras o trabalho é uma dimensão importante e valorizada da maternidade. Sara Brooks descreve a importância da autossuficiência econômica e da maternagem durante sua infância: "Quando eu tinha cerca de nove anos, eu cuidava da minha irmã, Sally – sou sete ou oito anos mais velha que Sally. E quando eu a colocava para dormir, em vez de me sentar em algum canto para brincar, pegava minha enxadinha e ia trabalhar no quintal"[44].

As mães que são trabalhadoras domésticas ou convivem com brancos no trabalho com frequência têm uma experiência curiosa com o grupo dominante. Por exemplo, as domésticas afro-americanas são expostas a todos os detalhes íntimos

---

[41] Elsa Barkley Brown, "African-American Women's Quilting: A Framework for Conceptualizing and Teaching African-American Women's History", *Signs*, v. 14, n. 4, 1989, p. 929.

[42] Gloria Joseph, "Black Mothers and Daughters", cit.; idem, "Black Mothers and Daughters: Traditional and New Perspectives", *Sage: A Scholarly Journal on Black Women*, v. 1, n. 2, 1984, p. 17-21.

[43] Stanlie M. James e Abena P. A. Busia (orgs.), *Theorizing Black Feminisms*, cit.

[44] Ver Thordis Simonsen (org.), *You May Plow Here*, cit., p. 86.

da vida dos patrões brancos. Trabalhar para os brancos oferece às trabalhadoras domésticas uma visão de dentro e as expõem a ideias e recursos que podem ajudar seus filhos a ascender socialmente. Em alguns casos, as trabalhadoras domésticas estabelecem relações próximas e de longa duração com os empregadores. Entretanto, as trabalhadoras domésticas também são objeto de alguns dos tipos de exploração mais duros que as mulheres de grupos étnico-raciais minorizados encontram nos Estados Unidos. O trabalho é mal remunerado, tem poucos benefícios e expõe as mulheres ao risco e à realidade do assédio sexual. As trabalhadoras domésticas veem o perigo no caminho de suas filhas.

A mãe de Willi Coleman aproveitava o ritual de escovar os cabelos todos os sábados à noite para expor às filhas sua visão do trabalho doméstico:

> A não ser em ocasiões especiais, mamãe chegava em casa cedo aos sábados. Ela passava seis dias por semana passando pano, encerando e tirando o pó da casa de outras mulheres, e fugindo das investidas dos maridos de outras mulheres. As noites de sábado eram reservadas para "cuidar do cabelo das meninas" e contar histórias. Algumas incluíam relatos das coisas que ela teve de aguentar e de como tinha se livrado "de uns caras mais sujos que sola de sapato" e "piores que coice de mula". Ela penteava, puxava, trançava e conversava, confessando coisas que a teriam deixado envergonhada em outros momentos.[45]

A pesquisa de Bonnie Thornton Dill sobre os objetivos das trabalhadoras domésticas para a educação de seus filhos demonstra como muitas afro-americanas veem seu trabalho como uma forma tanto de contribuir para a sobrevivência de seus filhos quanto de incutir valores neles que os façam rejeitar seu "lugar" e lutar por mais. Oferecer mais possibilidades aos filhos é um tema recorrente entre as mulheres negras. As trabalhadoras domésticas afirmam que "batalham para dar aos filhos a capacidade e a formação que elas mesmas não tiveram, e oram para que as oportunidades que não se abriram para elas mesmas se abram para seus filhos"[46]. Elas, no entanto, também sabiam que, embora quisessem comunicar o valor de seu trabalho como parte da ética do cuidado e da confiabilidade pessoal, o trabalho em si não era desejável. Tanto a avó de Bebe Moore

---

[45] Willi Coleman, "Closets and Keepsakes", *Sage: A Scholarly Journal on Black Women*, v. 4, n. 2, 1987, p. 34.

[46] Bonnie Thornton Dill, "'The Means to Put My Children Through': Child-Rearing Goals and Strategies among Black Female Domestic Servants", em La Francis Rodgers-Rose (org.), *The Black Woman* (Beverly Hills, Sage, 1980), p. 110.

Campbell quanto sua mãe – que tinha formação universitária – destacavam a importância da educação. Campbell se recorda: "[Elas] queriam que eu Fosse Alguém, que eu fosse a segunda geração a viver o mais longe possível do esfregão, do rodo e do chão da casa da patroa"[47].

Compreender o objetivo de equilibrar a necessidade da sobrevivência física das filhas com o desejo de encorajá-las a transcender os limites da política sexual voltada para as mulheres negras explica muitas das aparentes contradições das relações entre mães e filhas negras. As mães afro-americanas são frequentemente descritas como rígidas, disciplinadoras e superprotetoras; mas essas mesmas mães são capazes de criar filhas autônomas e assertivas. Para explicar essa aparente contradição, Gloria Wade-Gayles sugere:

> [as mães negras] não socializam suas filhas para serem "passivas" ou "irracionais". Muito pelo contrário, elas as socializam para serem independentes, fortes e autoconfiantes. As mães negras são exageradamente protetoras e dominadoras justamente porque estão determinadas a criar filhas bem formadas e ambiciosas em uma sociedade que desvaloriza a mulher negra.[48]

As mães afro-americanas enfatizam fortemente a proteção, seja tentando blindar suas filhas das sanções ligadas ao seu *status* rebaixado, seja ensinando a elas habilidades que as tornem independentes e autônomas, para que consigam se proteger. Um bom exemplo são estes versos de um *blues* tradicional:

> *I ain't good lookin' and ain't got waist-long hair*
> *I say I ain't good lookin' and ain't got waist-long hair*
> *But my mama gave me something that'll take me anywhere.*[49]

Ao contrário das mulheres brancas, simbolizadas pela "boa aparência" e pelo "cabelo na cintura", as mulheres negras não contam com o benefício da proteção masculina. Assim, as mães negras buscam ensinar às filhas as habilidades que as "levarão aonde elas quiserem".

---

[47] Bebe Moore Campbell, *Sweet Summer*, cit., p. 83.

[48] Gloria Wade-Gayles, "The Truths of Our Mothers' Lives: Mother-Daughter Relationships in Black Women's Fiction", *Sage: A Scholarly Journal on Black Women*, v. 1, n. 2, 1984, p. 12.

[49] Mary Helen Washington, "'I Sign My Mother's Name'": Alice Walker, Dorothy West and Paule Marshall", em Ruth Perry e Martine Watson Brownley (orgs.), *Mothering the Mind: Twelve Studies of Writers and their Silent Partners* (Nova York, Holmes & Meier, 1984), p. 144 [Tradução: "Eu não sou bonita nem tenho o cabelo na cintura/ Eu disse que não sou bonita nem tenho o cabelo na cintura/ Mas minha mãe me deu uma coisa que pode me levar aonde eu quiser" – N. T.].

Autobiografias e obras de ficção sobre mulheres negras revelam as diversas maneiras pelas quais as mães afro-americanas protegem suas filhas das exigências impostas à mulher negra pela política sexual estadunidense. Michele Wallace conta que entende cada vez mais como sua mãe via a criação de filhas negras no Harlem: "Minha mãe me explicou que como era óbvio que sua tentativa de me proteger daria errado, ela tinha de me fazer entender que eu – uma menina negra nos Estados Unidos dos brancos – precisaria nadar contra a maré se quisesse continuar inteira"[50]. Ao discutir as relações entre mãe e filha no livro de Paule Marshall *Brown Girl, Brownstones*, Rosalie Troester lista as formas como as mães tentam proteger suas filhas e o impacto que isso pode ter nas relações:

> As mães negras, em especial as que têm laços fortes com a comunidade, frequentemente criam barreiras em torno das filhas jovens, isolando-as dos perigos do mundo até que tenham idade e força suficiente para viver como mulheres autônomas. Com frequência, esses diques são de natureza religiosa, mas às vezes são construídos com educação, com família ou com as restrições de uma comunidade fechada e homogênea. [...] Esse isolamento faz com que a conexão entre mães e filhas negras seja profunda, e que a relação seja de uma intensidade emocional que nem sempre existe na vida de mulheres que desfrutam de mais liberdade.[51]

A mãe de Michele Wallace ergueu barreiras em torno da geniosa filha adolescente, internando-a em um lar católico para meninas problemáticas. Wallace foi por vontade própria: "Na época, eu achava que era melhor viver no inferno que com a minha mãe"[52]. Anos mais tarde, porém, ela mudou sua avaliação a respeito da decisão da mãe: "Agora que conheço melhor minha mãe, sei que o sentimento de impotência a obrigou a tomar essa decisão radical"[53].

Para proteger as filhas do perigo, as mães afro-americanas muitas vezes estimulam nelas um forte senso do seu valor próprio. Muitas escritoras negras contemporâneas falam da experiência de receber um tratamento diferente, de ter desenvolvido desde cedo o sentimento de que eram especiais, o que as encorajou a desenvolver seus talentos. Minha mãe me levou à biblioteca pública aos cinco anos de idade, me ajudou a fazer a carteirinha e disse que eu podia ser o que quisesse se aprendesse a ler. Ao discutir as obras de Paule Marshall,

---

[50] Michele Wallace, *Black Macho and the Myth of the Superwoman*, cit., p. 98.

[51] Rosalie Riegle Troester, "Turbulence and Tenderness", cit., p. 13.

[52] Michele Wallace, *Black Macho and the Myth of the Superwoman*, cit., p. 98.

[53] Idem.

Dorothy West e Alice Walker, Mary Helen Washington observa que essas três escritoras destacam o papel de suas mães no desenvolvimento de sua criatividade: "A conexão com as mães é uma fonte tão fundamental e intensa que o termo 'maternagem da mente' poderia ser usado para definir a experiência delas como autoras"[54].

Os esforços das mulheres negras para proporcionar um suporte físico e psíquico aos filhos afetam os estilos de maternagem e a intensidade emocional da relação entre mães e filhas negras. Nas palavras de Gloria Wade-Gayles: "As mães dos livros de ficção escritos por mulheres negras são fortes e dedicadas [...], mas raramente afetuosas"[55]. Por exemplo, em *Sula* (1974), de Toni Morrison, o marido de Eva Peace foge, deixando-a com três filhos pequenos e sem dinheiro. Apesar de seus sentimentos, "a obrigação de alimentar três filhos era tão intensa que ela precisou adiar a raiva por dois anos, até ter tempo e energia para isso"[56]. Mais adiante, Hannah, filha de Eva, pergunta: "Mãe, algum dia você nos amou?"[57]. Eva responde com rispidez: "Você está me perguntando se eu amei vocês? Eu fiquei viva por causa de vocês"[58]. Para muitas mães negras, a exigência de sustentar os filhos em meio à opressão interseccional é tão grande que elas não têm nem tempo nem paciência para o afeto. Ainda assim, a maioria das filhas negras ama e admira suas mães, e não tem dúvidas do amor de suas mães por elas[59].

A pesquisa de Elaine Bell Kaplan sobre gravidez de adolescentes negras revela muito sobre os estilos de maternagem e a intensidade emocional das relações entre mães e filhas negras[60]. Kaplan destaca que a literatura sociológica parte de dois pressupostos acerca das mães adolescentes negras e das mães delas: a primeira é que as adultas negras apoiam as filhas na gravidez e as encorajam a ter e criar o bebê; a segunda é que isso está ligado à existência de uma rede de parentesco extenso. A pesquisa de Kaplan refuta esses dois pressupostos. Com frequência, as mães adolescentes vão contra a orientação de suas mães de abortar e, em geral, os conflitos entre as adolescentes e suas mães aumentam

---

54   Mary Helen Washington, "I Sign My Mother's Name", cit., p. 144.

55   Gloria Wade-Gayles, "The Truths of Our Mothers' Lives", cit., p. 10.

56   Toni Morrison, *Sula* (Nova York, Random House, 1974), p. 32.

57   Ibidem, p. 67.

58   Ibidem, p. 69.

59   Gloria Joseph, "Black Mothers and Daughters", cit.

60   Elaine Bell Kaplan, *Not Our Kind of Girl: Unraveling the Myths of Black Teenage Motherhood* (Berkeley, University of California Press, 1997).

após o nascimento do bebê. Muitas mães adolescentes afirmam que suas mães "ficaram muito bravas com elas e nunca as perdoaram"[61]. Em sua maioria, as mães adolescentes entrevistadas por Kaplan que haviam deixado ou estavam deixando a casa materna tomaram essa decisão em consequência das brigas constantes causadas pela gravidez. Todas as mães adultas haviam trabalhado duro para sustentar as filhas e estavam profundamente decepcionadas com elas, ainda que por razões diferentes. As mães de baixa renda sentiam que as filhas grávidas haviam falhado com elas. Até a gravidez, elas esperavam que as filhas tivessem uma vida melhor que a delas. Já as mães de classe média se sentiam traídas. Elas haviam trabalhado duro e suas filhas jogaram tudo fora.

Filhas negras criadas por mães que enfrentaram ambientes hostis têm de lidar com seus sentimentos a respeito da diferença entre a versão idealizada do amor materno presente na cultura popular – seja a mãe dona de casa do ideal tradicional de família, seja a mãe negra superforte – e as mães problemáticas da vida real. Para essas filhas, crescer significa compreender que, embora desejem mais afeto e liberdade, o cuidado físico e a superproteção são formas de amor materno. Ann Moody descreve como tomou consciência do alto preço pago por sua mãe, empregada doméstica e mãe de três filhos. Observando-a dormir após dar à luz mais um filho, Moody se recorda:

> Eu a observei durante muito tempo. Não queria acordá-la. Queria aproveitar e preservar a expressão calma e pacífica em seu rosto, queria pensar que ela seria sempre feliz daquele jeito. [...] Adline e Junior eram novos demais para sentir o que eu sentia e sabia sobre a mamãe. Eles não se lembravam da época em que ela se separou do papai. Eles nunca a escutaram chorando como eu escutei, nem haviam trabalhado e ajudado como eu, quando passávamos fome.[62]

Inicialmente, Moody via a mãe como uma mulher rígida e disciplinadora, uma mulher que sonegava informações para proteger a filha. À medida que Moody amadurece e compreende melhor os espaços de poder da comunidade, porém, ela muda de opinião. Certa vez, Moody saiu mais cedo da escola depois que uma família negra foi brutalmente assassinada por um grupo de brancos da cidade. A descrição que Moody faz da reação de sua mãe reflete essa compreensão aprofundada: "Quando entrei em casa, minha mãe nem me perguntou

---

[61] Ibidem, p. 52.
[62] Ann Moody, *Coming of Age in Mississippi*, cit., p. 57.

AS MULHERES NEGRAS E A MATERNIDADE **313**

por que eu tinha voltado. Ela só olhou para mim, e pela primeira vez percebi que ela entendia ou tentava entender o que acontecia dentro de mim"[63].

Outro exemplo de uma filha que tenta entender a mãe é o relato de Renita Weems sobre a aceitação do fato de ter sido abandonada pela mãe. No trecho a seguir, Weems tenta dar conta da diferença entre a imagem estereotipada da mãe negra superforte e a decisão de sua mãe alcoólatra de abandonar os filhos:

> Minha mãe nos amava. Eu tenho de acreditar nisso. Ela trabalhava o dia todo na padaria de uma loja de departamentos para nos comprar sapatos e material escolar, ela voltava para casa e brigava com os vizinhos que acusavam injustamente os filhos dela de fazer coisa errada (o que, no conjunto habitacional onde morávamos, geralmente significava roubar alguma coisa), e mantinha a casa mais limpa que a da maioria das mulheres sóbrias.[64]

Weems conclui que sua mãe a amava, porque fazia o melhor que podia para sustentar a família.

Com frequência, as mães de criação ajudam a aliviar a intensidade emocional das relações entre mães de sangue e filhas. Ao contar como lidava com a intensidade de sua relação com a mãe, Weems descreve as professoras, as vizinhas, as amigas e as mães de criação a quem recorria – mulheres que, segundo ela, "não tinham o ônus de me sustentar e, por isso, podiam se dar ao luxo de conversar comigo"[65]. A família de Cheryl West incluía um irmão, a mãe lésbica e Jan, a companheira da mãe. Jan se tornou a mãe de criação de West:

> Amarela, gordinha e baixinha, Jan era como uma segunda mãe. [...] Jan trançava meu cabelo de manhã, minha mãe trabalhava em dois empregos e me punha para dormir à noite. Amorosa, gentil e meticulosa nas atividades domésticas, Jan podia ser bastante disciplinadora. [...] Para o mundo exterior [...] ela era uma "tia" que morava com a gente. Mas ela era muito mais envolvida e carinhosa que minhas tias "de verdade".[66]

Isso talvez esteja mudando. As adolescentes grávidas da pesquisa de Elaine Bell Kaplan contavam com poucas professoras, vizinhas ou Jans em suas vidas.

---

[63] Ibidem, p. 136.
[64] Renita Weems, "'Hush. Mama's Gotta Go Bye Bye'", cit., p. 26.
[65] Ibidem, p. 27.
[66] Cheryl West, "Lesbian Daughter", *Sage: A Scholarly Journal on Black Women*, v. 4, n. 2, 1987, p. 43.

Elas sentiam toda a força da erosão das redes parentais centradas em mulheres. Quando perceberam a falta do apoio de suas mães de sangue em um momento crucial de suas vidas, apenas 4 das 32 mães adolescentes que participaram do estudo de Kaplan puderam recorrer à ajuda de outros membros da família. Mais de três quartos das adolescentes disseram que, em vez disso, contaram com a ajuda de amigas[67].

June Jordan oferece uma análise eloquente de como uma filha tomou consciência do alto preço que as afro-americanas pagam por sustentar os filhos. No trecho a seguir, Jordan faz um relato impactante do momento em que percebeu que o trabalho de sua mãe era um ato de amor:

> Quando eu era criança, notei a tristeza da minha mãe quando ela se sentava sozinha à noite na cozinha. [...] Seu trabalho de mulher nunca trazia vitórias permanentes de nenhuma natureza. Nunca ampliava o universo da sua imaginação nem seu poder de influenciar o que acontecia além das paredes da nossa casa. Seu trabalho de mulher jamais a levou a gargalhar ou dançar de alegria. Mas ela me educou para respeitar seu jeito de oferecer amor e acreditar que o trabalho duro muitas vezes é a única forma de assegurar a sobrevivência e, portanto, não devia ser evitado. Seu trabalho de mulher construiu uma base doméstica sólida, em que eu podia desfrutar dos privilégios da música e dos livros. Seu trabalho de mulher inventou a possibilidade de um trabalho completamente diferente para nós, a próxima geração de mulheres negras: um trabalho duro, difícil, recompensador e necessário para realizar as novas ambições incutidas em nós pela confiança de nossas mães.[68]

MÃES DE CRIAÇÃO DA COMUNIDADE E ATIVISMO POLÍTICO

As vivências das mulheres negras nos Estados Unidos como mães de criação fundamentam a conceituação do ativismo político das mulheres negras. Tanto a experiência de receber cuidados durante a infância como a de ser responsável por irmãos e parentes de criação no interior de redes de parentesco podem estimular uma ética de cuidado e responsabilidade pessoal entre as afro-americanas. Essas mulheres não apenas se consideram responsáveis por seus familiares como sentem uma conexão com todas as crianças da comunidade negra. Em sua pesquisa sobre profissionais negras durante a era do Jim Crow, publicada no livro *What a Woman Ought to Be and to Do* [O que uma mulher deve ser e fazer], a historiadora

---

67 Elaine Bell Kaplan, *Not Our Kind of Girl*, cit., p. 59.
68 June Jordan, *On Call: Political Essays* (Boston, South End Press, 1985), p. 105.

Stephanie J. Shaw descreve essa conexão como o reflexo de uma ética do individualismo socialmente responsável. De acordo com essa ética, a família e os líderes da comunidade imbuíram nas mulheres de maior instrução da amostra o desejo de usar seus estudos de maneira socialmente responsável. Consequentemente, "essas mulheres não se tornaram apenas professoras, enfermeiras, assistentes sociais e bibliotecárias; elas se tornaram [...] líderes políticas e sociais"[69].

Uma vez que fatores como as diferenças de classe social entre os próprios afro-americanos, a região do país e o nível de discriminação racial em torno de moradia, educação, mercado de trabalho e serviços públicos influenciam enormemente a organização das comunidades negras, a tradição das mães de criação que caracteriza o trabalho comunitário das mulheres negras ganha formas muito diferentes. Uma delas diz respeito à influência dessas ideias nas relações cotidianas entre mulheres, crianças e jovens negros. Historicamente, a ideia de que as mulheres negras são mães de criação para todas as crianças negras da comunidade permitiu que as afro-americanas tratassem crianças com as quais não tinham laços consanguíneos como membros de sua própria família. Por exemplo, a socióloga Karen Fields conta como sua avó, Mamie Garvin Fields, utiliza sua autoridade de mãe de criação da comunidade para lidar com crianças desconhecidas:

> Se ela vir uma criança na rua que pareça estar atrás de encrenca, ela escolhe um nome aleatório e diz: "Você não é filho da dona Pinckney?", em tom de reprovação. Se a resposta é: "Não, senhora. Minha mãe é a dona Gadsden", qualquer ameaça desaparece.[70]

O uso de linguagem familiar para se referir a membros da comunidade afro-americana também ilustra o individualismo socialmente responsável do trabalho comunitário das mulheres negras. No trecho a seguir, Mamie Garvin Fields descreve como passou a registrar as condições precárias de moradia dos afro-americanos de Charleston. Ela explica o uso de linguagem familiar da seguinte maneira:

> Eu era uma das voluntárias deles para o levantamento dos lugares onde nós pagávamos aluguéis abusivos por casas indescritivelmente ruins. Eu digo "nós", embora não esteja falando de mim e de Bob. Nós tínhamos casa própria, assim como boa

---

[69] Stephanie J. Shaw, *What a Woman Ought to Be and to Do: Black Professional Women Workers During the Jim Crow Era* (Chicago, University of Chicago Press, 1996), p. 2.

[70] Mamie Garvin Fields e Karen Fields, *Lemon Swamp and Other Places: A Carolina Memoir* (Nova York, Free Press, 1983), p. xvii.

parte das Mulheres Federadas. Entretanto, ainda sentia que éramos "nós" que vivíamos naqueles lugares terríveis, e que nós deveríamos fazer algo a respeito.[71]

As mulheres negras utilizam com frequência a linguagem familiar para descrever as crianças negras. Ao falar de seus esforços cada vez mais bem-sucedidos para ensinar um garoto que causara problema para muitos professores, a professora de minha filha no jardim de infância disse: "Você sabe como é – a maioria das crianças em salas de educação inclusiva são *nossos filhos*. Eu sabia que ele não devia estar lá, então me ofereci para tomar conta dele". Nos depoimentos, ambas as mulheres utilizam a linguagem familiar para descrever os laços que as unem como mulheres negras a suas responsabilidades como integrantes de comunidades afro-americanas.

Escritoras negras também exploram o tema do engajamento das mães de criação da comunidade afro-americana no trabalho comunitário por meio do individualismo socialmente responsável. Um dos exemplos mais antigos pode ser visto no romance *Iola Leroy*, escrito por Frances Ellen Watkins Harper em 1892. Ao rejeitar a oportunidade de se casar com um médico famoso e, assim, se distanciar da comunidade negra, Iola, a protagonista quase branca, prefere servir à comunidade afro-americana. De forma similar, em *Meridian*, de Alice Walker, a personagem principal rejeita a imagem de "escrava feliz", de mãe negra altruísta, e prefere se tornar uma mãe de criação da comunidade[72]. Meridian entrega seu filho biológico aos cuidados de uma mãe de criação e então estuda, atua no movimento pelos direitos civis e assume a responsabilidade pelas crianças de uma pequena cidade no Sul dos Estados Unidos. Ela inicia "uma jornada que vai levá-la além do estreito sentido de *maternidade* como um estado físico, ampliando seu sentido para alguém que cria, nutre e salva vidas em termos sociais, psicológicos e físicos"[73].

Ao estudar líderes negras em uma comunidade urbana no Norte dos Estados Unidos, a socióloga Cheryl Gilkes sugere que as relações das mães de criação da comunidade são fundamentais para que as mulheres negras decidam se tornar ativistas sociais[74]. Gilkes afirma que muitas das ativistas comunitárias negras

---

[71] Ibidem, p. 195.

[72] Alice Walker, *Meridian* (Nova York, Pocket Books, 1976).

[73] Barbara Christian, *Black Feminist Criticism*, cit., p. 242.

[74] Cheryl Townsend Gilkes, "'Holding Back the Ocean with a Broom': Black Women and Community Work", em La Francis Rodgers-Rose (org.), *The Black Woman*, cit.; idem, "Going Up for

que participaram do estudo se envolveram na organização da comunidade em resposta às necessidades de seus próprios filhos e dos filhos dos vizinhos. O comentário a seguir é típico do modo como muitas mulheres negras da pesquisa de Gilke se relacionam com as crianças negras: "Havia muitos programas de férias para as crianças, mas eram exclusivos [...], e eu descobri que a maioria das *nossas crianças* acabava excluída"[75]. A obra de Nancy Naples sobre o que ela chama de *maternagem ativista* de mulheres negras e latinas em bairros de baixa renda identifica uma ideologia similar[76]. Assim como as mulheres que participaram do estudo de Gilke, as mulheres da pesquisa de Naples também se envolveram na vida política de suas comunidades em resposta direta às necessidades dos próprios filhos. Contudo, suas definições de maternagem iam além do cuidado com os filhos biológicos. Elas enxergavam a boa maternagem como um conjunto de ações, entre as quais o ativismo social, que atendessem às necessidades de seus filhos e da comunidade como um todo[77]. Para as mulheres negras de ambos os estudos, o que começou como uma expressão diária de suas obrigações com os filhos e como mães de criação da comunidade acabou se transformando em uma série de ações próprias de líderes comunitárias.

A tradição das mães de criação da comunidade também explica as relações de "maternagem da mente" que se desenvolvem entre professoras afro-americanas e estudantes negros. Ao contrário da tutoria tradicional, amplamente documentada pela literatura pedagógica, essa relação vai muito além de fornecer aos estudantes um conjunto de habilidades técnicas ou redes de contatos profissionais e acadêmicos. Gloria Wade-Gayles descreve a ligação especial que cultiva com seus alunos na Faculdade Spelman: "Eu era uma planta que fornecia mudas. Uma estaca para esta aluna. Outra para aquela. [...] Embora às vezes eu sentisse o corte, eu não me arrependia. Era isso que fortalecia minhas raízes"[78]. Assim como a relação entre mãe e filha, essa "maternagem da mente"

---

the Oppressed: The Career Mobility of Black Women Community Workers", *Journal of Social Issues*, v. 39, n. 3, 1983, p. 115-39.

[75] Idem, "'Holding Back the Ocean with a Broom'", cit., p. 219.

[76] Nancy Naples, "'Just What Needed to Be Done': The Political Practice of Women Community Workers in Low-Income Neighborhoods", *Gender and Society*, v. 5, n. 4, 1991, p. 478-94; idem, "Activist Mothering: Cross-Generational Continuity in the Community Work of Women from Low-Income Urban Neighborhoods", em Esther Ngan-Ling Chow, Doris Wilkinson e Maxine Baca Zinn, *Race, Class, and Gender: Common Bonds, Different Voices* (Thousand Oaks, Sage, 1996), p. 223-45.

[77] Idem, "Activist Mothering", cit., p. 230.

[78] Gloria Wade-Gayles, *Rooted Against the Wind* (Boston, Beacon, 1996), p. 32-3.

entre mulheres negras busca alcançar a mutualidade da irmandade que une as afro-americanas como mães de criação da comunidade.

As mães de criação da comunidade contribuíram enormemente para construir um tipo diferente de comunidade em ambientes políticos e econômicos frequentemente hostis[79]. A participação das mães de criação da comunidade na maternagem ativista demonstra uma clara rejeição da separação e do interesse individual como base da organização comunitária e da realização pessoal. Na verdade, a conexão com os outros e o interesse comum expressos pelo modelo das mães de criação da comunidade constituem um sistema de valores muito distinto, por meio do qual a ética do cuidado e da responsabilidade pessoal levam ao desenvolvimento da comunidade.

A MATERNIDADE COMO SÍMBOLO DE PODER

A maternidade – seja de sangue, de criação ou da comunidade – pode ser invocada como símbolo de poder pelas afro-americanas engajadas no trabalho comunitário das mulheres negras. Certamente, boa parte do *status* das mulheres negras nas redes parentais centradas em mulheres vem de suas importantes contribuições como mães de sangue e mães de criação. Além disso, boa parte do *status* das mulheres negras nas comunidades afro-americanas advém de sua maternagem ativista como mães de criação da comunidade. Algumas das mulheres negras mais respeitadas nos bairros da classe trabalhadora são aquelas que demonstram uma ética de serviço comunitário.

Os bairros negros sempre tiveram mulheres que atuaram como mães de criação da comunidade. A existência dessa tradição entre as mulheres negras de classe média foi reconhecida e estudada em pesquisas sobre as tradições políticas dessas mulheres[80]. Entretanto, as tradições das mães de criação da comunidade entre mulheres negras da classe trabalhadora ou pobres, tais como as examinadas por Nancy Naples[81], ainda não foram devidamente enfatizadas pelo feminismo negro nos Estados Unidos. Essas mulheres, que

---

[79] Bernice Johnson Reagon, "African Diaspora Women", cit.

[80] Ver, por exemplo, Paula Giddings, *In Search of Sisterhood: Delta Sigma Theta and the Challenge of the Black Sorority Movement* (Nova York, William Morrow, 1988); Evelyn Brooks Higginbotham, *Righteous Discontent: The Women's Movement in the Black Baptist Church, 1880-1920* (Cambridge, MA, Harvard University Press, 1993); Stephanie J. Shaw, *What a Woman Ought to Be and to Do*, cit.

[81] Nancy Naples, "'Just What Needed to Be Done'", cit.; idem, "Activist Mothering", cit.

merecem reconhecimento, geralmente se tornam mães de criação por uma confluência de circunstâncias atípicas e características *individuais*. Sabemos de Fannie Lou Hamer porque ela era uma pessoa excepcional e porque suas ações em prol dos afro-americanos ocorreram num momento histórico que lhe permitiu ter visibilidade na imprensa. Em contraste, sabemos que boa parte das mães de criação da comunidade simplesmente trabalham em prol de seus filhos, das mulheres e dos homens de suas comunidades sem grande reconhecimento público. Ainda que iniciativas em favor das crianças negras sejam o principal catalisador de suas ações, trabalhar em prol da comunidade significa abordar as questões multifacetadas que a caracterizam. Essas mulheres raramente são nomeadas nos textos acadêmicos, mas todos sabem quem elas são nos bairros onde vivem.

O envolvimento das mulheres negras com a comunidade forma uma importante base de poder dentro da sociedade civil negra. Esse é o tipo de poder que muitos afro-americanos têm em mente quando descrevem a "mulher negra batalhadora" que poderia revitalizar as comunidades de hoje. As mães de criação da comunidade trabalham em prol da comunidade negra, demonstrando a ética do cuidado e da responsabilidade pessoal. Esse poder é transformador na medida em que a relação das mulheres negras com as crianças e outros membros vulneráveis da comunidade não visa dominar ou controlar. Ao contrário, o objetivo é unir as pessoas para – nas palavras das feministas negras do fim do século XIX – "elevar a raça", de modo que os membros mais vulneráveis da comunidade sejam capazes de alcançar a autonomia e a independência essenciais para a resistência.

Quando uma idosa afro-americana invoca sua autoridade como mãe de criação da comunidade, os resultados podem ser impressionantes. O sociólogo Charles Johnson descreve o comportamento de uma idosa negra durante um culto em uma igreja na região rural do Alabama nos anos 1930[82]. Embora sua fala não estivesse prevista, ela se levantou para falar. O mestre de cerimônias pediu-lhe que se sentasse, mas ela se negou, dizendo: "Eu sou a mãe desta igreja e vou dizer o que bem entender"[83]. O mestre de cerimônias deu a seguinte explicação à congregação para justificar por que deixaria a mulher falar: "Irmãos, sei que todos vocês respeitam a irmã Moore. É claro que nosso tempo é curto,

---

[82]   Charles S. Johnson, *Shadow of the Plantation* (Chicago, University of Chicago Press, 1979).

[83]   Ibidem, p. 172.

320 Pensamento feminista negro

mas ela é como uma mãe para mim. [...] Sempre que um idoso se levanta, eu abro caminho para ele"[84].

A maternagem ativista do trabalho comunitário das mulheres negras e o poder que ela engendra muitas vezes são mal compreendidos[85]. Chamados negativamente de "política maternal" pelo feminismo de influência norte-americana e europeia, os padrões do ativismo político das mulheres negras, associados às tradições das mães de criação da comunidade, assim como o poder e o reconhecimento público que os afro-americanos oferecem a essa mulheres, foram muitas vezes depreciados. Exemplo disso são os argumentos de Julia Wells em um artigo intitulado "Maternal Politics in Organizing Black South African Women" [Política materna na organização das mulheres negras sul-africanas]. De acordo com Wells, a política maternal são "movimentos políticos baseados na defesa dos papéis das mulheres como mães e protetoras de seus filhos"[86]. Citando como exemplo o caso das campanhas antipasse organizadas pelas sul-africanas nos anos 1950 e das mães da Plaza de Mayo, na Argentina, a partir de 1977*, Wells sugere que esses movimentos se desenvolvem porque muitas mulheres veem seu papel materno como a força motriz por trás das ações políticas públicas. Em seguida, Wells diferencia "política maternal" de "feminismo". Cito um trecho extenso da obra de Wells porque suas ideias resumem crenças amplamente difundidas.

> Políticas maternais não podem ser confundidas com feminismo. As mulheres que participam de movimentos de mães não estão lutando por seus direitos pessoais como mulheres, mas por seus direitos de custódia como mães. Uma vez que conceitos como a santidade da maternidade são tão profundamente arraigados no tecido social da maioria das sociedades, essa estratégia parece eficaz em áreas em que outras tentativas de gerar transformação social já falharam. O discurso tradicional sobre a maternidade é tão poderoso que maridos, famílias e membros do governo costumam reconhecer e respeitar relatos comoventes proferidos por

---

[84] Ibidem, p. 173.

[85] Por exemplo, Nancy Naples, "'Just What Needed to Be Done'", cit.; idem, "Activist Mothering", cit.

[86] Julia Wells, "Maternal Politics in Organizing Black South African Women: The Historical Lessons", em Obioma Nnaemeka (org.), *Sisterhood, Feminisms, and Power: From Africa to the Diaspora* (Trenton, NJ, Africa World, 1998), p. 251.

* Respectivamente, um movimento de mulheres contra a exigência de documentos para controle do trânsito de pessoas entre zonas racialmente segregadas pelo *apartheid* na África do Sul e uma associação de mães cujos filhos foram assassinados ou desapareceram sob o último regime militar argentino. (N. E.)

As mulheres negras e a maternidade   321

mães, dando às mulheres um espaço onde se organizar. É fácil encontrar aliados e reforçar o poder político desses movimentos. Entretanto, é preciso reconhecer que esses movimentos têm escopo, duração e sucesso limitado na busca por seus objetivos e, acima de tudo, não devem ser confundidos com maturidade política.[87]

Esse tipo de pensamento estabelece uma hierarquia de feminismos, atribui um *status* secundário às práticas de mulheres negras nos Estados Unidos e na África[88], e não reconhece a maternidade como símbolo de poder. Ao contrário, a maternagem ativista associada ao trabalho comunitário das mulheres negras é retratada, em sintonia com o feminismo ocidental, como um veículo "politicamente imaturo" utilizado por mulheres incapazes de desenvolver uma análise supostamente radical da família como espaço de opressão.

Quando as feministas afirmam que a "política maternal" representa uma forma imatura de ativismo político, isso põe em questão a maternidade como símbolo de poder nas comunidades afro-americanas. O trabalho comunitário das mulheres negras pode ser compreendido por meio da retórica maternal como um sistema estático de ideias passível de ser avaliado por critérios externos e supostamente feministas. Porém, uma abordagem diferente vê o entendimento de maternidade das mulheres negras como um símbolo de poder, e a maternagem ativista decorrente dela como um tema duradouro que *politiza* as mulheres negras. Compreender a maternidade como símbolo de poder pode levar as mulheres negras a tomar atitudes que, do contrário, jamais considerariam possíveis. Por exemplo, quando o filho de Mamie Till Bradley, Emmett Till, de 14 anos, foi brutalmente assassinado no Mississippi, no verão de 1955, a senhora Bradley se encontrou no epicentro de uma controvérsia nacional. Essa moradora de Chicago, então com 33 anos, "queria que o mundo todo visse" o que aconteceu com seu filho[89]. "Ela insistiu que o corpo desfigurado ficasse à vista de todos no funeral". De maneira similar, uma mãe negra me abordou certa vez, após uma palestra minha em uma instituição de ensino na região metropolitana de Detroit. Com dois filhos no colo, um menino de dez anos e uma menina de cinco, ela falou dos desafios de

---

[87] Julia Wells, "Maternal Politics in Organizing Black South African Women", cit., p. 253.

[88] Ver Ifeyinwa Iweriebor, "Carrying the Baton: Personal Perspectives on the Modern Women's Movement in Nigeria", em Obioma Nnaemeka (org.), *Sisterhood, Feminisms, and Power*, cit., p. 297-321.

[89] Ruth Feldstein, "'I Wanted the Whole World to See': Race, Gender, and Constructions of Motherhood in the Death of Emmett Till", em Joanne Meyerowitz (org.), *Not June Cleaver* (Filadélfia, Temple University Press, 1994), p. 263-303.

sair de um casamento e voltar para Detroit como mãe solteira. Ao descrever as carências da nova escola dos filhos, essa mãe compartilhou comigo uma história terrível: um colega de sala havia apontado uma arma para a cabeça de seu filho. Apesar da situação, essa mulher disse que não iria embora de lá – preferia ficar e lutar. É claro que se poderia dizer que ela estava lutando pelos filhos. Porém, ela compreendia perfeitamente que a maternidade podia ser um símbolo de poder naquele contexto. A maternidade a politizou.

Não apenas as mulheres negras, mas qualquer pessoa que se importe com as mulheres negras é capaz de aferir o poder potencial associado à maternagem ativista. A escritora Lisa Jones relata a politização de sua mãe branca à medida que compreendia os obstáculos encontrados por sua filha negra: "A maternidade é mais que uma tarefa doméstica ou um vínculo emocional para minha mãe. É uma vocação política que ela leva tão à sério que lutaria contra o mundo todo se fosse preciso"[90]. Estudos a respeito de mães brancas de filhos multirraciais confirmam o fenômeno de politização das mães brancas na luta contra os obstáculos enfrentados por filhos negros. Criar filhos negros em ambientes racistas promove uma nova visão da maternidade para muitas dessas mulheres. Essa compreensão do ativismo político e do empoderamento é completamente diferente de uma luta por interesses próprios. Rotular esse individualismo socialmente responsável de fenômeno "politicamente imaturo" parece particularmente equivocado.

OLHANDO DE DENTRO: O SIGNIFICADO PESSOAL DA MATERNAGEM

No interior das comunidades afro-americanas, as abordagens práticas e inovadoras da maternagem sob condições opressivas frequentemente garantem reconhecimento público a essas mulheres e favorecem seu empoderamento. Isso, porém, não deve esconder o alto custo da maternidade para muitas mulheres negras estadunidenses. A maternidade negra é uma instituição fundamentalmente contraditória. As comunidades afro-americanas valorizam a maternidade, mas a capacidade das mães negras de lidar com as opressões intersseccionais de raça, gênero, classe, sexualidade e nação não significa que elas sejam necessariamente capazes de transcender as injustiças que caracterizam essas opressões. A maternidade negra pode ser gratificante, mas também pode ter altos custos pessoais. As

---

[90] Lisa Jones, *Bulletproof Diva: Tales of Race, Sex, and Hair* (Nova York, Anchor, 1994), p. 34.

diferentes reações à maternidade e a ambivalência de muitas mulheres negras em relação à maternagem são um reflexo da natureza contraditória da maternidade.

Certas dimensões da maternidade promovidas pelo ideal tradicional de família, por um lado, e pelas expectativas da comunidade negra, por outro, são claramente problemáticas para as mulheres negras. Lidar com gestações indesejadas e educar sozinhas os filhos é opressivo. Segundo Sara Brooks: "Tive um filho atrás do outro porque não sabia como evitá-los e não perguntei a ninguém. Eu não sabia de nada. [...] Depois que me separei do meu marido, eu *ainda* não sabia de nada. E nessa veio a Vivian"[91]. Brooks engravidou mais uma vez, embora não estivesse casada e já tivesse três filhos que não conseguia sustentar. Ela descreve o sofrimento das mulheres negras que se tornam mães em condições opressivas: "Eu detestava aquilo tudo. [...] Eu não queria mais um bebê. Mal conseguia cuidar de mim mesma, e já tinha outros filhos de quem adoraria cuidar, mas não conseguia"[92]. Assim como Brooks, muitas mulheres negras têm filhos que não são realmente desejados. Quando combinada aos valores da comunidade negra – segundo os quais as mulheres negras boas sempre desejam seus filhos –, a ignorância sobre a questões reprodutivas obriga muitas mulheres negras a assumir gestações indesejadas e a responsabilidade pela criação dos filhos em longo prazo.

A mãe de Ann Moody também não ficava feliz com suas repetidas gestações. Moody se lembra do que sua mãe sentiu quando começou a "ficar gorda" e o namorado deixou de visitá-la: "Minha mãe voltou a chorar todas as noites. [...] Quando eu ouvia minha mãe chorando, eu me sentia muito mal. Ela só chorava depois que todo mundo estivesse na cama e ela achasse que estávamos dormindo. Todas as noites, eu ficava acordada por horas, ouvindo-a chorar baixinho no travesseiro. Quanto maior ela ficava, mais ela e eu chorávamos"[93]. Para os outros filhos, a mãe de Moody até podia se parecer com o estereótipo da mãe negra forte, mas Ann Moody conseguia enxergar o alto preço que sua mãe pagava para viver segundo essa imagem de controle.

Lidar com uma gravidez indesejada pode ter consequências trágicas. Sara Brooks só conseguia pensar em se "livrar daquele bebê". Tomou tantos medicamentos que quase se matou. Mas ao menos teve mais sorte que sua mãe. Segundo Brooks: "Minha mãe engravidou pouco tempo depois de eu ter

---

[91] Thordis Simonsen (org.), *You May Plow Here*, cit., p. 174.

[92] Ibidem, p. 177.

[93] Ann Moody, *Coming of Age in Mississippi*, cit., p. 46.

nascido – era uma gravidez indesejada – e tomou terebintina, mas acho que exagerou na dose e morreu. Sangrou até morrer"[94]. Ela não foi a única. Antes da decisão do Supremo Tribunal dos Estados Unidos no caso *Roe v. Wade*, em 1973, a favor do direito exclusivo das mulheres de optar pelo aborto ou não, grande parte das mulheres que morriam em consequência de abortos ilegais eram negras. Em Nova York, por exemplo, durante muitos anos que precederam a descriminalização do aborto, 80% das mulheres que morriam em decorrência de abortos ilegais eram negras ou porto-riquenhas[95].

Os valores fortemente pró-natalidade das comunidades afro-americanas frequentemente outorgam o *status* de adulto às mulheres que se tornam mães biológicas. Para muitas, ser mãe biológica é um passo importante para a constituição de sua condição de mulher. Annie Amiker, uma idosa negra, descreve sua infância na zona rural do Mississippi. Quando questionada se havia muitas moças com filhos fora do casamento naquela época, ela respondeu: "Havia algumas, mas não muitas. Não havia muitas porque as meninas nem chegavam perto das que já tinham filhos [...], elas eram consideradas adultas, então não eram mais incluídas no grupo dos jovens"[96]. Joyce Ladner mostra como funciona a relação entre maternidade e condição de adulto nas comunidades urbanas de baixa renda: "Se havia um padrão comum para se tornar uma mulher, aceito pela maior parte da comunidade, era o nascimento do primeiro filho. Essa linha de demarcação era extremamente clara e separava as *meninas* das *mulheres*"[97].

Apesar dos altos custos pessoais, Sara Brooks, a mãe de Ann Moody e a esmagadora maioria das adolescentes negras optam por dar continuidade à gravidez. Isso se deve, ao menos em parte, aos valores pró-natalidade das comunidades negras. Contudo, a disposição das mulheres negras para se sacrificar pelos filhos pode se dever também a uma dependência profunda, embora não declarada, da maternidade, por falta de relações afetivas duradouras com os homens negros. Em um contexto adverso, em que a política sexual relega muitas mulheres negras estadunidenses à solidão, os filhos são fonte de consolo e amor.

A dor de saber o que o futuro reserva às crianças negras, aliada à sensação de incapacidade de protegê-las, é outra dimensão problemática da maternagem

---

[94] Thordis Simonsen (org.), *You May Plow Here*, cit., p. 160.

[95] Angela Davis, *Mulheres, raça e classe* (trad. Heci Regina Candiani, São Paulo, Boitempo, 2016).

[96] Bettye J. Parker, "Mississippi Mothers: Roots", em Rosann Bell, Bettye J. Parker e Beverly Guy--Sheftall (orgs.), *Sturdy Black Bridges* (Garden City, Anchor, 1979), p. 263-81.

[97] Joyce Ladner, *Tomorrow's Tomorrow*, cit., p. 212.

negra. De acordo com Michele Wallace: "Entendo porque minha mãe se sentia tão desesperada. Ninguém estranharia se eu engravidasse ou me casasse antes de ser adulta, nem se eu abandonasse a faculdade. Afinal, eu era uma menina negra"[98]. Em 1904, uma mãe negra do Sul dos Estados Unidos escreveu uma carta para uma revista de circulação nacional:

> Ver meus filhos crescendo me apavora. Eu já conheço o destino deles. Enquanto a menina branca enfrenta uma tentação, a minha filha enfrentará muitas. Enquanto o menino branco é protegido e tem todas as oportunidades, o meu filho terá poucas oportunidades e nenhuma proteção. Não importa quão bons ou sensatos sejam meus filhos, eles têm a pele escura. Não preciso dizer mais nada. Tudo é perdoado no Sul, exceto a cor.[99]

Proteger os jovens negros ainda é uma das principais preocupações das mães afro-americanas. As crianças negras estão expostas a um risco maior de mortalidade infantil, desnutrição e poluição ambiental, assim como de ter condições de moradia mais precárias, aids e uma série de outros problemas sociais. Como a violência pode vitimar a esmo, ela é um dos fatores de maior preocupação para as mães negras. A antropóloga Leith Mullings relata que as mulheres do Harlem gastam "um tempo impressionante escoltando os filhos, restringindo seus movimentos e buscando meios de afastá-los da violência das ruas"[100]. Essas mulheres lutam prédio a prédio, quarteirão por quarteirão, para livrar o bairro dos traficantes de drogas. Como o dinheiro do tráfico é a principal fonte de receita de muitas famílias de baixa renda, a luta dessas mães é frequentemente malsucedida. Ainda assim, elas continuam tentando. Uma mãe explicou essa preocupação geral com as crianças negras:

> Eu olho para as crianças pequenas e rezo para que alguma delas cresça no momento certo, quando os professores tiverem tempo para dizer olá e ensinar o que elas precisam; quando esse prédio não existir mais e pudermos viver num lugar onde dê para respirar, sem sermos atacados o tempo todo; quando os homens tiverem trabalho – como eles *não podem* ter filhos, precisam beber e se drogar para ter algum momento de alegria e esperança.[101]

---

[98] Michele Wallace, *Black Macho and the Myth of the Superwoman*, cit., p. 98.

[99] Gerda Lerner, *Black Women in White America: A Documentary History* (Nova York, Vintage, 1972), p. 158.

[100] Leith Mullings, *On Our Own Terms*, cit., p. 93

[101] Gerda Lerner, *Black Women in White America*, cit., p. 315.

Para essa mãe, mesmo que seus filhos sejam uma esperança, as condições em que ela os cria são intoleráveis.

As mães negras também são obrigadas a abrir mão do sonho de desenvolver suas habilidades ao máximo. "Quando minha mãe, que trabalhava o tempo todo, teve tempo de conhecer ou alimentar sua criatividade?", questiona Alice Walker[102]. Historicamente, boa parte dessa criatividade se expressou pela música, sobretudo nas igrejas negras. Muitas intérpretes de *blues*, poetas e artistas negras encontraram maneiras de incorporar sua arte às responsabilidades cotidianas como mães de sangue ou de criação. Para muitas afro-americanas sobrecarregadas pelas incessantes responsabilidades da maternidade, no entanto, essa fagulha criativa nunca pode se expressar plenamente.

A autobiografia de Harriet Jacobs oferece um exemplo claro de uma mãe que abriu mão de sua realização pessoal e do alto preço que as mães negras pagam ao assumir o pesado fardo inerente a suas relações como mães de sangue ou de criação. Jacobs desejava desesperadamente fugir da escravidão, mas explica que a maternidade lhe criou um dilema:

> Eu poderia ter fugido sozinha; mas era muito mais para meus filhos indefesos que para mim mesma que eu desejava a liberdade. Embora o prêmio fosse maior que qualquer outra coisa para mim, eu jamais poderia aceitá-lo se o preço fosse abandonar meus filhos à escravidão. Toda provação que suportei e todo sacrifício que fiz por eles trouxe-os para mais perto de meu coração e renovou minhas forças.[103]

Mães negras como as de Ann Moody e June Jordan e pessoas como Harriet Jacobs e Sara Brooks são exemplos de mulheres que abriram mão de sua liberdade em razão dos filhos. Mães de criação da comunidade, como Mamie Fields e Miss Nee pagam um preço similar, não por filhos biológicos, mas pelas crianças da comunidade negra.

Apesar dos custos e dos obstáculos, a maternidade ainda é um símbolo de esperança para muitas mulheres negras, inclusive para as mais pobres. Uma mãe anônima descreve como se sente em relação aos filhos:

> Para mim, ter um bebê dentro de mim é o único momento em que me sinto realmente viva. Sei que sou capaz de fazer algo, de produzir algo, não importa a cor

---

[102] Alice Walker, *In Search of Our Mother's Gardens* (Nova York, Harcourt Brace Jovanovich, 1983), p. 239.

[103] Harriet Jacobs, "The Perils of a Slave Woman's Life", cit., p. 59.

da minha pele ou o que as pessoas falam de mim. […] Dá para ver aquela coisinha crescendo, ficando cada vez maior, começando a fazer coisas, e isso dá esperança de que as coisas vão melhorar; porque você vê à sua frente um bebê de verdade, que está vivo e cresce. […] O bebê é um bom sinal, ou pelo menos *um* sinal. Se não tivéssemos isso, qual seria a diferença entre a vida e a morte?[104]

O ambiente em que essa mãe vive é tão adverso que os filhos oferecem uma esperança. Eles são tudo o que ela tem.

A maternagem é uma experiência empoderadora para muitas mulheres negras. Gwendolyn Brooks trata do poder da reprodução no romance *Maud Martha*[105]. Maud Martha praticamente não fala até parir sua filha, quando "a gravidez e o nascimento de uma criança conectam Maud a um poder dentro dela; o poder de falar, de ser ouvida, de articular seus sentimentos"[106]. A filha funciona como catalisadora para seu movimento de autodefinição, autovalorização e empoderamento individual. Marita Golden descreve uma experiência similar que ilustra como esse relacionamento especial entre mãe e filha ou filho pode fomentar uma nova autodefinição, acompanhada de empoderamento:

> Agora eu pertencia a mim mesma. Nem meus pais nem meu marido podiam reivindicar minha posse. […] Havia apenas meu filho, que me consumia e me alimentava […] o amor do meu filho era incondicional e, assim sendo, me dava mais liberdade que qualquer outra forma de amor que conheci. […] Finalmente aceitei mamãe como meu nome; percebi que isso não dissiparia minhas outras designações. Descobri que as expandiria – assim como a mim.[107]

Essa relação especial que as mães negras têm com seus filhos também fomenta a criatividade, a maternagem da mente e da alma de todos os envolvidos. Trata-se da dádiva à qual Alice Walker se refere quando diz: "E assim nossas mães e avós nos transmitiram – muitas vezes no anonimato – a faísca da criatividade, a semente da flor que elas próprias nunca sonharam ver desabrochar"[108].

Entretanto, o que não pode ser ignorado nas obras que enfatizam a influência das mães sobre os filhos é quanto as crianças negras afirmam suas mães e quão importante pode ser essa afirmação em uma sociedade atormentada pela

---

[104] Gerda Lerner, *Black Women in White America*, cit., p. 314.
[105] Gwendolyn Brooks, *Maud Martha* (Boston, Atlantic, 1953).
[106] Mary Helen Washington (org.), *Invented Lives*, cit., p. 395.
[107] Marita Golden, *Migrations of the Heart* (Nova York, Ballantine, 1983), p. 240-1.
[108] Alice Walker, *In Search of Our Mother's Gardens*, cit., p. 240.

política sexual da condição de mulher negras. No ensaio "One Child of One's Own" [Filho próprio], Alice Walker mostra como pode ser a relação entre mães e filhos afro-americanos:

> Minha filha não diz: Não possuo a feminilidade que as mulheres brancas devem afirmar. Minha filha não diz: Não possuo direitos que os homens negros devem respeitar. Minha filha não apagou meu rosto da história dos homens e das mulheres como ela, nem transformou minha história em um mistério; minha filha ama meu rosto e não se importaria se o visse em todas as páginas, assim como eu amava o rosto dos meus pais acima de qualquer outro. [...] Nós estamos juntas, minha filha e eu. Mãe e filha, sim, mas *irmãs* contra tudo o que negue aquilo que realmente somos.[109]

---

[109] Idem, "One Child of One's Own: A Meaningful Digression Within the Work(s)", *Ms*, v. 8, n. 47-50, 1979, p. 75.

9
REPENSANDO O ATIVISMO DAS MULHERES NEGRAS

> Pra mim, os brancos podem até estar me julgando, mas eu
> estou julgando eles também. Se desdenhavam de uma pessoa
> de cor, desdenhavam de mim também e eu fazia a mesma coisa
> com eles [...] se meu lugar não é bom o bastante pra você –
> [se] eu não sou boa o bastante pra beber do seu copo só porque
> sou preta, então também não quero.
>
> Sara Brooks, em *You May Plow Here*, p. 199

Sara Brooks não costuma ser vista como ativista política. As longas horas de trabalho como empregada doméstica não lhe deixavam muito tempo livre para participar de sindicatos, grupos comunitários, manifestações e outras atividades políticas organizadas. Ela lutou a vida toda não por causas sociais, mas para ganhar o suficiente para juntar os filhos e dar uma casa a eles. Para quem vê de fora, Sara Brooks pode parecer apenas mais uma empregada doméstica explorada, vítima das políticas raciais de um mercado de trabalho injusto e de uma política sexual que a leva a ter muitos filhos. Contudo, quando afirma: "Se desdenhavam de mim, eu fazia a mesma coisa com eles", ela toca em uma dimensão importante e muitas vezes ignorada do ativismo das mulheres negras dos Estados Unidos. Brooks não apenas sobreviveu a uma série de opressões como também rejeitou qualquer possibilidade de justificativa ideológica. "Se meu lugar não é bom o bastante pra você – [se] eu não sou boa o bastante pra beber do seu copo só porque sou preta, então também não quero", afirma. A autodefinição, a autovalorização e o movimento de busca de autonomia definem sua visão de mundo, assim como as crenças que derivam de sua luta pela *sobrevivência*.

Para Sara Brooks, sobreviver é uma forma de resistência, e sua luta para garantir a sobrevivência dos filhos representa o alicerce do ativismo das mulheres negras. Historicamente, a resistência dos afro-americanos à opressão racial e de classe teria sido impossível sem a luta pela sobrevivência do grupo. A contribuição de Sara Brooks ao cuidar de seus filhos e rejeitar a imagem de controle da *mammy* ou da mula representa atitudes essenciais, embora não reconhecidas, tomadas por incontáveis mulheres negras estadunidenses para garantir a sobrevivência do grupo. Sem essa parte central do ativismo das mulheres negras, não seria possível sustentar a luta pela transformação das instituições educacionais, econômicas e políticas dos Estados Unidos. Ainda assim, as perspectivas mais populares sobre o ativismo político negro costumam ignorar que a luta pela sobrevivência do grupo é tão importante quanto os confrontos com o poder institucional.

As definições mais comuns de resistência e ativismo político não compreendem o sentido desses conceitos no dia a dia das mulheres negras. A pesquisa em ciências sociais costuma se concentrar nas atividades políticas públicas, oficiais ou visíveis, ainda que esferas não oficiais, privadas e supostamente invisíveis da vida e da organização social sejam igualmente importantes. Por exemplo, algumas abordagens classistas veem os sindicatos e partidos políticos – duas formas de ativismo político tradicionalmente dominadas por homens brancos – como mecanismos fundamentais para o ativismo da classe trabalhadora[1]. As afro-americanas foram historicamente excluídas dessas arenas, e isso privou essas abordagens de uma análise teórica dos protestos de classe das mulheres negras. Com frequência, essas abordagens pressupõem que a falta de mulheres negras em postos de autoridade formal e na militância de organizações políticas é indício de baixos níveis de ativismo político da parte delas. Essa definição limitada também influencia negativamente a análise das ações de mulheres negras nas lutas de resistência. Por exemplo, a historiadora Rosalyn Terborg-Penn define resistência como "o envolvimento das mulheres na luta organizada contra a escravidão, a servidão e o imperialismo. As estratégias incluem confrontos abertos ou guerrilha, criação de quilombos, revoltas de escravos ou de campesinos"[2]. Terborg-Penn revela informações importantes e extremamente necessárias sobre essas formas específicas de resistência das mulheres negras. Porém, os limites dessa definição levam a autora a não perceber formas menos visíveis, mas igualmente importantes, de ativismo das mulheres negras nas comunidades afro-americanas.

---

[1] Reeve Vanneman e Lynn Weber Cannon, *The American Perception of Class* (Filadélfia, Temple University Press, 1987).

[2] Rosalyn Terborg-Penn, "Black Women in Resistance: A Cross-Cultural Perspective", em Gary Y. Okhiro (org.), *Resistance: Studies in African, Caribbean and Afro-American History* (Amherst, MA, University of Massachusetts Press, 1986), p. 190.

As pesquisas acadêmicas sobre as mulheres negras são perpassadas por diferentes concepções de ativismo político e resistência. Por um lado, destacam como as mulheres negras vivenciam as injustiças ligadas às opressões interseccionais de raça, classe, gênero, sexualidade e nação[3]. Nesta obra, buscamos apresentar uma visão mais matizada da relevância do tratamento dado às mulheres negras para os distintos sistemas de opressão, assim como para suas intersecções. Por exemplo, construções da sexualidade da mulher negra são importantes para a manutenção da distinção entre as sexualidades normais e desviantes associadas ao heterossexismo; para as relações mercadorizadas que estruturam o capitalismo e vendem o corpo das mulheres negras por meio da revisão do ativismo das mulheres negras no mercado aberto; para a reprodução das noções de pureza racial necessárias à manutenção do racismo biológico; para estabelecer hierarquias racializadas de gênero que diferenciam as "meninas boas" das "meninas más"; e para a compreensão das políticas públicas que legitimam esse arranjo social nos Estados Unidos. Assim, analisar as políticas sexuais da condição de mulher negra que caracterizam o espaço dela nas opressões interseccionais é uma forma de iluminar o processo por meio do qual o poder como dominação se organiza e opera.

Por outro lado, as pesquisas acadêmicas também investigam a força e a resiliência das mulheres negras diante das dificuldades e do desespero, características típicas da resistência das mulheres negras a essa opressão multifacetada[4]. As obras feministas negras mostram a luta pelo empoderamento das afro-americanas – tanto individualmente quanto em grupo – em um contexto de enfrentamento de uma matriz de dominação. Se o poder como dominação se organiza e opera por meio de opressões interseccionais, então a resistência deve demonstrar uma complexidade comparável.

A dominação abrange domínios de poder estrutural, disciplinar, hegemônico e interpessoal[5]. Esses domínios estabelecem espaços específicos por meio dos quais as opressões de raça, classe, gênero, sexualidade e nação se

---

[3] Frances Beale, "Double Jeopardy: To Be Black and Female", em Toni Cade Bambara (org.), *The Black Woman: An Anthology* (Nova York, Signet, 1970); Angela Davis, *Mulheres, raça e classe* (trad. Heci Regina Candiani, São Paulo, Boitempo, 2016); Bonnie Thornton Dill, "Race, Class, and Gender: Prospects for an All-Inclusive Sisterhood", *Feminist Studies*, v. 9, n. 1, 1983, p. 131-50.

[4] Angela Davis, *Mulheres, raça e classe*, cit.; idem, *Mulheres, cultura e política* (trad. Heci Regina Candiani, São Paulo, Boitempo, 2017); Filomina Chioma Steady (org.), *The Black Woman Cross-Culturally* (Cambridge, MA, Schenkman, 1981); Rosalyn Terborg-Penn, "Black Women in Resistance", cit.

[5] Ver, neste volume, capítulo 12.

constroem mutuamente. Para compreendermos a complexidade do ativismo das mulheres negras, devemos entender não apenas a necessidade de abordar mais de uma forma de opressão mas também a maneira pela qual as formas múltiplas e singulares de opressão se organizam. Voltar-se apenas no domínio estrutural do poder – cujas instituições negam às mulheres negras educação, trabalho e renda –, sem buscar compreender como as ideias sobre a condição de mulher negra que prevalecem no domínio do poder hegemônico justificam o tratamento dado às mulheres negras, é ignorar a complexidade das relações de poder nos Estados Unidos. Da mesma forma, nossa compreensão do poder se torna limitada quando se enfatizam a vigilância sobre as mulheres negras e técnicas similares de controle associadas ao domínio disciplinar do poder, sem que se reconheçam seus efeitos sobre as relações interpessoais cotidianas das mulheres negras.

Uma vez que os domínios estrutural, disciplinador, hegemônico e interpessoal do poder trabalham lado a lado para constituir padrões de dominação específicos, o ativismo das mulheres negras apresenta complexidade similar. Portanto, seria relevante avaliar o ativismo das mulheres negras menos pelo conteúdo ideológico de cada sistema de crenças individual – seja ele conservador, reformista, progressista ou radical – e mais pelas ações coletivas das mulheres negras que enfrentam cotidianamente a dominação nessas esferas multifacetadas. Por exemplo, uma mãe negra que não consegue articular sua ideologia política, mas sempre contesta as políticas escolares que prejudicam seus filhos é mais "ativista" que muitas feministas negras altamente escolarizadas que, embora sejam capazes de debater sobre feminismo, nacionalismo, pós-modernismo e outras ideologias, não produzem mudanças políticas tangíveis para mais ninguém além de si mesmas. Em vez de reduzir o ativismo das mulheres negras a um cerne "essencialista" do ativismo feminino negro "autêntico" imaginado pelas feministas negras, essa abordagem cria espaços para que as afro-americanas vejam como suas atividades cotidianas também são uma forma de ativismo.

CONCEITUANDO O ATIVISMO DAS MULHERES NEGRAS

Seja individualmente, seja como integrantes de grupos organizados, as mulheres negras dos Estados Unidos desenvolvem o ativismo em duas dimensões primárias. A primeira é a luta pela sobrevivência do grupo, que consiste em ações que levam as mulheres negras a criar esferas de influência no interior das estruturas sociais existentes. Essa dimensão nem sempre representa um desafio direto às estruturas opressoras, pois, em muitos casos, o confronto direto não é nem possível nem desejável. Em vez disso, as mulheres criam esferas de influência feminina negra para desestabilizar as estruturas opressoras. A luta pela sobrevivência do grupo exige instituições que forneçam às mulheres negras as ferramentas necessárias para lutar. Reconhecendo que o caminho do empoderamento individual e coletivo reside no poder de uma mente livre, essas esferas de influência frequentemente dependem da criação de identidades independentes e de resistência para as afro-americanas. Dessa forma, elas adotam uma espécie de política identitária, uma visão de mundo que enxerga as experiências de vida das pessoas negras como um elemento fundamental para o desenvolvimento de uma consciência crítica e de estratégias políticas.

A segunda dimensão do ativismo das mulheres negras consiste na luta pela transformação institucional, ou seja, iniciativas que buscam mudar políticas e procedimentos discriminatórios no governo, nas escolas, no mercado de trabalho, na imprensa, no comércio e em outras instituições sociais. Seja individualmente, seja por meio de grupos organizados, todas as ações que questionem as regras legais e consuetudinárias que governam a subordinação das afro-americanas são parte da luta pela transformação institucional. Participar de organizações de direitos civis, sindicatos, grupos feministas, boicotes e revoltas populares são exemplos dessa dimensão do ativismo das mulheres negras. Uma vez que as lutas pela transformação institucional raramente são bem-sucedidas sem a ajuda de aliados, essa dimensão do ativismo das mulheres negras depende de estratégias de formação de coalizões. Por exemplo, o feminismo negro como projeto de justiça social apoiou e, em muitos casos, se engajou em coalizões com outros movimentos pela justiça social. Enquanto a política identitária da luta pela sobrevivência do grupo se refere às especificidades das injustiças sociais sofridas pelas mulheres negras estadunidenses, a política de coalizão associada à luta pela transformação institucional conecta as questões individuais das mulheres negras a pautas sociais mais amplas.

Embora sejam conceitualmente distintas, essas duas dimensões do ativismo das mulheres negras nos Estados Unidos são interdependentes[6]. Por exemplo, estudos a respeito de trabalhadoras domésticas negras revelam que elas

---

[6] Ver Byliye Y. Avery, "Breathing Life into Ourselves: The Evolution of the National Black Women's Health Project", em Evelyn C. White (org.), *The Black Women's Health Book: Speaking for Ourselves* (Seattle, Seal, 1994), p. 4-10.

frequentemente recorrem a ambas as dimensões, embora não pareça[7]. A vasta maioria das trabalhadoras domésticas negras não se organiza para exigir melhores condições de trabalho nem confronta os patrões por melhores salários – ações que representam a luta pela transformação institucional – porque precisa do emprego. Garantir a sobrevivência da família vem em primeiro lugar. As trabalhadoras domésticas negras encontraram, então, outras formas de resistir.

Muitas mulheres aderem superficialmente às regras do jogo e, assim, parecem endossá-las. Inúmeras domésticas negras afirmam que são frequentemente convocadas pelos patrões brancos a representar o papel de serviçais reverentes e gratas por receber roupas usadas, em vez de salários decentes. Ao mesmo tempo, porém, essas mulheres resistem às tentativas constantes de desumanizá-las. Fingem ser criadas infantilizadas e obedientes, mascarando uma análise e uma visão de mundo muito distintas. Essas mulheres contam que *fingem* estar agradecidas pelas sobras que recebem dos patrões e as jogam fora assim que saem do serviço[8]. Contam que mudam propositalmente a própria aparência a fim de parecer pior que o normal. Uma trabalhadora doméstica relata ter escondido dos patrões que seus filhos estavam na faculdade para não parecer que "não sabia qual era seu lugar". Entretanto, se essas mulheres realmente aceitassem "seu lugar", jamais encorajariam os filhos a fazer faculdade, não caprichariam na própria aparência quanto estivessem longe dos patrões e realmente se sentiriam gratas por receber coisas usadas, em vez de aumento de salário. A esfera de influência feminina negra criada nesse caso é a recusa das mulheres negras a renunciar ao controle de sua autodefinição. Enquanto fingem ser mulas e *mammies* – parecendo, portanto, em conformidade com as regras institucionais –, elas resistem, criando autodefinições e autoavaliações nos espaços seguros que criam entre si.

Manter uma consciência independente como esfera de liberdade permite às afro-americanas se envolver em outras formas de resistência. Bonnie Thornton Dill relata inúmeros casos em que as trabalhadoras domésticas negras minam as regras que regem seu trabalho criando esferas femininas negras de influência e controle sobre suas condições de trabalho. O caso a seguir revela as estratégias

---

[7] Judith Rollins, *Between Women, Domestics and Their Employers* (Filadélfia, Temple University Press, 1985); Bonnie Thornton Dill, "'Making Your Job Good Yourself': Domestic Service and the Construction of Personal Dignity", em Ann Bookman e Sandra Morgen (orgs.), *Women and the Politics of Empowerment* (Filadélfia, Temple University Press, 1988), p. 33-52.

[8] Judith Rollins, *Between Women, Domestics and Their Employers*, cit.

de uma trabalhadora para resistir às tentativas da patroa de supervisionar seu trabalho muito de perto:

> Ela [a patroa] disse o que queria que eu fizesse e depois falou: "Minha menina sempre esfrega o chão". Bem, eu notei que tinha um esfregão no porão da casa, mas que ela tinha escondido ele. Então eu limpei a casa inteira, e tal, mas não passei pano no chão. Aí, quando eu estava pronta pra sair, peguei o balde, a vassoura e a joelheira e deixei tudo no canto. Quando ela veio, ficou muito satisfeita. [...] Ela foi até a cozinha, olhou e disse: "Mas você não esfregou o chão". Ela tinha uma filha de dez anos. E eu sei que eu não sou a menina dela. Sou só a moça que vem fazer a faxina. Então eu disse: "Ah, mas você disse que sua menina limpa o chão, e eu não sou sua menina [...] além disso, eu não esfrego o chão de joelhos". Aí ela falou: "Ah, amanhã eu saio para comprar um esfregão". Então eu vesti meu casaco e respondi: "Se você quiser, posso buscar o esfregão que está lá no porão".[9]

Essa trabalhadora doméstica evitou ações diretas para mudar as regras. Ela não criou um sindicato nem confrontou a patroa em relação ao desequilíbrio de poder demonstrado quando foi chamada de "menina" e solicitada a esfregar o chão de joelhos, embora houvesse um esfregão, nem se envolveu em outras formas de resistência política aberta. Embora suas ações fossem limitadas pela necessidade de garantir a sobrevivência econômica da família, ainda assim ela encontrou formas de desafiar as regras que regem o trabalho. O fato de participar de uma esfera de influência feminina negra lhe deu as ferramentas necessárias para resistir, e ela estimulou a transformação institucional ao desestabilizar as regras que regem seu trabalho.

O trabalho comunitário das mulheres negras, com sua dualidade de esforços internos e externos, também incorpora as dimensões interdependentes do ativismo das mulheres negras. Dodson e Gilkes afirmam que a centralidade das mulheres negras nas famílias e comunidades afro-americanas é reflexo da orientação conceitual não excludente da epistemologia feminista negra[10]. Curiosamente, as iniciativas das mulheres negras que visam manter a integridade da comunidade por meio da luta pela sobrevivência do grupo são simultaneamente conservadoras e radicais. Bernice Johnson Reagon vê as mulheres negras que trabalham para o

---

[9] Bonnie Thornton Dill, "'Making Your Job Good Yourself'", cit., p. 40.

[10] Jualyne E. Dodson e Cheryl Townsend Gilkes, "Something Within: Social Change and Collective Endurance in the Sacred World of Black Christian Women", em Rosemary Reuther e R. Keller (orgs.), *Women and Religion in America, Volume 3: 1900-1968* (Nova York, Harper and Row, 1987), p. 80-130.

desenvolvimento das comunidades negras como "trabalhadoras culturais", pois frustram a tentativa europeia e estadunidense branca de eliminar os referenciais culturais de matriz africana[11]. A sobrevivência de determinadas ideias influenciadas pelos africanos não foi um acidente, mas o resultado de uma "resistência contínua", por meio da qual as mulheres em especial "se encarregaram de preservar determinados costumes"[12]. Como afirma a feminista argelina Awa Thiam: "Recusando-se a permitir que a civilização africana negra fosse destruída, nossas mães foram revolucionárias. Ainda assim, algumas pessoas afirmam que essa atitude é conservadora"[13]. No contexto do racismo próximo associado ao racismo institucionalizado nos Estados Unidos – ambientes em que as pessoas brancas têm poder direto sobre os negros –, os esforços para preservar a "negritude" são importantíssimos. Esse racismo cotidiano foi tão rotinizado nos Estados Unidos que muitas vezes passa despercebido por brancos e negros[14]. Entretanto, sua função é impossibilitar não apenas os atos de resistência, mas as próprias ideias que possam estimular a resistência. Ademais, a ênfase na conservação de ideias e práticas de origem africana como forma de resistência não é exclusividade do ativismo das mulheres negras estadunidenses. A filósofa queniana Achola Pala descreve tradições similares de resistência nos espaços da diáspora africana:

> Ao viajar pelas Américas, pelo Caribe e pelo próprio continente africano, ficamos impressionados com o impacto das condições econômicas e culturais pós-coloniais que buscam desumanizar e destruir as bases econômicas e sociais da sociedade negra. No entanto, paradoxalmente, o trauma da sujeição não levou ao desespero total. Ao contrário, ele produziu uma resistência e um questionamento constantes dos povos negros no mundo todo.[15]

Ao preservar e recriar a produção cultural de matriz africana, as mulheres negras estadunidenses participam desse amplo esforço de "resistência e

---

[11]   Bernice Johnson Reagon, "African Diaspora Women: The Making of Cultural Workers", em Rosalyn Terborg-Penn, Sharon Harley e Andrea Benton Rushing (orgs.), *Women in Africa and the African Diaspora* (Washington, D. C., Howard University Press, 1987).

[12]   Awa Thiam, *Black Sisters, Speak Out: Feminism and Oppression in Black Africa* (Londres, Pluto, 1978), p. 123.

[13]   Idem.

[14]   Philomena Essed, *Understanding Everyday Racism: An Interdisciplinary Theory* (Newbury Park, Sage, 1991).

[15]   Achola O. Pala (org.), "Introduction", em *Connecting Across Cultures and Continents: Black Women Speak Out on Identity, Race and Development* (Nova York, United Nations Development Fund for Women, 1995), p. 9.

questionamento". Essa dimensão do ativismo mina as instituições opressoras por meio da rejeição das ideologias propagadas por elas que são contrárias aos negros e às mulheres. No contexto das relações raciais nos Estados Unidos, organizadas por uma segregação racial profundamente arraigada, é fundamental ter acesso aos pontos de vista das mulheres negras, especialmente das que se dedicam a reproduzir as tradições de resistência femininas de matriz africana. A consciência feminista negra alimentada e articulada nesse espaço seguro pode ser a última barreira a separar muitas mulheres negras estadunidenses da opressão internalizada. Por exemplo, as trabalhadoras domésticas que participaram do estudo de Judith Rollins mantêm a autoestima aderindo a um sistema de valores alternativo que "mede o valor de um indivíduo menos pelo sucesso material que pelo 'tipo de pessoa que ele é'". Essas mulheres se avaliam com base na "qualidade de suas relações interpessoais e [em] sua posição na comunidade"[16]. Esse sistema ético é o que dá às trabalhadoras domésticas a força necessária para aceitar aquilo que lhes é benéfico na forma como os patrões as tratam, sem se ferir profundamente com as imagens de controle negativas que embasam esse tratamento[17]. A presença de um sistema de valores alternativo e de matriz africana permite que as mulheres negras convivam com as contradições inerentes ao fato de se virem como pessoas de valor exercendo funções menosprezadas.

Embora as afro-americanas se empenhem na preservação cultural dentro da sociedade civil negra – ação que, conservando práticas e ideias de matriz africana, estabelece os alicerces do ativismo político de diversas vertentes ideológicas –, a luta política das mulheres negras para transformar instituições racistas e sexistas é um impulso político mais claramente radical. "Qualquer descrição dos papéis das mulheres negras em suas comunidades […] deve conter a compreensão dessa contradição aparente", sugerem Dodson e Gilkes[18]. As mulheres negras não podem se contentar com o papel do cuidado da família e da comunidade, pois o bem-estar dessas famílias e comunidades é profundamente afetado pelas injustiças que caracterizam as instituições políticas, econômicas e sociais dos Estados Unidos. Como mulheres e homens afro-americanos frequentam escolas e mercados de trabalho controlados por autoridades insensíveis, as mulheres negras frequentemente se veem envolvidas na luta pela transformação institucional. A

---

[16] Judith Rollins, *Between Women, Domestics and Their Employers*, cit., p. 212.

[17] Katie G. Cannon, "The Emergence of a Black Feminist Consciousness", em Letty M. Russell (org.), *Feminist Interpretations of the Bible* (Filadélfia, Westminster, 1985), p. 30-40.

[18] Jualyne E. Dodson e Cheryl Townsend Gilkes, "Something Within", cit., p. 82.

metalúrgica Katie Murray só queria um salário decente para conquistar autonomia econômica. Contudo, cada vez mais era vista como uma encrenqueira porque se negava a fechar os olhos para o fato de que seus colegas brancos foram convidados a participar de um treinamento remunerado de três dias e ela ficara de fora:

> É triste. Todos nós estamos lá trabalhando juntos, pagando o imposto sindical que nem os brancos, mas eles não convidam nenhum negro pra ir. E toda vez que eu falo dessas coisas, eles dizem que estou atrás de confusão. Eu não quero arrumar encrenca. Eu só quero ser tratada igual aos outros.[19]

Essa dupla dimensão do ativismo das mulheres negras oferece um novo modelo de análise do ativismo político afro-americano como um todo. O nacionalismo negro e a integração racial, geralmente vistos como posições antagônicas do pensamento político e social negro[20], se assemelham às lutas pela sobrevivência do grupo e pela transformação institucional. Se é melhor entender as lutas pela sobrevivência do grupo e pela transformação institucional como partes complementares e essenciais de um único processo, o mesmo vale para filosofias políticas negras mais amplas.

Essa dupla dimensão do ativismo das mulheres negras mostra que esses dois tipos de ação política são necessários para fomentar mudanças sociais. Em 1981, num discurso proferido durante um festival feminino de música, Bernice Johnson Reagon – ativista de longa data nos movimentos feministas e pelos direitos civis dos negros, além de uma das fundadoras do grupo musical Sweet Honey in the Rock – descreve a necessidade de se unir a luta pela sobrevivência do grupo à luta pela transformação institucional. Reagon comparou a criação de instituições comunitárias a um quarto fechado, onde há cuidados e segurança: "Enquanto durar, esse espaço deve oferecer cuidados e permitir que você filtre o que as pessoas dizem a seu respeito e decida quem você realmente é [...], nesse quartinho fechado em que você decide quem pode entrar, você cria uma comunidade"[21]. Porém, embora o quarto da comunidade seja necessário e talvez seja a única forma viável de resistência, ele não é suficiente para fomentar mudanças sociais decisivas. Reagon prossegue:

---

[19] Jean Reith Schroedel, *Alone in a Crowd: Women in the Trades Tell Their Stories* (Filadélfia, Temple University Press, 1985), p. 137.

[20] Harold Cruse, *The Crisis of the Negro Intellectual* (Nova York, William Morrow, 1967).

[21] Bernice Johnson Reagon, "African Diaspora Women", cit., p. 358.

O problema com esse experimento é que ali dentro só existe gente igual a você. [...] E isso é nacionalismo [...], é reconfortante, mas é nacionalismo. Em certo estágio, o nacionalismo é fundamental para que um povo gere impacto em favor de seus próprios interesses. Porém, a partir de determinado momento, o nacionalismo se torna reacionário, porque é totalmente inadequado à sobrevivência em um mundo com tantos povos diferentes.[22]

Para Reagon, as lutas pela sobrevivência do grupo têm como objetivo fomentar a autonomia, não o separatismo. Ademais, essa autonomia fornece a base para as coalizões baseadas em princípios com outros grupos, as quais são essenciais para a transformação institucional.

Essa abordagem do ativismo das mulheres negras também se distingue por questionar os principais pressupostos de gênero subjacentes tanto ao nacionalismo negro quanto à integração racial. Nos Estados Unidos, ambas as ideologias promovem crenças sobre o comportamento político adequado a cada gênero. Nas organizações de ideologia nacionalista negra, as mulheres são frequentemente associadas à esfera privada da família e da comunidade – entendida como uma nação negra no interior de outra nação –, ao passo que se espera dos homens que defendam essa comunidade negra na esfera pública das instituições sociais dos Estados Unidos[23]. Do mesmo modo, até pouco tempo atrás, era raro que as mulheres negras que participavam das organizações de defesa dos direitos civis fossem líderes ou porta-vozes. Em ambos os casos, as normas de gênero associavam o ativismo político dos homens negros a ações na esfera *pública*, fora da organização, e o ativismo das mulheres negras a atividades na esfera *privada*, no interior da organização. Esses pressupostos reproduzem crenças prevalecentes que com frequência dão mais credibilidade às ações dos homens na esfera pública que às ações das mulheres na esfera privada. Eles também limitam a eficácia organizacional no combate à injustiça social.

Um ponto de vista alternativo, centrado nas experiências vividas das mulheres negras, revela a importância do trabalho materno[24]. Em geral, a combinação de mobilidade entre bairros brancos e negros, como entidades culturais distintas,

---

[22] Idem.

[23] Patricia Hill Collins, *Fighting Words: Black Women and the Search for Justice* (Minneapolis, University of Minnesota Press, 1998), p. 155-83.

[24] Idem, "Shifting the Center: Race, Class, and Feminist Theorizing about Motherhood", em Evelyn Nakano Glenn, Grace Chang e Linda Forcey (orgs.), *Mothering: Ideology, Experience and Agency* (Nova York, Routledge, 1994), p. 45-65.

340 Pensamento feminista negro

com o tipo de trabalho realizado pelas mulheres negras nesses dois ambientes e o significado dado ao trabalho das mulheres negras em cada ambiente cria uma sensibilidade específica em relação ao ativismo político. Frequentemente chamado de "política maternal" e mal compreendido dentro desse referencial teórico[25], o trabalho materno das mulheres negras mostra que a consciência política pode surgir das experiências vivenciadas no dia a dia. Nesse caso, a participação das mulheres negras em uma miríade de atividades de maternagem – coletivamente chamadas de "trabalho materno" – muitas vezes fomenta o surgimento de uma sensibilidade política específica[26]. Ver as mulheres negras como ativistas tanto na luta pela sobrevivência do grupo quanto na luta pelas transformações institucionais não apenas põe em xeque os pressupostos de gênero da teoria e da prática política negra como também questiona as definições básicas do que é público, privado e político.

LUTA PELA SOBREVIVÊNCIA DO GRUPO

Coações externas como o racismo, o sexismo e a pobreza são tão severas que, assim como Sara Brooks, a maioria das afro-americanas enfrenta dificuldades para participar de atividades políticas organizadas. Sem oportunidade nem recursos para confrontar diretamente as instituições opressoras, a maioria das mulheres negras estadunidenses se envolve na luta pela sobrevivência do grupo. Entretanto, isso não quer dizer que as mulheres negras estejam abrindo mão de formas mais visíveis de manifestação política nem que as atividades de desenvolvimento da comunidade sejam o espaço apropriado ao gênero para o ativismo das mulheres negras. Ao contrário, as estratégias de resistência cotidiana consistem, em grande parte, em estabelecer esferas de influência, autoridade e

---

[25] Ver, por exemplo, Julia Wells, "Maternal Politics in Organizing Black South African Women: The Historical Lessons", em Obioma Nnaemeka (org.), *Sisterhood, Feminisms, and Power: From Africa to the Diaspora* (Trenton, NJ, Africa World, 1998).

[26] O trabalho materno das mulheres negras tem relevância econômica, função social e significado político. Primeiro, dado que muitas vezes o trabalho remunerado das mulheres negras era essencial para a sobrevivência da família, a identidade dessas mulheres como trabalhadoras remuneradas e mães contradizia as supostas distinções entre trabalho e família, tão centrais para as definições de masculinidade e feminilidade. Segundo, dado que continuavam pobres, embora trabalhassem duro tanto em casa quanto no emprego, muitas afro-americanas viam as hierarquias sociais de baixo para cima. Por último, as diferentes interpretações políticas ligadas ao trabalho materno na sociedade civil negra – em especial a tradição das mães de criação da comunidade, que elevou a maternidade a símbolo de poder – ajudaram a politizar o trabalho materno das mulheres negras.

poder no interior de instituições que tradicionalmente permitem pouca autoridade formal ou poder real às mulheres e aos afro-americanos.

Desde ações privadas e individuais dentro de casa até comportamentos de grupo mais organizados em igrejas e grupos de sororidade, as mulheres negras utilizam uma série de estratégias para solapar as instituições opressoras[27]. Como mães de sangue ou de criação em redes familiares centradas nas mulheres, elas cumprem um papel fundamental para a produção cultural de matriz africana. Assim como Sara Brooks, muitas mulheres negras confinadas em trabalhos subalternos, difíceis e mal pagos resistem a transmitir a seus filhos imagens definidas externamente das mulheres negras como mulas, *mammies*, matriarcas ou jezebéis. Em vez disso, utilizam a família como uma esfera eficaz de influência feminina negra para fomentar a autoestima e a autonomia de seus filhos[28]. Em alguns casos, a centralidade das mulheres negras nas redes familiares as leva a exercer poder político por meio das estruturas familiares preexistentes, ainda que isso nem sempre seja evidente. Anna Julia Cooper relatou que as mulheres negras do século XIX, ainda que privadas de direitos, tinham alguma influência política[29]:

> É notório que mulheres negras ignorantes dos estados do Sul tenham abandonado a casa de seus maridos e aberto mão de seu apoio em decorrência daquilo que a esposa entendia como deslealdade à raça ou, nas palavras dela, "jogar contra" os privilégios dela e das crianças.[30]

Tradicionalmente, o ativismo das mulheres negras no âmbito familiar se conjugava facilmente a seu ativismo como mães de criação da comunidade, considerada "família". Em ambos os sentidos de família, as afro-americanas trabalharam para estabelecer esferas de influência, autoridade e poder que produziram uma visão de mundo sensivelmente diferente daquela apresentada pelos grupos dominantes. Nas comunidades afro-americanas, a atividade das

---

[27] Filomina Chioma Steady (org.), "The Black Woman Cross-Culturally", cit.; Barbara Bush, "'The Family Tree Is Not Cut': Women and Cultural Resistance in Slave Life in the British Caribbean", em Gary Y. Okhiro (org.), *Resistance*, cit., p. 117-32; Elizabeth Fox-Genovese, "Strategies and Forms of Resistance: Focus on Slave Women in the United States", em Gary Y. Okhiro (org.), Resistance, cit., p. 143-65..

[28] Bonnie Thornton Dill, "'The Means to Put My Children Through': Child-Rearing Goals and Strategies among Black Female Domestic Servants", em La Francis Rodgers-Rose (org.), *The Black Woman* (Beverly Hills, Sage, 1980).

[29] Anna Julia Cooper, *A Voice from the South: By a Black Woman of the South* (Xenia, Aldine, 1892).

[30] Ibidem, p. 139.

mulheres como trabalhadoras culturais é empoderadora[31]. "O poder da mulher negra era o poder de fazer a cultura, transmitir a sabedoria popular, as normas e os costumes, assim como criar formas compartilhadas de ver o mundo que garantissem nossa sobrevivência", observa Sheila Radford-Hill. "Esse poder [...] não era nem econômico nem político, tampouco se traduziu em supremacia feminina."[32] Essa cultura foi fundamental para a luta pela sobrevivência do grupo.

Examinar uma versão específica do papel de mãe de criação da comunidade – a saber, o apoio das mulheres negras à educação – ilustra essa importante dimensão do ativismo político das mulheres negras. A educação funciona há muito tempo como símbolo poderoso da conexão fundamental entre indivíduo, mudança e empoderamento nas comunidades afro-americanas[33]. O compromisso com o valor da educação assumido por mulheres negras de destaque – como Anna Julia Cooper, que defendeu a causa da educação das mulheres negras no livro *A Voice from the South* [Uma voz do Sul] (1892); Mary McLeod Bethune, que fundou uma instituição de ensino superior; Nannie Burroughs, que lutou vigorosamente pela educação das mulheres negras; e Johnetta Cole, a primeira reitora negra da Faculdade Spelman – vai muito além da questão da obtenção de habilidades técnicas essenciais para a empregabilidade dos afro-americanos, ou do domínio das habilidades sociais necessárias para serem aceitos pelos brancos[34]. Ao descrever o propósito da educação oferecida no Instituto para Jovens de Cor, uma escola fundada para educar filhos de afro-americanos emancipados, a diretora Fanny Jackson Coppin não estava "interessada em produzir 'simples intelectuais' no instituto, mas estudantes capazes de 'elevar' a raça"[35]. Assim como suas antepassadas escravizadas, essas mulheres enxergavam o potencial

---

[31] Bernice Johnson Reagon, "African Diaspora Women", cit.

[32] Sheila Radford-Hill, "Considering Feminism as a Model for Social Change", em Teresa de Lauretis (org.), *Feminist Studies/Critical Studies* (Bloomington, IN, Indiana University Press, 1986), p. 168.

[33] Gerda Lerner, *Black Women in White America: A Documentary History* (Nova York, Vintage, 1972), p. 83-149; Thomas L. Webber, *Deep Like the Rivers* (Nova York, W. W. Norton, 1978); Angela Davis, *Mulheres, raça e classe*, cit.; Cynthia Neverdon-Morton, *Afro-American Women of the South and the Advancement of the Race, 1895-1925* (Knoxville, University of Tennessee Press, 1989).

[34] Evelyn Brooks Barnett, "Nannie Burroughs and the Education of Black Women", em Sharon Harley e Rosalyn Terborg-Penn (orgs.), *The Afro-American Woman: Struggles and Images* (Port Washington, NY, Kennikat, 1978), p. 97-108..

[35] Linda M. Perkins, "Heed Life's Demands: The Educational Philosophy of Fanny Jackson Coppin", *Journal of Negro Education*, v. 51, n. 3, 1982, p. 190.

ativista da educação, utilizando habilidosamente essa esfera de influência das mulheres negras para fomentar a educação como um dos pontos basilares do desenvolvimento da comunidade negra.

As afro-americanas perceberam há muito tempo que a ignorância relega as pessoas negras à impotência. Durante a escravidão, era ilegal ensinar negros a ler e escrever. Dominar essas habilidades era uma expressão de ativismo político não porque a educação permitisse que os escravos se tornassem melhores escravos, mas porque oferecia habilidades essenciais para o questionamento das próprias bases da escravidão. Uma ex-escravizada, já idosa, relata a importância da leitura para os afro-americanos escravizados:

> Eu não sabia ler, mas meu tio sabia. Eu era mucama e ajudava a sinhá a se vestir de manhã. Se o sinhô queria dizer alguma coisa pra ela sem eu entender, ele soletrava. Eu memorizava as letras e, assim que dava, corria pro meu tio e repetia pra ele. Aí ele me contava o que eles estavam dizendo.[36]

Quando se tornou mãe, essa mulher anônima encorajou os filhos a se instruir, e eles estiveram entre os primeiros a frequentar as escolas para libertos durante a Guerra Civil. Nutrindo grandes expectativas, ela falou de um de seus filhos: "Por que, se eu tivesse a chance dele, você acha que eu não ia querer aprender?". Para essa mãe, a educação era claramente uma arma poderosa para a libertação. Não tendo tido a oportunidade de aprender a ler e escrever, essa mulher negra resistia decorando letras e perguntando o sentido delas ao tio. Portanto, ela parecia conformada com as regras da escravidão – pois continuou analfabeta – ao mesmo tempo que as rejeitava. Essa mãe não apenas resistiu à escravidão dessa maneira como utilizou seu papel de educadora para passar aos filhos suas ideias de resistência.

Muitas mães negras continuam a levar a sério seu papel como educadoras. Após uma palestra noturna em uma faculdade de Detroit, com grande número de estudantes adultas negras, uma mulher veio até mim com uma questão. Ela queria saber se eu planejava passar algumas das ideias de *Pensamento feminista negro* para um formato apropriado para adolescentes. Mesmo trabalhando em tempo integral, essa mãe havia decidido voltar a estudar depois que o marido a deixou com oito filhos para criar. Segundo ela, os filhos gostavam de saber o que ela estava aprendendo na escola, e quando perguntavam: "O que você está

---

[36] Gerda Lerner, *Black Women in White America*, cit., p. 29-30.

lendo, mamãe?", ela parava e lia textos da faculdade para eles. Quando as filhas adolescentes viram que ela estava lendo *Pensamento feminista negro*, quiseram saber mais. Ela traduziu as ideias para elas, mas queria algo similar que pudesse lhes dar diretamente. As atitudes dessa mãe certamente são excepcionais, mas não sua crença na educação como ferramenta para o empoderamento. Ela via sua educação não como uma mercadoria apenas para si, mas como uma entidade a ser compartilhada.

As iniciativas de educadoras negras notáveis se fundam nas ações coletivas de mulheres negras como as mães anônimas do período escravocrata ou essa mãe de Detroit. Não é à toa que tantas ativistas negras estadunidenses de renome eram professoras ou estavam envolvidas de alguma maneira na luta por mais oportunidades de educação para afro-americanos de ambos os sexos[37]. Antes da conquista de direitos civis nos anos 1960, a falta de oportunidades profissionais obrigou as mulheres negras a se unir e promoveu um senso de visão coletiva. O poder e o *status* obtido pelas mulheres negras no papel de trabalhadoras culturais serviram para reforçar a importância de seu papel como educadoras. Os homens e as mulheres negros que a comunidade via como líderes na luta pela sobrevivência do grupo eram descritos como "educadores". Trabalhar pela elevação da raça e trabalhar pela educação se tornaram atividades interligadas.

A crença na educação como instrumento para a elevação da raça e no papel especial das mulheres negras nessa luta perdurou ao longo do século XX. Em um artigo publicado em 1938 na revista científica *Journal of Negro History*, Mary McLeod Bethune argumentou: "Se nosso povo deve lutar para crescer e se livrar da servidão, devemos muni-los com a espada e o escudo [...] do orgulho – acreditar em si mesmos e em suas possibilidades, com base no reconhecimento certeiro das conquistas do passado"[38]. Mais recentemente, essa crença e esse orgulho surgiram graças à luta para assegurar nossa educação. A luta pela educação politiza as mulheres negras. Uma mulher negra de 23 anos que participou das manifestações de 1982 por melhorias na educação na Faculdade Medgar Evers – uma instituição majoritariamente feminina e negra da Faculdade da Cidade de Nova York – capta esse significado da

---

[37]   Linda M. Perkins, "The Impact of the 'Cult of True Womanhood' on the Education of Black Women", *Journal of Social Issues*, v. 39, n. 3, 1983, p. 17-28; Cynthia Neverdon-Morton, *Afro-American Women of the South and the Advancement of the Race*, cit.

[38]   Gerda Lerner, *Black Women in White America*, cit., p. 544.

educação a partir daquilo que era conhecido como "elevação da raça", mas que nos anos 1960 passou a ser conhecido como desenvolvimento da comunidade negra:

> Eu aprendi tanto – mais do que jamais poderia ter aprendido em uma sala de aula! Aprendi que existe muito mais que conseguir um diploma e ascender financeiramente. É preciso fazer isso com princípios e dignidade. Não podemos ficar sentados, observando todas as atrocidades que continuam a acontecer, tomar umas notas em sala de aula, ler os livros e não fazer nada para mudar a situação.[39]

Tradicionalmente, ser professora em comunidades negras segregadas garantia um tipo de visibilidade interpretado como liderança comunitária[40]. Ao descrever seu papel como professora, Fanny Jackson Coppin contou que sempre deu aulas para duas turmas – os alunos do instituto e a comunidade negra[41]. As mulheres negras usavam as salas de aula e seu *status* de educadoras para promover o desenvolvimento das comunidades afro-americanas. Ao comparar as cartas de mulheres negras e brancas que se candidatavam para as sociedades missionárias nos estados do Sul após a Guerra Civil Estadunidense, a historiadora Linda Perkins encontrou diferenças significativas[42]. Majoritariamente solteiras, de classe média ou alta, sem emprego e formadas em faculdades da Nova Inglaterra e em Oberlin, as mulheres brancas falavam da "profunda necessidade de fugir do tédio e da desocupação" gerados pelo lugar que lhes era reservado pelo culto à verdadeira condição de mulher. Em contraste, as mulheres negras que se candidatavam tinham emprego e sustentavam financeiramente suas famílias. Suas cartas frequentemente falavam de temas como dever e elevação da raça. Enquanto as mulheres brancas que iam para o Sul geralmente permaneciam dois ou três anos, as mulheres negras expressavam o desejo de "dedicar o resto de suas vidas ao trabalho". Perkins afirma que a maioria cumpriu o prometido. Professoras negras que completaram a educação formal em Washington, D.C., no início do século XX também acreditavam que tinham uma responsabilidade especial junto a

---

[39] Andree Nicola-McLaughlin e Zula Chandler, "Urban Politics in the Higher Education of Black Women: A Case Study", em Ann Bookman e Sandra Morgen (orgs.), *Women and the Politics of Empowerment*, cit., p. 195.

[40] Cynthia Neverdon-Morton, *Afro-American Women of the South and the Advancement of the Race*, cit.

[41] Linda M. Perkins, "Heed Life's Demands", cit., p. 190.

[42] Idem, "The Impact of the 'Cult of True Womanhood' on the Education of Black Women", cit.

346 Pensamento feminista negro

suas comunidades e eram capazes de cumpri-la[43]. Essas mulheres "frequentemente se viam mais como 'elevadoras' que como trabalhadoras [...]. Educar os filhos de negros pobres e iletrados era considerado parte de suas obrigações morais e sociais como mulheres formalmente instruídas"[44]. Ao descrever o trabalho de uma professora que demonstrava esse tipo de liderança política, Alice Walker atesta que "ela ensinava principalmente a coragem em sua vida, o que para mim é a forma mais elevada de ensinamento"[45].

As atividades das mulheres negras nas igrejas também foram profundamente influenciadas por ideias similares a respeito da educação, do trabalho materno e do ativismo político. Como Dodson e Gilkes sugerem: "Se algum ministério pode ser considerado fundamental para o cosmos sagrado negro do século XX, seria o da educação. [...] Os negros [...] definiram a educação dos oprimidos e dos opressores como tarefas centrais da missão cristã"[46]. As igrejas negras apoiaram diversas ações sociais, econômicas, políticas e éticas essenciais para o desenvolvimento da comunidade negra[47]. Embora os homens dominem a autoridade formal na hierarquia das igrejas, as mulheres correspondem a um percentual elevado das congregações, ocupam postos de autoridade e têm uma importante influência sobre as comunidades religiosas afro-americanas de diversas denominações[48]. A situação é muito mais complexa que o proposto pelos modelos tradicionais, segundo os quais as "seguidoras" obedecem às ordens dos "líderes". Ao contrário, homens e mulheres parecem ocupar diferentes espaços de liderança nas comunidades religiosas negras.

Segundo declara Katie Cannon, "foi a fé bíblica fundamentada na tradição profética" que ajudou as mulheres negras a "desenvolver estratégias e táticas para tornar as pessoas negras menos suscetíveis às indignidades e às proscrições de uma ordem social branca opressora"[49]. A obra de Cheryl Gilkes sobre

---

[43] Sharon Harley, "Beyond the Classroom: The Organizational Lives of Black Female Educators in the District of Columbia, 1890-1930", *Journal of Negro Education*, v. 51, n. 3, 1982, p. 254-65.

[44] Ibidem, p. 257.

[45] Alice Walker, *In Search of Our Mother's Gardens* (Nova York, Harcourt Brace Jovanovich, 1983), p. 38.

[46] Jualyne E. Dodson e Cheryl Townsend Gilkes, "Something Within", cit., p. 84.

[47] Mechal Sobel, *Trabelin' On: The Slave Journey to an Afro-Baptist Faith* (Princeton, Princeton University Press, 1979); Henry H. Mitchell e Nicholas Cooper Lewter, *Soul Theology: The Heart of American Black Culture* (São Francisco, Harper and Row, 1986).

[48] Jualyne E. Dodson e Cheryl Townsend Gilkes, "Something Within", cit.

[49] Katie G. Cannon, "The Emergence of a Black Feminist Consciousness", cit., p. 35.

a Igreja Santificada na virada do século [XIX para o XX] descreve como as afro-americanas utilizavam essa tradição profética para criar e manter uma irmandade sofisticada[50]. Gilkes sustenta que "a concentração de mulheres em papéis educacionais [...] não era uma mera forma de segregação feminina: tratava-se, isso sim, da base para a criação de estruturas de autoridade, possibilidades de carreira e esferas de influência alternativas"[51]. Em uma época em que a sociedade dominante depreciava as mulheres negras, as integrantes da Igreja Santificada se referiam umas às outras como "santas". Dessa forma, rejeitavam claramente seu "lugar" definido socialmente e criavam suas autodefinições. A ênfase na autoridade bíblica fez com que aprender "a Palavra" fosse um meio importante de vida santificada, oferecendo um motivo poderoso para se educar. Em um período em que poucas afro-americanas tinham formação acadêmica, as mulheres das congregações, em geral da classe trabalhadora, encorajavam-se mutuamente a estudar. Ao arrecadar fundos, elas fizeram contribuições econômicas fundamentais para as igrejas santificadas. Os Departamentos das Mulheres Fortes detinham controle sobre o gasto e a alocação dos fundos. As mulheres "acreditavam na cooperação econômica com os homens, mas não na dependência econômica em relação a eles"[52]. Aconselhando as "irmãs" mais novas, as mulheres mais velhas ensinavam às menos experientes as habilidades necessárias para sobreviver como afro-americanas. A irmandade não se fazia em detrimento dos homens negros e das crianças negras. Ao contrário, ela se confundia com as necessidades desses grupos, de modo que a igreja praticava a união, sem uniformidade.

Uma perspectiva similar sobre a importância da educação, da irmandade, da autodefinição, da autoestima e da autonomia econômica permeava outras organizações de mulheres negras. Por meio da defesa de direitos e educação, o movimento das associações de mulheres negras, na virada do século [XIX para o XX], visava tratar de um amplo espectro de questões ligadas às mulheres negras[53]. A Associação Nacional das Mulheres Negras, a primeira associação nacional de organizações de mulheres negras, tinha originalmente os seguintes departamentos: Sufrágio Feminino, Patriotismo, Educação, Condições na Vida

---

[50] Cheryl Townsend Gilkes, "'Together and in Harness': Women's Traditions in the Sanctified Church", *Signs*, v. 10, n. 4, 1985, p. 678-99.

[51] Ibidem, p. 689.

[52] Ibidem, p. 690.

[53] Cynthia Neverdon-Morton, *Afro-American Women of the South and the Advancement of the Race*, cit.

Rural, Música, Literatura e Arte, Trabalho Remunerado e Negócios, Melhores Condições Ferroviárias, Encontros de Mães e Escola Noturna, Falar em Público e Bem-Estar Infantil[54]. As sororidades negras também declaravam como parte de sua missão cuidar das necessidades específicas das mulheres negras como elemento central da luta pela sobrevivência do grupo[55].

Nem todas as afro-americanas eram recebidas como membros iguais das organizações de mulheres negras de classe média. Embora trabalhassem em prol de todas as mulheres negras, as integrantes do Movimento de Associações das Mulheres Negras não trabalhavam em pé de igualdade com elas. O pensamento geral entre muitas reformistas de classe média "era que a maioria das mulheres sem formação escolar e de pouca qualificação profissional precisavam de elevação social e moral e, portanto, não possuíam o refinamento [...] necessário para se unir ao processo de elevação, ao menos como integrantes das organizações"[56]. As igrejas negras do início do século XX eram espaços fundamentais para que as mulheres com menor escolaridade e menor estabilidade financeira – se comparadas às bem formadas professoras que participavam das organizações de mulheres negras – pudessem exercer funções de liderança. Mulheres negras pobres e da classe trabalhadora se uniam em geral aos grupos de mulheres das igrejas, aos braços femininos das ordens fraternas e às sociedades beneficentes. Essas organizações não exigiam estilos de vida tão abastados nem papéis tão ativos na vida pública, além de trazer mais benefícios práticos para os membros que as organizações reformistas predominantemente de classe média[57].

Apesar das diferenças de classe entre as mulheres negras, a tradição de buscar educação para o desenvolvimento da comunidade negra permeou todo o ativismo das mulheres negras estadunidenses. Um estudo com 25 líderes comunitárias negras revelou que elas rejeitavam definições limitadas de educação. Ao avaliar suas próprias experiências educacionais, essas mulheres negras eram extremamente críticas a respeito da função da educação superior como forma de inserção em uma visão de mundo própria da classe média branca. Para elas, o ensino superior em instituições controladas por brancos era uma "forma de pacificação e mistificação", uma educação que

---

[54] Gerda Lerner, *Black Women in White America*, cit., p. 445.

[55] Paula Giddings, *In Search of Sisterhood: Delta Sigma Theta and the Challenge of the Black Sorority Movement* (Nova York, William Morrow, 1988).

[56] Sharon Harley, "Beyond the Classroom", cit., p. 258.

[57] Idem.

"ensina a não lutar". Essas mulheres rejeitavam essa forma de educação e defendiam um tipo de "educação focada" no interior dessas instituições brancas que lhes permitissem levar adiante a tradição das mulheres negras de trabalho pela elevação da raça[58].

Dependendo de sua origem social, essas mulheres seguiam caminhos diferentes para adquirir uma educação focada. Para as mulheres de classe média, a responsabilidade social era incutida pelos pais. Elas eram ensinadas a seguir uma longa tradição de mulheres negras instruídas que trabalham em favor da raça. Em contrapartida, mulheres da classe trabalhadora se formavam para obter as credenciais e a informação que consideravam necessárias para abordar problemas específicos de suas comunidades. Uma trabalhadora entrevistada relatou suas razões para retomar os estudos:

> Eu ouvia as pessoas falando que as mães e os pais negros são apáticos e nunca acreditei nisso. [...] As famílias sempre tiveram a sensação – e eu tinha a mesma impressão até me envolver com os professores – de que os professores estão sempre certos, já que nós (os negros) sempre tivemos muito respeito pela educação. [...] Eu sentia que, embora trabalhasse com um grupo de pais, ninguém me levava muito a sério porque eu não era professora. Então decidi que me tornaria professora, não para dar aulas, mas para trabalhar com os pais.[59]

A formação especializada dessa mulher a empoderou, porque lhe forneceu as credenciais que ela acreditava serem necessárias para organizar os pais dos alunos. Sua formação foi escolhida com o objetivo de melhorar a situação dos afro-americanos como grupo, não apenas para seu desenvolvimento pessoal.

Em outros casos, a ideologia nacionalista negra estimula uma educação focada que capacita as mulheres negras de classes populares a atuar como ativistas sociais. Embora amplamente ignorado pela literatura feminista negra, o Movimento Garvey continua a ser o maior movimento negro de massa dos Estados Unidos. Boa parte de seus membros pertencia à classe trabalhadora e, como sugere um estudo a respeito de Amy Jacques Garvey[60], as mulheres negras que foram influenciadas pelo nacionalismo negro de Garvey acreditavam que

---

[58] Cheryl Townsend Gilkes, "Going Up for the Oppressed: The Career Mobility of Black Women Community Workers", *Journal of Social Issues*, v. 39, n. 3, 1983, p. 115-39.

[59] Ibidem, p. 121.

[60] Karen S. Adler, "'Always Leading Our Men in Service and Sacrifice': Amy Jacques Garvey, Feminist Black Nationalist", *Gender and Society*, v. 6, n. 3, 1992, p. 346-75.

sua contribuição como mulheres seria fundamental para o desenvolvimento da comunidade negra. A longa e destacada carreira de Elma Lewis, fundadora da Escola de Belas-Artes Elma Lewis e do Centro Nacional de Artistas Afro-Americanos, ambos em Boston, ilustra a convergência dos temas que caracterizam a luta das mulheres negras pela sobrevivência do grupo. Filha de imigrantes das Antilhas – o pai vivia de bicos e a mãe era empregada doméstica –, Lewis aprendeu como eles o valor da educação, das artes e de Marcus Garvey. Inspirando-se na filosofia de Garvey ("Avante, povo poderoso, vocês podem fazer o que quiserem"), Elma Lewis abriu sua escola em 1950 com trezentos dólares, dois pianos, duas mesas dobráveis e duas cadeiras, todos usados. Segundo Lewis, ela nunca pensou que a escola pudesse não dar certo, porque acreditava no que dizia aos alunos: "A glória está em você. Tudo é possível". Com o passar dos anos, milhares de crianças aprenderam balé clássico, teatro, canto e dança africana no centro. Embora tivesse 77 anos em 1998, Lewis ainda estava à frente da 29ª temporada da peça gospel *Black Nativity* [Natividade negra], de Langston Hughes, celebrando a cultura negra. Lewis é uma trabalhadora cultural do tipo descrito por Bernice Johnson Reagon[61]. Seu individualismo socialmente responsável, calcado na educação, na cultura e em Marcus Garvey, permitiu que ela persistisse. Segundo ela: "Nós sempre olhamos para o leite derramado. Eu tenho de olhar para o que tenho e para onde posso ir"[62].

Obter uma educação focada demonstra a importância de si mesma, da mudança e do empoderamento das mulheres negras. Uma mulher de 38 anos, mãe de cinco filhos, que participou das manifestações na Faculdade Medgar Evers conta como a luta pela educação foi importante para ela: "Mais que qualquer outra coisa, aprendi que sou uma pessoa poderosa! Sabe, é importante perceber que independentemente da sua idade, ou das coisas que você viveu, todo mundo pode contribuir para mudar as condições do nosso povo"[63]. O empoderamento das mulheres negras por meio da educação foi muito bem resumido por outra mulher que participou do mesmo movimento político: "Eu era uma pessoa tímida e reservada antes do movimento na Medgar, mas encontrei a minha voz – e aprendi a usá-la! E nunca mais vou perder minha voz!"[64].

---

[61] Bernice Johnson Reagon, "African Diaspora Women", cit.

[62] Sara Rimer, "An Arts Leader for Whom 'Anything Is Possible'", *New York Times*, 28 dez. 1998, A16.

[63] Andree Nicola-McLaughlin e Zula Chandler, "Urban Politics in the Higher Education of Black Women", cit., p. 194.

[64] Ibidem, p. 195.

LUTA PELA TRANSFORMAÇÃO INSTITUCIONAL

Ações para eliminar a discriminação na moradia, no mercado de trabalho, na educação, em estabelecimentos de uso público e na representação política constituem um ativismo que visa mudar as regras que limitam a vida das afro--americanas. Tradicionalmente, em organizações de defesa dos direitos civis, das mulheres, trabalhistas e outras dedicadas à transformação institucional, as mulheres negras foram ou excluídas ou relegadas a papéis subordinados[65]. Por exemplo, a liderança masculina das organizações negras de direitos civis relutava em ver as mulheres negras como líderes do movimento[66]. As organizações de mulheres estadunidenses também relegavam as afro-americanas a posições subordinadas[67]. Até mesmo organizações negras radicais, como o Partido dos Panteras Negras, tiveram dificuldades para se libertar da ideia de que as mulheres eram incapazes de liderar[68]. Os padrões do ativismo das mulheres negras estadunidenses são, portanto, menos um reflexo das escolhas políticas das mulheres negras que das oportunidades que se apresentavam.

Dependendo do lugar e do momento histórico, as afro-americanas empregaram uma série de estratégias para desafiar as regras que governam nossa subordinação. Em muitos casos, praticaram o protesto individual contra regras e práticas injustas. Ruth Powell teve seu primeiro encontro com Jim Crow em uma lanchonete em Washington, D. C., quando estudava direito na Universidade Howard, nos anos 1940. A experiência foi devastadora: "Eu fiquei sentada por uns dez minutos, assistindo à garçonete correr de um lado para o outro, quando me dei conta da realidade e entendi o que estava acontecendo"[69]. Ela foi embora, porque sabia que "sozinha não poderia fazer nada de concreto para revolucionar aquelas condições", mas também acreditava que "tinha de fazer alguma coisa para

---

[65] Angela Davis, *Mulheres, raça e classe*, cit.; Rosalyn Terborg-Penn, "Survival Strategies among African-American Women Workers: Continuing Process", em Ruth Milkman (org.), *Women, Work and Protest: A Century of U.S. Women's Labor History* (Boston, Routledge & Kegan Paul, 1985), p. 139-55.

[66] Bernice McNair Barnett, "Invisible Southern Black Women Leaders in the Civil Rights Movement: The Triple Constraints of Gender, Race, and Class", *Gender and Society*, v. 7, n. 2, 1993, p. 162-82.

[67] Nancie Caraway, *Segregated Sisterhood: Racism and the Politics of American Feminism* (Knoxville, University of Tennessee Press, 1991).

[68] Elaine Brown, *A Taste of Power: A Black Woman's Story* (Nova York, Pantheon, 1992).

[69] Pauli Murray, *Song in a Weary Throat: An American Pilgrimage* (Nova York, Harper and Row, 1987), p. 205.

352 Pensamento feminista negro

preservar o pouco que [lhe] restava da autoestima"[70]. Essa "coisa" que Ruth Powell tinha de fazer se tornou uma campanha solitária. Ela entrava nas lanchonetes e educadamente pedia para ser servida; quando não a atendiam, ela ficava sentada em silêncio, às vezes por horas. Nessas ocasiões, escolhia um garçom e ficava olhando fixamente para ele, por mais de uma hora. "Já não fazia diferença se eu seria servida ou não", explicou Powell. "Eu acreditava que aquelas pequenas agitações culminariam em um vital [...] processo de despertar".[71]

A postura de Powell representa uma ação realizada com o objetivo de mudar as regras. Mulheres negras também protestaram ao colaborar com organizações e grupos formais. Muitas organizações de mulheres afro-americanas que se engajaram ativamente na luta pela sobrevivência do grupo fizeram um *lobby* incansável em favor de reformas na lei. As mulheres negras também viram a necessidade de coalizões baseadas em princípios comuns com grupos afetados por questões similares. A contribuição de inúmeras ativistas negras de base em movimentos por direitos civis, feministas e de trabalhadores refletem estratégias criadas para mudar as regras do sistema por meio da participação em organizações reformistas[72]. Nos anos 1970 e 1980, embora as mulheres negras continuassem sub-representadas em cargos eletivos quando considerada sua proporção na população, elas tiveram um avanço muito superior ao das mulheres brancas em eleições municipais para o executivo e estaduais e federais para cargos legislativos[73]. Outros casos envolvem a participação de afro-americanas na resistência violenta contra a escravidão e outras formas de opressão política e legal[74].

Sendo um dos poucos grupos afetados negativamente por múltiplas formas de opressão, as mulheres afro-americanas se encontram em posição privilegiada para enxergar sua interconexão. Assim, as diversas estratégias empregadas na luta pela transformação institucional foram acompanhadas de uma diversidade similar de regras questionadas pelas mulheres negras. As mulheres negras estão continuamente interessadas não apenas na resistência às leis e aos costumes racistas e sexistas, mas também na mudança de um conjunto amplo de regras

---

[70] Ibidem, p. 205.

[71] Idem.

[72] Paula Giddings, *When and Where I Enter: The Impact of Black Women on Race and Sex in America* (Nova York, William Morrow, 1984).

[73] Robert Darcy e Charles D. Hadley, "Black Women in Politics: The Puzzle of Success", *Social Science Quarterly*, v. 69, n. 3, 1988, p. 629-45.

[74] Rosalyn Terborg-Penn, "Black Women in Resistance", cit.

que definem a vida em sociedade nos Estados Unidos. Por exemplo, embora muitas mulheres negras não se identifiquem imediatamente como feministas, há um grande apoio às pautas feministas entre as afro-americanas[75].

Ainda que apoiem implicitamente uma visão humanista para a transformação institucional, as mulheres negras adotam estratégias políticas que nem sempre abordam explicitamente essa visão. Muitas delas se iniciam no ativismo político defendendo os interesses dos afro-americanos, dos pobres ou, com menor frequência, das mulheres. Com o tempo, porém, as ativistas negras se dão conta de que as opressões são interconectadas e percebem a necessidade de uma ação política ampla. Em vez de se unir a uma série de organizações, cada qual dedicada a uma questão específica, muitas ativistas negras preferem criar novas organizações ou trabalhar diretamente pela transformação das instituições em que já se encontram. Por exemplo, as mulheres negras que participavam do movimento de defesa dos direitos civis se uniram inicialmente para lutar contra a desigualdade racial, mas com o passar do tempo começaram a protestar também contra a desigualdade de gênero[76]. A liderança arguta de Faye Wattleton na Federação de Paternidade Planejada*, as engenhosas ações de Gloria Scott para tornar as Meninas Escoteiras dos Estados Unidos mais inclusivas do ponto de vista econômico e racial e a perspicaz liderança de Marian Wright Edelman no Fundo de Defesa Infantil parecem unir essas mulheres a causas específicas que em princípio nada têm a ver com questões raciais. Entretanto, uma análise mais detida revela que, embora essas mulheres não se manifestem como defensoras dos direitos das mulheres negras, suas ações representam um benefício direto para as mulheres negras. Enquanto muitas pessoas apenas falam de resistência, elas apresentam resultados tangíveis.

A LIDERANÇA DAS MULHERES NEGRAS E A TRANSFORMAÇÃO INSTITUCIONAL

A histórica participação das mulheres negras estadunidenses em atividades políticas organizadas nos leva a repensar como as mulheres negras conceituam e usam

---

[75] Deborah K. King, "Multiple Jeopardy, Multiple Consciousness: The Context of a Black Feminist Ideology", *Signs*, v. 14, n. 1, 1988, p. 42-72.

[76] Sara Evans, *Personal Politics* (Nova York, Vintage, 1979).

* Entidade que atua desde 1916 na promoção da educação sexual e do controle de natalidade, realizando ações de formação e procedimentos médicos variados. (N. E.)

354 Pensamento feminista negro

o poder. O uso do poder pelas mulheres negras parece surgir de ideias distintas sobre o empoderamento das pessoas, a estruturação e o compartilhamento do poder em ambientes organizacionais, e a configuração das organizações caso seus membros fossem plenamente empoderados. Examinar a liderança das mulheres negras em organizações cuja missão é transformar as instituições é um caminho para refletir sobre essas questões mais amplas.

As afro-americanas participaram ativamente dos movimentos pelos direitos civis, como o movimento abolicionista, as lutas contra o linchamento de negros no início do século XX e os movimentos mais recentes de luta por direitos civis nos estados do Sul dos Estados Unidos[77]. Embora as mulheres negras que faziam parte dessas organizações raramente trabalhassem exclusivamente em prol das mulheres negras, as questões defendidas por elas e a forma como agiam no interior dessas organizações sugerem que elas incluíam as demandas das mulheres negras em suas ações políticas.

O estilo organizacional das mulheres negras estadunidenses em instituições majoritariamente negras revela muito sobre o modo como elas exercem seu poder. O empoderamento das mães de criação da comunidade e das trabalhadoras culturais molda as atividades políticas das mulheres negras. Quando recorrem à educação como modelo de empoderamento, muitas mulheres negras passam a rejeitar os modelos de autoridade baseados em hierarquias injustas. Por exemplo, a ativista negra Septima Clark discordava do estilo de liderança da Conferência da Liderança Cristã do Sul durante o movimento pelos direitos civis. Clark afirmava: "Você pode trabalhar quanto quiser nos bastidores. [...] Mas não pode tomar a frente e tentar liderar. Eles [os homens negros] não querem saber desse tipo de coisa"[78]. Clark tentou influenciar essa organização dominada por homens: "Enviei uma carta ao doutor King, pedindo-lhe que não liderasse todas as marchas sozinho e sugerindo que, em vez disso, formasse líderes capazes de estar à frente de suas próprias marchas. O doutor King leu a carta para toda a equipe. Eles simplesmente deram risada"[79].

Mulheres afro-americanas como Septima Clark tinham ideias específicas sobre liderança e empoderamento na luta pelos direitos civis, ideias que, de acordo com Nikki Giovanni, revelavam que "o objetivo de qualquer líder é

---

[77] Paula Giddings, *When and Where I Enter*, cit.

[78] Cynthia Stokes Brown (org.), *Ready from Within: Septima Clark and the Civil Rights Movement* (Navarro, Wild Trees, 1986), p. 77.

[79] Idem.

multiplicar a liderança. O objetivo de ser um porta-voz é falar até que as pessoas encontrem a própria voz"[80]. A explicação de Septima Clark para seu desejo de construir uma base ampla de líderes comunitários ilustra como o compromisso com a educação como ferramenta de empoderamento opera no ativismo político das mulheres negras: "Eu achava que líderes se desenvolvem à medida que avançamos e que, conforme as pessoas se desenvolvem, elas precisam demonstrar seu progresso por meio da liderança"[81].

O estilo de ativismo das mulheres negras também revela a crença de que ensinar as pessoas a serem autônomas promove mais empoderamento que ensiná-las a seguir seus líderes. A ativista de direitos civis Ella Baker, figura central na Conferência da Liderança Cristã do Sul que se dedicou ao ensino, conta como fomentava o empoderamento de estudantes que militavam pelos direitos civis: "Eu nunca interferia nas disputas, se pudesse evitar. A maioria dos jovens havia sido treinada para acreditar nos adultos, ou segui-los sempre que possível. Eu sentia que eles deveriam ter a chance de aprender a pensar por conta própria e a tomar decisões"[82]. Recorrendo ao modelo de relacionamento das mães de criação da comunidade e à educação como ferramenta de empoderamento, Baker fazia intervenções, mas apenas quando sentia que os estudantes estavam em perigo. Seu modelo de "democracia participativa" surge dessa compreensão de empoderamento[83].

"Precisamos nos esforçar para 'erguer-nos [umas às outras] enquanto subimos'. [...] devemos subir de modo a garantir que todas as nossas irmãs, independentemente de classe social, assim como todos os nossos irmãos, subam conosco. Essa deve ser a dinâmica essencial da nossa busca por poder", aconselha Angela Davis[84]. Os modelos de liderança propostos tanto por Septima Clark quanto por Ella Baker estão ligados a um ativismo político específico das mulheres negras. É evidente que ambas poderiam ter sido líderes no sentido tradicional do termo: figuras de proa com autoridade formal. Porém, a maneira como se

---

[80] Nikki Giovanni, *Sacred Cows... and Other Edibles* (Nova York, Quill/William Morrow, 1988), p. 135.

[81] Ibidem, p. 77.

[82] Ellen Cantarow, *Moving the Mountain: Women Working for Social Change* (Old Westbury, Feminist Press, 1980), p. 87.

[83] Carol Mueller, "Ella Baker and the Origins of 'Participatory Democracy'", em Vicki L. Crawford, Jacqueline Anne Rouse e Barbara Woods (orgs.), *Women in the Civil Rights Movement: Trailblazers and Torchbearers, 1941-1965* (Bloomington, IN, Indiana University Press, 1990), p. 51-70.

[84] Angela Davis, *Mulheres, cultura e política*, cit., p. 17.

comportavam revela que exerciam um poder considerável em suas organizações em decorrência de sua perspectiva sobre a mudança social[85].

As estratégias de muitas afro-americanas em locais de trabalho reforçam a ideia de que as fontes tradicionais de empoderamento das mulheres negras influenciam seu comportamento organizacional. Um curioso estudo de caso sobre uma longa e ao fim bem-sucedida tentativa de organizar as secretárias de um hospital em uma pequena cidade do Sul dos Estados Unidos ilustra como as mulheres negras frequentemente recorrem a noções afro-americanas de família e comunidade[86]. Laços comunitários e de parentesco aproximaram as mulheres que trabalhavam nos setores burocráticos do hospital. Essas redes no local de trabalho se tornaram a base da organização. As pessoas que faziam parte dessas redes estabeleceram uma linguagem comum, elogiando as famílias, comemorando as conquistas pessoais umas das outras e referindo-se ao grupo como "família".

Algumas mulheres que faziam parte dessas redes sobrepostas de comunidade e trabalho se tornaram "mulheres centrais". As competências que adquiriram em decorrência dessa posição em redes familiares centradas em mulheres permitiram que mantivessem as pessoas unidas, garantissem o cumprimento das obrigações e o consenso no grupo. Na campanha pela sindicalização, o trabalho materno das mulheres negras se mostrou fundamental para a transformação institucional[87]. A campanha foi bem-sucedida graças à existência de duas frentes de liderança igualmente importantes: a dos porta-vozes que

---

[85] Outra possível fonte de poder para as mulheres nas comunidades afro-americanas diz respeito à autoridade das mulheres negras como líderes espirituais. Rosalyn Terborg-Penn sugere que, quando as mulheres lideram movimentos de resistência comunitária, idosas respeitadas pela comunidade frequentemente se tornam líderes. Essas mulheres já eram reverenciadas em razão de seus "poderes espirituais ou sobrenaturais, que seus seguidores consideravam fortes o bastante para combater as forças opressoras contra as quais sua sociedade estava lutando"; ver Rosalyn Terborg-Penn, "Black Women in Resistance", cit., p. 190.

[86] Ver Karen Brodkin Sacks, "Computers, Ward Secretaries, and a Walkout in a Southern Hospital", em Karen Sacks e Dorothy Remy (orgs.), *My Troubles Are Going to Have Trouble with Me* (New Brunswick, Rutgers University Press, 1984), p. 173-90; e também "Gender and Grassroots Leadership", em Ann Bookman e Sandra Morgen (orgs.), *Women and the Politics of Empowerment*, cit., p. 77-94. O estudo de Karen Sacks apresenta um caso atípico de mulheres negras em sindicatos. Há muitos anos as mulheres negras organizam e participam de uma série de ações por melhores condições de trabalho, salário e progressão na carreira. Entretanto, o confinamento das mulheres negras ao trabalho doméstico privado, que as excluiu, em grande parte, da indústria, a discriminação profissional dentro da indústria e o preconceito nos próprios sindicatos ajudaram a moldar o comportamento das mulheres negras como sindicalistas; ver Rosalyn Terborg-Penn, "Survival Strategies among African-American Women Workers", cit.

[87] Patricia Hill Collins, "Shifting the Center", cit.

se envolveram nas negociações diretas com a gerência e a das pessoas centrais que fomentaram a solidariedade entre os trabalhadores como grupo. Embora homens e mulheres fossem capazes de cumprir essas funções, nesse caso em particular as atribuições acabaram divididas por gênero. Os homens atuavam como porta-vozes, enquanto as mulheres eram as pessoas centrais. A despeito do sucesso desse caso de organização, pressupor sua complementaridade é questionável. A complementaridade por si só não resulta necessariamente em desigualdade. Entretanto, como diz Leith Mullings, "pressupostos acerca da superioridade e da inferioridade geralmente estão implícitos nos arcabouços de complementaridade existentes no contexto de uma sociedade hierarquizada"[88].

Pesquisas sobre líderes comunitárias negras reforçam a ideia de que as mulheres negras trabalham de maneira própria pela transformação institucional[89]. Um estudo revelou que líderes negras utilizaram sua posição de comando em agências de serviço social para mudar as regras que as regiam. Uma diretora comentou: "É impossível eliminar a discriminação só com reclamações. [...] O que precisamos fazer é entrar nessas instituições e trabalhar de cima para baixo: como as políticas são criadas; quem está a cargo delas; por que as políticas são assim"[90]. Ainda que essas agências fossem bancadas e controladas por brancos, essas mulheres as utilizaram para empoderar os afro-americanos, da mesma forma que as trabalhadoras domésticas negras utilizavam sua posição para proporcionar bens materiais e formação a seus filhos. Elas "viam a comunidade negra como um grupo de parentes e amigos cujos interesses deveriam ser defendidos e promovidos a todo instante, em todas as circunstâncias e por todos os meios"[91].

Com frequência o trabalho dessas mulheres em prol da transformação institucional pôs seus empregos em risco. Uma vez que o foco não era necessariamente o emprego em particular, mas o trabalho, essas mulheres costumavam seguir em frente quando as restrições organizacionais se chocavam com momentos de virada em seu desenvolvimento pessoal. Ao definir seus empregos pela tensão

---

[88] Leith Mullings, *On Our Own Terms: Race, Class, and Gender in the Lives of African American Women* (Nova York, Routledge, 1997), p. 139.

[89] Cheryl Townsend Gilkes, "From Slavery to Social Welfare: Racism and the Control of Black Women", em Amy Swerdlow e Hanna Lessinger (orgs.), *Class, Race, and Sex: The Dynamics of Control* (Boston, G. K. Hall, 1983); idem, "Building in Many Places: Multiple Communities and Ideologies in Black Women's Community Work", em Ann Bookman e Sandra Morgen (orgs.), *Women and the Politics of Empowerment*, cit., p. 53-76.

[90] Cheryl Townsend Gilkes, "From Slavery to Social Welfare", cit., p. 129.

[91] Ibidem, p. 117.

358 PENSAMENTO FEMINISTA NEGRO

entre a transformação institucional e a tentativa de adaptação ao sistema vigente, elas conquistaram certo grau de "independência espiritual". A aquisição de uma educação focada por meio da mudança de emprego permitiu às mulheres enxergar um quadro mais amplo, invisível quando se trabalha em um cenário limitado.

Fomentando a autonomia afro-americana por meio de suas instituições, essas mulheres expandiram sua rede de afiliações, fazendo alianças umas com as outras. Apesar das diferenças ideológicas, as mulheres que integravam essa rede de trabalhadoras comunitárias participavam dos conselhos diretivos das organizações encabeçadas pelas colegas e ajudavam a promover os objetivos delas. Gilkes avalia essa presença estratégica nos conselhos das agências:

> As afiliações são um reflexo do local e dos problemas da comunidade. Embora as trabalhadoras comunitárias tenham ideologias políticas bem articuladas, suas afiliações nem sempre refletem sua escolha de lado nos debates ideológicos, como integração *versus* separatismo, ou estratégias políticas radicais *versus* política partidária tradicional. A afiliação dessas mulheres a instituições controladas por brancos é um reflexo de onde acreditam que os negros devem estar para ter algum controle sobre sua vida e seu futuro.[92]

A pesquisa de Nancy Naples sobre tradições de maternagem ativista entre mulheres negras e porto-riquenhas em bairros de baixa renda apresenta outro ângulo de visão sobre o trabalho das mulheres negras estadunidenses em prol da transformação institucional[93]. Embora as abordagens acadêmicas predominantes fragmentem a vida social, separando trabalho remunerado e reprodução social, ativismo e maternagem, família e comunidade, as ideias e as ações das trabalhadoras comunitárias negras põem em xeque esses esquemas. Muitas mulheres começam a se envolver na política comunitária por causa de seus filhos. Seu envolvimento político subsequente, porém, ultrapassa os interesses familiares quando elas percebem que seus problemas pessoais são politicamente constituídos. Naples descreve como uma mãe solteira negra se politizou. A falta de aquecimento, os vazamentos de água e as infestações de seu apartamento por

---

[92] Cheryl Gilkes, "Building in Many Places", cit., p. 68.

[93] Nancy Naples, "'Just What Needed to Be Done': The Political Practice of Women Community Workers in Low-Income Neighborhoods", *Gender and Society*, v. 5, n. 4, p. 478-94; idem, "Activist Mothering: Cross-Generational Continuity in the Community Work of Women from Low-Income Urban Neighborhoods", em Esther Ngan-Ling Chow, Doris Wilkinson e Maxine Baca Zinn, *Race, Class, and Gender: Common Bonds, Different Voices* (Thousand Oaks, Sage, 1996), p. 223-45.

camundongos e ratazanas contribuíram para que ela se engajasse na luta contra a precariedade habitacional. Infelizmente, a morte de seu filho por pneumonia foi o catalisador de sua transformação:

> O que aconteceu é errado! Todos os bebês que nasceram naquele ano morreram durante o inverno, tirando um menininho. Nós levávamos os bebês ao Hospital Metropolitano, eles davam um banho de álcool neles, uma aspirina e mandavam a gente de volta pra casa. Eu comecei a brigar com eles, com a Secretaria de Saúde e com quem mais fosse preciso, pra conseguir aquecimento em casa e coisas desse tipo. Eu sabia que as coisas não precisavam ser daquele jeito. Não havia razão pra meus filhos ou os filhos de qualquer outra pessoa viverem daquela maneira. Então, quando meus filhos começaram a ir à escola, eu tentei organizar os pais.[94]

Tanto mulheres quanto homens afro-americanos trabalham pelo desenvolvimento da comunidade negra. Embora nem Gilkes nem Naples se posicionem a esse respeito, suas obras sugerem que as trabalhadoras comunitárias negras são mais propensas que os homens a manter afiliações estratégicas com indivíduos e grupos engajados em projetos similares de justiça social. A líder comunitária engajada na luta por melhores condições de moradia no Harlem certamente tinha interesse em construir uma rede de contatos o mais ampla possível. Diante da necessidade imediata de prover as crianças negras de serviços básicos, especialmente em vista do risco iminente a que muitas estão expostas, os debates ideológicos sobre os méritos relativos da integração racial ou do nacionalismo negro parecem perder importância. Isso não significa que as mulheres negras não tenham uma ideologia definida, e sim que nossas experiências como mães, mulheres centrais e mães de criação da comunidade promovem uma forma distinta de ativismo político, baseada na negociação e em um grau maior de atenção ao contexto[95].

REVISITANDO O ATIVISMO DAS MULHERES NEGRAS

Enquanto a justiça social estiver fora do alcance das mulheres afro-americanas, ela provavelmente estará distante da sociedade estadunidense como um todo. Por essa razão, o ativismo das mulheres negras continua necessário. Contudo,

---

[94] Idem, "Activist Mothering", cit., p. 231.
[95] Carol Gilligan, *In a Different Voice* (Cambridge, MA, Harvard University Press, 1982) [ed. bras.: *Uma voz diferente: psicologia da diferença entre homens e mulheres da infância à idade adulta*, trad. Nathanael C. Caixeiro, Rio de Janeiro, Rosa dos Tempos, 1982]; Mary Field Belenky et al., *Women's Ways of Knowing* (Nova York, Basic Books, 1986).

360 Pensamento feminista negro

embora persista a relação dialética que une opressão e ativismo, as novas formas de organização das opressões interseccionais e os contornos do ativismo necessário à resistência exigem das mulheres negras dos Estados Unidos um ativismo dinâmico e um feminismo negro igualmente vigoroso.

Diferentes épocas da história trouxeram novos desafios e oportunidades para o ativismo das mulheres negras estadunidenses. Retrospectivamente, a conexão entre a forma assumida anteriormente pelo ativismo das mulheres negras e os desafios específicos àqueles momentos históricos parece bastante simples: a ideologia da "elevação da raça" das associações de mulheres negras mirava a instalação da segregação racial durante a era do Jim Crow, ao passo que as manifestações no período de luta pelos direitos civis visava garantir a aplicação das então recentes leis que proibiam essa segregação. A análise histórica é sempre importante, mas olhar para o futuro é mais complicado. Segundo Tiffany, uma menina negra de onze anos de Birmingham, no Alabama: "Não estou tão preocupada com a história das pessoas negras quanto estou com o presente das pessoas negras"[96].

A longa lista de problemas sociais que atingem tantas mulheres negras nos Estados Unidos – pobreza, violência, condições de vida precárias, acesso inadequado a serviços de saúde e questões reprodutivas – é bem conhecida. Esses mesmos problemas afetam mulheres afrodescendentes em muitos países[97]. Muitas das causas desses problemas sociais também são conhecidas – o crescimento da economia global, que produz formas de integração específicas para cada gênero no interior da população economicamente ativa; uma mídia global cada vez mais eficiente, que faz circular imagens de controle atualizadas das mulheres negras e, desse modo, reforça velhas noções sobre a sexualidade delas; a segregação racial profundamente arraigada em aspectos como moradia, educação e emprego, que dá à pobreza das mulheres negras contornos especialmente duros; e o ressurgimento de um clima político conservador nos Estados Unidos que parece se dedicar à limitação das proteções do Estado de bem-estar social. Apesar da forma específica que esses problemas sociais assumiram recentemente nos Estados Unidos, eles se assemelham aos problemas que as mulheres afro-americanas enfrentaram em períodos anteriores, assim como aos que afligem

---

[96] Rebecca Carroll, *Sugar in the Raw: Voices of Young Black Girls in America* (Nova York, Crown Trade, 1997), p. 137.

[97] Olabisi Aina, "African Women at the Grassroots: The Silent Partners of the Women's Movement", em Obioma Nnaemeka (org.), *Sisterhood, Feminisms, and Power: From Africa to the Diaspora* (Trenton, NJ, Africa World, 1998), p. 65-88.

atualmente as mulheres afrodescendentes em outros países. Nesse contexto, ambas as dimensões do ativismo das mulheres negras são necessárias, mesmo que devam encontrar novas configurações. Seria tacanho afirmar que as lutas pela sobrevivência do grupo são mais importantes que as lutas pela transformação das instituições, ou vice-versa.

Observemos, por exemplo, as lutas pela sobrevivência do grupo. As políticas comunitárias autodefinidas e de orientação negra que há muito apoiam os afro-americanos estão sob ataque constante. Uma vez que as mulheres afro-americanas se engajam há tanto tempo no trabalho materno com o objetivo de constituir identidades negras fortes e capazes de suportar os ataques da retórica e da prática supremacista branca, abandonar políticas de identidade como essa seria um desserviço para a sobrevivência do grupo. Nas palavras da jurista Patricia Williams: "Se antes a segregação e a exclusão do grupo eram vistas como um estigma de inferioridade, hoje é a própria identificação dos negros e de outras minorias raciais como grupos que é estigmatizante – apesar de o projeto ser de inclusão"[98]. Williams relembra sua participação em um comitê de seleção que recebia fichas de inscrição de negros com frases como: "Se for preciso baixar as exigências, nem me aprove". Os candidatos pareciam não conseguir fazer a importante distinção entre a reivindicação do pertencimento a um grupo como ferramenta de força política em prol da justiça social e como um estigma permanente, que retarda conquistas. Eles pareciam incapazes de contrariar a velha lógica racista segundo a qual a inclusão das pessoas negras significa a destruição do sistema, enquanto sua exclusão significa que o sistema ainda é justo.

O desafio para as mulheres negras de diversas classes sociais consiste em revitalizar as instituições da sociedade civil negra, de modo que possam enfrentar situações como essas. Se os afro-americanos são incapazes de se identificar com a negritude, por que outras pessoas deveriam valorizá-la? Se as mulheres negras formos incapazes de nos colocar no centro de nossa obra política e intelectual, apropriando-nos de nossas identidades, quem fará isso? Ao que parece, um número cada vez maior de negros não está politicamente preparado para reconhecer e lidar com as novas formas de racismo, sexismo e outros tipos de opressão. Pearl Cleage descreve o tipo de socialização que havia em sua infância

---

[98] Patricia J. Williams, *The Rooster's Egg: On the Persistence of Prejudice* (Cambridge, MA, Harvard University Press, 1995), p. 103.

e que lhe permitiu confrontar o racismo institucionalizado. "Eu tinha a arma mais poderosa dos oprimidos: a informação, a capacidade de análise e uma identidade de grupo positiva", afirma Cleage[99]. O esforço coletivo das mulheres negras – das integrantes das associações às mães anônimas – fornecia essas armas às crianças negras. Hoje, porém, um número crescente de crianças negras passa o dia nas escolas dos bairros centrais pobres, assistindo a aulas de professores negros que, infelizmente, não contam com a memória institucional desse tipo de ativismo. O acesso a essa dimensão do ativismo das mulheres negras não melhorará sem algum tipo de intervenção. Mais de 70% dos universitários negros frequentam instituições majoritariamente brancas e, ao contrário das líderes comunitárias do estudo de Cheryl Gilkes, muitos não conseguem ver a importância da educação focada tanto para a sobrevivência do grupo quanto para a transformação institucional.

A luta pela transformação institucional continua necessária. As vitórias legislativas dos anos 1960 forneceram uma nova arena para essa luta – elas não representaram o fim do racismo e do sexismo institucionalizado, ao contrário do que muitos pensam. Em um artigo provocativo intitulado "White Men Can't Count" [Homens brancos não sabem contar], Patricia Williams observa: "Simplesmente não há dados que demonstrem que as mulheres ou as minorias tenham dominado instituições nos Estados Unidos"[100]. Apesar de nossa constante estigmatização, as mulheres negras estadunidenses não controlam as Forças Armadas, as indústrias, as instituições de ensino superior, os bancos, as agências do governo e os impérios midiáticos. Os afro-americanos ainda batalham para conquistar o poder.

Hoje, tanto as instituições dos Estados Unidos quanto a sociedade civil negra se organizam sobre bases completamente diferentes, em grande parte em virtude das mudanças políticas locais e globais que tornaram ilegal a segregação nos Estados Unidos e descolonizaram o planeta, assim como das mudanças econômicas que produziram uma economia global interdependente. Os efeitos desses fatores sobre a sociedade civil negra são mistos e fomentaram o surgimento de novos problemas. Por um lado, a magnitude das drogas, da violência e do abandono das crianças negras ameaça o tecido social não apenas dos bairros negros, mas dos Estados Unidos como um todo. Quanta terra ainda

---

[99] Pearl Cleage, *Deals With the Devil and Other Reasons to Riot* (Nova York, Ballantine, 1993), p. 31.

[100] Patricia J. Williams, *The Rooster's Egg*, cit., p. 98.

pode ser ocupada por bairros e condomínios brancos de alta renda, longe das áreas centrais empobrecidas, sem gerar altos custos ambientais? Além disso, cepas misóginas no interior da cultura popular negra revivificaram uma política masculinista que frequentemente rebaixa as mulheres negras. A obra de alguns intelectuais afrocêntricos, as letras de grupos como 2 Live Crew e de outros *rappers*, assim como o retrato simbólico de Malcolm X como o "patriarca negro redentor"[101], podem ser vistos como evidência da crescente intolerância que as mulheres negras sofrem *no interior* da sociedade civil negra. Outra questão, porém, diz respeito ao número cada vez maior de crianças multirraciais que buscam novos padrões para negociar as identidades políticas negras. No passado, mulatos e negros de pele clara recebiam vantagens especiais, o que sugeria que as crianças multirraciais poderiam ter um destino similar. O cuidado com o bem-estar político dessas crianças levanta questões completamente novas para as mulheres negras. Com frequência, trata-se de filhos de mães brancas, e seu entendimento da negritude depende da disposição dessas mães para acolher a negritude social e política. Lisa Jones, uma mulher negra criada por uma mãe branca, põe o dedo na ferida política: "Estou certa de uma coisa: se não formos capazes de encontrar uma posição *multi*étnica para o *anti*rracismo, serei obrigada a desencanar dessa possibilidade"[102].

Essas questões não eliminam a necessidade de organizações de mulheres negras que se baseiem na maternagem ativista do trabalho comunitário das mulheres negras. Esse tipo de trabalho não faz uma defesa explícita das mulheres negras, mas acredita que o progresso delas ocorre no contexto da comunidade. O resultado é que esse trabalho materno politizado é visto com frequência como um exemplo "conservador" de "trabalho de mulher" ou, na melhor das hipóteses, como uma forma menos desenvolvida de feminismo[103]. Todavia, a luta das mulheres negras pela sobrevivência do grupo, assim como a luta das

---

[101] Barbara Ransby e Tracye Matthews, "Black Popular Culture and the Transcendence of Patriarchial Illusions", *Race and Class*, v. 35, n. 1, 1993, p. 57.

[102] Lisa Jones, *Bulletproof Diva: Tales of Race, Sex, and Hair* (Nova York, Anchor, 1994), p. 203.

[103] O argumento da feminista africana Obioma Nnaemeka de que as mulheres africanas quase sempre rejeitam os pontos de vista do feminismo radical sobre a maternidade pode ser facilmente aplicado às afro-americanas. Ao distinguir diferentes linhagens do feminismo com base em seus pontos de vista sobre a maternidade, Nnaemeka argumenta que "o feminismo africano não rebaixa/abandona a maternidade nem presume que a política maternal não seja feminista ou antifeminista"; ver Obioma Nnaemeka, "Introduction: Reading the Rainbow", em *Sisterhood, Feminisms, and Power*, cit., p. 6. Em resumo, embora as afro-americanas eventualmente rejeitem o feminismo que acreditam ser contrário à maternidade, desenvolver um ponto de vista sobre o

mulheres pela transformação institucional, são tão necessárias hoje como foram no passado. Nada em sua luta impede que as mulheres negras, individualmente ou em grupo, formem coalizões com outros grupos. Não se trata de uma política identitária exclusivista, mas de uma política centrada nas mulheres negras.

A visão humanista do feminismo negro possui profundas raízes históricas no ativismo político de afro-americanas como Sara Brooks, as mães escravizadas anônimas, as educadoras negras da virada do século, as incontáveis Ruth Powells, as mulheres centrais do sindicato hospitalar, as trabalhadoras comunitárias do estudo de Gilkes e as ativistas comunitárias negras e latinas da obra de Nancy Naples. Essas ativistas negras quase sempre superavam suas diferenças para criar uma poderosa tradição de ativismo das mulheres negras. Resta saber se a resposta das afro-americanas aos desafios contemporâneos seguirá o exemplo dessas mulheres, criando novas maneiras de "erguer-nos [umas às outras] enquanto subimos".

---

trabalho materno no contexto mais amplo do feminismo negro como projeto de justiça social pode ter uma recepção sensivelmente diferente.

PARTE III
FEMINISMO NEGRO, CONHECIMENTO E PODER

10
O FEMINISMO NEGRO ESTADUNIDENSE EM CONTEXTO TRANSNACIONAL

> Acadêmicas e profissionais negras não podem se dar ao luxo de
> ignorar as dificuldades de nossas irmãs que estão familiarizadas com a
> opressão de um modo que muitas de nós não estamos. O processo de
> empoderamento não pode ser definido de forma simplista de acordo
> com os interesses específicos de nossa própria classe. Precisamos
> aprender a erguer-nos [umas às outras] enquanto subimos.
>
> Angela Davis, *Mulheres, cultura e política*, p. 20

No feminismo negro estadunidense, raça, classe, gênero e sexualidade constituem sistemas de opressão que se constroem mutuamente[1]. Os paradigmas
interseccionais trazem duas contribuições importantes para compreendermos as
conexões entre conhecimento e empoderamento. Por um lado, eles estimulam
novas interpretações das experiências das afro-americanas. Grande parte dos
trabalhos sobre mulheres negras estadunidenses apresentados nos capítulos
anteriores se baseia em algum tipo de paradigma interseccional. Por exemplo,
o confinamento das afro-americanas ao trabalho doméstico revelou a influência
da raça e do gênero nas experiências de classe social das mulheres negras. Da
mesma maneira, as políticas sexuais relativas à condição de mulher negra, que
deram forma às experiências das mulheres negras com pornografia, prostituição
e estupro, basearam-se em ideologias racistas, sexistas e heterossexistas para

---

[1] Angela Davis, *Mulheres, cultura e política* (trad. Heci Regina Candiani, São Paulo, Boitempo,
2017); Barbara Smith, "Introduction", em *Home Girls: A Black Feminist Anthology* (Nova York,
Kitchen Table, 1983); Audre Lorde, *Sister Outsider* (Trumansburg, Crossing, 1984) [ed. bras.:
Irmã outsider, trad. Stephanie Borges, Belo Horizonte, Autêntica, no prelo]; Kimberlé Williams
Crenshaw, "Mapping the Margins: Intersectionality, Identity Politics, and Violence Against
Women of Color", *Stanford Law Review*, v. 43, n. 6, 1991, p. 1.241-99.

construir as sexualidades das mulheres negras como desviantes. Os paradigmas interseccionais não só se mostram úteis para explicar as experiências das mulheres negras estadunidenses como também sugerem que as opressões interseccionais moldam as experiências de outros grupos. Porto-riquenhos, homens brancos estadunidenses, *gays* e lésbicas asiático-americanos, mulheres brancas estadunidenses e outros grupos historicamente identificáveis, todos têm histórias distintas que refletem sua posição única no âmbito das opressões interseccionais[2].

Os paradigmas interseccionais trazem uma segunda contribuição importante para elucidarmos as relações entre conhecimento e empoderamento: eles lançam uma nova luz sobre o modo como a dominação é organizada. O termo *matriz de dominação* caracteriza essa organização social geral dentro da qual as opressões interseccionais se originam, se desenvolvem e estão inseridas. Nos Estados Unidos, essa dominação se concretizou por meio de escola, moradia, emprego, políticas governamentais e outras instituições sociais que regulam os padrões concretos de opressão interseccional com os quais as mulheres negras deparam. Assim como as opressões interseccionais adquirem formas historicamente específicas que se transformam em resposta às ações humanas – a segregação racial persiste, mas não sob as formas que tinha em momentos históricos anteriores –, de modo que os próprios contornos da dominação se alteram.

Como forma particular que as opressões interseccionais tomam em um lugar social único, qualquer matriz de dominação pode ser vista como uma organização de poder historicamente específica na qual os grupos sociais estão inseridos e sobre a qual pretendem influir. Quando Maria Stewart indaga: "Até quando as nobres filhas da África serão forçadas a deixar que seu talento e seu pensamento sejam soterrados por montanhas de panelas e chaleiras de ferro?"[3], ela lança luz sobre a relação dialética entre opressão e ativismo em um período histórico específico, o início do século XIX, e em um lugar social específico, os Estados Unidos. Quando Angela Davis aconselha as mulheres negras privilegiadas a não se dar ao luxo de "ignorar as dificuldades de nossas irmãs que estão familiarizadas com a opressão de um modo que muitas de nós não estamos", ela enfatiza a necessidade de encontrarmos novas maneiras de conceituar opressão e ativismo que levem em conta as diferenças de classe

---

[2] Margaret L. Andersen e Patricia Hill Collins (orgs.), *Race, Class, and Gender: An Anthology* (3. ed., Belmont, CA, Wadsworth, 1988).

[3] Marilyn Richardson (org.), *Maria W. Stewart: American's First Black Women Political Writer* (Bloomington, IN, Indiana University Press, 1987).

próprias de uma matriz global de dominação. Todo contexto de dominação incorpora alguma combinação de opressões interseccionais, e as matrizes de dominação variam consideravelmente no que diz respeito ao modo como a opressão e o ativismo se organizam. Por exemplo, como apontam feministas senegalesas[4], feministas negras estadunidenses[5] e feministas negras britânicas[6], as opressões interseccionais de raça, classe, gênero e sexualidade estão presentes nas instituições sociais do Senegal, dos Estados Unidos e do Reino Unido. No entanto, as relações sociais nesses três Estados-nação são distintas umas das outras: a dominação é estruturada de formas diferentes no Senegal, nos Estados Unidos e no Reino Unido. Assim, independentemente da organização de fato de determinada matriz no tempo ou do quanto varie de uma sociedade para outra, o conceito de matriz de dominação expressa a universalidade das opressões interseccionais, organizadas em diversas realidades locais.

Conferir centralidade à análise das experiências das mulheres negras estadunidenses sem, no entanto, privilegiá-las mostra como os paradigmas interseccionais podem ser especialmente importantes para repensarmos a matriz particular de dominação que caracteriza a sociedade estadunidense. Afirmar que sistemas de raça, classe social, gênero e sexualidade estabelecem especificidades de organização social que se constroem mutuamente nos estimula a repensar as instituições sociais estadunidenses. Por exemplo, recorrer aos paradigmas interseccionais para examinar as experiências das mulheres negras estadunidenses coloca em xeque entendimentos profundamente arraigados de que trabalho e família constituem esferas separadas de organização social. Como as experiências das mulheres negras estadunidenses nunca se encaixaram na lógica do trabalho na esfera pública justaposto às obrigações familiares na esfera privada, essas categorias perdem sentido. Como indica a discriminação racial persistente no ensino, na moradia, no emprego e nos serviços públicos, as experiências das mulheres negras certamente põem em questão as ideologias de classe estadunidenses segundo as quais o mérito individual é o que importa para determinar as recompensas sociais a serem recebidas. As políticas sexuais relativas à condição de mulher negra mostram que pressupor que o gênero afeta

---

[4]   Ayesha Imam, Amina Mama e Fatou Sow (orgs.), *Engendering African Social Sciences* (Dacar, Council for the Development of Economic and Social Research, 1997).

[5]   Beverly Guy-Sheftall (org.), *Words of Fire: An Anthology of African American Feminist Thought* (Nova York, New Press, 1995).

[6]   Heidi Safia Mirza (org.), *Black British Feminism: A Reader* (Nova York, Routledge, 1997).

todas as mulheres da mesma maneira é uma falácia – raça e classe importam muito. O ativismo das mulheres negras estadunidenses, especialmente seu duplo compromisso com a luta pela sobrevivência do grupo e a transformação institucional, sugere que a maneira como entendemos o político deve ser repensada. Assim, ao lançar mão de paradigmas interseccionais para explicar tanto a matriz de dominação estadunidense quanto a agência individual e coletiva das mulheres negras que nela existem, o pensamento feminista negro contribui para uma nova conceituação das relações sociais de dominação e resistência.

NAÇÃO E NACIONALISMO

Apesar dessas contribuições, o pensamento feminista negro estadunidense deve continuar a desenvolver análises ainda mais complexas das opressões interseccionais – sobre como tais opressões são organizadas, seu efeito na composição e na história do grupo, sua influência na consciência individual e, o que é ainda mais importante, estratégias coletivas de resistência. Partir da raça, da classe e do gênero para elaborar análises que incluam o heterossexismo como sistema de opressão é certamente um passo na direção certa. Mas o feminismo negro estadunidense só conseguirá avançar no objetivo de promover o empoderamento das mulheres negras em um contexto de justiça social quando incorporar análises mais abrangentes acerca da nação como outra forma de opressão[7].

Raça, classe, gênero e sexualidade se entrelaçam intimamente com a nação. Ao explorar essas conexões, é importante fazer uma distinção entre os termos nação, Estado-nação e nacionalismo. Esses termos são frequentemente usados de maneira intercambiável, mas se referem a coisas diferentes. Uma *nação* consiste em um conjunto de pessoas que passaram a acreditar que foram moldadas por um passado comum e estão destinadas a compartilhar um futuro comum. Essa crença é em geral alimentada por características culturais comuns, como idioma e costumes; um território geográfico bem definido; a crença em uma história ou origem comum; a crença de que existem laços mais estreitos entre os membros da nação que com quem é de fora; a ideia de que o grupo se distingue de outros a seu redor; e uma hostilidade compartilhada em relação a grupos externos. O *nacionalismo* é uma ideologia política expressa por qualquer grupo

---

[7] Floya Anthias e Nira Yuval-Davis, *Racialized Boundaries: Race, Nation, Gender, Colour and Class in the Anti-Racist Struggle* (Nova York, Routledge, 1992); Nira Yuval-Davis, *Gender and Nation* (Thousand Oaks, Sage, 1997).

que se autodefina como povo ou nação específico. As ideologias nacionalistas procuram promover crenças e práticas que permitam a um povo ou uma nação controlar o próprio destino. Quando determinado grupo adquire poder de Estado suficiente para atingir seus objetivos, ele controla um *Estado-nação*.

Nos Estados Unidos, como homens brancos abastados controlam o governo e a indústria, as políticas públicas geralmente beneficiam esse grupo. Em outras palavras, apesar do compromisso declarado da Constituição dos Estados Unidos com a igualdade de todos os cidadãos, o tratamento historicamente diferenciado dado aos negros estadunidenses, às mulheres, à classe trabalhadora e a outros grupos subordinados mostra que os Estados Unidos vêm funcionando como um Estado-nação que beneficia desproporcionalmente os homens brancos abastados. Por controlar as escolas, os meios de comunicação e outras instituições sociais que legitimam o que se considera verdade, esse grupo possui autoridade para dissimular seu poder e redefinir seus interesses próprios como se fossem interesses nacionais. Em resposta, as populações negra, *chicana*, porto-riquenha e indígena dos Estados Unidos, entre outros grupos em condições semelhantes, muitas vezes adotaram ideologias nacionalistas. Como tais ideologias enfatizam a solidariedade e a resistência, elas têm sido efetivamente usadas para fazer frente às políticas governamentais dos Estados Unidos.

As mulheres são importantes no âmbito das filosofias nacionalistas, seja no nacionalismo promovido por grupos dominantes que detêm o poder do Estado-nação, seja naquele promovido por grupos subordinados que utilizam as ideologias nacionalistas para fazer frente à opressão à qual são submetidos. Grupos de ambos os lados do poder estatal veem as mulheres de maneiras específicas. Na medida em que as mulheres podem se tornar mães, elas são fundamentais para três elementos do pensamento nacionalista, a saber, sexualidade e fecundidade, maternidade e como símbolos da nação[8]. Nos Estados Unidos, todas as mulheres passam pela situação peculiar de serem responsáveis pela reprodução da população do Estado-nação, transmitindo uma cultura nacional estadunidense e aceitando estar inscritas nessa mesma cultura nacional. Na matriz de dominação estadunidense, porém, esse processo é totalmente racializado, é organizado de maneira específica de acordo com a classe e tem impacto variável sobre mulheres de sexualidades diversas. As mulheres são avaliadas de maneiras diferentes segundo o valor que lhes é atribuído por dar à luz

---

[8] Nira Yuval-Davis, *Gender and Nation*, cit.

o tipo certo de criança, transmitir os valores apropriados da família americana e se tornar símbolos dignos da nação. Mulheres negras, brancas, latinas, indígenas e asiático-americanas ocupam posições diferentes nos sistemas de poder interseccionais de gênero, classe, raça e nação.

Como a cidadania estadunidense é tão frequentemente considerada trivial pelas mulheres negras do país, muitas vezes temos dificuldade para perceber não apenas quão nacionalista é a sociedade estadunidense, mas como seus nacionalismos nos afetam. Nós, mulheres afro-americanas, somos tratadas de forma diferente pelo valor que nos é atribuído por darmos à luz crianças da raça errada, por nossa incapacidade de socializá-las de maneira adequada, dado que as inserimos em estruturas familiares ruins, e por sermos símbolos indignos do patriotismo estadunidense. Esse tratamento se baseia em parte em ideologias que identificam as mulheres afro-americanas com o Outro, as *mammies*, as matriarcas, as mães dependentes do Estado e as jezebéis que delimitam os padrões de normalidade para as mulheres estadunidenses em geral. As afro-americanas e muitas outras costumam ter dificuldade de perceber o que subjaz a essa situação, porque as políticas do Estado-nação americano dissimulam o fato de que os interesses nacionais são, na verdade, interesses de grupos específicos. Esses pressupostos também limitam o modo como compreendemos o funcionamento global do nacionalismo estadunidense. Nesse contexto, trabalhar exclusivamente com os pressupostos nacionalistas prevalecentes promove percepções da matriz de dominação estadunidense sob as quais é difícil enxergar os efeitos do nacionalismo, quanto mais enfrentá-los, visto que parecem corriqueiros e são tomados como certos.

Um pressuposto importante que afeta as mulheres afro-americanas é o fato de que as concepções de família influem na compreensão da identidade nacional estadunidense. Assim como as concepções de sexualidade, que permeiam múltiplos sistemas de opressão[9], as concepções de família exercem função similar[10].

Da mesma forma, concepções de maternidade se mostram especialmente importantes para a identidade nacional estadunidense. Considerando que todas as mulheres têm o dever de reproduzir a população do grupo

---

[9] Ver capítulo 6.

[10] Patricia Hill Collins, "It's All in the Family: Intersections of Gender, Race, and Nation", *Hypatia*, v. 13, n. 3, 1998, p. 62-82.

que compõe a nação e transmitir uma cultura nacional, ao mesmo tempo que estão inseridas nessa cultura nacional, tais concepções de raça, classe, maternidade e cidadania têm influência sobre as políticas públicas nos Estados Unidos. Por exemplo, as políticas populacionais, definidas de forma ampla, visam desestimular as mulheres negras a ter filhos, sob o pretexto de que são mães ruins e seus filhos acabam recebendo ajuda do Estado[11]. Em contraste, as mulheres brancas de classe média são estimuladas a aumentar sua fecundidade e têm acesso a uma série de novas tecnologias de reprodução em sua busca por um bebê branco saudável[12]. As mulheres brancas da classe trabalhadora são incentivadas a dar à luz bebês brancos saudáveis, mas entregá-los ao Estado para que sejam adotados por famílias de classe média mais dignas[13]. A fecundidade das imigrantes de cor em situação não regularizada é vista como uma ameaça ao Estado-nação, especialmente se os filhos dessas mulheres obtiverem a cidadania e utilizarem serviços públicos[14]. As mulheres são, portanto, muito mais importantes para as políticas públicas dos Estados Unidos do que se costuma acreditar.

Apesar das contribuições que incorporam concepções de maternidade e nação ao pensamento feminista negro estadunidense, a ênfase permanece nas políticas *internas* dos Estados Unidos. Uma série de trabalhos que fazem parte do pensamento feminista negro examinam como as políticas estadunidenses de educação, emprego, tributação e assistência social afetam a vida das afro--americanas. Essas pesquisas são importantes, mas, na ausência de estudos que considerem as mulheres negras estadunidenses em um contexto global, tais trabalhos podem levar à suposição de que a política *externa* dos Estados Unidos não é importante para as afro-americanas. Não levar as análises para além das fronteiras dos Estados Unidos faz com que o pensamento feminista negro fique limitado às interações das mulheres negras com os grupos que já se encontram

---

[11] Dorothy Roberts, *Killing the Black Body: Race, Reproduction, and the Meaning of Liberty* (Nova York, Pantheon, 1997).

[12] Valerie Hartouni, "Breached Birth: Anna Johnson and the Reproduction of Raced Bodies", em *Cultural Conceptions: On Reproductive Technologies and the Remaking of Life* (Minneapolis, University of Minnesota Press, 1997), p. 85-98.

[13] Patricia Hill Collins, "Producing the Mothers of the Nation: Race, Class and Contemporary U.S. Population Policies", em Nira Yuval-Davis (org.), *Women, Citizenship and Difference* (Londres, Zed, 1999).

[14] Grace Chang, "Undocumented Latinas: The New 'Employable Mothers'", em Evelyn Nakano Glenn, Grace Chang e Linda Forcey (orgs.), *Mothering: Ideology, Experience, and Agency* (Nova York, Routledge, 1994), p. 259-86.

no país – homens negros, mulheres brancas, outras populações raciais/étnicas –, grupos que já possuem cidadania estadunidense ou que aspiram a ela.

Adotar uma escala global de análise não apenas revela novas dimensões das experiências das mulheres negras estadunidenses na matriz de dominação que caracteriza a sociedade estadunidense, mas também lança luz sobre os desafios específicos que uma matriz transnacional de dominação pode apresentar para as afrodescendentes. As opressões interseccionais não param nas fronteiras dos Estados Unidos. As opressões interseccionais de raça, classe, gênero, sexualidade e nação são um fenômeno global que se organiza de maneira específica nos Estados Unidos. Ali, histórias distintas, próprias de cada grupo, são caracterizadas por uma combinação única de fatores. As experiências das mulheres negras nos Estados Unidos constituem uma dessas histórias de grupo, a qual pode ser pensada no contexto dos movimentos sociais específicos dos Estados Unidos, das políticas internas de vários níveis de governo no país e de uma matriz global de dominação que afeta as mulheres afrodescendentes em geral. Mulheres negras na Nigéria, em Trinidad e Tobago, no Reino Unido, em Botsuana, no Brasil e em outros Estados-nação se situam de maneira similar. Elas deparam com os contornos dos movimentos sociais locais, as políticas de seu Estado-nação e a mesma matriz global de dominação na qual as mulheres negras estadunidenses estão inseridas. Todos esses grupos de mulheres estão, portanto, em situações de dominação caracterizadas por opressões interseccionais, mas têm ângulos de visão bastante distintos dessa dominação.

Considerar o contexto transnacional também traz as ações relacionadas aos direitos das mulheres para o primeiro plano da discussão[15]. Em um contexto transnacional, as mulheres das nações africanas, latino-americanas e asiáticas não esperaram passivamente que as mulheres brancas de classe média das nações da América do Norte e da Europa Ocidental lhes dissessem o que fazer. Pelo contrário. Usando as Nações Unidas como veículo, mulheres de origens muito diversas apontaram a opressão de gênero como um tema fundamental que afeta as mulheres transnacionalmente[16]. Essas mulheres não estão apenas "teorizando" acerca da opressão; suas teorias se desenvolvem no terreno prático do ativismo.

---

[15] Beverly Lindsay (org.), *Comparative Perspectives of Third World Women: The Impact of Race, Sex, and Class* (Nova York, Praeger, 1980).

[16] Ver, por exemplo, *Rights of Women: A Guide to the Most Important United Nations Treaties on Women's Human Rights* (Nova York, International Women's Tribune Centre, 1998).

Nesse amplo contexto transnacional, as mulheres de ascendência africana têm um legado distintivo e compartilhado que, por sua vez, faz parte de um movimento global de mulheres. Ao mesmo tempo, as afrodescendentes enfrentam questões específicas, relacionadas à combinação peculiar do legado das culturas africanas com uma história de opressões raciais promovidas pela escravidão, pelo colonialismo e pelo imperialismo, e um racismo global crescente que, auxiliado pelas tecnologias modernas, atravessa as fronteiras nacionais com velocidade vertiginosa. Por exemplo, as mulheres negras constituem um dos grupos mais pobres do Brasil, assim como as afro-americanas nos Estados Unidos. Da mesma forma, no contexto da pobreza das mulheres no mundo, as mulheres africanas continuam entre as mais pobres. Nesse sentido, as mulheres de ascendência africana têm muito em comum com a luta pelos direitos das mulheres em todo o mundo, mas levam adiante sua luta a partir das experiências da diáspora negra, caracterizadas por uma heterogeneidade substancial.

Apesar das fronteiras nacionais que separam as afrodescendentes, suas experiências revelam semelhanças marcantes, que "ilustram como a persistência do legado do colonialismo, com seus preconceitos raciais/étnicos, sexistas e classistas, resultou em um sistema de '*apartheid* global de gênero' – um sistema econômico global caracterizado pela exploração do trabalho das mulheres de cor em todos os cantos do mundo"[17]. Nesse contexto, como ressalta a teórica social Obioma Nnaemeka, "como afrodescendentes, não deveríamos concentrar nossa atenção apenas na forma como as pessoas negras da África e da diáspora africana são *relacionadas* umas com as outras, mas também na forma como eles *se relacionam* entre si"[18]. Uma das tarefas que se apresentam, portanto, é estimular diálogos através dos limites bastante concretos das fronteiras nacionais para desenvolver novas formas de nos relacionar e, assim, revelar a interconectividade das experiências das mulheres negras.

---

[17] Peggy Antrobus, "Women in the Caribbean: The Quadruple Burden of Gender, Race, Class and Imperialism", em Achola O. Pala (org.), *Connecting Across Cultures and Continents: Black Women Speak Out on Identity, Race and Development* (Nova York, United Nations Development Fund for Women, 1995), p. 55.

[18] Obioma Nnaemeka, "This Women's Studies Business: Beyond Politics and History", em *Sisterhood, Feminisms, and Power: From Africa to the Diaspora* (Trenton, NJ, Africa World, 1998), p. 377.

MULHERES NEGRAS EM CONTEXTO TRANSNACIONAL

Em 1981, a teórica feminista negra Barbara Smith apresentou sua definição do que é ser radical:

> O que realmente acho radical é tentar construir coalizões com pessoas que são diferentes de você. O que acho radical é lidar com questões de raça, sexo e classe e identidade sexual de uma só vez. Acho que *isso* é realmente radical, porque nunca foi feito antes.[19]

Ainda que o feminismo negro estadunidense tenha avançado na direção da concepção de radicalismo de Smith, as coalizões entre mulheres negras estadunidenses e entre afrodescendentes situadas de forma diferente no "*apartheid* global de gênero" enfrentam algumas questões difíceis. Tais coalizões devem não apenas levar em conta diferentes histórias como estar cientes dos pontos fortes e das limitações variáveis que os grupos envolvidos trazem para a busca por justiça social. As afrodescendentes continuam situadas de distintas formas em uma abrangente matriz de "*apartheid* global de gênero", organizada por meio de uma miríade de políticas de Estado-nação. Consequentemente, é difícil viabilizar diálogos entre mulheres negras que atravessem as fronteiras nacionais. Mas eles são necessários, pois prometem lançar luz sobre questões atuais do feminismo negro dos Estados Unidos que, embora pareçam "americanas", podem ser mais bem compreendidas no contexto transnacional.

Situar as experiências das afro-americanas em um contexto transnacional proporciona um novo ângulo de visão a respeito do feminismo negro como projeto de justiça social nos Estados Unidos e, ao mesmo tempo, descentraliza o binarismo branco/negro que há muito assombra o feminismo estadunidense. Dado o referencial branco/preto existente nos Estados Unidos, o feminismo negro pode ser visto como se fosse apenas um movimento derivado. As afro--americanas que se autodefinem como feministas negras podem ser acusadas de se identificar com "brancas", como se nenhuma consciência feminista negra independente fosse possível. Essa interpretação originada das lentes das relações raciais nos Estados Unidos, que consideram as pessoas negras como auxiliares, seguidoras e dependentes, se mostra superficial. Sob o pressuposto de que nada

---

[19] Barbara Smith e Beverly Smith, "Across the Kitchen Table: A Sister-to-Sister Dialogue", em Cherríe Moraga e Gloria Anzaldua (orgs.), *This Bridge Called My Back: Writings by Radical Women of Color* (Watertown, Persephone, 1981), p. 126.

externo às fronteiras nacionais interessa, esses diálogos entre negro e branco nos Estados Unidos se intensificam e podem acabar abafando outras questões. Quando esses debates são levados até suas últimas consequências lógicas, o feminismo estadunidense pode se tornar uma grande discussão sobre identidade – como mulheres negras e brancas, por que não podemos nos dar bem?

Situar as experiências das mulheres negras estadunidenses em um contexto transnacional muda esse entendimento do feminismo negro estadunidense. Longe de ser um feminismo branco em *black face*, o feminismo negro estadunidense tem como temas centrais questões semelhantes às apontadas por mulheres de ascendência africana em outros lugares. Questões exploradas em capítulos anteriores e que são de grande interesse para as mulheres negras estadunidenses – trabalho e família, imagens de controle negativas, a luta pela autodefinição em contextos culturais que negam a agência das mulheres negras, as políticas sexuais que as tornam vulneráveis ao trabalho sexual, ao estupro e à objetificação na mídia, além das concepções do trabalho materno na política das mulheres negras – têm diferentes significados em um contexto transnacional. Como aponta Andree Nicola McLaughlin:

> A proliferação de organizações de mulheres negras ao longo da última década sinaliza um fenômeno global. Essa atividade política organizada por mulheres que se autodenominam "negras" reflete um movimento florescente de conscientização das mulheres negras em escala intercontinental.[20]

O feminismo negro nos Estados Unidos é não uma anomalia branca dentro das iniciativas pelo desenvolvimento da comunidade negra, e sim parte de um "movimento intercontinental de conscientização das mulheres negras" que aborda as preocupações comuns das mulheres afrodescendentes.

Se preocupações comuns interligam transnacionalmente as mulheres de ascendência africana, por que isso não é visto por mais mulheres negras estadunidenses? Certamente, currículos escolares estadunidenses, dedicados a louvar a história e a cultura do país, além de uma mídia que, em vez de realizar uma cobertura séria das questões globais, transmite o noticiário como se fosse entretenimento, fazem com que os cidadãos estadunidenses em geral – incluindo as afro-americanas – desconheçam os principais assuntos de relevância mundial.

---

[20] Andree Nicola McLaughlin, "The Impact of the Black Consciousness and Women's Movements on Black Women's Identity: Intercontinental Empowerment", em Achola O. Pala (org.), *Connecting Across Cultures and Continents*, cit., p. 73.

Mas outro fator importante diz respeito às relações entre as mulheres negras estadunidenses e dois grupos mais alinhados com os interesses delas. Por meio do controle sobre o feminismo estadunidense e o discurso intelectual negro, respectivamente, as mulheres brancas e os homens negros estadunidenses constituem dois grupos com os quais e por meio dos quais as mulheres negras constroem o feminismo negro nos Estados Unidos. Ambos os grupos podem ser bem-intencionados e, de fato, expressar uma profunda preocupação com as questões que as mulheres negras enfrentam. Ambos os grupos, porém, têm dificuldade de sair de cena e estimular uma agenda feminista negra plenamente articulada, na qual as mulheres negras estejam no comando.

Algumas vertentes do feminismo ocidental branco têm sido incansáveis na defesa das mulheres oprimidas que, portanto, não têm a possibilidade de falar por si mesmas. Esse é um trabalho importante e muitas vezes leva a coalizões valiosas entre mulheres do Primeiro e do Terceiro Mundo. No entanto, coalizões como essas podem se tornar problemáticas. Como a distribuição de poder entre os grupos continua muito desigual, essa desigualdade pode estimular certo pseudomaternalismo da parte das mulheres brancas, semelhante ao modo como as assistentes sociais da classe média estadunidense costumavam abordar as trabalhadoras imigrantes no passado. A tão discutida acusação de racismo no interior do movimento das mulheres pode ter muito menos a ver com as atitudes individuais das mulheres brancas em relação à raça que com a falta de disposição ou a incapacidade de algumas feministas brancas ocidentais de compartilhar o poder. Esses conflitos são silenciados quando a distribuição de poder é extremamente desigual entre as mulheres – como acontece quando as feministas ocidentais defendem interesses de mulheres negras pobres não estadunidenses de zonas rurais. Entretanto, quando essa disparidade de poder diminui – como no caso das mulheres negras estadunidenses e das mulheres brancas estadunidenses, que aparentemente são iguais perante a lei do país – as relações se tornam muito mais controversas.

Os homens negros estadunidenses exercem um tipo diferente de controle. Nesse caso, são os discursos do nacionalismo negro que reprimem a possibilidade de diálogo por meio da sugestão implícita de que a solidariedade racial deve ser construída com base no apoio inquestionável aos homens afro-americanos. Embora a maioria dos afro-americanos provavelmente não se identifique como "nacionalista negro", certamente a maioria subscreve muitos dos princípios básicos das ideologias com essa influência que orientam a autodeterminação das pessoas negras[21]. A crueldade histórica e a natureza profundamente arraigada da supremacia branca nos Estados Unidos fazem disso uma resposta racional. As pessoas negras são acusadas de "se apegar" à raça, mas são os estadunidenses brancos que deixam o bairro em que residem quando passam a ter vizinhos negros. São os estadunidenses brancos que querem acabar com programas de ação afirmativa no ensino superior, ainda que com isso possam barrar efetivamente o acesso dos afro-americanos às faculdades de elite. São os estadunidenses brancos que, por não votar em candidatos negros, forçam as organizações de direitos civis a continuar envolvidas em disputas jurídicas para encontrar maneiras de assegurar formas de representação negra na democracia estadunidense. Nesse contexto, o nacionalismo negro não é irracional – ele foi fundamental para o progresso das pessoas negras. No entanto, os nacionalismos negros não são todos iguais, embora todos tenham trazido contribuições. Ainda assim, eles parecem ter uma característica em comum: um padrão de solidariedade racial baseada no apoio inquestionável das mulheres negras aos homens negros, sem que isso implicasse um compromisso similar dos homens negros com as mulheres negras. Diferentemente do que se vê em relação ao maternalismo das mulheres brancas, as mulheres negras estadunidenses são estimuladas a abraçar um paternalismo negro em que os homens negros reivindicam sua masculinidade porque as mulheres negras permitiriam que eles "fossem homens".

Além de essas duas respostas políticas serem inaceitáveis, lidar com as mulheres brancas e os homens negros consome tanta energia que sobra pouca para dialogar com outros grupos, tanto nacionalmente quanto transnacionalmente. Um feminismo negro estadunidense que não fizer isso corre, porém, o risco de perder força rapidamente. É importante lembrar que as afro-americanas não são nem africanas nem americanas, e o mesmo ocorre com o feminismo negro estadunidense. O feminismo negro estadunidense ocupa um espaço próprio que reflete os privilégios da cidadania estadunidense justapostos à natureza de segunda classe atribuída a sua cidadania. No entanto, embora o feminismo negro estadunidense ocupe esse lugar entre a americanidade – a luta empreendida com as feministas brancas e com os homens negros – e as mulheres de ascendência africana do mundo todo, grande parte de sua atenção é dirigida aos grupos estadunidenses. Consequentemente, o feminismo negro estadunidense tem se

---

[21] Vincent P. Franklin, *Black Self-Determination: A Cultural History of African-American Resistance* (Chicago, Lawrence Hill Books, 1992).

preocupado em responder às questões levantadas por grupos estadunidenses. A tarefa agora consiste em consubstanciar diálogos e coalizões com mulheres negras que vivem em outros lugares da diáspora negra, tendo em mente que as opressões interseccionais deixaram uma trilha de desafios em comum que são organizados e enfrentados de maneiras diferentes.

Num contexto de *apartheid* global de gênero, as mulheres de ascendência africana compartilham muitas qualidades. Uma delas diz respeito às semelhanças que caracterizam a organização contemporânea das mulheres negras, em grande parte influenciada pelas ideologias nacionalistas negras. Na era pós-Segunda Guerra Mundial, marcada por movimentos nacionais de independência e libertação na África, na Ásia, na América Latina e no Pacífico, as mulheres negras participaram ativamente dessas lutas anticolonialistas e antirracistas, muitas das quais se baseavam em filosofias nacionalistas. No contexto global das lutas antirracistas, as mulheres negras participaram de ativismos de todos os tipos[22]. Muitos Estados-nação de liderança negra na era pós-colonial não poderiam ter se formado sem o esforço das mulheres. As mulheres negras tiveram papel de destaque, por exemplo, nas longas lutas anticoloniais contra os portugueses em Moçambique e Angola. As mulheres sul-africanas negras se engajam há muito no ativismo político – caracterizado em grande parte pelo confronto – que resultou na derrubada do regime de *apartheid*. Iniciativas anticolonialistas mais pacíficas também contaram com ações de mulheres negras. Nos Estados Unidos, a participação de mulheres negras nos movimentos em favor dos direitos civis e no *Black Power* das décadas de 1950 e 1960 mostrou padrões semelhantes[23]. No contexto estadunidense, o objetivo não era formar um Estado-nação independente, mas reformar o que já existia. Para que os direitos de cidadania fossem plenamente estendidos às mulheres negras e a outros grupos historicamente desfavorecidos, as instituições políticas dos Estados Unidos precisavam passar por uma transformação.

Essa ênfase inicial em agendas anticolonialistas e antirracistas deu lugar a novas questões. Em particular, o movimento transnacional de conscientização

---

[22] Rosalyn Terborg-Penn, "Black Women in Resistance: A Cross-Cultural Perspective", em Gary Y. Okhiro (org.), *Resistance: Studies in African, Caribbean and Afro-American History* (Amherst, MA, University of Massachusetts Press, 1986).

[23] Vicki L. Crawford, Jacqueline Anne Rouse e Barbara Woods (orgs.), *Women in the Civil Rights Movement: Trailblazers and Torchbearers, 1941-1965* (Bloomington, IN, Indiana University Press, 1990).

das mulheres negras se concentra em saber como a pobreza delas se reorganiza diante dos novos arranjos de poder institucional do neocolonialismo (o contexto transnacional) e da ressegregação racial (o contexto estadunidense). Por exemplo, as mulheres africanas se engajaram em diversos tipos de lutas de libertação, muitas das quais trouxeram novas garantias constitucionais e liberdades jurídicas que asseguraram direitos às mulheres. As mulheres na África do Sul, por exemplo, agora gozam dos dispositivos de proteção constitucional mais abrangentes do mundo. No entanto, apesar da longa história das lutas anticoloniais, as mulheres sul-africanas continuam desproporcionalmente pobres, e muitas vezes encontram dificuldade para exercer os direitos que conquistaram. Da mesma forma, as afro-americanas que participaram dos movimentos por direitos civis e do *Black Power* inspiraram novas formas de proteção política para todas as mulheres negras do país, e muitas desenvolveram uma consciência feminista negra nesse processo. Apesar das proteções jurídicas proporcionadas por esses novos arranjos políticos, tanto as mulheres negras da África do Sul quanto as dos Estados Unidos continuam desproporcionalmente pobres.

Situar o feminismo negro estadunidense no contexto do *apartheid* global de gênero traz novos *insights* sobre as práticas e o pensamento feminista vivenciados no país. A expansão do processo de autodefinição descrito no capítulo 5 para além da identidade individual e de grupo das afro-americanas sugere que o contexto transnacional pode contribuir significativamente para as lutas das mulheres negras estadunidenses no que diz respeito à sobrevivência do grupo e à transformação institucional. Os feminismos autodefinidos da diáspora negra exigem vínculos entre o feminismo negro estadunidense e os feminismos das afrodescendentes, bem como de laços com o ativismo transnacional pelos direitos das mulheres.

Desenvolver essa perspectiva diaspórica negra entre as afro-americanas pode ser mais difícil do que se pensa, especialmente tendo em conta nosso contato limitado com mulheres negras do Reino Unido, do Senegal, do Brasil e de outros Estados-nação, bem como a visão historicamente insular de mundo que permeia a sociedade estadunidense. A ausência de organizações transnacionais fortes entre as mulheres negras mostra que esse tipo de agenda feminista negra ainda é incipiente. Quando argumenta que esse feminismo da diáspora negra deveria ser chamado de *mulherismo africana* [*Africana womanism*], Clenora Hudson-Weems rejeita tanto o *feminismo africano* como o *feminismo negro*, por exemplo, e afirma que ambos os termos continuam alinhados ao feminismo branco de classe média[24]. Ela sugere que mesmo nas discussões globais sobre as questões que envolvem as mulheres negras as mulheres brancas continuam no centro. Em resposta, Obioma Nnaemeka culpa não as estratégias retóricas que orientam a escolha dos termos que utilizamos, mas as políticas efetivas que limitam a capacidade das mulheres negras de produzir tal agenda: "Pode-se argumentar que a deficiência do feminismo africano e do feminismo negro ao abordar o amplo espectro de experiências das mulheres negras decorre mais da relação entre ambos que da relação deles com o feminismo branco de classe média"[25].

Apesar dessas dificuldades, é importante examinar as conexões possíveis e existentes entre o feminismo negro estadunidense, os feminismos africanos e outros feminismos promovidos por mulheres afrodescendentes. Trata-se de uma tarefa considerável, de modo que uma das formas de levá-la adiante é examinar os desafios de escala transnacional identificados por mulheres afrodescendentes. Em outras palavras, ainda que as mulheres negras deparem com esses desafios em comum e reajam a eles de maneiras diferentes, certos temas funcionam como agenda compartilhada que caracteriza as preocupações das mulheres negras.

Infelizmente, as muitas barreiras estruturais que impedem o acesso das mulheres negras à educação, à moradia, ao emprego e à saúde dificultam a expressão de agendas autodefinidas. Nesse sentido, filmes feitos por mulheres de ascendência africana são importantes. Por exemplo, *Femmes aux yeux ouverts* [Mulheres de olhos abertos], um documentário togolês de 1994, destaca de modo exemplar as sofisticadas análises políticas e as medidas tomadas pelas mulheres africanas. No filme, mulheres togolesas contam como seus olhos se abriram à medida que sua consciência política mudava. De forma parecida, *Everyone's Child* [Filha de todos], um filme de 1996 feito no Zimbábue, aborda os efeitos devastadores da aids na vida de uma adolescente africana. Uma dos quatro irmãos órfãos que perderam a mãe para a aids, a menina tenta manter a família unida. Desesperada, é forçada a se tornar trabalhadora sexual até os membros da família reconherem que a responsabilidade por ela e por outras crianças em situação similar era de todos. A força de *Femmes aux yeux ouverts*, *Everyone's Child* e filmes semelhantes reside em sua capacidade de transcender

---

[24] Clenora Hudson-Weems, "Africana Womanism", em Obioma Nnaemeka (org.), *Sisterhood, Feminisms, and Power*, cit.

[25] Obioma Nnaemeka, "Introduction: Reading the Rainbow", em *Sisterhood, Feminisms, and Power*, cit., p. 21.

os limites do grau de instrução. As questões levantadas por eles não dizem respeito apenas a muitas mulheres africanas, mas tratam de problemas familiares às mulheres negras estadunidenses.

O padrão mais comum, no entanto, é aquele em que mulheres de toda a diáspora negra definem nosso feminismo em oposição àquele desenvolvido pelas mulheres ocidentais brancas de classe média. Essa abordagem reproduz outro binarismo, mas, colocadas lado a lado, essas manifestações dissidentes também revelam pontos de convergência. Na conferência "Mulheres na África e Desenvolvimento Africano", realizada em 1992 na Nigéria, a cientista social nigeriana Olabisi Aina compartilhou seu pensamento a respeito das diferenças entre o feminismo das mulheres africanas e o feminismo das mulheres ocidentais:

> A mulher africana hoje está preocupada não apenas em superar os problemas da dominação/do governo dos estrangeiros, mas também com as necessidades específicas e imediatas de sobreviver à penúria alimentar, à fome, à seca, às doenças e à guerra. Para se empoderar, as mulheres africanas, diferentemente de suas irmãs ocidentais, estão lutando não apenas para alcançar o poder político, mas também para ter acesso a uma boa educação e a profissões, entre outras coisas. Muitas das questões que preocupam as feministas africanas costumam ficar de fora da agenda feminista ocidental.[26]

Ainda que Olabisi Aina não possa falar por todas as mulheres de um Estado-nação tão grande quanto a Nigéria, e menos ainda por um continente tão vasto e diverso quanto a África, seu empenho em identificar características que definam uma agenda comum às mulheres africanas propicia um ponto de partida para discussão. Em muitos sentidos, ela descreve dificuldades como as que preocupam as mulheres afro-americanas. Por exemplo, as mulheres negras estadunidenses também estão empenhadas em superar problemas relacionados ao domínio estrangeiro e à guerra, mas os "estrangeiros", no contexto estadunidense, são a polícia. A questão do uso indevido da autoridade policial contra afro-americanos, especialmente contra os homens, ressurge como uma preocupação importante para as mulheres negras estadunidenses[27]. As participantes da pesquisa de Leith Mullings que temem pela vida de suas filhas e seus

---

[26] Olabisi Aina, "African Women at the Grassroots: The Silent Partners of the Women's Movement", em Obioma Nnaemeka (org.), *Sisterhood, Feminisms, and Power*, cit., p. 75.

[27] Angela Davis, "Race and Criminalization: Black Americans and the Punishment Industry", em Wahneema Lubiano (org.), *The House that Race Built* (Nova York, Pantheon, 1997).

384 Pensamento feminista negro

filhos no Harlem certamente sentem que vivem em uma zona de guerra[28]. A condição de cidadania das mulheres negras estadunidenses, que fornece uma rede de segurança de serviços sociais, serve para protegê-las da "necessidade imediata de sobreviver à fome [e] à insegurança alimentar". Não há fome, mas o número crescente de famílias que recorrem aos restaurantes populares sugere que pode haver carência alimentar. Iniciativas de desmantelamento de políticas de bem-estar social voltadas a fornecer alimento, moradia, educação e assistência médica a pessoas que não têm condições de pagar por esses serviços preocupam as agendas feministas negras[29]. As doenças também são um fator: a saúde das afro-americanas é identificada como uma questão importante pelas ativistas negras[30]. A lista apresentada por Aina pode ser usada para comparar a situação das afro-americanas com a das nigerianas. No entanto, é possível aproveitá-la de forma mais proveitosa como ponto de partida útil para o desenvolvimento de uma consciência de mulheres negras intercontinental que revele os desafios em comum com que as afrodescendentes deparam, ainda que em configurações distintas.

DIFERENÇAS EM COMUM

Situar as afro-americanas em um contexto transnacional sugere que elas ocupam uma posição não exclusiva, vinculada ao mesmo tempo ao feminismo estadunidense, aos feminismos da diáspora negra e ao ativismo transnacional dos direitos das mulheres. Em algumas dimensões, o feminismo negro estadunidense se assemelha ao das mulheres que vivem nas sociedades diaspóricas negras ou se originaram delas, enquanto em outras dimensões continua a ser distintamente estadunidense. Coletivamente, essas áreas de preocupação comum vinculam os feminismos das afrodescendentes em um contexto transnacional mais amplo. Elas também fornecem um ponto de partida útil para examinarmos as diferenças comuns que caracterizam o movimento intercontinental de conscientização

---

[28] Leith Mullings, *On Our Own Terms: Race, Class, and Gender in the Lives of African American Women* (Nova York, Routledge, 1997).

[29] Wahneema Lubiano, "Black Ladies, Welfare Queens, and State Minstrels: Ideological War by Narrative Means", em Toni Morrison (org.), *Race-ing Justice, En-Gendering Power* (Nova York, Pantheon, 1992); Rose Brewer, "Race, Class, Gender and US State Welfare Policy: The Nexus of Inequality for African American Families", em Gay Young e Bette J. Dickerson (orgs.), *Color, Class and Country: Experiences of Gender* (Londres, Zed, 1994), p. 115-27.

[30] Evelyn White (org.), *The Black Women's Health Book: Speaking for Ourselves* (Seattle, Seal, 1994).

O FEMINISMO NEGRO ESTADUNIDENSE EM CONTEXTO TRANSNACIONAL   385

das mulheres negras, em resposta às opressões interseccionais organizadas de diferentes maneiras por meio de uma matriz global de dominação.

Por um lado, as intersecções de raça e gênero que enquadram a categoria "mulheres negras" geram um conjunto compartilhado de desafios para todas as afrodescendentes, ainda que estejamos diferentemente situadas em outras hierarquias sociais. Por exemplo, nem todas as mulheres negras são pobres, mas as mulheres negras como coletividade continuam desproporcionalmente pobres em relação a outros grupos. Por outro lado, as diferenças entre nós, mulheres negras, que refletem nossas histórias diversas, sugerem que as experiências com a pobreza são muito mais complexas do que se imagina atualmente. As afro-americanas podem ser desproporcionalmente pobres, mas a pobreza das mulheres negras nos Estados Unidos se organiza de maneira diferente daquela que as afrodescendentes enfrentam transnacionalmente. Apesar das semelhanças, as mulheres negras da África, do Caribe, da América do Sul, do Canadá e de outros lugares experimentam essas preocupações de maneiras diferentes e, consequentemente, se organizam em resposta a elas de maneiras diferentes.

Transnacionalmente, os defensores das mulheres têm procurado usar as leis vigentes no campo de direitos humanos para desenvolver uma agenda de direitos das mulheres. Em uma apostila elaborada para mulheres de diferentes níveis de instrução, o Centro Internacional da Tribuna da Mulher identifica seis áreas de leis relativas aos direitos humanos que podem ser usadas para proteger os direitos das mulheres: mulheres e educação; mulheres e emprego; mulheres e casamento; mulheres refugiadas; exploração sexual e tráfico; e mulheres e tortura[31]. Em seguida, ele redefine os direitos humanos das mulheres em seis áreas de atenção: violência contra mulheres; habitação, terra e propriedade; direitos reprodutivos; direitos ambientais; mulheres com deficiência; e direitos de orientação sexual[32]. Uma simples vista de olhos revela que essas questões consideradas importantes para as mulheres são significativas também para as mulheres de ascendência africana. Também é digno de nota como e por que algumas dessas questões recebem mais atenção do feminismo negro estadunidense, enquanto outras permanecem silenciadas ou mesmo invisíveis. Uma análise plenamente desenvolvida dessas seis áreas de direitos humanos, bem como das seis áreas de direitos das mulheres, excede o escopo deste capítulo.

---

[31]   *Rights of Women*, cit., p. 19-54.

[32]   Ibidem, p. 55-76.

No entanto, uma breve discussão sobre duas delas mostra que investigar os padrões de diferenças em comum entre as afrodescendentes pode ser útil para um movimento transnacional de conscientização das mulheres negras.

A pobreza das mulheres negras

Os entendimentos da pobreza das mulheres negras ilustram essas interconexões de raça, gênero, classe e nação. Ainda que a pobreza das mulheres negras tenha formas semelhantes em todo o mundo e, no fundo, provenha de uma origem comum, as causas específicas da pobreza das mulheres negras nos Estados Unidos e das mulheres de ascendência africana que são cidadãs de outros Estados-nação ou não têm cidadania estadunidense demonstram como a questão da cidadania e a das políticas do Estado-nação são importantes. Por exemplo, as interconexões entre a política interna e a política externa dos Estados Unidos contribuem de maneira específica para a pobreza das mulheres negras. Especialmente crítica em relação ao modelo de "desenvolvimento" imposto ao Terceiro Mundo, a feminista canadense Angela Miles afirma que categorias como desenvolvimento mascaram alguns elos importantes entre mulheres em países do Primeiro Mundo e países do Terceiro Mundo. Como aponta Miles:

> Vem tornando-se claro que o que chamamos de "questões de desenvolvimento" no "Terceiro Mundo", como moradia, educação, saúde, cuidado infantil e pobreza, é chamado de "questões sociais" no "Primeiro Mundo". Não se trata de fenômenos qualitativamente diferentes, como dão a entender as definições de "desenvolvimento", mas de questões políticas compartilhadas que constituem uma base em potencial para uma luta política comum. Os feminismos globais são o resultado dessa luta comum baseada em realidades locais diversas.[33]

As políticas externa e interna dos Estados Unidos nos anos 1980 mostram que as interconexões entre "questões de desenvolvimento" e "questões sociais" são dois lados da mesma moeda. Por um lado, as mulheres negras das chamadas regiões em desenvolvimento da África, da América Latina e do Caribe apontam os efeitos das políticas de ajuste estrutural como uma das principais causas da crescente pobreza entre as mulheres negras. Introduzidas na década de 1980 para aliviar a crise da dívida dos Estados-nação do Terceiro Mundo, essas

---

[33] Angela Miles, "North American Feminisms/Global Feminisms: Contradictory or Complementary?", em Obioma Nnaemeka (org.), *Sisterhood, Feminisms, and Power*, cit., p. 169.

políticas estimularam cortes nos serviços públicos e nos subsídios a itens básicos (alimentos e combustíveis); aumentos nos preços de transporte, moradia, água, eletricidade e medicamentos; privatização de ativos do governo; liberalização do comércio e desvalorização da moeda. Nesse sentido, essas políticas podem ser vistas como profundamente "racializadas", porque essas restrições foram direcionadas às pessoas de cor.

As políticas de ajuste estrutural tinham dois objetivos principais, que, por sua vez, tiveram um impacto especial sobre as mulheres. Primeiro, por meio de cortes nos gastos do governo com serviços sociais, essas políticas visavam reduzir o consumo. Essas ações prejudicaram a oferta de emprego em setores em que as mulheres predominam, e com elas se presumiu que as trabalhadoras preencheriam as lacunas criadas por esses cortes. Em segundo lugar, as políticas visavam aumentar a produção. Com base no pressuposto de que haveria uma oferta imediata de mão de obra feminina barata, essas políticas incorporaram as mulheres às relações capitalistas de mercado de maneira especialmente exploratória. Ambos os objetivos desvalorizam o trabalho das mulheres tanto no ambiente doméstico quanto na população economicamente ativa[34]. Nesse sentido, as políticas de ajuste estrutural têm uma profunda conotação de gênero, uma vez que se baseiam em um pressuposto que justifica a exploração do tempo e do trabalho das mulheres, tanto no ambiente doméstico quanto no local de trabalho.

As consequências das políticas de ajuste estrutural foram devastadoras. Levaram populações inteiras a enfrentar o aumento do desemprego, a pobreza, a desintegração social e a violência. Os pobres foram os que mais sofreram – e mulheres, crianças e idosos pobres, mais que qualquer outro grupo[35]. Tais políticas encontraram respaldo em imagens midiáticas que mascararam a culpa dos formuladores de políticas cujas decisões levaram a tais resultados. Uma dessas imagens retratava a pobreza das mulheres negras de modo fatalista, sugerindo que o problema era tão grande que muito pouco podia ser feito para remediá-lo. A feminista africana Ama Ada Aidoo denuncia o modo como a pobreza das mulheres africanas é retratada na mídia:

> Definiu-se a imagem da mulher africana no pensamento mundial: ela tem muito mais filhos do que pode criar, e não pode esperar que outras pessoas paguem por isso. Ela passa fome, assim como seus filhos. De fato, tornou-se um clichê do fotojorna-

---

[34] Peggy Antrobus, "Women in the Caribbean", cit.

[35] Ibidem, p. 57.

lismo ocidental mostrar a mulher africana como se fosse mais velha do que de fato é; retratá-la seminua, com seios caídos e murchos bem expostos; moscas zumbindo em volta do rosto dos filhos; e sempre com uma tigela nas mãos, mendigando.[36]

Essa imagem constrói as mulheres africanas como se estivessem em uma situação tão grave que nem valesse mais a pena ajudá-las, ou como receptoras passivas de doações do governo. É significativo que a única forma de agência concedida às mulheres negras seja sua sexualidade e sua capacidade reprodutiva – se as mulheres africanas têm de fato "muito mais filhos", então é perfeitamente aceitável que os Estados-nação ocidentais se recusem a "pagar por isso".

A descrição de Aidoo pode parecer desconfortavelmente familiar para as afro-americanas, porque, apesar do conteúdo culturalmente específico – as mulheres negras estadunidenses pobres raramente são retratadas "seminuas", com "moscas zumbindo em volta do rosto dos filhos" –, elas têm sido representadas de forma semelhante. No mesmo período em que as mulheres negras das nações "em desenvolvimento" foram castigadas por políticas de ajuste estrutural, as feministas negras estadunidenses apontaram as políticas sociais do governo Reagan como um fator importante para a situação de pobreza das afro-americanas[37]. Nos anos 1980 e 1990, as políticas de assistência social retratavam as afro-americanas como cidadãs indignas e as privavam de direitos, culpando-as por criar sua própria pobreza e a dos demais afro-americanos[38].

Reminiscência da imagem da mulher africana descrita por Aidoo, "sempre com uma tigela nas mãos, mendigando", a representação das mulheres negras estadunidenses como "rainhas da assistência social" serviu a um propósito semelhante[39]. Em ambos os casos, a pobreza das crianças negras remetia à sexualidade e à capacidade reprodutiva de suas mães. Mas, enquanto a pobreza das mulheres africanas era considerada permanente e, portanto, impassível a qualquer ajuda, as afro-americanas eram consideradas pessoas indignas de ajuda, que mantinham uma condição permanente de pedintes. Seja qual fosse o caso, o melhor seria deixá-las morrer de fome.

---

[36] Ama Ata Aidoo, "The African Woman Today", em Obioma Nnaemeka (org.), *Sisterhood, Feminisms, and Power*, cit., p. 39.

[37] Rose Brewer, "Race, Class, Gender and US State Welfare Policy", cit.

[38] Patricia Hill Collins, "A Comparison of Two Works on Black Family Life", *Signs*, v. 14, n. 4, 1989, p. 875-84.

[39] Wahneema Lubiano, "Black Ladies, Welfare Queens, and State Minstrels", cit.

Mulheres negras e famílias de mãe e filhas e/ou filhos

Outra questão importante e afim que vincula os feminismos das mulheres afro-descendentes diz respeito a ser efetivamente mãe, ainda mais em um contexto de mudanças das responsabilidades profissionais e familiares. O trabalho materno das mulheres negras estadunidenses – em particular o esforço para dar conta da responsabilidade de ser mãe biológica, mãe de criação e mãe de criação da comunidade, e ainda gerar renda independente – faz eco a lutas travadas transnacionalmente pelas mulheres. Mais importante ainda é o fato de que a maternidade, o trabalho e as responsabilidades familiares continuam intimamente ligadas à explicação da pobreza das mulheres negras ao redor do mundo. Ao tratar da pobreza das mulheres no Caribe, Peggy Antrobus aponta para o impacto do trabalho mal remunerado e não remunerado sobre a posição econômica das mulheres negras:

> A pobreza das mulheres decorre do fato de que grande parte do trabalho das mulheres em casa, na agricultura de subsistência e na comunidade é não remunerado ou mal remunerado [...], as muitas formas de trabalho não remunerado exercidas por mulheres da classe trabalhadora ou pobres as condena a um ciclo de pobreza, seja em áreas rurais, seja em urbanas. Não podemos compreender a pobreza e a exploração sem considerar o impacto do trabalho não remunerado das mulheres no sistema econômico.[40]

As observações de Antrobus lembram discussões anteriores sobre como as mulheres negras estadunidenses põem em questão entendimentos prevalecentes nos Estados Unidos acerca do trabalho que gera renda, do trabalho familiar não remunerado e do trabalho materno das mulheres negras. A pobreza das mulheres negras em diversas sociedades continua associada ao fato de que elas são responsáveis por filhas e filhos, muitas vezes sem apoio masculino suficiente.

Uma das consequências da luta das mulheres negras para equilibrar trabalho, família e maternidade é o surgimento de famílias negras formadas apenas por mãe e filhas e/ou filhos como fenômeno crescente ao redor do mundo. A situação dessas famílias no contexto da economia política mundial destaca a importância do capitalismo avançado na compreensão das famílias de mães solteiras em contexto transnacional[41]. Em particular, há conexões importantes

---

[40] Peggy Antrobus, "Women in the Caribbean", cit., p. 56.

[41] Joan P. Mencher e Anne Okongwu, "Introduction", em *Where Did All the Men Go? Female--Headed/Female-Supported Households in Cross-Cultural Perspective* (Boulder, Westview, 1993), p. 1-11.

que caracterizam o estágio de desenvolvimento capitalista em que se encontra um grupo qualquer e os padrões de organização familiar que surgem dentro desse grupo. A ampla reestruturação econômica global ocorrida desde a Segunda Guerra Mundial sugere que as famílias são afetadas pelos padrões cambiantes de desenvolvimento industrial, pela segmentação do mercado de trabalho por raça e gênero e pelos resultados a eles associados, como migração, urbanização e guetização. Essa literatura tem sido usada para examinar questões relativas à economia política afro-americana em geral[42]; no entanto, apesar de sua importância, continua subutilizada no que diz respeito aos padrões distintivos da organização das famílias negras nos Estados Unidos. Ao longo da história, índices mais altos de famílias negras formadas por mães e filhas e/ou filhos, assim como o rápido aumento da proporção de famílias com essas características nas décadas de 1960 e 1970, podem ser mais bem explicados por padrões industriais e de mercado de trabalho que por características da cultura negra[43].

Consideradas no contexto do desenvolvimento capitalista global, as famílias negras formadas por mães e filhas e/ou filhos nos países africanos, caribenhos, latino-americanos, norte-americanos e europeus surgem em grupos que enfrentam desafios políticos e econômicos similares[44]. Um desses desafios diz respeito à adaptação ao mercado de trabalho segmentado por raça e gênero, o qual resulta das transformações no agronegócio, da fuga de indústrias, da mecanização e outras mudanças nos locais de trabalho. Os efeitos de padrões industriais diversos sobre a organização doméstica e familiar no Caribe dão uma ideia de como as intersecções de raça e classe promovem padrões específicos de organização familiar[45]. Nesse caso, a composição industrial que caracteriza a base laboral de uma ilha produz um mercado de trabalho segmentado por gênero. Por exemplo, em localidades caracterizadas por indústrias pesadas que recorrem à mão de obra masculina (por exemplo, refinarias de petróleo), os índices de chefia familiar feminina tendem a ser mais baixos que em lugares cuja base industrial recorre mais ao trabalho feminino (por exemplo, a indústria de

---

[42] Ver, por exemplo, Gregory D. Squires, *Capital and Communities in Black and White: The Intersections of Race, Class, and Uneven Development* (Albany, NY, State University of New York Press, 1994).

[43] Andrew Billingsley, *Black Families in White America* (Englewood Cliffs, Prentice Hall, 1992).

[44] Joan P. Mencher e Anne Okongwu, "Introduction", cit.

[45] Ver, por exemplo, Janet H. Momsen (org.), *Women and Change in the Caribbean: A Pan Caribbean Perspective* (Bloomington, IN, Indiana University Press, 1993).

O FEMINISMO NEGRO ESTADUNIDENSE EM CONTEXTO TRANSNACIONAL   391

vestuário). Quando os homens não conseguem emprego e as mulheres sim, os homens mudam de cidade, deixando esposas, namoradas, filhas e filhos para trás.

Padrões de migração específicos de gênero surgem em resposta à criação e/ou à evasão de oportunidades econômicas nas comunidades de origem. Além disso, a política industrial trabalha em paralelo com políticas nacionais de imigração. Os padrões profissionais e familiares de homens e mulheres mexicanos que no início dos anos 1980 migraram para cidades próximas à fronteira do México com os Estados Unidos revelam as formas complexas pelas quais as políticas industriais e as políticas de imigração fomentam a chefia familiar de mulheres. Uma das características marcantes desse fluxo migratório é o fato de que as famílias migravam como unidades quando não conseguiam mais se sustentar na economia de mercado capitalista que incorporava seus povoados. Embora os grupos familiares migrassem como unidade, os empregadores do lado mexicano da fronteira contratavam as mulheres, mas não os homens. Consequentemente, mulheres e crianças ficavam no México, enquanto os homens imigravam para os Estados Unidos em busca de trabalho. Muitos homens não retornavam para as famílias que deixaram na fronteira, fazendo aumentar o número de famílias formadas por mães e filhas e/ou filhos nas cidades industriais fronteiriças mexicanas. Nesse caso, as políticas de emprego em ambos os lados da fronteira estimularam o surgimento de famílias chefiadas por mulheres em uma população que anteriormente não apresentava essa forma de organização familiar[46].

Em alguns casos, as políticas nacionais estão claramente ligadas às políticas industriais, que, por sua vez, estimulam o aumento do número de mães solteiras. Os padrões de formação de unidades familiares entre a população negra sul-africana sob o *apartheid* são reveladores a esse respeito. As políticas trabalhistas sul-africanas anteriores ao fim do *apartheid*, em 1990, promoveram sistematicamente a dissolução de famílias[47]. Homens e mulheres eram explicitamente recrutados para mercados de trabalho segmentados por raça e gênero que lançavam mão dessa separação em nome da lucratividade. Por exemplo, esperava-se que os homens que trabalhavam na mineração deixassem esposas e

---

[46] Maria Patricia Fernandez-Kelly, "Mexican Border Immigration, Female Labor Force Participation, and Migration", em June Nash e Maria Fernandez-Kelly (orgs.), *Women, Men and the International Division of Labor* (Albany, NY, State University of New York, 1983), p. 205-23.

[47] William G. Martin, "Beyond the Peasant to Proletarian Debate: African Household Formation in South Africa", em Joan Smith, Immanuel Wallerstein e Hans-Deiter Evers (orgs.), *Households and the World-Economy* (Beverly Hills, Sage, 1984), p. 151-67.

filhos e se instalassem em dormitórios. As leis de passe, que se mostraram tão impopulares entre as pessoas negras na África do Sul, em parte surgiram para regular onde os trabalhadores homens podiam trabalhar e morar. Em contrapartida, as mulheres ficavam para trás nas chamadas *homelands* * ou eram forçadas a migrar para as cidades e trabalhar como domésticas para complementar a renda insuficiente dos homens. As crianças negras sul-africanas eram negligenciadas nesse rigoroso sistema de regulação trabalhista. Muitas vezes eram obrigadas a viver ilegalmente com a mãe nas cidades, ficavam nas *homelands* ou eram de alguma maneira legalmente separadas da mãe[48].

Para as mulheres negras, essa combinação de oportunidade econômica com responsabilidades específicas de gênero muitas vezes resulta em padrões recorrentes de pobreza que mostram notável semelhança em diferentes culturas. Peggy Antrobus aborda o ciclo de pobreza no contexto caribenho:

> A maioria dos pobres são mulheres. Ainda que muitas tenham famílias grandes, elas não são pobres *porque* têm muitos filhos. Na verdade, o que acontece é o contrário. Elas têm muitos filhos porque são pobres, o que significa que elas têm opções muito limitadas em termos de educação, formação e trabalho, e ver os filhos como fonte de prosperidade é talvez seu único meio de se afirmar. Para muitas, esse ciclo começa com a maternidade precoce, quando ainda estão na escola. Quando o pai não consegue sustentar a criança, a mulher muitas vezes procura apoio de outros homens, que as deixam com ainda mais filhos. E assim o ciclo se repete. A formação em série de casais no Caribe deve ser vista como uma estratégia de sobrevivência. Temos, portanto, de considerar a pobreza das mulheres no contexto do desemprego em grande escala e a incapacidade de muitos homens de sustentar os filhos.[49]

As descrições de relacionamentos entre homens e mulheres negros de muitas cidades do interior dos Estados Unidos são muito semelhantes ao retrato que Antrobus faz das sociedades caribenhas. Por exemplo, os índices de mortalidade infantil em bairros negros pobres nas regiões centrais de grandes cidades dos Estados Unidos correspondem aos verificados em países em desenvolvimento.

---

*   *Homelands* ou bantustões eram territórios racialmente segregados na África do Sul do período do *apartheid*. Cada *homeland* supostamente seria autogovernado pela população negra que vivia na área – demarcada, porém, pelo governo branco sul-africano. Em contrapartida, a população negra perdeu qualquer tipo de participação política institucional na África do Sul como um todo. (N. E.)

48   Ellen Kuzwayo, *Call Me Woman* (São Francisco, Spinster's Ink, 1985).

49   Peggy Antrobus, "Women in the Caribbean", cit., p. 56.

Nesse sentido, as mulheres negras estadunidenses pobres, especialmente aquelas que vivem em bairros centrais, podem ter mais em comum com as mulheres do Caribe e de outras lugares do Terceiro Mundo que com as mulheres brancas e negras de classe média nos Estados Unidos[50].

Esses exemplos de resposta das famílias formadas por mães e filhas e/ou filhos aos mercados de trabalho segmentados por raça e gênero que o desenvolvimento do capitalismo avançado global originou sugerem que esses fatores podem ser mais importantes para explicar as estruturas familiares nas comunidades afro-americanas do que se costuma pensar[51]. O rápido aumento de famílias negras com essa configuração nos Estados Unidos nas décadas de 1960 e 1970 reflete políticas industriais, a reorganização do mercado de trabalho e políticas governamentais[52]. Nesse sentido, o trabalho de William Julius Wilson continua exemplar por estabelecer ligações entre padrões de organização familiar e transformações das oportunidades econômicas nos bairros negros[53]. Ainda que Wilson tenha sido criticado por supostamente ter negligenciado o racismo institucional contemporâneo, seu trabalho chama atenção para a correlação (mas não necessariamente a causa) do desemprego crescente entre homens negros nos anos 1960 e 1970 com o aumento do número de famílias afro-americanas formadas por mães e filhas e/ou filhos. Seu trabalho mostra que o surgimento dessas famílias entre afro-americanos da classe trabalhadora pode ser atribuído em parte a uma economia política cambiante que prejudicava as pessoas negras. Se Wilson leva em consideração o desenvolvimento capitalista e aponta a necessidade de se prestar mais atenção a seus efeitos, Rose Brewer critica o próprio desenvolvimento capitalista[54]. Alegando que os trabalhadores e as famílias negras estadunidenses estão no centro de um processo de reestruturação econômica global com dimensões específicas de raça e gênero, Brewer

---

[50] Rose Brewer, "Gender, Poverty, Culture, and Economy: Theorizing Female-Led Families", em Bette Dickerson (org.), *African American Single Mothers, Understanding Their Lives and Families* (Thousand Oaks, Sage, 1995), p. 146-63.

[51] Patricia Hill Collins, "African-American Women and Economic Justice: A Preliminary Analysis of Wealth, Family and Black Social Class", *University of Cincinnati Law Review*, v. 65, n. 2, 1997, p. 825-52.

[52] Rose Brewer, "Black Women in Poverty: Some Comments on Female-Headed Families", *Signs*, v. 13, n. 2, 1988, p. 331-9; idem, "Race, Class, Gender and US State Welfare Policy", cit.

[53] William Julius Wilson, *The Truly Disadvantaged: The Inner City, the Underclass, and Public Policy* (Chicago, University of Chicago Press, 1987); idem, *When Work Disappears: The World of the New Urban Poor* (Nova York, Vintage, 1996).

[54] Rose Brewer, "Gender, Poverty, Culture, and Economy", cit.

ressalta: "Não há dinheiro suficiente nas grandes cidades para sustentar tanto o crescimento [econômico] quanto a formação de famílias biparentais"[55].

No geral, a condição das famílias formadas por mães e filhas e/ou filhos nos bairros centrais das grandes cidades pode ser vista como um caso avançado do que acontece quando o desemprego masculino em contexto urbano é conjugado à ausência ou – no caso da população afro-americana – ao declínio da assistência social provida pelo Estado. A miríade de problemas sociais ligados à pobreza e às responsabilidades das mulheres negras no cuidado com as crianças – violência, drogas, gravidez na adolescência e evasão escolar – transcende o contexto estadunidense. As experiências das mulheres negras estadunidenses são, na verdade, uma versão local de um importante fenômeno transnacional.

GRUPOS, COALIZÕES E POLÍTICA TRANSVERSAL

As complexidades de experiências das mulheres afro-americanas como grupo põem em questão hierarquias simples que rotulam homens brancos abastados como opressores globais e mulheres negras pobres como vítimas destituídas de poder, com outros grupos distribuídos entre um e outro. O que acontece, de fato, é que raça, gênero, classe, condição de cidadania, sexualidade e idade definem o lugar social dos grupos na matriz transnacional de dominação. Esses lugares, por sua vez, enquadram a participação dos grupos em uma ampla gama de atividades. Como os grupos ocupam lugares diferentes, que apresentam expressões variadas de poder, eles participam da formação das dinâmicas de dominação e resistência segundo padrões distintivos. Reconhecer a diversidade de histórias desses grupos fornece novos fundamentos para o desenvolvimento de uma política transversal.

Originalmente cunhada por feministas italianas, a política transversal enfatiza uma formação de coalizões que leve em conta as posições específicas dos "atores políticos". Como afirma Nira Yuval-Davis:

> O diálogo transversal deveria se basear nos princípios de enraizamento e mudança – isto é, centrar-se na própria experiência e, ao mesmo tempo, ser empático com o posicionamento distinto dos parceiros com os quais se estabelece o diálogo [...]. Os limites do diálogo seriam determinados pela mensagem, não pelos mensageiros.[56]

---

[55] Ibidem, p. 167.

[56] Nira Yuval-Davis, *Gender and Nation*, cit., p. 88.

Segundo esse referencial, as afro-americanas e outros grupos similares são "atores políticos" ou "mensageiros" que têm como objetivo elaborar uma "mensagem" feminista negra. Dentro dos pressupostos do transversalismo, os participantes propiciam um "enraizamento" nas histórias particulares de seu próprio grupo, mas percebem que, para estabelecer diálogos que atravessem múltiplos marcadores de diferença, devem "se deslocar" de seus próprios centros[57].

Reconhecer que as experiências de mulheres negras na África, no Caribe, nos Estados Unidos, na Europa e na América Latina apresentam diferenças em comum suscita várias questões importantes relativas aos contornos e à potencial eficácia da política transversal. Em primeiro lugar, a política transversal pede que reconsideremos os referenciais cognitivos usados para entender o mundo e modificá-lo. A política transversal requer a rejeição do pensamento binário que fundamenta as opressões de raça, classe, gênero, sexualidade e nação. Segundo tais modelos, as pessoas devem ser uma coisa ou outra – as mulheres negras são pobres *ou* porque são negras *ou* porque são mulheres. Um indivíduo é racista ou antirracista, uma pessoa é sexista ou não sexista, um grupo é opressor ou oprimido. A política transversal, ao contrário, não segue essa lógica excludente. Em tais referenciais, todos os indivíduos e grupos têm graus variáveis de penalidade e privilégio em um sistema de determinada criação histórica. Na história dos Estados Unidos, por exemplo, as mulheres brancas foram penalizadas por seu gênero, mas foram privilegiadas por sua condição de raça e cidadania. Da mesma forma, as mulheres heterossexuais negras foram penalizadas por critérios de raça e gênero, mas privilegiadas por sua sexualidade e origem nacional. Em um contexto transnacional, as mulheres negras estadunidenses são privilegiadas por sua cidadania nacional, ainda que desfavorecidas por seu gênero. Dependendo do contexto, indivíduos e grupos podem ser opressores em alguns contextos, oprimidos em outros e, ainda, simultaneamente, opressores e oprimidos.

Uma segunda questão que se associa à política transversal e é relacionada à primeira diz respeito às definições de organização e manutenção dos grupos sociais. Segundo concepções de organização dos grupos que vêm de longa data,

---

[57] Aplico o conceito de política transversal a grupos organizados em torno de identidades historicamente construídas – neste caso, a identidade de "mulher negra". No entanto, os grupos não precisam ser formados em torno de categorias identitárias. A história de um grupo local pode ser facilmente construída em torno de uma questão ou de uma "afinidade". Portanto, o modelo de política transversal desenvolvido aqui diz respeito a coalizões de todos os tipos, e pode abranger contradições que aparentemente distinguem políticas de identidade e políticas de afinidade.

os grupos são fixos, imutáveis e com limites bem definidos. Em contraste, a concepção desenvolvida aqui considera os grupos historicamente construídos, porém os percebe como muito mais fluidos. As experiências das mulheres negras estadunidenses ilustram essa fluidez. Assim como cada afro-americana individualmente tem uma biografia única que reflete suas experiências com as opressões interseccionais, as experiências das mulheres negras estadunidenses como coletividade refletem um processo semelhante[58]. Os limites dos grupos não são fixos. No contexto estadunidense, essa noção mais fluida de grupo sugere que as afro-americanas como coletividade deparam com uma configuração particular de políticas de raça, classe e gênero que, ainda que se sobreponha à de certos grupos, se assemelhe à de outros e se diferencie da de outros, continua específica das mulheres negras. A contextualização transnacional das mulheres negras estadunidenses sugere um conjunto parecido de relações. Como população historicamente identificável, as mulheres negras estadunidenses são simultaneamente privilegiadas e penalizadas em uma matriz de dominação. Em uma matriz de dominação caracterizada por opressões interseccionais, qualquer lugar social específico no qual tais sistemas se encontrem ou se interseccionem produz histórias de grupo distintivas.

Uma terceira exigência da política transversal diz respeito à dinâmica interna dos grupos. Para as mulheres negras estadunidenses, empenhar-se em processos de autodefinição do grupo requer o confronto de toda a constelação da nossa história, e não apenas uma leitura seletiva desse percurso. Por meio desses diálogos internos, as mulheres afro-americanas podem dar um passo importante rumo a uma política transversal. As conversas particulares necessárias para as autodefinições do grupo podem ser afirmadoras. Por exemplo, os espaços seguros que as afro-americanas inventam para acolher sua própria autodefinição têm o propósito de protegê-las de agressões externas. Em tais espaços, as mulheres negras servem de espelho umas para outras, o que pode favorecer a afirmação. A existência desses espaços não significa, porém, que neles não aconteçam coisas desagradáveis. Como apontam as lésbicas negras, os espaços seguros são mais seguros para umas que para outras.

Além disso, rapidamente se torna claro que os processos internos de autodefinição não podem se prolongar indefinidamente, sem que haja um

---

[58] Para uma discussão das semelhanças e diferenças do uso de indivíduo e grupo como níveis de análise, ver Patricia Hill Collins, *Fighting Words: Black Women and the Search for Justice* (Minneapolis, University of Minnesota Press, 1998), especialmente p. 203-11.

envolvimento com outros grupos. Como os grupos não são entidades hermeticamente fechadas, reconhecer a história de determinado grupo nos leva a compreender que os grupos não podem se definir isoladamente nem resistir sozinhos à injustiça social. Na melhor das hipóteses, cada grupo possui uma perspectiva parcial de suas experiências e das experiências dos outros grupos. A autorreflexão crítica e a organização da comunidade, realizadas por meio de um acerto de contas com a própria história do grupo, constituem os fundamentos de uma coalizão eficaz. Por exemplo, não é suficiente saber que "as nigerianas e as afro-americanas foram vítimas" e construir uma aliança apenas com base nisso. Ainda que haja semelhança no fato de mulheres negras terem sido vítimas nesses dois contextos, não se trata da mesma coisa. As coalizões são, isso sim, construídas por meio do reconhecimento da posição do próprio grupo, e de como o lugar social de um grupo é construído em conjunção com o de outros. A empatia, e não a compaixão, se torna a base da coalizão.

Esse reconhecimento suscita um quarto ponto associado à política transversal, a saber, o reconhecimento de que as histórias dos grupos são relacionais. É importante lembrar que a história de grupo das mulheres negras estadunidenses mantém uma relação de interdependência com a de outros grupos – os padrões que caracterizam as experiências de um grupo estão intimamente ligados aos de outros grupos. Por exemplo, nos Estados Unidos, a construção social da condição de mulher branca estadunidense como pura, frágil e carente de proteção contra os ataques de homens afro-americanos "violentos" exigiu o uso de padrões distintivos de violência sexual institucionalizada contra as afro-americanas e contra os afro-americanos. O contexto transnacional revela contradições semelhantes. As mulheres negras estadunidenses podem deparar internamente com a violência de Estado, mas a política externa dos Estados Unidos inflige uma violência comparável a mulheres que estão além das fronteiras. Tanto nacional como transnacionalmente, por meio de ameaças de violência ou da violência real, os grupos policiam ativamente uns aos outros para assegurar a manutenção da dominação.

O exame dessas histórias interdependentes dos grupos costuma trazer à torna contradições dolorosas. Torna-se mais difícil para as mulheres brancas estadunidenses, por exemplo, manter a credibilidade moral como sobreviventes de violência sexual se elas, ao mesmo tempo, não condenarem os benefícios que acompanham a violência racial praticada em seu nome. Do mesmo modo, a afirmação de alguns afro-americanos de que a opressão racial tem primazia sobre a opressão de gênero parece vazia quando eles se furtam a se responsabilizar pela violência que cometem contra as afro-americanas. Esses exemplos mostram como *tanto* as mulheres brancas *quanto* os homens afro-americanos experimentam a vitimização, que pode servir de base para uma relação de empatia com outros grupos, *e* têm certa responsabilidade pela violência sistêmica direcionada a outros grupos. Esses exemplos sugerem que a posição moral de alguém como sobrevivente de determinada expressão de violência sistêmica é afetada quando não se assume a própria responsabilidade por outras expressões de violência sistêmica.

Esse reconhecimento das histórias dos grupos como relacionais nos leva a uma quinta questão associada à política transversal, a saber, o reconhecimento de que é impossível formar coalizões com alguns grupos. Isso porque, embora as experiências dos grupos sejam interdependentes, elas não são equivalentes. Por exemplo, ainda que homens brancos e mulheres negras nos Estados Unidos tenham histórias de grupo que refletem padrões de privilégio e opressão, esses grupos estão longe de ocupar posições equivalentes na matriz transnacional de dominação. Cada grupo, na realidade, reflete uma constelação distinta de processos de vitimização, acesso a posições de autoridade, benefícios imerecidos e tradições de resistência. Mesmo que as histórias de ambos os grupos reflitam todas as dimensões, os padrões inerentes a cada grupo se revelam distintos quando consideramos a posição geral do grupo em relação a outros grupos específicos de raça/gênero, bem como as variações internas de classe, condição de cidadania, sexualidade e idade.

Nesse sentido, as histórias dos homens brancos e das mulheres negras nos Estados Unidos estão conectadas, constroem socialmente uma à outra, compartilham certas características, mas não são equivalentes. Os homens brancos claramente têm poder sobre as afro-americanas, mas a relação entre esses grupos é mais complexa que uma simples hierarquia de privilégios masculinos brancos que vitima mulheres negras. A relação entre os dois grupos é certamente essa, mas vai muito além disso. Em razão dessa complexidade, coalizões com alguns grupos de homens brancos são necessárias em determinadas questões, mas praticamente impossíveis em outras. As mulheres afrodescendentes de sociedades da diáspora negra compartilham relações transversais comparáveis. Nesse modelo, não há opressores nem vítimas absolutas. Em vez disso, categorias historicamente construídas moldam histórias de grupos que se interseccionam e se entrecruzam, estabelecendo padrões variáveis de participação nos grupos quanto à dominação e à resistência ao modelo.

Essa não equivalência promove uma última e importante dimensão da política transversal: a natureza dinâmica das coalizões. As coalizões ganham e perdem força segundo a percepção da relevância dos problemas pelos membros do grupo. Essa não equivalência entre as experiências significa que os grupos consideram algumas opressões mais relevantes que outras. Padrões de diferenças em comum entre as afro-americanas e as afrodescendentes das sociedades da diáspora negra são reveladoras da relevância de uma forma de opressão em detrimento de outra em diferentes configurações sociais. Raça, classe e gênero representam os três eixos de opressão que as afro-americanas costumam identificar como os mais importantes para elas. Transnacionalmente, porém, as mulheres afrodescendentes podem não ver esses sistemas e as condições econômicas, políticas e ideológicas que os sustentam como as opressões fundamentais. Essa é uma característica importante da matriz de dominação – embora todos esses sistemas trabalhem no enquadramento das experiências das mulheres negras transnacionalmente, as mulheres negras diferentemente situadas dentro deles percebem diferentemente a relevância das diferentes configurações desses sistemas.

No geral, o conhecimento feminista negro e as políticas transversais capazes de orientar o ativismo das mulheres negras têm características comuns importantes. Ambos se baseiam em paradigmas de interseccionalidade para conceituar as opressões interseccionais e o comportamento de grupo mobilizado para resistir a elas. Ambos são construídos de forma colaborativa, e é praticamente impossível retirá-los das relações de poder reais. Ambos apresentam momentos de colaboração e de confronto necessários para construir conhecimento e formar coalizões. Apesar das tensões entre similaridade (intersecções de raça/ gênero) e diferença (classe, cidadania, sexualidade e idade) que distinguem as experiências das mulheres negras no Caribe, nos Estados Unidos, na África, na América Latina e na Europa, é importante reconhecer que as mulheres afrodescendentes continuam situadas de formas diferentes em um abrangente contexto transnacional caracterizado por um *apartheid* global de gênero. Como consequência, os diálogos entre as afro-americanas e outros grupos oprimidos identificáveis ao longo da história devem se beneficiar dos múltiplos ângulos de visão proporcionados pelos múltiplos pontos de vista de grupo. Esses diálogos não apenas prometem lançar luz sobre problemas atuais do feminismo negro nos Estados Unidos, mas indicar novos caminhos para a política transversal.

11
EPISTEMOLOGIA FEMINISTA NEGRA

> Uma garotinha passava com a mãe diante da estátua de um europeu
> que havia dominado um leão feroz com as próprias mãos. A garotinha
> parou, olhou-a intrigada e perguntou: "Mamãe, tem uma coisa errada
> com essa estátua. Todo mundo sabe que um homem não consegue ser
> mais forte que um leão". "Mas, querida", respondeu a mãe, "não se
> esqueça de que quem fez a estátua foi o homem."
>
> Conforme relato de Katie G. Cannon

Como teoria social crítica, o pensamento feminista negro estadunidense reflete os interesses e o ponto de vista daquelas que o elaboraram. Rastrear a origem e a difusão do pensamento feminista negro, ou de qualquer conjunto comparável de conhecimentos especializados, revela afinidades com o poder do grupo que o criou[1]. Como os homens brancos de elite controlam as estruturas ocidentais de validação do conhecimento, os temas, paradigmas e epistemologias da pesquisa acadêmica tradicional são permeados por seus interesses. Consequentemente, as experiências das mulheres negras estadunidenses, e de todas as afrodescendentes, foram sistematicamente distorcidas ou excluídas do que conta como conhecimento.

O pensamento feminista negro estadunidense, como forma especializada de pensamento, reflete os temas distintivos presentes nas experiências das afro-americanas. Os temas centrais do pensamento feminista negro, como trabalho, família, política sexual, maternidade e ativismo político, baseiam-se em paradigmas que enfatizam a importância de opressões interseccionais na modelagem da matriz de dominação estadunidense. Expressar esses temas e

---

[1] Karl Mannheim, *Ideology and Utopia* (Nova York, Harcourt, Brace & World, 1936) [ed. bras.: *Ideologia e utopia*, trad. Thiago Mazucato, São Paulo, Ideias e Letras, 2014].

paradigmas, contudo, não é fácil, porque as mulheres negras têm de fazer frente ao modo como os homens brancos interpretam o mundo.

Nesse contexto, faz sentido considerar o pensamento feminista negro um conhecimento subjugado. Tradicionalmente, a supressão das ideias das mulheres negras em instituições sociais controladas por homens brancos levou as afro-americanas a usar a música, a literatura, as conversas cotidianas e o comportamento cotidiano como dimensões importantes para a construção de uma consciência feminista negra. Mais recentemente, o ensino superior e os meios de comunicação se tornaram espaços cada vez mais importantes para a atividade intelectual feminista negra. Nesses novos espaços sociais, o pensamento feminista negro vem ganhando visibilidade, ainda que, curiosamente, continue subjugado, mas de uma maneira diferente[2].

Investigar o conhecimento subjugado de grupos subordinados – no caso, o ponto de vista de uma mulher negra e o pensamento feminista negro – requer uma engenhosidade ainda maior que a necessária para uma análise dos pontos de vista e do pensamento dos grupos dominantes. Percebi que minha formação como cientista social era inadequada para a tarefa de estudar o conhecimento subjugado do ponto de vista das mulheres negras. Isso porque os grupos subordinados perceberam há muito que é necessário recorrer a formas alternativas para criar autodefinições e autoavaliações independentes, rearticulando-as por meio de nossos próprios especialistas. Como outros grupos subordinados, as afro-americanas não apenas desenvolveram um ponto de vista específico das mulheres negras, mas usaram formas alternativas de produzir e validar o conhecimento para isso.

A epistemologia constitui uma teoria abrangente do conhecimento[3]. Ela investiga os padrões usados para avaliar o conhecimento ou *o motivo pelo qual* acreditamos que aquilo em que acreditamos é verdade. Longe de ser um estudo apolítico da verdade, a epistemologia indica como as relações de poder determinam em que se acredita e por quê. Por exemplo, vários descendentes de Sally Hemmings, uma mulher negra de propriedade de Thomas Jefferson, reiteravam que Jefferson era o pai dos filhos dela. Esses relatos dos descendentes afro-americanos de Jefferson foram ignorados, beneficiando a narrativa de sua

---

[2] Patricia Hill Collins, *Fighting Words: Black Women and the Search for Justice* (Minneapolis, University of Minnesota Press, 1998), p. 32-43.

[3] Sandra Harding, "Introduction: Is There a Feminist Method?", em *Feminism and Methodology* (Bloomington, IN, Indiana University Press, 1987).

progenitura branca. Os descendentes de Hemmings foram sistematicamente desacreditados, até que seu conhecimento foi validado por um teste de DNA.

Distinguir entre epistemologias, paradigmas e metodologias pode ser útil na compreensão do significado de epistemologias concorrentes[4]. Diferentemente das epistemologias, os *paradigmas* abrangem referenciais interpretativos – por exemplo, a interseccionalidade – que são usados para explicar os fenômenos sociais[5]. A *metodologia* se refere aos princípios gerais que indicam como conduzir pesquisas e como aplicar paradigmas interpretativos[6]. A esfera da epistemologia é importante porque determina quais perguntas merecem investigação, quais referenciais interpretativos serão usados para analisar as descobertas e para que fim serão destinados os conhecimentos decorrentes desse processo.

Ao produzir o conhecimento especializado do pensamento feminista negro estadunidense, as intelectuais negras frequentemente deparam com duas epistemologias distintas: uma que representa interesses de homens brancos de elite e outra que expressa as preocupações do feminismo negro. Ainda que existam muitas variações dessas epistemologias, é possível distinguir algumas características que transcendem diferenças entre os paradigmas inerentes a elas. As escolhas epistemológicas referentes a em quem se deve confiar, em que acreditar e por que algo é verdadeiro não são questões acadêmicas inocentes.

---

[4] Idem.

[5] Muitos estudiosos veem o positivismo e o pós-modernismo, por exemplo, como epistemologias concorrentes, cada qual com suas teorias sobre o que conta como verdade e por quê. Em contraste, vejo o positivismo e o pós-modernismo como outra forma de binarismo, cuja oposição acaba por unificá-los no quadro mais amplo de uma epistemologia ocidental; ver Patricia Hill Collins, *Fighting Words*, cit., p. 126-37. A discussão que fiz previamente sobre as opressões interseccionais de raça, classe, gênero, sexualidade e nação visa esboçar um paradigma alternativo que, como discutirei adiante neste capítulo, pode constituir uma parte importante da epistemologia feminista negra.

[6] Por exemplo, as metodologias qualitativa e quantitativa representam duas abordagens metodológicas importantes que são frequentemente associadas às humanidades ocidentais e às ciências, respectivamente. Uma metodologia específica pode ser associada a uma abordagem epistemológica e a seus respectivos referenciais interpretativos. Mesmo que a ideia de metodologia se refira a uma teoria mais ampla sobre a forma de se fazer pesquisa, não há nada nela que seja inerentemente branco ou preto, masculino ou feminino. Certas metodologias podem se tornar codificadas como "brancas" e/ou "masculinas" e, assim, agir em prejuízo das mulheres negras; ver Patricia Hill Collins, *Fighting Words*, cit., p. 101-5. Técnicas específicas usadas no decorrer de uma pesquisa – por exemplo, entrevistas, levantamentos e análises – constituem *métodos* de pesquisa ou ferramentas específicas que não precisam se vincular aos interesses de um grupo em particular. Ainda que os padrões de uso de técnicas específicas possam variar entre os grupos – os homens brancos podem trabalhar mais com conjuntos de dados em larga escala, enquanto as mulheres negras podem se basear mais em entrevistas individuais –, os métodos podem ser usados para diferentes finalidades.

404 Pensamento feminista negro

Essas preocupações, ao contrário, dizem respeito a uma questão fundamental: a das versões da verdade que acabam por prevalecer.

PROCESSOS EUROCÊNTRICOS DE VALIDAÇÃO DO CONHECIMENTO E RELAÇÕES DE PODER NOS ESTADOS UNIDOS

Nos Estados Unidos, as instituições sociais que legitimam o conhecimento, bem como as epistemologias ocidentais ou eurocêntricas que elas sustentam, constituem duas partes inter-relacionadas dos processos dominantes de validação do conhecimento. Em geral, acadêmicos, editores e outros especialistas representam interesses e processos de atribuição de credibilidade específicos, e suas reivindicações de conhecimento devem satisfazer os critérios políticos e epistemológicos dos contextos em que se encontram[7]. Como esse empreendimento é controlado por homens brancos de elite, os processos de validação de conhecimento refletem os interesses desse grupo[8]. Ainda que projetados

---

[7] Thomas Kuhn, *The Structure of Scientific Revolutions* (2. ed., Chicago, University of Chicago Press, 1962) [ed. bras.: *A estrutura das revoluções científicas*, trad. Beatriz Vianna Boeira e Nelson Boeira, 13. ed., São Paulo, Perspectiva, 2017]; Michael Mulkay, *Science and the Sociology of Knowledge* (Boston, Unwin Hyman, 1979).

[8] Harding apresenta uma definição útil de eurocentrismo, muito semelhante ao modo como utilizo o termo aqui; ver Sandra Harding, *Is Science Multicultural? Postcolonialisms, Feminisms, and Epistemologies* (Bloomington, IN, Indiana University Press, 1998), p. 12-5. O pensamento social e político ocidental ou eurocêntrico contém três abordagens inter-relacionadas de averiguação da "verdade" que são sistematicamente retratadas como epistemologias concorrentes. A primeira, refletida na ciência positivista, há muito tempo afirma que verdades absolutas existem e que é tarefa da academia desenvolver ferramentas científicas objetivas e imparciais para medir essas verdades. No entanto, muitas teorias sociais contestaram os conceitos e a epistemologia dessa versão da ciência, classificando-os como representativos dos interesses da elite branca e, portanto, como menos válida quando aplicados às experiências de outros grupos e, mais recentemente, ao homem branco que relata suas próprias descobertas. A segunda abordagem – ligada a versões anteriores de teorias do ponto de vista que eram, elas próprias, enraizadas em um positivismo marxista – basicamente inverteu os pressupostos da ciência positivista a respeito da prevalência da verdade de quem. Essas abordagens sugerem que os oprimidos têm supostamente uma visão mais clara da "verdade" que seus opressores, porque não teriam as limitações de perspectiva criadas pela ideologia do grupo dominante. Essa versão da teoria do ponto de vista, contudo, basicamente replica a ideia positivista de uma interpretação "verdadeira" da realidade e, como a ciência positivista, também tem problemas. A terceira abordagem, o pós-modernismo, foi apresentada como antítese e resultado inevitável da rejeição da ciência positivista. Dentro da lógica pós-moderna, os próprios grupos se tornam suspeitos, assim como qualquer pensamento especializado. No discurso pós-moderno extremo, o pensamento de cada grupo é igualmente válido. Nenhum grupo pode alegar ter uma interpretação melhor da "verdade" que outra. Em certo sentido, o pós-modernismo representa o oposto das ideologias científicas de objetividade; ver Patricia Hill Collins, *Fighting Words*, cit., p. 124-54.

para representar e proteger os interesses de homens brancos poderosos, nem as escolas, nem o governo, nem a mídia, nem outras instituições sociais que abrigam esses processos, nem as epistemologias que eles promovem precisam ser manejados pelos próprios homens brancos. Mulheres brancas, homens e mulheres afro-americanos e outras pessoas de cor podem ser recrutados para reforçar essas ligações entre as relações de poder e o que conta como verdade. Além disso, nem todos os homens brancos concordam com essas relações de poder que privilegiam o eurocentrismo. Alguns deles se revoltaram e subverteram as instituições sociais e as ideias promovidas por elas.

Dois critérios políticos influenciam os processos de validação do conhecimento. Em primeiro lugar, as reivindicações de conhecimento são avaliadas por um grupo de especialistas que passou por uma série de experiências sedimentadas as quais refletem o lugar de seus grupos nas opressões interseccionais. Ninguém que se dedica à produção acadêmica passa ao largo de ideias culturais e de sua localização nas opressões interseccionais de raça, gênero, classe, sexualidade e nação. Nos Estados Unidos, isso significa que um acadêmico que reivindica um conhecimento deve convencer uma comunidade acadêmica controlada por cidadãos estadunidenses homens, brancos, de elite e que se declaram heterossexuais de que determinada reivindicação se sustenta. Em segundo lugar, cada comunidade de especialistas é responsável por sua credibilidade, definida pela população na qual ela se situa e da qual advêm seus conhecimentos básicos, que são tomados como certos. Isso significa que as comunidades acadêmicas que questionam percepções básicas da cultura estadunidense em geral serão consideradas menos confiáveis que aquelas que apoiam ideias populares. Por exemplo, se as comunidades acadêmicas se afastarem demais das percepções amplamente difundidas sobre a condição da mulher negra, elas correm o risco de serem desacreditadas.

Quando homens brancos de elite ou qualquer outro grupo excessivamente homogêneo domina os processos de validação do conhecimento, esses dois critérios políticos podem servir para suprimir o pensamento feminista negro. Dado que a cultura geral estadunidense que dá forma ao conhecimento considerado correto pela comunidade de especialistas é permeada por pressupostos de inferioridade feminina negra, novas reivindicações de conhecimento que parecem violar essa suposição fundamental tendem a ser vistas como anomalias[9]. Além

---

[9]   Thomas Kuhn, *The Structure of Scientific Revolutions*, cit.

406 PENSAMENTO FEMINISTA NEGRO

disso, é improvável que um pensamento especializado que coloque em xeque pressupostos de inferioridade feminina negra seja gerado em ambientes acadêmicos controlados por homens brancos, porque tanto as perguntas elaboradas nesse contexto como as respostas refletiriam necessariamente uma falta básica de familiaridade com as realidades das mulheres negras. Mesmo aqueles que acham que estão familiarizados com tais realidades podem reproduzir estereótipos. Acreditando-se conhecedores do assunto, muitos pesquisadores defendem firmemente as imagens de controle das mulheres negras estadunidenses como *mammies*, matriarcas e jezebéis, e permitem que percepções baseadas no senso comum permeiem seus estudos.

As experiências das acadêmicas afro-americanas ilustram como indivíduos que desejam rearticular um ponto de vista de mulheres negras por meio do pensamento feminista negro podem ser suprimidos por processos prevalecentes de validação de conhecimento. A exclusão do letramento básico, de experiências educacionais de qualidade, bem como de cargos docentes e administrativos, limitou o acesso das mulheres negras estadunidenses a posições influentes na academia[10]. As mulheres negras há muito fazem reivindicações de conhecimento que contestam as reivindicações dos homens brancos de elite. No entanto, como não têm acesso a posições de autoridade, elas tiveram muitas vezes de recorrer a processos alternativos de validação de conhecimento para produzir reivindicações divergentes de conhecimento. Como consequência, as disciplinas acadêmicas passaram a rejeitar, de modo geral, tais reivindicações. Além disso, quaisquer credenciais acadêmicas controladas por pesquisadores brancos do sexo masculino poderiam ser negadas às mulheres negras que usassem padrões alternativos, sob o pretexto de que o trabalho das mulheres negras não constituiria uma pesquisa com credibilidade.

As mulheres negras com credenciais acadêmicas que buscam exercer a autoridade concedida por nosso *status* para propor novas reivindicações de conhecimento sobre as afro-americanas são pressionadas a usar essa autoridade para legitimar um sistema que desvaloriza e exclui a maioria das mulheres negras. Quando um grupo de *outsiders* – nesse caso, afro-americanas – reconhece que o grupo de *insiders* – isto é, de homens brancos de elite – demanda privilégios

---

[10] Maxine Baca Zinn et al., "The Costs of Exclusionary Practices in Women's Studies", *Signs*, v. 11, n. 2, 1986, p. 290-303; Yolanda T. Moses, *Black Women in Academe: Issues and Strategies. Project on the Status and Education of Women* (Washington, D. C., American Association of American Colleges, 1989).

especiais da sociedade mais ampla, os que estão no poder precisam encontrar maneiras de manter do lado de fora os *outsiders* e ao mesmo tempo fazer com que eles reconheçam a legitimidade desse procedimento. Aceitar alguns *outsiders* "seguros" soluciona o problema de legitimação[11]. Uma maneira de excluir a maioria das mulheres negras do processo de validação do conhecimento é permitir que algumas adquiram posições de autoridade em instituições que legitimam o conhecimento e nos incentivar a trabalhar em conformidade com os pressupostos de inferioridade feminina negra compartilhados pela comunidade acadêmica e pela cultura em geral. As mulheres negras que aceitam esses pressupostos provavelmente serão recompensadas por suas instituições. As que os desafiam podem ser mantidas sob vigilância e correm o risco de acabar isoladas.

As acadêmicas afro-americanas que persistimos na tentativa de rearticular um ponto de vista de mulheres negras também enfrentamos uma possível rejeição de nossas reivindicações de conhecimento em termos epistemológicos. Assim como as realidades materiais de grupos poderosos e dominados produzem pontos de vista diferentes, esses grupos também podem implantar epistemologias ou teorias do conhecimento distintivas. Acadêmicas negras podem saber que algo é verdadeiro – ao menos de acordo com padrões amplamente aceitos pelas afro-americanas –, mas não querer ou não poder legitimar nossas reivindicações usando normas acadêmicas hegemônicas. Seja qual for o discurso, novas reivindicações de conhecimento devem ser compatíveis com um corpo de conhecimentos já existente e aceito como verdadeiro pelo grupo que controla o contexto interpretativo. Considerem-se, por exemplo, as diferenças entre a interpretação que as mulheres negras estadunidenses fazem de suas experiências como mães solteiras e a análise dessa mesma realidade pela pesquisa prevalecente nas ciências sociais. Enquanto as mulheres negras enfatizam sua luta contra a discriminação no trabalho, a falta de apoio às crianças, as condições inferiores de moradia e a violência nas ruas, grande parte das pesquisas realizadas no âmbito das ciências sociais parece obcecada pela imagem da "rainha da assistência social", preguiçosa e supostamente satisfeita com essa situação. Os métodos usados para validar as reivindicações de conhecimento também devem ser aceitáveis para o grupo que controla o processo de validação do conhecimento. As narrativas pessoais das afro-americanas sobre a experiência

---

[11] Peter L. Berger e Thomas Luckmann, *The Social Construction of Reality* (Nova York, Doubleday, 1966) [ed. bras.: *A construção social da realidade: tratado de sociologia do conhecimento*, trad. Floriano de Souza Fernandes, Petrópolis, Vozes, 2004].

de ser mãe solteira são muitas vezes invisibilizadas por metodologias de pesquisa quantitativa que apagam a individualidade para buscar padrões de uso abusivo dos programas de assistência social. Assim, uma questão importante que as intelectuais negras enfrentam é saber o que constitui uma justificativa adequada de que determinada reivindicação de conhecimento, como um fato ou uma teoria, é verdadeira. Assim como os descendentes de Hemmings eram sistematicamente desacreditados, muitas de nós, mulheres negras, somos vistas como testemunhas não confiáveis de nossas próprias experiências. Assim, acadêmicas negras que optam por acreditar em outras mulheres negras podem ser vistas como suspeitas.

Para legitimar o pensamento feminista negro, as estudiosas negras, especialmente as das ciências sociais, teriam de satisfazer padrões de adequação metodológica de base positivista. Embora eu descreva as epistemologias ocidentais ou eurocêntricas como um único bloco, há muitos e variados referenciais ou paradigmas interpretativos nessa categoria. Além disso, a ênfase que dou ao positivismo não significa que todas as dimensões do positivismo são inerentemente problemáticas para as mulheres negras nem que as estruturas não positivistas são melhores.

As abordagens positivistas têm o objetivo de criar descrições científicas da realidade por meio da produção de generalizações objetivas. Como há uma grande variedade de valores, experiências e emoções entre os pesquisadores, a ciência genuína é considerada inatingível, a menos que todas as características humanas, exceto a racionalidade, sejam eliminadas do processo de pesquisa. Seguindo regras metodológicas rígidas, os cientistas buscam se distanciar dos valores, interesses e emoções gerados por sua classe, sua raça, seu sexo ou sua situação específica. Ao se retirar do contexto, eles supostamente assumem uma posição desimplicada como observadores e manipuladores da natureza[12].

Vários requisitos caracterizam as abordagens metodológicas positivistas. Em primeiro lugar, os métodos de pesquisa geralmente exigem que quem a realiza tenha distanciamento de seu "objeto" de estudo, definindo quem pesquisa como um "sujeito" com plena subjetividade humana e objetificando o "objeto" de estudo[13]. Um segundo requisito é a ausência de emoções no processo de

---

[12] Alison M. Jaggar, *Feminist Politics and Human Nature* (Totowa, Rowman & Allanheld, 1983); Sandra Harding, *The Science Question in Feminism* (Ithaca, NY, Cornell University Press, 1986).

[13] Evelyn Fox Keller, *Reflections on Gender and Science* (New Haven, CT, Yale University Press, 1985); Molefi Kete Asante, *The Afrocentric Idea* (Filadélfia, Temple University Press, 1987).

pesquisa[14]. Em terceiro lugar, a ética e os valores são considerados inadequados no processo de pesquisa, seja como motivo da investigação científica, seja como parte do próprio processo de pesquisa[15]. Finalmente, os debates formados por ideias contrárias, escritos ou orais, são o método preferido de averiguação da verdade: argumentos capazes de resistir aos ataques e sobreviver intactos se tornam as verdades mais fortes[16].

Esses critérios pedem que nós, mulheres afro-americanas, nos objetifiquemos, desvalorizemos nossa vida emocional, deixemos de lado nossas motivações para aprofundar nosso conhecimento sobre as mulheres negras e enfrentemos, em uma relação conflituosa, pessoas com mais poder social, econômico e profissional. Por um lado, parece improvável que as mulheres negras se baseiem exclusivamente nos paradigmas positivistas para rearticular um ponto de vista feminino negro. Por exemplo, as experiências das mulheres negras na sociologia ilustram reações diversas a esse positivismo tão arraigado. Considerando a duradoura exclusão das mulheres negras da produção sociológica até 1970, o conhecimento sociológico sobre raça e gênero desenvolvido durante sua ausência e o significado simbólico dessa ausência para as autodefinições sociológicas como ciência, as afro-americanas que exerciam o papel de agentes do conhecimento enfrentaram uma situação complexa. Para refutar a história da inaptidão das mulheres negras para a ciência, elas precisaram recorrer às ferramentas da sociologia e usar referenciais positivistas para demonstrar sua capacidade como cientistas. Ao mesmo tempo, porém, tiveram de pôr em xeque essa estrutura que lhes dava legitimidade. Os vários modos como reagiram a esse dilema refletem o uso estratégico das ferramentas do positivismo quando isso se mostrou necessário, associado a críticas explícitas ao positivismo quando estas eram viáveis[17].

Por outro lado, muitas mulheres negras tiveram acesso a outra epistemologia, formada por padrões de averiguação de verdade amplamente aceitos entre as afro-americanas. Subjacente a uma epistemologia feminista negra há um fundamento material experiencial, ou seja, experiências coletivas e visões de

---

[14] Alison M. Jaggar, *Feminist Politics and Human Nature*, cit.

[15] Dona Richards, "European Mythology: The Ideology of 'Progress'", em Molefi Kete Asante e Abdulai S. Vandi, *Contemporary Black Thought* (Beverly Hills, Sage, 1980), p. 59-79.

[16] Janice Moulton, "A Paradigm of Philosophy: The Adversary Method", em Sandra Harding e Merrill B. Hintikka (orgs.), *Discovering Reality* (Boston, D. Reidel, 1983), p. 149-64.

[17] Patricia Hill Collins, *Fighting Words*, cit., p. 92-123.

410 PENSAMENTO FEMINISTA NEGRO

mundo tributárias delas que as mulheres negras estadunidenses sustentaram com base em nossa história particular[18]. As condições históricas do trabalho das mulheres negras, tanto na sociedade civil negra quanto no trabalho remunerado, estimularam uma série de experiências que, quando compartilhadas e transmitidas, tornam-se sabedoria coletiva de um ponto de vista de mulheres negras. Além disso, quem compartilha essas experiências pode acessar uma série de princípios para avaliar reivindicações de conhecimento. Esses princípios passam a integrar uma sabedoria das mulheres negras em âmbito mais geral e, mais ainda, aquilo que chamo aqui de epistemologia feminista negra.

Essa epistemologia alternativa usa padrões diferentes, que são consistentes com os critérios das mulheres negras quanto ao conhecimento fundamentado e com nossos critérios de adequação metodológica. Decerto essa alternativa epistemológica feminista negra foi desvalorizada pelos processos dominantes de validação do conhecimento, e não são muitas as afro-americanas que podem reivindicá-la. Mas, se essa epistemologia existe, quais são seus contornos? Além disso, quais são suas contribuições reais e potenciais para o pensamento feminista negro?

A EXPERIÊNCIA VIVIDA COMO CRITÉRIO DE SIGNIFICADO

"Minha tia costumava dizer: 'Um monte de gente vê, mas só algumas conhecem'", relembra Carolyn Chase, 31 anos, moradora de um bairro central pobre[19]. Essa fala trata de dois tipos de saber – o conhecimento e a sabedoria – e recorre à primeira dimensão da epistemologia feminista negra. Viver como uma mulher negra exige sabedoria, pois o conhecimento sobre as dinâmicas das opressões interseccionais foi essencial para a sobrevivência das mulheres negras nos Estados Unidos. As afro-americanas atribuem um alto valor à sabedoria como mecanismo de análise do conhecimento.

Alusões a esses dois tipos de saber estão presentes no discurso de inúmeras afro-americanas. Zilpha Elaw, pastora evangélica de meados do século XIX, explica a tenacidade do racismo: "O orgulho da pele branca é um badulaque de grande valor. Em algumas partes dos Estados Unidos, muita gente está disposta a abrir mão da própria inteligência em proveito do preconceito, e possui mais

---

[18] Ver capítulo 3.

[19] John Langston Gwaltney, *Drylongso: A Self-Portrait of Black America* (Nova York, Vintage, 1980), p. 83.

conhecimento que sabedoria"[20]. Ao descrever as diferenças que separam mulheres afro-americanas e brancas, Nancy White invoca uma regra similar: "Quando aprofundamos a análise, notamos que as mulheres brancas apenas *pensam* que são livres. As mulheres negras *sabem* que não são livres"[21]. Geneva Smitherman, professora universitária especializada em linguística afro-americana, sugere que

> de uma perspectiva negra, os documentos escritos são limitados no que diz respeito ao que podem ensinar sobre a vida e a sobrevivência no mundo. Os negros não perdem tempo na hora de ridicularizar os "idiotas educados" [...], eles "sabem dos livros", mas não têm "as manhas", têm conhecimento, mas não têm sabedoria.[22]

Mabel Lincoln resume de maneira eloquente a distinção entre conhecimento e sabedoria: "Para pessoas negras como eu, o idiota é engraçado – aquelas pessoas que adoram botar banca, aquelas pessoas para quem você não pode contar nada, aquele povo que mata mosca com canhão"[23].

As afro-americanas precisam de sabedoria para lidar com os "idiotas educados" que "matam mosca com canhão". Como integrantes de um grupo subordinado, as mulheres negras não podem se dar ao luxo de ser idiotas, pois nossa objetificação como o Outro retira de nós as proteções conferidas pela pele branca, pela masculinidade e pelo dinheiro. Essa distinção entre conhecimento e sabedoria, assim como o uso da experiência como o limite entre os dois, têm sido fundamentais para a sobrevivência da mulher negra. No contexto das opressões interseccionais, a diferença é fundamental. Conhecimento sem sabedoria é suficiente para os poderosos, mas sabedoria é essencial para a sobrevivência dos subordinados.

Para a maioria das afro-americanas, os indivíduos que viveram as experiências nas quais se dizem especialistas são mais críveis e confiáveis que aqueles que apenas leram ou pensaram a respeito delas. Assim, ao fazer uma reivindicação de conhecimento, as afro-americanas frequentemente invocam as experiências vividas como critério de credibilidade. Por exemplo, Hannah Nelson descreve a importância da experiência pessoal para ela:

---

[20] William L. Andrews, *Sisters of the Spirit: Three Black Women's Autobiographies of the Nineteenth Century* (Bloomington, IN, Indiana University Press, 1986), p. 85.

[21] John Langston Gwaltney, *Drylongso*, cit., p. 147.

[22] Geneva Smitherman, *Talkin and Testifyin: The Language of Black America* (Boston, Houghton Mifflin, 1977), p. 76.

[23] John Langston Gwaltney, *Drylongso*, cit., p. 68.

Nosso discurso é mais diretamente pessoal, e toda pessoa negra pressupõe que outra pessoa negra tem direito a uma opinião pessoal. Quando abordamos temas difíceis, a experiência pessoal é considerada uma evidência muito importante. Conosco, estatísticas distantes não são tão importantes quanto as experiências concretas de uma pessoa séria.[24]

De modo similar, Ruth Shays utiliza suas experiências de vida para questionar a ideia de que a educação formal é o único caminho para o pensamento:

Sou o tipo de pessoa que não possui muita educação formal, mas tanto minha mãe como meu pai tinham bom senso. Eu acredito que é tudo que uma pessoa precisa. Talvez eu não saiba utilizar 34 palavras para dizer o mesmo que poderia dizer com três, mas isso não quer dizer que eu não saiba do que estou falando. [...] Eu sei do que estou falando porque estou falando sobre mim mesma e sobre o que vivi.[25]

Na autoavaliação de Shays há uma crítica implícita ao tipo de conhecimento que obnubila a verdade, as "34 palavras" que disfarçam e escondem uma verdade que poderia ser dita com apenas três.

Mesmo depois de estudar a fundo as epistemologias dominantes, muitas pesquisadoras negras recorrem a nossas experiências e às de outras afro-americanas para selecionar os tópicos que vão pesquisar e as metodologias que vão utilizar. Por exemplo, o subtítulo que Elsa Barkley Brown escolheu para seu ensaio sobre a história das mulheres negras é: "Como minha mãe me ensinou a ser historiadora, apesar de minha formação acadêmica"[26]. De modo similar, Joyce Ladner afirma que crescer como mulher negra no Sul dos Estados Unidos deu a ela *insights* importantes para realizar seus estudos sobre a adolescência das mulheres negras[27].

A experiência como critério de significado com imagens práticas como veículo simbólico é um princípio epistemológico fundamental para os sistemas de pensamento afro-americanos[28]. "Olhem meu braço!", disse Sojourner Truth. "Já arei, plantei, trabalhei em estábulos, e homem nenhum se saía

---

[24]   Ibidem, p. 7.

[25]   Ibidem, p. 27 e 33.

[26]   Elsa Barkley Brown, *Hearing Our Mothers' Lives* (Atlanta, Fifteenth Anniversary of African--American and African Studies, Emory University, 1986), p. 11.

[27]   Joyce Ladner, *Tomorrow's Tomorrow: The Black Woman* (Garden City, Doubleday, 1972).

[28]   Henry H. Mitchell e Nicholas Cooper Lewter, *Soul Theology: The Heart of American Black Culture* (São Francisco, Harper and Row, 1986).

melhor do que eu! E por acaso não sou mulher?"[29]. Ao invocar exemplos de sua própria vida para simbolizar novos significados, Truth desconstrói as noções vigentes do que é ser mulher. Histórias, narrativas e princípios bíblicos são escolhidos por sua aplicabilidade às experiências dos afro--americanos e se tornam representações simbólicas de um amplo conjunto de experiências. As parábolas bíblicas são repetidas com frequência pela sabedoria que expressam sobre o dia a dia, de modo que sua interpretação não exige verificações históricas científicas. O método narrativo exige que a história seja contada, não decupada pela análise; que seja objeto de crença, não de "admiração científica"[30].

O ensaio de June Jordan sobre o suicídio da própria mãe ilustra os múltiplos níveis de significado que podem ocorrer quando a experiência vivida passa a ser valorizada como critério de significado. Jordan descreve a mãe, uma mulher que literalmente morreu tentando ficar de pé, e o efeito que essa morte teve sobre sua obra:

> Creio que tudo isso tem a ver, na verdade, com as mulheres e o trabalho. Com certeza tem a ver comigo como mulher e com tudo o que fiz ao longo da minha vida. Quer dizer, não estou certa de que o suicídio da minha mãe foi algo extraordinário. Talvez a maioria das mulheres tenha de lidar com uma herança similar: o legado de uma mulher cuja morte não pode ser identificada com precisão, porque ela morreu muitas e muitas vezes e porque, antes mesmo de se tornar mãe, a vida dela já havia acabado. [...] Eu cheguei tarde demais para ajudar minha mãe a ficar de pé. Como agradecimento eterno a todas as mulheres que me ajudaram a continuar viva, luto para nunca mais chegar atrasada.[31]

Embora tenha conhecimento sobre o fato concreto que levou à morte de sua mãe, Jordan também busca sabedoria sobre o significado dessa morte.

Algumas pesquisadoras feministas afirmam que as mulheres como grupo são mais propensas que os homens a utilizar experiências vividas para avaliar reivindicações de conhecimento. Por exemplo, uma parcela substancial das 135 mulheres que participaram de um estudo sobre o desenvolvimento cognitivo das mulheres era de "conhecedoras conectadas" e foi atraída pelo

---

[29] Bert J. Loewenberg e Ruth Bogin (orgs.), *Black Women in Nineteenth Century American Life* (University Park, Pennsylvania State University Press, 1976), p. 235.

[30] Henry H. Mitchell e Nicholas Cooper Lewter, *Soul Theology*, cit., p. 8.

[31] June Jordan, *On Call* (Boston, South End, 1985), p. 26.

tipo de conhecimento que emerge da observação pessoal[32]. Essas mulheres acreditavam que, se o conhecimento vem da experiência, a melhor maneira de compreender as ideias de uma pessoa é desenvolver a empatia e compartilhar as experiências que levaram essa pessoa a formar essas ideias. Ao explicar esses padrões, algumas teóricas feministas sugerem que as mulheres são socializadas em nexos relacionais complexos, nos quais o comportamento é governado mais por regras contextuais que por princípios abstratos[33]. Tal processo de socialização estimularia modos característicos de conhecer[34]. Essas teóricas sugerem que as mulheres têm mais chances de vivenciar duas formas de saber: uma localizada no corpo e no espaço que ela ocupa, e outra que transcende esse espaço. Por meio das múltiplas formas de maternagem, as mulheres medeiam esses dois modos, utilizando as experiências vividas em seu dia a dia para avaliar reivindicações de conhecimento mais abstrato[35]. Essas formas de conhecimento permitem o surgimento de uma subjetividade entre o conhecimento e o conhecedor, residem nas próprias mulheres (e não em altas autoridades) e são vivenciadas diretamente no mundo (e não por intermédio de abstrações).

A vida das afro-americanas continua a ser estruturada pela convergência de diversos fatores: as organizações da comunidade negra que refletem os princípios dos sistemas de crença de matriz africana; as tradições de maternagem ativista que estimulam uma compreensão politizada do trabalho materno executado pelas mulheres negras; o sistema de classes sociais que relega as trabalhadoras negras ao nível mais baixo da hierarquia social. Amanda King, uma jovem mãe afro-americana cujas experiências ilustram essa convergência, descreve como utilizava as experiências vividas para alcançar o abstrato e aponta como pode ser difícil mediar esses dois modos de saber:

---

32   Mary Field Belenky et al., *Women's Ways of Knowing* (Nova York, Basic Books, 1986).

33   Nancy Chodorow, *The Reproduction of Mothering* (Berkeley, University of California Press, 1978) [ed. bras.: *Psicanálise da maternidade: uma crítica de Freud a partir da mulher*, trad. Nathanael C. Caixeiro, Rio de Janeiro, Rosa dos Tempos, 1991]; Carol Gilligan, *In a Different Voice* (Cambridge, MA, Harvard University Press, 1982) [ed. bras.: *Uma voz diferente: psicologia da diferença entre homens e mulheres da infância à idade adulta*, trad. Nathanael C. Caixeiro, Rio de Janeiro, Rosa dos Tempos, 1982].

34   Nancy M. Hartsock, "The Feminist Standpoint: Developing the Ground for a Specifically Feminist Historical Materialism", em Sandra Harding e Merrill B. Hintikka (orgs.), *Discovering Reality*, cit., p. 283-310; Mary Field Belenky et al., *Women's Ways of Knowing*, cit.

35   Dorothy Smith, *The Everyday World as Problematic* (Boston, Northeastern University Press, 1987).

Os líderes do [sindicato] ROC também perderam o emprego, mas pareciam estar habituados. [...] Foi assim a vida toda para eles, sempre saindo para protestar. Eles eram... como se diz? Intelectuais. [...] Tem aqueles que vão para a universidade e que deveriam fazer todos os discursos, porque se espera que eles liderem, sabe? Que organizem essa revoluçãozinha. E tem também os pequenos [...] que vão para a fábrica todos os dias: esses são os que têm de lutar. Eu tive um filho e achei que não teria tempo de acompanhar essas pessoas. [...] Quer dizer, eu entendo parte das coisas sobre as quais eles conversam, como a burguesia, os ricos, os pobres e essa coisa toda, mas não podia parar de pensar em como eu e meu filho íamos sobreviver.[36]

Para King, os ideais abstratos da solidariedade de classe eram mediados por suas experiências como mãe e pelas conexões que isso envolve.

Nas comunidades tradicionais afro-americanas, as mulheres negras recebem apoio institucional por valorizar as experiências vividas. A centralidade das mulheres negras nas famílias, nas igrejas e em outras organizações comunitárias permite que compartilhemos com nossas irmãs mais jovens e menos experientes nosso conhecimento concreto sobre o que é necessário para ser uma mulher negra autodefinida. "A irmandade não é novidade para as mulheres negras", afirma Bonnie Thornton Dill, mas, "ainda que as mulheres negras tenham fomentado e encorajado a irmandade, nós não a usamos como bigorna para forjar nossas identidades políticas"[37]. Embora não seja expressa em termos explicitamente políticos, essa relação de sororidade entre as mulheres negras pode ser vista como modelo para uma série de relações entre mulheres afro-americanas[38].

Tendo em vista que as igrejas e as famílias negras geralmente são instituições de matriz africana centradas nas mulheres, as afro-americanas tradicionalmente encontram considerável apoio institucional para essa dimensão da epistemologia feminista negra. Embora as mulheres brancas possam valorizar a experiência vivida, não se pode dizer que haja apoio semelhante nas famílias brancas – especialmente nas famílias de classe média, que tanto valorizam a privatização – e em outras instituições sociais controladas por brancos e que

---

[36] Victoria Byerly, *Hard Times Cotton Mills Girls* (Ithaca, NY, Cornell University Press, 1986), p. 198.

[37] Bonnie Thornton Dill, "Race, Class, and Gender: Prospects for an All-Inclusive Sisterhood", *Feminist Studies*, v. 9, n. 1, 1983, p. 134.

[38] Cheryl Townsend Gilkes, "'Together and in Harness': Women's Traditions in the Sanctified Church", *Signs*, v. 10, n. 4, 1985, p. 678-99; Paula Giddings, *In Search of Sisterhood: Delta Sigma Theta and the Challenge of the Black Sorority Movement* (Nova York, William Morrow, 1988).

promovem valores similares. Do mesmo modo, embora os homens negros integrem as instituições da sociedade civil negra, eles não podem fazer parte da irmandade das mulheres negras. No que diz respeito às relações entre as mulheres negras, as afro-americanas podem ter mais facilidade que outras pessoas para reconhecer essa conexão como fonte primária de saber, simplesmente porque temos mais oportunidades de fazê-lo e precisamos contar mais com ela do que outras pessoas.

O USO DO DIÁLOGO NA AVALIAÇÃO DE REIVINDICAÇÕES DE CONHECIMENTO

"O diálogo implica uma conversa entre dois sujeitos, não um discurso de sujeito e objeto. É um discurso humanizador, que confronta e resiste à dominação", afirma bell hooks[39]. Para as mulheres negras, é raro que novas reivindicações de conhecimento sejam elaboradas de maneira isolada de outros indivíduos, e em geral são desenvolvidas em diálogos com outros membros da comunidade. Um dos pressupostos epistemológicos básicos subjacentes ao uso do diálogo na avaliação de reivindicações de conhecimento é o de que a conexão, e não a separação, é um componente essencial do processo de validação do conhecimento[40].

Essa valorização da conexão e do uso do diálogo como critérios de adequação metodológica tem raízes africanas. Ainda que em geral as mulheres permaneçam subordinadas aos homens nas sociedades tradicionais africanas, essas mesmas sociedades adotaram visões de mundo holísticas que buscam a harmonia. "É preciso entender que se tornar humano, realizar a promessa de se tornar humano, é a única tarefa importante da pessoa", afirma Molefi Asante[41]. É principalmente no contexto da comunidade que as pessoas se tornam mais humanas e empoderadas, e somente quando buscam "o tipo de conexão, interação e encontro que promove a harmonia"[42]. O poder da palavra, em geral, e os diálogos, em particular, permitem que isso aconteça.

O uso do diálogo, que não deve ser confundido com os debates de ideias contrárias, tem raízes profundas nas tradições orais de matriz africana e na

---

[39] bell hooks, *Talking Back: Thinking Feminist, Thinking Black* (Boston, South End, 1989), p. 131.
[40] Mary Field Belenky et al., *Women's Ways of Knowing*, cit., p. 18.
[41] Molefi Kete Asante, *The Afrocentric Idea*, cit., p. 185.
[42] Idem.

cultura afro-americana[43]. Ruth Shays descreve a importância do diálogo no processo de validação de conhecimento de afro-americanos escravizados:

> Ainda que levassem um ano, eles conseguiam descobrir uma mentira [...]. Os antepassados descobriam a verdade porque ouviam e faziam as pessoas contarem e recontarem sua versão. Na maioria das vezes surgia uma mentira [...]. Havia pessoas idosas por toda parte, e elas conheciam a verdade de vários conflitos. Elas acreditavam que um mentiroso devia sofrer por ter contado mentiras, e dispunham de diversas formas de levar os mentirosos a julgamento.[44]

O uso generalizado da forma discursiva "chamamento e resposta"* entre afro-americanos ilustra a importância dada ao diálogo. Formada por interações verbais e não verbais espontâneas entre falante e ouvinte, em que todas as declarações do falante, ou "chamamentos", são pontuadas por manifestações ou "respostas" do ouvinte, esse modo de discurso negro permeia toda a cultura afro-americana. O requisito fundamental dessa rede interativa é a participação ativa de todos os indivíduos[45]. Para que as ideias sejam testadas e validadas, todos no grupo devem participar. Recusar-se a participar, especialmente se alguém realmente discorda do que foi dito, é considerado "trapaça"[46].

A análise que June Jordan faz da expressão negra da língua inglesa aponta a importância dessa dimensão de uma epistemologia alternativa:

> Nossa linguagem é um sistema construído por pessoas que constantemente necessitam insistir que existimos. [...] Nossa linguagem remonta a uma cultura que abomina toda forma de abstração, ou qualquer coisa que tenda a obnubilar ou apagar o fato do ser humano que está aqui e agora, a verdade da pessoa que está falando ou ouvindo. Consequentemente, *não existe possibilidade de construção de voz passiva no inglês negro*. Por exemplo, você não pode dizer: "O inglês negro está sendo eliminado". Em vez disso, você tem de dizer: "Pessoas brancas estão eliminando o inglês negro". O pressuposto da presença da vida rege o inglês negro

---

[43] Ben Sidran, *Black Talk* (Nova York, Da Capo, 1971); Geneva Smitherman, *Talkin and Testifyin*, cit.; Thomas Kochman, *Black and White Styles in Conflict* (Chicago, University of Chicago Press, 1981).

[44] John Langston Gwaltney, *Drylongso*, cit., p. 32.

* No original, "*call and response*". No contexto específico da música, a tradução mais usual é "canto e resposta" – ver, por exemplo, p. 194 deste volume. (N. E.)

[45] Geneva Smitherman, *Talkin and Testifyin*, cit., p. 108.

[46] Thomas Kochman, *Black and White Styles in Conflict*, cit., p. 28.

420 PENSAMENTO FEMINISTA NEGRO

como um todo [...]. Cada frase pressupõe a participação viva e ativa de ao menos dois seres humanos, o falante e o ouvinte.[47]

Muitas intelectuais negras fazem referência às relações e às conexões proporcionadas pelo uso do diálogo. Ao ser perguntada por que escolheu os temas com que trabalha, a romancista Gayl Jones respondeu: "Eu estava [...] interessada [...] nas tradições orais de contação de histórias – tradições afro-americanas e outras, nas quais a consciência e a importância do ouvinte são sempre consideradas"[48]. Ao descrever a diferença na forma como escritores e escritoras selecionam relações e acontecimentos significativos, Jones diz:

> No caso de muitas escritoras, as relações familiares, comunitárias, entre homens e mulheres e entre mulheres – desde as narrativas de escravos até as escritoras negras – são tratadas como relações complexas e significativas; no caso de muitos homens, as relações significativas são aquelas que envolvem confrontos – relações que acontecem fora da família e da comunidade.[49]

A reação de Alice Walker ao livro *Mules and Men* [Mulas e homens], de Zora Neale Hurston, é outro exemplo do uso do diálogo na avaliação de reivindicações de conhecimento. Em *Mules and Men*, Hurston optou por não se tornar uma observadora destacada das histórias e dos contos populares que coletou; em vez disso, por meio de extensos diálogos com as pessoas das comunidades que estudou, colocou-se no centro de sua própria análise. Usando um processo similar, Walker testa a verdade das reivindicações de conhecimento de Hurston:

> Fiquei encantada quando li *Mules and Men*. Era um livro perfeito! "Perfeição" que testei imediatamente em meus parentes, negros estadunidenses tão típicos que são adequados para qualquer tipo de pesquisa política, cultural ou econômica. Pessoas comuns do Sul, que estavam perdendo rapidamente sua herança cultural sulista nos subúrbios e guetos de Boston e Nova York, eles formavam rodas para ler em silêncio, para me ouvir ler em voz alta, para ouvir umas às outras lerem o livro, e assim reconquistamos uma espécie de paraíso.[50]

---

[47] June Jordan, *On Call*, cit., p. 129.

[48] Claudia Tate (org.), *Black Women Writers at Work* (Nova York, Continuum Publishing, 1983), p. 91.

[49] Ibidem, p. 92.

[50] Alice Walker, "Zora Neale Hurston: A Cautionary Tale and a Partisan View", em Robert Hemenway, *Zora Neale Hurston: A Literary Biography* (Urbana, University of Illinois Press, 1977), p. xii.

A centralidade das mulheres negras nas famílias, igrejas e outras organizações comunitárias proporciona um grande apoio às afro-americanas para invocar o diálogo como uma dimensão da epistemologia feminista negra. No entanto, quando nós, mulheres afro-americanas, usamos o diálogo na avaliação de reivindicações de conhecimento, podemos estar invocando modos de saber que as mulheres são mais propensas a usar. Estudiosas feministas argumentam que homens e mulheres são socializados para buscar tipos diferentes de autonomia – no caso deles, autonomia baseada na separação; no caso delas, autonomia baseada na conexão – e que essa variação nos tipos de autonomia corresponde às diferenças entre os entendimentos de homens e de mulheres a respeito de ideias e experiências[51]. Por exemplo, em contraste com as metáforas visuais (que comparam, por exemplo, conhecimento e iluminação, saber e ver, verdade e luz) que cientistas e filósofos costumam usar, as mulheres tendem a fundamentar suas premissas epistemológicas em metáforas que sugerem encontrar uma voz, falar e escutar[52].

A ÉTICA DO CUIDAR

"Os velhos pregadores brancos falavam, falavam e não diziam nada, mas Jesus disse a nós, escravos, para falarmos com o coração."[53] Essas palavras de um ex-escravo sugerem que as ideias não podem ser divorciadas dos indivíduos que as criam e compartilham. "Falar com o coração" é um tema que diz respeito à ética do cuidar, outra dimensão de uma epistemologia alternativa usada pelas afro-americanas. Assim como o ex-escravo usou a sabedoria de seu coração para rejeitar as ideias dos pregadores que "falavam, falavam e não diziam nada", a ética do cuidar sugere que a expressividade pessoal, as emoções e a empatia são centrais para o processo de validação do conhecimento.

Um dos três componentes inter-relacionados da ética do cuidar é a ênfase dada à singularidade individual. Enraizado em uma tradição de humanismo africano, cada indivíduo é considerado uma expressão única de um espírito, poder ou energia comum, inerente a toda a vida[54]. Quando Alice Walker diz

---

51 Nancy Chodorow, *The Reproduction of Mothering*, cit.; Evelyn Fox Keller, *Reflections on Gender and Science*, cit.; Mary Field Belenky et al., *Women's Ways of Knowing*, cit.

52 Mary Field Belenky et al., *Women's Ways of Knowing*, cit.

53 Thomas L. Webber, *Deep Like the Rivers* (Nova York, W. W. Norton, 1978), p. 127.

54 Ao discutir o Cosmos Sagrado da África Ocidental, Mechal Sobel observa que *Nyam*, um radical presente em muitos idiomas da África Ocidental, refere-se a um espírito, poder ou energia duradoura, que alguém possui por toda a vida. Apesar de esse importante conceito ser

que "nunca duvidou de sua capacidade de discernimento porque sua mãe partia do princípio de que ela era sensata", ela invoca a importância da singularidade individual ensinada a ela por sua mãe[55]. A polirritmia na música afro-americana, na qual não há uma batida principal que se sobreponha às demais, encontra paralelo no tema da expressão individual nas colchas das mulheres negras. Ao confeccionar suas colchas, as mulheres negras justapõem cores e padrões fortes e veem as diferenças individuais não como algo que valoriza um retalho em detrimento do outro, mas como um aspecto que enriquece toda a colcha[56]. Essa ênfase na singularidade individual é ilustrada pelo valor atribuído à expressividade pessoal nas comunidades afro-americanas[57]. Johnetta Ray, moradora de um bairro central empobrecido, descreve esse foco de influência africana na singularidade individual: "Não importa quanto tentemos, não acho que os negros virão a desenvolver um instinto de rebanho. Somos individualistas profundos, apaixonados pela autoexpressão"[58].

Um segundo componente da ética do cuidar diz respeito à presença das emoções nos diálogos. A emoção indica que um falante acredita na validade de um argumento. Consideremos o modo como Ntozake Shange descreve um dos objetivos de seu trabalho:

---

consideravelmente difundido no humanismo africano (ver, por exemplo, Janheinz Jahn, *Muntu: An Outline of Neo-African Culture*, Londres, Faber and Faber, 1961), sua definição ainda é pouco nítida. Sobel observa: "Todo indivíduo que analisa os vários Cosmos sagrados dos africanos ocidentais reconhece a realidade dessa força, mas até agora ninguém traduziu adequadamente esse conceito em termos ocidentais" (Mechal Sobel, *Trabelin' On: The Slave Journey to an Afro-Baptist Faith*, Princeton, Princeton University Press, 1979, p. 13). Para discussões abrangentes sobre a espiritualidade africana, ver Dona Richards, "The Implications of African-American Spirituality", em Molefi Kete Asante e Kariamu Welsh Asante, *African Culture: The Rhythms of Unity* (Trenton, NJ, Africa World, 1990), p. 207-31, e Peter J. Paris, *The Spirituality of African Peoples: The Search for a Common Moral Discourse* (Minneapolis, Fortress, 1995). Muitos teólogos afro-americanos, especialmente mulheres, usam essa ideia de espiritualidade de matriz africana para orientar seu trabalho. Para trabalhos desenvolvidos nas tradições mulheristas, ver Jacquelyn Grant, *White Women's Christ and Black Women's Jesus: Feminist Christology and Womanist Response* (Atlanta, Scholars Press, 1989) e Cheryl J. Sanders, *Empowerment Ethics for a Liberated People: A Path to African American Social Transformation* (Minneapolis, Fortress, 1995).

[55] Mary Helen Washington, "I Sign My Mother's Name: Alice Walker, Dorothy West and Paule Marshall", em Ruth Perry e Martine Watson Browronley (orgs.), *Mothering the Mind: Twelve Studies of Writers and Their Silent Partners* (Nova York, Holmes & Meier, 1984), p. 145.

[56] Elsa Barkley Brown, "African-American Women's Quilting: A Framework for Conceptualizing and Teaching African-American Women's History", *Signs*, v. 14, n. 4, 1989, p. 921-9.

[57] Geneva Smitherman, *Talkin and Testifyin*, cit.; Thomas Kochman, *Black and White Styles in Conflict*, cit.; Henry H. Mitchell e Nicholas Cooper Lewter, *Soul Theology*, cit.

[58] John Langston Gwaltney, *Drylongso*, cit., p. 228.

Nossa sociedade [ocidental] permite que as pessoas sejam completamente neuróticas e não tenham contato algum com seus sentimentos e com os sentimentos das outras pessoas, e ainda assim sejam vistas com respeito. Isso, para mim, é uma farsa [...]. Estou tentando mudar a ideia de que as emoções e o intelecto são faculdades distintas.[59]

A história da expressividade pessoal das mulheres negras no *blues* traz uma espécie de cura para o binarismo que separa emoção e intelecto. Por exemplo, a letra cantada por Billie Holiday em sua versão de "Strange Fruit" combina perfeitamente com a emoção de sua interpretação, oferecendo um comentário social incisivo sobre a questão dos linchamentos no Sul. Se não tivesse tanta emoção, o clamor de Aretha Franklin por "respeito" na canção "Respect" não faria muito sentido[60].

Um terceiro componente da ética do cuidar tem a ver com a capacidade de empatia. Harriet Jones, uma negra de dezesseis anos, explica a seu entrevistador por que decidiu se abrir para ele: "Algumas coisas na minha vida são tão difíceis de suportar que me faz bem saber que você sente muito sobre essas coisas e as mudaria se pudesse"[61]. Se não acreditasse que o entrevistador poderia sentir empatia, Harriet teria tido dificuldade para falar. Escritoras negras muitas vezes apostam no aumento da empatia como parte de uma ética do cuidar. Por exemplo, o respeito cada vez maior que Dessa, a escrava negra, e Rufel, a mulher branca, nutrem uma pela outra em *Dessa Rose*, de Sherley Anne Williams, vem do fato de que elas passam a compreender melhor a posição de cada uma. Depois de presenciar Rufel repelir o assédio de um homem branco, Dessa passa a noite acordada, pensando: "A mulher branca estava sujeita a ser estuprada, assim como eu; foi esse pensamento que me manteve acordada. Eu não sabia que os homens brancos podiam usar uma mulher branca desse jeito, pegá-la à força, como podiam fazer conosco"[62]. Após experimentar esse sentimento de empatia, Dessa observa: "Era como se compartilhássemos um segredo"[63].

Esses componentes da ética do cuidar – o valor atribuído à expressividade individual, a adequação das emoções e a capacidade de sentir empatia – reaparecem

---

[59]   Claudia Tate (org.), *Black Women Writers at Work*, cit., p. 156.
[60]   Aretha Franklin, *I Never Loved a Man the Way I Love You*, Atlantic Recording Corp., 1967.
[61]   John Langston Gwaltney, *Drylongso*, cit., p. 11.
[62]   Sherley Anne Williams, *Dessa Rose* (Nova York, William Morrow, 1986), p. 220.
[63]   Idem.

de formas variadas em toda a sociedade civil negra. Um dos melhores exemplos da natureza interativa da importância do diálogo e da ética do cuidar na avaliação de reivindicações de conhecimento se manifesta no emprego do discurso de "chamamento e resposta" em muitos cultos de igrejas negras. Nesses cultos, tanto o ministro quanto a congregação usam sistematicamente o ritmo da voz e a inflexão vocal como meios de transmissão de significado. O som do que é dito é tão importante quanto as próprias palavras, o que constitui, em certo sentido, um diálogo entre razão e emoção. Consequentemente, é quase impossível separar o significado abstrato, estritamente linguístico-cognitivo, do significado psicoemocional sociocultural[64]. Ainda que as ideias apresentadas por um falante devam ter validade (isto é, estar de acordo com o corpo geral de conhecimento compartilhado pela congregação negra), o grupo também avalia a forma como as reivindicações de conhecimento são apresentadas.

A ênfase na expressividade e na emoção nas comunidades afro-americanas tem muita semelhança com as perspectivas feministas em relação à importância da personalidade no conhecimento fundado na conexão entre as pessoas. Belenky e outras autoras apontam que o conhecer é caracterizado por duas orientações contrastantes: a separação, baseada em procedimentos impessoais de estabelecimento da verdade; e a conexão, na qual a verdade surge por meio do cuidado[65]. Embora essas formas de conhecimento não se limitem a um gênero específico, as mulheres são muito mais propensas a recorrer ao conhecimento baseado na conexão. No conhecimento baseado na separação, tenta-se isolar as ideias da personalidade do indivíduo, porque se considera que a personalidade enviesa as ideias. Em contraste, no conhecimento baseado na conexão, a personalidade contribui para as ideias do indivíduo, e a personalidade de cada membro do grupo enriquece o entendimento do grupo como um todo. O significado da singularidade individual, da expressividade pessoal e da empatia nas comunidades afro-americanas se assemelha à importância que algumas análises feministas atribuem à "voz interior" das mulheres[66].

A convergência entre princípios feministas e princípios de matriz africana na ética do cuidar parece ser particularmente acentuada. As mulheres brancas podem ter acesso a experiências que estimulem a emoção e a expressão, mas nos

---

[64]   Geneva Smitherman, *Talkin and Testifyin*, cit., p. 135 e 137.

[65]   Mary Field Belenky et al., *Women's Ways of Knowing*, cit.

[66]   Idem.

Estados Unidos, com exceção da família, poucas instituições sociais controladas por pessoas brancas validam essa forma de conhecimento. Em contraste, as mulheres negras sempre tiveram o apoio de uma igreja negra, instituição com raízes profundas no passado africano, dotada de uma filosofia que aceita e estimula a expressividade e a ética do cuidar. Os homens negros partilham dessa tradição cultural. No entanto, têm de resolver as contradições com as quais se defrontam na redefinição da masculinidade negra em relação às ideias de masculinidade abstratas e não emotivas que lhes são impostas[67]. Assim, as diferenças que distinguem as mulheres negras estadunidenses de outros grupos, mesmo aqueles próximos delas, residem menos na raça ou na identidade de gênero das mulheres negras que no acesso a instituições sociais que apoiam uma ética do cuidar em suas vidas.

A ÉTICA DA RESPONSABILIDADE PESSOAL*

A epistemologia feminista negra também é caracterizada por uma ética da responsabilidade pessoal. As pessoas devem não apenas desenvolver reivindicações de conhecimento por meio do diálogo e apresentá-las em um estilo que comprove sua preocupação com as ideias, como também se mostrar responsáveis em relação a suas reivindicações de conhecimento. A descrição da escravidão dada por Zilpha Elaw reflete a noção de que toda ideia tem um dono e a identidade desse dono é importante: "Ah, as abominações da escravidão! [...] Todo caso de escravidão, por mais suave que seja sua aplicação e por mais brandas que sejam suas atrocidades, indica um opressor, um oprimido e a opressão"[68]. Para Elaw, definições abstratas de escravidão se combinam com a identidade pessoal dos perpetradores da escravidão e de suas vítimas. Os afro-americanos consideram essencial que os indivíduos tenham posições definidas sobre as questões que discutem e assumam total responsabilidade pela argumentação em favor de sua validade[69].

---

[67] Paul Hoch, *White Hero Black Beast: Racism, Sexism and the Mask of Masculinity* (Londres, Pluto, 1979).

[*] No original, *"personal accountability"*. O termo *accountability*, de maneira geral, denota atribuição de responsabilidade e necessidade de transparência quanto às razões que motivaram uma ação. (N. T.)

[68] William L. Andrews, *Sisters of the Spirit*, cit., p. 98.

[69] Thomas Kochman, *Black and White Styles in Conflict*, cit.

Avaliações de reivindicações individuais de conhecimento levam em conta simultaneamente o caráter, os valores e a ética do indivíduo. Dentro dessa lógica, muitos afro-americanos rejeitam as ideias prevalentes de que investigar o ponto de vista pessoal de um indivíduo foge ao escopo da discussão. Ao contrário, acreditam que todas as opiniões expressas e todas as medidas tomadas derivam de um conjunto central de crenças fundamentais que só podem ser pessoais[70]. "Será que Aretha realmente *acredita* que as mulheres negras devem ser tratadas com 'respeito' ou está apenas recitando a letra?" é uma pergunta válida na epistemologia feminista negra. As reivindicações de conhecimento de indivíduos que são respeitados por suas conexões morais e éticas com suas ideias terão mais peso que as de figuras menos respeitadas.

Um exemplo tirado de uma aula de graduação na qual as alunas eram todas negras ilustra a singularidade dessa parte do processo de validação do conhecimento. Durante uma discussão em sala de aula, pedi às alunas que avaliassem a análise de um importante acadêmico negro sobre o feminismo negro. Em vez de retirar o acadêmico de seu contexto para dissecar a racionalidade de sua tese, minhas alunas procuraram fatos sobre a biografia do autor. Estavam especialmente interessadas em detalhes específicos da vida dele, por exemplo, suas relações com as mulheres negras, seu estado civil e seu histórico de classe. Ao procurar dados em dimensões de sua vida pessoal que são sistematicamente excluídas das abordagens positivistas de validação do conhecimento, elas apontaram a experiência vivida como um critério de significado. Elas usaram essas informações para avaliar se ele realmente se importava com o assunto e se ele de fato se baseava nessa ética do cuidar para promover suas reivindicações de conhecimento. Mais que isso, elas se recusaram a avaliar a racionalidade das ideias registradas por escrito sem ter uma indicação da credibilidade pessoal dele como ser humano ético. Essa troca só poderia ter ocorrido como diálogo entre membros de um grupo que tivessem estabelecido uma comunidade suficientemente consistente para empregar uma epistemologia alternativa na avaliação de reivindicações de conhecimento.

O culto tradicional das igrejas negras também ilustra a natureza interativa de todas as quatro dimensões dessa epistemologia alternativa. Os cultos representam mais que diálogos entre a racionalidade usada no exame de histórias e textos bíblicos, de um lado, e a emoção inerente ao uso da razão para esse propósito,

---

[70] Ibidem, p. 23.

de outro. O motivo da existência desses diálogos é o exame das experiências vividas pela presença de uma ética do cuidar. Nem a emoção nem a ética estão subordinadas à razão. Em vez disso, emoção, ética e razão são usadas como componentes interconectados e essenciais na avaliação de reivindicações de conhecimento. Para essa epistemologia alternativa, os valores ocupam o cerne do processo de validação do conhecimento, de tal forma que uma investigação sempre tem um objetivo ético. Além disso, quando essas quatro dimensões se tornam politizadas e associadas a um projeto de justiça social, elas são capazes de formar um referencial que sirva ao pensamento e à prática feminista negra.

MULHERES NEGRAS COMO AGENTES DO CONHECIMENTO

Os movimentos sociais dos anos 1950, 1960 e 1970 estimularam transformações significativas no clima intelectual e político dos Estados Unidos. Em comparação com períodos anteriores, muito mais mulheres negras estadunidenses ganharam legitimidade como agentes de conhecimento. Não mais objetos passivos de conhecimento, manipulados nos processos de validação do conhecimento predominantes, tínhamos como objetivo falar por nós mesmas.

Na academia e em outras posições de autoridade, as afro-americanas que visam promover o pensamento feminista negro deparam hoje com os padrões epistemológicos muitas vezes conflitantes de três grupos-chave. Primeiro, o pensamento feminista negro deve ser validado por afro-americanas comuns que, nas palavras de Hannah Nelson, assumem a condição de mulher "em um mundo onde quanto mais sã você é, mais louca fazem você parecer"[71]. Para serem dignas de crédito aos olhos desse grupo, as intelectuais feministas negras devem defender seus argumentos na dimensão pessoal, ser responsáveis pelas consequências de seu trabalho, ter vivido ou experimentado de alguma forma o material com que trabalham e estar dispostas a dialogar sobre suas descobertas com pessoas comuns.

Historicamente, viver como uma mulher afro-americana facilitou esse esforço, porque os processos de validação de conhecimento controlados em parte ou totalmente por mulheres negras se deram em cenários organizacionais específicos. Quando nós, mulheres negras, nos encarregamos de nossas próprias autodefinições, essas quatro dimensões da epistemologia feminista negra – a

---

[71] John Langston Gwaltney, *Drylongso*, cit., p. 7.

experiência vivida como critério de significado, o uso do diálogo, a ética da responsabilidade pessoal e a ética do cuidar – vieram à tona. Quando os temas centrais e os referenciais interpretativos do conhecimento das mulheres negras foram informados pela epistemologia feminista negra, foi possível dar corpo a uma rica tradição de pensamento feminista negro.

As mulheres envolvidas nesse amplo projeto intelectual e político foram, tradicionalmente, intérpretes de *blues*, poetas, autobiógrafas, contadoras de histórias e oradoras. Eles se tornaram intelectuais feministas negras ao desenvolverem um trabalho intelectual e serem validadas como tal por mulheres negras comuns. As acadêmicas negras não podiam juntar-se a elas sem enfrentar graves sanções. Em ambientes racialmente segregados, que excluíam sistematicamente a maioria das afro-americanas, poucas foram capazes de desafiar as normas vigentes e abraçar explicitamente a epistemologia feminista negra. Zora Neale Hurston foi uma dessas figuras. Vejamos como Alice Walker descreve Hurston:

> Em minha opinião, Zora Neale Hurston, Billie Holiday e Bessie Smith formam uma espécie de trindade profana. Zora *pertence* à tradição das cantoras negras, e não à das "literatas" [...]. Como Billie e Bessie, seguiu seu próprio caminho, acreditou em seus próprios deuses, foi atrás dos próprios sonhos e se recusou a se afastar das pessoas "comuns".[72]

Zora Neale Hurston era uma exceção em sua época, pois, antes de 1950, poucas afro-americanas conquistavam um diploma de nível superior, e a maioria das que conseguiam realizar essa façanha seguia os processos dominantes de validação do conhecimento.

A comunidade de acadêmicas negras constitui um segundo grupo-chave cujos padrões epistemológicos devem ser atendidos. Com o aumento do número de acadêmicas negras, essa coletividade heterogênea tem compartilhado um lugar social semelhante no ensino superior, mas encontra desafios para superar diferenças entre grupos e estabelecer solidariedade entre eles. As acadêmicas afro-americanas atribuem graus variáveis de importância ao desenvolvimento da produção acadêmica feminista negra. No entanto, apesar dessa diversidade recém-descoberta, conforme mais afro-americanas avançam nos estudos de nível superior, a variedade da produção acadêmica feminista negra também se expande. Historicamente, as afro-americanas podem ter transferido para seus

---

[72]   Alice Walker, "Zora Neale Hurston", cit., p. xvii-xviii.

estudos sensibilidades obtidas da epistemologia feminista negra. A conquista de legitimidade, porém, muitas vezes implicava rejeitar essa epistemologia. A simples opção de estudar a vida de mulheres negras colocou muitas carreiras em risco. Nos últimos anos, cada vez mais acadêmicas afro-americanas decidiram estudar as experiências das mulheres negras baseando-se em elementos da epistemologia feminista negra como referenciais. Por exemplo, o estudo que Valerie Lee dedicou às parteiras afro-americanas do Sul dos Estados Unidos faz uma fusão inovadora entre a ficção das mulheres negras, o método etnográfico e a narrativa pessoal, com bons resultados[73].

Um terceiro grupo-chave cujos padrões epistemológicos devem ser atendidos são os grupos dominantes que ainda controlam as escolas, os programas de pós-graduação, a carreira docente, publicações e outros mecanismos que legitimam o conhecimento. As acadêmicas afro-americanas que visam desenvolver o pensamento feminista negro muitas vezes têm de recorrer às epistemologias eurocêntricas dominantes para atender aos padrões desse grupo. Atualmente, as dificuldades que essas mulheres negras enfrentam consistem menos em demonstrar que são capazes de manejar as epistemologias masculinas brancas que resistir à natureza hegemônica desses padrões de pensamento para ver, valorizar e utilizar as formas de conhecer feministas negras alternativas que existem hoje. Para as mulheres negras que são agentes do conhecimento dentro da academia, a marginalidade que acompanha o *status* de *outsider* interna pode causar frustração, mas também instigar a criatividade. Numa tentativa de minimizar as diferenças entre o contexto cultural das comunidades afro-americanas e as expectativas das instituições sociais dominantes, algumas mulheres dicotomizam o próprio comportamento e se tornam duas pessoas diferentes. Com o tempo, a tensão decorrente disso pode tomar proporções enormes. Outras rejeitam a sabedoria acumulada pelas mulheres negras e agem contra seus próprios interesses, reforçando o pensamento especializado do grupo dominante. Outras ainda conseguem habitar ambos os contextos, mas de forma crítica, usando perspectivas obtidas na posição de *outsiders* internas como fonte de *insights* e ideias. Embora essas mulheres possam oferecer contribuições substanciais como agentes de conhecimento, elas o fazem sempre a um considerável custo pessoal. Lorraine Hansberry observa: "Mais cedo ou mais tarde, a gente percebe que

---

[73] Valerie Lee, *Granny Midwives and Black Women Writers: Double-Dutched Readings* (Nova York, Routledge, 1996).

aquilo que faz você ser excepcional, se é que você é excepcional, é inevitavelmente também aquilo que faz você ser solitária"[74].

Assim como transitar entre famílias negras e brancas trouxe questões específicas para as trabalhadoras domésticas negras, o deslocamento entre comunidades interpretativas diferentes e divergentes suscita preocupações epistemológicas semelhantes para as pensadoras feministas negras. O dilema das estudiosas negras, e em particular das que estão engajadas na criação do pensamento feminista negro, ilustra as dificuldades que podem acompanhar a tentativa de se relacionar com múltiplas comunidades interpretativas. Uma reivindicação de conhecimento que atenda aos critérios de adequação de um grupo e, portanto, seja considerada aceitável por ele, pode não ser traduzível nos termos de um grupo diferente. Usando o exemplo do inglês negro, June Jordan mostra a dificuldade de transitar entre epistemologias:

> Não se pode "traduzir" para o inglês negro exemplos do inglês padrão relativos a abstrações ou a nada/ninguém evidentemente vivo. Isso distorceria a linguagem em usos contrários à perspectiva que orienta a comunidade de usuários. Em vez disso, é preciso primeiro alterar as próprias frases do inglês padrão para que elas transmitam ideias compatíveis com os pressupostos centrados na pessoa do inglês negro.[75]

Embora ambas as visões de mundo compartilhem um vocabulário comum, as ideias de uma não cabem numa tradução direta para a outra.

Quando as acadêmicas negras admitem a ideia de que, em certas dimensões do ponto de vista das mulheres negras, pode ser inútil tentar traduzir para outros referenciais verdades validadas pela epistemologia feminista negra, outras escolhas vêm à tona. Em vez de tentar apontar reivindicações de conhecimento universal que possam resistir à tradução de uma epistemologia para outra (ao menos inicialmente), pode ser especialmente frutífero para as intelectuais negras concentrar esforços na rearticulação de um ponto de vista das mulheres negras. Rearticular um ponto de vista das mulheres negras reconstrói o particular e revela as dimensões humanas mais universais da vida cotidiana das mulheres negras. "Eu ponho data em todos os meus trabalhos", observa Nikki Giovanni, "porque acho que a poesia, ou qualquer forma de escrita, é apenas um reflexo

---

[74] Lorraine Hansberry, *To Be Young, Gifted and Black* (Nova York, Signet, 1969), p. 149.

[75] June Jordan, *On Call*, cit., p. 130.

do momento. O universal vem do particular"[76]. Lorraine Hansberry expressa uma ideia semelhante: "Acredito que uma das ideias mais consistentes da escrita dramática é que, para criar o universal, devemos prestar muita atenção ao específico. A universalidade, penso eu, emerge da verdadeira identidade daquilo que existe"[77].

EM BUSCA DA VERDADE

A existência do pensamento feminista negro sugere outro rumo para as verdades universais que acompanham a "identidade verdadeira daquilo que é". Neste livro, trago a subjetividade da mulher negra para o centro da análise, examinando a interdependência do conhecimento cotidiano pressuposto, que a coletividade das afro-americanas compartilha, os conhecimentos mais especializados produzidos por intelectuais negras, além das condições sociais que moldam esses dois tipos de pensamento. Essa abordagem permite que eu descreva a tensão criativa que liga a influência das condições sociais sobre o ponto de vista das mulheres negras e a força que o poder das próprias ideias dá às afro-americanas para moldar essas mesmas condições sociais. Abordo o pensamento feminista negro como parte de um contexto de dominação, não como um sistema de ideias desligado da realidade política e econômica. Ademais, apresento o pensamento feminista negro como um conhecimento subjugado por meio do qual as afro-americanas há muito tempo buscam encontrar espaços e epistemologias alternativas para validar nossas autodefinições. Em resumo, examinei o ponto de vista localizado e subjugado das afro-americanas para compreender o pensamento feminista negro como uma perspectiva parcial sobre a dominação.

Como o acesso das mulheres negras dos Estados Unidos a experiências passa pelo fato de elas serem mulheres *e* negras, uma epistemologia alternativa utilizada para rearticular um ponto de vista das mulheres negras deve refletir a convergência de ambos os conjuntos de experiências. Raça e gênero podem ser analiticamente distintos, mas na vida cotidiana das mulheres negras eles operam juntos. A busca por características distintivas de uma epistemologia alternativa utilizada pelas afro-americanas revela que algumas ideias identificadas

---

[76] Nikki Giovanni, *Sacred Cows… and Other Edibles* (Nova York, Quill/William Morrow, 1988), p. 57.

[77] Lorraine Hansberry, *To Be Young, Gifted and Black*, cit., p. 128.

por africanistas como tipicamente "negras" são com frequência incrivelmente similares às ideias que estudiosas do feminismo negro acreditam ser tipicamente "femininas". Essa similaridade sugere que os contornos das opressões interseccionais podem variar dramaticamente e, apesar disso, gerar certa uniformidade entre as epistemologias utilizadas por grupos subordinados. Do mesmo modo como as mulheres negras dos Estados Unidos e as mulheres africanas enfrentaram padrões diversos de opressões interseccionais, mas foram capazes de estabelecer agendas similares para os pontos mais importantes de seus feminismos, um processo similar pode ocorrer em relação às epistemologias dos grupos oprimidos. Assim, a relevância da epistemologia feminista negra pode ser a capacidade de enriquecer nossa compreensão sobre o modo como grupos subordinados criam conhecimentos capazes de fomentar tanto seu empoderamento quanto justiça social.

Essa forma de abordar o pensamento feminista negro permite que as afro-americanas explorem as implicações epistemológicas da política transversal. Eventualmente, essa abordagem pode nos levar a um ponto em que, nas palavras de Elsa Barkley Brown, "todas as pessoas possam aprender a dar centralidade a outras experiências, validando-as e julgando-as com base em seus próprios padrões, sem a necessidade de comparações, ou de assumir esse referencial para si"[78]. Nesse tipo de política, "não é preciso 'descentralizar' ninguém para que outra pessoa seja trazida para o centro; basta que esse 'centro varie' de modo constante e apropriado"[79].

Em vez de enfatizar as diferenças entre, de um lado, o ponto de vista e a epistemologia das mulheres negras e, de outro, o ponto de vista e a epistemologia das mulheres brancas, dos homens negros e de outras coletividades, as experiências das mulheres representam um espaço social específico para a análise dos pontos de conexão entre as diferentes epistemologias. Encarar a epistemologia feminista negra dessa maneira coloca em xeque a análise aditiva da opressão, segundo a qual as mulheres negras teriam uma visão mais clara da opressão, em comparação com outros grupos. Essas abordagens sugerem que a opressão pode ser quantificada e comparada, e que o acréscimo de camadas de opressão poderia produzir um ponto de vista mais claro[80]. Uma conclusão baseada em alguns usos da teoria

---

[78] Elsa Barkley Brown, "African-American Women's Quilting", cit., p. 922.

[79] Idem.

[80] Elizabeth V. Spelman, *Inessential Woman: Problems of Exclusion in Feminist Thought* (Boston, Beacon, 1988).

do ponto de vista é a de que, quanto mais subordinado é um grupo, mais pura é sua visão. Isso ocorre porque as abordagens baseadas em pontos de vista têm origem na teoria social marxista, a qual reflete o pensamento binário de sua matriz ocidental. Ironicamente, quando quantificam e classificam as opressões humanas, os teóricos do ponto de vista recorrem a critérios de adequação metodológica que lembram os do positivismo. Embora seja tentador afirmar que as mulheres negras são mais oprimidas que qualquer outro e, portanto, possuem o ponto de vista ideal para compreender os mecanismos, os processos e os efeitos da opressão, não é esse o caso

Na realidade, as ideias consideradas verdadeiras pelas afro-americanas, pelos afro-americanos, pelas latinas lésbicas, pelas asiático-americanas, pelos porto-riquenhos e por outros grupos com pontos de vista específicos – cada qual com abordagens epistemológicas próprias, originadas de pontos de vista próprios – tornam-se as verdades mais "objetivas". Cada grupo fala a partir de seu próprio ponto de vista e compartilha conhecimentos parciais e localizados. Entretanto, como reconhecem a parcialidade de sua verdade, seu conhecimento é inacabado. Cada grupo se torna mais capaz de levar em conta o ponto de vista dos demais, sem abrir mão daquilo que torna seus pontos de vista únicos nem suprimir as perspectivas parciais dos outros grupos. Como afirma Alice Walker: "Para a apreciação da arte e da vida, perspectivas mais amplas são sempre necessárias. Estabelecer – ou ao menos tentar estabelecer – conexões onde nada existia, o esforço para abarcar no próprio olhar sobre um mundo variado os traços comuns, os temas que trazem unidade a essa imensa diversidade"[81]. A parcialidade – não a universalidade – é a condição necessária para se fazer ouvir; indivíduos e grupos que fazem reivindicações de conhecimento sem reconhecer sua posição são considerados menos confiáveis.

Por si mesmas, as reivindicações de conhecimento alternativo raramente representam um risco para o conhecimento convencional. Essas reivindicações são ignoradas com frequência, ou simplesmente absorvidas e marginalizadas pelos paradigmas preexistentes. Muito mais perigoso é o questionamento que as epistemologias alternativas oferecem aos processos básicos utilizados para legitimar reivindicações de verdade que, por sua vez, justificam o direito de governar. Se a epistemologia utilizada para validar o conhecimento é posta em

---

[81] Alice Walker, *In Search of Our Mother's Gardens* (Nova York, Harcourt Brace Jovanovich, 1983), p. 5.

questão, todas as reivindicações de conhecimento anteriores validadas pelo modelo dominante passam a ser consideradas suspeitas. As epistemologias alternativas colocam em xeque todos os conhecimentos legitimados, questionando se aquilo que se acreditava ser verdade seria capaz de resistir ao teste dos métodos alternativos de validação da verdade. A existência de um ponto de vista autodefinido pelas mulheres negras, que utiliza a epistemologia feminista negra, põe em questão o conteúdo atualmente reconhecido como verdade, ao mesmo tempo que questiona os processos que permitiram chegar a essa verdade.

12
POR UMA POLÍTICA DE EMPODERAMENTO

> Para fazer diferença na vida das mulheres negras brasileiras, temos
> de fazer mais que simplesmente esperar por um futuro melhor
> [...]. O que temos de fazer é nos organizar e nunca parar de
> questionar. O que temos de fazer, como sempre, é trabalhar muito.
>
> Sueli Carneiro, "Defining Black Feminism", p. 17

As palavras da feminista brasileira Sueli Carneiro chamam atenção para o trabalho das mulheres negras brasileiras em prol do próprio empoderamento. Como o feminismo negro estadunidense faz parte desse projeto mais amplo de justiça social levado adiante pelos feminismos da diáspora negra, ele também não deve "nunca parar de questionar" as injustiças sociais. O pensamento feminista negro estadunidense pode trazer uma contribuição específica para esse esforço mais amplo. Ao dar ênfase à autodefinição e à autodeterminação das afro-americanas diante das opressões interseccionais, o pensamento feminista negro ressalta a importância do conhecimento para o empoderamento. As ideias são importantes, mas "trabalhar muito" talvez seja mais. Ao longo da história, o ativismo das mulheres negras nos Estados Unidos tem mostrado que se empoderar requer mais que transformar a consciência individual das mulheres negras por meio de estratégias de desenvolvimento da comunidade negra. O empoderamento também exige mudar as injustas instituições sociais com que os afro-americanos vêm deparando de geração em geração.

Como sugerem os capítulos 10 e 11, o pensamento feminista negro faz duas contribuições importantes no que diz respeito à relevância do conhecimento para uma política de empoderamento. Em primeiro lugar, o pensamento feminista negro promove uma transformação paradigmática fundamental na forma como pensamos sobre as relações de poder injustas. Ao adotar um paradigma de opressões interseccionais de raça, classe, gênero, sexualidade e nação, e levando em conta a agência individual e coletiva das mulheres negras, inerente a tais opressões, o pensamento feminista negro reconceitua as relações sociais de dominação e resistência. Em segundo lugar, o pensamento feminista negro aborda debates epistemológicos em curso sobre a dinâmica de poder subjacente ao que conta como conhecimento. Proporcionar às afro--americanas novos conhecimentos sobre nossas próprias experiências pode ser empoderador. Mas ativar epistemologias que põem em questão o conhecimento vigente e nos permitem definir nossas realidades *em nossos próprios termos* tem implicações muito maiores.

Apesar de sua importância, essas contribuições podem apenas servir como diretrizes, porque o que funciona em um contexto pode não funcionar em outros. A discussão do capítulo 2 sobre as características distintivas do pensamento feminista negro traz algumas orientações para o ativismo feminista negro. No entanto, se o pensamento feminista negro estadunidense quiser chegar a seu potencial máximo, especialmente contribuindo para um "movimento intercontinental de tomada de consciência das mulheres negras"[1], então ele deve redefinir o que entende por poder e empoderamento. Pode ser uma tarefa difícil, porque definir o que é poder não é simples. Mas como desenvolver uma política de empoderamento sem entender de que modo o poder se organiza e funciona?

Até agora, este livro sintetizou duas abordagens principais de poder. A primeira diz respeito à relação dialética que conecta opressão e ativismo, na qual grupos com mais poder oprimem grupos com menos poder. Em vez de compreender as transformações sociais – ou a falta delas – como predeterminadas e externas ao âmbito da ação humana, a ideia de relação dialética sugere que as mudanças são consequência da agência humana. Como de geração em geração as afro--americanas permanecem relegadas à base da hierarquia social, elas têm claro interesse em fazer oposição à opressão. Para a maioria das afro-americanas, essa não é uma questão intelectual – é uma realidade vivida. Enquanto as mulheres negras forem oprimidas, persistirá também a necessidade de seu ativismo. Além disso, as análises dialéticas do poder mostram que, quando se trata de injustiça

---

[1] Andree Nicola McLaughlin, "The Impact of the Black Consciousness and Women's Movements on Black Women's Identity: Intercontinental Empowerment", em Achola O. Pala (org.), *Connecting Across Cultures and Continents: Black Women Speak Out on Identity, Race and Development* (Nova York, United Nations Development Fund for Women, 1995), p. 73.

social, os interesses divergentes muitas vezes geram conflitos. Mesmo quando os grupos entendem a necessidade do tipo de política transversal discutida no capítulo 10, eles com frequência se encontram em lados opostos das questões sociais. Opressão e resistência permanecem intrinsecamente ligadas, de tal maneira que a forma de uma afeta a da outra. Ao mesmo tempo, essa relação é muito mais complexa do que um simples modelo formado por opressores permanentes e vítimas eternas.

A segunda principal maneira de abordar o poder o considera não inerente aos grupos, e sim uma entidade intangível que circula em uma matriz particular de dominação, e com a qual os indivíduos se relacionam de formas variadas. Esse tipo de abordagem enfatiza como a subjetividade individual enquadra as ações humanas em uma matriz de dominação. Os esforços das mulheres negras estadunidenses para lidar com os efeitos da dominação na vida cotidiana ficam evidentes nos espaços seguros que criamos para resistir à opressão, bem como em nossas lutas para estabelecer relações de amor plenamente humanas umas com as outras, com nossos filhos, pais e irmãos, bem como com indivíduos que não veem valor nas mulheres negras. A opressão não é simplesmente compreendida no pensamento – ela é sentida no corpo de inúmeras maneiras. Além disso, como as formas de opressão mudam constantemente, diferentes aspectos da autodefinição das mulheres negras estadunidenses se misturam e se tornam mais evidentes: o gênero de uma mulher pode sobressair quando ela se torna mãe; a raça, quando ela procura moradia; a classe social, quando ela tenta obter crédito; a orientação sexual, quando ela anda na rua com uma companheira; e a origem nacional, quando ela se candidata a um emprego. Em todos esses contextos, a posição dessa mulher em relação às opressões interseccionais e no âmbito delas se altera.

À medida que as afro-americanas mudam individualmente suas ideias e atitudes, a forma geral do poder também muda. Na ausência de um pensamento feminista negro e de outros conhecimentos de resistência similares, essas pequenas mudanças podem permanecer invisíveis para as mulheres como indivíduos. Coletivamente, porém, elas podem ter um impacto profundo. Quando minha mãe começou a me ensinar a ler, me levou à biblioteca pública aos cinco anos de idade e me disse que aprender a ler me faria experimentar uma forma de liberdade, nem ela nem eu nos dávamos conta da magnitude daquele gesto em minha vida e na vida das pessoas que posteriormente tiveram contato com meu trabalho. À medida que as pessoas pressionam, se afastam e modificam os termos de sua participação nas relações de poder, o formato dessas relações muda para todas. Assim como a subjetividade individual, o poder e as estratégias de resistência são sempre múltiplos e estão em constante mutação.

Juntas, essas duas maneiras de abordar o poder apontam para dois usos importantes do conhecimento para as afro-americanas e outros grupos sociais envolvidos em projetos de justiça social. As abordagens dialéticas enfatizam a importância do conhecimento no desenvolvimento de pontos de vista autodefinidos, baseados em grupos que, por sua vez, possam fomentar o tipo de solidariedade de grupo necessária para resistir às opressões. Em contraste, as abordagens focadas na subjetividade enfatizam o modo como a dominação e a resistência constituem a agência individual e são constituídas por ela. Ambas as abordagens são conectadas por questões referentes à consciência. Na primeira, a consciência baseada no grupo aflora por meio do desenvolvimento de conhecimentos de resistência, como o pensamento feminista negro. Na segunda, as autodefinições e os comportamentos individuais mudam junto com a transformação da consciência relativa à experiência vivida cotidiana. O pensamento feminista negro engloba ambos os significados de consciência – nenhum é suficiente sem o outro. Juntas, ambas as abordagens do poder também dão ênfase à importância da multiplicidade na formação da consciência. Por exemplo, o fato de a própria dominação envolver opressões interseccionais de raça, classe, gênero, sexualidade e nação aponta para o significado dessas opressões na formação da organização geral de uma matriz particular de dominação. Da mesma forma, as identidades pessoais construídas em torno de entendimentos individuais de raça, classe, gênero, sexualidade e nação definem a biografia específica de cada indivíduo.

Ambas as abordagens continuam teoricamente úteis, porque cada uma oferece perspectivas parciais e diferentes sobre o empoderamento. Infelizmente, essas duas visões são muitas vezes apresentadas como abordagens *concorrentes*, em vez de potencialmente *complementares*. Assim, cada uma oferece um ponto de partida útil para pensarmos o empoderamento das afro-americanas em um contexto de relações de poder em constante transformação, mas nenhuma delas é suficiente. O feminismo negro e outros projetos de justiça social carecem de uma linguagem de poder que se fundamente nessas abordagens e vá além delas. Os projetos de justiça social precisam de um vocabulário comum e funcional que amplie a compreensão da política de empoderamento.

Até o momento, sob o prisma das experiências das mulheres afro-americanas, este livro examinou raça, gênero, classe, sexualidade e nação como formas de opressão que agem juntas e de maneiras distintas para produzir uma matriz de dominação nos Estados Unidos. Os capítulos anteriores, porém, disseram muito menos sobre *como* essas e outras opressões são organizadas. Assim, este capítulo esboça um vocabulário preliminar de poder e empoderamento que surge dessas abordagens do poder aparentemente divergentes. Qualquer matriz específica de dominação, quer seja vista pelas lentes de um sistema único de poder, quer seja considerada à luz das opressões interseccionais, é organizada por quatro domínios de poder inter-relacionados: o estrutural, o disciplinar, o hegemônico e o interpessoal. Cada domínio cumpre um propósito específico. O domínio estrutural organiza a opressão, enquanto o disciplinar a administra. O domínio hegemônico justifica a opressão, e o interpessoal influencia a experiência cotidiana e a consciência individual dela decorrente.

É importante lembrar que, embora o argumento a seguir seja desenvolvido do ponto de vista das mulheres negras estadunidenses, seu significado é muito maior. Devemos ter em mente que o pensamento feminista negro compreende as lutas das mulheres negras como parte de uma luta mais ampla pela dignidade humana e pela justiça social. Quando aliado ao princípio epistemológico feminista negro de que o diálogo permanece fundamental para avaliar as manifestações de conhecimento, a perspectiva dos domínios de poder apresentada aqui deve servir para estimular diálogos sobre o empoderamento.

Nos Estados Unidos, os contornos particulares de cada domínio de poder mostram que as opressões interseccionais de raça, classe, gênero, sexualidade e nação são organizadas de maneiras específicas. As mulheres negras são incorporadas a cada domínio de poder de maneira particular, e ainda que exibam padrões comuns com as mulheres de ascendência africana no âmbito transnacional, elas são essencialmente americanas. Por exemplo, o domínio estrutural regula os direitos de cidadania, e grande parte da luta das afro--americanas se concentraram na obtenção de direitos usualmente concedidos a outros cidadãos do país. As mulheres negras estadunidenses reconheceram há muito tempo que a ausência de direitos de cidadania utilizáveis limita a capacidade das mulheres negras de fazer oposição a imagens de controle como as da *mammy*, da matriarca, da jezebel e outras habitualmente disseminadas no domínio hegemônico. Os direitos de cidadania permitem às afro-americanas buscar uma educação focada e desafiar essas representações a respeito das mulheres negras estadunidenses. Esses movimentos na direção do empoderamento são importantes, mas continuam subordinados a ideias sobre a cidadania e, portanto, sobre a identidade nacional estadunidense.

438 Pensamento feminista negro

Ao mesmo tempo, as afro-americanas, como indivíduos e como parte de grupos que se opõem às injustiças sociais nos Estados Unidos, empregam estratégias de resistência que refletem seu lugar em cada domínio e na matriz de dominação dos Estados Unidos. O domínio disciplinar, por exemplo, administra a dominação por meio de regras. As afro-americanas que quebram essas regras, que as contornam e, ocasionalmente, as que conquistam posições de autoridade para poder mudar essas regras se tornam empoderadas dentro do domínio disciplinar. Assim, as experiências e as ideias das mulheres negras estadunidenses ilustram como esses quatro domínios de poder dão forma à dominação. Mas também ilustram como esses mesmos domínios foram e podem ser usados como lugar de empoderamento das mulheres negras.

O DOMÍNIO ESTRUTURAL DO PODER

O domínio estrutural do poder diz respeito ao modo como as instituições sociais são organizadas a fim de reproduzir a subordinação das mulheres negras ao longo do tempo. Um aspecto característico desse domínio é sua ênfase em instituições sociais de grandes dimensões e articuladas. Nos Estados Unidos, um conjunto impressionante delas ocupa um papel central no domínio estrutural do poder. Historicamente, as políticas e procedimentos do sistema jurídico, o mercado de trabalho, as escolas, o setor imobiliário, o setor bancário, as seguradoras, a imprensa e outras instituições sociais estadunidenses, como entidades interdependentes, funcionam em prejuízo das afro-americanas. Por exemplo, a persistente exclusão das mulheres negras das melhores condições de emprego, ensino, assistência médica e moradia ilustra a ampla gama de políticas sociais destinadas a privá-las do direito pleno de cidadania.

Essas instituições sociais interligadas contam com múltiplas formas de segregação – por raça, classe e gênero – para produzir esses resultados injustos. Para as afro-americanas, a segregação racial foi determinante. Essa segregação se baseia na doutrina do "separados, mas iguais", estabelecida com a decisão do caso *Plessy v. Ferguson* em 1896, quando o Supremo Tribunal confirmou a constitucionalidade da segregação de grupos. Essa decisão abriu caminho para a retórica da "cegueira de cor"[2]. Sob a doutrina do "separados, mas iguais",

---

[2] Kimberlé Williams Crenshaw, "Color Blindness, History, and the Law", em Wahneema Lubiano (org.), *The House that Race Built* (Nova York, Pantheon, 1997).

pessoas negras e brancas podiam ser segregadas como *grupos*, desde que a lei fosse "cega à cor" e concedesse tratamento igual a cada grupo. Apesar da suposta igualdade formal prometida pela doutrina do "separados, mas iguais", os grupos passaram a receber tratamento de fato separado, mas de modo algum igualitário. Como resultado, políticas e processos relativos a moradia, educação, indústria, governo, mídia e outras importantes instituições sociais trabalharam em conjunto para *excluir* as mulheres negras do pleno exercício dos direitos de cidadania. A intenção era excluir, fosse relegando as mulheres negras a bairros centrais pobres e carentes de serviços sociais, a escolas públicas com poucos recursos e racialmente segregadas, ou a uma oferta restrita de possibilidades de emprego no mercado de trabalho.

No domínio estrutural do poder nos Estados Unidos, o empoderamento de indivíduos e grupos não tem como florescer se não houver mudanças nas instituições sociais que promovem essa exclusão. Como esse domínio é amplo, sistêmico e funciona há muito tempo por meio de instituições sociais interconectadas, não é possível mudar uma segregação dessa magnitude da noite para o dia. As formas estruturais de injustiça que permeiam toda a sociedade resistem às mudanças. Visto que elas mudam somente, e em parte, quando desafiadas por amplos movimentos sociais, guerras e revoluções que ameaçam a ordem social em geral, os direitos das afro-americanas não foram conquistados apenas por um reformismo gradual. Quando todos os esforços por um acordo fracassaram, houve uma guerra civil antes que se chegasse à abolição da escravidão. Os estados do Sul ignoravam sistematicamente os direitos de cidadania das pessoas negras, e mesmo quando confrontados com a decisão do Supremo Tribunal no caso *Brown v. Conselho de Educação*, de 1954, que proibiu a segregação racial, muitos insistiram e se recusaram a cumprir a lei. Grandes manifestações, exposição na mídia e tropas federais foram usadas para implementar essa mudança fundamental de política. O ressurgimento de organizações supremacistas brancas na década de 1990, muitas das quais trazendo de volta ideologias racistas problemáticas, é revelador do profundo ressentimento ligado às mulheres negras e a outros grupos que vêm trabalhando em prol de uma sociedade mais justa nos Estados Unidos. Acontecimentos como esses mostram quão arraigadas são as ideias da sociedade estadunidense sobre a subordinação das mulheres negras.

Nos Estados Unidos, protestos sociais dessa magnitude, embora frequentemente necessários para trazer mudanças, são mais exceção que regra. Para as mulheres negras estadunidenses, as mudanças sociais têm sido mais graduais e reformistas, pontuadas por episódios de reviravolta sistêmica. Tentar mudar políticas e processos por meio de reformas sociais faz parte de um importante conjunto de estratégias no domínio estrutural. Visto que o contexto nos Estados Unidos tem um compromisso com mudanças reformistas por meio de alteração de leis, as mulheres negras utilizaram o sistema jurídico em suas lutas pela transformação estrutural. As afro-americanas buscaram desafiar as leis que legitimavam a segregação racial. Como sugere a discussão do capítulo 9 sobre o ativismo das mulheres negras, as afro-americanas lançaram mão de várias estratégias para alterar as leis. Organizações populares de base, entidades nacionais de defesa de direitos e atos em ocasiões específicas, como boicotes e protestos passivos, foram empregados, mas o foco era a alteração de leis e termos de implementação. Mesmo o desenvolvimento de instituições sociais paralelas, como igrejas e escolas negras, teve como objetivo preparar as pessoas afro-americanas para participar plenamente da sociedade quando as leis fossem alteradas.

As afro-americanas tiveram um êxito considerável não apenas na alteração de leis, mas também no estímulo a ações do governo que visassem corrigir os erros do passado. A Lei dos Direitos de Voto (1965), a Lei dos Direitos Civis (1964) e outras importantes leis federais, estaduais e locais proibiram a discriminação por raça, sexo, origem nacional, idade ou deficiência. Esse novo cenário legal proporcionou às afro-americanas certa proteção contra a discriminação generalizada que existia no passado. Ao mesmo tempo, ações coletivas contra políticas discriminatórias nas áreas de moradia, educação e emprego resultaram em benefícios tangíveis para muitas mulheres negras.

Embora necessárias, talvez essas vitórias legais não tenham sido suficientes. Ironicamente, as mesmas leis destinadas a proteger as afro-americanas da exclusão social são cada vez mais usadas contra elas. Ao descrever novos modelos de igualdade de tratamento perante a lei, a pesquisadora feminista negra Kimberlé Crenshaw argumenta que a retórica da "cegueira de cor" não deixou de existir após a decisão do caso *Brown v. Conselho de Educação*, de 1954. Ao contrário, ela foi reformulada para se referir ao tratamento igual, sem discriminação, dos *indivíduos*. Sob essa nova retórica da "cegueira de cor", igualdade significava tratar todos os indivíduos da mesma forma, independentemente das diferenças que os acompanhassem em razão da discriminação passada ou mesmo da discriminação em outros espaços. Crenshaw observa: "Uma vez estabelecido que todos eram iguais, no sentido de que todos tinham uma cor de pele, o tratamento simétrico era satisfeito pela regra geral de que a cor da pele não deveria ser levada em consideração nas decisões governamentais"[3]. Segundo essa lógica, é possível chegar à igualdade ignorando raça, gênero e outros marcadores de discriminação histórica que explicam as diferenças que os indivíduos levam para a escola e para o local de trabalho.

Como nova regra para preservar antigas hierarquias de raça, classe e gênero, embora parecesse conceder tratamento igualitário, a retórica da "cegueira de cor" teve alguns efeitos dignos de nota. Por um lado, observa a pesquisadora feminista negra Patricia Williams, ela promove certo tipo de pensamento racial entre brancos: como o sistema jurídico tornou formalmente igualitário o acesso *individual* a moradia, educação e emprego, qualquer resultado desigual que se observe nos *grupos*, como os que caracterizam a desigualdade entre pessoas negras e brancas, deve estar ligado, de alguma forma, aos próprios indivíduos ou a sua cultura[4].

Quando combinada à neutralidade de gênero, que afirma que não há diferença significativa entre homens e mulheres, a retórica da "cegueira de cor" age para minar uma estratégia importante de resistência das mulheres negras no domínio estrutural. Mulheres negras que denunciam a discriminação que sofrem e afirmam que as políticas e os processos não são tão justos quanto parecem podem ser mais facilmente ignoradas, porque é como se reclamassem indevidamente e procurassem favores especiais e não merecidos. Além disso, para uma retórica de "cegueira de cor" – que defende que não há diferenças inerentes entre as raças – ou de neutralidade de gênero – que não reconhece diferenças entre os gêneros –, é difícil falar de diferenças raciais e de gênero decorrentes de um tratamento discriminatório. O pressuposto é de que a matriz de dominação estadunidense passou a dar tratamento igualitário porque, se antes discriminava abertamente por raça e gênero, agora aparentemente os ignora. Entendimentos como esse permitem que pessoas brancas e homens apoiem uma série de políticas punitivas que reinserem hierarquias sociais de raça e gênero. Em sua discussão sobre como o racismo está assentado na linguagem codificada, Angela Davis mostra que essa retórica da "cegueira de cor" pode funcionar como uma forma de "racismo camuflado":

---

[3]   Ibidem, p. 284.

[4]   Patricia Williams, *The Rooster's Egg: On the Persistence of Prejudice* (Cambridge, MA, Harvard University Press, 1995).

Como a raça é excluída de alguns dos debates políticos mais inflamados deste período, fica cada vez mais difícil apontar seu caráter racializado, especialmente para aqueles que não conseguem – ou não querem – decifrar a linguagem codificada. Isso significa que argumentos racistas velados podem ser prontamente mobilizados, atravessando fronteiras raciais e alinhamentos políticos. Posições políticas outrora facilmente definidas como conservadoras, liberais e, às vezes, até radicais tendem a perder sua singularidade, seduzidas por esse racismo camuflado.[5]

Ainda que utilizem expressões como "criminalidade de rua" e "mães dependentes do Estado", os estadunidenses podem alegar que não estão falando de raça. Apesar dos novos desafios trazidos pela retórica da "cegueira de cor" e da neutralidade de gênero, é importante lembrar que as estratégias jurídicas deram frutos e, muito provavelmente, continuarão a trazer vitórias para as afro-americanas. Historicamente, grande parte da resistência das mulheres negras às políticas e aos processos no domínio estrutural do poder ocorreu *fora* de instituições sociais detentoras de poder. Hoje, no entanto, as afro-americanas são mais frequentemente incluídas nessas instituições sociais que por muito tempo nos excluíam. Um número cada vez maior de afro-americanas tem acesso ao ensino superior, possui bons empregos e pode ser considerado de classe média, senão de elite. Essas mulheres muitas vezes ocupam posições de autoridade *dentro* de faculdades, empresas e agências governamentais. A obtenção desses resultados exigiu que leis fossem alteradas nos Estados Unidos.

Por um lado, essa inclusão traz novas oportunidades para que trabalhemos por políticas e processos equitativos. Muitas das mulheres descritas neste livro oferecem contribuições para o pensamento feminista negro a partir de empregos como diretoras de banco, professoras universitárias, executivas, jornalistas, professoras de ensino médio e fundamental, assistentes sociais, médicas e gerentes. Ao contrário das mulheres negras de épocas anteriores, que estavam confinadas ao trabalho agrícola ou doméstico, essas mulheres ocupam posições de autoridade em instituições sociais importantes. Por outro lado, essa mesma inclusão suscita novas questões, principalmente porque as organizações nas quais lutaram tanto para ingressar podem parecer totalmente diferentes uma vez que passam a fazer parte delas.

---

[5] Angela Davis, "Race and Criminalization: Black Americans and the Punishment Industry", em Wahneema Lubiano (org.), *The House that Race Built*, cit., p. 264.

O DOMÍNIO DISCIPLINAR DO PODER

Determinar que escolas, indústrias, hospitais, bancos e imobiliárias parem de discriminar as mulheres negras não significa que essas e outras instituições sociais vão agir em conformidade. As leis podem mudar, mas é raro que as organizações que elas regulam mudem rapidamente. No período pós-Segunda Guerra Mundial, as afro-americanas conseguiram bons empregos e conquistaram posições de autoridade em organizações que antes as excluíam. À medida que essas mulheres negras adquiriam novos ângulos de visão a respeito das muitas maneiras como as organizações as discriminam, estas últimas criaram novas maneiras de oprimi-las. Se não se pode mais excluir as mulheres negras, qual é a melhor forma de regulá-las de dentro?

Como forma de governar baseada em hierarquias burocráticas e técnicas de vigilância, o domínio disciplinar administra as relações de poder. Ele não faz isso por meio de políticas sociais explicitamente racistas ou sexistas, mas pelo modo como as organizações são dirigidas[6]. O domínio disciplinar do poder ganhou importância na medida em que a burocracia se consolidou como modo de organização social moderna. A burocracia, por sua vez, tornou-se importante no controle de populações, especialmente por intermédio de raça, gênero e outros marcadores de diferença. Como característica cada vez mais comum da organização social moderna e transnacional – os países capitalistas e socialistas são dependentes das estruturas burocráticas –, esse estilo de organização se mostra altamente eficiente tanto na reprodução de opressões interseccionais quanto na ocultação de seus efeitos. As burocracias, independentemente das políticas que promovam, dedicam-se a disciplinar e controlar sua força de trabalho e clientela. Seja nas escolas públicas dos bairros centrais pobres, frequentadas por tantas meninas negras, seja nos cada vez mais numerosos empregos mal remunerados do setor de serviços que as jovens negras são obrigadas a aceitar, seja na cultura da burocracia da assistência social que faz mães, filhas e filhos negros esperarem horas a fio, seja no trabalho "*mammificado*" designado às profissionais negras, o objetivo é o mesmo: formar populações de mulheres negras pacíficas, organizadas, dóceis e disciplinadas.

Nesse contexto burocrático, a vigilância se tornou um aspecto importante do domínio disciplinar do poder. Há uma diferença marcada entre apenas

---

6   Michel Foucault, *Discipline and Punish: The Birth of the Prison* (Nova York, Schocken, 1979) [ed. bras.: *Vigiar e punir*, trad. Raquel Ramalhete, Petrópolis, Vozes, 1987].

olhar para as mulheres negras e mantê-las sob vigilância. Se o tratamento das mulheres negras nos leilões de escravos, o tratamento voyeurista dado a Sarah Bartmann ou a representação das mulheres negras na pornografia contemporânea, objetificando o corpo das mulheres negras, permitiam que membros de grupos mais poderosos se sentissem autorizados a vigiá-las, hoje a vigilância constitui um dos principais mecanismos de controle burocrático. Por exemplo, nas prisões, os guardas vigiam as detentas negras; nas empresas, os gerentes de nível médio supervisionam as mulheres negras da equipe administrativa; e, nas universidades, os professores formam "suas" pós-graduandas negras em "disciplinas" acadêmicas. O fato de guardas, gerentes e professores poderem ser também mulheres negras importa menos que o propósito dessa vigilância. Ironicamente, esses mesmos guardas, gerentes e professores de mulheres negras podem ser observados por supervisores prisionais, executivos e reitores. Nesses contextos, assegura-se a disciplina com a manutenção das mulheres negras como uma população subordinada e que se policia entre si.

Quando se trata do domínio disciplinar do poder, a estratégia geral é resistir de *dentro* das burocracias. Ironicamente, assim como as organizações podem manter as mulheres negras sob vigilância, as mulheres negras podem vigiar essas organizações. Por um lado, o fato de as mulheres negras passarem a ocupar posições de autoridade produziu novas oportunidades de usar recursos burocráticos para fins humanistas. Essa resistência desde dentro busca a ocupação de posições de autoridade nas instituições sociais para assegurar que as normas vigentes sejam administradas de forma justa e, se necessário, que políticas sejam mudadas. Porém, uma vez dentro das instituições, muitas mulheres negras percebem que, para realizar mudanças, é preciso muito mais que apenas serem contratadas. Elas acabam buscando modos inovadores de favorecer mudanças burocráticas[7]. Certa vez, uma de minhas colegas afro-americanas se referiu a esse processo da seguinte forma: a universidade em que trabalhava era como um ovo, e o trabalho dela consistia em "lidar com as rachaduras da casca". De longe, o ovo parece liso e uniforme, mas, ao olharmos mais de perto, percebemos padrões específicos de rachaduras quase invisíveis na casca. O cargo administrativo que minha colega ocupava na universidade lhe permitiu ver o ensino superior não como uma burocracia bem azeitada, impermeável à

---

[7]   Beverly Guy-Sheftall, "A Black Feminist Perspective on Transforming the Academy: The Case of Spelman College", em Stanlie M. James e Abena P. A. Busia (orgs.), *Theorizing Black Feminisms: The Visionary Pragmatism of Black Women* (Nova York, Routledge, 1993), p. 77-89.

mudança, mas como um conjunto de rachaduras e fissuras representativas de suas fraquezas organizacionais. Como disse minha colega, ela estava empenhada em "lidar com as rachaduras" e transformar seu local de trabalho utilizando o conhecimento que adquirira dentro da instituição a respeito de seus pontos de tensão lá existentes. Uma vez lá dentro, muitas mulheres negras passam de fato a fazer diferença no funcionamento das burocracias. Sem muito alarde, elas impulsionam mudanças políticas que aproximam as organizações das formas básicas de justiça. Raramente mencionando palavras como "racismo", "sexismo", "discriminação" e afins, eles encontram formas inovadoras de lidar com o sistema para que ele se torne mais justo.

Por outro lado, a ocupação de posições de autoridade pode promover formas novas e imprevistas de controle disciplinar. Muitas mulheres negras reconhecem consternadas que, nos Estados Unidos, intencionalmente ou não, diferentes conjuntos de regras podem ser aplicados a elas, distinguindo-as de outras mulheres. Ainda que diplomas e formação as qualifiquem no papel, elas são tratadas como cidadãs de segunda classe. As reações das mulheres negras estadunidenses a essas novas formas de controle disciplinar normalmente refletem uma heterogeneidade comparável. Nesse sentido, as experiências das gerações passadas de trabalhadoras domésticas negras nos fornecem um modelo para analisarmos as reações das mulheres negras que agora dessegregam uma série de burocracias. Embora compartilhassem uma sabedoria coletiva, as trabalhadoras domésticas se relacionavam com seus empregos de formas diferentes. Dentro do grupo, houve muitas respostas individuais, a maior parte conformada pelas condições reais de trabalho encontradas por essas mulheres. As relações nas burocracias são praticamente as mesmas – a maneira como as afro-americanas escolhem lidar com formas cambiantes de poder disciplinar parece ser mais relevante que a codificação desse domínio de poder em burocracias amplas e impessoais.

O feminismo negro nas universidades dos Estados Unidos oferece um exemplo instigante dessas relações transversais. Diferentemente dos feminismos da diáspora negra, nos quais grande parte do pensamento se desenvolve em relação ao ativismo das mulheres[8], boa parte do pensamento feminista negro nos Estados Unidos deve se conformar aos procedimentos disciplinares da academia. Abordar esse pensamento feminista negro como teoria e desvalorizar o

---

8   Ver, por exemplo, *Femmes aux yeux ouverts* [Mulheres de olhos abertos], de 1994. Direção de Anne-Laura Folly. Togo. São Francisco: Resolution Inc./ California Newsreel.

ativismo das mulheres negras como menos teórico são estratégias que minam o desenvolvimento de ambos. Além disso, tais ações colocam o pensamento feminista negro sob vigilância na academia.

As pressões disciplinares podem explicar, em parte, o descompasso entre as questões que muitas vezes interessam às acadêmicas negras nos Estados Unidos e as que são motivo de preocupação para um grande número de afro--americanas. As mulheres comuns são frequentemente acusadas de ter "medo" do feminismo ou ser tão oprimidas pelas obrigações diárias e pelos caprichos de seus parceiros que não conseguem nem pensar em sua própria subordinação. Outra interpretação, porém, aponta a falta de atenção do feminismo negro acadêmico a problemas que afetam a vida das afro-americanas. É provável que muitas afro-americanas rejeitem o feminismo negro porque não veem conexões claras entre o discurso dito progressista do feminismo negro de elite e as condições concretas de sua vida. Por exemplo, os padrões arraigados de pobreza e violência que afetam a vida de tantas afro-americanas sugerem que análises de gênero da economia política negra encontram maior proeminência no pensamento feminista negro dos Estados Unidos. Tais análises devem ter implicações para as políticas públicas, bem como para as ações de desenvolvimento necessárias para orientar os afro-americanos a enfrentar a pobreza. Apesar da presença de tais temas nas pesquisas de algumas feministas estadunidenses negras[9], essas pensadoras não costumam ser reconhecidas dentro da academia como "simbólicas" do feminismo negro. Por exemplo, as três décadas de trabalho intelectual de Angela Davis demonstram claramente seu papel de liderança na constituição do pensamento feminista negro nos Estados Unidos. No entanto, Davis é mais frequentemente descrita como socialista que como "feminista negra"*. Ainda que esteja profundamente comprometida com a política feminista negra, talvez não seja o tipo de "feminista negra" que o ensino superior estadunidense espera.

---

[9] Ver, por exemplo, Angela Davis, *Mulheres, raça e classe* (trad. Heci Regina Candiani, São Paulo, Boitempo, 2016); Rose Brewer, "Theorizing Race, Class and Gender: The New Scholarship of Black Feminist Intellectuals and Black Women's Labor", em Stanlie M. James e Abena P. A. Busia (orgs.), *Theorizing Black Feminism*, cit., p. 13-30, e "Race, Class, Gender and US State Welfare Policy: The Nexus of Inequality for African American Families", em Gay Young e Bette J. Dickerson (orgs.), *Color, Class and Country: Experiences of Gender* (Londres, Zed Books, 1994), p. 115-27; Leith Mullings, *On Our Own Terms: Race, Class, and Gender in the Lives of African American Women* (Nova York, Routledge, 1997).

* No contexto dos Estados Unidos. (N. E.)

Dado o poder da vigilância no domínio disciplinar, é irrealista esperar que surja um pensamento feminista negro fundamentalmente radical dentro da academia, especialmente nestes tempos em que as ideologias do mercado se tornaram tão proeminentes. As acadêmicas feministas negras que hasteiam a bandeira do radicalismo, feminista ou não, e usam sua autoproclamada identidade radical para fazer pressão e se tornar professoras titulares estão se iludindo. As ideologias de mercado afetam cada vez mais todos os aspectos da vida, inclusive pessoas reais e ideias sobre pessoas em posição de *outsiders* internas[10]. O número de mulheres negras empregadas na academia nos Estados Unidos, quer reconheçam ou não sua posição de *outsiders* internas, aumenta e diminui não apenas em função da defesa política das afro-americanas e de outros grupos desfavorecidos, mas também em resposta às necessidades do mercado. Se uma organização perceber que necessita de *outsiders* internos, ela pagará por isso.

Nesse contexto, o pensamento feminista negro na academia tende a focar menos em sua própria agenda ativista e mais em sobreviver às políticas acadêmicas e talvez superá-las. Assim, é muito mais razoável investigar como o pensamento feminista negro usa seu espaço na academia para promover a justiça social e como seu uso e espaço reinscrevem as hierarquias sociais existentes.

O DOMÍNIO HEGEMÔNICO DO PODER

Há um limite para a eficácia das táticas exercidas dentro do domínio disciplinar do poder. O êxito das mulheres negras estadunidenses em obter e exercer direitos de cidadania significa que se pode encontrar novas formas de envolver as afro-americanas no apoio ao mesmo sistema que promove sua subordinação e a de muitos outros grupos. Como o domínio hegemônico do poder diz respeito a ideologia, cultura e consciência, ele é importante para atender a essa necessidade. Os domínios estrutural e disciplinar do poder operam por meio de políticas sociais que tocam todo o sistema e são gerenciadas sobretudo pela burocracia. Em contraste, o domínio hegemônico do poder visa justificar

---

[10] Para uma análise do lugar social específico de "*outsider* interna", caracterizado por um ponto de vista informado por percepções de dentro e de fora de determinado contexto, ver Patricia Hill Collins, "Learning from the Outsider Within: The Sociological Significance of Black Feminist Thought", *Social Problems*, v. 33, n. 6, 1986, p. 14-32 [ed. bras.: "Aprendendo com a *outsider within*: a significação sociológica do pensamento feminista negro", *Sociedade e Estado*, Brasília, v. 31, n. 1, 2016, p. 99-127].

448 Pensamento feminista negro

práticas exercidas nesses domínios de poder. Ao manipular a ideologia e a cultura, o domínio hegemônico atua como um elo entre as instituições sociais (o domínio estrutural), suas práticas organizacionais (o domínio disciplinar) e a interação social cotidiana (o domínio interpessoal).

Para manter o poder, os grupos dominantes criam e mantêm um sistema popular de ideias de "senso comum" que sustentam seu direito de governar. Nos Estados Unidos, as ideologias hegemônicas relativas a raça, classe, gênero, sexualidade e nação costumam ser tão disseminadas que já é difícil elaborar alternativas a elas – quanto mais formas de resistir às práticas sociais justificadas por elas. Por exemplo, apesar da escassa pesquisa empírica, as crenças sobre a sexualidade das mulheres negras continuam profundamente arraigadas e amplamente difundidas. Além disso, a política sexual da condição de mulher negra revela a importância das imagens de controle aplicadas à sexualidade feminina negra para o funcionamento efetivo da dominação em geral.

Os currículos escolares, os preceitos religiosos, as culturas comunitárias e as histórias familiares são esferas sociais importantes para a fabricação das ideologias necessárias para manter a opressão. No entanto, um fator cada vez mais importante do arraigamento das ideologias hegemônicas relativas a raça, classe, gênero, sexualidade e nação consiste, em parte, na crescente sofisticação dos meios de comunicação na regulação das opressões interseccionais. Uma coisa são currículos escolares que excluem sistematicamente as mulheres negras como assunto legítimo de estudo, ou preceitos religiosos que pregam a igualdade, mas são usados para justificar a submissão das mulheres negras a todos os homens, ou mesmo ideologias comunitárias que aconselham as mulheres negras a ser mais "femininas" para que os homens negros possam reafirmar sua masculinidade, e histórias familiares que escondem padrões de abuso físico e emocional e culpam as mulheres negras por sua própria vitimização. Outra coisa totalmente diferente é ver a imagem das mulheres negras estadunidenses como *hoochies* espalhada pelo mundo sob variações que parecem infinitas.

Nos Estados Unidos, poderíamos pensar que a combinação de um público mais instruído com pesquisas acadêmicas voltadas à destruição de velhos mitos colocaria as ideologias hegemônicas efetivamente em xeque. Porém, não foi o que aconteceu, como sugere o ressurgimento de organizações supremacistas brancas com fortes convicções sobre a inferioridade intelectual e moral das pessoas negras. O que ocorre, ao contrário, é uma reciclagem de ideias antigas sob novas formas. A mãe dependente do Estado de ontem se bifurca nas imagens específicas da rainha da assistência social e da dama negra, ligadas à classe social. A jezebel de ontem se torna a *hoochie* de hoje.

As ideologias racistas e sexistas, quando desacreditadas, perdem seu impacto. Assim, uma característica importante do domínio hegemônico do poder consiste na necessidade de remodelar continuamente as imagens, a fim de sustentar a matriz de dominação nos Estados Unidos. Para que as ideologias hegemônicas funcionem sem percalços, é necessário não apenas o apoio do grupo de elite, mas também o aval dos grupos subordinados. Percebendo que as demandas feministas negras por justiça social ameaçam as hierarquias de poder, as organizações se veem diante da necessidade de encontrar formas de incluir as afro-americanas – revertendo padrões históricos de exclusão social associados à discriminação institucional – e, ao mesmo tempo, nos desempoderar. Nesse esforço para absorver e ao mesmo tempo enfraquecer a resistência das mulheres negras, as ideias são fundamentais. Independentemente de sua posição nas hierarquias sociais, outros grupos também deparam com esse tipo de pressão. Por exemplo, as mulheres brancas se tornam "traidoras da raça" quando namoram homens negros, um estigma que de fato as leva a avaliar se os ganhos de um relacionamento inter-racial valem a perda do privilégio branco. Similarmente, na atual reorganização das ideologias raciais nos Estados Unidos, em que vietnamitas, cambojanos e outros grupos recém-imigrados da Ásia tentam encontrar uma identidade racial entre os pontos fixos constituídos pela negritude e pela branquitude, as pessoas asiáticas são incentivadas a desvalorizar as negras. Estar no topo das "minorias" certamente significa ser mais bem tratado que o negro ou o indígena relegados à base. No entanto, até que a categoria "branquitude" seja ampliada para reclassificar as pessoas asiáticas como "brancas", tornar-se uma "minoria modelo" é uma vitória de Pirro.

A importância do domínio hegemônico do poder reside em sua capacidade de dar forma à consciência por meio da manipulação de ideias, imagens, símbolos e ideologias. Como sugere a luta das mulheres negras pela autodefinição, reivindicar o "poder do livre pensamento" em contextos onde as ideias importam é uma importante área de resistência. Reverter o processo pelo qual opressões interseccionais lançam mão de várias dimensões da subjetividade individual para objetivos próprios é um propósito fundamental da resistência. Assim, o domínio hegemônico se torna uma esfera decisiva não apenas para se defender das ideias hegemônicas presentes na cultura dominante, mas também para desenvolver um conhecimento contra-hegemônico que promova a transformação da consciência. Independentemente dos espaços sociais concretos nos quais esse processo ocorre – família, ambientes comunitários, escolas, instituições religiosas ou veículos da mídia de massa –, o poder de reivindicar esses espaços para "pensar e fazer aquilo que não se espera de nós" constitui uma importante dimensão do empoderamento das mulheres negras.

Ao enfatizar o poder da autodefinição e a necessidade de pensar livremente, o pensamento feminista negro mostra a importância que as pensadoras afro-americanas atribuem à consciência como esfera de liberdade. É mais proveitoso considerar que a consciência está constantemente em evolução e negociação que abordá-la como uma entidade fixa. O dinamismo da consciência é vital para a agência individual e de grupo. Com base em suas histórias pessoais, os indivíduos vivenciam e resistem à dominação de maneiras diferentes. Cada pessoa tem uma biografia única e em constante evolução, formada por experiências, valores, motivações e emoções concretas. Dois indivíduos não podem ocupar o mesmo espaço social; assim, não existem duas biografias idênticas. Os laços humanos podem ser libertadores e empoderadores, como é o caso das relações afetivas heterossexuais de muitas mulheres negras ou do poder da maternidade nas famílias e nas comunidades afro-americanas. Os laços humanos também podem confinar e oprimir, como no caso da violência doméstica ou na luta das mães solteiras para sustentar seus filhos nos bairros pobres das grandes cidades. Uma mesma situação pode parecer diferente, dependendo da consciência de quem a interpreta.

O contexto cultural formado pelas experiências e ideias compartilhadas por membros de um grupo ou comunidade dá sentido às biografias individuais. Cada biografia, sob um prisma individual, é radicada em uma série de contextos culturais sobrepostos – por exemplo, grupos definidos por raça, classe social, idade, sexo, religião e orientação sexual. Os contextos culturais mais coesos são os que têm histórias, localizações geográficas e instituições sociais identificáveis. Alguns são tão entrelaçados que parecem ser um único contexto cultural, como as sociedades tradicionais, nas quais os costumes são transmitidos de uma geração para a outra, ou a persistente segregação racial nos Estados Unidos, na qual uma unidade de interesses suprimiu necessariamente as diferenças internas dentro da categoria "negro". Além disso, os contextos culturais fornecem, entre outras coisas, os conceitos mobilizados para pensar e agir.

As formas subjugadas de conhecimento, como o pensamento das mulheres negras nos Estados Unidos, desenvolvem-se em contextos culturais controlados por grupos oprimidos. Os grupos dominantes buscam substituir o conhecimento subjugado por seu próprio pensamento especializado, porque sabem que controlar essa dimensão da vida dos grupos subordinados simplifica o exercício do controle. Ainda que os esforços para influir nessa dimensão das experiências de um grupo oprimido possam ser parcialmente bem-sucedidos, é mais difícil controlar esse nível do que os grupos dominantes querem que acreditemos. Por exemplo, a adesão a padrões externos de beleza leva muitas afro-americanas a não gostar da cor de sua pele ou da textura de seu cabelo. Da mesma forma, a internalização da ideologia de gênero predominante leva alguns homens negros a abusar das mulheres negras. São casos em que houve uma introjeção bem-sucedida de ideologias dominantes no contexto cultural cotidiano dos afro-americanos. Porém, as tradições de resistência das mulheres negras que vêm de longa data, como as expressas nas relações de umas com as outras, na tradição do *blues* das mulheres negras e nas vozes das escritoras afro-americanas contemporâneas revelam a dificuldade de eliminar o contexto cultural como esfera fundamental de resistência.

As pensadoras feministas negras, ao buscar rearticular o ponto de vista das afro-americanas como grupo, podem oferecer a elas, como indivíduos, as ferramentas conceituais para resistir à opressão. Nesse contexto, o empoderamento é duplo. Desenvolver a consciência crítica para compreender o sentido das ideologias hegemônicas é empoderador. Reconhecer que não precisamos acreditar em tudo que nos é dito e ensinado é libertador para muitas mulheres negras. Mas, ainda que continue necessário criticar as ideologias hegemônicas, essas críticas são fundamentalmente reativas[11]. Assim, a segunda dimensão do empoderamento no interior do domínio hegemônico do poder consiste na construção de novos conhecimentos. Nesse sentido, os temas centrais, os referenciais interpretativos e as abordagens epistemológicas do pensamento feminista negro podem ser altamente empoderadores, pois oferecem alternativas à maneira como as coisas deveriam ser.

O DOMÍNIO INTERPESSOAL DO PODER

As mulheres afro-americanas foram vitimadas por opressões interseccionais. Porém, retratar as mulheres negras estadunidenses apenas como alvo passivo

---

[11] Patricia Hill Collins, *Fighting Words: Black Women and the Search for Justice* (Minneapolis, University of Minnesota Press, 1998), p. 187-96.

e desafortunado de abusos suprime a ideia de que somos capazes de trabalhar ativamente para transformar as circunstâncias em que nos encontramos, e também nossa vida. Da mesma forma, apresentar as afro-americanas apenas como figuras heroicas que se envolvem na resistência à opressão em todas as frentes minimiza os verdadeiros custos da opressão, além de estimular a percepção de que nós, mulheres negras, não precisamos de ajuda, porque "damos conta" das dificuldades.

A dominação funciona seduzindo, pressionando ou forçando as afro-americanas, os membros dos grupos subordinados e todas as pessoas a substituir formas individuais e culturais de conhecer pelo pensamento especializado do grupo dominante – ideologias hegemônicas que, por sua vez, justificam práticas de outros domínios de poder. Consequentemente, sugere Audre Lorde, "o verdadeiro foco da mudança revolucionária nunca são meramente as situações opressivas das quais buscamos escapar, mas aquela parte do opressor que se encontra profundamente arraigada em cada um de nós"[12]. Ou como afirma sucintamente Toni Cade Bambara: "A revolução começa com o 'eu', no 'eu'"[13].

As colocações de Lorde e Bambara levantam uma questão importante para as mulheres negras e para todos os que lutam pela justiça social. Embora os indivíduos, em sua maioria, não hesitem em reconhecer sua própria vitimização dentro de um sistema maior de opressão – seja por raça, classe social, religião, capacidade física, orientação sexual, etnia, idade ou gênero –, eles raramente conseguem perceber que seus pensamentos e ações sustentam a subordinação de outra pessoa. Assim, as feministas brancas costumam chamar atenção para sua opressão como mulheres, mas resistem a perceber quanto a pele branca as privilegia. Afro-americanos que fazem análises eloquentes sobre o racismo insistem em ver os homens brancos pobres como símbolos do poder branco. A esquerda radical não se sai muito melhor. "Se as pessoas de cor e as mulheres se dessem conta de seus verdadeiros interesses de classe", argumentam seus partidários, "a solidariedade de classe acabaria com o racismo e o sexismo". Em suma, cada grupo aponta como fundamental a opressão com a qual se sente mais confortável e classifica todas as outras como de menor importância. A opressão está cheia de contradições, porque essas abordagens não reconhecem

---

[12] Audre Lorde, *Sister Outsider* (Trumansburg, Crossing, 1984), p. 123 [ed. bras.: *Irmã ousider*, trad. Stephanie Borges, Belo Horizonte, Autênctica, no prelo].

[13] Toni Cade Bambara, "On the Issue of Roles", em *The Black Woman: An Anthology* (Nova York, Signet, 1970), p. 109.

que há poucas vítimas puras ou opressores puros em uma matriz de dominação. Cada indivíduo experimenta graus variados de sanções e privilégios nos múltiplos sistemas de opressão que enquadram a vida de todos.

As biografias individuais se encontram em todos os domínios do poder e refletem as interconexões e contradições que neles existem. Enquanto o domínio estrutural do poder organiza o nível macro da organização social, e suas operações são geridas pelo domínio disciplinar, o domínio interpessoal funciona por meio de práticas rotineiras e cotidianas que dizem respeito ao modo como as pessoas tratam umas às outras (por exemplo, o nível micro da organização social). Tais práticas são sistemáticas, recorrentes e tão familiares que muitas vezes passam despercebidas. Como o domínio interpessoal enfatiza o cotidiano, as estratégias de resistência próprias desse domínio podem variar de uma pessoa para outra. Quando peço a minhas alunas e meus alunos que me deem exemplos de como reagem ao racismo cotidiano, ao sexismo e a outros tratamentos injustos, as respostas apresentam uma variedade extraordinária de estratégias. Uma de minhas alunas negras relatou que, quando é seguida em uma loja, enche o carrinho de compras e o abandona na frente da loja, parando antes no balcão de atendimento para reclamar da política de vigilância do estabelecimento. Duas estudantes, uma afro-americana e outra branca, contaram que entregaram um trabalho com os nomes trocados quando suspeitaram que a aluna negra tirava notas mais baixas por preconceito do professor. Para seu desgosto, quando os trabalhos trocados foram devolvidos, a estudante negra tinha recebido o mesmo "C" de sempre e a aluna branca tinha recebido "A", apesar de terem apresentado o trabalho uma da outra! Estratégias de coalizão como essas se tornam especialmente importantes em contextos sociais integrados nos quais é difícil detectar tratamentos diferenciados.

Basta procurar para descobrir pessoas ativamente engajadas na transformação dos termos das relações cotidianas de umas com as outras. Elas estão nos lugares mais inusitados. Este livro certamente trouxe muitos exemplos de afro-americanas importantes que tentam transformar sua maneira de viver a vida cotidiana. O que é menos visível, no entanto, são as inúmeras maneiras pelas quais indivíduos comuns de todas as quadras da vida trabalham em prol da justiça social. Às vezes são gestos pequenos, mas altamente significativos. Um dos meus exemplos favoritos é um convite que minha filha recebeu para visitar a casa de um colega de jardim de infância. O menino era loiro de olhos azuis, bem-comportado e amigável com ela e comigo. No entanto, como eu não conhecia bem seus pais, fiquei imaginando como minha filha seria recebida. Ironicamente, minhas preocupações diminuíram quando vi o brinquedo que a mãe do menino havia permitido que ele levasse para a escola. Aquele menininho de olhos azuis, cabelos loiros e tudo mais, apareceu na escola com um boneco negro e careca da Cabbage Patch. Não era o único brinquedo que ele tinha, mas o fato de fazer parte do repertório de imaginação de um menino daquela idade me surpreendeu. Com esse pequeno gesto, essa mãe tomou uma posição corajosa – para os padrões dessa região dos Estados Unidos – contra o racismo, o sexismo e o heterossexismo. Até hoje não sei por que ela fez isso. Suas intenções eram bem menos importantes que as atitudes não verbais que ela tomou. Compartilho essa história não para encorajar as pessoas a darem bonecos para garotinhos loiros – a menos, é claro, que de fato desejem fazê-lo –, mas para dar um exemplo das muitas maneiras discretas, mas criativas, como as pessoas comuns se esforçam para mudar o mundo ao redor delas.

A POLÍTICA DO EMPODERAMENTO

Repensar o feminismo negro como projeto de justiça social implica desenvolver uma noção complexa de empoderamento. Mudar o foco da análise para investigar como a matriz de dominação se estrutura em torno de eixos específicos – raça, gênero, classe, sexualidade e nação – e como ela opera em domínios de poder interconectados – estrutural, interpessoal, disciplinar e hegemônico – revela que a relação dialética que conecta opressão e ativismo é muito mais complexa do que sugerem modelos simples de opressores e oprimidos. Essa perspectiva inclusiva possibilita que as mulheres afro-americanas evitem rotular uma forma de opressão como mais importante que outras, ou uma expressão de ativismo como mais radical que outra. Também oferece um espaço conceitual para a identificação de novos vínculos. Do mesmo modo que a opressão é complexa, a resistência que visa promover o empoderamento expressa uma complexidade semelhante.

Quando se trata de poder, os desafios levantados pela relação sinérgica entre os domínios de poder geram novas oportunidades e restrições para as afro-americanas que hoje dessegregam as escolas e os locais de trabalho, assim como para as que não o fazem. Por um lado, adentrar espaços que negaram acesso a nossas mães traz novas oportunidades de promover a justiça social. Dependendo do contexto, lançar mão das percepções que adquirimos na posição de *outsiders* internas pode servir como estímulo criativo tanto para as afro-americanas quanto para as organizações das quais passamos a fazer parte. Por outro lado, a mercadorização da condição de *outsider* interna – na qual o valor da mulher afro-americana para uma organização reside exclusivamente em nossa capacidade de comercializar uma condição marginal aparentemente permanente – pode suprimir o empoderamento das mulheres negras. Ser permanentemente uma *outsider* interna nunca levará ninguém ao poder, porque essa categoria, por definição, pressupõe marginalidade. Cada indivíduo deve encontrar o próprio caminho, reconhecendo que sua biografia, embora única, nunca é tão única quanto se pensa.

Quando se trata de conhecimento, o empoderamento das mulheres negras implica rejeitar as dimensões do conhecimento que perpetuam a objetificação, a mercadorização e a exploração. As mulheres afro-americanas e outros grupos como o nosso nos empoderamos quando entendemos e usamos essas dimensões dos modos de conhecimento individuais, grupais e provenientes da educação formal que promovem nossa humanidade. Quando as mulheres negras valorizamos nossas autodefinições, participamos das tradições ativistas domésticas e transnacionais de mulheres negras, vemos as habilidades adquiridas na escola como parte de uma educação voltada para o desenvolvimento da comunidade negra e colocamos as epistemologias feministas negras no centro de nossas visões de mundo, nós nos empoderamos. O conceito de "imaginação sociológica" de C. Wright Mills identifica a tarefa e o compromisso de constituir um modo de conhecimento que permita aos indivíduos compreender as relações entre história e biografia na sociedade[14]. Assim como na epistemologia holística que o feminismo negro requer, usar a perspectiva de uma pessoa específica para mobilizar a imaginação sociológica empodera o indivíduo. Como afirma Audre Lorde:

> Minha maior concentração de energia se torna disponível para mim mesma somente quando integro todas as partes de quem eu sou, abertamente, permitindo que o poder de fontes específicas da minha vida flua livremente, de um lado para o outro, por todos os meus diferentes 'eus', sem ser constrangido por definições impostas externamente.[15]

Desenvolver um ponto de vista das mulheres negras a fim de mobilizar uma imaginação feminista coletiva negra pode contribuir para o empoderamento do grupo.

---

[14] C. Wright Mills, *The Sociological Imagination* (Nova York, Oxford University Press, 1959) [ed. bras.: *A imaginação sociológica*, trad. Waltensir Dutra, Rio de Janeiro, Zahar, 1972].

[15] Audre Lorde, *Sister Outsider*, cit., p. 120-1.

456 PENSAMENTO FEMINISTA NEGRO

Empoderar as mulheres negras implica revitalizar o feminismo negro estadunidense como projeto de justiça social organizado em torno de um objetivo duplo: empoderar as afro-americanas e promover a justiça social em um contexto transnacional. A ênfase do pensamento feminista negro na interação contínua entre a opressão das mulheres negras e o ativismo das mulheres negras mostra que a matriz de dominação e seus domínios inter-relacionados de poder são sensíveis à agência humana. Tal pensamento reconhece que o mundo é um lugar dinâmico, no qual o objetivo não é apenas sobreviver, ajustar-se ou ir levando; o mundo, ao contrário, é um lugar do qual devemos nos apropriar e pelo qual devemos nos responsabilizar. A existência do pensamento feminista negro sugere que sempre existe escolha e poder para agir, não importa quão desoladora pareça a situação. Reconhecer que o mundo está em formação chama atenção para o fato de que cada uma e cada um de nós é responsável por transformá-lo. Também mostra que, embora o empoderamento individual seja fundamental, somente a ação coletiva pode produzir efetivamente as transformações institucionais duradouras que são necessárias para que tenhamos justiça social.

Em 1831, Maria W. Stewart indagou: "Até quando as nobres filhas da África serão forçadas a deixar que seu talento e seu pensamento sejam soterrados por montanhas de panelas e chaleiras de ferro?"[16]. A resposta de Stewart revela de forma eloquente as conexões entre conhecimento, consciência e política de empoderamento:

> Até a união, o conhecimento e o amor começarem a fluir entre nós. Até quando homens medianos continuarão a nos lisonjear com seus sorrisos e a enriquecer com o ganho que conquistamos duramente? Até quando os dedos de suas esposas brilharão de anéis, enquanto eles riem da nossa estupidez? Até começarmos a incentivar e apoiar umas às outras [...]. O que podemos fazer, vocês me perguntam? Unam-se e construam um negócio próprio. [...] Com que dinheiro, vocês me perguntam? Gastamos mais que o suficiente com coisas sem sentido para termos condições de construir o que deveríamos querer.[17]

---

[16] Marilyn Richardson (org.), *Maria W. Stewart, America's First Black Woman Political Writer* (Bloomington, IN, Indiana University Press, 1987), p. 38.

[17] Idem.

GLOSSÁRIO

Agência: a disposição de um indivíduo ou grupo social para se autodefinir e se autodeterminar.

Autodefinição: o poder de cada um de dar nome a sua própria realidade.

Autodeterminação: o poder de cada um de decidir seu próprio destino.

Capitalismo: sistema econômico baseado na propriedade privada dos meios de produção. Costuma caracterizar-se por distribuição extremamente desigual de riqueza e grandes diferenças entre ricos e pobres.

Classe social: no sentido mais geral da expressão, grupos sociais diferenciados uns dos outros por condição econômica, formas culturais, práticas ou modos de vida. Trata-se de grupos de pessoas que ocupam posições semelhantes em uma economia política.

Comunidade negra: conjunto de instituições, redes de comunicação e práticas que ajudam os afro-americanos a reagir aos desafios sociais, econômicos e políticos que enfrentam. Também chamada esfera pública negra ou sociedade civil negra.

Conhecimento de resistência: tipo de conhecimento desenvolvido por, para e/ou em defesa dos interesses de um grupo oprimido. Idealmente, promove a autodefinição e a autodeterminação do grupo.

Conhecimento subjugado: conhecimentos tácitos produzidos por grupos oprimidos. Costumam permanecer ocultos, pois revelá-los enfraquece o propósito de ajudar esses grupos a lidar com a opressão. Os conhecimentos subjugados que visam resistir à opressão constituem conhecimentos de resistência.

Domínio disciplinar do poder: modo de governar que se baseia em hierarquias burocráticas e técnicas de vigilância.

Domínio estrutural do poder: constelação de práticas organizadas relativas a trabalho, governo, educação, direitos, negócios e moradia que funcionam para manter a distribuição desigual e injusta dos recursos sociais. Ao contrário da discriminação e do preconceito, que funcionam em nível individual, o domínio estrutural do poder opera por meio das leis e das políticas das instituições sociais.

Domínio hegemônico do poder: forma ou modo de organização social que se utiliza de ideias e ideologias para absorver e, assim, despolitizar o dissenso dos grupos oprimidos. Em outros termos, trata-se da difusão do poder por todo o sistema social, de maneira que os diferentes grupos policiem uns aos outros, suprimindo a possibilidade de dissenso.

Domínio interpessoal do poder: práticas discriminatórias da experiência cotidiana que, sendo rotineiras, normalmente não são percebidas ou identificadas. Estratégias de racismo cotidiano e resistência cotidiana ocorrem nesse domínio.

Epistemologia: padrões usados para avaliar o conhecimento ou o motivo pelo qual se acredita que algo é verdade.

Esferas pública e privada: duas áreas distintas de organização social; a esfera pública do trabalho e do governo é tipicamente justaposta à esfera privada do lar e da família.

Essencialismo: trata-se da ideia de que os indivíduos ou os grupos possuem características inerentes e imutáveis enraizadas na biologia, ou em uma cultura autocentrada, que explicam sua condição. O pensamento binário, quando vinculado a opressões de raça, gênero e sexualidade, constrói diferenças "essenciais" entre grupos.

Eurocentrismo: ideologia que apresenta as ideias e as experiências dos brancos como normais, normativas e ideais. Também conhecida como racismo branco ou supremacia branca.

Ideologia: conjunto de ideias que refletem os interesses de determinado grupo social. O racismo científico e o sexismo constituem ideologias que corroboram a dominação. O nacionalismo negro e o feminismo negro constituem contraideologias que se opõem a tal dominação.

Interseccionalidade: abordagem que afirma que os sistemas de raça, classe social, gênero, sexualidade, etnia, nação e idade são características mutuamente construtivas de organização social que moldam as experiências das mulheres negras e, por sua vez, são formadas por elas.

Lugar de outsider *interno [outsider within location]*: lugar social ou espaço fronteiriço que marca os limites entre grupos de poder desigual. Um indivíduo torna-se "*outsider* interno" dependendo de sua inserção nesses lugares sociais.

Matriz de dominação: organização geral das relações hierárquicas de poder em dada sociedade. Qualquer matriz específica de dominação tem: (1) um arranjo particular de sistemas interseccionais de opressão, por exemplo, raça, classe social, gênero, sexualidade, situação migratória, etnia e idade; e (2) uma organização particular de seus domínios de poder, por exemplo, estrutural, disciplinar, hegemônico e interpessoal.

Glossário 461

Mercadorização: nas economias políticas capitalistas, atribuem-se valores econômicos à terra, aos produtos, aos serviços e às ideias, que são comprados e vendidos nos mercados como mercadorias.

Nacionalismo negro: filosofia política baseada no entendimento de que a população negra constitui um povo ou nação com uma história e um destino comuns.

Opressão: situação injusta em que, sistematicamente e por um longo período, um grupo nega a outro o acesso aos recursos da sociedade. Raça, gênero, classe, sexualidade, nação, idade e etnia constituem importantes formas de opressão.

Paradigma: referencial interpretativo usado para explicar fenômenos sociais.

Pensamento binário: forma de conceituação das realidades que divide os conceitos em duas categorias mutuamente excludentes, por exemplo, branco/preto, homem/mulher, razão/emoção e heterossexual/homossexual.

Política de identidade: forma de saber que considera que as experiências vividas são importantes para a criação de conhecimento e a elaboração de estratégias políticas baseadas em grupos. É, além disso, uma forma de resistência política na qual um grupo oprimido se opõe à desvalorização a que é submetido.

Projeto de justiça social: esforço organizado de longa duração para eliminar a opressão e empoderar indivíduos e grupos em uma sociedade justa.

Racismo: sistema de poder e privilégio desiguais no qual seres humanos são divididos em grupos ou "raças" e recompensas sociais são distribuídas de forma desequilibrada, conforme a classificação racial de cada um. Dentre as variações do racismo, há o racismo institucionalizado, o racismo científico e o racismo cotidiano. Nos Estados Unidos, a segregação racial é um princípio fundamental da organização do racismo.

Racismo científico: corpo específico de conhecimentos sobre negros, asiáticos, indígenas americanos, brancos e latino-americanos produzido no âmbito da biologia, da antropologia, da psicologia, da sociologia e de outras disciplinas acadêmicas. O racismo científico foi criado para provar a inferioridade das pessoas de cor.

Retórica da "cegueira de cor": visão de mundo que resiste a falar de raça, partindo da ideia de que isso perpetuaria o racismo.

Segregação racial: constelação de políticas que separam grupos por raça a partir do entendimento de que a proximidade com um grupo considerado inferior é prejudicial ao grupo supostamente superior. Embora atualmente seja proibida por lei nos Estados Unidos, há segregação racial em bairros, escolas, categorias ocupacionais e acesso a instalações públicas no país.

Solidariedade racial: trata-se da ideia de que os membros de um grupo racial têm interesses comuns e devem se apoiar mutuamente, pondo uns aos outros acima dos interesses dos membros de outros grupos raciais.

Teoria do ponto de vista [*standpoint theory*]: teoria social para a qual o lugar dos grupos nas relações hierárquicas de poder produz desafios comuns para os indivíduos que fazem parte deles. Além disso, essa teoria pressupõe que experiências compartilhadas podem estimular ângulos de visão semelhantes, gerando no grupo um conhecimento ou ponto de vista próprio considerado fundamental para moldar uma ação política.

Teoria social crítica: corpos de conhecimento e conjuntos de práticas institucionais que tratam ativamente de questões centrais para grupos de pessoas. Esses grupos se situam diferentemente em contextos políticos, sociais e históricos caracterizados pela injustiça. O que torna a teoria social crítica "crítica" é o compromisso com a justiça, seja para o grupo da própria pessoa, seja para outros grupos.

Transnacionalismo: visão do mundo para a qual certos interesses ultrapassam as fronteiras de Estados-nações considerados individualmente. Enquanto o internacionalismo enfatiza a relação entre os Estados-nação, o transnacionalismo parte de uma perspectiva global.

ÍNDICE REMISSIVO

2 Live Crew 155-7, 160, 246, 363

aborto 311, 324; direitos 222-3

abuso 161, 267-9, 273-4, 304-5, 407-8, 450-3; agressão física 212-3, 270-1, 453-4; abuso infantil 303-4; doméstico 250-2; emocional, 212-3, 268-71, 448-9; de poder 221-2; sexual 32-3, 212-3, 217, 274-6

academia, mulheres negras na 38-9, 52-3, 61, 78-9, 82-3, 213-4, 424-5, 445-8

Adams, Annie 74

afiliações estratégicas 356-9

África do Sul 32, 320, 381, 392

afrocentrismo: como termo 62-3; como teoria 58-9; em relação às mulheres 292-3

Aidoo, Ama Ata 33, 94, 190, 387

aids 160, 242, 325, 382

Aina, Olabisi 360, 383-4

Alexander, M. Jacqui 43, 284

alfabetização 35-6, 81-2, 139-40, 194-9, 382-3, 385-6, 405-7

Amada (Toni Morrison) 188, 255

Andersen, Margaret 38, 63-4, 103, 292, 368

Angelou, Maya 168, 188, 209, 250

Antrobus, Peggy 375, 387, 389, 392

apartheid global de gênero 375-6, 379-82, 398-9

Ashanti 302

aspirações de divas 91

assistência pública 46-7

Associação Nacional para o Progresso das Pessoas de Cor (NAACP) 120-1

ativismo 30-1, 33-4, 42-3, 47-50, 55-6, 62-3, 70, 74-83, 119-23, 329-40; de base ampla, 352-4; complexidade do 75-6, 331-2; criar esferas de influência de mulheres negras, 332-6, 341-3; demandas do, 339-52, 448-9;

educação como, 314-7, 330-2; transformação institucional como 332-40, 350-54, 356-9, 361-3, 369-70, 381-2; como maternidade 70, 190-2, 291-328; como sobrevivência 309-11, 320-9; 329-31, 332-6, 338-50; direitos das mulheres 341-408

autobiografia 40-1, 48-50, 53-4, 65, 168-9, 176-7, 186-7, 209-10, 250-2, 309-10

autodefinição 179-215; e ideias africanas 45; na igreja 341-3; dificuldade de 61-3; importância da 202-7; na literatura 172-7; como resistência 449-50; e respeito 206-9; e sexualidade 224-5; e silêncio 219-20; transnacional 377; da verdade 428-432; no âmbito da escravidão 107-9

autonomia 78-9, 83-7, 93-4, 203-4, 209-10

autonomia erótica 281-7

Awkward, Michael 41

Baker, Ella 39-41, 299-302, 355

Baltimore Afro-American 198

Bambara, Toni Cade 39-40, 173, 188, 258, 261, 452

Bartmann, Sarah 236-7, 238-41, 244-6, 249, 444

Beale, Frances 39, 262, 331

Bethune, Mary McLeod 33, 342-4

binarismo normal/desviante 46-7, 160-2, 229-30

"Black Feminist Statement, A" (Combahee River Collective) 57

Black Macho and the Myth of the Superwoman (Michele Wallace) 41, 165-6

"Black Nativity" (Langston Hughes) 350

Black Womanist Ethics (Katie Cannon) 207, 289

Black Women in the United States: An Historical Encyclopedia 50, 73, 391-3, 444-5

464 Pensamento feminista negro

Blanche on the Lam (Barbara Neely) 175

Bonner, Marita 181-2, 208

Bradley, Mamie Till 321

branquitude e brancura 38-9, 47-8, 85-6, 167-8, 240-1, 279-80, 295-6, 449-50

Brewer, Rose 33-4, 121-2, 124-6, 145-6, 151-2, 383-4, 387-8, 391-4, 445-6

Brooks, Gwendolyn 50, 169, 171, 212, 327

Brooks, Sara 113, 207, 270, 300, 307, 323-4, 326, 329-30, 340-1, 364

Brother Marquis 246-7, 253

Brown Girl, Brownstones (Paule Marshall) 146, 310

Brown v. Conselho de Educação (caso) 439-41

Brown, Elaine 40, 188

Brown, Elsa Barkley 45, 80-1, 106, 112, 115, 286, 307, 412, 420, 430

Brown-Collins, Alice 71

Burroughs, Nannie 342

busca da própria voz 182-6

Campbell, Bebe Moore 188, 298-9, 303, 308-9

Cannon, Corinne 99

Cannon, Katie G. 68, 130, 192, 199, 207, 289, 337, 346, 401

capitalismo: os corpos no 230-1, 247-9; ter filhos no 146-8; e fecundidade 107-9; famílias formadas por mãe e filho(s) no 146-8, 389-91; e pornografia 240-1, 247-9;

Carby, Hazel 31, 35, 38, 50, 79-82, 91, 135-6, 197

Carey, Lorene 177

Carneiro, Sueli 433

Carroll, Rebecca 70-2, 214-5, 360

casamento 102-3, 106-7, 109-11, 124-5, 151-2, 159-60, 173-4, 228, 231-4, 279-80, 321-3, 385-6

Centro da Tribuna Internacional da Mulher 385

Centro Nacional de Artistas Afro-Americanos 350

Changes: A Love Story (Ama Ata Aidoo) 190

Childress, Alice 46, 198-9

Chisholm, Shirley 94, 209

Chodorow, Nancy 37, 164, 414, 419

Chosen Place, the Timeless People, The (Paule Marshall) 173-5

Christian, Barbara 38, 48, 50, 136, 142-4, 183, 197-9, 212, 250, 283, 292, 316

cidadania: como privilégio, 379-80, 394-6; como direito 105-6, 149-50, 154-5, 371-5, 379--80, 436-40, 446-8

Clark, Septima 40, 354-5

Clarke, Cheryl 72, 87, 155, 188, 223

Clark-Lewis, Elizabeth 100, 114, 115-20, 251

classe média 37, 46-7, 50-2, 70-3, 79-84, 114--5, 121-2, 128-34, 139-48, 151-5, 158-65, 173-6, 180-4, 195-7, 208-9, 213-4, 229-30, 261-2, 273-4, 292-4, 303-5, 318-9, 345-6, 348-9, 372-5, 391-3, 416-7, 441-2

classe social: ativismo no âmbito da 55-6, 79-80, 82-3, 317-8, 321-2, 330-2, 348-50; e educação 30-1, 70, 361-2; e fecundidade 372-3; e ideologia de gênero 113-4, 146-8, 337; e a maternidade 143-4, 296-7; na música 53-6; estratificação recente quanto a 121-2, 199--200, 296-7, 303-4

Cole, Johnetta 187, 342

Coleman, Willi 308-9

coletividade 43-4, 48-50, 55-6, 62-3, 68-9, 74--6, 119-20, 172-3, 186-7, 199-200, 224-5, 229-30, 275-6, 282-4, 304-5, 385-6, 396--7, 425-6

Combahee River Collective 40, 57

"Coming Apart" (Alice Walker) 243

Compelled to Crime: The Gender Entrapment of Battered Black Women (Beth E. Richie) 214

comunidade: definições de 109-14; de mulheres 185-7, 196-9

condição de *outsider* interna 45-8, 87, 136, 184, 221, 406-7, 427, 447, 454-5

Conferência da Liderança Cristã do Sul 39, 354-5

"conhecedoras conectadas", mulheres como 413-4, 421-2

conhecimento: avaliar manifestações de 405--17, 418-9, 423-5; e empoderamento 210-1, 367-9, 433; eurocêntrico 403-11; adquirido no âmbito da opressão 42-8; individualmente e em grupo 81-2; questões de definição do 61-3; autodefinido 169-70; situado 58-9; subjugado 32, 42-3, 45, 48-53, 401-3, 428-9, 435-6

consciência: como um espaço de segurança 185--202; como uma esfera de liberdade 201-15

ÍNDICE REMISSIVO 465

"Considering Feminism as a Model for Social Change" (Sheila Radford-Hill) 78

contação de história 418

contextos transnacionais: ausência de organizações em 381-2; e ativismo 33-4; experiências diaspóricas em 73, 335-337; nacionalismo nos 75-6, 369-70; a política em 367-99; pós-coloniais 119-20, 379-80; e a luta por direitos das mulheres 374-5; e teorias sociais 375-6, 401-2, 429-30

Cooper, Anna Julia 33, 69, 82, 92, 111, 341-2

Coppin, Fanny Jackson 342, 345

cor da pele 68-9, 165-70, 221-2, 226-7, 440-1, 450-1

Cor púrpura, A (Alice Walker) 41, 180, 191, 213, 217, 251, 268-9

Corregidora (Gayl Jones) 251

crack 122, 151, 303

Crenshaw, Kimberlé 57, 64, 156, 160-1, 200, 222-3, 367, 438, 440

criação de espaços seguros 185-203, 214-5, 219--20, 334-5, 337-9, 396-7

criatividade 184, 296, 311, 326-7, 427, 454-5

crítica literária 37, 50-2, 91, 198-9

Crow, Jim 50-1, 153, 314-5, 351, 360

cuidado, ética do 308-9, 314-5, 317-9, 418-26

cultura oral 55-6, 192-5, 196-7, 201-2, 408-9, 416-7, 431-2

cultura: e poder 446-8; *v.* natureza, 136-9; 142--3, 238-40

Dash, Julie 176-7

Daughters of the Dust (Julie Dash) 176, 191

Davis, Angela 34, 37, 53, 57, 80, 101, 109-10, 122, 147, 150-5, 179, 191-3, 196, 201, 223, 252, 259, 269, 324, 331, 342, 351, 355, 367-8, 383, 441-2, 446

"décimo talentoso" 52, 84

definição: externa 173-4, 199-200, 213-4; e identidade 394-6, 402-3, 408-9; problemas de 61, 76-9, 323-5, 330-1

desmantelamento de programas de ação afirmativa 378-9

Dessa Rose (Sherley Anne Williams) 175, 278, 285, 421

determinismo biológico 238-9

dialética de opressão e ativismo 33-4, 47-50, 62--3, 75-6, 185-6, 359-60, 367-8, 434-6, 454-5

Dill, Bonnie Thornton 36, 40, 100, 113-4, 120, 143-5, 180, 308, 331, 334-5, 341, 415

divisão pouco nítida entre público/privado 113--6, 257-8, 297-8, 396-7

domínio disciplinar 331-2, 436-8, 442-8, 451-3

domínio interpessoal do poder 264-5, 288-9, 331-2, 451-5

drogas 121-2, 172-3, 299-300, 303-4, 325-6, 362-3, 393-4

Du Bois, William E. B. 52, 84, 144, 179

duCille, Ann 31, 36, 38, 53, 71, 196-7

Dunbar-Nelson, Alice 50

Dyson, Michael 41

Edelman, Marian Wright 353

educação como ativismo 314-7, 330-2

Ela quer tudo (Spike Lee) 253

Elaw, Zilpha 410, 423

Emecheta, Buchi 33

empatia 396-7, 413-4, 419-22

empoderamento: como construção fugidia 59; e conhecimento 343-5, 349-52, 353-6; e amor 281-2, 288-9; pessoal 210-4, 257-8, 326-7; política de 353-4, 433-456

encarceramento 53-4, 124-5, 297-8

epistemologia; pressupostos epistemológicos 58-9, 111-2; feminista negra 58-9, 335-6, 401-32; baseada na experiência 408-11; *v.* metodologia 402-5

escolas de libertos 226

escravidão: cultura africana na 43-4, 374-5; relações de gênero e 106-7, 186-7; imagens de mulheres produzidas pela 35-6, 139-40, 149-50, 154-6, 170-1; alfabetização durante a 342-5; a maternidade na 106-7, 148-9; o estupro na 76-78, 218-9, 250-3; a reprodução na 106-7; resistência à 330-1, 352-3; as relações formadas pela 33-4

esferas de influência de mulheres negras 332-5, 341-2, 346-7

esferas de organização social 368-70, 451-4

espaço de trabalho das mulheres negras estruturado em três níveis 124-6

estereótipos internos 71

466 Pensamento feminista negro

estupro 70, 78, 108, 124, 175, 203, 217-9, 2236, 230, 234-8, 249-254, 257, 266, 282, 288, 301, 367, 377, 421

ética: da responsabilidade 308-9, 314-5, 317-8, 423-6; afro-americana 288-9; do cuidado 308-9, 317-9, 418-24; mulherista 206-7, 212-3, 288-9

Eu sei por que o pássaro canta na gaiola (Maya Angelou) 168, 187-8, 209, 250-1, 259

Eva's Man (Gayl Jones) 173

experiência diaspórica 73-5, 301-2, 307-8, 335--6, 375-6, 379-83, 398-9, 433, 445-6

experiências como critério de significado 410-7, 424-6

exportação de empregos 122-3, 149-50

expressividade 282-3, 419-24

faculdades historicamente negras 162

Falando de amor (Terry McMillan) 176, 273, 188, 191, 264, 273

família: e classe 119-20, 122-8, 132-3; extensa 45, 55-6, 101-2, 111-2, 121-2, 127-8, 142--3, 185-6, 190-2, 295-6, 297-301; imagens idealizadas da 102-5, 106-7, 139-41, 148-9, 163-5, 260-1, 292-3, 303-5, 307-8, 322-3; e estereótipos 163-6; no âmbito da escravidão 105-9; centralidade das mulheres na 109-11, 143-4, 297-300, 335-6, 341-2, 355-6, 414--5, 418-9; e trabalho 99-134

famílias formadas por mãe e filho/a(s) 389-90, 393-4, 449-50

Fausto-Sterling, Anne 38, 86, 237-9

fazer colchas 286, 420

Feagin, Joe 64, 71, 86, 101

Featherstone, Elena 167-8

fecundidade 107-11, 142-3, 146-8, 149-55, 158-60, 230-2, 296-7, 371-3

feminilidade definida por pessoas brancas 71-2, 260-1, 277-8, 279-80

feministas africanas 76-8, 381-3, 387-8

feministas brancas: coalizão com 38-9; racismo de 37, 40-1, 362-3; teoria de 37, 42-8

Fields, Johnny Mae 181-2

Fields, Karen 188 315

Fields, Mamie Garvin 188, 315

filhos e filhas biraciais *ver* filhos: multirraciais

filhos: cuidado comum dos 106-9, 115-6, 119--20, 255; e os homens 109-11, 300-2; multirraciais 278-80, 321-2; no capitalismo 146-8

filmes de mulheres negras 176-7, 382-3

For Colored Girls Who Have Considered Suicide (Ntozake Shange) 41, 69, 213, 269

forma discursiva de "chamamento e resposta" 417

formação de coalizões 38-9, 83-9, 218-9, 332-3, 338-9, 363-4, 375-6, 378-80, 393-9

"Four Women" (Nina Simone) 203

Franklin, Aretha 208, 215, 263, 421

Franklin, V. P. 379

Frazier, E. Franklin 144

From Mammies to Militants: Domestics in Black American Literature (Trudier Harris) 135, 140-1

Garvey, Amy Jacques 349

Garvey, Marcus 350

Garvey, Movimento 350

Gilkes, Cheryl Townsend 39, 69, 135, 140, 145, 149, 163, 187, 206, 316, 335-7, 346-8, 357, 415

Gilligan, Carol 37, 359, 414

Gilman, Sander 236-7, 242, 249

Giovanni, Nikki 202, 211, 286, 354-5, 428

globalização econômica 119-25, 132-3, 146-8, 359-60, 362-3, 375-6, 389-90

Golden, Marita 169-70, 189, 259, 327

Governo Reagan 152, 388

grupos de imigrantes asiáticos 449

Guy, Rosa 175, 251

Guy-Sheftall, Beverly 31, 49, 187, 369, 444

Hamer, Fannie Lou 95, 260, 277-8, 319

Hansberry, Lorraine 146, 345-6, 427-9

Harding, Sandra 38, 66, 402, 404, 408-9, 414

Harper, Frances Ellen Watkins 80-2, 109, 316

Harris, Trudier 135, 141, 198-9

hegemonia: como domínio de poder 331-2, 446-51; do racismo 35-6

Hemmings, Sally 402-3, 408

"Here's Mildred" (Alice Childress) 198

Hernton, Calvin 41, 264

heterossexismo 40-3, 71-2, 162-3, 222-30, 260-2, 264-5, 282-4, 288-9, 330-1, 367-8, 369-70, 453-4

Higginbotham, Evelyn Brooks 36, 39, 50, 100, 103, 113, 115, 130-2, 163, 187, 318

Hill, Anita 219-23, 230, 243, 262, 274, 285, 294

hip-hop 53, 160, 192, 263, 285

Holiday, Billie 194-6, 210, 259, 421, 426

Holliday, Jennifer 259

Holloway, Karla 172, 177, 183, 189, 273, 281

Home Girls, A Black Feminist Anthology (Barbara Smith) 72, 85, 220, 282, 367

homens brancos: coalizão com 393-4; controle de estruturas de conhecimento 401-3

homens negros: e os filhos 109-11, 300-2; e os sentimentos 270-1; 282-3, 423-4, 448-9, encarceramento de 146-8, 444-5; o amor e os 257-72; linchamento 65; e a imagem da matriarca 148-9, 154-5, 163-5; e a pornografia 242-3; casos de estupro por 107-9, 218-20, 250-4; reações ao feminismo negro 148-9, 154-5, 175-6, 199-200, 379-80; sexualidade dos 157-9, 167-8, 218-9, 222-3; no âmbito da escravidão 107-9; apoio das mulheres aos 160-2; e o trabalho 113-6, 121-2, 124-6, 131-3, 203-4

homofobia 71-2, 145-6, 185-6, 219-23, 228, 257-8, 282-3

"Hoochie Mama" (2 Live Crew) 155-7, 160, 246

hooks, bell 48, 138, 416

How Capitalism Underdeveloped Black America (Manning Marable) 34, 41

How Stella Got Her Groove Back (Terry McMillan) 176

Hudson-Weems, Clenora 381-2

Hughes, Langston 350

Hurston, Zora Neale 31, 48-9, 65-6, 99, 172, 213, 248, 271, 418, 426

ideia de "sangue" 102-3, 105-6, 231-2

ideias de matriz africana: estética 190-2, 285-7; sobre cosmologia 137-9, 345-6; sobre o diálogo 76-8, 375-80, sobre família 99-102, 291-3; humanistas 92-5, 352-3, 363-4; sobre a maternidade, 273-4; na música, 173-4, 190-4; na cultura oral, 192-5; como resistência, 190-2, 330-2

ideologias dominantes da condição de mulher 29, 45-7, 135, 139-40, 142-4

Igreja Batista negra 39, 50, 163-4

Igreja Santificada 346-7

igreja: epistemologia na 413-4; trabalho materno na 345-6; sexismo na 318-9, 325-6; o papel das mulheres na 91, 115-6, 162-5, 341-2, 345-7, como espaço das mulheres 185-6, 325-6

imagem da dama negra 153-4, 158-9, 449

imagem da jezebel 35, 155--9, 220, 226, 230, 246-7, 252-4, 261, 276, 284, 341, 372, 406, 437, 449

imagem da mãe escrava 35-6, 149-50, 234-5

imagem da *mammy* 35, 90, 104, 130-77, 181--2, 198, 261, 265, 296, 306, 330, 334, 341, 372, 406, 437, 443

imagem de "prostituta" 35, 155, 203, 247-52, 266

imagem de aberração 157-60, 225-6

imagem de animal 53-4, 137-9, 149-50, 234-5, 237-8, 240-3, 247-9, 252-3, 288-9

imagem de *hoochie* 154-60, 162-5, 214-5, 225-6, 246-7, 253-4, 264-5, 283-4, 448-9

imagem de matriarca 110, 135-77, 181-2, 206, 261, 265, 293-6, 341, 372, 406, 437

imagem de mula 47,99-104, 133, 138, 152, 181-2, 203-5, 231, 240, 247, 308, 330, 334, 341, 418

imagem de Tia Jemima 35, 90

imagem estereotípica da mãe negra superforte 146, 271, 292-5, 312-3

imagens de controle 35-6, 45, 70-2, 135-77, 180-7, 194-5, 199-207, 222-3, 226-7, 229-30, 253-4, 260-1, 265-7, 275-6, 285--6, 292-6

imagens de controle na cultura popular 135-77

imaginação coletiva 455-6

"imaginação sociológica" 455-6

Incidentes na vida de uma garota escrava (Harriet Ann Jacobs) 250-1

inclusão simbólica 37-9

indivíduos *v.* grupos: experiência de 58-9, 65-76; direitos de 437-8

inglês negro 417-8, 427-9

integração racial 338-9, 359-60

intelectuais, mulheres negras como: história das 29-41; não definidas pela educação 50-6; cultura oral e 55-6; prática de 79-89

Iola Leroy (Frances Harper) 82-3, 316

Irmã Outsider (Audre Lorde) 57

Jacobs, Harriet 170, 250-1, 326

James, Adeola 33

James, Joy 251

James, Stanlie M. 34, 49, 121, 151, 187, 300, 307, 444, 446

"Johnson Girls, The" (Toni Cade Bambara) 188

Johnson, Anna 231, 373

Jones, Gayl 173, 190, 251, 260, 269, 418

Jones, Lisa 222, 246-7, 264, 277, 280, 322, 363

Jordan, June 40, 95, 208-9, 288-9, 291, 314, 326, 413, 417-8, 428

Jubilee (Alice Walker) 175

Kaplan, Elaine Bell 122, 129, 131, 146, 164, 311-4

King, Amanda 414

King, Deborah K. 57, 83, 353

King, Mae 35, 108, 143, 150

King, Martin Luther 289

Kuzwayo, Ellen 33, 392

Ladner, Joyce 65, 128, 146, 293, 306, 324, 412

Lee, Spike 253-4

Lei dos Direitos Civis (1964) 121-2, 440-1

Lei dos Direitos de Voto (1965) 121, 440

lei dos direitos humanos 385

leis de miscigenação 275-6, 278-9

Lemon Swamp and Other Places (Mamie Garvin Fields/Karen E. Fields) 188, 315

lésbicas negras: imagens de 173-4, 221-2, 249--50; opressão de 71-2; relacionamentos de 158-9, 226-30, 281-6; a produção acadêmica de 48-50; teorias de 219-23

Lewis, Elma 350

liderança 353-60

linchamento 65, 195-6, 252-3, 353-4, 419-20

literatura de mulheres negras 53-4, 88-9, 140-1, 172-6, 189-90, 198-203, 210-1, 241-2, 255, 264-5, 288-9, 310-1, 317-8, 346-7, 402-3

Living is Easy, The (Dorothy West) 174, 212

Lorde, Audre 40, 50, 57, 72, 84, 141, 172, 179, 181-3, 190-1, 204, 211, 220-3, 256, 261, 271, 283, 288, 367, 452, 455

Loving Her (Ann Allen Shockley) 72, 146, 174, 282

Lubiano, Wahneema 36, 64, 72, 122, 147, 152-4, 165, 200, 220, 274, 294, 383-4, 388, 438, 442

lutas no sistema jurídico 437-40

Madhubuti, Haki 41-2, 265

Madison, May 104

mães de criação 45, 55-6, 250-2, 297-305, 315--21, 326-7, 341-2, 353-6, 359-60, 389-90

Malcolm X 243, 363

"Mama's White" (Gayl Jones) 280

mammificação 129-30, 133-4, 140-3, 442-3

Marable, Manning 34, 39, 41

Marshall, Annecka 266, 276

Marshall, Paule 146, 173, 188, 204, 298, 309--10, 320

Martin, Sara 195

marxismo 42-3, 58-9, 137-9, 418-9

"Maternal Politics in Organizing Black South African Women" (Julia Wells) 320-1, 340

maternidade 291-328; como ativismo 273-4, 286-7, 293-4, 314-8; análise feminista negra de 145-192, 291-6, 401-2; como tarefa comunitária 314-8; imagens de controle 35-6, 107-9, 140-50, 155-6; custo da 106-7, 113--4, 307-8; e as filhas 305-15; em contexto global 371-3, 389-90; significado da 295-6, 322-8; e a sexualidade 158-9; as mulheres solteiras e a 104-5, 125-9; durante e após a escravidão 105-7, 301-2; mulheres brancas e 107-9, 264-7, 278-82, 378-9

matriz de dominação 56-7, 63-4, 159-60, 182-3, 224-5, 228, 331-2, 368-75, 383-4, 393-4, 396-402, 434-8, 441-2, 448-9, 451-3, 454-6

Maud Martha (Gwendolyn Brooks) 50, 171, 212, 327

McClain, Leanita 132-3

McIntosh, Peggy 38, 278

McKay, Nellie 219

McMillan, Terry 176, 188

McNall, Scott 235, 240-2, 248

Measure of Time, A (Rosa Guy) 175, 251

Medgar Evers, Faculdade 344, 350

Memoir of a Race Traitor (Mab Segrest) 38, 85-6

meninas: como mães 107-9, 128-9, 323-5; sexualidade de 231-4, 246-7, 331-2; estudos sobre 128-9, 159-62, 212-3 mentalidade voyeurística 241, 243-5

"mercado de escravos do Bronx" 117

mercado de trabalho informal 121-2, 127-8

Meridian (Alice Walker) 162-3, 173-5, 316

metodologia 403

"Middle-Class Black's Burden, The" (Leanita McLain) 132

migração 35-6, 73, 109-11, 115-6, 118-20, 296-7, 389-91

Miles, Angela 386

Mills, C. Wright 455

Mirza, Heidi 32, 43, 369

modelos brancos de domesticidade 114-5

Moody, Ann 306, 312, 323-4, 326

Morrison, Toni 33, 36, 54, 91, 152, 170, 173, 175, 188, 191, 218-9, 222-3, 232, 251, 255, 267-9, 274, 289, 311, 384

movimento de associações de mulheres negras 75-6, 79-82, 346--9

movimento dos direitos civis: discriminação de gênero no 38-41, 339-40, 343-5, 350-2; a liderança das mulheres no 129-31, 350-60

Mules and Men (Zora Neale Hurston) 418

mulheres brancas: experiência diferente do patriarcado 38-9, 146-9; como empregadoras 65, 115-20; e fecundidade 372-3; e maternidade 107-9, 113-5; relações com mulheres negras 63-4, 148-9, 231-2, 274-9; no âmbito da escravidão 139-41, 277-9; a e imagem da virgindade 249-50

mulheres em cargos eletivos 352-3

mulheres na burocracia 442-8

Mulheres, raça e classe (Angela Davis) 57

mulherismo africano 62-3, 381-2

mulherista 93, 183, 203, 207, 211-2, 264, 289, 420

multiculturalismo 38-9, 63-4

Murray, Katie 338

Murray, Pauli 39, 93, 165, 182-4, 197, 246, 351

música 42-3, 53-6, 81-2, 85-6, 155-6, 159-60, 168-9, 173-4, 190-6, 201-4, 214-5, 246-7, 258-9, 285-6, 304-5, 315-6, 325-6, 338-9, 346-7, 402-3, 419-21

nação como um construto opressor 229-30, 322-3, 330-2, 369-70

Nação do Islã 267

nacionalismo negro: e educação 330-2, 341-3; em contexto global 75-6, 261-2; e integração 338-40, 359-60; e nação 369-70; sexismo no 93-4; em contexto transnacional 369-76; mulheres e 349-50, 369-76

Naples, Nancy 86, 317-8, 320, 358, 364

Naylor, Gloria 91, 251

Neocolonialismo 138, 381

Nnaemeka, Obioma 73, 76-7, 94, 320-1, 340, 360-3, 375, 382-3, 386-8

No Disrespect (Sister Souljah) 54

Norplant 47, 161, 230

novos "espelhos" 281-6, 396-7

objetificação 47-8, 136-40, 167-8, 173-4, 180-6, 189-90, 194-5, 203-4, 226-7, 230-1, 234--40, 244-6, 253-4, 271-2, 377, 411-3, 454-5

Olho mais azul, O (Toni Morrison) 170, 173-5, 188, 191, 251, 269

Omolade, Barbara 34, 61, 79, 90, 101, 124-5, 130-1, 141, 231, 233, 266-8

"One Child of One's Own" (Alice Walker) 328

opressões interseccionais: 224-34; e a questão da classe 42-8, 52-3; e as imagens 70, 135-7, 151-2, 159-66; e o poder 249-53, 257-8, 288-9, 331-2; e a autodefinição 83-4; e a sexualidade 43-4, 62-4; e a teoria 42-7, 137-41; e o contexto transnacional 367-75; e o trabalho 99-102

Outro, o 136-40, 142-3, 165-8, 173-4, 182-6, 188-9, 194-5, 203-4, 282-3, 285-6, 372-3, 411-13

padrões de beleza 162-3, 165-71, 279-82, 285--7, 450-1

Pala, Achola O. 33, 73-4, 336, 375-7, 434

panelas e chaleiras de ferro simbólicos 29-31, 34, 368, 456

papel das avós 299-302

papel de "irmã" 106, 133-4, 169-71, 186-92, 208-9, 299-300, 346-7, 355-6, 414-5

papel de "vigilância" 179

papel de serviçal obediente 117-8, 140-1

papel histórico das professoras 343-9

parábolas bíblicas 413

paradigma *v.* epistemologia 401-5

Partido dos Panteras Negras para a Autodefesa 40, 351

470 Pensamento feminista negro

patriarcado: ausência do patriarcado negro 148-
-9; experiência racializada do 38-9

pensamento binário 137-9, 157-8, 167, 226,
260, 285, 395, 430-1

pensamento eurocêntrico 158-9, 198-9, 226-7,
282-3, 285-7, 403-11

pensamento feminista negro: desenvolvimento
do 48-56; imaginação no 455-6; como
projeto de justiça 63-4, 92-5; e prática feminista negra, 74-9; como resistência 62-4;
como teoria social 42-8, 53-6, 78-9; como
conhecimento subjugado 401-32; supressão
do 33-43; como tradição 29-32; em contexto
transnacional 367-99

Perkins, Linda M. 342-5

"Pet' Negro System, The" (Zora Neale Hurston)
248

Petry, Ann 212

Plessy v. Ferguson (caso) 113, 438

pobreza 29, 33-4, 70, 74-5, 124-31, 143-4, 146-
-8, 151-2, 157, 260-1, 293-4, 300-1, 339-
40, 359-60, 374-5, 379-80, 385-96, 445-6

poder erótico 224-6, 229-30, 256-8, 271-2

poder: abordagens do 429-32; nas coalizões,
377-9; cultura e 165-6, 446-50; domínios
do 264-5, 288-9, 331-2, 436-54; e epistemologia 403-11; erótico 224-6, 229-30, 256-8,
271-2; e conhecimento 30-1, 424-9; a linguagem do 436-7; maternidade como 190-2,
317-22; e teoria social 43-4; no movimento
das mulheres 62-4, 190-2

políticas de ajuste estrutural 386-8

políticas transversais 393-4, 398-402, 434-5

pornografia 233-49, 250-3, 257-8, 288-9, 307-
-8, 367-8

portorriquenhos negros 73, 323-5, 358-9

positivismo 407-9, 424-5, 431-2

pós-modernismo 37, 58-9, 331-2

Powell, Ruth 351-2, 364

práticas dialógicas 75-8, 79-89

privatização 303-4, 386-7, 416-7

privilégio da pele branca 167, 274-5, 410-1,
451-2

propensões da pesquisa em ciências sociais 148-9,
159-60, 261-2, 330-1, 407-8

prostituição 229-30, 233-4, 245-54

Quayle, Dan 102

Queen Latifah 54, 263

racismo: biológico 331-2; camuflado 441-2; des-
mistificado 45; hegemônico 35-6; imagens
produzidas pelo 135-177; institutionalizado
42-3, 63-4, 71-2, 167-8, 224-5, 293-4,
335-6, 361-3, 393-4; e a população negra
de classe média 71-2; e pornografia 237-40;
como parte da rotina 335-6; científico 148-9,
244-5; sexualizado 226-8; no movimento de
mulheres 374-9

Radford-Hill, Sheila 78-9, 83, 165, 342

radicalismo: na esquerda 451-3; em contexto
transnacional 375-84; v. reformismo 43-4,
408-13

Rainey, Ma 53, 194-6, 259

rainha da assistência social 35, 152-4, 158, 388,
407-8, 449

Raisin in the Sun, A (Lorraine Hansberry) 146

Reagon, Bernice Johnson 298, 318, 335-6, 338-
-9, 342, 350

Rearticulação 78, 212-3

regra da gota de sangue [*one drop rule*] 231

regulação dos corpos 219-20, 224-8, 230-1

relação das mulheres com as filhas 145-6, 173-4,
186-7, 291-3, 305-15

relações: entre mulheres negras 186-92, 201-3;
inter-raciais, 274-80, 448-9; o amor nas
255-89; e poder 43-4, 52-3, 66-8, 117-8,
222-3, 236-7, 307-8, 331-2, 402-11, 433,
435-7, 442-3

"Remembering Anita Hill and Clarence Thomas"
(Nellie Y. McKay) 219

"Respect" (Otis Redding) 208-10

ressegregação 38, 381

resistência 44-5, 74-5, 78-9, 101-2, 107-11, 114-
-5, 139-40, 175-6, 179-87, 190-2, 198-9,
210-1, 219-20, 224-5, 228, 237-8

retórica da "cegueira de cor" [*color blindness*]
200, 438-41

revolução 261-2, 439-40, 451-3

Richardson, Diane 225

Richardson, Marilyn 29, 49, 70, 101, 181, 209,
259, 368, 456

Richie, Beth E. 214, 270-1

Roe v. Wade (caso) 324

Rollins, Judith 67, 100, 117-9, 124, 138, 143,
180, 334, 337

ÍNDICE REMISSIVO   471

Russell, Diane E. H. 238

Russell, Karen 166

Russell, Michele 193-5, 259-60

Sabedoria 46-7, 66-8, 160-2, 273-4, 410-4, 418-9, 427-8, 445-6

salário familiar 102-3, 113-4

Salt Eaters, The (Toni Cade Bambara) 173

Salt-N-Pepa 54, 263, 273, 285

Sandra (aluna do sexto ano) 70

"santas," autodefinição de mulheres como 347

Scott, Gloria 353

segregação: espaço negro no âmbito da 43-4; a família em condições de 111-4; e ativismo feminista 75-6, 439-40; trabalho materno *v.* 303-4, 337; opressão em condições de 33-4; persistência da 185-6, 368-70; sexualidade no âmbito da 278-9

Segrest, Mab 38, 86

"Sensuous Sapphires: A Study of the Social Construction of Black Female Sexuality" (Annecka Marshall) 265-6, 276

separatismo: acusações de 200, 204; perigos inerentes ao 93-4; *v.* autonomia 85-6, 338-9; confinamento a vagas de trabalho que exigem longas jornadas 33-4; e pobreza 122-5, 135

Seus olhos viam Deus (Zora Neale Hurston) 65-6, 99, 171-2, 175, 213, 271

sexualidade: imagens de controle da 149-59, 210-3, lésbica 71-2, 219-22; e nacionalismo 369-70; em sistemas de opressão 140-3, 217, 224-34; pesquisas sobre 159-62; na escravidão 107-11, 149-50, 154-5; na teoria 43-4; em condições de segregação 231-2, 278-9

Shange, Ntozake 41, 191, 202-4, 212-3, 269- -71, 294, 420

Shaw, Stephanie J. 50, 153, 315, 318

Shays, Ruth 65, 136, 412, 417

Shockley, Ann Allen 72, 146, 174, 223, 282

silêncio 48-50, 177, 180-1, 189-90, 198-9, 203- -4, 206-7, 214-23, 245-6, 252-3, 268-71, 281-6, 293-4

Simone, Nina 194, 203, 259

Skin Deep: Women Writing on Color, Culture, and Identity (Elena Featherstone) 167

Smith, Barbara 31, 37, 72, 85-7, 220-4, 282, 367, 376

Smith, Bessie 53, 194-6, 259, 426

Smith, Beverly 72, 282, 376

Smith, Dorothy 66, 414

sociedade civil negra: ideias africanas na 43-4; a questão da classe na 121-5, 131-2, 361-2; dessegregação na 105-6, 362-3; práticas dialógicas na 82-3; ética do cuidado 362-3; espaços generificados na 201-2; mães de criação na 273-5, 314-8; o papel das mulheres na 38-41, 113-4, 145-6, 318-9

solidão 273-4

solidariedade racial 62-3, 75-6, 82-3, 111-2, 133-4, 218-23, 245-6, 249-50, 293-4, 378-9

Spelman, Elizabeth 38, 56, 430

Staples, Robert 41, 261, 270, 294

Sterling, Dorothy 109

Stewart, Maria W. 8, 29-33, 49, 70, 91, 10, 181- -2, 195, 209, 258, 368, 456

Street, The (Ann Petry) 212

"subclasse negra" 121, 129, 142

Sugar in the Raw (Rebecca Carroll) 70-1, 214, 360

Sula (Toni Morrison) 188, 311

Sweet Summer (Bebe Moore Campbell) 188, 299, 309

Taste of Power, A (Elaine Brown) 40, 188, 351

Tate, Claudia 85, 169, 190-1, 193, 199, 203-4, 207, 211-2, 270, 418, 421

Tate, Sonsyrea 267

tema da passagem da opressão para a "mente livre" 202-6

teoria do ponto de vista [*standpoint theory*] 66, 68, 429-30

teoria *queer* 43

Terrell, Mary Church 80

Terrelonge, Pauline 161

textura de cabelo 165-71

The Negro Family: The Case for National Action 145

Thomas, Clarence 219, 221-2, 243, 262, 285

Tia Sarah 203

Till, Emmett 321

To Be Young, Gifted and Black (Lorraine Hansberry) 245-6, 428-9

Tomorrow's Tomorrow (Joyce A. Ladner) 65, 128, 146, 293, 306, 324, 412

"trabalhadoras culturais" 336, 341,344, 354

trabalhadoras domésticas: rituais de deferência de 137-9, 210-1; como empreendedoras, 79-80, 106-7 como mães 250-2, 300-1, 307-9, 312, 356-8; novas migrantes como 132-3, 349-50, 449-50; como *outsiders* internas 45-8, 86-7, 183-4, 221-2, 427-8, 446-8, 454-5; resistência das 115-6, 137-40, 332-3; assédio sexual de 78-9, 113-4, 329; urbanização e 115-20

trabalho materno 339-40, 345-6, 356-8, 361-4, 377, 389-90, 414-5

trabalho: mudanças de condição de 91, 101--2, 115-8, 129-31, 334-5, 408-9, 445-6; diferenças salariais de acordo com o gênero 113-6, 125-6, 142-3, 148-9, 334-5; na economia global 359-60, 375-6, 393-4; e opressões interseccionais 99-102, 132-3; na indústria 115-6, 118-26, 140-1, 448-9; remunerado *v.* não remunerado, 99-102; e pobreza 33-4, 122-6, 128-33, 152-5, 228, 245-6, 274-5, 314-7, 442-3; profissional 50--2, 101-2, 104-5, 124-5; classe trabalhadora 55-6, 71-2, 115-20, 122-31

tradição da "elevação da raça" 133-4, 343-6, 348-9, 359-60

tradição do amor e dor 258-72

tradição do *blues* 53-4, 79-82, 190-2, 198-9, 201-2, 208-9, 262-4, 419-21, 450-1

transformação institucional 332-9, 350-364, 369-70, 381-2, 455-6

Truth, Sojourner 33, 51-2, 71, 182, 261, 263, 412-3

Tuan, Yi-Fu 241, 247-8

unir pensamento e ação 18, 91, 194

"Unity" (Queen Latifah) 263

urbanização 62–5

"Usos do erótico: o erótico como poder" (Audre Lorde) 256

valores pró-natalistas 324

Vênus Hotentote 236-7, 249 (Veja também Bartmann, Sarah)

verdade: e perspectivas múltiplas de 86-9

vigilância burocrática 442-5

visão de mundo afro-americana 35-6, 43-5, 65, 332-3, 341-2, 416-7

Voice from the South, A (Anna J. Cooper) 69, 111, 341-2

Wade-Gayles, Gloria 274, 280-1, 309, 311, 317

Wakefield, Rosa 89

Walker, Alice: sobre a questão da classe 48; e Hurston 48-9, 418-20, 426; sobre a condição de dama 162-3; reações dos homens a 41, 294; sobre maternidade 191, 326; sobre a condição de *outsider* interna 243; sobre pornografia 234-9; sobre estupro , 234-9; sobre a verdade 88; sobre o termo *mulherista* 93

Walker, Margaret 175

Wallace, Michele 36, 41, 161, 262, 293-4, 306, 310, 325

Washington, Mary Helen 49-50, 170-4, 188-90, 199, 204-5, 309-11, 420

Wattleton, Faye 353

Weems, Renita 295, 313

Wells, Julia 320-1, 340

West, Cheryl 313

West, Cornel 39, 41-2, 92

West, Dorothy 174, 212, 311

What a Woman Ought to Be and Do (Stephanie J. Shaw) 520, 153, 314-5, 318

"Whatta Man" (Salt-N-Pepa) 263

"White Men Can't Count" (Patricia Williams) 362

White, Deborah Gray 31, 35, 100, 107-10, 150, 155, 187, 206, 301-2

White, Nancy 46, 182, 205, 209-10, 248, 411

Williams, Fannie Barrier 32, 54, 180-1

Williams, Patricia J. 61, 109, 142, 243-4, 361--2, 441

Williams, Rhonda 72, 165, 220

Williams, Sherley A. 175, 193, 199, 203-4, 208, 278, 421

Wilson, William Julius 121, 123, 128, 262, 393

Winfrey, Oprah 91

Woods, Dessie 124

Zami (Audre Lorde) 50, 191

REFERÊNCIAS BIBLIOGRÁFICAS

ADLER, Karen S. "Always Leading Our Men in Service and Sacrifice": Amy Jacques Garvey, Feminist Black Nationalist. *Gender and Society*, v. 6, n. 3, 1992, p. 346-75.

AIDOO, Ama Ata. *Changes:* A Love Story. Nova York, Feminist Press, 1991.

_____. The African Woman Today. In: NNAEMEKA, Obioma (org.). *Sisterhood, Feminisms, and Power:* From Africa to the Diaspora. Trenton, NJ, Africa World, 1998, p. 39-50.

AINA, Olabisi. African Women at the Grassroots: The Silent Partners of the Women's Movement. In: NNAEMEKA, Obioma (org.). *Sisterhood, Feminisms, and Power:* From Africa to the Diaspora. Trenton, NJ, Africa World, 1998, p. 65-88.

ALEXANDER, M. Jacqui. Erotic Autonomy as a Politics of Decolonization: An Anatomy of Feminist and State Practice in the Bahamas Tourist Industry. In: _____; MOHANTY, Chandra Talpade (orgs.). *Feminist Genealogies, Colonial Legacies, Democratic Futures*. Nova York, Routledge, 1997, p. 63-100.

_____; MOHANTY, Chandra Talpade (orgs.). *Feminist Genealogies, Colonial Legacies, Democratic Futures*. Nova York, Routledge, 1997.

AMOTT, Teresa L. Black Women and AFDC: Making Entitlement Out of Necessity. In: GORDON, Linda (org.). *Women, the State, and Welfare*. Madison, WI, University of Wisconsin Press, 1990, p. 280-98.

_____; MATTHAEI, Julie. *Race, Gender, and Work:* A Multicultural Economic History of Women in the United States. Boston, South End, 1991.

ANDERSEN, Margaret L. Feminism and the American Family Ideal. *Journal of Comparative Family Studies*, v. 22, n. 2, 1991, p. 235-46.

_____; COLLINS, Patricia Hill (orgs.). *Race, Class, and Gender:* An Anthology. 3. ed., Belmont, Wadsworth, 1998.

ANDREWS, William L. *Sisters of the Spirit:* Three Black Women's Autobiographies of the Nineteenth Century. Bloomington, IN, Indiana University Press, 1986.

ANGELOU, Maya. *I Know Why the Caged Bird Sings*. Nova York, Bantam, 1969. [Ed. bras.: *Eu sei por que o pássaro canta na gaiola*. Trad. Regiane Winarski. Bauru, Astral Cultural, 2018].

ANTHIAS, Floya; YUVAL-DAVIS, Nira. *Racialized Boundaries:* Race, Nation, Gender, Colour and Class in the Anti-Racist Struggle. Nova York, Routledge, 1992.

ANTROBUS, Peggy. Women in the Caribbean: The Quadruple Burden of Gender, Race, Class and Imperialism. In: PALA, Achola O. (org.). *Connecting Across Cultures and Continents:* Black Women Speak Out on Identity, Race and Development. Nova York, United Nations Development Fund for Women, 1995, p. 53-60.

ASANTE, Kariamu Welsh. Commonalities in African Dance: An Aesthetic Foundation. In: _____; ASANTE, Molefi Kete (orgs.). *African Culture:* The Rhythms of Unity. Trenton, NJ, Africa World, 1990, p. 71-82.

ASANTE, Molefi Kete. *The Afrocentric Idea*. Filadélfia, Temple University Press, 1987.

474 Pensamento feminista negro

ASBURY, Jo-Ellen. African-American Women in Violent Relationships: An Exploration of Cultural Differences. In: HAMPTON, Robert L. (org.). *Violence in the Black Family:* Correlates and Consequences. Lexington, Lexington Books, 1987, p. 89-105.

AVERY, Byliye Y. Breathing Life into Ourselves: The Evolution of the National Black Women's Health Project. In: WHITE, Evelyn C. (org.). *The Black Women's Health Book:* Speaking for Ourselves. Seattle, Seal, 1994, p. 4-10.

AWKWARD, Michael. A Black Man's Place(s) in Black Feminist Criticism. In: BLOUNT, Marcellus; CUNNINGHAM, George P. (orgs.). *Representing Black Men.* Nova York, Routledge, 1996, p. 3-26.

BALOYI, Danisa E. Apartheid and Identity: Black Women in South Africa. In: PALA, Achola O. (org.). *Connecting Across Cultures and Continents:* Black Women Speak Out on Identity, Race and Development. Nova York, United Nations Development Fund for Women, 1995, p. 39-46.

BAMBARA, Toni Cade. On the Issue of Roles. In _____ (org.). *The Black Woman: An Anthology.* Nova York, Signet, 1970a, p. 101-10.

_____ (org.). *The Black Woman:* An Anthology. Nova York, Signet, 1970b.

_____. *The Salt Eaters.* Nova York, Vintage, 1980.

_____. *Gorilla, My Love.* Nova York, Vintage, 1981.

BANNERJI, Himani. *Thinking Through:* Essays on Feminism, Marxism, and Anti-Racism. Toronto, Women's Press, 1995.

BARNETT, Bernice McNair. Invisible Southern Black Women Leaders in the Civil Rights Movement: The Triple Constraints of Gender, Race, and Class. *Gender and Society,* v. 7, n. 2, 1993, p. 162-82.

BARNETT, Evelyn Brooks. Nannie Burroughs and the Education of Black Women. In: HARLEY, Sharon; TERBORG-PENN, Rosalyn (orgs.). *The Afro-American Woman:* Struggles and Images. Port Washington, NY, Kennikat, 1978, p. 97-108.

BEALE, Frances. Double Jeopardy: To Be Black and Female. In: BAMBARA, Toni Cade (org.). *The Black Woman:* An Anthology. Nova York, Signet, 1970, p. 90-100.

BELENKY, Mary Field et al. *Women's Ways of Knowing.* Nova York, Basic, 1986.

BELL, Laurie (org.). *Good Girls/ Bad Girls:* Feminists and Sex Trade Workers Face to Face. Toronto, Seal, 1987.

BELL-SCOTT, Patricia et al. (orgs). *Double Stitch:* Black Women Write About Mothers and Daughters. Boston, Beacon, 1991.

BERGER, Peter L.; LUCKMANN, Thomas. *The Social Construction of Reality.* Nova York, Doubleday, 1966. [Ed. bras.: *A construção social da realidade.* Trad. Floriano de Souza Fernandes. 36. ed., Petrópolis, Vozes, 2017].

BERRY, Mary Frances. *Black Resistance, White Law:* A History of Constitutional Racism in America. Nova York, Penguin, [1971] 1994.

BILLIE HOLIDAY ANTHOLOGY/ LADY SINGS THE BLUES. Ojai, Creative Concepts, 1976.

BILLINGSLEY, Andrew. *Black Families in White America.* Englewood Cliffs, Prentice Hall, 1992.

BOBO, Jacqueline. *Black Women as Cultural Readers.* Nova York, Columbia University Press, 1995.

BONNER, Marita O. On Being Young – A Woman – and Colored. In: FLYNN, Joyce; STRICKLIN, Joyce Occomy (orgs.). *Frye Street and Environs:* The Collected Works of Marita Bonner. Boston, Beacon, 1987, p. 3-8.

BREWER, Rose. Black Women in Poverty: Some Comments on Female-Headed Families. *Signs,* v. 13, n. 2, 1988, p. 331-9.

_____. Theorizing Race, Class and Gender: The New Scholarship of Black Feminist Intellectuals and Black Women's Labor. In: JAMES, Stanlie M.; BUSIA, Abena P. A. (orgs.). *Theorizing Black Feminisms:* The Visionary Pragmatism of Black Women. Nova York, Routledge, 1993, p. 13-30.

_____. Race, Class, Gender and US State Welfare Policy: The Nexus of Inequality for African American Families. In: YOUNG, Gay; DICKERSON, Bette J. (orgs.). *Color, Class and Country: Experiences of Gender*. Londres, Zed, 1994, p. 115-27.

_____. Gender, Poverty, Culture, and Economy: Theorizing Female-Led Families. In: DICKERSON, Bette (org.). *African American Single Mothers:* Understanding Their Lives and Families. Thousand Oaks, Sage, 1995, p. 146-63.

BRITTAN, Arthur; MAYNARD, Mary. *Sexism, Racism and Oppression*. Nova York, Basil Blackwell, 1984.

BROOKS, Gwendolyn. *Maud Martha*. Boston, Atlantic, 1953.

_____. *Report from Part One:* The Autobiography of Gwendolyn Brooks. Detroit, Broadside, 1972.

BROWN, Cynthia Stokes (org.). *Ready from Within:* Septima Clark and the Civil Rights Movement. Navarro, Wild Trees, 1986.

BROWN, Elaine. *A Taste of Power:* A Black Woman's Story. Nova York, Pantheon, 1992.

BROWN, Elsa Barkley. *Hearing Our Mothers' Lives*. Atlanta, Fifteenth Anniversary of African--American and African Studies, Emory University (não publicado), 1986.

_____. African-American Women's Quilting: A Framework for Conceptualizing and Teaching African-American Women's History. *Signs*, v. 14, n. 4, 1989, p. 921-9.

_____. Negotiating and Transforming the Public Sphere: African American Political Life in the Transition from Slavery to Freedom. *Public Culture*, v. 7, n. 1, 1994, p. 107-46.

BROWN-COLLINS, Alice; SUSSEWELL, Deborah Ridley. The Afro-American Woman's Emerging Selves. *Journal of Black Psychology*, v. 13, n. 1, 1986, p. 1-11.

BURNHAM, Linda. Has Poverty Been Feminized in Black America? *Black Scholar*, v. 16, n. 2, 1985, p. 14-24.

BURNHAM, Margaret A. An Impossible Marriage: Slave Law and Family Law. *Law and Inequality*, v. 5, 1987, p. 187-225.

BUSH, Barbara. "The Family Tree Is Not Cut": Women and Cultural Resistance in Slave Life in the British Caribbean. In: OKHIRO, Gary Y. (org.). *Resistance:* Studies in African, Caribbean and Afro-American History. Amherst, MA, University of Massachusetts Press, 1986, p. 117-32.

BYERLY, Victoria. *Hard Times Cotton Mills Girls*. Ithaca, NY, Cornell University Press, 1986.

CAMPBELL, Bebe Moore. *Sweet Summer:* Growing Up with and without My Dad. Nova York, Putnam, 1989.

CANADA, Geoffrey. *Fist Stick Knife Gun:* A Personal History of Violence in America. Boston, Beacon, 1995.

CANNON, Katie G. The Emergence of a Black Feminist Consciousness. In: RUSSELL, Letty M. (org.). *Feminist Interpretations of the Bible*. Filadélfia, Westminster, 1985, p. 30-40.

_____. *Black Womanist Ethics*. Atlanta, Scholars Press, 1988.

CANTAROW, Ellen. *Moving the Mountain:* Women Working for Social Change. Old Westbury, Feminist Press, 1980.

CARAWAY, Nancie. *Segregated Sisterhood:* Racism and the Politics of American Feminism. Knoxville, University of Tennessee Press, 1991.

CARBY, Hazel. *Reconstructing Womanhood:* The Emergence of the Afro-American Woman Novelist. Nova York, Oxford University Press, 1987.

_____. The Multicultural Wars. In: WALLACE, Michele; DENT, Gina (orgs.). *Black Popular Culture*. Seattle, Bay, 1992, p. 187-99.

CARNEIRO, Sueli. Defining Black Feminism. In: PALA, Achola O. (org.). *Connecting Across Cultures and Continents:* Black Women Speak Out on Identity, Race and Development. Nova York, United Nations Development Fund for Women, 1995, p. 11-8.

476 Pensamento feminista negro

CARROLL, Rebecca. *Sugar in the Raw:* Voices of Young Black Girls in America. Nova York, Crown Trade, 1997.

CARY, Lorene. *Black Ice.* Nova York, Knopf, 1991.

CHANG, Grace. Undocumented Latinas: The New "Employable Mothers". In: _____; GLENN, Evelyn Nakano; FORCEY, Linda Rennie (orgs.). *Mothering:* Ideology, Experience, and Agency. Nova York, Routledge, 1994, p. 259-86.

CHENZIRA, Ayoka. *Alma's Rainbow.* [Filme.] Roteiro e direção de Ayoka Chenzira. Crossgrain Pictures, 1994.

CHILDREN OF THE UNDERCLASS. *Newsweek*, 11 set. 1989, p. 16-27.

CHILDRESS, Alice. *Like One of the Family:* Conversations from a Domestic's Life. Boston, Beacon, [1956] 1986.

CHISHOLM, Shirley. *Unbought and Unbossed.* Nova York, Avon, 1970.

CHODOROW, Nancy. *The Reproduction of Mothering.* Berkeley, University of California Press, 1978.

CHOW, Rey. *Writing Diaspora:* Tactics of Intervention in Contemporary Cultural Studies. Bloomington, IN, Indiana University Press, 1993.

CHRISTIAN, Barbara. *Black Feminist Criticism, Perspectives on Black Women Writers.* Nova York, Pergamon, 1985.

_____. But Who Do You Really Belong to – Black Studies or Women's Studies? *Women's Studies*, v. 17, n. 1-2, 1989, p. 17-23.

_____. Diminishing Returns: Can Black Feminism(s) Survive the Academy? In: GOLDBERG, David Theo (org.). *Multiculturalism:* A Critical Reader. Cambridge, Basil Blackwell, 1994. p. 168-79.

CLARKE, Cheryl. The Failure to Transform: Homophobia in the Black Community. In: SMITH, Barbara (org.). *Home Girls:* A Black Feminist Anthology. Nova York, Kitchen Table, 1983, p. 197-208.

_____ et al. Conversations and Questions: Black Women on Black Women Writers. *Conditions: Nine*, v. 3, n. 3, 1983, p. 88-137.

CLARK-LEWIS, Elizabeth. *"This Work Had a' End":* The Transition from Live-In to Day Work. Southern Women: The Intersection of Race, Class and Gender. Working Paper 2. Memphis, Center for Research on Women, Memphis State University, 1985.

CLEAGE, Pearl. *Deals with the Devil and Other Reasons to Riot.* Nova York, Ballantine, 1993.

COLE, Johnetta B. *Conversations:* Straight Talk with America's Sister President. Nova York, Anchor, 1993.

COLEMAN, Willi. Closets and Keepsakes. *Sage: A Scholarly Journal on Black Women*, v. 4, n. 2, 1987, p. 34-5.

COLLIER, Jane; ROSALDO, Michelle Z.; YANAGISKO, Sylvia. Is There a Family? New Anthropological Views. In: THORNE, Barrie; YALOM, Marilyn (orgs.). *Rethinking the Family:* Some Feminist Questions. 2. ed., Boston, Northeastern University Press, 1992, p. 31-48.

COLLINS, Patricia Hill. Learning from the Outsider Within: The Sociological Significance of Black Feminist Thought. *Social Problems*, v. 33, n. 6, 1986, p. 14-32 [ed. bras.: Aprendendo com a outsider within: a significação sociológica do pensamento feminista negro. *Sociedade e Estado*, v. 31, n. 1, 2016, p. 99-127].

_____. The Meaning of Motherhood in Black Culture and Black Mother/Daughter Relationships. *Sage: A Scholarly Journal on Black Women*, v. 4, n. 2, 1987, p. 4-11.

_____. A Comparison of Two Works on Black Family Life. *Signs*, v. 14, n. 4, 1989, p. 875-84.

_____. Black Feminism in the Twentieth Century. In: HINE, Darlene Clark; BROWN, Elsa Barkley; TERBORG-PENN, Rosalyn (orgs.). *Black Women in the United States:* An Historical Encyclopedia. Nova York, Carlson, 1993a, p. 418-25.

_____. It's in Our Hands: Breaking the Silence on Gender in African-American Studies. In: PINAR, Willian F.; CASTENALL, Louis (orgs.). *Understanding Curriculum as Racial Text*. Albany, NY, Suny, 1993b, p. 127-41.

_____. Shifting the Center: Race, Class, and Feminist Theorizing about Motherhood. In: GLENN, Evelyn Nakano; CHANG, Grace; FORCEY, Linda (orgs.). *Mothering:* Ideology, Experience and Agency. Nova York, Routledge, 1994, p. 45-65.

_____. African-American Women and Economic Justice: A Preliminary Analysis of Wealth, Family and Black Social Class. *University of Cincinnati Law Review*, v. 65, n. 2, 1997, p. 825-52.

_____. *Fighting Words:* Black Women and the Search for Justice. Minneapolis, University of Minnesota Press, 1998a.

_____. Intersections of Race, Class, Gender, and Nation: Some Implications for Black Family Studies. *Journal of Comparative Family Studies*, v. 29, n. 1, 1998b, p. 27-36.

_____. It's All in the Family: Intersections of Gender, Race, and Nation. *Hypatia*, v. 13, n. 3, 1998c, p. 62-82.

_____. The Tie That Binds: Race, Gender and U.S. Violence. *Ethnic and Racial Studies*, v. 21, n. 5, 1998d, p. 918-38.

_____. Producing the Mothers of the Nation: Race, Class and Contemporary U.S. Population Policies. In: YUVAL-DAVIS, Nira (org.). *Women, Citizenship and Difference*. Londres, Zed, 1999a.

_____. Will the "Real" Mother Please Stand Up? The Logic of Eugenics and American National Family Planning. In: CLARKE, Adele; OLESEN, Virginia (orgs.). *Revisioning Women, Health and Healing:* Feminist, Cultural, and Technoscience Perspectives. Nova York, Routledge, 1999b, p. 266-82.

COMBAHEE RIVER COLLECTIVE (THE). A Black Feminist Statement. In: HULL, Gloria T.; BELL SCOTT, Patricia; SMITH, Barbara (orgs.). *But Some of Us Are Brave*. Old Westbury, Feminist Press, 1982, p. 13-22.

CONE, James H. *The Spirituals and the Blues:* An Interpretation. Nova York, Seabury, 1972.

COONTZ, Stephanie. *The Way We Never Were:* American Families and the Nostalgia Trap. Nova York, Basic, 1992.

COOPER, Anna Julia. *A Voice from the South:* By a Black Woman of the South. Xenia, Aldine, 1892.

COSE, Ellis. *The Rage of the Privileged Class*. Nova York, HarperCollins, 1993.

COWAN, Gloria; CAMPBELL, Robin R. Racism and Sexism in Interracial Pornography. *Psychology of Women Quarterly*, v. 18, 1994, p. 323-38.

_____; ROUSE, Jacqueline Anne; WOODS, Barbara (orgs.) *Women in the Civil Rights Movement:* Trailblazers and Torchbearers, 1941-1965. Bloomington, IN, Indiana University Press, 1990.

CRENSHAW, Kimberlé Williams. Mapping the Margins: Intersectionality, Identity Politics, and Violence Against Women of Color. *Stanford Law Review*, v. 43, n. 6, 1991, p. 1.241-99.

_____. Whose Story Is It Anyway? Feminist and Antiracist Appropriations of Anita Hill. In: MORRISON, Toni (org.). *Race-ing Justice, En-Gendering Power*. Nova York, Pantheon, 1992, p. 402-40.

_____. Beyond Racism and Misogyny: Black Feminism and 2 Live Crew. In: MATSUDA, Mari J. et al. (orgs.). *Words That Wound:* Critical Race Theory, Assaultive Speech, and the First Amendment. Boulder, Westview, 1993, p. 111-32.

_____. Color Blindness, History, and the Law. In: LUBIANO, Wahneema (org.). *The House That Race Built:* Black Americans, U.S. Terrain. Nova York, Pantheon, 1997, p. 280-88.

CRUSE, Harold. *The Crisis of the Negro Intellectual*. Nova York, William Morrow, 1967.

DANGAREMBGA, Tsitsi. *Everyone's Child*. [Filme.] Direção de Tsitsi Dangarembga. Produção de Media for Development Trust. Zimbábue/ São Francisco, Resolution Inc./ California Newsreel, 1996.

DANIELS, Bonnie. For Colored Girls... A Catharsis. *Black Scholar*, v. 10, n. 8-9, 1979, p. 61-2.

DANIELS, Jessie. *White Lies*. Nova York, Routledge, 1997.

DARCY, Robert; HADLEY, Charles D. Black Women in Politics: The Puzzle of Success. *Social Science Quarterly*, v. 69, n. 3, 1988, p. 629-45.

DASH, Julie. *Daughters of Dust*. [Filme.] Direção de Julie Dash. American Playhouse/ Geeche Gild Productions, [1991] 1992.

DAVENPORT, Doris. Black Lesbians in Academia: Visible Invisibility. In: ZIMMERMAN, Bonnie; MCNARON, Toni A. H. (orgs.). *The New Lesbian Studies:* Into the Twenty-First Century. Nova York, Feminist Press, 1996.

DAVIS, Angela Y. Reflections on the Black Woman's Role in the Community of Slaves. In: GUY--SHEFTALL, Beverly (org.). *Words of Fire:* An Anthology of African American Feminist Thought. Nova York, New Press, [1971] 1995, p. 200-18.

_____. Rape, Racism and the Capitalist Setting. *Black Scholar*, v. 9, n. 7, 1978, p. 24-30.

_____. *Women, Race and Class*. Nova York, Random House, 1981. [Ed. bras.: *Mulheres, raça e classe*. Trad. Heci Regina Candiani. São Paulo, Boitempo, 2016].

_____. *Women, Culture, and Politics*. Nova York, Random House, 1989. [Ed. bras.: *Mulheres, cultura e política*. Trad. Heci Regina Candiani. São Paulo, Boitempo, 2017].

_____. Race and Criminalization: Black Americans and the Punishment Industry. In: LUBIANO, Wahneema (org.). *The House That Race Built:* Black Americans, U.S. Terrain. Nova York, Pantheon, 1997, p. 264-79.

_____. *Blues Legacies and Black Feminism*. Nova York, Vintage, 1998.

DAVIS, George; WATSON, Glegg. *Black Life in Corporate America*. Nova York, Anchor, 1985.

D'EMILIO, John; FREEDMAN, Estelle. Race and Sexuality. In: _____; _____. *Intimate Matters:* A History of Sexuality in America. Nova York, Harper and Row, 1988, p. 85-108.

DE LAURETIS, Teresa. Feminist Studies/ Critical Studies: Issues, Terms, and Contexts. In: _____ (org.). *Feminist Studies/ Critical Studies*. Bloomington, IN, Indiana University Press, 1986, p. 1-19.

DICKERSON, Bette J. (org.). *African American Single Mothers:* Understanding Their Lives and Families. Thousand Oaks, Sage, 1995a.

_____. Introduction. In: _____ (org.). *African American Single Mothers:* Understanding Their Lives and Families. Thousand Oaks, Sage, 1995b, p. ix-xxx.

DILL, Bonnie Thornton. The Dialectics of Black Womanhood. *Signs*, v. 4, n. 3, 1979, p. 543-55.

_____. "The Means to Put My Children Through": Child-Rearing Goals and Strategies among Black Female Domestic Servants. In: RODGERS-ROSE, La Frances (org.). *The Black Woman*. Beverly Hills, Sage, 1980, p. 107-23.

_____. Race, Class, and Gender: Prospects for an All-Inclusive Sisterhood. *Feminist Studies*, v. 9, n. 1, 1983, p. 131-50.

_____. "Making Your Job Good Yourself": Domestic Service and the Construction of Personal Dignity. In: BOOKMAN, Ann; MORGEN, Sandra (orgs.). *Women and the Politics of Empowerment*. Filadélfia, Temple University Press, 1988a, p. 33-52.

_____. Our Mothers' Grief: Racial Ethnic Women and the Maintenance of Families. *Journal of Family History*, v. 13, n. 4, 1988b, p. 415-31.

DINES, Gail. *Pornography:* The Production and Consumption of Inequality. Nova York, Routledge, 1998.

DIOP, Cheikh. *The African Origin of Civilization:* Myth or Reality? Nova York, L. Hill, 1974.

DODSON, Jualyne E.; GILKES, Cheryl Townsend. Something Within: Social Change and Collective Endurance in the Sacred World of Black Christian Women. In: REUTHER, Rosemary Radford; KELLER, Rosemary Skinner (orgs.). *Women and Religion in America.* Nova York, Harper and Row, 1987. v. 3, p. 80-130.

DOUGHERTY, Molly C. *Becoming a Woman in Rural Black Culture.* Nova York, Holt, Rinehart and Winston, 1978.

DU BOIS, William E. B. *The Negro American Family.* Nova York, Negro Universities Press, 1969.

DUCILLE, Ann. Blue Notes on Black Sexuality: Sex and the Texts of the Twenties and Thirties. In: FOUT, John C.; TANTILLO, Maura Shaw (orgs.). *American Sexual Politics:* Sex, Gender, and Race Since the Civil War. Chicago, University of Chicago Press, 1993, p. 193-219.

_____. *Skin Trade.* Cambridge, MA, Harvard University Press, 1996.

DUMAS, Rhetaugh Graves. Dilemmas of Black Females in Leadership. In: RODGERS-ROSE, La Frances (org.). *The Black Woman.* Beverly Hills, Sage, 1980, p. 203-15.

DUSTER, Alfreda M. (org.). *Crusade for Justice:* The Autobiography of Ida B. Wells. Chicago, University of Chicago Press, 1970.

DYSON, Michael Eric. *Race Rules:* Navigating the Color Line. Nova York, Vintage, 1996.

EISENSTEIN, Hester. *Contemporary Feminist Thought.* Boston, G. K. Hall, 1983.

ESSED, Philomena. *Understanding Everyday Racism:* An Interdisciplinary Theory. Newbury Park, Sage, 1991.

EVANS, Mari. *Black Women Writers* (1950-1980). Garden City, Anchor, 1984.

EVANS, Sara. *Personal Politics.* Nova York, Vintage, 1979.

FAUSTO-STERLING, Anne. *Myths of Gender:* Biological Theories about Women and Men. 2. ed., Nova York, Basic, 1992.

_____. Gender, Race and Nation: The Comparative Anatomy of "Hottentot" Women in Europe, 1815-1817. In: TERRY, Jennifer; URLA, Jacqueline (orgs.). *Deviant Bodies:* Critical Perspectives on Difference in Science and Popular Culture. Bloomington, IN, Indiana University Press, 1995, p. 19-48.

FEAGIN, Joe R.; SIKES, Melvin P. *Living with Racism:* The Black Middle-Class Experience. Boston, Beacon, 1994.

FEATHERSTONE, Elena (org.). *Skin Deep:* Women Writing on Color, Culture and Identity. Freedom, The Crossing, 1994.

FELDSTEIN, Ruth. "I Wanted the Whole World to See": Race, Gender, and Constructions of Motherhood in the Death of Emmett Till. In: MEYEROWITZ, Joanne (org.). *Not June Cleaver.* Filadélfia, Temple University Press, 1994, p. 263-303.

FERBER, Abby. *White Man Falling:* Race, Gender, and White Supremacy. Lanham, Rowman & Littlefield, 1998.

FERNANDEZ-KELLY, Maria Patricia. Mexican Border Immigration, Female Labor Force Participation, and Migration. In: _____ ; NASH, June (orgs.). *Women, Men, and the International Division of Labor.* Albany, NY, State University of New York Press, 1983, p. 205-23.

FIELDS, Mamie Garvin; FIELDS, Karen. *Lemon Swamp and Other Places:* A Carolina Memoir. Nova York, Free Press, 1983.

FOLLY, Anne-Laura. *Femmes Aux Yeux Ouverts* (Women with Open Eyes). [Filme.] Direção de Anne-Laura Folly. Togo/ São Francisco, Resolution Inc./ California Newsreel, 1994.

480 Pensamento feminista negro

FORDHAM, Signithia. "Those Loud Black Girls": (Black) Women, Silence, and Gender "Passing" in the Academy. *Anthropology and Education Quarterly*, v. 24, n. 1, 1993, p. 3-32.

FORNA, Aminatta. Pornography and Racism: Sexualizing Oppression and Inciting Hatred. In: ITZIN, Catherine (org.). *Pornography:* Women, Violence, and Civil Liberties. Nova York, Oxford University Press, 1992, p. 102-12.

FORTES, Meyer. Kinship and Marriage among the Ashanti. In: RADCLIFFE-BROWN, Alfred R.; FORDE, Daryll (orgs.). *African Systems of Kinship and Marriage*. Nova York, Oxford University Press, 1950, p. 252-84. [Ed. port.: *Sistemas políticos africanos de parentesco e casamento*. Trad. Teresa Brandão. 2. ed., Lisboa, Fundação Calouste Gulbenkian, 1982].

FOUCAULT, Michel. *Discipline and Punish:* The Birth of the Prison. Nova York, Schocken, 1979. [Ed. bras.: *Vigiar e punir*. Trad. Raquel Ramalhete. Petrópolis, Vozes, 1987].

_____. *Power/ Knowledge:* Selected Interviews and Other Writings 1972-1977. Ed. Colin Gordon, Nova York, Pantheon, 1980a.

_____. *The History of Sexuality*. Trad. Robert Hurley, Nova York, Vintage, 1980b. v. 1. [Ed. bras.: *História da sexualidade*, v. 1: *A vontade de saber*. Trad. Maria Thereza da Costa Albuquerque e José Augusto Guilhon Albuquerque. Rio de Janeiro, Graal, 1977].

FOX-GENOVESE, Elizabeth. Strategies and Forms of Resistance: Focus on Slave Women in the United States. In: BOOKMAN, Ann; MORGEN, Sandra (orgs.). *Women and the Politics of Empowerment*. Filadélfia, Temple University Press, 1988, p. 143-65.

FRANKLIN, Aretha. *I Never Loved a Man the Way I Love You*. Atlantic Recording Corp, 1967.

FRANKLIN, Vincent P. *Black Self-Determination:* A Cultural History of African-American Resistance. Chicago, Lawrence Hill Books, 1992.

FRAZIER, E. Franklin. *The Negro Family in the United States*. Nova York, Dryden, 1948.

FUNAMI, Lumka. The Nigerian Conference Revisited. In: NNAEMEKA, Obioma (org.). *Sisterhood, Feminisms, and Power:* From Africa to the Diaspora. Trenton, NJ, Africa World, 1998, p. 411-7.

GARDNER, Tracey A. Racism and Pornography in the Women's Movement. In: LEDERER, Laura (org.). *Take Back the Night:* Women on Pornography. Nova York, William Morrow, 1980, p. 105-14.

GAYLE, Addison (org.). *The Black Aesthetic*. Garden City, Doubleday, 1971.

GIDDINGS, Paula. *When and Where I Enter...* The Impact of Black Women on Race and Sex in America. Nova York, William Morrow, 1984.

_____. *In Search of Sisterhood:* Delta Sigma Theta and the Challenge of the Black Sorority Movement. Nova York, William Morrow, 1988.

_____. The Last Taboo. In: MORRISON, Toni (org.). *Race-ing Justice, En-gendering Power*. Nova York, Pantheon, 1992, p. 441-65.

GILKES, Cheryl Townsend. "Holding Back the Ocean with a Broom": Black Women and Community Work. In: RODGERS-ROSE, La Frances (org.). *The Black Woman*. Beverly Hills, Sage, 1980, p. 217-32.

_____. From Slavery to Social Welfare: Racism and the Control of Black Women. In: SMERDLOW, Amy; LESSINGER, Hanna (orgs.). *Class, Race, and Sex:* The Dynamics of Control. Boston, G. K. Hall, 1983a, p. 288-300.

_____. Going Up for the Oppressed: The Career Mobility of Black Women Community Workers. *Journal of Social Issues*, v. 39, n. 3, 1983b, p. 115-39.

_____. "Together and in Harness": Women's Traditions in the Sanctified Church. *Signs*, v. 10, n. 4, 1985, p. 678-99.

_____. Building in Many Places: Multiple Communities and Ideologies in Black Women's Community Work. In: BOOKMAN, Ann; MORGEN, Sandra (orgs.). *Women and the Politics of Empowerment*. Filadélfia, Temple University Press, 1988, p. 53-76.

REFERÊNCIAS BIBLIOGRÁFICAS 481

GILLIGAN, Carol. *In a Different Voice*. Cambridge, MA, Harvard University Press, 1982. [Ed. bras.: *Uma voz diferente*. Trad. Nathanael C. Caixeiro, São Paulo, Rosa dos Tempos, 1992].

GILMAN, Sander L. Black Bodies, White Bodies: Toward an Iconography of Female Sexuality in Late Nineteenth-Century Art, Medicine, and Literature. *Critical Inquiry*, v. 12, n. 1, 1985, p. 205-43.

GILROY, Paul. *The Black Atlantic:* Modernity and Double Consciousness. Cambridge, MA, Harvard University Press, 1993. [Ed. bras.: *O Atlântico negro:* modernidade e dupla consciência. Trad. Cid Knipel Moreira. 2. ed., São Paulo/ Rio de Janeiro, Editora 34/ Ucam, 2012].

GIOVANNI, Nikki. *Gemini*. Nova York, Penguin, 1971.

_____. *Sacred Cows... and Other Edibles*. Nova York, Quill/ William Morrow, 1988.

GLENN, Evelyn Nakano. Racial Ethnic Women's Labor: The Intersection of Race, Gender and Class Oppression. *Review of Radical Political Economics*, v. 17, n. 3, 1985, p. 86-108.

GOLDEN, Marita. *Migrations of the Heart*. Nova York, Ballantine, 1983.

_____. *Saving Our Sons:* Raising Black Children in a Turbulent World. Nova York, Anchor, 1995.

GOMEZ, Jewell; SMITH, Barbara. Taking the Home out of Homophobia: Black Lesbian Health. In: WHITE, Evelyn C. (org.). *The Black Women's Health Book:* Speaking for Ourselves. Seattle, Seal Press, 1994, p. 198-213.

GRAMSCI, Antonio. *Selections from the Prison Notebooks*. Londres, Lawrence and Wishart, 1971. [Ed. bras.: *Os cadernos do cárcere*. Ed. e trad. Carlos Nelson Coutinho. 5. ed., Rio de Janeiro, Civilização Brasileira, 2010].

GRANT, Jacquelyn. Black Women and the Church. In: HULL, Gloria T.; BELL-SCOTT, Patricia; SMITH, Barbara (orgs.). *But Some of Us Are Brave*. Old Westbury, Feminist Press, 1982, p. 141-52.

_____. *White Women's Christ and Black Women's Jesus:* Feminist Christology and Womanist Response. Atlanta, Scholars Press, 1989.

GREGORY, Steven. Race, Identity and Political Activism: The Shifting Contours of the African American Public Sphere. *Public Culture*, v. 7, n. 1, 1994, p. 147-64.

GUTMAN, Herbert. *The Black Family in Slavery and Freedom (1750-1925)*. Nova York, Random House, 1976.

GUY, Rosa. *A Measure of Time*. Nova York, Bantam, 1983.

GUY-SHEFTALL, Beverly. Remembering Sojourner Truth: On Black Feminism. *Catalyst*, 1986, p. 54-7.

_____. A Black Feminist Perspective on Transforming the Academy: The Case of Spelman College. In: JAMES, Stanlie M.; BUSIA, Abena P. A. (orgs.). *Theorizing Black Feminisms:* The Visionary Pragmatism of Black Women. Nova York, Routledge, 1993, p. 77-89.

_____. The Evolution of Feminist Consciousness among African American Women. In: _____ (org.). *Words of Fire:* An Anthology of African American Feminist Thought. Nova York, New Press, 1995a, p. 1-22.

_____. (org.). *Words of Fire:* An Anthology of African American Feminist Thought. Nova York, New Press, 1995b.

GWALTNEY, John Langston. *Drylongso:* A Self-Portrait of Black America. Nova York, Vintage, 1980.

HALL, Jacqueline Dowd. The Mind that Burns in Each Body: Women, Rape, and Racial Violence. In: SNITOW, Ann; STANSELL, Christine; THOMPSON, Sharon (orgs.). *Powers of Desire:* The Politics of Sexuality. Nova York, Monthly Review Press, 1983, p. 329-49.

HALPIN, Zuleyma Tang. Scientific Objectivity and the Concept of "The Other". *Women's Studies International Forum*, v. 12, n. 3, 1989, p. 285-94.

HAMMONDS, Evelynn M. Missing Pieces: African American Women, Aids, and the History of Disease. *Radical America*, v. 20, 1986, p. 7-23.

482 Pensamento feminista negro

_____. Toward a Genealogy of Black Female Sexuality: The Problematic of Silence. In: ALEXAN-DER, M. Jacqui; MOHANTY, Chandra Talpade (orgs.). *Feminist Genealogies, Colonial Legacies, Democratic Futures*. Nova York, Routledge, 1997, p. 170-81.

HANSBERRY, Lorraine. *A Raisin in the Sun*. Nova York, Signet, 1959.

_____. *To Be Young, Gifted and Black*. Nova York, Signet, 1969.

HARDING, Sandra. *The Science Question in Feminism*. Ithaca, NY, Cornell University Press, 1986.

_____. Introduction: Is There a Feminist Method? In: _____ (org.). *Feminism and Methodology*. Bloomington, IN, Indiana University Press, 1987, p. 1-14.

_____. *Is Science Multicultural? Postcolonialisms, Feminisms, and Epistemologies*. Bloomington, IN, Indiana University Press, 1998.

HARLEY, Sharon. Beyond the Classroom: The Organizational Lives of Black Female Educators in the District of Columbia, 1890-1930. *Journal of Negro Education*, v. 51, n. 3, 1982, p. 254-65.

_____; TERBORG-PENN, Rosalyn (orgs.). *The Afro-American Woman:* Struggles and Images. Port Washington, NY, Kennikat, 1978.

HARPER, Michael S. Gayl Jones: An Interview. In: _____; STEPTO, Robert B. (orgs.). *Chant of Saints:* A Gathering of Afro-American Literature, Art, and Scholarship. Urbana, University of Illinois Press, 1979, p. 352-75.

HARRIS, Leslie. *Just Another Girl on the IRT*. [Filme.] Direção de Leslie Harris. Truth 24 FPS e Miramax Films, 1992.

HARRIS, Trudier. *From Mammies to Militants:* Domestics in Black American Literature. Filadélfia, Temple University Press, 1982.

_____. Introduction. In: CHILDRESS, Alice. *Like One of the Family:* Conversations from a Domestic's Life. Boston, Beacon, 1986, p. xi-xxxviii.

HARRISON, Daphne Duval. Black Women in the Blues Tradition. In: HARLEY, Sharon; TERBORG-PENN, Rosalyn (orgs.). *The Afro-American Woman:* Struggles and Images. Port Washington, NY, Kennikat, 1978, p. 58-73.

_____. *Black Pearls:* Blues Queens of the 1920s. New Brunswick, Rutgers University Press, 1988.

HARTOUNI, Valerie. Breached Birth: Anna Johnson and the Reproduction of Raced Bodies. In: _____. *Cultural Conceptions:* On Reproductive Technologies and the Remaking of Life. Minneapolis, University of Minnesota Press, 1997, p. 85-98.

HARTSOCK, Nancy M. *Money, Sex and Power*. Boston, Northeastern University Press, 1983a.

_____. The Feminist Standpoint: Developing the Ground for a Specifically Feminist Historical Materialism. In: HARDING, Sandra; HINTIKKA, Merrill B. (orgs.). *Discovering Reality*. Boston, D. Reidel, 1983b, p. 283-310.

HERNTON, Calvin. The Sexual Mountain and Black Women Writers. *Black Scholar*, v. 16, n. 4, 1985, p. 2-11.

HIGGINBOTHAM, Elizabeth. Laid Bare by the System: Work and Survival for Black and Hispanic Women. In: SMERDLOW, Amy; LESSINGER, Hanna (orgs.). *Class, Race, and Sex:* The Dynamics of Control. Boston, G. K. Hall, 1983, p. 200-15.

_____. Black Professional Women: Job Ceilings and Employment Sectors. In: ZINN, Maxine Baca; DILL, Bonnie Thornton (orgs.). *Women of Color in U.S. Society*. Filadélfia, Temple University Press, 1994, p. 113-31.

_____; WEBER, Lynn. Moving Up with Kin and Community: Upward Social Mobility for Black and White Women. *Gender and Society*, v. 6, n. 3, 1992, p. 416-40.

HIGGINBOTHAM, Evelyn Brooks. Beyond the Sound of Silence: Afro-American Women in History. *Gender and History*, v. 1, n. 1, 1989, p. 50-67.

REFERÊNCIAS BIBLIOGRÁFICAS 483

_____. *Righteous Discontent:* The Women's Movement in the Black Baptist Church, 1880-1920. Cambridge, MA, Harvard University Press, 1993.

HINE, Darlene Clark. Rape and the Inner Lives of Black Women in the Middle West: Preliminary Thoughts on the Culture of Dissemblance. *Signs*, v. 14, n. 4, 1989, p. 912-20.

_____. For Pleasure, Profit, and Power: The Sexual Exploitation of Black Women. In: SMITHER-MAN, Geneva (org.). *African American Women Speak Out on Anita Hill – Clarence Thomas.* Detroit, Wayne State University Press, 1995, p. 168-77.

_____; WITTENSTEIN, Kate. Female Slave Resistance: The Economics of Sex. In: STEADY, Filomina Chioma (org.). *The Black Woman Cross-Culturally.* Cambridge, MA, Schenkman, 1981, p. 289-300.

_____; BROWN, Elsa Barkley; TERBORG-PENN, Rosalyn (orgs.). *Black Women in America:* An Historical Encyclopedia. Nova York, Carlson, 1993.

HOCH, Paul. *White Hero Black Beast:* Racism, Sexism and the Mask of Masculinity. Londres, Pluto, 1979.

HOLLOWAY, Karla. The Body Politic. In: _____. *Codes of Conduct:* Race, Ethics, and the Color of Our Character. New Brunswick, Rutgers University Press, 1995, p. 15-71.

HOOKS, bell. *Talking Back:* Thinking Feminist, Thinking Black. Boston, South End, 1989.

HUDLIN, Warrington. *Color.* [Filme.] Produção e direção de Warrington Hudlin, coprodução e roteiro de Denise Oliver. Nova York, Black Filmmaker's Foundation, 1983.

HUDSON-WEEMS, Clenora. Africana Womanism. In: NNAEMEKA, Obioma (org.). *Sisterhood, Feminisms, and Power:* From Africa to the Diaspora. Trenton, NJ, Africa World, 1998, p. 149-62.

HULL, Gloria T. (org.). *Give Us Each Day:* The Diary of Alice Dunbar-Nelson. Nova York, W. W. Norton, 1984.

_____; BELL SCOTT, Patricia; SMITH, Barbara (orgs.). *But Some of Us Are Brave.* Old Westbury, Feminist Press, 1982.

HUNTER, Andrea. Counting on Grandmothers: Black Mothers' and Fathers' Reliance on Grand-mothers for Parenting Support. *Journal of Family Issues*, v. 18, n. 3, 1997, p. 251-69.

HURSTON, Zora Neale. *Their Eyes Were Watching God.* Greenwich, CT, Fawcett, [1937] 1969. [Ed. bras.: *Seus olhos viam Deus.* Trad. Marcos Santarrita. Rio de Janeiro, Record, 2002.]

HURTADO, Aida. Relating to Privilege: Seduction and Rejection in the Subordination of White Women and Women of Color. *Signs*, v. 14, n. 4, 1989, p. 833-55.

IMAM, Ayesha; MAMA, Amina; SOW, Fatou (orgs.). *Engendering African Social Sciences.* Dacar, Council for the Development of Economic and Social Research, 1997.

IRELE, Abiola. Introduction. In: HOUTONDJI, Paulin J. *African Philosophy, Myth and Reality.* Bloomington, IN, Indiana University Press, 1983, p. 7-32.

IWERIEBOR, Ifeyinwa. Carrying the Baton: Personal Perspectives on the Modern Women's Mo-vement in Nigeria. In: NNAEMEKA, Obioma (org.). *Sisterhood, Feminisms, and Power:* From Africa to the Diaspora. Trenton, NJ, Africa World, 1998, p. 297-321.

JACKSON, Irene V. Black Women and Music: From Africa to the New World. In: STEADY, Filomina Chioma (org.). *The Black Woman Cross-Culturally.* Cambridge, MA, Schenkman, 1981, p. 383-401.

JACKSON, Mahalia. Singing of Good Tidings and Freedom. In: SERNETT, Milton C. (org.). *Afro-American Religious History.* Durham, Duke University Press, 1985, p. 446-57.

JACKSON, Stevi. Heterosexuality and Feminist Theory. In: RICHARDSON, Diane (org.). *Theo-rising Heterosexuality.* Filadélfia, Open University Press, 1996, p. 21-38.

JACOBS, Harriet. The Perils of a Slave Woman's Life. In: WASHINGTON, Mary Helen (org.). *Invented Lives:* Narratives of Black Women 1860-1960. Garden City, Anchor, [1860] 1987, p. 16-67. [Ed. bras.: A passagem perigosa na vida de uma garota escrava. In: *Incidentes na vida de uma garota escrava.* Trad. Felipe Vale da Silva. São Paulo, Aetia, 2018].

JAGGAR, Alison M. *Feminist Politics and Human Nature.* Totowa, Rowman & Allanheld, 1983.

JAHN, Janheinz. *Muntu:* An Outline of Neo-African Culture. Londres, Faber and Faber, 1961.

JAMES, Adeola. *In Their Own Voices:* African Women Writers Talk. Portsmouth, NH, Heinemann, 1990.

JAMES, Joy. *Resisting State Violence:* Radicalism, Gender, and Race in U.S. Culture. Minneapolis, University of Minnesota Press, 1996.

JAMES, Stanlie M. Mothering: A Possible Black Feminist Link to Social Transformation? In: _____; BUSIA, Abena P. A. (orgs.). *Theorizing Black Feminisms:* The Visionary Pragmatism of Black Women. Nova York, Routledge, 1993, p. 44-54.

_____; BUSIA, Abena P. A. (orgs.). *Theorizing Black Feminisms:* The Visionary Pragmatism of Black Women. Nova York, Routledge, 1993.

JARRETT, Robin. Living Poor: Family Life Among Single Parent, African American Women. *Social Problems*, v. 41, 1994, p. 30-49.

JEWELL, K. Sue. *From Mammy to Miss America and Beyond:* Cultural Images and the Shaping of U.S. Social Policy. Nova York, Routledge, 1993.

JOHNSON, Charles S. *Shadow of the Plantation.* Chicago, University of Chicago Press, [1934] 1979.

JONES, Gayl. *Corregidora.* Nova York, Bantam, 1975.

_____. *Eva's Man.* Boston, Beacon, 1976.

JONES, Jacqueline. *Labor of Love, Labor of Sorrow:* Black Women, Work, and the Family from Slavery to the Present. Nova York, Basic, 1985.

JONES, Lisa. *Bulletproof Diva:* Tales of Race, Sex, and Hair. Nova York, Anchor, 1994.

JORDAN, June. *Civil Wars.* Boston, Beacon, 1981.

_____. *On Call.* Boston, South End, 1985.

JOSEPH, Gloria. Black Mothers and Daughters: Their Roles and Functions in American Society. In: _____; LEWIS, Jill (orgs.). *Common Differences.* Garden City, Anchor, 1981, p. 75-126.

_____. Black Mothers and Daughters: Traditional and New Perspectives. *Sage: A Scholarly Journal on Black Women*, v. 1, n. 2, 1984, p. 17-21.

KAPLAN, Elaine Bell. *Not Our Kind of Girl:* Unraveling the Myths of Black Teenage Motherhood. Berkeley, University of California Press, 1997.

KELLER, Evelyn Fox. *Reflections on Gender and Science.* New Haven, CT, Yale University Press, 1985.

KELLEY, Robin D. G. *Race Rebels:* Culture, Politics, and the Black Working Class. Nova York, Free Press, 1994.

_____. *Yo Mama's Disfunktional:* Fighting the Culture Wars in Urban America. Boston, Beacon, 1997.

KENNEDY, Elizabeth Lapovsky; DAVIS, Madeline. *Boots of Leather, Slippers of Gold:* The History of a Lesbian Community. Nova York, Penguin, 1994.

KING, Deborah K. Multiple Jeopardy, Multiple Consciousness: The Context of a Black Feminist Ideology. *Signs*, v. 14, n. 1, 1988, p. 42-72.

KING, Mae. The Politics of Sexual Stereotypes. *Black Scholar*, v. 4, n. 6-7, 1973, p. 12-23.

KOCHMAN, Thomas. *Black and White Styles in Conflict.* Chicago, University of Chicago Press, 1981.

REFERÊNCIAS BIBLIOGRÁFICAS   485

KUHN, Thomas. *The Structure of Scientific Revolutions*. 2. ed., Chicago, University of Chicago Press, 1962. [Ed. bras.: *A estrutura das revoluções científicas*. Trad. Beatriz Vianna Boeira e Nelson Boeira. 13. ed., São Paulo, Perspectiva, 2017].

KUZWAYO, Ellen. *Call Me Woman*. São Francisco, Spinster's Ink Press, 1985.

LADNER, Joyce. *Tomorrow's Tomorrow*. Garden City, Doubleday, 1972.

_____. Black Women Face the 21st Century: Major Issues and Problems. *Black Scholar*, v. 17, n. 5, 1986, p. 12-19.

_____; GOURDINE, Ruby Morton. Intergenerational Teenage Motherhood: Some Preliminary Findings. *Sage: A Scholarly Journal on Black Women*, v. 1, n. 2, 1984, p. 22-4.

LEE, Spike. *She's Gotta Have It*. [Filme.] Direção de Spike Lee. 40 Acres e A Mule Filmworks, 1986.

LEE, Valerie. *Granny Midwives and Black Women Writers:* Double-Dutched Readings. Nova York, Routledge, 1996.

LERNER, Gerda (org.). *Black Women in White America:* A Documentary History. Nova York, Vintage, 1972.

LINDSAY, Beverly (org.). *Comparative Perspectives of Third World Women:* The Impact of Race, Sex, and Class. Nova York, Praeger, 1980.

LOEWENBERG, Bert J.; BOGIN, Ruth (orgs.). *Black Women in Nineteenth-Century American Life*. University Park, Pennsylvania State University Press, 1976.

LORDE, Audre. *Zami:* A New Spelling of My Name. Trumansburg, Crossing, 1982.

_____. *Sister Outsider*. Trumansburg, Crossing, 1984. [Ed. bras.: *Irmã outsider*. Trad. Stephanie Borges. Belo Horizonte, Autêntica, no prelo].

LUBIANO, Wahneema. Black Ladies, Welfare Queens, and State Minstrels: Ideological War by Narrative Means. In: MORRISON, Toni (org.). *Race-ing Justice, En-Gendering Power*. Nova York, Pantheon, 1992, p. 323-63.

_____. Black Nationalism and Black Common Sense: Policing Ourselves. In: _____ (org.). *The House That Race Built:* Black Americans, U.S. Terrain. Nova York, Pantheon, 1997, p. 232-52.

MACMILLAN, Terry. *Waiting to Exhale*. Nova York, Viking, 1992. [Ed. bras.: *Falando de amor*. Trad. Claudia Costa Guimarães. Rio de Janeiro, Record, 1998].

_____. *How Stella Got Her Groove Back*. Nova York, Viking, 1996. [Ed. bras.: *Como Stella recuperou o rebolado*. Trad. Claudia Costa Guimarães. Rio de Janeiro, Record, 1999].

MADHUBUTI, Haki R. (org.). *Confusion by Any Other Name:* Essays Exploring the Negative Impact of the Blackman's Guide to Understanding the Blackwoman. Chicago, Third World, 1990.

MANNHEIM, Karl. *Ideology and Utopia*. Nova York, Harcourt, Brace & World, 1936. [Ed. bras.: *Ideologia e utopia*. Trad. Thiago Mazucato. São Paulo, Ideias e Letras, 2014].

MARABLE, Manning. Grounding with My Sisters: Patriarchy and the Exploitation of Black Women. In: _____. *How Capitalism Underdeveloped Black America*. Boston, South End, 1983, p. 69-104.

MARKS, Carole. *Farewell, We're Good and Gone:* The Great Black Migration. Bloomington, IN, Indiana University Press, 1989.

MARSHALL, Annecka. Sensuous Sapphires: A Study of the Social Construction of Black Female Sexuality. In: MAYNARD, Mary; PURVIS, June (orgs.). *Researching Women's Lives from a Feminist Perspective*. Londres, Taylor and Francis, 1994, p. 106-24.

MARSHALL, Paule. *Brown Girl, Brownstones*. Nova York, Avon, 1959.

_____. *The Chosen Place, the Timeless People*. Nova York, Vintage, 1969.

MARTIN, Elmer; MARTIN, Joanne Mitchell. *The Black Extended Family*. Chicago, University of Chicago Press, 1978.

486 Pensamento feminista negro

MARTIN, William G. Beyond the Peasant to Proletarian Debate: African Household Formation in South Africa. In: SMITH, Joan; WALLERSTEIN, Immanuel; EVERS, Hans-Deiter (orgs.). *Households and the World-Economy*. Beverly Hills, Sage, 1984, p. 151-67.

MASSEY, Douglas S.; DENTON, Nancy A. *American Apartheid:* Segregation and the Making of the Underclass. Cambridge, MA, Harvard University Press, 1993.

MCCLAIN, Leanita. The Middle-Class Black's Burden. In: PAGE, Clarence (org.). *A Foot in Each World*. Evanston, Northwestern University Press, 1986, p. 12-5.

MCCLAURIN-ALLEN, Irma. Incongruities: Dissonance and Contradiction in the Life of a Black Middle-Class Woman. Amherst, MA, University of Massachusetts/ Department of Anthropology, 1989.

MCCLINTOCK, Anne. *Imperial Leather:* Race, Gender and Sexuality in the Colonial Conquest. Nova York, Routledge, 1995. [Ed. bras.: *Couro imperial:* raça, gênero e sexualidade no embate colonial. Trad. Plínio Dentzen. Campinas, Editora da Unicamp, 2010].

MCINTOSH, Peggy. *White Privilege and Male Privilege:* A Personal Account of Coming to See Correspondences through Work in Women's Studies. Working Paper n. 189. Wellesley, Center for Research on Women, Wellesley College, 1988.

MCKAY, Nellie. Remembering Anita Hill and Clarence Thomas: What Really Happened When One Black Woman Spoke Out. In: MORRISON, Toni (org.). *Race-ing Justice, Engendering Power*. Nova York, Pantheon, 1992, p. 269-89.

_____ et al. The State of the Art. *Women's Review of Books*, v. 8, 1991, p. 23-6.

MCLAUGHLIN, Andree Nicola. The Impact of the Black Consciousness and Women's Movements on Black Women's Identity: Intercontinental Empowerment. In: PALA, Achola O. (org.). *Connecting Across Cultures and Continents:* Black Women Speak Out on Identity, Race and Development. Nova York, United Nations Development Fund for Women, 1995, p. 71-84.

MCNALL, Scott G. Pornography: The Structure of Domination and the Mode of Reproduction. In: _____ (org.). *Current Perspective in Social Theory*. Greenwich, CT, JAI, v. 4, 1983, p. 181-203.

MENCHER, Joan P.; OKONGWU, Anne. Introduction. In: _____; _____ (orgs.). *Where Did All the Men Go?* Female-Headed/ Female-Supported Households in Cross-Cultural Perspective. Boulder, Westview, 1993, p. 1-11.

MILES, Angela. North American Feminisms/ Global Feminisms: Contradictory or Complementary? In: NNAEMEKA, Obioma (org.). *Sisterhood, Feminisms, and Power:* From Africa to the Diaspora. Trenton, NJ, Africa World, 1998, p. 163-82.

MILLS, C. Wright. *The Sociological Imagination*. Nova York, Oxford University Press, 1959.

MIRZA, Heidi Safia (org.). *Black British Feminism:* A Reader. Nova York, Routledge, 1997.

MITCHELL, Henry H.; LEWTER, Nicholas Cooper. *Soul Theology:* The Heart of American Black Culture. São Francisco, Harper and Row, 1986.

MOMSEN, Janet H. (org.). *Women and Change in the Caribbean:* A Pan Caribbean Perspective. Bloomington, IN, Indiana University Press, 1993.

MOODY, Ann. *Coming of Age in Mississippi*. Nova York, Dell, 1968.

MOORE, Lisa C. (org.). *Does Your Mama Know?* An Anthology of Black Lesbian Coming Out Stories. Decatur, Red Bone, 1997.

MORAGA, Cherrie; ANZALDUA, Gloria (orgs.). *This Bridge Called My Back:* Writings by Radical Women of Color. Watertown, Persephone Press, 1981.

MORRISON, Toni. *The Bluest Eye*. Nova York, Pocket Books, 1970. [Ed. bras.: *O olho mais azul*. Trad. Manoel Paulo Ferreira. São Paulo, Companhia das Letras, 2003].

_____. *Sula*. Nova York, Random House, 1974.

REFERÊNCIAS BIBLIOGRÁFICAS **487**

_____. *Beloved.* Nova York, Random House, 1987. [Ed. bras.: *Amada.* Trad. José Rubens Siqueira. São Paulo, Companhia das Letras, 2007].

_____ (org.). *Race-ing Justice, En-Gendering Power.* Nova York, Pantheon, 1992.

MORTON, Patricia. *Disfigured Images:* The Historical Assault on Afro-American Women. Nova York, Praeger, 1991.

MOSES, Yolanda T. *Black Women in Academe:* Issues and Strategies. Project on the Status and Education of Women. Washington, D. C., American Association of American Colleges, 1989.

MOULTON, Janice. A Paradigm of Philosophy: The Adversary Method. In: HARDING, Sandra; HINTIKKA, Merrill B. (orgs.). *Discovering Reality.* Boston, D. Reidel, 1983, p. 149-64.

MOYNIHAN, Daniel Patrick. *The Negro Family:* The Case for National Action. Washington, D. C., Government Printing Office, 1965.

MUELLER, Carol. Ella Baker and the Origins of "Participatory Democracy". In: CRAWFORD, Vicki L.; ROUSE, Jacqueline Anne; WOODS, Barbara (orgs.). *Women in the Civil Rights Movement:* Trailblazers and Torchbearers, 1941-1965. Bloomington, IN, Indiana University Press, 1990, p. 51-70.

MULKAY, Michael. *Science and the Sociology of Knowledge.* Boston, Unwin Hyman, 1979.

MULLINGS, Leith. *On Our Own Terms:* Race, Class, and Gender in the Lives of African American Women. Nova York, Routledge, 1997.

MURRAY, Pauli. The Liberation of Black Women. In: THOMPSON, Mary Lou (org.). *Voices of the New Feminism.* Boston, Beacon, 1970, p. 87-102.

_____. *Song in a Weary Throat:* An American Pilgrimage. Nova York, Harper and Row, 1987.

MYERS, Lena Wright. *Black Women:* Do They Cope Better? Englewood Cliffs, Prentice-Hall, 1980.

NAPLES, Nancy A. "Just What Needed to Be Done": The Political Practice of Women Community Workers in Low-Income Neighborhoods. *Gender and Society,* v. 5, n. 4, 1991, p. 478-94.

_____. Activist Mothering: Cross-Generational Continuity in the Community Work of Women from Low-Income Urban Neighborhoods. In: CHOW, Esther Ngan-Ling; WILKINSON, Doris; ZINN, Maxine Baca (orgs.). *Race, Class, and Gender:* Common Bonds, Different Voices. Thousand Oaks, Sage, 1996, p. 223-45.

NASH, June; FERNANDEZ-KELLY, Maria Patricia (orgs.). *Women, Men and the International Division of Labor.* Albany, NY, State University of New York, 1983.

NAYLOR, Gloria. *The Women of Brewster Place.* Nova York, Penguin, 1980.

_____. *Mama Day.* Nova York, Vintage, 1988.

NEELY, Barbara. *Blanche on the Lam.* Nova York, Penguin, 1992.

NEVERDON-MORTON, Cynthia. *Afro-American Women of the South and the Advancement of the Race (1895-1925).* Knoxville, University of Tennessee Press, 1989.

NICOLA-MCLAUGHLIN, Andree; CHANDLER, Zula. Urban Politics in the Higher Education of Black Women: A Case Study. In: BOOKMAN, Ann; MORGEN, Sandra (orgs.). *Women and the Politics of Empowerment.* Filadélfia, Temple University Press, 1988, p. 180-201.

NIGHTINGALE, Carl Husemoller. *On the Edge:* A History of Poor Black Children and Their American Dreams. Nova York, Basic, 1993.

NNAEMEKA, Obioma. Introduction: Reading the Rainbow. In: _____ (org.). *Sisterhood, Feminisms, and Power:* From Africa to the Diaspora. Trenton, NJ, Africa World, 1998a, p. 1-38.

_____. This Women's Studies Business: Beyond Politics and History. In: _____ (org.). *Sisterhood, Feminisms, and Power:* From Africa to the Diaspora. Trenton, NJ, Africa World, 1998b, p. 351-86.

OLIVER, Melvin L.; SHAPIRO, Thomas M. *Black Wealth/ White Wealth:* A New Perspective on Racial Inequality. Nova York, Routledge, 1995.

488 Pensamento feminista negro

OMI, Michael; WINANT, Howard. *Racial Formation in the United States:* From the 1960s to the 1990s. 2. ed., Nova York, Routledge, 1994.

OMOLADE, Barbara. *The Rising Song of African American Women.* Nova York, Routledge, 1994.

O'NEALE, Sondra. Inhibiting Midwives, Usurping Creators: The Struggling Emergence of Black Women in American Fiction. In: DE LAURETIS, Teresa (org.). *Feminist Studies/ Critical Studies.* Bloomington, IN, Indiana University Press, 1986, p. 139-56.

OPPONG, Christine. Family Structure and Women's Reproductive and Productive Roles: Some Conceptual and Methodological Issues. In: ANKER, Richard; BUVINIC, Mayra; YOUSSEF, Nadia H. (orgs.). *Women's Roles and Population Trends in the Third World.* Londres, Croom Helm, 1982, p. 133-50.

PAGE, Clarence (org.). *A Foot in Each World:* Essays and Articles by Leanita McClain. Evanston, Northwestern University Press, 1986.

PAINTER, Nell. Sojourner Truth. In: HINE, Darlene Clark; BROWN, Elsa Barkley; TERBORG--PENN, Rosalyn (orgs.). *Black Women in the United States:* An Historical Encyclopedia. Nova York, Carlson, 1993, p. 1.172-6.

PALA, Achola O. Introduction. In: _____. (org.). *Connecting Across Cultures and Continents:* Black Women Speak Out on Identity, Race and Development. Nova York, United Nations Development Fund for Women, 1995, p. 3-10.

PARIS, Peter J. *The Spirituality of African Peoples:* The Search for a Common Moral Discourse. Minneapolis, Fortress, 1995.

PARKER, Bettye J. Mississippi Mothers: Roots. In: BELL, Rosann; PARKER, Bettye; GUY--SHEFTALL, Beverly (orgs.). *Sturdy Black Bridges.* Garden City, Anchor, 1979, p. 263-81.

PERKINS, Linda M. Heed Life's Demands: The Educational Philosophy of Fanny Jackson Coppin. *Journal of Negro Education*, v. 51, n. 3, 1982, p. 181-90.

_____. The Impact of the "Cult of True Womanhood" on the Education of Black Women. *Journal of Social Issues*, v. 39, n. 3, 1983, p. 17-28.

PERRY, Imani. It's My Thang and I'll Swing It the Way That I Feel! In: DINES, Gail; HUMEZ, Jean (orgs.). *Gender, Race and Class in Media.* Thousand Oaks, Sage, 1995, p. 524-30.

PETRY, Ann. *The Street.* Boston, Beacon, 1946.

QUADAGNO, Jill. *The Color of Welfare:* How Racism Undermined the War on Poverty. Nova York, Oxford University Press, 1994.

RADFORD-HILL, Sheila. Considering Feminism as a Model for Social Change. In: DE LAURETIS, Teresa (org.). *Feminist Studies/ Critical Studies.* Bloomington, IN, Indiana University Press, 1986, p. 157-72.

RANSBY, Barbara; MATTHEWS, Tracye. Black Popular Culture and the Transcendence of Patriarchial Illusions. *Race and Class*, v. 35, n. 1, 1993, p. 57-68.

RAPP, Rayna. Family and Class in Contemporary America, Notes toward an Understanding of Ideology. In: THORNE, Barrie; YALOM, Marilyn (orgs.). *Rethinking the Family.* Nova York, Longman, 1982, p. 168-87.

REAGON, Bernice Johnson. Coalition Politics: Turning the Century. In: SMITH, Barbara (org.). *Home Girls:* A Black Feminist Anthology. Nova York, Kitchen Table, 1983, p. 356-68.

_____. African Diaspora Women: The Making of Cultural Workers. In: TERBORG-PENN, Rosalyn; HARLEY, Sharon; RUSHING, Andrea Benton (orgs.). *Women in Africa and the African Diaspora.* Washington, D. C., Howard University Press, 1987, p. 167-80.

RICHARDS, Dona. European Mythology: The Ideology of "Progress". In: ASANTE, Molefi Kete; VANDI, Abdulai S. (orgs.). *Contemporary Black Thought.* Beverly Hills, Sage, 1980, p. 59-79.

_____. The Implications of African-American Spirituality. In: ASANTE, Molefi Kete; ASANTE, Kariamu Welsh (orgs.). *African Culture:* The Rhythms of Unity. Trenton, NJ, Africa World, 1990, p. 207-31.

RICHARDSON, Diane. Heterosexuality and Social Theory. In: _____. *Theorising Heterosexuality.* Filadélfia, Open University Press, 1996, p. 1-20.

RICHARDSON, Marilyn (org.). *Maria W. Stewart, America's First Black Woman Political Writer.* Bloomington, IN, Indiana University Press, 1987.

RICHIE, Beth E. *Compelled to Crime:* The Gender Entrapment of Battered Black Women. Nova York, Routledge, 1996.

RIGHT OF WOMEN: A Guide to the Most Important United Nations Treaties on Women's Human Rights. Nova York, International Women's Tribune Centre, 1998.

RIMER, Sara. An Arts Leader for Whom "Anything Is Possible". *New York Times*, 28 dez. 1998, A16.

ROBERTS, Dorothy. *Killing the Black Body:* Race, Reproduction, and the Meaning of Liberty. Nova York, Pantheon, 1997.

RODRÍGUEZ, Clara E. Challenging Racial Hegemony, Puerto Ricans in the United States. In: GREGORY, Steven; SANJEK, Roger (orgs.). *Race.* New Brunswick, Rutgers University Press, 1994, p. 131-75.

ROLLINS, Judith. *Between Women, Domestics and Their Employers.* Filadélfia, Temple University Press, 1985.

ROSE, Tricia. *Black Noise:* Rap Music and Black Culture in Contemporary America. Hanover, NH, Wesleyan University Press, 1994.

RUSSELL, Diane E. H. *Against Pornography:* The Evidence of Harm. Berkeley, Russell, 1993.

RUSSELL, Karen K. Growing Up with Privilege and Prejudice. *New York Times Magazine*, 14 jun. 1987, p. 22-8.

RUSSELL, Michele. Slave Codes and Liner Notes. In: HULL, Gloria T.; BELL SCOTT, Patricia; SMITH, Barbara (orgs.). *But Some of Us Are Brave.* Old Westbury, Feminist Press, 1982, p. 129-40.

SACKS, Karen Brodkin. Computers, Ward Secretaries, and a Walkout in a Southern Hospital. In: SACKS, Karen; REMY, Dorothy (orgs.). *My Troubles Are Going to Have Trouble with Me.* New Brunswick, Rutgers University Press, 1984, p. 173-90.

_____. Gender and Grassroots Leadership. In: BOOKMAN, Ann; MORGEN, Sandra (orgs.). *Women and the Politics of Empowerment.* Filadélfia, Temple University Press, 1988, p. 77-94.

SAID, Edward W. *Culture and Imperialism.* Nova York, Knopf, 1993. [Ed. bras.: *Cultura e imperialismo.* Trad. Denise Bottmann. São Paulo, Companhia de Bolso, 2011].

SALT 'N' PEPA. *Very Necessary.* Nova York, London Records, 1993.

SANDERS, Cheryl J. *Empowerment Ethics for a Liberated People:* A Path to African American Social Transformation. Minneapolis, Fortress, 1995.

SCALES-TRENT, Judy. Black Women and the Constitution: Finding Our Place, Asserting Our Rights. *Harvard Civil Rights: Civil Liberties Law Review*, v. 24, 1989, p. 9-43.

SCHROEDEL, Jean Reith. *Alone in a Crowd:* Women in the Trades Tell Their Stories. Filadélfia, Temple University Press, 1985.

SCOTT, James C. *Weapons of the Weak:* Everyday Forms of Peasant Resistance. New Haven, CT, Yale University Press, 1985.

SEGREST, Mab. *Memoir of a Race Traitor.* Boston, South End, 1994.

SHANGE, Ntozake. *For Colored Girls Who Have Considered Suicide/ When the Rainbow Is Enuf.* Nova York, Macmillan, 1975.

490 Pensamento feminista negro

SHAW, Stephanie J. *What a Woman Ought to Be and to Do:* Black Professional Women Workers During the Jim Crow Era. Chicago, University of Chicago Press, 1996.

SHOCKLEY, Ann Allen. *Loving Her.* Tallahassee, Naiad Press, 1974.

_____. The Black Lesbian in American Literature: An Overview. In: SMITH, Barbara (org.). *Home Girls:* A Black Feminist Anthology. Nova York, Kitchen Table, 1983, p. 83-93.

SIDRAN, Ben. *Black Talk.* Nova York, Da Capo, 1971.

SIMONE, Nina. *Backlash.* Portugal, Movieplay Portuguesa Recording, 1985.

SIMONSEN, Thordis (org.). *You May Plow Here:* The Narrative of Sara Brooks. Nova York, Touchstone, 1986.

SMITH, Barbara. Racism and Women's Studies. In: HULL, Gloria T.; BELL SCOTT, Patricia; _____ (orgs.). *But Some of Us Are Brave.* Old Westbury, Feminist Press, 1982a, p. 48-51.

_____. Toward a Black Feminist Criticism. In: _____; HULL, Gloria T.; BELL SCOTT, Patricia (orgs.). *But Some of Us Are Brave.* Old Westbury, Feminist Press, 1982b, p. 157-75.

_____. Introduction. In: _____ (org.). *Home Girls:* A Black Feminist Anthology. Nova York, Kitchen Table, 1983, p. xix-lvi.

_____. *The Truth That Never Hurts:* Writings on Race, Gender, and Freedom. New Brunswick, Rutgers University Press, 1998.

_____; SMITH, Beverly. Across the Kitchen Table: A Sister-to-Sister Dialogue. In: MORAGA, Cherrie; ANZALDUA, Gloria (orgs.). *This Bridge Called My Back:* Writings by Radical Women of Color. Watertown, Persephone Press, 1981, p. 113-27.

SMITH, Beverly. The Wedding. In: SMITH, Barbara (org.). *Home Girls:* A Black Feminist Anthology. Nova York, Kitchen Table, 1983, p. 171-6.

SMITH, Dorothy. *The Everyday World as Problematic.* Boston, Northeastern University Press, 1987.

SMITHERMAN, Geneva. *Talkin and Testifyin:* The Language of Black America. Boston, Houghton Mifflin, 1977.

_____ (org.). *African American Women Speak Out on Anita Hill and Clarence Thomas.* Detroit, Wayne State University Press, 1995.

_____. A Womanist Looks at the Million Man March. In: MADHUBUTI, Haki R.; KARENGA, Maulana (orgs.). *Million Man March/ Day of Absence.* Chicago, Third World, 1996, p. 104-7.

SOBEL, Mechal. *Trabelin' On:* The Slave Journey to an Afro-Baptist Faith. Princeton, Princeton University Press, 1979.

SOULJAH, Sister. *No Disrespect.* Nova York, Random House, 1994.

SPELMAN, Elizabeth V. *Inessential Woman:* Problems of Exclusion in Feminist Thought. Boston, Beacon, 1988.

SQUIRES, Gregory D. *Capital and Communities in Black and White:* The Intersections of Race, Class, and Uneven Development. Albany, NY, State University of New York Press, 1994.

STACK, Carol D. *All Our Kin:* Strategies for Survival in a Black Community. Nova York, Harper and Row, 1974.

STAPLES, Robert. The Myth of Black Macho: A Response to Angry Black Feminists. *Black Scholar,* v. 10, n. 6, 1979, p. 24-33.

STEADY, Filomina Chioma. The Black Woman Cross-Culturally: An Overview. In: _____ (org.). *The Black Woman Cross-Culturally.* Cambridge, MA, Schenkman, 1981, p. 7-42.

_____. African Feminism: A Worldwide Perspective. In: TERBORG-PENN, Rosalyn; HARLEY, Sharon; RUSHING, Andrea Benton (orgs.). *Women in Africa and the African Diaspora.* Washington, D. C., Howard University Press, 1987, p. 3-24.

REFERÊNCIAS BIBLIOGRÁFICAS 491

STERLING, Dorothy (org.). *We Are Your Sisters:* Black Women in the Nineteenth Century. Nova York, W. W. Norton, 1984.

ST. JEAN, Yanick; FEAGIN, Joe R. *Double Burden:* Black Women and Everyday Racism. Armonk, M. E. Sharpe, 1998.

SUDARKASA, Niara. Female Employment and Family Organization in West Africa. In: STEADY, Filomina Chioma (org.). *The Black Woman Cross-Culturally.* Cambridge, MA, Schenkman, 1981a, p. 49-64.

_____. Interpreting the African Heritage in Afro-American Family Organization. In: MCADOO, Harriette Pipes (org.). *Black Families.* Beverly Hills, Sage, 1981b, p. 37-53.

SWEET HONEY IN THE ROCK. *Feel Something Drawing Me On.* Chicago, Flying Fish Records, 1985.

TAKAGI, Dana Y. Maiden Voyage: Excursion into Sexuality and Identity Politics in Asian America. In: LEONG, Russell (org.). *Asian American Sexualities:* Dimensions of the Gay and Lesbian Experience. Nova York, Routledge, 1996, p. 21-35.

TAKAKI, Ronald. *A Different Mirror:* A History of Multicultural America. Boston, Little, Brown, 1993.

TANNER, Nancy. Matrifocality in Indonesia and Africa and among Black Americans. In: ROSAL-DO, Michelle Z.; LAMPHERE, Louise (orgs.). *Woman, Culture, and Society.* Stanford, CA, Stanford University Press, 1974, p. 129-56. [Ed. bras.: *A mulher, a cultura e a sociedade.* Trad. Cila Ankier e Rachel Gorenstein. Rio de Janeiro, Paz e Terra, 1979].

TATE, Claudia (org.). *Black Women Writers at Work.* Nova York, Continuum, 1983.

TATE, Sonsyrea. *Little X:* Growing Up in the Nation of Islam. São Francisco, Harper SanFrancisco, 1997.

TERBORG-PENN, Rosalyn. Survival Strategies among African-American Women Workers: Continuing Process. In: MILKMAN, Ruth (org.). *Women, Work and Protest:* A Century of U.S. Women's Labor History. Boston, Routledge & Kegan Paul, 1985, p. 139-55.

_____. Black Women in Resistance: A Cross-Cultural Perspective. In: OKIHIRO, Gary Y. (org.). *Resistance:* Studies in African, Caribbean and Afro-American History. Amherst, MA, University of Massachusetts Press, 1986, p. 188-209.

TERRELONGE, Pauline. Feminist Consciousness and Black Women. In: FREEMAN, Jo (org.). *Women:* A Feminist Perspective. 3. ed., Palo Alto, Mayfield, 1984, p. 557-67.

THIAM, Awa. *Black Sisters, Speak Out:* Feminism and Oppression in Black Africa. Londres, Pluto, 1978.

THOMPSON, Robert Farris. *Flash of the Spirit:* African and Afro-American Art and Philosophy. Nova York, Vintage, 1983.

THOMPSON-CAGER, Chezia. Ntozake Shange's *Sassafrass, Cypress and Indigo*: Resistance and Mythical Women of Power. *NWSA Journal,* v. 1, n. 4, 1989, p. 589-601.

THORNE, Barrie. Feminism and the Family: Two Decades of Thought. In: THORNE, Barrie; YALOM, Marilyn (orgs.). *Rethinking the Family:* Some Feminist Questions. Boston, Northeastern University Press, 1992, p. 3-30.

TILLMAN, George. *Soul Food.* [Filme.] Direção de George Tillman. Edmonds Entertainment e Fo 2000 Pictures, 1997.

TORGOVNICK, Marianna. *Gone Primitive:* Savage Intellects, Modern Lives. Chicago, University of Chicago Press, 1990.

TROESTER, Rosalie Riegle. Turbulence and Tenderness: Mothers, Daughters, and "Othermothers" in Paule Marshall's *Brown Girl, Brownstones. Sage: A Scholarly Journal on Black Women,* v. 1, n. 2, 1984, p. 13-6.

TUAN, Yi-Fu. *Dominance and Affection:* The Making of Pets. New Haven, CT, Yale University Press, 1984.

2 LIVE CREW. Hoochie Mama. *Friday Original Soundtrack*, Priority Records, 1995.

492 PENSAMENTO FEMINISTA NEGRO

VANCE, Carole S. Pleasure and Danger: Toward a Politics of Sexuality. In: _____(org.). *Pleasure and Danger: Exploring Female Sexuality*. Boston, Routledge, 1984, p. 1-27.

VAN DIJK, Teun A. *Elite Discourse and Racism*. Newbury Park, Sage, 1993.

VANNEMAN, Reeve; CANNON, Lynn Weber. *The American Perception of Class*. Filadélfia, Temple University Press, 1987.

WADE-GAYLES, Gloria. The Truths of Our Mothers' Lives: Mother-Daughter Relationships in Black Women's Fiction. *Sage: A Scholarly Journal on Black Women*, v. 1, n. 2, 1984, p. 8-12.

_____. *Rooted Against the Wind*. Boston, Beacon, 1996.

WAHLMAN, Maude Southwell; SCULLY, John. Aesthetic Principles of Afro-American Quilts. In: FERRIS, William (org.). *Afro-American Folk Arts and Crafts*. Boston, G. K. Hall, 1983, p. 79-97.

WALKER, Alice. *The Third Life of Grange Copeland*. Nova York, Harcourt Brace Jovanovich, 1970.

_____. *Meridian*. Nova York, Pocket Books, 1976.

_____. Zora Neale Hurston: A Cautionary Tale and a Partisan View. In: HEMENWAY, Robert. *Zora Neale Hurston: A Literary Biography*. Urbana, University of Illinois Press, 1977, p. xi-xviii.

_____ (org.). *I Love Myself When I am Laughing, and then again When I Am Looking Mean and Impressive: A Zora Neale Hurston Reader*. Old Westbury, Feminist Press, 1979a.

_____. One Child of One's Own: A Meaningful Digression Within the Work(s). *Ms*, 8 ago. 1979b, p. 47-50 e 72-5.

_____. Coming Apart. In: _____. *You Can't Keep a Good Woman Down*. Nova York, Harcourt Brace Jovanovich, 1981, p. 41-53.

_____. *The Color Purple*. Nova York, Washington Square Press, 1982. [Ed. bras.: *A cor púrpura*. Trad. Betúlia Machado, Maria José Silveira e Peg Bodelson. Rio de Janeiro, José Olympio, 2016].

_____. *In Search of Our Mother's Gardens*. Nova York, Harcourt Brace Jovanovich, 1983.

_____. *Living by the Word*. Nova York, Harcourt Brace Jovanovich, 1988. [Ed. bras.: *Vivendo pela palavra*. Trad. Aulyde Soares Rodrigues. Rio de Janeiro, Rocco, 1988].

WALKER, Margaret. *Jubilee*. Nova York, Bantam, 1966.

WALLACE, Michele. *Black Macho and the Myth of the Superwoman*. Nova York, Dial, 1978.

_____. *Invisibility Blues:* From Pop to Theory. Nova York, Verso, 1990.

WALTON, Ortiz M. Comparative Analysis of the African and Western Aesthetics. In: GAYLE, Addison (org.). *The Black Aesthetic*. Garden City, Doubleday, 1971, p. 154-64.

WASHINGTON, Mary Helen (org.) *Black-Eyed Susans:* Classic Stories by and about Black Women. Garden City, Anchor, 1975.

_____ (org.) *Midnight Birds*. Garden City, Anchor, 1980.

_____. Teaching *Black-Eyed Susans:* An Approach to the Study of Black Women Writers. In: HULL, Gloria T.; BELL SCOTT, Patricia; SMITH, Barbara (orgs.). *But Some of Us Are Brave*. Old Westbury, Feminist Press, 1982, p. 208-17.

_____. I Sign My Mother's Name: Alice Walker, Dorothy West and Paule Marshall. In: PERRY, Ruth; BRORONLEY, Martine Watson (orgs.). *Mothering the Mind:* Twelve Studies of Writers and Their Silent Partners. Nova York, Holmes & Meier, 1984, p. 143-63.

_____ (org.). *Invented Lives:* Narratives of Black Women 1860-1960. Garden City, Anchor, 1987.

WATNEY, Simon. Missionary Positions: Aids, Africa, and Race. In: FERGUSON, Russell (org.). *Out There: Marginalization and Contemporary Cultures*. Nova York, New Museum of Contemporary Art, 1990, p. 89-102.

WATTLETON, Faye. *Life On the Line*. Nova York, Ballantine, 1996.

WEBBER, Thomas L. *Deep Like the Rivers*. Nova York, W. W. Norton, 1978.

REFERÊNCIAS BIBLIOGRÁFICAS **493**

WEEMS, Renita. "Hush. Mama's Gotta Go Bye Bye": A Personal Narrative. *Sage: A Scholarly Journal on Black Women*, v. 1, n. 2, 1984, p. 25-8.

WEKKER, Gloria. One Finger Does Not Drink Okra Soup: Afro-Surinamese Women and Critical Agency. In: ALEXANDER, M. Jacqui; MOHANTY, Chandra Talpade (orgs.). *Feminist Genealogies, Colonial Legacies, Democratic Futures*. Nova York, Routledge, 1997, p. 330-52.

WELLS, Julia. Maternal Politics in Organizing Black South African Women: The Historical Lessons. In: NNAEMEKA, Obioma (org.). *Sisterhood, Feminisms, and Power:* From Africa to the Diaspora. Trenton, NJ, Africa World, 1998, p. 251-62.

WEST, Cheryl. Lesbian Daughter. *Sage: A Scholarly Journal on Black Women*, v. 4, n. 2, 1987, p. 42-4.

WEST, Cornel. Philosophy and the Afro-American Experience. *Philosophical Forum*, v. 9, n. 2-3, 1977-1978, p. 117-48.

_____. *Race Matters*. Boston, Beacon, 1993. [Ed. bras.: *Questão de raça*. Trad. Laura Teixeira Motta. São Paulo, Companhia das Letras, 1994].

WEST, Dorothy. *The Living Is Easy*. Nova York, Arno Press/ New York Times, 1948.

WHITE, Deborah Gray. *Ar'n't I a Woman?* Female Slaves in the Plantation South. Nova York, W. W. Norton, 1985.

WHITE, E. Frances. Listening to the Voices of Black Feminism. *Radical America*, v. 18, n. 2-3, 1984, p. 7-25.

_____. Africa on My Mind: Gender, Counter Discourse and African-American Nationalism. *Journal of Women's History*, v. 2, 1990, p. 73-97.

WHITE, Evelyn. *Chain Chain Change:* For Black Women Dealing with Physical and Emotional Abuse. Seattle, Seal, 1985.

_____ (org.). *The Black Women's Health Book:* Speaking for Ourselves. Seattle, Seal, 1994.

WILLIAMS, Fannie Barrier. The Colored Girl. In: WASHINGTON, Mary Helen (org.). *Invented Lives:* Narratives of Black Women 1860-1960. Garden City, Anchor, 1987, p. 150-9.

WILLIAMS, Patricia J. *The Alchemy of Race and Rights:* Diary of a Law Professor. Cambridge, MA, Harvard University Press, 1991.

_____. *The Rooster's Egg:* On the Persistence of Prejudice. Cambridge, MA, Harvard University Press, 1995.

WILLIAMS, Rhonda. Living at the Crossroads: Explorations in Race, Nationality, Sexuality, and Gender. In: LUBIANO, Wahneema (org.). *The House That Race Built:* Black Americans, U.S. Terrain. Nova York, Pantheon, 1997, p. 136-56.

WILLIAMS, Sherley A. The Blues Roots of Afro-American Poetry. In: HARPER, Michael S.; STEPTOE, Robert B. (orgs.). *Chant of Saints:* A Gathering of Afro-American Literature, Art and Scholarship. Urbana, University of Illinois Press, 1979, p. 123-35.

_____. *Dessa Rose*. Nova York, William Morrow, 1986.

WILLIAMS, Shirley. Some Implications of Womanist Theory. In: GATES, Henry Louis (org.). *Reading Black, Reading Feminist:* A Critical Anthology. Nova York, Meridian, 1990, p. 68-75.

_____. Two Words on Music: Black Community. In: WALLACE, Michele; DENT, Gina (orgs.). *Black Popular Culture*. Seattle, Bay, 1992, p. 164-72.

WILSON, William Julius. *The Truly Disadvantaged:* The Inner City, the Underclass, and Public Policy. Chicago, University of Chicago Press, 1987.

_____. *When Work Disappears:* The World of the New Urban Poor. Nova York, Vintage, 1996.

YUVAL-DAVIS, Nira. *Gender and Nation*. Thousand Oaks, Sage, 1997.

ZINN, Maxine Baca. Family, Race, and Poverty in the Eighties. *Signs*, v. 14, n. 4, 1989, p. 856-74.

_____ et al. The Costs of Exclusionary Practices in Women's Studies. *Signs*, v. 11, n. 2, 1986, p. 290-303.

SOBRE A AUTORA

Patricia Hill Collins é professora emérita do Departamento de Sociologia da Universidade de Maryland, College Park. Foi a primeira presidenta negra da Associação Americana de Sociologia e publicou diversos livros, entre os quais *Fighting Words: Black Women and the Search for Justice* (University of Minnesota Press, 1998), *On Intellectual Activism* (Temple University Press, 2013), *Intersectionality as Critical Social Theory* (Duke University Press, 2019) e, com Sirma Bilge, *Intersectionality* (Wiley, 2016). *Pensamento feminista negro* é a primeira obra da autora a ser publicada no Brasil.

Selo desenvolvido pelo Memorial Lélia Gonzalez,
projeto de preservação da memória da intelectual criado
por Ana Maria Felippe.

Publicado em julho de 2019, 25 anos após a morte da intelectual e ativista negra brasileira Lélia Gonzalez, este livro foi composto em Adobe Garamond Pro, corpo 11,5/15,5, e reimpresso em papel Avena 70 g/m² pela gráfica Rettec, para a Boitempo, em novembro de 2020, com tiragem de 3 mil exemplares.